Facetten der Gegenwart

Daniel Deckers (Hg.)

Facetten der Gegenwart

52 F.A.Z.-Essays aus dem Epochenjahr 2022

Der Herausgeber: Daniel Deckers ist seit 1993 Mitglied der Politischen Redaktion der F.A.Z. und seit 2011 Verantwortlicher Redakteur für „Die Gegenwart". 2020 wurde er mit dem Henri-Nannen-Preis „Republik" ausgezeichnet.

Umschlagabbildung: Gerhard Richter, War Cut, 2002, fotografiertes Detail des abstrakten Bildes Nr. 648-1 von 1987 © Gerhard Richter 2022.

Bibliografische Information der Deutschen Nationalbibliothek

Die Deutsche Nationalbibliothek verzeichnet diese Publikation in der Deutschen Nationalbibliografie; detaillierte bibliografische Daten sind im Internet über http://dnb.d-nb.de abrufbar.

Alle Texte © Frankfurter Allgemeine Zeitung GmbH, Frankfurt am Main. Alle Rechte vorbehalten.

Für diese Ausgabe: © 2023 Brill Schöningh, Wollmarktstraße 115, D-33098 Paderborn, ein Imprint der Brill-Gruppe
(Koninklijke Brill NV, Leiden, Niederlande; Brill USA Inc., Boston MA, USA; Brill Asia Pte Ltd, Singapore; Brill Deutschland GmbH, Paderborn, Deutschland; Brill Österreich GmbH, Wien, Österreich)
Koninklijke Brill NV umfasst die Imprints Brill, Brill Nijhoff, Brill Hotei, Brill Schöningh, Brill Fink, Brill mentis, Vandenhoeck & Ruprecht, Böhlau und V&R unipress und Wageningen Academic.

www.schoeningh.de

Einbandgestaltung: Nora Krull, Hamburg
Herstellung: Brill Deutschland GmbH, Paderborn

ISBN 978-3-506-79079-8 (hardback)
ISBN 978-3-657-79079-1 (e-book)

Inhalt

Zum Geleit XI

Das Jahr 1972 1
  Ulrike Nasse-Meyfarth

Vergessen, verdrängen oder vergegenwärtigen? 11
  Wolfgang Reinhard

Datenschutz in der Pandemie 21
  Andreas Jaspers, Rolf Schwartmann, Gregor Thüsing

Auf den Spuren des Zaren 32
  Martin Schulze Wessel

Auf dem Sprung 41
  Daniel Leese

Der falsche Charme der Schaukelpolitik 51
  Heinrich August Winkler

Irische Fragen 60
  Benedikt Stuchtey

Ethos des Einmischens 70
  Jörg M. Fegert

Verschlusssache Jugoslawien 80
  Michael Martens

Keine Gnade 90
  Bert Pampel

Nach Belzec 100
  Stephan Lehnstaedt

Die Verteidigung eines freien Europas 110
  Udo Di Fabio

Altes Feindbild, neuer Krieg 121
  Kai Struve

Pulli gegen Putin? 131
  Frank Bösch

Operation Rache 141
  Kristina Milz

Putins Krieg 151
  Peter Graf Kielmansegg

Die liberale Ordnung und ihre Feinde 161
  Stephan Bierling, Gerlinde Groitl

Grenzen des Wachstums 171
  Elke Seefried

Die Verteidigung im Westen stärken 181
  Dietmar Neutatz

Der Preis der Verteidigung von Freiheit und Demokratie ... 192
  Eckhard Lübkemeier, Oliver Thränert

Operation Ausverkauf 202
  Gilbert Lupfer, Uwe Hartmann, Mathias Deinert

Afghanische Lektionen 211
  Rainer Hermann

Jenseits von Eden 221
  Annette Kurschus

Wie gerecht ist Gleichstellung? 231
  Andreas Rödder, Kristina Schröder

INHALT

Ein Mord als Menetekel 241
    Heinrich August Winkler

Das Ende der europäischen Naivität 250
    Joachim Schild

Selig sind die Friedfertigen 260
    Hans Michael Heinig

Die andere Energiewende 270
    Kai A. Konrad

Nach der Zeitenwende 280
    Olaf Scholz

Faschismus? Genozid? Vernichtungskrieg? 287
    Martin Schulze Wessel

Der enterdete Körper 297
    Ines Geipel

Freiheit von Furcht und Not 307
    Manuel Fröhlich

Herrschen und teilen 317
    Benedikt Stuchtey

Da ist der Wurm drin 327
    Rainer Robra

Unser Kampf ist so hart 337
    Jochen Staadt

Ein Nazi für die Stasi 348
    Reiner Burger

Die Wende 358
    Günter Bannas

Wenn du einen Bären zum Tanzen aufforderst 368
  Oliver Rathkolb

Kampf dem Ukrainertum 377
  Ricarda Vulpius

Eine gute Schule für das Leben 387
  Hubertus Knabe

Dienst an der Zeit 398
  Alexander Gallus

Handel durch Wandel 408
  Frank Bösch

Journalist in vier politischen Systemen 418
  Jürgen Wilke

Die Erfindung des Neuen Testaments 427
  Thomas Kaufmann

Die Quadratur der Wahlkreise 436
  Florian Grotz, Robert Vehrkamp

Zwischen Faschismus und Sowjetsystem 446
  Benno Ennker

Zum Mittagessen Menschenrechte 456
  Jochen Staadt

Hinweg mit der deutschen Erinnerungskultur 465
  Michael Wolffsohn

Ein Offizier und Pazifist 475
  Kristina Milz

Lehren aus dem Scheitern der deutschen Russlandpolitik .. 485
    Wilfried Jilge, Stefan Meister

Wenn der Zweck die Mittel heiligen soll 495
    Hans Michael Heinig

Wenn du Frieden willst 505
    Elisabeth Gräb-Schmidt, Wilfried Härle, Sigurd Rink

Zum Geleit

Montag um Montag, Monat für Monat, Jahr um Jahr erwarten den Leser der „Frankfurter Allgemeinen Zeitung" Texte, die in der deutschsprachigen Zeitungslandschaft ihresgleichen suchen: seitenfüllende, kunstvoll illustrierte Essays, exklusiv verfasst von Repräsentanten der besten Traditionen der Historiographie, der Politikwissenschaft und der Jurisprudenz, mitunter von Persönlichkeiten der Zeitgeschichte, manchmal von Politikern weniger von Rang als von Namen.

Dem schieren Umfang von mehr als zehn Normseiten nach mögen die Texte als Zumutung erscheinen – und sind es auch, jedenfalls für den in Zeitnot geratenen Leser. Aber auch für ihn sind sie geschrieben, so wie auch die Titel und die wenigen hinführenden Sätze der Essays zu verstehen geben, dass sie integraler Bestandteil des Politischen Buchs einer Tageszeitung sind – wenngleich sie auch den Zeichen der Zeit gewidmete Monatshefte oder wissenschaftliche Zeitschriften schmücken könnten.

Denn wenn die Essays, die unter dem Seitenkopf „Die Gegenwart" oder auch „Ereignisse und Gestalten" erscheinen, deswegen nicht nur als singulär, sondern fast als legendär gelten und immer wieder der Keim eines Buches waren, dann deswegen: Sie stellen das aktuelle Geschehen, das die Redakteure und Korrespondenten der F.A.Z. Tag für Tag recherchieren, beschreiben, analysieren und kommentieren, hinein in größere, wissenschaftlich gesicherte Zusammenhänge – und setzen diese wiederum in all ihrer Unabgeschlossenheit der Überprüfung durch eben jenes aktuelle Geschehen aus.

Essay um Essay trägt die Redaktion ihren Lesern somit eine weitere Reflexionsschicht auf die Oberfläche eines dynamischen Geschehens auf, insgesamt 52 Facetten einer Gegenwart, die als Begriff so verrätselt und so wenig aus sich heraus verständlich ist wie die Sache selbst. Denn „Die Gegenwart" will alles andere als Abstand zu einer wie auch immer gearteten Vergangenheit herstellen oder über einer hellen Zukunft die Nöte des Allgegenwärtigen vergessen machen. Ein Essay, der von der Gegenwart handelt, kommt kaum ohne Anamnese aus, nicht ohne Diagnose daher und mitunter nicht einmal ohne Therapie davon.

Doch auch dem Begriff nach ist „Die Gegenwart" nicht etwa ein Tertium zu Vergangenheit oder Zukunft. Das Ressort „Die Gegenwart", das zu verantworten der Herausgeber dieses Buches seit dem Jahr 2011 die Ehre hat, leitet sich ab von jener gleichnamigen Zeitschrift, die am Weihnachtsfest des Jahres 1945 in Freiburg im Breisgau und damit in der französischen Besatzungszone zum ersten Mal erschien. Gegründet worden war sie von klugen Köpfen, von denen die meisten einst oder sogar bis zu deren Verbot für die „Frankfurter Zeitung" geschrieben und die sich vom Geist der Unzeit des Nationalsozialismus nicht hatten korrumpieren lassen.

Mehr als zehn Jahre erschien „Die Gegenwart", ehe sie mitsamt einem Großteil ihrer Redaktion in der 1949 gegründeten Frankfurter Allgemeinen Zeitung aufging. Und wenn konservativ sein heißt, alles zu prüfen, und das Gute zu bewahren, dann haben die F.A.Z. und „Die Gegenwart" alle Prüfungen bestanden: Allen Krisen der gedruckten Zeitung und allen Sirenengesängen der Verlockungen der digitalen Transformation zum Trotz hält die Politische Redaktion das Vermächtnis der dunkelsten Jahre des 20. Jahrhunderts seit fast siebzig Jahren als ihr ureigenes Feuilleton lebendig: eigensinnig, unbestechlich und unberechenbar.

Dennoch hat es bis in die jüngste Zeit nicht an dem Bedürfnis gefehlt, wohl aber an der Möglichkeit, die Essays eines Jahres so der Nachwelt zu überliefern, dass sie nicht nur in Archiven, Datenbanken oder im Internet nachzulesen wären. Als sich diese Perspektive im vergangenen Herbst mit einem Angebot des traditionsreichen, mittlerweile zu der Verlagsgruppe Brill gehörenden Schöningh-Verlages (Paderborn) auftat, gab es kein Zögern. Denn welches Jahr hätte es verdient, noch lange in Gestalt einer Fülle von Reflexionen über drängende Fragen der Zeit auch physisch zur Hand zu sein, wenn nicht jenes, in dem Bundeskanzler Olaf Scholz notgedrungen eine Zeitenwende ausrief?

Freilich erschöpfte sich der Horizont der „Gegenwart" in dem Epochenjahr 2022 nicht darin, die historische Grammatik des ersten veritablen Angriffskrieges auf europäischem Boden seit 1945 zu rekonstruieren. Denn so viele Essays sich auch mit dem Verhältnis von Russland und der Ukraine oder der Ostpolitik der Bundesregierungen der jüngeren Zeit beschäftigten – auch der Anspruch Chinas auf die Weltherrschaft im 21. Jahrhundert musste den Autoren der „Gegenwart" zu denken geben.

Und bot auch das Jahr 2022 nicht abermals genügend Anlässe, epochemachender Ereignisse zu gedenken, sei es die Übersetzung des Neuen Testaments durch Martin Luther vor fünfhundert Jahren, sei es die Ermordung Walther Rathenaus im Jahr 1922, des ersten jüdischen Außenministers jenes fragilen Staatswesens, das 1918 als Weimarer Republik auf den Trümmern des Kaiserreiches errichtet worden war? Oder auch die Feier der ersten Olympischen Spiele der Nachkriegszeit in der Bundesrepublik Deutschland im Jahr 1972? Was wurde aus den „Grenzen des Fortschritts", die der Club of Rome ebenfalls im Jahr 1972 prognostizierte, was waren die Ursachen des Endes der sozialliberalen Ära im Bund durch den Bruch der Koalition von SPD und FDP im Jahr 1982?

Und sind über allem Vergangenen nicht auch viele Gewissheiten verflogen oder mindestens fragwürdig geworden, etwa das Verhältnis von Staat und Kirchen in Deutschland, der Sinn des Öffentlich-Rechtlichen Rundfunks oder die Werte einer Partei, die unverdrossen ein „C" in ihrem Namen führt?

Doch gleich, wieviel so beklemmend vorläufig und mit so vielen Ungewissheiten behaftet erscheint: „Die Zukunft beginnt jeden Augenblick", hieß es programmatisch am 24. Dezember 1945 in der ersten Ausgabe der Zeitschrift „Die Gegenwart". Auch dieses Buch will nicht nur eine Bestandsaufnahme sein, sondern Orientierung in unübersichtlicher Zeit bieten. Denn das Credo der ersten Redaktion ist nach fast acht Jahrzehnten unverändert aktuell: „Halten wir uns an die zuversichtliche Überzeugung, die der Zukunft nur gibt, was der Gegenwart abgerungen worden ist."

Frankfurt, 31. Dezember 2022

Das Jahr 1972

Ein Flop und rote Rosen

Ulrike Nasse-Meyfarth

Wie war das damals, als Sie mit 16 Gold bei den Olympischen Spielen in München geholt haben?" Tausendfach ist mir diese Frage gestellt worden. Sie wird seltener. Die Leute, die 1972 meinen Sieg miterlebt haben, werden weniger.

Ich war gerade zwölf Jahre alt, als ich die Olympischen Spiele 1968 in Mexiko zu Hause mit meinen Eltern vor dem „Buntfernseher" verfolgte. Im Hochsprung der Männer probierte der Amerikaner Dick Fosbury etwas scheinbar Verrücktes. Er lief in einem weiten Bogen an und wand sich mit Rücken und Hintern über die Latte. Üblich war damals eine konservative Wälzer-Technik, der Straddle, bei der die Hochsprunglatte mit Bauch und Brust zur Latte überquert wird. Mit seiner Innovation, mit der sich innerhalb eines Jahres von 2,10 Metern über 2,21 auf 2,24 Meter gesteigert hatte, gewann Fosbury die Goldmedaille. Seine Technik, die bei uns in Europa noch Heiterkeit und mit Blick auf die erzielten Höhen Unglauben auslöste, wurde als „Fosbury-Flop" bekannt. Da konnte ich noch nicht wissen, dass der Flop auch mein Leben bestimmen würde.

1968 begann ich mit der Leichtathletik beim TV Wesseling und trainierte Laufen, Springen und Werfen. Es stellte sich bald heraus, dass Hochspringen mein Ding war. Der antiquierte Schersprung, aber auch der Straddle-Stil waren schnell abgehakt. Denn mit dem Rückwärtssprung des alten Dick – den ich später noch oft in Deutschland treffen sollte – kam ich am besten klar. So schaffte ich mit dem Flop 1969 1,57 Meter, sprang 1970 deutschen Schülerinnen-Rekord über 1,68 und wurde 1971 als 15-jährige mit 1,80 Metern Zweite der deutschen Meisterschaft bei den Erwachsenen.

Mit dem Sport hatte ich wegen meiner Körpergröße angefangen. Sie ist mir früher immer als etwas Besonderes vorgehalten worden, als ob ich nicht ganz normal wäre. Ich fühlte mich als Außenseiterin, und weil ich auf meine Mitschüler herabschaute, kam ich arrogant rüber. Dabei war ich bloß schüchtern, unlocker und verschlossen – als phlegmatisch im positiven Sinn, und als ein Geheimnis unserer nun schon 36 Jahre dauernden Ehe bezeichnet das mein Mann, mehr der impulsive Typ.

Beim Sport war ich zwar auch wieder die Längste, aber das war kein Makel mehr. Im Gegenteil, ich erfuhr, dass ich durch das Verhältnis und die Länge meiner Ober- und Unterschenkel günstige Hebelverhältnisse hatte und sehr bewegungsgeschickt war. Zum ersten Mal empfand ich meine Größe als Vorzug.

Mein Leben in Wesseling bei Köln war 1972 nicht nur zeitlich weit weg von der 68er-Zeit. Ich lebte mit meiner Familie gut behütet in bürgerlicher Idylle in einem Reihenhaus, stand morgens um sechs, halb sieben Uhr auf. Im Kinderzimmer standen Bett, Kleiderschrank und Schreibtisch und in den Regalen die üblichen Mädchenbücher. Um zwanzig nach sieben nahm ich die Straßenbahn. Immer am linken Rheinufer entlang, Richtung Norden zu meinem Gymnasium in Köln-Rodenkirchen. Um vierzehn Uhr kam ich aus der Schule zurück. Mein Vater war Maschinenbau-Ingenieur und Betriebsleiter bei einer der beiden großen Ölraffinerien, die die Gemeinde Wesseling reich und unabhängig vom nur 20 Kilometer entfernten Köln gemacht hatten. Meine Mutter war Hausfrau und kochte mittags für meinen jüngeren Bruder Wolf-Dieter und mich.

Ich mochte es ruhig, den Plattenspieler im Wohnzimmer nutzte ich selten. Ab und zu kaufte ich mir die „Bravo", die Jugendzeitschrift, die alle Kids lasen – schon bald sollte ich selbst in der „Bravo" erscheinen und 1972, 1974, 1975 und 1982 den „Bravo Otto" erhalten, den begehrten Preis, den die Bravo-Leser durch Abstimmung jährlich an ihre Lieblingsstars verteilen.

Dreimal in der Woche ging ich ins Kronenbuschstadion „zum Sport" beim TV Wesseling – Jahre später machte ich Hochleistungssport mit zweimal Training am Tag an sechs Tagen in der Woche.

Es war fast eine ganz normale Kindheit in der Bundesrepublik 1972. Fast. Vor den bevorstehenden Olympischen Sommerspielen in München sprang ich, nachdem ich im Mai gerade 16 Jahre alt geworden war, mit 1,85 Metern einen deutschen Rekord. Damit war meine nach dem dritten Platz bei deutschen Meisterschaften schon ins Auge gefasste Nominierung gesichert.

Der Deutsche Leichtathletik-Verband hatte für seine drei Hochspringerinnen, von denen niemand Großes erwartete, schon gar nicht von mir, dem 16-jährigen Küken, einen vierwöchigen Trainingsaufenthalt im oberbayerischen Schongau geplant. Ich durfte vier Wochen die Schule schwänzen, und mir graute schon vor der Rückkehr. Mit unserem Bundestrainer Herbert Hopf verbrachten wir – außer mir, der Nummer drei im Team, noch Ellen Mundinger und Renate Gärtner – die Vorbereitungszeit. Die Trainingseinheiten waren behutsam gestaltet, zwischendurch blieb sogar Zeit, das Märchenschloss Neuschwanstein sowie das Kloster Andechs zu besichtigen und auf dem Ammersee zu segeln. Ein wenig wie ein Klassenausflug mutete es an.

Am Tag der Eröffnung der XX. Olympischen Spiele am 26. August 1972 durch Bundespräsident Gustav Heinemann spazierten wir Hochspringerinnen mit in das Münchener Stadion mit seiner imposanten Zeltdachkonstruktion ein. Ich spürte zum ersten Mal olympische Atmosphäre: Das begeisterte Publikum, die pompöse Musik, das bunte Treiben der Teilnehmer unterschiedlichster Nationen. Das olympische Feuer wurde entfacht, und die Weitspringerin Heidi Schüller sprach den olympischen Eid. Ich bekam eine leise Ahnung davon, an welch bedeutendem Ereignis ich teilnehmen durfte. Danach verzogen wir uns wieder in unsere urige Pension in der Abgeschiedenheit des Allgäus.

Da Trubel nicht gerade hilfreich für eine Wettkampfvorbereitung ist, zogen wir drei Hochspringerinnen erst knapp zwei Wochen später und zwei Tage vor unserem Wettkampf in das Athletendorf ein. Das war als Männer- und Frauendorf unterteilt. Wir Frauen durften ins Männerdorf gehen, wo alle Geschäfte waren – den Männern dagegen wurde der Zutritt zum Frauendorf verwehrt. Für uns drei waren Einzelapartments reserviert – sehr schön. Wir schauten uns erst einmal alles an. Es gab Wasserspiele und eine internationale Einkaufsstraße, in der Athleten aller Nationen Anstecknadeln ihrer Länder tauschten. Viele Athleten feierten schon in der Disko und auf der Spielstraße. Es ist das Los der Hochspringerinnen, immer erst gegen Ende der Spiele antreten zu dürfen und so etwas abseits der olympischen Familie zu leben.

Die Qualifikation am 3. September erledigten Ellen, Renate und ich mühelos. Von 40 Athletinnen schafften 23 die Qualifikationshöhe von 1,76 Metern und kamen in den Endkampf. Jahre später sollten die Qualifikationshöhen derart hoch sein, dass man sich auf den Vorkampf mehr konzentrieren musste als auf den Endkampf.

Am Morgen des folgenden Tages, es war der 4. September, fühlte ich mich leicht und frei von Problemen, von Erwartungen und Erfolgsdruck. Renate, Ellen und ich frühstückten zusammen, nichts war wichtig an diesem Morgen. Das Wichtige kam ja erst am Nachmittag. Um halb drei sollte der Wettkampf anfangen. Er veränderte mein Leben.

Zwischen 12 und 13 Uhr gehen wir vom Athletendorf hinüber zum Olympiastadion. Um 14.30 Uhr beginnt der Wettkampf mit 23 Springerinnen. Die ersten fangen niedrig an. Ich beginne mit 1,71 Metern. Ganz leicht geht das. Nach zweieinhalb Stunden sind Renate und Ellen ausgeschieden und noch 15 Athletinnen übrig. Nach dreieinhalb Stunden sind es sieben Springerinnen, nur sie haben es über 1,85 Meter geschafft. Und ich bin dabei. Die 80 000 Zuschauer im Stadion haben jetzt Notiz genommen von mir.

Als 1,88 Meter aufgelegt werden, rufen die Zuschauer auf den Rängen, von denen noch um die Mittagszeit kaum einer meinen Namen gekannt hatte, „Meyfarth! Meyfarth! Meyfarth!". Wer Vorzeichen für das sucht, was im Verlauf des Wettkampfs geschieht, stößt auf ein Interview, das die Weltrekordhalterin Ilona Gusenbauer ein Jahr zuvor gegeben hatte. Sie fürchte ein bisschen, hat sie da gesagt, dass eines Tages „ein 1,85 Meter großes Mädchen kommt und mir mit dem Fosbury-Flop den Weltrekord nimmt".

Mit drei Fehlversuchen bei 1,88 Metern sind auch die Favoritinnen aus der DDR Rita Schmidt und Rosemarie Witschas ausgeschieden. Auch die Italienerin Sara Simeoni, 1980 Olympiasiegerin bei den von Westdeutschland boykottierten Spielen in Moskau, muss den Wettkampf verlassen. Ich überspringe die auf 1,88 Meter gelegte Latte. Auf der Anzeigetafel taucht mein Name an dritter Stelle auf, und ich denke: „Was ist denn hier los?" Alles läuft so einfach und leicht. Ich mache mir auch nicht viele Gedanken.

DAS JAHR 1972

Es ist dunkel geworden in München. Die Flutlichter strahlen. Nur noch drei Athletinnen sind im Wettbewerb. Die favorisierte Bulgarin Jordanka Blagojewa, die Weltrekordinhaberin Gusenbauer aus Österreich und ich. Bronze ist mir sicher. Ich habe nichts mehr zu verlieren, nur noch zu gewinnen. Die Latte ist auf 1,90 Meter gelegt. Die Favoritinnen Gusenbauer und Blagojewa reißen im ersten Versuch. Ich auch. Das Publikum pfeift. Ich wundere mich. Was erwartet man denn von mir? Ich habe diese Höhe doch noch nie übersprungen. Mich lässt das aber alles kalt. Mich interessieren auch Blagojewa und Gusenbauer nicht mehr, die beide den Straddle springen. Mein Vater sitzt mit seinem Feldstecher in der entgegengesetzten Ecke des Stadions, meine Mutter in Wesseling vor dem Fernseher; sie befällt eine Ahnung, als sie sagt „Bronze, das ist genug für ein 16-jähriges Mädchen".

Vor dem zweiten Versuch stelle ich mich direkt unter die Latte und fixiere sie mit meinen Augen. Das erste Mal, dass ich, 1,84 Meter lang, nach oben schauen muss, um die Latte zu sehen. Gemächlich schreite ich zum Anlauf. Im Stadion zischt es, bevor es ganz still wird. Als ob Luft aus einem prallen Ballon entweichen und die Luft jetzt in mir sein würde – ich fühle mich unheimlich leicht, als ich die 1,90 Meter überwinde. Weil ich mich in Führung gesetzt habe, tobt die Menge in einer Mischung aus Begeisterung und Ungläubigkeit. Jetzt müssen Blagojewa und Gusenbauer nachlegen. Blagojewa scheitert, Gusenbauer scheitert. Blagojewas dritter und letzter Versuch überfordert die stärksten Nerven. Sie springt wuchtig ab, über die Latte, die sie beinahe zärtlich mit ihrem Körper streift. Die Latte wackelt, aber sie fällt nicht. Sieben Sekunden vergehen, Blagojewa will schon wieder ihre Trainingshose anziehen, da fällt die Latte doch noch herunter. Nun stehen nur noch Ilona Gusenbauer und ihr letzter Versuch zwischen mir und der Goldmedaille. Die 80 000 im Stadion halten den Atem an. Gusenbauer springt gegen die Latte. Blitzlichter zucken, Fotografen und Reporter rennen auf mich zu, die Zuschauer scheinen auf mich einstürmen zu wollen. Ich bin Olympiasiegerin. Ich schlage die Hände vors Gesicht. Was ich da noch nicht weiß, ist, dass es die Sekunde ist, in der ein Wirbelwind mich aus dem Leben reißt, wie ich es bisher kannte. Und dass ich die jüngste Leichtathletik-Olympiasiegerin bin, die womöglich größte Sensation in der Geschichte der Spiele.

Ich bin aber immer noch im Wettbewerb und lasse die von Ilona Gusenbauer gehaltene Weltrekordhöhe von 1,92 Metern auflegen. 1,93 könnte ich auch auflegen lassen, um den Weltrekord allein zu haben, das ist mir aber nicht geheuer. Ich bin doch erst 16 und vorher nicht mehr als 1,85 Meter gesprungen. Als ich die 1,92 geschafft habe, geht alles wieder von vorne los. Fotografen, Reporter, Blitzlichtgewitter, Mikrofone, die sich mir entgegenrecken. Die Zuschauer bleiben bis zur Siegerehrung im Stadion. Mir ist vollkommen bewusst, dass mich jetzt Millionen von Menschen anstarren, und ich nehme mir vor, auf dem Siegerpodest nicht zu heulen. Bloß keine Gefühlsregung, jetzt, wo alle Augen auf mich gerichtet sind. Ich starre ganz stur auf die Masten, an denen die Fahnen gehisst werden. Meine Mutter sagte später, so einen Gesichtsausdruck hätte sie bei mir noch nie gesehen.

Nach der Nationalhymne ist wieder ein Höllenlärm im Stadion. Ich muss winken, winken, winken und Interviews geben bis spät in die Nacht. Mein Vater begleitet mich auf meiner Tour durch die TV-Studios, bevor er noch in der Nacht heimfahren wird nach Wesseling, die „neue Welthauptstadt des Hochsprungs". Nachdem ich auch im DDR-Fernsehen, das selten westdeutsche Athleten auftreten ließ, Rede und Antwort gestanden habe, befinde ich mich irgendwann in meinem hellgrünen Trainingsanzug im Studio der deutschen ARD-Sportschau. Eberhard Stanjek moderiert. Er stellt einen Herrn neben sich vor, fast schon verschwörerisch: „Das ist Herr Jordan vom Bundespresseamt, mit einem besonderen Auftrag." Herr Jordan wirkt ein wenig überfordert. Er weiß nicht so recht, ob er in die Kamera oder zu mir gucken soll. Tapfer sagt er „Mit herzlichem Glückwunsch von Herrn Bundeskanzler" und überreicht mir einen riesigen Strauß roter Rosen. Ich bedanke mich artig beim abwesenden Willy Brandt mit „Vielen Dank, Herr Bundeskanzler". Es ist wohl die halb piepsende, halb gehauchte Stimme eines introvertierten, sich im hellen Scheinwerferlicht unwohl fühlenden und verzweifelt ihr Bestes gebenden Mädchens, die den Auftritt unvergesslich macht. Viele Jahre später sehen meine beiden Töchter diese Szene des Öfteren im Fernsehen und rennen immer kreischend aus dem Zimmer: „Das bist du doch gar nicht, Mama." Eberhard Stanjek fragt abschließend: „Und was kommt jetzt?" Mehrdeutig antworte ich: „Jetzt ist erst einmal Schluss!" und füge an: „Ich muss wieder in die Schule gehen."

In meinem Zimmer im olympischen Dorf lag ich noch lange wach. In dem Durcheinander fühlte ich, dass etwas geschehen war und dass es sich nicht rückgängig lassen machen würde. Mein Kopf fühlte sich schwer an, so ein Gefühl hatte ich noch nie gehabt. Heute weiß ich, dass ich zufrieden war.

Als ich am Morgen aufwachte, duschte ich mich und zog mich an, ohne Radio zu hören. Ich richtete mich auf einen turbulenten Tag ein, als ich zum Frühstück in die Mensa ging. Dort erst erfuhr ich vom Attentat auf die israelische Mannschaft.

Zuerst begriff ich die Nachricht ebenso wenig, wie ich am Abend zuvor meinen Sieg begriffen hatte. Ein Kommando palästinensischer Terroristen hatte die israelische Mannschaft überfallen und Geiseln genommen. Ich spürte, dass dieses Attentat nicht von meinem Olympiasieg zu trennen war. Waren die Spiele jetzt vorbei? Wir hatten alle Angst, dass noch mehr Schreckliches passieren konnte. In meiner Angst spürte ich aber auch eine merkwürdige Erleichterung. Jetzt achtete niemand mehr auf mich. Konnte ich mich über meinen Sieg überhaupt noch freuen? Das aber war bloß so ein Gedanke, der kam und verschwand. Und nach der nächsten Nacht dachte ich: Über meinen Olympiasieg würde später noch viel gesprochen werden, aber wer würde dann noch wissen, wie viele Geiseln ermordet waren ...?

Am 6. September, dem Tag der Trauerfeier, sprach IOC-Präsident Avery Brundage die mutige, gleichwohl traurige Parole „The Games must go on" – zu Recht, wie ich meinte. Aber das deutsche Nationale Olympische Komitee und sein Präsident Willi Daume wie auch München waren um die Früchte ihrer Arbeit gebracht. Die freundlichen, fröhlichen, farbigen Spiele waren vorbei.

Das neue Schuljahr begann für mich, die Unterprimanerin, wegen gewisser olympischer Verpflichtungen mit vier Wochen Verspätung. In Wesseling wurde ich mit einem Autokorso empfangen. Mit dem Bürgermeister und meinem Heimtrainer Günter Janietz saß ich in einem offenen Wagen. Wenn man so was mit 16 erlebt und so im Mittelpunkt steht, ist das schon unfassbar. Ich war froh, dass ich keine Rede halten musste. Das erledigten andere an diesem Tag. Gott sei Dank! Der Korso endete im Kronenbuschstadion, das von 2004 an „Ulrike Meyfarth-Stadion" heißen wird. Zuhause wohnte ich weiter in meinem Kinderzimmer mit den selbstgemalten Bildern an der Wand.

Sonst änderte sich fast alles um mich herum. Fremde Leute standen einfach so vor der Tür unseres Reihenhauses im Friedensweg. Auch die Jungs, die vorher nichts von mir wissen wollten, klingelten nun. Mir war das unangenehm. Körbeweise kam Post, die ich zusammen mit meiner Mutter bearbeitete, allein würde ich es nicht schaffen. Etliche Briefe stammten aus der DDR, mit viel Lob für eine, die im Westen lebt; das berührte mich schon. Fürchterlich fand ich als 16-jährige dagegen Heiratsanträge.

In der Schule wurde ich in den Pausen ständig belagert. Mir war das peinlich und unangenehm. Ich war ein Star und wollte doch keiner sein. Eine Zeit lang traute ich mich nicht auf den Pausenhof, weil ich nicht andauernd Autogramme geben wollte. Ich tat mich schwer, den wegen Olympia verpassten Unterrichtsstoff aufzuholen. Ein Jahr später, als ich Mühe hatte, über 1,80 Meter zu kommen, und überall die Frage ausgebreitet wurde, warum die Meyfarth nichts mehr bringt, fragte mich der Schuldirektor: „Warum hören Sie eigentlich nicht auf mit dem Sport? Sie haben doch alles erreicht und ausgesorgt." Von den IOC-Amateurstatuten, die strikt verboten, in Verbindung mit dem Sport Geld anzunehmen, hatte der Herr Pädagoge wohl noch nie etwas gehört.

Ahnungs- und hilflos waren aber auch die Funktionäre des Deutschen Leichtathletik-Verbandes. Sie verdächtigten mich, einen lukrativen Werbevertrag eingegangen zu sein, als der Hersteller der im Olympiastadion verwandten Hochsprungmatten sein Produkt ohne meine Zustimmung mit einem Foto von mir aus dem olympischen Endkampf bewarb. Und als mein Friseur in Wesseling stolz ein Schild mit der Aufschrift „Hier wird die Olympiasiegerin frisiert" ins Schaufenster stellte, wies der Verband mich allen Ernstes darauf hin, dass es verboten sei, mir die Haare umsonst machen zu lassen.

Ansonsten fühlte sich jeder, ohne zwischen der öffentlichen und der privaten Person Meyfarth zu unterscheiden, berufen mitzureden, jeder war ein Experte für alles, was mit mir zu tun hatte; die „Bild" Zeitung begleitete mich fortan in jeder noch so persönlichen Hinsicht. So etwas wie Kommunikationsberatung oder PR-Betreuung gab es nicht. Das entwickelte sich erst gegen Ende der 80er-Jahre, nachdem das IOC die Amateurzulassungsbestimmungen 1982 gelockert und 1991 ganz aufgehoben hatte und die Sportler im wiedervereinigten Deutschland Geld verdienen durften.

Wie es weiterging, habe ich in meiner Rede zum Festakt „50 Jahre Nationales Olympisches Komitee für Deutschland" am 6. November 1999 wie folgt zusammengefasst: „Obwohl ich die Sieg- und Weltrekordhöhe von 1,92 Metern von 1972 auch nur annähernd nicht mehr bestätigen konnte, weil ich Probleme mit der Schule, mit meinem Umfeld und vor allem mit mir selbst hatte, wurde ich 1976 vor den in Montreal stattfindenden Olympischen Spielen wieder zum ‚Goldkind' geschrieben. In Deutschland ist es kurz vor halb sechs, als ich aus dem Wettbewerb rausfliege, nein: rausfalle, und noch in den ersten Zeitungsausgaben dieses Tages titelt es ‚Ulrike Meyfarth in der Qualifikation gescheitert', ‚Das Gold von München kam nicht zurück', ‚Vom Wunderkind zum Sorgenkind', ‚Aufstieg und Fall der Ulrike Meyfarth'. Im anschließenden Jahr fliege ich dann doch noch einmal, nämlich raus aus der Nationalmannschaft und der Sporthilfeförderung. In einem Brief hieß es, ... und wünschen wir Ihnen, dass Sie den Sport noch einmal glücklich in Ihren Lebensrahmen einpassen können'. Was für eine blöde Formulierung. Ich machte mich auf zu Leistungen, die wieder in den ‚NOK-Rahmen' passten. Die Station dahin sollten 1980 die Olympischen Spiele in Moskau sein, und ich zählte schon wieder zu den Medaillenanwärterinnen. Dann der Boykottbeschluss der Politik, dem sich das NOK in Deutschland beugte – beschränkt auf uns Athleten, denn deutsche Wirtschaftsunternehmen, die als Dienstleister mit technischer Ausstattung in Moskau beteiligt waren, mussten nicht boykottieren.

Dass meine Leistungen wieder gut wurden, zeigt sich auch daran, dass ich zwischen 1981 und 1984 von den Sportjournalisten vier Mal in Serie zur „Sportlerin des Jahres" gewählt wurde; nur die wunderbare Steffi Graf ist ein Mal mehr auserkoren worden. Ich sprang Weltrekorde 1982 und 1983 mit 2,02 und 2,03 Metern. Und 1984 bei den Olympischen Sommerspielen in Los Angeles verbesserte ich im

Memorial Coliseum den olympischen Rekord um fünf Zentimeter auf 2,02 Meter und verwies die Mitfavoritin, die elegant springende Italienerin Sara Simeoni, auf den zweiten Platz.

Auf dem Siegerpodest hängt Berthold Beitz mir die Goldmedaille um, die Nationalhymne wird gespielt, und ich schaue ruhig hinüber zum Fahnenzeremoniell. Ich brauche mich nicht in Gefühlen zu verlieren, um die Bedeutung des Sieges zu erfassen, der diesmal erarbeitet und berechnet war. Es ist meine Legende, zwölf Jahre nach der ersten Goldmedaille als „jüngste Olympiasiegerin in der Leichtathletik" noch einmal erfolgreich gewesen zu sein. Diesmal mit dem wenig charmanten Titel „älteste Hochsprung-Olympiasiegerin". Und das mit 28 Jahren – Zeit für mich, auf einem Höhepunkt und in Würde abzutreten.

Selten hat man mich gefragt: „Wie war das, als Sie zwölf Jahre nach 1972 ein zweites Mal eine Goldmedaille gewonnen haben?"

***

Ulrike Nasse-Meyfarth gewann 1972 bei den Olympischen Sommerspielen in München im Alter von 16 Jahren eine Goldmedaille im Hochsprung. Zwölf Jahre später konnte sie Ihren Erfolg in Los Angeles wiederholen. Bis heute ist sie die jüngste Athletin, die einen Einzelwettbewerb bei Olympischen Spielen gewann.

Erschienen in der F.A.Z. vom 03.01.2022, Seite 7

Vergessen, verdrängen oder vergegenwärtigen?

Unser Bewusstsein ist seit einigen Jahrzehnten durch und durch von Erinnerungskultur geprägt. Inzwischen ist es allerdings angebracht, nach der Pflicht zum Erinnern auch an das Recht auf Vergessen zu erinnern, weil es zum Schaden unserer politischen Kultur vergessen wurde

Professor Dr. Wolfgang Reinhard

Nicht nur Individuen haben ein Gedächtnis, sondern auch soziale Gruppen. Der eine Sachverhalt bleibt in Erinnerung, ein anderer vergessen, je nach der Bedeutung, die er bekommt. Die Auswahl kann kulturell begründet sein und wird dadurch dauerhaft. Ihr Rang und ihre Dauerhaftigkeit werden durch Schrift, Druck, Bild oder andere Medien festgehalten und durch Sitte, Recht, Religion oder andere Instanzen festgeschrieben. Während das Alltagsgedächtnis allmählich ausdünnt und in der dritten Generation ganz verschwinden kann, macht das kulturelle Gedächtnis Erinnerungen unbegrenzt haltbar und erzeugt so Erinnerungskultur. Das Alltagsgedächtnis schafft Erinnerung und hält sie flüssig, das kulturelle Gedächtnis konserviert sie und lässt sie gerinnen. Das kulturelle Gedächtnis ist der Ort der Erinnerung, das Alltagsgedächtnis hingegen ist der Ort des Vergessens. Zur aktuellen Erinnerungskultur gehört spiegelbildlich auch die Beseitigung störender Erinnerungen.

Die Entdeckung des kulturellen Gedächtnisses ist paradoxerweise selber Produkt des kulturellen Gedächtnisses. Zu Beginn der 1990er-Jahre verdankte es sich dem politischen Impuls, dem wegen Aussterbens der Zeitzeugen bevorstehenden Ausrinnen der Erinnerung an den deutschen Judenmord vorzubeugen. Für Juden ging es dabei aber nicht nur um dieses einzigartige Leid. Vielmehr ist Erinnerung seit Jahrtausenden eine religiöse oder zumindest eine kulturelle Pflicht des Judentums. Jude sein heißt sich zu erinnern (Elie Wiesel). Aber diese uralte jüdische Erinnerungskultur hat durch die Auseinandersetzung mit den deutschen Verbrechen inzwischen die Erinnerungskultur der Welt geprägt. Dazu gehört auch ein Geschichtsverständnis, dem es weniger um die Realität von Gegenständen geht als um ihre Deutung und Wahrnehmung. Denn obwohl die Verbrechen des Nationalsozialismus unstrittig waren, wurden sie nicht einheitlich in Erinnerung behalten. Je intensiver die Erinnerung bearbeitet wurde, umso uneinheitlicher wurde das Gedächtnis. Deutsche Täter und jüdische Opfer teilen zwar dieselbe Geschichte, aber nicht dieselbe Erinnerung. Denn die Juden sind durch ihre Geschichte zwar durch negative Symbiose (Dan Diner) an Deutschland gekettet (Michael Wolffsohn), aber ihr Gedächtnis bleibt dabei ein anderes als dasjenige der Deutschen. Während das jüdische Gedächtnis der heiligen Pflicht zur Erinnerung unterlag, folgte das deutsche zunächst der üblichen Erleichterung durch Vergessen und musste pflichtgemäße Erinnerungskultur jüdischer Art überhaupt erst lernen.

Dabei mutet es aus der Sicht des 21. Jahrhunderts erstaunlich an, dass der deutsche Judenmord lange Zeit nicht nur in Deutschland, sondern auch in Amerika und sogar in Israel bei Weitem nicht die zentrale Bedeutung hatte, die ihm heute zukommt. Die Begriffe Shoah und Holocaust tauchten zwar schon in den 1940er-Jahren auf. Sie spielten aber im Alltag keine besondere Rolle. Anfangs schwankten die Israelis zwischen Entsetzen einerseits und einer Art Verachtung für die Überlebenden des Massenmordes andererseits, weil dessen Opfer sich widerstandslos hätten abschlachten lassen. Unter solchen Umständen war das gemeinsame Schweigen vom Massenmord für alle Beteiligten die beste Lösung – eine bemerkenswerte Parallele zum Nachkriegsdeutschland.

In Amerika, wo mehr Juden leben als in Israel, wurde die Chiffre Holocaust erst seit 1972 üblich. 1978 verschaffte ihr eine Fernsehserie weltweite Geltung – auch in Deutschland, wo Holocaust 1979 Wort des Jahres wurde. Es brauchte lange, ehe aus der individuellen Leidenserfahrung im Gedächtnis der Opfer eine jederzeit abrufbare Gesamtvorstellung des kulturellen Gedächtnisses geworden war.

Das deutsche Tätervolk tat sich natürlich besonders schwer damit. Es ist zwar schlicht nicht wahr, dass durchschnittliche Deutsche nichts von der Judenverfolgung gewusst hätten. Sie gehörte schließlich zum Alltag des Dritten Reiches. Der Kreis der Täter, der Bescheid wusste, umfasste Hunderttausende. Auch die entsetzlichen Bilder aus den Konzentrationslagern haben auf deutscher Seite keineswegs allgemeine Zerknirschung ausgelöst.

Die Gründe dafür sind banal. Erstens gehörte nicht der Judenmord zur Lebenserfahrung der durchschnittlichen Deutschen, sondern die Niederlage der Nation. Auf Niederlagen reagieren Menschen aber nicht mit Schuldgefühlen, sondern mit Trotz. Zweitens lief die Lebenserfahrung der Niederlage nicht nur auf bittere Not hinaus, sondern zusätzlich auf Bombenangriffe, Flucht, Vertreibung und Tote in der eigenen Familie. 15 Millionen Deutsche mussten Flucht oder Vertreibung erleben. Wer konnte zum Beispiel von einer vertriebenen und vergewaltigten Kriegerwitwe ernsthaft ein Schuldbekenntnis für die deutschen Verbrechen erwarten?

Außerdem hatte drittens die nationalsozialistische „Volksgemeinschaft" in den wenigen Jahren ihrer Erfolge durchaus Integration im Denken und Handeln hervorgebracht. Ein großer Teil der Deutschen war gern Nazi gewesen und betrachtete das Dritte Reich auch nach seinem Ende mit mehr oder weniger Nostalgie. Es brauchte alternative Identifikationsmöglichkeiten, vor allem mit persönlichen, besonders wirtschaftlichen Erfolgen, bis diese Nostalgie allmählich verschwand. Viertens ist der Versuch der Besatzungsmächte, eine vollständige „Entnazifizierung" aller Deutschen durchzuführen, kläglich gescheitert. Er hat statt einer moralischen Erneuerung eher Solidarität mit dem geschlagenen System entstehen lassen. Unter solchen Umständen war der Judenmord nur für wenige Deutsche ein Thema.

Die führenden Politiker der Bundesrepublik Deutschland waren zwar unbelastet. Aber sie mussten sich in allen Parteien ihre Wählerstimmen bei einer Mehrheit holen, die eben noch das Dritte Reich getragen hatte. Das machte sie erpressbar, und entsprechend verhielten sie sich. Sie brachten das Kunststück fertig, sich als demokratische Überwinder des Nationalsozialismus zu präsentieren und gleichzeitig dessen bisherige Anhänger zu integrieren. Das war zwar moralisch fragwürdig, aber politisch effektiv.

Entsprechend verliefen auch die Anstrengungen zur sogenannten Wiedergutmachung. Der erste Schritt zwischen der Bundesrepublik unter Konrad Adenauer, Israel unter David Ben Gurion und der Jewish Claims Conference unter Nahum Goldman stieß 1952 auf hinhaltenden Widerstand in Deutschland, auf wütenden, zum Teil gewalttätigen in Israel. Aber das neue Israel brauchte dringend Geld, das neue Deutschland ebenso dringend politische Anerkennung. Also brachten die Pragmatiker beider Seiten dieses und diskret manches weitere praktische Arrangement zustande.

Lebenspraxis verwandelte Hass zwar nicht gerade in Zuneigung, aber immerhin in Zusammenarbeit. Von 1956 bis 1967 war die Bundesrepublik der Hauptfinanzier und die größte Stütze der Wirtschaft Israels. Erst danach wurde diese Rolle von den Vereinigten Staaten übernommen. Deutsch-israelische Partnerschaft gab und gibt es nicht zuletzt bei Rüstungsgeschäften und anderen Formen militärischer Zusammenarbeit.

Aber diese erstaunliche „Waffenbrüderschaft" führte nicht dazu, dass der Holocaust vergessen wurde. Im Gegenteil – er wurde immer wichtiger und für Israelis zum unabdingbaren Bestandteil ihrer Identität. Bald sollte das auch für die amerikanischen Juden gelten, dann für die Amerikaner insgesamt, das Volk der „Zuschauer", und schließlich sogar für die Deutschen, das Volk der Täter!

Anders als in Deutschland war der Judenmord in Israel zwar immer präsent, aber hauptsächlich als persönliche Erinnerung. Anlässlich deutscher Waffenlieferungen geriet Ben Gurion dennoch in schwere Bedrängnis, als die Opposition die Karte Holocaust ausreizte. Aber der Prozess gegen Adolf Eichmann im Jahr 1961 ermöglichte es der Regierung, die Kontrolle über das politische Gedächtnis wieder in die Hand zu bekommen. Erst jetzt verwandelte sich der Holocaust aus einer zufälligen Häufung tragischer Einzelschicksale in eine einzigartige, identitätsstiftende Leitvorstellung des jüdischen Gedächtnisses.

Der Eichmann-Prozess in Jerusalem wurde vom Generalstaatsanwalt Gideon Hausner zum medialen Weltereignis ausgestaltet. Er wollte eine nationale Legende erschaffen, die noch Generationen später nachwirken würde. Die Geschichte von Schuld und Strafe sollte mit so vielen Einzelheiten wie irgend möglich an die gigantische menschliche Tragödie erinnern und die Vergangenheit der Nation für die Jugend vergegenwärtigen (Tom Segev). Hausner wollte im Namen von sechs Millionen Anklägern sprechen und ließ mehr als hundert sorgfältig ausgewählte Zeugen auftreten, die ohne viel Bezug zum Angeklagten das Grauen der deutschen Verbrechen bis ins abscheulichste Detail zur Sprache brachten.

Nicht nur für Israel, sondern auch für die jüdische Diaspora in Amerika bedeutet Holocaust seither unüberbietbare Verwirklichung des absoluten Bösen. In Deutschland und weltweit wird diese Vorstellung inzwischen geteilt. Der Holocaust ist zu einer negativen sakralen Kategorie geworden. Seit den 1970er-Jahren ist er vom Rand ins Zentrum der amerikanischen Kultur gerückt. Es gibt in den USA mehr als hundert Holocaust-Museen und Forschungsstätten. Das 1993 eröffnete United States Holocaust Memorial Museum in Washington zieht Millionen von Besuchern an.

In den 1940er-Jahren hingegen wollten die Juden erst einmal als vollgültige amerikanische Bürger anerkannt werden. Das war angesichts des amerikanischen Antisemitismus keineswegs selbstverständlich. Eine jüdische Opferrolle galt daher als kontraproduktiv. Erst das weltweite Medienereignis des Eichmann-Prozesses leitete einen Wandel ein. Der Judenmord wurde jetzt zum Thema für die jüdischen Amerikaner. Das verbanden sie anschließend mit der Erfahrung der Bedrohung Israels im Sechs-Tage-Krieg 1967 und im Jom-Kippur-Krieg 1973.

Zugleich fand in den 1960er-Jahren unter amerikanischer Führung ein weltweiter kulturkritischer Verhaltenswandel zur Bejahung von Pluralität und Diversität statt. Der Melting Pot mutierte zur Salad Bowl mit vielerlei Identitäten, auch für Opfer. Freilich entwickelte sich eine Opferkonkurrenz mit Afrikanern und anderen, die Amerikas Juden aber für sich entscheiden konnten. Denn es gelang ihnen, Amerika und die Welt von der Einzigartigkeit des Holocausts zu überzeugen. Holocaust Survivor wurde zu einem stolz getragenen Ehrentitel. Der Holocaust wurde dabei amerikanisiert, denn er bot allen Amerikanern die Möglichkeit, das Böse zu identifizieren und die eigene Mission zu bestätigen.

Auch das deutsche politische Gedächtnis begann sich seit den späten 1950er-Jahren zu wandeln. Die Bundesrepublik wurde von ihrer bisher beschwiegenen Geschichte eingeholt. Mit dem Ulmer Einsatzgruppenprozess 1958 und dem ersten Auschwitzprozess 1963 begann die Verfolgung neu entdeckter Nazi-Verbrecher. Die Zentrale Stelle zur Aufklärung nationalsozialistischer Verbrechen betrieb die Untersuchung systematisch. Antisemitische Skandale boten den Anlass zum ersten Gesetz gegen Antisemitismus 1960. Die Verjährung von NS-Verbrechen wurde bis 1979 abgeschafft. Eine neue Historikergeneration stellte seit 1961 das konservative Geschichtsbild in Frage. Die öffentliche Meinung wurde kritischer. Zum Beispiel wurde das kaum beachtete Tagebuch der Anne Frank seit 1955 zum Welterfolg.

Die unzulängliche juristische Aufarbeitung des NS-Unrechts führte nichtsdestoweniger zum Standardvorwurf der nach wie vor unbewältigten Vergangenheit. Spätestens seit Alexander und Margarete Mitscherlichs Buch „Die Unfähigkeit zu trauern" (1967) betrachteten viele Intellektuelle den Umgang mit der NS-Vergangenheit als ein Skandalon aus Verdrängen, Verschweigen, Verleugnen und Schuldabwehr, wodurch die Deutschen sogar noch eine zweite Schuld auf sich geladen hätten. Ralph Giordano hat zwanzig Jahre später diesen Vorwurf über die kalte Amnestierung der Täter hinaus zu einer Generalabrechnung ausgebaut.

So viel Zeitkritik seitens deutscher Intellektueller beweist allerdings auch, dass Beschweigen deutscher Schuld längst nicht mehr vorherrschte. Im Gegenteil, die Artikulation des deutschen Schuldbewusstseins mochte zwar auf eine Minderheit der Deutschen beschränkt geblieben sein, sie war aber kraft ihrer Medienmacht inzwischen der stärkere Teil des deutschen Gedächtnisses geworden. Denn die Neugründung der Bundesrepublik im Zeichen der sozialliberalen Koalition beschränkte sich von 1969 bis 1982 nicht auf ostpolitische Entspannung und verstärkte Demokratisierung. Sie war Bestandteil des weltweiten Kulturwandels seit den 1960er-Jahren, der mit emotionaler Sensibilisierung und Individualisierung einherging. Die einzelnen Opfer wurden erst jetzt Bestandteile des kulturellen Gedächtnisses. Die jüngste deutsche Geschichte wurde hinfort zum Gegenstand leidenschaftlicher Anklagen. Die psychoanalytische Kategorie „Trauerarbeit" geriet zu einem erinnerungspolitischen Leitbegriff.

Bundespräsident von Weizsäcker verstand es in seiner Rede vom 8. Mai 1985 aus Anlass der 40. Jahrestages der Kapitulation

Nazi-Deutschlands, Opfergedenken, Täteranklage und Versöhnungsgeste elegant zu verbinden. Der Bundespräsident sprach Millionen aus dem Herzen, weil er eine neue Stufe des Vergangenheitsdiskurses erklomm. Die Einzigartigkeit des Holocaust und die Verantwortung der Deutschen für die NS-Verbrechen waren inzwischen elementarer Bestandteil der westdeutschen Staatsräson geworden. Aber unter Helmut Kohl versuchten Konservative es zwischen 1982 und 1989 immer wieder, das inzwischen etablierte schlechte Gewissen der Deutschen nicht mehr durch Entlastung der Täter loszuwerden, sondern durch Aufrechnen der Kriegsopfer. Selbst wo diese Tendenz nur unterstellt wurde, war sie für Juden und für Deutsche, die sich mit dem jüdischen Standpunkt identifizierten, unerträglich. Es durfte keinen Schlussstrich für Auschwitz geben!

Das kulturelle Gedächtnis wurde immer politischer. Die Publizistin Lea Rosh und der Historiker Eberhard Jäckel betrieben ab 1988 die Errichtung eines zentralen Mahnmals für die ermordeten Juden Europas im Zentrum Berlins, das 1999 beschlossen und 2005 eingeweiht wurde. Die anstoßerregende Feststellung von 2017 „Wir Deutschen ... sind das einzige Volk der Welt, das sich ein Denkmal der Schande in das Herz seiner Hauptstadt gepflanzt hat" stammt zwar von rechtsaußen, ist aber in der Sache zutreffend. Vor allem lässt sie sich auch im positiven Sinn als einzigartige Demonstration von Zerknirschung verstehen.

In Israel und der jüdischen Diaspora, aber auch bei Amerikanern und Deutschen war der Holocaust zu einer erinnerungspolitischen Identifikationsfigur von geradezu sakralem Charakter geworden. Holocaust-Bewusstsein ohne religiöse Bindung erwies sich auch als einfachster Weg zur israelischen Identität. Regelmäßige Reisen nach Auschwitz sollten der israelischen Jugend nationale und militärische Moral vermitteln.

Intellektuelle haben freilich seither in Israel, in den USA und in Deutschland Zweifel an dieser Form politischer Rechtgläubigkeit angemeldet. Das natürliche Ausdünnen der Erinnerung lässt auch das kulturelle Gedächtnis nicht ungeschoren. Die Holocaust-Kultur ist allerdings machtbesetzt und tabugeschützt, Wandlungsprozesse tun sich schwer. Die 1998 in Amerika begründete Task Force for International Cooperation on Holocaust Education, Remembrance and Research wusste dem mit der Konferenz von Stockholm im Jahr 2000 durch Festschreibung vorzubeugen. Die Befreiung von Auschwitz am 27. Januar wurde wegen der ewigen Bedeutung des Holocaust zum weltweiten Gedenktag bestimmt. Holocaust Education wurde zur neuen Pflichtübung für Geschichtslehrer.

Dabei hatte Jehuda Elkana schon 1988 festgestellt, dass die Holocaust-Obsession die Gegenwart und Zukunft Israels blockiere und Vergessen besser wäre. Avraham Burg provozierte 2008 mit dem fast blasphemischen Buch „The Holocaust Is Over: We Must Rise from its Ashes". Angesichts der realen Überlegenheit Israels sei die Shoah als Bedrohtheitsszenario kontraproduktiv und müsse von Versöhnung mit Palästinensern und Deutschen abgelöst werden.

Amerikanische Juden können sich noch mehr Entspanntheit leisten. Peter Novick verwirft 1999 den Holocaust-Mythos als Reduzierung auf eine verächtliche Opferrolle. Das Museum in Washington sei eine unjüdische, pseudochristliche Kathedrale zur Zelebration der Via Dolorosa und der Kreuzigung des jüdischen Volkes mit Elie Wiesel als Hohepriester. 2016 verwirft David Rieff die Nutzung des Holocaust für moralisch drapierte Machtpolitik. Mit dem Aussterben der Opfer könnte der Holocaust eigentlich Geschichte werden, wäre er nicht zum rituellen Mantra gemacht worden.

Im Land der Täter tut man sich natürlich schwerer mit Normalisierungsversuchen. Martin Walser ist seine Kritik der deutschen Moralpolitik 1998 schlecht bekommen. Auch Hannah Arendt hatte erklärt: „Ich habe es immer für den Inbegriff moralischer Verwirrung gehalten, dass sich im Deutschland der Nachkriegszeit diejenigen, die völlig frei von Schuld waren, gegenseitig und aller Welt versicherten, wie schuldig sie sich fühlten."

Michael Jeismann kritisiert 2004 den Gestus der Entlarvung als Denkroutine der deutschen Politik. Die stets abrufbaren Analogien zwischen dem Nationalsozialismus und der Gegenwart seien allzu wohlfeil und die Hermeneutik des Verdachts allzu schnell bereit, Kritik als Antisemitismus zu denunzieren. Ulrike Jureit und Christian Schneider wagten es 2010, Weizsäckers 1985 kanonisierte chassidische Formel „Das Vergessenwollen verlängert das Exil, und das Geheimnis der Erlösung heißt Erinnerung" in Frage zu stellen. Das jüdische Erinnerungsgebot wurde dort mit dem christlichen

Erlösungsversprechen zur Vorschrift für deutsche Trauerarbeit verbunden. Das Versprechen sei aber nicht einlösbar. Das Ergebnis ist eine erinnerungspolitische Blockade.

Aleida Assmann weiß sich 2013 mit ihrer Intervention gegen das neue Unbehagen an der Erinnerungskultur aber immer noch im Besitz der Deutungshoheit, denn die Reintegration des Landes in den Kreis der zivilisierten Nationen geschah auf der Basis eines negativen Gedächtnisses, das die eigene verbrecherische Vorgeschichte in das kollektive Selbstbild integriert und durch öffentliches Bekennen von Schuld rituell in Gang hält, denn es geht nicht ohne die Notwendigkeit einer expliziten moralischen Umkehr.

Ich fasse zusammen: Im Gedächtnis von Juden und Deutschen gab es vom Judenmord zunächst nur individuell die Erfahrung von Verbrechen und Leiden. Erst das kulturelle Gedächtnis schuf daraus ab den 1960er-Jahren eine Gesamterfahrung Holocaust mit festen Inhalten. Aber auch diese emotional besetzte Erinnerungskultur kann im Laufe der Zeit nur ausdünnen. Sie konnte aber durch Universalisierung transformiert und dadurch aufrechterhalten werden.

Die natürliche Entemotionalisierung und Normalisierung wird im Land der Täter besonders heftig blockiert. Da es aber nach achtzig Jahren überwiegend nur noch um die Enkel der Täter geht, denen keine, auch keine zweite Schuld zugeschrieben werden kann, könnte man die unbestreitbaren Konsequenzen deutscher Untaten eigentlich nüchtern und sachlich behandeln, was allen Beteiligten nur gut täte. Stattdessen wurde und wird von Inhabern der deutschen Deutungshoheit eine ewige Schuld Deutschlands behauptet und juristisch, medial, sozial sowie vor allem moralisch festgeschrieben – nicht zuletzt auch eine Machtfrage! In logischem Widerspruch zur Idee der ewigen Schuld gehört dazu aber auch die Vorstellung, die Deutschen könnten sich durch symbolische Buße Vergebung dieser Schuld verdienen.

Anthropologisch gesehen können Kollektive nicht vergeben, sondern nur vergelten. Allein Individuen sind in der Lage zu verzeihen, und diese selten genug. Niemand wird also „den Deutschen" jemals verzeihen. Keine Zerknirschung kann ihnen helfen. Sie haben keine andere Wahl, als die Folgen ihrer Geschichte auszuhalten. Sie können höchstens langfristig auf natürliches Vergessen hoffen.

Die deutsche Holocaust-Orthodoxie beruht also auf einer Illusion und einer gefährlichen dazu. Denn ein moralisches Tabu erzeugt automatisch eine entsprechende moralische Gegenerzählung. Der jüdische Politikwissenschaftler und Deutschlandkenner Alfred Grosser hatte schon 1970 festgestellt: „Viel ist getan worden – vielleicht zu viel: Anti-Antisemitismus in zu starker Dosis mag Antisemitismus erzeugen ... Die Aufmerksamkeit auf die besondere Situation des Judentums [muss] unweigerlich Feindseligkeit erzeugen."

***

Wolfgang Reinhard ist Professor emeritus für Neuere Geschichte an der Universität Freiburg i. Br. und korrespondierendes Mitglied der British Academy. Der Text wurde vefasst nach einem Vortrag bei der Konrad-Adenauer-Stiftung Sachsen.

Erschienen in der F.A.Z vom 10.01.2022, Seite 7

Datenschutz in der Pandemie

Informationelle Selbstbestimmung ist kein Supergrundrecht, sondern nur ein Parameter der Freiheit. Bei der Verarbeitung von Daten kommt es immer auf die Zwecke, den Umgang und die eingesetzte Technik an

Andreas Jaspers, Professor Dr. Rolf Schwartmann, Professor Dr. Gregor Thüsing

Der Datenschutz hat sich in der Pandemie in den Augen vieler zu einem Freiheitsverhinderungsrecht für Bürger, Staat, und Wirtschaft gemausert. Er habe die Luca-App erschwert und die Corona-Warn-App zum zahnlosen Tiger im Kampf zur Wiedererlangung der Fortbewegungsfreiheit gemacht. Ebenso stehe er einem Impfregister im Weg und verhindere damit eine Kontrolle der Impfpflicht. Wegen des Datenschutzes komme auch die Digitalisierung des Gesundheitswesens nicht voran, und das nicht nur im Kampf gegen Corona. Schule und Arbeitsleben ächzten unter den Hemmnissen des Datenschutzes ebenso wie die Strafverfolgung auf internetbasierten Plattformen, deren Betreiber den Staat zum Papiertiger bei der Bekämpfung der Internetkriminalität degradierten.

Die pointiert formulierte Kritik beschreibt einerseits den Kern des Problems, aber sie ist aus Sicht des richtig verstandenen Datenschutzes auch unzutreffend. Als freiheitssicherndes Recht verhindert das Datenschutzrecht bei richtiger rechtlicher Anwendung Innovationen nicht – auch wenn immer wieder anderes behautet wird. Was den Datenschutz nach der Datenschutz-Grundverordnung (DSGVO) erst zum Hindernis macht, ist in vielen Fällen dessen Auslegung und Vollzug durch Datenschützer. So wie man Ärzten, Virologen oder Juristen unrecht tut, wenn man sie über einen Kamm schert, so kann das auch bei Datenschützern geschehen. Worum geht es also beim Datenschutz?

Das Grundrecht auf Datenschutz stellt keinen Höchstwert dar. Es ist ein abzuwägendes Grundrecht in praktischer Konkordanz mit anderen Grundrechten. In der Tat ist es ein Missstand, wenn der

Datenschutz zum „Supergrundrecht" überhöht und so behandelt wird, als stünden er und die Maßnahmen der Behörden, denen dessen Überwachung obliegt, über anderen Rechten. Auf dem Feld der Wirtschaft geht dieses Verständnis mit der Angst vor Bußgeldern einher, die selbst bei eher kleinen Verstößen existenzbedrohend sein können. Das kann man verstehen, wurde doch gegen 1 & 1 wegen einer Telefonauskunft über Vertragsdaten an der Hotline ein Bußgeld von etwa neun Millionen Euro verhängt. Dass dieses gerichtlich um 90 Prozent gekürzt wurde, hilft wenig. Das Ansehen des Unternehmens wird schon durch das Verhalten der Aufsichtsbehörde geschädigt.

Datenschutz und Datenschützer müssen also differenziert betrachtet werden. Ihr Aufgabe ist es, den Datenschutz mit rechtlich belast- und nachvollziehbaren Maßstäben in das Konzert der abzuwägenden Parameter einzureihen. Diese ergeben sich typischerweise aus dem Recht auf Leben und körperliche Unversehrtheit ebenso wie aus dem Recht auf freie Fortbewegung, Freizügigkeit, freie Berufsausübung sowie der Eigentumsfreiheit. Im Licht aller in Konkordanz zu bringenden Positionen erweist sich der Datenschutz nicht zwangsläufig als „Klotz am Bein der Freiheit". Er ist ein verfassungs- und europarechtlich vorgegebenes, aber auch der Auslegung und risikoorientierten Abwägung zugängliches Korrektiv zum Schutz der Freiheit vor staatlicher Überwachung. Es ist kein Vetorecht, sondern ein wichtiges Recht unter vielen.

Redlichkeit und Offenheit des Diskurses sind gerade auch bei Widersprüchen eine zentrale Voraussetzung freier unternehmerischer und politischer Entscheidungen. Der Wirtschaft sollte sie bei ihren Entscheidungen zu Selbstvertrauen verhelfen. Oft scheuen Unternehmen im Streit mit Datenschutzbehörden rechtliche Auseinandersetzungen, weil sie aus Angst vor Ansehensverlusten das Vertrauen in die Mechanismen des Rechtsstaats verloren haben. In der Politik wiederum darf der Datenschutz nicht (wie leider zu oft) als Vorwand benutzt werden, um mangelnden politischen Handlungswillen zu verschleiern. Vertreter des Datenschutzes schließlich sollten politische Abwägungen, die zuweilen anderen Grundrechten im Einzelfall den Vorrang einräumen, nicht allein schon deswegen als datenschutzfeindlich kritisieren.

Dass nicht der Datenschutz eine wirksame Bekämpfung der Pandemie verhindert, sondern dessen fehlerhafte oder falsche Anwendung, lässt sich an vielen Punkten demonstrieren. Die Digitalisierung kann auch mit dem Datenschutz im Rücken – der seinerseits vor staatlicher Überwachung schützt – einen guten Beitrag dazu leisten, einen effektiven Schutz vor Erkrankung mit dem Coronavirus zu ermöglichen.

Die Luca-App zur Bereitstellung von Daten, zur Nachverfolgung von Kontaktpersonen sowie zur Risikokontaktbenachrichtigung im Rahmen der Pandemie war eines der ersten Tools, die dieses Verfahren vereinfachen sollten. Sofort nach deren Vorstellung wurden aus bürgerrechtlichen Kreisen Probleme aufgeworfen. Bewegungsprofile und die GPS-Ortung würden teilweise hochsensible personenbezogene Daten erfassen. Der Quellcode der App sei nicht offengelegt, die App werde somit zu einer Blackbox für die übermittelten Daten. Wenn die App bundesweit angewandt würde, dann begleitete sie die Anwender in alle Lebensbereiche, vom Arzt über die Kirche oder Moschee bis hin zu Therapiesitzungen, so die Mutmaßungen und Spekulationen.

Unter denen, die sich auf mehr oder weniger sichere Tatsachen stützten, um Bedenken zu formulieren, war auch die Konferenz der Datenschutzbeauftragten von Bund und Ländern. Weiterentwicklungen des Systems würden die zuständigen Aufsichtsbehörden fortlaufend prüfen, hieß es in einem Positionspapier.

Die Kritik der Datenschützer an der Luca-App wirkt bis heute nach. Ungeachtet der Frage, dass die App sicherheitstechnisch permanent und in transparenten Verfahren zu optimieren ist und gerade Details der technischen Umsetzung einer ständigen Anpassung und Fehlerkorrektur bedürfen, waren viele Vorwürfe übertrieben oder von Beginn an falsch: Es ist einfach nicht richtig, dass der Datenschutz gegenüber einer Digitalisierung der Kontaktnachverfolgung zum Schutz der Gesundheit generell Vorrang habe. Klar ist auch, dass Missbrauch beim Einsatz analoger und digitaler Kontakterfassung in Einzelfällen nie auszuschließen ist. Doch anstatt die Rechtmäßigkeit der Anwendung etwa mit Blick auf die Zweckbindung der Daten zur Unterbrechung von Infektionsketten nüchtern zu prüfen, zu bewerten und falls erforderlich die Sanktionierung nach den Regeln der DSGVO und Nachbesserung der Technik zu fordern, wird vom konkreten Missbrauchsfall – wie kürzlich bei der Mainzer Polizei und Staatsanwaltschaft – generell, alarmistisch und per Vorurteil medienwirksam von unerträglichen Datenrisiken durch die App gesprochen und deren Deinstallation gefordert.

Das Datenschutzrecht verlangt das nicht. Vielmehr veröffentlichte der Landesbeauftragte für den Datenschutz des Landes Baden-Württemberg frühzeitig die Einschätzung, dass die Luca-App als Ersatz der manuellen Führung von Corona-Kontaktlisten in Restaurants und bei Veranstaltungen datenschutzkonform verwendet werden könne. Aus seiner Sicht überwogen die Vorteile der App die möglichen Nachteile für den Datenschutz bei Weitem.

Diese Beurteilung lässt sich datenschutzrechtlich mit Artikel 32 DSGVO rechtfertigen. Danach ist der Einsatz der IT risikoorientiert zu beurteilen. Umgekehrt heißt das: Den Ausschluss jedes denkbaren Restrisikos gibt das Datenschutzrecht nicht her. Hätte man den Datenschutz auf diese Weise angewendet, hätte es früh eine praktikable Möglichkeit gegeben, um Kontaktdaten zu erfassen und so der Pandemie im Tausch gegen Daten – informiert und freiwillig – ein Stück Freiheit abzutrotzen.

Auch die Diskussion über die Entwicklung und Einführung der Corona-Warn-App (CWA) war von Bedenken wegen des Datenschutzes geprägt. Sie wurde transparent und offen geführt, und das Ergebnis ist am Ende technisch und datenschutzrechtlich gut. Aber der Preis dafür war und ist hoch: Mit der CWA lassen sich nur wenige Ziele erreichen. Die für die Pandemiebekämpfung so wichtige Erfassung der Kontaktdaten ermöglicht sie nicht.

Als Teil der Lösung angesehen wird die Freiwilligkeit der Installation der CWA und die selbst zu initiierende Warnung Dritter. 34 Millionen Downloads (Statista-Stand 9/21) lassen aber darauf schließen, dass sie auf weniger als der Hälfte aller Mobiltelefone genutzt wird. Warnungen bei festgestellter Infektion scheinen weniger als 30 Prozent der Nutzer zu geben.

Eine verpflichtende Nutzung der Corona-Warn-App, womöglich verbunden mit dem digitalen Impfnachweis, kann dagegen datenschutzrechtlich gut begründet werden. Baden-Württemberg hat hierfür bereits die rechtlichen Grundlagen geschaffen, indem es zumindest den digitalen Impfpass zur Pflicht macht. Auch hier war aber die Argumentation zuweilen von Rigorismus und nicht von einer Güterabwägung geprägt. „Wer ein Leben rettet, der rettet die Welt", heißt es übereinstimmend in Koran und Talmud. Auch der, der den Wert des Lebens nicht so absolut setzt, wer es abwägen will gegen das Recht auf informationelle Selbstbestimmung, der wird eben die Besonderheit der Lage berücksichtigen müssen. Das ist zu wenig geschehen.

Ein zentrales Impfregister ist eine zentrale Forderung im Zusammenhang mit der Digitalisierung des Gesundheitswesens und der elektronischen Patientenakte. Die Pandemie ist für eine Beschleunigung dieser Prozesse vielleicht ein wichtiger Anlass. Wie bei der Luca-App kommt es dabei nicht auf das Ob an, sondern auf das Wie mit seinen transparent und offen zu diskutierenden Details. Wer apriori behauptet, ein solches Register sei datenschutzkonform nicht ausgestaltbar, der redet Unsinn. Sogar nach Meinung bürgerrechtlich orientierter Datenschutzexperten braucht man sich bei einer Impfregistrierung nicht einmal darauf zu beschränken, lediglich den Impfstatus der Menschen zu erfassen. Sinnvoll sei die Speicherung von Arbeitsverhältnissen im Bereich kritischer Infrastrukturen, um im Bedarfsfall kurzfristig Impfangebote organisieren zu können. Sinnvoll sei zudem die Aufnahme von Angaben, mit denen die gesundheitlichen Folgen der Impfung sowie Erkrankungen, also Impfdurchbrüche erfasst werden. Der Zugriff auf diese Daten müsse aber der unabhängigen Forschung vorbehalten bleiben, die zur Wahrung des Forschungsgeheimnisses rechtlich verpflichtet werde.

Entscheidend ist damit also nicht das Ob, sondern das Wie des Impfregisters, so die offizielle Position der Deutschen Vereinigung für den Datenschutz (DVD). Dies entspricht im Ergebnis der Position des Bundesdatenschutzbeauftragten und der des Chefs der Aufsichtsbehörde aus Baden-Württemberg, der freilich politisch und insofern außerhalb der Aufsichtszuständigkeit zur Zurückhaltung mahnt. Diese datenschutzrechtliche Bewertung steht im Widerspruch zu Aussagen von Bundesjustizminister Marco Buschmann (FDP), wonach der Datenschutz einem Impfregister entgegenstehe. Viele Probleme lösten sich aber auf, stellte man gesetzlich die richtigen Weichen mit Blick auf die gesetzlich fixierten Zwecke der

Datenverarbeitung, die technische Sicherheit, die Speicherdauer der Daten und die Vertrauenswürdigkeit des zentralen Registerführers. Da das Register eine Frage der virologischen Erforderlichkeit, des politischen Willens und der gesetzlichen Ausgestaltung ist, steht der Datenschutz auch hier einer wirksamen Pandemiebekämpfung nicht entgegen.

Im Zusammenhang mit der Corona-Pandemie steht auch die Diskussion über Videokonferenzsysteme. Auch hier geht es um die richtige Betrachtung und Gesamtabwägung, schließlich sind Videokonferenzsysteme für das Arbeiten im Homeoffice, für das Lernen in Schulen oder für das Studium an Hochschulen unerlässlich. Der Einsatz gängiger und funktionsfähiger Software wie MS Teams, Zoom und Cisco Webex wird von den Datenschutzaufsichtsbehörden aber als datenschutzrechtlich unzulässig bewertet. Die Berliner Datenschutzaufsichtsbehörde hat sogar eine „Datenschutzampel" für Videokonferenzsoftware ins Netz gestellt. Dabei handelt es sich nicht um das Ergebnis einer Prüfung der technisch komplexen Grundlagen sowie von Abwägungsfragen. In der Sache handelt es sich um eine behördliche Warnung, die faktisch wie ein Nutzungsverbot wirkt. Wer dieses als Unternehmen ignoriert, muss mit Bußgeldern bis zu vier Prozent seines Jahresumsatzes rechnen.

Auf welche verwaltungsrechtliche Grundlage eine derart einschränkende Maßnahme gestützt werden kann und ob sie gar Amtshaftungsansprüche gegen die Behörde nach sich ziehen kann, wenn sie rechtswidrig ist, ist eine naheliegende Rechtsfrage. Die Antwort ist nicht schwer zu finden. Gleich, wie man die Praxis der Behörden mit Blick auf ihre verwaltungsverfahrensrechtliche Belastbarkeit auch bewerten mag, etwa vor dem Hintergrund der Amtsermittlung, die jeder Maßnahme von Rechts wegen vorausgehen muss. Die Bewertung geht an der Realität vollkommen vorbei.

Unternehmen und Bildungseinrichtungen, aber auch Behörden und Gerichte nutzen diese Systeme vielfach mangels funktionstüchtiger und anwenderfreundlicher Alternativen. Sie bemühen sich auf bestmögliche Weise und redlich, die Risiken durch spezielle Einstellungen so zu minimieren, dass der Einsatz zur Erfüllung der verfassungsrechtlichen Pflichten zu Unterricht und Prüfung auch in der Pandemie datenschutzrechtlich verantwortet werden kann.

Freilich ist die Frage des Datenschutzes hier komplexer. Nach einer Entscheidung des Europäischen Gerichtshofes (Schrems II) ist eine Übermittlung von Daten in die USA pauschal für unzulässig erklärt worden. Zur Begründung wurde auf die weitreichenden Kompetenzen der dortigen Sicherheitsbehörden und einen Mangel an Rechtsschutz verwiesen. In den Details ist aber vieles schon tatsächlich gar nicht geprüft. Die Übermittlung von Daten kann nämlich systemtechnisch vielfach nicht ausgeschlossen werden. Eine Befolgung der Rechtsauffassung der Aufsichtsbehörden ist in der Praxis gar nicht umsetzbar. Das ist das entscheidende Problem. Anordnungen der Aufsicht, diese Videokonferenzsysteme nicht zu nutzen, würden Chaos verursachen. Nach Maßgabe des Bundesverfassungsgerichts muss aber das Verwaltungshandeln ein solches Chaos vermeiden.

Die Aufsichtsbehörden wären also gut beraten, nicht mit Anordnungen zu drohen, die im Ergebnis rechtswidrig sind, weil die erforderlichen Prüfungen mangelhaft waren. Das grundrechtlich geschützte Arbeiten von Wirtschaft, Verwaltung und Wissenschaft muss in praktischer Konkordanz mit dem Grundrecht auf Datenschutz geschützt werden. Wir dürfen die Schulen nicht wegen der Pandemie schließen, aber auch den Videounterricht durch Datenschutz nicht übermäßig erschweren.

Impf- und Testregelungen am Arbeitsplatz werfen auch im Kern keine datenschutzrechtlichen Fragen auf, sondern arbeitsrechtliche: Wie viel Pandemiesicherheit darf der Arbeitgeber verlangen oder von seinen Mitarbeitern erbitten, auch wenn der Gesetzgeber ihn nicht ausdrücklich ermächtigt oder gar dazu verpflichtet? Dennoch war die Position der Datenschutzaufsicht hier so streng wie auch nur irgend vertretbar: Es bedürfe einer eigenständigen gesetzlichen Ermächtigung, und wo die nicht greife, sei von der Unzulässigkeit einer Frage nach dem Impfstatus auszugehen, heißt es nicht nur auf der Internetseite etwa der bayerischen Datenschutzaufsicht. Ein allgemeines Fragerecht lasse sich, so die Begründung, nicht aus Gesichtspunkten des Arbeitsschutzes und der Fürsorgepflicht für die Belegschaft ableiten – was den Arbeitsrechtler wundert, weiß er doch, welch umfassender Pflichtenquell der Arbeitsschutz und die Fürsorgepflicht in der Praxis der Gerichte sind. Hier bedarf es regelmäßig der Abwägung und genauen Sichtung der Risikosituation, des Blicks auf die Effektivität alternativer Mittel sowie auf deren Kosten. All das soll in diesem Fall aber irrelevant sein. Selbst wenn der Arbeitnehmer einwillige, sei das nicht Legitimation genug, denn: „Einwilligungen müssten den Anforderungen des Art. 7 und der Erwägungsgründe 32, 42 und 43 DSGVO genügen (insbes. Freiwilligkeit). Dies ist infolge der Abhängigkeiten im Beschäftigungsverhältnis in der Regel nicht gegeben."

Diese Unterstellung konnte viele nicht überzeugen – zu Recht. Denn es wird angenommen, dass Arbeitnehmer in der Regel nicht freiwillig an von ihnen als sinnvoll erachteten Hygienekonzepten mitwirken wollen. Woher diese Sicherheit oder dieses Misstrauen? Nicht nur der Arbeitgeber, auch die Kollegen, Pflegebedürftige, Kunden und Schüler haben ein legitimes Interesse, zu erfahren, wie hoch das Ansteckungsrisiko ist, das vom Arbeitnehmer ausgeht. Klar ist: Dieses sensible Gesundheitsdatum darf nicht für andere Zwecke missbraucht werden. Aber es darf nicht unterstellt werden, dass dies geschehen wird. Wer ein Infektionsrisiko abschätzen kann, der kann die Infektion besser bekämpfen und seine Schutzmaßnahmen anpassen. Das muss die allgemeine Linie zur Pandemiebekämpfung sein.

Andere Länder, etwa Frankreich und Italien, sind schon viel früher mutig vorangeschritten und haben für bestimmte Berufe eine Impfpflicht eingeführt. Da passt es nicht, dass bei uns noch nicht einmal nach dem Impfstatus gefragt werden darf, solange der Gesetzgeber das nicht ausdrücklich so sagt. Er muss das nicht, denn die Abwägungsregelungen des geltenden Datenschutzrechts sind hier offen gefasst. Das Bundesdatenschutzgesetz erlaubt ja auch die Verarbeitung von Gesundheitsdaten im Beschäftigungsverhältnis, wenn sie zur Ausübung von Rechten oder zur Erfüllung rechtlicher Pflichten aus dem Arbeitsrecht, dem Recht der sozialen Sicherheit und des Sozialschutzes erforderlich ist und kein Grund zu der Annahme besteht, dass das schutzwürdige Interesse der betroffenen Person an dem Ausschluss der Verarbeitung überwiegt. Eben auf diese Abwägung kommt es an. Sie muss Einzelfall in Ansehung des konkreten Betriebs und seiner Risikosituation sein.

Schließlich darf der Datenschutz auch der Verbrechensbekämpfung im Netz nicht entgegenstehen. Im Fall von Mordaufrufen über soziale Netzwerke müssen Datenabfragen ebenso möglich sein wie bei Kinderpornographie oder anderer Schwerkriminalität. An dieser Stelle betritt man politisch vermintes und rechtlich brisantes Terrain. Der Bundesjustizminister will die Pflicht zur Datenspeicherung von Verkehrsdaten für Telekommunikationsprovider schlicht streichen. Der Korridor des rechtlich Zulässigen ist hier in der Tat eng. Dafür gibt es Gründe. Der Generalanwalt des Europäischen Gerichtshofs hat die gesetzliche Regelung in Deutschland mit dem Ziel einer „allgemeinen und unterschiedslosen Vorratsspeicherung auf eine große Vielzahl von Verkehrs- und Standortdaten" trotz Speicherbegrenzung kürzlich als europarechtswidrig eingeordnet. Für ihn darf eine Speicherung nur selektiv erfolgen, also in konkreten Fällen und bei einem konkreten Verdacht. Ausnahmen gelten nur zum Schutz der nationalen Sicherheit. Dementsprechend schlägt Buschmann „Quick Freeze" vor.

Das klingt anders, aber ist es auch bei derselben Wirksamkeit rechtsschonender oder nur Zaubersalz aus der Trickkiste des verfassungspolitischen Illusionismus, das das Problem vernebelt oder verlagert, aber nicht löst? Anders als die Vorratsdatenspeicherung setzt „Quick Freeze" in der Zukunft an, nicht aber in der Vergangenheit. Sind Ermittler auf rückwirkende Daten angewiesen, läuft das Verfahren ins Leere. „Quick Freeze" ist also milder als Vorratsdatenspeicherung, aber in vielen Fällen ungeeignet, um eine effiziente Strafverfolgung zu ermöglichen. Gerade in Verfahren wegen der Verbreitung kinderpornographischer Inhalte oder wegen politisch motivierter Hasskriminalität erfahren die Ermittlungsbehörden von der Tat erst im Nachhinein. Ein auf die Zukunft gerichtetes Einfrieren hat keinen beweissichernden Effekt für die Zuordnung der Tat-IP des Uploads oder des Postings. „Quick Freeze" kann sinnvoll sein, befreit den Gesetzgeber aber nicht von dem grundsätzlichen Problem. Wer Vorratsdatenspeicherung und „Quick Freeze" als gleichwertige Alternativen für die Verbrechensbekämpfung im Netz darstellt, der verkennt die Wirklichkeit der Strafverfolgung.

Wie der Europäische Gerichtshofs die Rechtsfrage nach der Vorratsdatenspeicherung beantwortet, ist auch nach dem Impuls des Generalanwalts offen. Vielleicht zeigt er Handlungsspielräume auf, die den Strafverfolgungsbehörden die Arbeit erleichtern könnten. Ohne den Europäischen Gerichtshof wird das nicht gehen.

Wie wichtig es ist, dass der Staat sich bei der Verbrechensbekämpfung im Internet nicht wegduckt, konnte man im vergangenen Sommer sehen, als Apples Betriebssystem es dem Tech-Giganten ermöglichen sollte, alle Bilder auf den Endgeräten von Apple-Nutzern vor dem Upload in die iCloud auf kinderpornographische Inhalte zu überprüfen. Das wäre nichts anderes als eine Telekommunikationsüberwachung, bei der Kommunikationsdaten auf dem Endgerät durchsucht werden, bevor der Verschlüsselungsvorgang beginnt. Von Apple ermittelte Verdachtsfälle sollten im Dienst des staatlichen Strafverfolgungsmonopols auf Grundlage der Nutzungsbedingungen für das Betriebssystem an Behörden gemeldet werden.

Nach massiven Protesten von Datenschützern machte Apple zunächst einen Rückzieher. Das Beispiel zeigt aber, dass der Staat beherzt und besonnen agieren muss und die Verantwortung nicht privaten Dienstleistern zuweisen darf. Denkt man an Messengerdienste, die das Recht missachten, stellt sich ein weiteres Problem. Es ist technisch und rechtlich anspruchsvoll, einen Anbieter wie Telegram zu blockieren. Die Bundesinnenministerin droht trotzdem als Ultima Ratio mit einer Blockade und will dabei nicht über das Strafrecht, sondern das Medienrecht im Medienstaatsvertrag vorgehen. Viele sind zurückhaltender und sehen hohe rechtliche Hürden. Den Ländern damit die Verantwortung zu übergeben ist sicherlich keine gute Lösung. Auf eine längere Bank kann man das Problem nicht schieben. Viele mögen es befürworten, wenn Telegram schlicht aus dem Netz ausgesperrt würde. Dazu müsste der Staat Provider verpflichten, Nutzer zu blocken, die über das „deutsche Internet" den Dienst erreichen wollen. Die dafür erforderlichen Netzsperren für die Kommunikation über den Dienst kennt man etwa aus China oder Russland.

Will man das? Der Koalitionsvertrag ist zurückhaltend. Die Regierung will das Recht auf Anonymität sowohl im öffentlichen Raum als auch im Internet gewährleisten. Man will nur anlassbezogen und durch richterlichen Beschluss gesichert im Einzelfall vorgehen, etwa mit „Login-Fallen". Für Ermittler sind sie freilich ein alter Hut und bedingt effizient, weil ihre Wirksamkeit vom künftigen Verhalten der Täter abhängt. Auf dieser Basis wird man flächendeckende Sperren nicht vornehmen können. Auch hier ist Mut gefragt.

Recht lebt von gesellschaftlicher Akzeptanz. Selten ist das deutlicher geworden als in den vergangenen Monaten, als Freiheitsrechte eingeschränkt werden mussten zum Schutz von Gesundheit und Leben. Gesellschaftliche Akzeptanz aber geht verloren, wo Regeln nicht begründet oder absolut gesetzt werden, ohne es zu sein. Es ist rechtlich unzulässig, den Blick auf ein Interesse zu verengen und alles andere beiseitezuschieben. Das gilt auch für den Datenschutz.

Nehmen wir ihn als Grundrecht zum Schutz unserer informationellen Selbstbestimmung ernst. Schaffen wir eine Kultur des Datenschutzes. Einen laxen Datenschutz darf es nicht geben. Arbeiten wir alle zusammen an diesem wichtigen Ziel: Aufsicht, Praxis, Wissenschaft. Aber vermeiden wir es, Angst zu machen, Verunsicherung zu stiften und Kopfschütteln zu provozieren. Das diente wahrlich einer guten Sache.

***

Rechtsanwalt **Andreas Jaspers** ist Geschäftsführer der Gesellschaft für Datenschutz und Datensicherheit (GDD) e. V.

Rolf Schwartmann ist Leiter der Kölner Forschungsstelle für Medienrecht an der TH Köln und Vorsitzender des Vorstandes der GDD.

Gregor Thüsing ist Direktor des Instituts für Arbeitsrecht und Recht der sozialen Sicherheit der Universität Bonn und Mitglied des Vorstandes der GDD.

Erschienen in der F.A.Z. vom 17.01.2022, Seite 6

Auf den Spuren des Zaren

Von Holz bis Nord Stream: Russische Rohstoffexporte standen schon am Beginn des ersten Ost-West-Konfliktes der neuzeitlichen Geschichte Europas

Professor Dr. Martin Schulze Wessel

Russland verwandelt sich zusehends in einen Staat, der Bürgerrechte ignoriert und die Sicherheit Europas gefährdet. Geschichtspolitik spielt dabei die Rolle eines Schrittmachers. Bezeichnend für diesen Wandel war zuletzt das Verbot der Menschenrechtsorganisation Memorial, die eine unschätzbare Arbeit für die Erinnerung an die Opfer des sowjetischen Terrors geleistet hat. Memorial förderte damit ein Geschichtsverständnis, das neben dem Ruhm, den die Sowjetunion als Befreier von der NS-Diktatur erworben hatte, die Verbrechen des Stalinismus in das öffentliche Bewusstsein rückte.

Dies war auch international von hoher Bedeutung. Denn in den Neunzigerjahren entstanden so die ersten Voraussetzungen, um die Geschichtsbilder von Russland und denjenigen Ländern miteinander zu verbinden, die in besonderer Weise vom stalinistischen Terror betroffen waren, etwa die baltischen Staaten. Diese Brücken sind spätestens mit dem Verbot von Memorial abgebrochen.

Den Takt vorgegeben für die „vaterländische", machtstaatliche Umwertung der sowjetischen und russischen Geschichte hatte Präsident Wladimir Putin höchstselbst. In Vorlesungen und Essays hat er sich zum Geschichtsdeuter aufgeschwungen. Die Themen wählte er so, dass es nie nur um die Sicherung der Herrschaft nach innen ging, sondern stets auch um Machtpolitik in Europa. Putins Geschichten zielen auf die Legitimation russischer Ansprüche, etwa gegenüber der Ukraine, sowie auf die Diskreditierung westlicher, polnischer und ukrainischer Politik. Sie sind Teil einer höchst effektiven „public diplomacy".

Putin weiß, wie öffentlich wirksam Geschichte und Geschichten sind. Seine Vorlesung über die vermeintliche Mitschuld Polens am Zweiten Weltkrieg und sein Essay über die angebliche Einheit der russischen und ukrainischen Nation sind in der westlichen Publizistik vielfach als Mythen entlarvt worden. Für deren Wirkung reicht es aber völlig aus, dass die einfachen, suggestiven Geschichten wiederholt werden und ein nicht unbeträchtlicher Teil der Öffentlichkeit im Westen sie glaubt oder die Wahrheit irgendwo in der Mitte verortet.

Dies gilt insbesondere im Blick auf den Beitritt ostmitteleuropäischer Staaten zur NATO, den Putin als Geschichte gebrochener Versprechen erzählt. Diese Darstellung entbehrt jeglicher Grundlage. Doch weder der Hinweis auf den fortwährenden Großmachtstatus Russlands als Atommacht mit Platz im UN-Sicherheitsrat noch die Verhandlungen über die NATO-Russland-Grundakte mit dem Verzicht auf die Stationierung nuklearer Waffen in den neuen NATO-Staaten haben die Mär von der Zurückdrängung und Isolierung Russlands aufhalten können. Putin malt wirkungsvoll das Gespenst der Einkesselung Russlands an die Wand und präsentiert die russische Aggression gegen die Ukraine so als Akt der Notwehr. Zugleich enthält seine Erzählung einen unerfüllbaren Anspruch: Kein Entgegenkommen des Westens wird ausreichen, einem auf eingebildeten Gefahren beruhenden Sicherheitsbedürfnis Genüge zu tun.

Allerdings hatten die NATO-Staaten selbst einen Anlass geliefert, als sie auf ihrem Gipfel in Bukarest 2008 dem Verlangen der amerikanischen Regierung ein Stück weit entgegenkamen, der Ukraine und Georgien eine Beitrittsperspektive zu eröffnen. Frankreich und Deutschland stellten sich einer Einladung an die beiden Staaten entgegen. Am Ende einigte man sich in Bezug auf die Ukraine und Georgien auf die ambivalente Kompromissformel: „Diese Länder werden Mitglieder der NATO werden."

Aus deutscher und französischer Sicht war diese Sprachregelung annehmbar, denn es gab für einen Beitritt der beiden Länder weder eine konkrete Planung noch ein Beitrittsdatum. Das unbestimmte Versprechen lieferte jedoch Russland den Vorwand für eine revisionistische Politik gegenüber den ehemaligen Sowjetrepubliken und weckte zugleich in der Ukraine und Georgien Hoffnungen, die die NATO nicht zu erfüllen gedachte. Zwischen der Rücksicht auf Moskau und dem halben Beitrittsversprechen gegenüber den damaligen

GUS-Staaten Ukraine und Georgien klaffte eine Lücke, die niemals gefüllt wurde. Kein führender westlicher Politiker hielt in Kiew je eine Rede, die den NATO-Beitritt der Ukraine vorzeichnete und ihre Zukunft im westlichen Sicherheitsbündnis beschrieb.

Die Kompromissformel des Bukarester Gipfels führte zu einem kommunikativen Desaster. Viel mehr als die tatsächliche Aggression Russlands gegen die Ukraine beschäftigt die westliche Öffentlichkeit die vermeintliche Gefährdung des Friedens durch eine neuerliche Erweiterung der Allianz nach Osten. Hinzu kommt, dass es dem Westen an einer durchdachten „public diplomacy" fehlt, die Putins Narrative konterkariere, eigene Erzählungen entwickelte und dabei gegenüber der Ukraine ein verantwortungsvolles Erwartungsmanagement betriebe.

Was ist dabei die Aufgabe der Geschichtswissenschaft? Sie kann helfen, Mythen zu entlarven und so der Instrumentalisierung von Geschichte entgegenzuwirken. Der aufklärerische Effekt solchen Engagements ist jedoch meist begrenzt. Politisch nutzbare Gegenerzählungen schaffen kann die Wissenschaft jedoch nicht, ohne sich selbst zu verleugnen. Sehr wohl aber kann sie – und sollte sie – große historische Zusammenhänge abbilden, die es erlauben, das aktuelle Geschehen um seine Tiefendimension zu ergänzen und den Umgang des Westens wie Deutschlands mit Russland historisch zu reflektieren.

Ein Beispiel für einen solchen Zusammenhang ist mit den Stichworten Rohstoffexport, Infrastrukturen und europäische Machtpolitik zu umreißen. Russlands Eintritt in das europäische Mächtesystem an der Wende vom 17. zum 18. Jahrhundert war eng mit der Steigerung der Ausfuhr von Rohstoffen und einer neuen Aufmerksamkeit für Verkehrswege verbunden. Das fiskalische Interesse des Staates und speziell dessen Fähigkeit zur Kriegsführung erforderten es, den grenzüberschreitenden Warenhandel zu verstärken und entsprechende Handelsinfrastrukturen aufzubauen. Diese Ziele polarisierten die internationale Politik und brachten Bündnisse sowie langfristige Gegnerschaft hervor. Sie strukturierten das Staatensystem.

Eine Konstante in der Geschichte Russlands ist die Ausfuhr von Rohstoffen. Während im Mittelalter Pelze, Häute und Wachs aus Russland nach Europa verkauft wurden, setzten sich im ausgehenden 17. Jahrhundert neue Exportwaren durch: neben Holz vor allem Hanf und Flachs, durchweg Güter, die für den sich dynamisch entwickelnden Schiffsbau unentbehrlich waren, vor allem in England. Die Ostsee wurde so von den Folgen des neuen globalen Zeitalters erfasst. Der Aufbau von Marine- und Handelsflotten für den Verkehr mit den überseeischen Kolonialbesitzungen vor allem Englands, Frankreichs und der Niederlande wirkte so auf die Ostsee zurück.

Die Ausfuhr russischer Güter stieg rasant an, doch abgesehen von Transaktionen über den schwer erreichbaren Hafen Archangelsk im Weißen Meer hatte Russland am Ost-West-Handel keinen unmittelbaren Anteil. Die Häfen an der Ostseeküste wurden von der frühneuzeitlichen Großmacht Schweden kontrolliert und zollpolitisch abgeschöpft. Von Zar Peter I. sind Klagen überliefert, eingeschlossen und durch die schwedischen Festungen an der Ostsee von allen Seiten „belagert" zu sein.

Russische Waren gerieten in globale Wirtschaftszusammenhänge und wurden immer stärker nachgefragt, ohne dass diese Ausfuhr für den russischen Staat hohen Gewinn abwarf. Dies bildete den Hintergrund für eine fundamentale Neuorientierung der russischen Politik: Peters Vorgänger hatten eine Expansionspolitik gegen Polen betrieben und einen Teil der Ukraine an Russland angeschlossen. Seit dem Ende des 17. Jahrhunderts wandte sich der Zar entschlossen der Ostsee zu. Merkantilistische Überlegungen, durch eigenen Handel die Fiskalkraft des Staates zu erhöhen, führten ihn zum Entschluss, einen Angriffskrieg gegen Schweden zu führen. Verbündet mit Dänemark und Sachsen-Polen, brach Peter I. im Jahr 1700 einen Krieg vom Zaun, der nach mehr als zwanzig Jahren durch den vertraglichen Verzicht Schwedens auf seine Provinzen Estland und Livland beendet wurde. Die Gründung von Sankt Petersburg als Hafenstadt und neuer Kapitale des Zarenreichs symbolisierte den russischen Triumph und die neuen Machtverhältnisse an der Ostsee.

Gleichzeitig begann Peter I., ein Infrastrukturprojekt zu realisieren, das Russland zur Drehscheibe des Handels zwischen Asien und Europa machen sollte. 1703 begann der Bau eines Kanalsystems zur Verbindung der Flüsse Wolga und Neva. Sechs Jahre später konnten russische Schiffe erstmals den Weg von Astrachan im Süden Russlands bis Petersburg befahren. Um den Ost-West-Handel zu kontrollieren, war es aber nötig, dass auch die Ostsee für den Transit einer russischen Handelsflotte offenstand. Ein wesentliches Hemmnis war der Zoll, den Dänemark am Sund erhob, also am Ausgang von der Ostsee in die Nordsee. Um den russischen Handel vom Sundzoll zu befreien, befasste sich Peter I. während des Kriegs gegen Schweden mit zwei Infrastrukturprojekten, die zwei deutsche Territorialstaaten in den Fokus der russischen Diplomatie rückten: die Herzogtümer Holstein-Gottorp und Mecklenburg. Die Initiative ging dabei nicht von Russland aus. Zuerst wandte sich Holstein-Gottorp an den Zaren, von dem es sich Hilfe in der Rivalität mit Dänemark versprach. Um die Unterstützung des Zaren zu gewinnen, unterbreitete die holsteinische Diplomatie Peter den Vorschlag, einen Kanal durch Schleswig zu bauen, der russischen Handelsschiffen eine freie Durchfahrt von der Ost- zur Nordsee verschaffen könnte.

Folgenreicher als das holsteinische Projekt, das erst 1887 mit der Eröffnung des Kaiser-Wilhelm-Kanals Wirklichkeit wurde, war eine Offerte des Herzogs von Mecklenburg, der an russischer Unterstützung in seinem Konflikt mit den Ständen interessiert war und seine absolutistische Herrschaft durch die Einladung russischer Truppen absichern wollte. Mecklenburg sollte so als Truppenbasis für Russland im Krieg gegen Schweden dienen und zugleich infrastrukturell für den russischen Export geöffnet werden. Der Plan war, die Stadt Wismar von den Schweden zu erobern und sie durch einen Kanal mit der Elbe zu verbinden. Auch so sollte der Sundzoll umfahren werden.

Dieses Projekt erschien viel aussichtsreicher als das Angebot Holsteins. Mit der verlockenden Perspektive, eine von Russland kontrollierte Wasserstraße von Astrachan über Sankt Petersburg bis in die Nordsee und den Ozean zu schaffen, schloss Peter I. 1716 mit dem Herzog Karl Leopold von Mecklenburg ein Bündnis, das durch die Vermählung der Nichte des Zaren mit dem mecklenburgischen Herrscher bekräftigt wurde.

Es spricht viel dafür, dass wirtschaftlich-infrastrukturelle Motive für die Verbindung Russlands mit Mecklenburg wichtiger waren als die Nutzung des Herzogtums als antischwedisches Aufmarschgebiet.

Auch in der Wahrnehmung Westeuropas stach der verkehrspolitische Aspekt hervor: Die englische Regierung befürchtete, dass Russland mit dem Sieg über Schweden und der Erschließung eines direkten Wegs in die Nordsee den Handel mit kriegswichtigen Rohstoffen wie Holz, Hanf und Flachs kontrollieren könnte. Eine solche Beherrschung des Marktes durch Russland erschien auch politisch gefährlich.

Dazu kam ein Systemgegensatz: Indem Peter I. Truppen nach Mecklenburg verlegte und dem Schweriner Herzog so im Konflikt mit der mecklenburgischen Ritterschaft beistand, unterstützte er einen Rechtsbruch in einem Territorium, das dem Heiligen Römischen Reich zugehörte. Dieser Umstand rief das mit England verbundene Kurfürstentum Hannover und den Kaiser in Wien auf den Plan.

Die Reaktion der mittel- und westeuropäischen Staaten gegen Russland war erfolgreich: Die vereinte Diplomatie Londons, Wiens und Hannovers zwang Peter I., zurückzustecken und seinen Verbündeten im Schweriner Schloss aufzugeben. Durch eine Reichsexekution wurde Karl Leopold im Jahr 1719 entmachtet und aus seiner Residenz vertrieben. Die hochfliegenden Pläne Peters I., russische Rohstoffexporte über von ihm kontrollierte Verkehrswege auf die westeuropäischen Absatzmärkte zu lenken und den Handel zwischen dem Kaspischen Meer und der Nordsee zu beherrschen, waren an der konzertierten Abwehr europäischer Staaten gescheitert.

Trotzdem endete der erste West-Ost-Konflikt der neuzeitlichen Geschichte Europas nicht mit einer Niederlage Russlands. England verfolgte in der Schlussphase des Krieges das Ziel einer vollständigen Einhegung Russlands, um dessen Position bei der Ausfuhr von Schiffbaumaterialien dauerhaft zu schwächen. Die Londoner Diplomatie versuchte daher, die russische Eroberung der schwedischen Provinzen Estland und Livland rückgängig zu machen und das Zarenreich wieder von der Ostsee zu verdrängen.

Um dies abzuwehren, suchte Petersburg die Unterstützung Preußens – mit Erfolg. In dem engen Bündnis zwischen Petersburg und Berlin, das nun entstand, dienten antipolnische Interessen beider Staaten von Anfang an als Bindemittel. Englands Versuch, Russland wieder von der Ostsee abzuschneiden, scheiterte. Russlands

Interesse am Aufbau von Handelswegen, um seine Rohstoffexporte zu sichern, führte zu einem mächtepolitischen Gegensatz mit England und zu einer langlebigen Verbindung zwischen Russland und Preußen, die durch den Siebenjährigen Krieg (1756–1763) nur vorübergehend unterbrochen wurde. Im 18. und 19. Jahrhundert sollten beide Staaten zusammen mit der Habsburgermonarchie fast ununterbrochen ein Subsystem der europäischen Staatenwelt bilden.

Wirtschaftlich begründete Infrastrukturprojekte katalysierten also die Entstehung einer engen Verbindung zwischen Petersburg, Berlin und Wien. Deren machtpolitische Logik blieb auch dann wirksam, als die baltischen Verkehrsprojekte Peters I. längst in Vergessenheit geraten waren. Auf das Bündnis mit Preußen und Österreich gestützt, knüpfte Katharina II. in den Teilungen Polens an die alte Expansionspolitik an, die nicht zuletzt darauf zielte, die ukrainischen Territorien dem Zarenreich einzuverleiben. Mit der Expansion nach Süden eröffneten sich für Russland neue Verkehrswege über das Schwarze Meer und das Mittelmeer. Als Massengut trat russisches Getreide an die Stelle der für den Segelschiffbau nötigen Rohstoffe. Die überragende Bedeutung, die die Ostsee als Verkehrsweg für den russischen Export im 18. Jahrhundert gespielt hatte, ging im 19. Jahrhundert an das Schwarze Meer über.

Die Gasleitungen Nord Stream 1 und 2 haben die Ostsee wieder ins Zentrum von russischer Rohstoffausfuhr und Geopolitik gerückt. Wie in der Epoche Peters I., als Russland erstmals durch umfangreiche Rohstoffexporte mit Europa in Handelsbeziehungen trat, spielen auch heute das fiskalische Interesse und die Rüstungsbestrebungen des russischen Staates eine wesentliche Rolle. Wie damals besitzt der Staat auch heute eine Schlüsselposition beim Export russischer Rohstoffe. Solange es sich bei Gas um einen Anbietermarkt handelt, ist er durch europäische Regulation kaum zugunsten der Verbraucher zu verändern.

Eine Analogie besteht auch in dem russischen Bestreben, den Handel durch die Errichtung von Infrastrukturen zu kontrollieren und die Abschöpfung von Gewinn durch Drittstaaten zu verhindern, seien es Schweden und Dänemark in der Frühneuzeit oder Polen und die Ukraine heute. Dass Mecklenburg in beiden Fällen die Zielregion der russischen Infrastrukturplanung ist, gehört zu den nur kontingenten Parallelen zwischen den Projekten Peters I. und Putins. Alles andere als zufällig ist es hingegen, dass die Etablierung von Handelsrouten und Verkehrswegen, die darauf abzielten, eine dominierende Marktposition zu erringen oder abzusichern, erhebliche Gegenwirkungen in der internationalen Politik hervorgerufen haben. Sie begründeten oder verstärkten einen West-Ost-Gegensatz, der in der Frühneuzeit von London und heute vor allem von Washington mit Russland ausgetragen wird.

Deutschland beziehungsweise deutsche Territorien machten sich zu Vertragspartnern Russlands, während ostmitteleuropäische und baltische Staaten ihre Sicherheit bedroht sahen. So bildeten sich zu Beginn des 18. Jahrhunderts Subsysteme der europäischen Politik. In Bezug auf Nord Stream 2 muss man von einer spaltenden Wirkung innerhalb der Europäischen Union sprechen.

Bei allen Ähnlichkeiten ist ein Unterschied nicht zu übersehen: Die Infrastrukturpolitik Peters I. war in erster Linie von handelspolitischen und fiskalischen Interessen getrieben. Die mit Nord Stream verbundenen Motive hatten von Anfang an einen starken geopolitischen Akzent. Es ging darum, die Ukraine mit dem Bau der Leitungen durch die Ostsee zu umgehen, sie als Transitland für Gas bedeutungslos zu machen und ihr damit ein Druckmittel im Konflikt mit Russland zu entziehen.

Geschichte wiederholt sich nicht, zu verschieden sind die Kontexte in der Frühneuzeit und heute. Der Zusammenhang zwischen Rohstoffexport, dem handelspolitischen Interesse am Aufbau und der Kontrolle von Verkehrswegen und den damit verbundenen machtpolitischen Implikationen ist jedoch konstant. Große Infrastrukturprojekte – Nord Stream ist eines der größten derzeit in Europa – verändern tiefgreifend den sozialen und politischen Raum. Sie verändern die Relationen zwischen Marktteilnehmern und verschieben, wenn es um den Handel mit knappen Ressourcen geht, Machtbeziehungen.

Ganze Staaten können aus dem Zentrum des Handels an die Peripherie verdrängt werden. Diese Einbuße bemisst sich nicht nur in Transfergebühren, sondern ist auch sicherheitspolitisch relevant. Russland ist als Rohstoffgroßmacht in das europäische

Staatensystem aufgestiegen. Die Rolle, die es heute in Europa und weltweit spielt, wie auch seine revisionistische Mächtepolitik gegenüber der Ukraine haben dieselbe Grundlage.

Die historische Einsicht in diese Beziehung mag hilfreich für die „public diplomacy" sein: Nord Stream 2 als „rein privatwirtschaftlich" (Olaf Scholz) zu bezeichnen mag in rechtlicher Hinsicht korrekt sein, in der internationalen Kommunikation verfehlt es die Wahrnehmung der anderen europäischen Staaten auf fast groteske Weise. Nur wenn man eingesteht, dass bei dem Projekt „natürlich auch politische Faktoren zu berücksichtigen sind" (Angela Merkel) und dass es „geopolitische Implikationen" (Annalena Baerbock) hat, gewinnt man die Chance, einen Ausweg aus den Abhängigkeiten zu finden, die mit Nord Stream geschaffen wurden.

Noch immer bestimmen jedoch gemischte und widersprüchliche Botschaften die Kommunikation der deutschen Politik gegenüber dem Kreml. Eingeklemmt zwischen dem eingeschlagenen Pfad nationaler Energiepolitik und den europäischen und atlantischen Erwartungen in der aktuellen Krise, geraten die Sprechakte der deutschen Politik immer wieder diffus und missverständlich. Darin kommt ein grundsätzliches Orientierungsproblem der deutschen Wahrnehmung Russlands zum Ausdruck. Den äußerst wirkungsvollen Geschichten Putins wird man nur begegnen können, wenn die Gesellschaften Mittel- und Westeuropas zu einem gemeinsamen Grundverständnis ihrer Geschichte mit Russland kommen.

***

Martin Schulze Wessel lehrt Geschichte Ost- und Südosteuropas an der Ludwig-Maximilians- Universität München und ist zurzeit Fellow am St. Antony's College, Oxford.

Erschienen in der F.A.Z. vom 24.01.2022, Seite 7

Auf dem Sprung

Die Zeit scheint gekommen, um die Stärke der chinesischen Nation auf der Weltbühne in vollem Umfang zu entfalten: Xi Jinping und die dritte Resolution zur Geschichte der Kommunistischen Partei Chinas

Professor Dr. Daniel Leese

Am 11. November 2021 verabschiedete das 6. Plenum des 19. Zentralkomitees der Kommunistischen Partei Chinas eine Resolution mit dem Titel „Über die großen Erfolge und die historischen Erfahrungen des hundertjährigen Kampfes der Partei". Seit der Gründung der KPCh im Jahr 1921 war dies erst das dritte Mal, dass ein Parteiführer die autoritative Bewertung der Vergangenheit für notwendig erachtete.

Mao Tse-tung hatte im April 1945 erstmals eine Geschichtsresolution beschließen lassen, in welcher sein Ausnahmestatus als politischer Führer offiziell bekräftigt und seine Interpretation des Marxismus-Leninismus zur unumschränkten Leitideologie erhoben wurde. Die Resolution selbst bestand vorwiegend aus einer Einteilung der jüngeren Parteigeschichte in Phasen rechter oder linker Abweichungen vom korrekten Pfad. Geschasste Führungskader wurden harsch kritisiert, aber nicht hingerichtet. Die Resolution zementierte somit Maos Rolle als politischer und ideologischer Übervater der Partei.

Im Juni 1981 verabschiedete das Zentralkomitee der Partei unter Führung Deng Xiaopings eine zweite Geschichtsresolution. Anlass war die Frage nach dem Umgang mit dem Erbe der Kulturrevolution sowie eine Neubewertung der historischen Rolle Mao Tse-tungs. Die Resolution etablierte die offizielle Deutung Maos als tragischen Helden, der das Land mit seiner Kulturrevolution aus hehren Motiven ins Chaos gestürzt und damit schwere Fehler begangen habe, aber keine Verbrechen. Diese wurden den „Cliquen" um Maos Frau Jiang Qing und den vormaligen Verteidigungsminister Lin Biao angelastet. Mao blieb der Partei damit als widersprüchliches Symbol erhalten.

Die „Mao-Tse-tung-Ideen" wurden nunmehr nachträglich als kollektive Leistung der ersten Führungsgeneration der Partei interpretiert. Eine Abkehr vom Personenkult und die Etablierung innerparteilicher Kontrollinstanzen sollten dafür sorgen, dass sich kein Parteiführer je wieder über die Organisation würde aufschwingen können. „Nie wieder Kulturrevolution" wurde zum Credo der frühen Reformära.

Nach der blutigen Niederschlagung der gesellschaftlichen Proteste im Frühsommer 1989 trat die öffentliche Auseinandersetzung mit den umstrittenen Phasen der Parteigeschichte in den Hintergrund. Wirtschaftswachstum und die Bewahrung politischer Stabilität wurden nunmehr zu zentralen Pfeilern, um die Herrschaft der KPCh zu legitimieren. In Anbetracht zunehmender sozialer Ungleichheit wuchs aber zugleich die Kritik an korrupten Funktionären und einem generellen Werteverlust. Nostalgische Rückbesinnungen auf die Mao-Zeit gewannen an Einfluss.

Besonders lautstark forderten neomaoistische Gruppen die Rückkehr zu einer Politik nationaler Stärke und egalitären Gesellschaftsstrukturen. Zielscheibe ihrer Kritik wurden vor allem Jiang Zemin und die „Shanghai-Fraktion", die den Beitritt Chinas zu der Welthandelsorganisation (WTO) und Wirtschaftsreformen vorangetrieben hatten. Kritik galt auch der mit Jiang verbundenen Theorie des „Dreifachen Vertretens", welche unter anderem Privatunternehmern als Vertretern der „fortschrittlichen Produktivkräfte" die Mitgliedschaft in der Partei gewährte. Damit stand die Frage im Raum, was genau unter „Sozialismus chinesischer Prägung" zu verstehen sei: korruptes Oligarchentum, eine schleichende demokratische Transformation oder die Suche nach einem neuen sozialistischen Entwicklungspfad.

Seit Xi Jinping auf dem 19. Parteitag im Oktober 2017 eine Zeitenwende ausgerufen hatte, stand die Notwendigkeit einer neuen Geschichtsresolution im Raum. Es galt, die Reformperiode zu bewerten und Xis politische Agenda zu erläutern. Die Verabschiedung des Dokuments war daher keine Überraschung. Dennoch unterscheidet sich die historische Ausgangslage. Sowohl 1945 als auch 1981 waren die politischen Schlachten im Hintergrund bereits geschlagen, Mao und Deng fest in ihren neuen Rollen etabliert. Die Resolutionen repräsentierten einen Konsens innerhalb der neuen Führungseliten, der stets mit expliziter Kritik an jenen einherging, die den Machtkampf verloren hatten. Beide Resolutionen legten den Schwerpunkt daher auf die Auseinandersetzung mit historischen Problemen und deren Ursachen, um die neue Führung zu legitimieren.

Die Resolution des Jahres 2021 zieht dagegen große Linien einer konkreten Fehleranalyse vor. Sie konzentriert sich vor allem auf Erfolge, um aus der Geschichte eine „historische Mission" abzuleiten: Unter der Führung Xi Jinpings sollen bis 2035 die Grundlagen des machtpolitischen Aufstiegs der Volksrepublik gelegt werden. Bis Mitte des 21. Jahrhunderts soll China eine moderne sozialistische Großmacht geworden sein. Geschichte dient als Hintergrundfolie, um politische Entscheidungen der Gegenwart zu legitimieren und einen Erwartungshorizont für die Zukunft aufzuspannen. Nicht kritische Rückschau, sondern Stolz auf Partei und Nation stehen im Zentrum. Damit bleibt Xi seiner schon 2013 eingeschlagenen Linie treu, Revolutions- und Reformära nicht gegeneinander auszuspielen zu lassen.

In Anbetracht der hochgradig intransparenten Entscheidungsvorgänge innerhalb der Partei lassen sich, anders als 1945 und 1981, aktuell nur Mutmaßungen über den Umfang der Machtkonsolidierung Xi Jinpings anstellen. Unter professionellen China-Beobachtern konkurrieren daher zwei konträre Deutungen: Während die einen die Resolution als Ausdruck seiner endgültigen machtpolitischen Durchsetzung betrachten, erkennen andere darin einen rein symbolischen Anspruch, der die ungelösten Verwerfungen innerhalb der Partei zu übertünchen trachte.

Interessant vor diesem Hintergrund sind die offiziellen Angaben über den Entstehungskontext, die gleichzeitig mit der Veröffentlichung der Resolution gemacht wurden. Demnach wurde im März 2021 eine Kommission unter Vorsitz Xi Jinpings mit der Aufgabe betraut, eine neue Geschichtsresolution abzufassen. Nur zwei Mitglieder des Gremiums wurden namentlich bekannt gegeben: Wang Huning und Zhao Leji. Die Teilnahme Wangs war zu erwarten, da er bereits unter Xis Vorgängern wesentlichen Einfluss auf die Ausformulierung der Parteiideologie genommen hatte. Unter Xi ist er zum maßgeblichen Hüter des Parteidiskurses geworden. Zhao Leji hingegen leitet die Zentrale Disziplinarkommission. Sein Portfolio erstreckt sich auf die Verfolgung von Verstößen gegen Parteinormen, nicht auf Theoriearbeit. Wang und Zhao repräsentieren in der Parteidiktion somit „Pinsel" und „Schwert" der Führung. Zhaos Teilnahme dürfte die Bereitschaft zu einer kritischen Infragestellung des Entwurfs nicht bestärkt haben.

Öffentlich betont die Parteiführung den Konsultationscharakter des Entstehungsprozesses. Mehr als 1600 Änderungsvorschläge seien von Personen und Gruppen innerhalb und außerhalb der Partei gemacht worden, davon habe ein knappes Viertel Eingang gefunden, heißt es. Auf dem 6. Plenum des Zentralkomitees seien schließlich noch einmal 138 Änderungsvorschläge gemacht worden, von denen 22 aufgenommen worden seien. Über deren Inhalt wurde nichts verlautbart. Es erscheint jedoch unwahrscheinlich, dass ähnlich fundamentale Kritik geäußert wurde wie im Entstehungsprozess der zweiten Resolution, als Deng Xiaoping intervenieren musste, um seine Deutung durchzusetzen.

Die Resolution hat programmatischen Charakter. Mit ihrer Verabschiedung etabliert die Parteiführung eine autoritative Bewertung von Vergangenheit und Gegenwart sowie einen neuen Rahmen des politisch Sagbaren. Das Dokument hat absoluten Geltungsanspruch und wird damit auch für journalistische und wissenschaftliche Textproduktion der verbindliche Referenzpunkt. Zentrale Inhalte werden mit umfangreichem exegetischem Material zunächst von den 95 Millionen Parteimitgliedern einstudiert und dann weiter in die Gesellschaft getragen. Kritik an der offiziellen Deutung ist nunmehr justiziabel, und innerparteiliche Versuche einer Unterminierung von Xis Rolle kämen einem Putschversuch gleich. Damit ist die Verabschiedung der Resolution für Xi zweifellos ein wichtiges Instrument der Machtsicherung.

Im Einzelnen umfasst die Resolution mehr als 36 000 Schriftzeichen und ist in sieben Teile sowie eine Präambel gegliedert. Die Präambel setzt den Ton, der durchweg von Pathos gekennzeichnet ist. Mit Rückgriff auf die erste Strophe der Mao-zeitlichen Hymne „Der Osten ist rot" wird ein Leitmotiv intoniert: Die Partei habe für das Glück des chinesischen Volkes Sorge zu tragen und das Wiedererstarken der chinesischen Nation zu realisieren. Es folgen vier

Kapitel, die chronologisch vier historische Epochen charakterisieren. Mit Abstand am umfangreichsten ist das vierte Kapitel, das, aufgefächert in 13 Themenfelder, die politischen Erfolge Xis einordnet. Die letzten drei Kapitel thematisieren die historische Bedeutung der Parteigeschichte in fünf Punkten, ziehen zehn bedeutende historische Lehren und enden schließlich mit dem Appell, unter Führung Xi Jinpings den Traum von Wohlstand und Stärke der chinesischen Nation zu realisieren. Nachgeordnete Propagandaorgane fassen das Dokument daher oft mit der Chiffre „4135101" (vier Epochen, dreizehn Erfolge, fünf Bedeutungen, zehn Lehren, ein Appell) zusammen, um die Kernbotschaften besser memorierbar zu machen.

Die Grundstruktur des Dokuments präsentiert eine Fortschrittserzählung, die auf einem Konzept historischer „Sprünge" (feiyue) basiert. Jede der vier Epochenscheiden wird im chinesischen Original (aber nicht in der englischen Übersetzung) als „gewaltiger Sprung" beschrieben. Inwiefern hier ein bewusster Rückzug auf klassische sozialistische Theorien stattfindet, insbesondere auf Lenins Überlegungen zur Dialektik und zu dem sprunghaften Umschlag von „Quantität in Qualität", bleibt offen. In der Auslegungsliteratur für Parteimitglieder erhält die Darstellung der Sprünge daher, trotz aller Betonung des historischen Materialismus, einen quasi-magischen Beiklang. Als erkenntnistheoretisches Grundgerüst zur Analyse von Geschichte und Gegenwart wird weiterhin die Trias von „Standpunkt, Gesichtspunkt und Methode" herausgestellt, wobei alle drei nur vage auf Marxismus und Dialektik bezogen werden. In Ermangelung sozialistischer Theoriearbeit drängt sich daher eine machtpolitische Lesart des Dokuments auf.

Der zentrale Bezugsrahmen der Fortschrittserzählung ist nicht mehr die klassische Abfolge marxistischer Gesellschaftsstufen, sondern Wohlstand und Stärke der Nation im internationalen Vergleich. So sei China während der als „neudemokratisch" bezeichneten Phase von Partei- bis Staatsgründung (1921–1949) sowie in der folgenden Phase sozialistischen Aufbaus (1949–1978) „aufgestanden". In der Reformära (jetzt: 1978–2012) sei das Land „reich geworden". In der aktuellen Periode gelte es, die Stärke der chinesischen Nation auf der Weltbühne in vollem Umfang zu entfalten. Der Klassentheorie wird demgegenüber nur noch historische Bedeutung beigemessen.

Zusätzlich zu den vier historischen Sprüngen werden drei weitere theoretische Sprünge postuliert, die sich jeweils auf eine Anpassung der marxistischen Lehre an die konkreten Umstände beziehen. Anders als in der Reformphase, als mit individuellen Personen verbundene Leitideologien immer erst im Nachhinein kanonisiert wurden, besteht ein zentrales Anliegen der Resolution darin, den „Xi-Jinping-Ideen des Sozialismus chinesischer Prägung im neuen Zeitalter" überragende Bedeutung zuzuschreiben. Sie repräsentieren den Theoriesprung der aktuellen Epoche und haben damit den gleichen Ausnahmestatus wie die Mao-Tse-tung-Ideen während der ersten beiden Perioden. Die Theoreme der unterschiedlichen Parteiführer der Reformzeit werden kollektiv als zweiter Sprung der „Sinisierung des Marxismus" bezeichnet. Aus der Geschichte wird damit sowohl der politische Führungsanspruch Xi Jinpings als auch der Ausnahmecharakter seiner Theorien abgeleitet.

Insgesamt ist die Darstellung der historischen Epochen vor Amtsantritt Xis betont kurz gehalten. Dies wird damit begründet, dass die „grundlegenden Beschreibungen und Wertungen" der beiden vorangegangenen Resolutionen noch immer gültig seien. Wo immer möglich, werden kritische Phasen ausgeblendet und Kontinuitäten betont. So wird der Große Sprung nur gestreift. Zwar wird er als „Fehler" bezeichnet, aber von den Dutzenden Millionen Opfern oder auch nur von Bedauern ist keine Rede. Die Kulturrevolution wird als „Desaster" und „komplette Fehleinschätzung" Mao Tse-tungs beschrieben. Hier bleibt die grundsätzliche Bewertung also gleich, aber deren historischer Status wird massiv relativiert. Ursachenforschung kommt keinerlei Bedeutung mehr zu.

Die brutale Unterdrückung der gesellschaftlichen Proteste im Frühsommer 1989 erscheint in einem Paragraphen, der sich ansonsten vor allem mit der erfolgreichen Bekämpfung von Naturkatastrophen beschäftigt. Es wird zwischen der internationalen Großwetterlage sowie dem nationalen Binnenklima unterschieden und auf den Einfluss feindlicher Kräfte aus dem Ausland verwiesen, die zu den „schweren politischen Turbulenzen" geführt hätten. Das „Chaos" sei aber entschlossen und „gestützt auf das Volk" unterbunden und damit die „Macht des sozialistischen Staates" und die „grundlegenden Interessen des Volks" gewahrt worden. Sollten in

Dissidentenkreisen Hoffnungen auf eine Neubewertung bestanden haben, macht das Dokument diese zunichte.

Die wichtigste Frage an die Resolution ist jedoch: Warum war es überhaupt notwendig, eine neue Ära auszurufen? Und worin unterscheidet sich die gegenwärtige Epoche konkret von der Reformära? Hier bestand vorab erhebliches Konfliktpotential. In Anbetracht des übergeordneten Ziels nationalen Machtzuwachses erschien direkte Kritik an Xis Vorgängern offenbar als nicht opportun und wird nur implizit geäußert. Während der historische Abriss die positiven Beiträge seiner Vorgänger betont, verweist Kapitel vier jedoch auf die zahlreichen ungelösten Probleme, die Xi Jinping geerbt habe, und listet dessen Errungenschaften auf. Hierbei verwebt die Resolution zahlreiche Fragmente älterer Texte und hat oft eher deklarativen als analytischen Charakter.

Die eindringlichsten Passagen stehen gleich zu Beginn dieses Kapitels und befassen sich mit dem Zustand der Partei bei Amtsübernahme Xis. So wird vor allem die vormalige Durchsetzungsschwäche der Parteizentrale beklagt, die sich unter anderem in der Ausbildung mächtiger innerparteilicher Interessengruppen sowie von Korruption und lokaler Indifferenz gegenüber zentralstaatlichen Maßnahmen manifestiert habe. Ohne Schuldige zu benennen, wird darauf verwiesen, dass die Partei „zeitweise" nicht strikt genug geführt worden sei. Auch gegenüber dem Militär sei der Führungsanspruch nicht immer klar genug artikuliert worden. Diese Führungsschwäche habe sich partiell in einem Glaubensverlust unter den Parteimitgliedern niedergeschlagen. Hier übernimmt die Resolution zahlreiche Metaphern einer Rede Xis aus dem August 2013, in welcher er marxistische Ideale als das geistige „Kalzium" der Partei ausgemacht und konstatiert hatte, dass vielfach ein Zustand „geistiger Osteoporose" vorherrsche. Dieser Situation sei nur mit Härte und einem Appell an die ursprünglichen Ideale und Tugenden der Bewegung abzuhelfen.

Als größte Gefahr für den langfristigen Machterhalt der Partei wird die Korruption benannt. Ähnlich hatte sich bereits im Jahr 2015 Xis enger Vertrauter Wang Qishan in einem Gespräch mit Francis Fukuyama geäußert, dem er bei dieser Gelegenheit vor allem demonstrieren wollte, dass die Geschichte nicht nur ein mögliches

Ende kenne. Antikorruptionskampagnen, machtpolitische Zentralisierung und die Schärfung des politischen Bewusstseins werden als entscheidende Grundlagen präsentiert, um die einmalige Chance ergreifen zu können, das globale Machtgefüge zu verschieben. Anders als in den ersten beiden Resolutionen werden die ehemaligen Gegner der neuen Führung, etwa Bo Xilai, nur kursorisch erwähnt. Ihr Gefahrenpotential wird offenbar als gering eingeschätzt.

Die weiteren Abschnitte des Kapitels zeichnen Schwerpunktsetzungen Xis in unterschiedlichen Politikfeldern nach, ohne jedoch Neues zu bieten. Im Bereich der Wirtschaft wird die Abkehr von einer reinen Fixierung auf Wachstumsraten herausgestellt und die Hinwendung zu Innovation, Qualität und der Bewahrung des ökologischen Gleichgewichts betont. Die Resolution predigt keinen Rückfall in politische oder ökonomische Isolation. Sie stellt jedoch die Notwendigkeit von Unabhängigkeit in Schlüsselbereichen heraus und priorisiert im Kontext von Xis „Neuem Entwicklungskonzept" die Stärkung des innerchinesischen Warenkreislaufs. Ganz im Sinne des 2017 verkündeten neuen Hauptwiderspruchs steht dabei die Beseitigung der „unausgewogenen und ungenügenden Entwicklung" im Zentrum. Eine gerechtere Einkommensverteilung wird angekündigt und „gemeinsamer Wohlstand" als Ziel ausgegeben. Großvorhaben wie die Seidenstraßen-Initiative werden nur kurz angerissen und eine „qualitativ hochwertige" Entwicklung angemahnt.

Das Ziel einer Wiedervereinigung mit Taiwan wird als zentrale Aufgabe der Partei benannt. Entsprechend scharf ist die Kritik an jeglichen Zugeständnissen gegenüber „separatistischen Kräften". Zeit und Umstände seien eindeutig aufseiten der Volksrepublik. Die Situation in Hongkong sei, dank des Durchgreifens der Zentralregierung, stabilisiert und werde zu mehr Wohlstand und Patriotismus führen. Jegliche Hinweise auf die Ursachen der massiven gesellschaftlichen Proteste fehlen. Stattdessen wird das „rechtsgestützte" Vorgehen der Sicherheitskräfte betont. Die Konflikte in Xinjiang und Tibet finden keine gesonderte Erwähnung. Herausgestellt wird hingegen die Leitvorstellung einer nationalen „Gemeinschaft" (gongtongti) auch im Rahmen der Minderheitenpolitik. Insgesamt ist nationale Sicherheit, verstanden als „holistisches" Konzept, prominent in der Resolution verankert. Angriffe und Unterwanderungsversuche drohten in allen Bereichen. Hier sei es wichtig, nirgendwo einen Millimeter nachzugeben. Zugeständnisse würden als Schwäche interpretiert und daher nur neue Forderungen nach sich ziehen.

Insgesamt durchzieht die Vorstellung eines parteistaatlichen Paternalismus die Resolution wie ein roter Faden: Die Partei plant das Glück für das Volk, stärkt die globale Anziehungskraft der chinesischen Kultur und macht China zu einer Großmacht. Dabei gelte es, sich nicht auf Erfolgen auszuruhen, sondern stetig die Effizienz des eigenen Regierens zu optimieren. Der Umgang mit der Corona-Krise sowie die Überwindung der absoluten Armut in allen Landesteilen werden besonders herausgestellt. Auch die demographische Krise sei erkannt und durch erfolgreiche Gegenmaßnahmen gebannt worden. Entscheidend sei generell die Stärkung der Verbindung zwischen Volk und Partei. Die Resolution betont dabei auch Rechtsstaatlichkeit und Demokratie, allerdings in scharfer Zurückweisung westlicher Modelle der Gewaltenteilung. Vielmehr wird auf die Praxis einer „konsultativen Demokratie" (xieshang minzhu) verwiesen, in welcher die Partei wichtige gesellschaftliche Ideen und Stimmen aufnehme und in politische Maßnahmen transformiere. Letztlich scheint dahinter eine zeitgenössische Version der maoistischen Idee der Massenlinie durch. Durch eine allgemeine Verrechtlichung der Sonderstellung der Partei, etwa in der Verfassung, soll schließlich Kritik an Willkürherrschaft der Wind aus den Segeln genommen werden.

Die entscheidende Aufgabe der Resolution ist es, Xi Jinping als politischen Führer und theoretischen Kopf der Partei über jeden Zweifel erhaben zu machen. Fast jede mediale Zusammenfassung verweist daher auf das „zweifache Etablieren" (liang ge queli). Damit wird erstens auf die Etablierung Xi Jinpings als „Kern" der Parteizentrale und der gesamten Partei verwiesen sowie zweitens die Vorrangstellung seiner Ideen betont. Nachdem die zweite Resolution noch vor Personenkulten gewarnt hatte, scheint die Parteiführung jetzt vom Gegenteil überzeugt. Ohne die symbolische Überhöhung des Parteiführers droht offenbar die Gefahr organisatorischer Desintegration. Folglich fehlt der Begriff des Personenkults im Dokument. Zwar finden sich minimale Zugeständnisse, indem Xis Rolle an die Parteizentrale rückgebunden wird und er nicht als alleiniger, sondern als „Hauptschöpfer" des nach ihm benannten Gedankengebäudes bezeichnet wird. In Anbetracht der impliziten Kritik an seinen Vorgängern weist die Resolution Xi Jinping jedoch eine Ausnahmestellung zu, an die einzig der frühe Mao Tse-tung noch heranreicht.

Ungeklärt lässt die Resolution hingegen die Achillesferse aller autokratischen Systeme: die Regelung der Nachfolge. Hier scheint das Dokument vielmehr das Fundament für eine bislang nicht vorgesehene Verlängerung der Herrschaftsperiode Xi Jinpings auf dem 20. Parteitag Ende 2022 zu legen. So richtet die historische Resolution letztlich alle Aufmerksamkeit auf die großen Aufgaben der Zukunft und lässt keinen Zweifel daran, dass nur ein Mann geeignet scheint, den machtpolitischen Aufstieg Chinas anzuführen. 45 Jahre nach Ende der Kulturrevolution lässt sich damit die Rückkehr zum Modell charismatischer Herrschaft in der Volksrepublik China konstatieren, trotz aller bekannten Gefahren und Probleme.

***

Daniel Leese lehrt Sinologie an der Albert-Ludwigs-Universität Freiburg im Breisgau.

Erschienen in der F.A.Z. vom 31.01.2022, Seite 6

Der falsche Charme der Schaukelpolitik

Von der ersten Teilung Polens 1772 bis Nord Stream 2: Die Geschichte der deutsch-russischen Beziehungen ist ein schwieriges Erbe – heute vor allem für die Sozialdemokratie

Professor Dr. Heinrich August Winkler

Deutschland und Russland: Das scheint eine unendliche Geschichte zu sein. Hierzulande mag man es vergessen haben, in Polen aber wird gerade in diesem Jahr 2022 immer wieder daran erinnert werden: Vor 250 Jahren, im August 1772, begannen Preußen und Österreich zusammen mit dem russischen Zarenreich, Polen unter sich aufzuteilen. Der ersten polnischen Teilung folgten bis zum Ende des 18 Jahrhunderts zwei weitere. Es sollten nicht die letzten bleiben.

Ein anderes Schlüsselereignis der wechselhaften deutsch-russischen Geschicł.te jährt sich im April zum hundertsten Mal: Am 16. April 1922, dem Ostersonntag, unterzeichneten der deutsche Außenminister Walther Rathenau und sein sowjetrussischer Kollege Georgi Wassiljewitsch Tschitscherin am Rand einer Weltwirtschaftskonferenz in Genua den von Legenden umwobenen Vertrag von Rapallo: ein scheinbar harmloses Dokument, in dem zwei Verlierer des Weltkriegs die Wiederaufnahme diplomatischer Beziehungen, Erleichterungen im Handel und den gegenseitigen Verzicht auf Kriegsentschädigungen vereinbarten.

Der sozialdemokratische Reichspräsident Friedrich Ebert hatte die von Reichskanzler Joseph Wirth geführte deutsche Delegation bei der Konferenz von Genua eindringlich vor einem deutsch-russischen Alleingang gewarnt. Ebert sah in einem solchen Schritt eine Provokation der westlichen Siegermächte. Außenminister Rathenau teilte diese Einschätzung, wurde aber vor Ort vom Leiter der Ostabteilung des Auswärtigen Amtes, Ago von Maltzan, einem der energischsten Verfechter einer Annäherung der beiden weltpolitischen „have-nots", ausmanövriert. Auch Reichskanzler Wirth vom katholischen Zentrum, innenpolitisch eher links, außenpolitisch ein Nationalist, drang auf den Abschluss des Vertrags.

Ebenso wie dem Chef der Heeresleitung, General Hans von Seeckt, ging es ihm um einen deutsch-russischen Schulterschluss zulasten des 1918 neu erstandenen, unabhängigen Polens.

Polen müsse zertrümmert und Deutschland wieder ein unmittelbarer Nachbar Russlands werden, wie vor 1914, bemerkte Wirth im Oktober 1922 gegenüber dem deutschen Botschafter in Moskau, Ulrich Graf von Brockdorff-Rantzau. Der von Wirth gern zitierte Seeckt, einer der Pioniere der geheimen Kooperation zwischen der Reichswehr und der Roten Armee, hatte kurz zuvor in einem Memorandum festgehalten, Polens Existenz sei „unerträglich, unvereinbar mit den Lebensbedingungen Deutschlands. Es muss verschwinden durch eigene Schwäche und durch Russland – mit unserer Hilfe."

Obwohl nichts von alledem im Vertrag von Rapallo stand, wirkte er so, wie Ebert es befürchtet hatte: Besonders Frankreich war aufs Höchste alarmiert und unterstellte Deutschland eine verborgene revanchistische Agenda. Der Vertrag vom April 1922 war nicht der einzige, aber ein wichtiger Grund der französisch-belgischen Ruhrbesetzung im Januar 1923, der das Deutsche Reich rasch an den Rand des Abgrunds brachte. „Rapallo" wurde zum Inbegriff einer deutschen Schaukelpolitik zwischen West und Ost, und das über das Ende der Weimarer Republik hinaus.

Nachdem der fanatische Antibolschewist Adolf Hitler im August 1939 seinen als Nichtangriffspakt getarnten Doppelangriffspakt mit Stalin geschlossen hatte, konnte er nicht nur verwirklichen, was Wirth, Seeckt und viele andere deutsche Nationalisten seit Langem erträumt hatten, nämlich die Zertrümmerung Polens und die Wiederherstellung einer gemeinsamen deutsch-russischen Grenze. Er konnte auch den Zweiten Weltkrieg entfesseln, an dessen Ende es kein Deutsches Reich mehr gab.

Nach 1945 war fast alles anders. Deutschland schrumpfte de facto auf das Gebiet westlich der Oder und der Görlitzer Neiße. Die Sowjetunion verwandelte ihre Besatzungszone, die spätere DDR, in eine der kommunistischen Diktaturen, aus denen der Ostblock bestand. Aus den drei westlichen Besatzungszonen wurde die Bundesrepublik Deutschland, die sich zu einer funktionierenden westlichen Demokratie entwickelte. Anders als in Weimar wurde in Bonn die rechte Mitte unter dem Gründungskanzler Konrad Adenauer (CDU) zum

Vorkämpfer der supranationalen Einigung Westeuropas, während die traditionell internationalistische Sozialdemokratie unter Kurt Schumacher und Erich Ollenhauer den nationalen Part übernahm und der Wiedervereinigung Deutschlands den Vorrang vor der Westintegration der Bundesrepublik gab.

Die Wahlergebnisse gaben Adenauer recht. Gegen Ende seiner vierzehnjährigen Kanzlerschaft standen Romantiker, die in der Tradition des konservativen Denkens von einer besonderen, gegen den vernunftgeleiteten Westen gerichteten deutsch-russischen „Seelenverwandtschaft" träumten, und Neutralisten rechter wie linker Couleur, die, nicht selten unter Berufung auf den Reichsgründer Otto von Bismarck, ein blockfreies Deutschland forderten, auf verlorenem Posten. Im Frühsommer 1960 stellte sich auch die SPD auf den Boden von Adenauers Westpolitik, was auch die NATO-Mitgliedschaft der Bundesrepublik einschloss.

Die „neue Ostpolitik" des ersten sozialdemokratischen Bundeskanzlers Willy Brandt nach dem Machtwechsel im Jahr 1969 beruhte auf ebendiesem Fundament – und wurde deshalb auch mit den westlichen Verbündeten, namentlich den Vereinigten Staaten, abgestimmt. Ermöglicht worden war die sozialliberale Öffnung nach Osten freilich erst dadurch, dass der amerikanische Präsident John F. Kennedy im Sommer 1963, wenige Monate vor seiner Ermordung, die Weichen in Richtung einer Ost-West-Entspannung gestellt hatte. Die Sowjetunion wiederum war nach dem Sturz des impulsiven Chruschtschow im Oktober 1964 in einem spezifischen Sinn zu einer konservativen Macht geworden: Unter der Führung von Leonid Breschnew ging es ihr vor allem um die Sicherung ihres Herrschaftsbereichs in Ostmittel- und Südosteuropa, wie er im Februar 1945 zwischen den Kriegsalliierten auf der Konferenz von Jalta vereinbart worden war. Die Sowjetunion stand für die Festigung des Status quo in Gestalt der Unverletzlichkeit der bestehenden Grenzen, besonders der deutsch-polnischen und der innerdeutschen.

Brandt war schon als Regierender Bürgermeister von Berlin nach dem Bau der Mauer im August 1961 zu der Einsicht gelangt, dass die Zweistaatlichkeit Deutschlands durch Adenauers „Politik der Stärke" allein nicht zu überwinden war, die Einheit der Nation aber trotz fortdauernder nationaler Spaltung aufrechterhalten werden musste. Deshalb galt es, einen „modus vivendi" für das geteilte Berlin und das geteilte Deutschland zu erreichen und über ein geregeltes Nebeneinander der beiden verfeindeten deutschen Staaten zu einem geregelten Miteinander zu gelangen. „Wandel durch Annäherung": Die berühmte Tutzinger Formel von Brandts engem Mitarbeiter Egon Bahr, danach Pressesprecher des Berliner Senats, vom Juli 1963 zielte darauf ab, durch einen Beitrag Deutschlands zur westlichen Entspannungspolitik die Spielräume der Bonner Republik zu erweitern, die DDR zu „entkrampfen", das Zusammenleben der Deutschen in Ost und West zu erleichtern und längerfristig die Spaltung Deutschlands und Europas zu überwinden.

Die Politik der Ostverträge fand ihren krönenden Abschluss in der Unterzeichnung der Helsinki-Schlussakte der Konferenz über Sicherheit und Zusammenarbeit in Europa (KSZE) im Sommer 1975. Erfolgreich war diese Politik, weil sich die gemeinsamen Interessen von Ost und West als stark genug erwiesen hatten, um die Entspannungspolitik auf eine vertragliche Grundlage zu stellen. Als die Regierungszeit der sozialliberalen Koalition im Sommer 1982 zu Ende ging, setzte die neue christlich-liberale Koalition unter Helmut Kohl die von den Unionsparteien zunächst heftig befehdete Ostpolitik nahtlos fort.

Die oppositionellen Sozialdemokraten versuchten nun ihrerseits in der sogenannten „zweiten Phase" der Ostpolitik, durch „Sicherheitspartnerschaften" mit den regierenden Parteien des Warschauer Pakt genannten östlichen Verteidigungsbündnisses, die Ergebnisse der ersten Phase zu sichern und auszubauen. Das gern beschworene „deutsche Interesse" trat dabei so stark in den Vordergrund, dass Interessen anderer dahinter zurücktreten mussten. Das bekamen sogleich die Bürgerrechtsgruppen des Ostblocks zu spüren, die sich bei ihren Forderungen auf die Menschenrechtsklauseln der Helsinki-Schlussakte beriefen – und in besonderer Härte die im Sommer 1980 gegründete unabhängige Gewerkschaft Solidarnosc in Polen. Diese galt manchen führenden deutschen Sozialdemokraten geradezu als friedensgefährdender Störfaktor. Das SPD-Präsidiumsmitglied Egon Bahr ging so weit, dass er im Herbst 1981 in einem Interview der Sowjetunion ein „selbstverständliches" Recht attestierte, militärisch zu intervenieren, falls Polen seine Zugehörigkeit zum Warschauer

Pakt infrage stellen sollte. Noch bevor diese Äußerung im Druck erschien, wurde im Dezember 1981 in Polen zwecks Unterdrückung der Solidarnosc das Kriegsrecht verhängt.

Während der Ära Gorbatschow, die 1985 begann, unternahm Bahr, neben Brandt der meistzitierte Kronzeuge in Sachen Ostpolitik, einen weiteren bemerkenswerten Versuch, die oppositionellen Sozialdemokraten als außenpolitischen Akteur zu profilieren. Er überredete den Parteivorsitzenden Willy Brandt, Gorbatschow gegenüber seine, Bahrs, Idee eines geheimen „back channel" zwischen dem Generalsekretär der KPdSU und dem Vorsitzenden der SPD zu unterstützen. Gorbatschow, der die politische Brisanz des Vorschlags erkannte, antwortete freundlich, aber unverbindlich. Der Geheimkontakt kam nicht zustande.

Die etatistischen, national verengten Denkmuster der zweiten Phase der sozialdemokratischen Ostpolitik wirken in Teilen der SPD auch heute noch nach, und das mehr als über drei Jahrzehnte nach der Wiedervereinigung Deutschlands. Die Sozialdemokraten berufen sich gern auf die vermeintlichen Lehren der Ost- und Friedenspolitik des Bundeskanzlers Willy Brandt, erwähnen aber nur selten die Vorbedingungen ihres Erfolges: das enge Zusammenwirken mit den westlichen Verbündeten und das sowjetische Interesse am damaligen Status quo. Nicht nur die Linkspartei, sondern auch viele Sozialdemokraten betonen seit Langem die moralische Bringschuld Deutschlands gegenüber Russland, und zwar einmal wegen des Vernichtungskrieges, mit dem das nationalsozialistische Deutschland die Sowjetunion seit 1941 überzogen hatte, zum anderen wegen der Friedenspolitik Michael Gorbatschows, der 1989/90 die Lösung der deutschen Frage im Zeichen von Einheit und Freiheit erlaubte. Dass die Weißrussen und die Ukrainer im Zweiten Weltkrieg nicht minder unter Deutschland zu leiden hatten als die Russen und darum ebenso wie diese deutsche Empathie erwarten können, bleibt meist außer Betracht.

Zu kurz kommt auch die Erkenntnis, dass Wladimir Putin sich in einer wesentlichen Hinsicht von Breschnew und seinen Nachfolgern unterscheidet: Er will den Status quo nicht bewahren, sondern radikal ändern. Wenn er schon die Ende 1991 aufgelöste Sowjetunion und den Warschauer Pakt nicht wiederherstellen kann, so will er doch so viel wie möglich von dem einstigen Einflussbereich Moskaus restaurieren. Putin bestreitet deshalb nicht nur das Recht ehemaliger Sowjetrepubliken wie Georgien und der Ukraine, dem atlantischen Bündnis beizutreten, sondern stellt auch die NATO-Mitgliedschaft Estlands, Lettlands und Litauens, der drei 1940 im Vollzug des Hitler-Stalin-Pakts annektierten baltischen Republiken, ja aller ehemaligen Warschauer-Pakt-Staaten infrage. Anders als die Kremlherren der Sowjetzeit setzt Putin auch Erdgas als Mittel ein, um Druck auf Westeuropa auszuüben, besonders auf Deutschland.

Dass Gorbatschow sich im November 1990 in der Charta von Paris namens der Sowjetunion zum Recht aller Staaten der KSZE, der heutigen OSZE, auf nationale Souveränität, territoriale Integrität und freie Wahl eines Verteidigungsbündnisses bekannt hat, kümmert den Präsidenten der Russischen Föderation, des größten Nachfolgestaates der Sowjetunion, nicht. Eine gewisse Kontinuität zwischen Breschnew und Putin gibt es aber doch: So wie jener 1968 nach dem „Prager Frühling" die Doktrin von der „beschränkten Souveränität" der Mitgliedstaaten des Warschauer Pakts verkündet hatte, so propagiert dieser heute die Lehre von der beschränkten Souveränität der Staaten, die einmal der Sowjetunion angehört haben. Das Völkerrecht, das weiß man spätestens seit der Annexion der Krim im Jahre 2014, hat für Putin keine Bindewirkung.

Für die bis 1989/90 kommunistisch regierten Staaten Ostmittel- und Südosteuropas jedoch war und ist das Recht auf freie Bündniswahl, das ihnen die Charta von Paris verbürgt, von geradezu existenzieller Bedeutung. Es bedeutet für sie den endgültigen Abschied von der in Jalta 1945 über die Köpfe der Europäer hinweg verfügten Teilung des alten Kontinents. Hätten die Demokraten des Westens dieses Recht nach 1990 infrage gestellt, hätten sie die friedlichen Revolutionen vom Herbst 1989 um ihren tieferen Sinn gebracht und ihre eigenen Werte verraten. Der Beitritt dieser Staaten zur NATO und zur Europäischen Union war nichts anderes als die Wahrnehmung jenes Selbstbestimmungsrechts, für das die Bürgerrechtsbewegungen unter Berufung auf die KSZE-Schlussakte von Helsinki jahrelang gekämpft hatten.

Staaten haben ihre Staatsräson, Staatenvereinigungen wie die NATO und die Europäische Union sind auf eine Gemeinschaftsräson angewiesen. Daraus folgt das Gebot wechselseitigen Respekts für die elementaren Interessen der Partnerländer, soweit diese der Gemeinschaftsräson ihrerseits Rechnung tragen.

Wenn es um das Verhältnis zu Russland geht, neigen aber viele deutsche Politiker, und zwar keineswegs nur linke Sozialdemokraten, dazu, sich praktischen Folgerungen aus diesem Imperativ zu entziehen. Ein Beispiel hierfür ist Nord Stream, das Projekt einer russischen Gaspipeline durch die Ostsee. Es wurde zunächst zwischen Putin und dem sozialdemokratischen Kanzler Gerhard Schröder, seinem persönlichen Freund, vereinbart. Unter seiner in Sachen Russland sonst überaus realistischen christdemokratischen Nachfolgerin Angela Merkel wurde es, wohl nicht zuletzt aus Rücksicht auf wirtschaftliche Interessen ihrer mecklenburg-vorpommerschen Wahlkreisheimat, konsequent weiterverfolgt.

Dabei war allen Beteiligten klar, dass dieses Vorhaben und vor allem Nord Stream 2 von ostmitteleuropäischen EU- und NATO-Mitgliedstaaten wie Polen und den baltischen Republiken als potentielle Bedrohung empfunden werden musste, von den vitalen Interessen des Gas-Transitlandes Ukraine ganz zu schweigen.

In der aktuellen Ukrainekrise sind es ebenfalls nicht nur Sozialdemokraten, unter ihnen Generalsekretär Kevin Kühnert, sondern auch Unionspolitiker wie der bayerische Ministerpräsident Markus Söder und, wie stets, Vertreter des Ostausschusses der deutschen Wirtschaft, die vor einer Konfrontation mit Russland warnen. Die neue rot-grüne-gelbe Ampelregierung, in der Haltung gegenüber Russland bisher uneins, übt sich in europapolitischem Pathos und Solidaritätsbekundungen an die Adresse Kiews, beharrt aber auf dem deutschen Nein zur Lieferung von Defensivwaffen an die Ukraine und hindert andere NATO-Staaten daran, Waffen aus deutschen Beständen dorthin zu liefern.

Die Außenwirkung der widerspruchsvollen deutschen Haltung gegenüber Putins Russland ist fatal. Sie wäre es auch dann, wenn der inzwischen zurückgetretene Inspekteur der Deutschen Marine, Vizeadmiral Kay-Achim Schönbach, nicht bei einem Besuch in Indien mit demonstrativem Verständnis für Putin Aufsehen erregt und der deutsche Cheflobbyist des russischen Staatskonzerns Gazprom und damit auch von Nord Stream, der vormalige Bundeskanzler Gerhard

Schröder, auf seine pauschale Verteidigung des Moskauer Vorgehens in der Ukrainekrise verzichtet hätte. Deutschland erscheint vielen westlichen Beobachtern diesseits und jenseits des Atlantiks neuerdings als unzuverlässiger, weil zur Schaukelpolitik zwischen Russland und dem Westen neigender Partner: ein Eindruck, der dringend der Korrektur bedarf.

Als der amerikanische Präsident George W. Bush 2008 anlässlich des von Putin provozierten Georgienkrieges der Ukraine und Georgien zum raschen Beitritt in die NATO verhelfen wollte, widersetzten sich Frankreich und Deutschland diesem Wunsch nicht nur deswegen, weil in beiden osteuropäischen Ländern wesentliche innere Voraussetzungen einer Mitgliedschaft im westlichen Bündnis fehlten. Sie taten es auch, weil die deutsche Kanzlerin Angela Merkel und der französische Präsident Nicolas Sarkozy mehr Verständnis für historisch bedingte russische Bedrohungs- und Einkreisungsängste aufbrachten als der jüngere Bush.

Auf ihrem Bukarester Gipfel vom April 2008 versprach die NATO der Ukraine und Georgien zwar die Aufnahme in das westliche Bündnis, verzichtete aber auf die von den USA und Polen gewünschte Einleitung des Beitrittsprozesses. Damit vertagte sie ihn auf unbestimmte Zeit. Kein amerikanischer Präsident ist seitdem auf den Vorstoß von George W. Bush zurückgekommen.

Putin weiß das. Ihm jetzt ausdrücklich zu versichern, eine NATO-Osterweiterung um die Ukraine stehe für lange Zeit nicht auf der Tagesordnung, wie Markus Söder (CSU) es im Gegensatz zu Bundeskanzler Olaf Scholz (SPD) fordert, hieße aber, über die Köpfe der Betroffenen hinweg zu agieren. Es müsste den russischen Präsidenten in dem Eindruck bestärken, dass sich Erpressung zumindest in Deutschland auszahlt, die Europäische Union und die transatlantische Allianz sich mithin als spaltbares Material behandeln lassen.

Deutschland tut weiterhin gut daran, sich der Verantwortung bewusst zu bleiben, die sich aus seiner Geschichte ergibt. Schwere Schuld hat Deutschland im Zweiten Weltkrieg aber nicht nur Russland gegenüber auf sich geladen, sondern gegenüber allen Völkern der ehemaligen Sowjetunion und allen anderen Völkern, die Opfer seiner Aggression wurden, obenan den Polen. Nie wieder darf

Deutschland den Eindruck erwecken, als strebe es, wie schon mehrfach in seiner Geschichte, eine Verständigung mit Russland auf Kosten Dritter an.

Aus der Geschichte lernen heißt, sich in der Gegenwart verantwortlich zu verhalten. Es wäre nicht verantwortlich, um vermeintlicher wirtschaftlicher oder politischer Vorteile Willen Verbündete zu verprellen, denen man Solidarität versprochen hat und von denen man Solidarität erwartet, und gegen Prinzipien zu verstoßen, zu denen man sich ansonsten feierlich bekennt.

Die Ukrainekrise stellt die Deutschen auf die Probe. Sie müssen sich Fragen stellen, denen viele Politiker und Vertreter der Wirtschaft bisher ausgewichen sind. Die Frage, ob es eine neue deutsche Ostpolitik geben kann, hat Bundeskanzler Scholz bereits verneint. In seiner Regierungserklärung vom 15. Dezember 2021 heißt es: „Ostpolitik im vereinten Europa kann nur eine europäische Ostpolitik sein." Über eine solche gemeinsame europäische Ostpolitik muss ein Dialog mit Putin geführt werden. Zu einem nachhaltigen Erfolg wird dieser Dialog aber nur führen, wenn auch die atomare Großmacht Russland bereit ist, sich an den Prinzipien der Charta von Paris zu orientieren.

***

Heinrich August Winkler lehrte Neueste Geschichte an der Humboldt-Universität zu Berlin.

Erschienen in der F.A.Z. vom 07.02.2022, Seite 6

Irische Fragen

Ob der Nordirlandkonflikt jederzeit wieder ausbrechen könnte, ist eine schwierig zu beantwortende Frage. Noch liegt das Karfreitagsabkommen aus dem Jahr 1998 wie eine Folie über konfessionellen und politischen Gräben. Wer ihre Reißfestigkeit auf die Probe stellt, läuft Gefahr, Konfliktbestände der irischen Geschichte wachzurufen, die an dunkle Zeiten erinnern

Professor Dr. Benedikt Stuchtey

Von Seamus Heaney, dem bedeutendsten, 2013 verstorbenen irischen Dichter der Gegenwart, ist die Beobachtung überliefert, Politik und Poesie vertrügen sich nicht ohne Weiteres. Nicht weil der Glaube an die verändernde Kraft der Poesie fehle, sondern weil die Politik ihre Sprache und die Maßstäbe in dem Moment verändere, in dem sie sie für die Gesellschaft in Anspruch nehme, obwohl doch die Dichtung in erster Linie dem Individuum diene. Heaney machte es wie die Mehrzahl der irischen Schriftsteller, von Jonathan Swift bis zu William Butler Yeats und darüber hinaus: Er kannte die Möglichkeiten der Poesie, er ließ eine Korrektur ihrer Wertmaßstäbe an das intellektuelle Wächteramt nicht zu, und doch nutzte er die Spielräume, die sich ihm boten, um mit der Sprache aus politischen Beschränkungen Auswege zu suchen.

Je niedriger deren Toleranzschwelle lag, um so stärker waren der poetische Vorstoß und die Forderung nach neuen lyrischen Formen. So wie Yeats „Easter 1916" schrieb, beanspruchte er das historische Gedächtnis, in das der Dubliner Osteraufstand tief eingeschrieben werden würde. Er weckte das Gefühl, man sei fortwährend Zeuge eines Ereignisses. War dasjenige des Jahres 1916 besonders, so nahm die Gewalt in Ulster von 1969 an etwas geradezu Regelmäßiges und Alltägliches an. Heaney reagierte darauf mit seinem wohl berühmtesten, aber auch nicht unumstrittenen Gedichtband „North" (1975). Man kann ihn lesen als eine Selbstvergewisserung, wie poetische Sprengkraft das politische Befangensein öffnet und doch davor warnt, die Unbefangenheit nicht zu verlieren. Sie zu verlieren hieß nämlich, die Autorität der Überzeugungskraft gegenüber der Unwissenheit einzubüßen. Dabei hielt der Dichter einen inneren Streit in sich aus, den er als gleichzeitigen Widerspruch der Außenwelt dieser vor Augen führte. Wenn eine Spaltung drohte, dann manifestierte sie sich in dem Drang, mutig vorzustoßen und zu erklären, was sie bedeutete. Selten hat Heaneys Stimme so gefehlt wie heute.

Denn die Spaltung Irlands ist nicht nur historisch tief verwurzelt, sondern bildet politisch eine konstante Herausforderung. Durch den Brexit steht sie abermals im Brennpunkt, ohne dass Begriff und Phänomen der Spaltung überdehnt werden sollten, trägt sie doch gleichermaßen die Erwartung an Versöhnung in sich. In den sechs Grafschaften Nordirlands ist sie verankert in einer vom Chaos des Bürgerkriegs polarisierten Gesellschaft, von der nicht behauptet werden kann, sie habe die „troubles", ein wahrlich euphemistischer Begriff, in einen verstetigten Kriegszustand überführen wollen. Mehr als 3500 Menschen sind in dem Nordirlandkonflikt in seinen drei Jahrzehnten getötet worden. Nirgendwo sonst in der Welt ist die britische Armee länger stationiert worden, ohne einen stabilen Frieden gesichert zu haben.

Mit Ausnahme einiger dramatischer Ereignisse, etwa dem tödlichen Anschlag auf Lord Mountbatten 1979 oder dem Bombenattentat in Brighton 1984, dem Margaret Thatcher beinahe zum Opfer gefallen wäre, verfolgte die britische Öffentlichkeit die Ereignisse auf der Nachbarinsel größtenteils mit Indifferenz. Gewalt und Anarchie wurden als Mittel der Politik akzeptiert, ohne dass Großbritannien aus den äußerst blutigen Dekolonisationsprozessen von Malaysia, Kenia und anderen viel gelernt zu haben schien.

Auch wenn die Teilung Irlands auf das Erbe der protestantischen Siedlungsgeschichte Ulsters unter König Jakob I. (1603-1625) zurückgeht, ist selbst die konfessionelle Frage, auf die in der Regel alles zurückgeführt wird, nicht die allein entscheidende. Religion war ein mächtiger Motivationsfaktor für Gewalt, ebenso aber auch eine Kraft, sich den paramilitärischen Organisationen nicht anzuschließen. In vielerlei Hinsicht wirkte sie trennend, so wie sie ebenso Anstößen zur Gewalt entgegenwirkte.

Schon deshalb zeigt sich hier eine besonders bittere und ironische Note des Brexits. Als im Jahr 2011 die Bevölkerung Nordirlands gezählt wurde, ergab der Zensus, dass weniger als 50 Prozent protestantisch waren, mit sinkender Tendenz. Mehr denn je hing also bereits vor zehn Jahren das Fortbestehen der Union Nordirlands mit Großbritannien von der Zustimmung der Katholiken sowie kleinerer religiöser Gruppierungen ab.

Im EU-Referendum fünf Jahre später entschied sich dann zwar die Mehrheit der Nordiren für den Verbleib in der EU, aber die evangelikale „Democratic Unionist Party" (DUP) dagegen – womit sie zwangsläufig die Katholiken politisch weiter von England entfremdete. Indem die DUP, die stärkste unionistische Kraft, ihren Rückhalt in Ulster untergrub, entpuppte sich eines der treibenden Motive für den Brexit, die Union zu stärken, als Trugschluss, der die Union nachhaltig schwächen würde – mit den absehbaren Folgen, die gesellschaftlichen Trennlinien und die religiöse Kluft vertieft zu haben.

Eine weitere Konsequenz liegt auf der Hand: Der historische Nordirlandkonflikt ist abermals in die Gegenwart gerückt. Wird der Brexit aus kontinentaleuropäischer Perspektive vornehmlich als ein gesamtbritischer Prozess wahrgenommen, so sind es die vielen Bruchlinien auf den Britischen Inseln, die ein gespaltenes Königreich offenbaren, wie etwa im dramatischen Wohlstandsgefälle zwischen dem reichen Süden und dem verarmten Norden Englands. Auch der Süden und Norden Irlands galten stets als unversöhnlich, wobei sich die Akzente in den vergangenen Jahrzehnten grundlegend verschoben haben. Wenn ehemals die überwiegend katholische Republik die Kritik traf, sie hinke in Fragen wie Legalisierung der Abtreibung oder gleichgeschlechtlicher Partnerschaft der Moderne hinterher, so ist es heute die DUP, die sich heftig gegen die Abtreibung stemmt und dem Süden den Vorwurf einer allzu liberalen Abwendung vom Christentum macht. Erklären sich die Unionisten eher mit Israel solidarisch, so unterstützen die Nationalisten bevorzugt Palästina.

Dies geht sicherlich auf die Konfliktgeschichte Ulsters zurück. Denn es war überwiegend der Norden – Seamus Heaney wurde in der Grafschaft Derry geboren –, wo die Gesellschaft den blutigen

Konflikt im Alltag ertragen musste, während der Süden Ausbildungsstätten und Waffenproduktion für die Kampagne der „Provisional IRA" zur Verfügung stellte und durch seine Ambiguität den Konflikt verlängerte.

Berechtigterweise wird der Friedensprozess als ein nordirischer bezeichnet. Anschläge der IRA wurden ebenfalls in England verübt, doch dass sich Ereignisse wie der „Bloody Sunday" (1972) und der große Hungerstreik (1981) auf der kleinen Nachbarinsel abspielten, ist mit der spezifischen Geschichte Irlands, der Großen Hungersnot Mitte des 19. Jahrhunderts, der nie enden wollenden Auswanderungstradition vieler Generationen, der extremen sozialen Ungleichheit, den Landvertreibungen und vielem mehr in Verbindung zu setzen. Den fragilen Friedensprozess Nordirlands selbst mit dem Konstrukt des „Backstop" zu sichern ist so schwierig, weil ihn im Kern die Frage der Grenzkontrolle bestimmt – mithin politische Souveränität, wirtschaftliche Unabhängigkeit.

Man wird britischen Regierungen in Vergangenheit und Gegenwart zum Vorwurf machen müssen, das komplexe irische Dilemma selten mit Transparenz und Verantwortungsbewusstsein behandelt zu haben.

Revolutionen und Aufstände im langen 19. Jahrhundert, von den „United Irishmen" 1798 bis zum Dubliner Osteraufstand 1916, markieren die Zeit mit gleicher Regelmäßigkeit wie ihre Unterdrückungen durch die Engländer. Konstruktionen vermeintlich homogener historischer Blöcke helfen da nicht weiter, im Gegenteil, die Spaltungen gehen tief durch die irische Gesellschaftsgeschichte und traten selten mit so großer Sprengkraft zutage wie im landesweiten Bruch über den Anglo-Irischen Vertrag (1921) und den Bürgerkrieg zwischen Vertragsgegnern und -befürwortern (1920–1922). Innerhalb weniger Jahre, einsetzend mit dem Anglo-Irischen Unabhängigkeitskrieg seit 1919 und der „Gouvernement of Ireland Act" (1920), waren Fakten, mithin die Teilung geschaffen worden. Belfast erhielt ein eigenes Parlament, blieb aber Teil des Vereinigten Königreichs, der Süden wurde zum Freistaat (1921), und die staatliche Grenze zwischen beiden war festgezogen.

Zugleich können und sollten die Transformationen und Dynamiken der Geschichte Irlands in besonderer Weise in ihren kolonialgeschichtlichen Kontexten erfasst werden. In seiner politischen Form endete der britische Kolonialismus im Süden Irlands nämlich erst 1937, als sich Éire eine neue Verfassung gab. Im Norden wird man von einer zweiten Dekolonisation während der Jahre von 1998 bis 2007 sprechen können. Allein dieser lange zeitliche Horizont verbietet eine Vereinfachung in binäre Modelle – der Antagonismus zwischen Unionisten und Nationalisten –, und erst recht erlaubt er nicht eine pauschale Gleichsetzung von Protestantismus mit Unionismus auf der einen sowie Katholizismus und Nationalismus auf der anderen Seite.

So hat es immer wieder zahlreiche nordirische Katholiken gegeben, die die Verbindung mit dem Vereinigten Königreich begrüßten. Nicht wenige in Ulster, ob in Gegnerschaft oder Befürwortung der Union, besitzen keine familiengeschichtliche Beziehung zu den Einwanderern, die seit 1608 die Besiedlung („plantation") vornahmen. Ist deshalb eine generationelle Vererbung des Konflikts die einzige Erklärung für seine Existenz, und muss nicht auch die irische Erfahrung mit dem Kolonialismus eingebettet werden in seine vielen Fragmentierungen, Mehrdeutigkeiten und Widersprüche?

Dass die Wurzeln der Konflikte tief in die Vormoderne reichen, so nicht zuletzt bis zu Oliver Cromwells Eroberung Irlands zwischen 1649 und 1653 mit ihrer umfassenden Neuverteilung des Grundbesitzes, war in der Zeit der Home-Rule-Krise noch deutlich zu spüren. Der Anti-Katholizismus, der den Gesetzgebungsinitiativen von 1886, 1893 und 1912 für eine allmähliche irische Eigenregierung begegnete, damit sie scheiterten, war von puritanischer und presbyterianischer Seite im Zeitalter der Englischen Revolutionen angelegt worden. Ihn jederzeit neu abzurufen – im Rahmen der Strafgesetze gegen Katholiken im 18. Jahrhundert, gegen Daniel O'Connells Emanzipationsstreben im frühen 19. Jahrhundert – kam einem Reflex gleich. Doch England hätte in die Selbstregierung Irlands schließlich im September 1914 eingewilligt, wäre nicht der Erste Weltkrieg ausgebrochen. Sie dagegen vehement zu bekämpfen, machte sich die „Ulster Volunteer Force" zur Aufgabe, eine paramilitärische Einrichtung von mehr als einhunderttausend Unionisten, die die Herrschaft Dublins genauso fürchteten wie diejenige des Vatikans. Indem Straßengewalt alltäglich wurde, bezeichnete man in London den drohenden Bürgerkrieg als „Irish Question", als trage die britische Hauptstadt und First City des Empire dafür keine Verantwortung.

Der komplizierte Brexit-Prozess der Gegenwart und darin die noch kompliziertere Bedeutung Nordirlands aber illustrieren, dass London nach wie vor eine maßgebliche Schlüsselrolle zufällt – jener einer ehemaligen Kolonialmacht. Teilung als Herrschaftsprinzip („divide et impera") hatte sich auch in Indien, Palästina und Zypern durchgesetzt so wie in der urbanen Geographie von Belfast. Sie in Irland als historisch unausweichlich zu begreifen, weil die Union von 1801, mit der Irland in den Bund der vier Nationen Großbritanniens eingefügt werden sollte, protestantisch angelegt gewesen sei, erfasst jedoch viele politische Projekte zu wenig in ihrer kolonialstaatlichen Agenda: Die Trennung von Staat und Kirche (1869) schuf das politische Monopol der Anglikanischen Kirche als Staatskirche ab; seit 1870 verabschiedete Landgesetze ermöglichten es mehr als 310 000 Pächtern, Land zu erwerben; Maßnahmen von 1891 sollten die Auswanderung aus dem verarmten Westen der Insel stoppen; ein Gesetz von 1908 bahnte Katholiken den Weg zu höherer Bildung. Längst war Irland auf dem Weg, seine Sozialstrukturen behutsam zu reformieren.

Mag eine Spaltung in hartnäckig verankerte religiöse Unterschiede sich aus britischer Sichtweise nützlich erwiesen haben, weil sie John Bull der Festigung von Stereotypen diente, so war sie dennoch nicht unüberwindbar und weit mehr als nur eine Floskel. Die erwähnte, von der Französischen Revolution inspirierte Rebellion der United Irishmen unter Führung von Theobald Wolfe Tone (1798) war ein Bündnis von Katholiken und presbyterianischen Nonkonformisten. Der Protestant Yeats und der Katholik James Joyce setzten sich seit der Jahrhundertwende für die kulturelle Wiedergeburt Irlands ein. Und schon 1893 hatte der Protestant Douglas Hyde die Gälische Liga gegründet, führende Intellektuelle und Künstlerinnen wie Lady Gregory und Constance Markiewicz unterstützten sie, beide ebenfalls protestantisch.

Eine Trennung von England kam ihnen nicht in den Sinn, ein kulturell und politisch selbstbewusstes Irland dagegen sehr. Die These von den zwei Nationen, der zufolge die Protestanten Irlands eine „eigene Nation" gebildet und sich geographisch im Norden eingekapselt hätten, stößt so schnell an ihre Grenzen. Der Ideenwelt des Brexit kommt sie sehr zustatten, aber der Komplexität des Problems wird sie nicht gerecht.

Denn bereits 1913 veröffentlichte der umtriebige und weit gereiste Journalist William Flavelle Monypenny seine Studie „The Two Irish Nations: An Essay on Home Rule". Darin entwickelte er das Argument, wie zwar historisch gewachsen, aber politisch unhaltbar die geographische Teilung Irlands in Norden und Süden sei. Stattdessen bestünden Fragmentierungen vielfältiger kultureller, sozialer und ökonomischer Natur im ganzen Land. Geboren in Ulster und vom Wesen des Empire überzeugt, betonte Monypenny die regionalen Spezifika, aus denen sich ebenfalls religiöse ableiten ließen.

Dass dies historisch nicht nur auf Irland zutrifft, liegt freilich auf der Hand. Aber gut einhundert Jahre nach dem irisch-britischen Waffenstillstand zur Beendigung des Unabhängigkeitskrieges (11. Juli 1921) und dem Anglo-Irischen Vertrag, der die Abtrennung Nordirlands besiegelte und den Dominion-Status des südlichen Freistaats schuf (6. Dezember 1921), gerät wieder einmal und vor allem vor dem Hintergrund des Brexits in Erinnerung, dass den Anlass für den Bürgerkrieg die Abtrennung des Nordens gebildet hatte.

Die Grenze, um die es aktuell geht und wie sie dem Northern Ireland Protocol zwischen der EU und dem Vereinten Königreich zugrunde liegt, ist die Seegrenze zwischen Großbritannien und Nordirland. Während die Brexit-Anhänger sich nicht den Vorwurf machen lassen wollen, neue Gewalt in Ulster zu schüren, können dort weder die militärischen Einheiten und die alljährlichen Märsche des Orange Order und der Republikaner von der Straße verdrängt noch die politischen Stimmen leichthin überzeugt werden, die mit überwunden geglaubten Positionen noch immer argumentieren. Ist also die Sorge berechtigt, die „troubles" könnten zurückkehren? Wahrscheinlich nicht, zumal die junge Generation mit dieser Geschichte weniger verbindet und sich global, nicht insular orientiert.

Doch um die Sorge besser einzuhegen, wäre eine intensivere Aufarbeitung des Erbes des Nordirlandkonflikts notwendig. Das eigentliche Problem stellt nicht eine vermeintlich tief verwurzelte

Konfliktgeschichte Irlands dar, die jederzeit wieder an die Oberfläche kommen könne, und zwar erst recht nicht in einem Land wie Irland, das sich modern und tolerant und weltoffen präsentiert. Sondern das eigentliche Problem ergibt sich aus dem Brexit, der das Gegenteil davon verkörpert und Kolonialphantasien wachruft. Das Dilemma, viele Fragen durch den Austrittsvertrag nicht gelöst zu haben, ist das von England verursachte Dilemma, die Probleme zu enteuropäisieren. „Global Britain" zieht sich auf sich selbst zurück und gibt sich der Illusion hin, sich aus seiner Verantwortung für die Vergangenheit Irlands entkoppeln zu können.

Das passt durchaus in das Bild des angeblich Unvermeidbaren. Ist der Brexit auch eine Antwort auf einen neuen Nationalismus, so ist dieser nicht ein britischer, sondern ein englischer. Ohne Einbezug Londons nimmt der klein-englische Rückgriff auf das ehemalige Weltreich den Zerfall des Vereinigten Königreichs in Kauf, zumal in Schottland, wo die große Mehrheit von 62 Prozent für den Verbleib in der EU stimmte und ein schottischer Nationalismus täglich weiter erstarkt. In Nordirland machten die Remainers 56 Prozent aus, weil diese Mehrheit wusste, dass eine britische Mitgliedschaft in der EU die Grenzfrage Ulsters, ob zu Land oder zu See, grundsätzlich entschärfte.

Wer den Insel-Mythos („Our Island Story"), eine tragende Säule in der Meistererzählung des Empire, wiederaufleben lassen will, der übersieht, dass Großbritannien nach wie vor eine Landgrenze zur EU besitzt. Die Irische Frage so sträflich ignoriert zu haben verdeutlicht wieder einmal, mit welcher Arroganz eine verschwindende Mehrheit von nur 51,89 Prozent ihre Nachbarinsel am 23. Juni 2016 behandelt hat.

Aber nicht nur an diesem Tag. Das Referendum hat Emotionen über Vernunft siegen lassen, so wie es mittels Emotionen und „alternativen Fakten" ein Ergebnis erreichte, das die Gräben in Politik und Gesellschaft aufzeigte, um sie zu vertiefen. Und welche Bedeutung nimmt hier das Erbe des Britischen Empire ein? In der Summe sicherlich eine so ambivalente, wie es sie für Irland und seine Geschichte stets gehabt hat. Durchaus nämlich lässt sich die irische Geschichte als eine vom Empire stark bestimmte schreiben: Wurde Irland im langen 19. Jahrhundert die Eigenregierung verwehrt, hinderte dies zum Beispiel irische Soldaten und Missionare, Administratoren, Lehrer und Siedler nicht daran, an der Expansion und Festigung des Weltreichs zielstrebig mitzuwirken. Sieben von acht indischen Provinzen wurden in den 1890er-Jahren von Iren verwaltet, das Kommando über die indische Armee lag größtenteils in irischer Hand. An ihrer Spitze befand sich der niedere protestantische Adel, der gesellschaftliche Aufstiegschancen im Empire suchte, die er zu Hause nicht mehr hatte.

Ungeachtet anti-irischer Stereotype konnten auch Katholiken, so in der mächtigen indischen Beamtenschaft, Karriere machen, vor allem bestanden die Regimenter aus katholischen Arbeitern.

Es ist nachvollziehbar, warum weder die irische Nationalgeschichtsschreibung noch die postkoloniale Theorie viel Aufhebens um diese zwiespältige Position gemacht hat, Kolonisierter und Kolonisierender gewesen zu sein. Schon von Zeitgenossen wurden Parallelen hergestellt, die im Nachhinein zwar nicht tragen, aber sehr bildkräftig waren. Der Marquis of Dufferin verglich den Aufstieg des indischen Nationalkongresses mit O'Connells Emanzipationsbewegung, wobei er übersah, dass der Katholikenführer ein Monarchist gewesen war. Der militante Widerstand weißer, rassistischer Siedler gegen die Dekolonisation in Rhodesien und Kenia in der ersten Hälfte der 1960er-Jahre soll von der Ideologie und den Organisationsmethoden der Unionisten Ulsters profitiert haben, wie sie 1912 gegen die Home-Rule protestierten. Beide verband eine regionale imperialistische Ideologie.

In der Summe aber sind die Parallelen im Britischen Empire nicht unkompliziert, was damit begründet werden kann, dass Irland in seiner Geschichte nicht nur kolonialistisch behandelt wurde, sondern Juniorpartner im Empire war. Wer an dessen Konsolidierung ehemals mitwirkte, kann nicht heute ein primär postkoloniales Bild von sich zeichnen. Sondern ein ambivalentes, das wiederum an Kontur gewinnen würde, würde man den nationalistischen Modus in einen vorrangig emanzipatorischen übersetzen.

Die katholischen Nationalisten Irlands orientierten sich viel eher an der polnischen Freiheitsbewegung als an der indischen oder einer anderen im Weltreich. Sie schufen eine kulturelle Identität, die sich nicht zwingend mit anderen Antikolonialismen verbündete. Im

Ersten Weltkrieg verloren an der Seite Englands 27 000 irische Soldaten ihr Leben, zwischen dem Osteraufstand und dem Ende des Bürgerkriegs 1923 waren es etwa 6500. Verglichen mit der Brutalität, mit der die Royal Air Force zur gleichen Zeit Dörfer im Irak mit Flächenbombardements vernichtete, was in Geschichten des Empire kaum zur Sprache kommt, sind die irischen Zahlen sogar noch klein.

Gewalt und Unterdrückung sind dem Empire wie jedem anderen Kolonialreich fest eingeschrieben. Es kommt darauf an, vereinfachende Analogien infrage zu stellen und tatsächliche historische Transferleistungen herauszuarbeiten. So wie Seamus Heaney nicht müde wurde zu fordern, die „Kultur der Teilung" zu überwinden, die Durchlässigkeit von Grenzen zu nutzen und nicht in angeblich unversöhnlichen Blöcken zu denken.

Gewissheiten haben sich auch in Irland abgenutzt. Der Missbrauchsskandal in der katholischen Kirche hat das Vertrauen in sie erschüttert, um bis zu 70 Prozent ist der Besuch von Gottesdiensten zurückgegangen. Von Heaney wird gesagt, er habe die Dichtung als eine Art „Ersatzreligion" begriffen – jenseits der kolonialen Vergangenheit ein Agnostiker.

***

Benedikt Stuchtey lehrt Neuere und Neueste Geschichte an der Philipps-Universität Marburg.

Erschienen in der F.A.Z. vom 14.02.2022, Seite 6

Ethos des Einmischens

Die Ampelkoalition hat den Bürgern eine „kindersensible" Politik versprochen. Wie sich Bundestag und Bundesregierung der sexualisierten Gewalt gegen Kinder entgegenstellen werden, ist ein wichtiger Prüfstein. Aber nicht der einzige

Professor Dr. Jörg M. Fegert

Zu Beginn der neuen Wahlperiode und vor dem Hintergrund des Koalitionsvertrags der neuen Regierung stellt sich nicht nur die Frage, wie Kinderrechte generell in die Verfassung eingeführt werden können. Es muss auch darum gehen, wie die herausragende Bedeutung der Interessen von Kindern und des Kindeswohls auf allen Politikfeldern berücksichtigt werden kann. Dies gilt gerade auch für den Kinderschutz, für eine kindgerechte Justiz (die Ampelkoalition spricht von einer „kind ersensiblen Justiz") und vor allem für den angemesseneren Umgang mit den Betroffenen von sexuellem Missbrauch.

Dies ist umso wichtiger, als es in der vergangenen Legislaturperiode nicht gelungen ist, im Bundestag die Zweidrittelmehrheit zustandezubringen, die eine Änderung des Grundgesetzes zugunsten der Einführung von Kinderrechten erfordert; seinerzeit war vor allem die Formulierung umstritten, dass die Interessen von Kindern und das Kindeswohl zuvörderst zu berücksichtigen sein sollten.

Das Gesetz zur Bekämpfung sexualisierter Gewalt gegen Kinder vom 16. Juni 2021 hat den Strafrahmen nicht nur in Bezug auf Sexualstraftaten zum Nachteil von Kindern erheblich ausgeweitet, sondern auch bei Verbreitung, Erwerb und Besitz kinderpornographischer Inhalte. Letzteres ist im Prinzip richtig und verhältnismäßig, da es sich bei sogenannter Kinderpornographie nicht um Darstellungen von Akteuren vor der Kamera handelt, die dazu ihr wissentliches Einverständnis geben können, sondern um das fotografische oder videografische Festhalten von Sexualstraftaten zum Nachteil von Kindern. Die Verschärfung des Strafrechts in diesem Bereich ist daher zu begrüßen. Allerdings braucht es für eine effektivere Strafverfolgung auch mehr Möglichkeiten, Täternetzwerken auf die Spur zu kommen, vor allem durch Ausweitung der Möglichkeiten zur Telekommunikationsüberwachung und Onlinedurchsuchung.

Ein zentraler Kritikpunkt betrifft aber die Frage, was nach einer Strafanzeige passiert. Die durch den strafrechtlichen Grundsatz „Im Zweifel für den Angeklagten" vorgegebene Skepsis gegenüber den Aussagen von Missbrauchsopfern ist für sie nicht selten sehr belastend. Schlimmer noch ist aber für viele Kinder und Jugendliche, die Opfer einer Sexualstraftat geworden sind, dass die meisten Verfahren zugunsten der Angeklagten wegen Restzweifeln eingestellt werden oder gar mit einem Freispruch enden. Unter dem Gesichtspunkt der Prävention und des proaktiven Schutzes möglicher künftiger Opfer ist zudem kritisch anzumerken, dass die forensische Begutachtung von Sexualstraftätern – auch von solchen, die nachweislich schwerste Sexualstraftaten zum Nachteil von Kindern begangen haben – in Deutschland keinesfalls die Regel ist.

Vielmehr wird in der derzeitigen staatsanwaltlichen und gerichtlichen Praxis die Mehrzahl der Sexualstraftäter nicht begutachtet. Damit gibt es in der Regel auch keine Einschätzung des Rückfallrisikos und des Hangs des Täters, solche Sexualstraftaten zu begehen. Im Dunklen bleibt aber auch der Therapiebedarf bei Täterinnen und Tätern – und das, obwohl mittlerweile gut belegt ist, dass auch Therapien unter Auflagen, etwa im Bereich der Pädosexualität, Verhaltensänderungen nach sich ziehen und die deliktspezifische Rückfallgefahr erheblich senken können.

In Deutschland gibt es zwar Angebote für Personen, die befürchten, entsprechende Neigungen als sexuelle Hauptströmung oder Nebenströmung zu haben. Für Sexualstraftäter, die entdeckt und verurteilt wurden, gibt es viel zu wenige Therapieangebote. Dies gilt erst recht für sexuell übergriffige Kinder und Jugendliche im Entwicklungsalter vor und nach der Grenze der Strafmündigkeit. Für sie muss in jedem Einzelfall bundesweit händeringend nach kombinierten pädagogischen und therapeutischen Angeboten gesucht werden.

Zu einer kindersensiblen Justiz im Sinne der Ampelkoalition gehört aber nicht nur ein altersadäquater Umgang mit Kindern, die in rechtliche Verfahren verwickelt sind. Es müssen auch die möglichen Folgen rechtlicher Entscheidungen beachtet werden, etwa im Kontext der Lockerung für Straftäter, wie es die Kommission Kinderschutz in Baden-Württemberg in ihren Empfehlungen deutlich gemacht hat. Schutzkonzepte müssen für unterschiedliche Bereiche differenziert werden, und kontinuierliche Schutzprozesse müssen etabliert werden. Es ist erfreulich, dass die neue Regierung dies ebenfalls im Blick hat.

Die Schweiz kann mittlerweile über vorzeigbare Ergebnisse auch mit ambulanten Therapiemaßnahmen berichten, die zur Auflage gemacht wurden. Prävention, welche beim Täter oder der Täterin ansetzt, also Rückfallprävention, ist deshalb in Deutschland ein zentrales Desiderat. Eine alleinige Ausweitung des Strafrahmens bleibt nämlich Symbolpolitik, wenn man verurteilten Straftätern keine adäquaten Interventionen zur Risikoreduktion zukommen lässt. Das Gefahrenpotential wird durch eine Inhaftierung nämlich nicht reduziert, solange die Zeit nicht für eine spezifische Arbeit mit den Täterinnen und Tätern genutzt wird.

Es reicht auch nicht aus, nur die Möglichkeiten der Strafverfolgung zu verbessern, wenn es nicht tatsächlich gelingt, „kinderpornographische" Inhalte auch aus dem Netz entfernen zu lassen. Eine Verurteilung allein hat die sehr belastenden Wirkungen der Gewaltdarstellungen im Internet noch nicht beseitigt. Die Verschärfung der Strafandrohung könnte sogar unerwünschte Nebenwirkungen nach sich ziehen: Denn je höher die Strafandrohung, umso mehr fokussiert sich die Strafverteidigung darauf, die Glaubwürdigkeit der Aussagen kindlicher Opferzeugen zu erschüttern. Deshalb braucht es dringend eine bessere wissenschaftliche Fundierung des Vorgehens bei der kindgerechten Vernehmung und der Begutachtung von Kindern und Jugendlichen. Statt generellen Zweifels an der Aussage von Kindern ist für kindersensible Verfahren eine stärkere Fokussierung auf die Bedürfnisse und den Schutz des betroffenen Kindes wichtig, etwa durch eine psychosoziale und pädagogische Begleitung während des Verfahrens. Wir müssen eine kritische Debatte über Stärken und Grenzen der derzeitigen Praxis der Glaubhaftigkeitsbegutachtung von Kindern und Jugendlichen führen.

Die UN-Kinderrechtskonvention sieht vor, dass alle Kinder rechtliches Gehör und entsprechende Informationen bekommen müssen. Von einer Realisierung dieses Anspruchs sind wir nicht nur in der Justiz immer noch meilenweit entfernt. Auch in der heilberuflichen Praxis ist festzustellen, dass das Patientenrechtegesetz zwar allgemeine Aufklärungspflichten regelt. Auf den altersspezifischen Aufklärungsbedarf von Kindern und Jugendlichen, um ihnen die Beteiligung an sie betreffenden Gesundheitsentscheidungen besser zu ermöglichen, wird kaum eingegangen.

Die Debatten über Corona-Impfung bei Kindern machen deutlich, dass es hier einen Weiterentwicklungsbedarf nicht nur in rechtlicher, sondern auch in ganz praktischer Hinsicht gibt. So geht es auch darum, den altersspezifischen Aufklärungsbedarf von Kindern und Jugendlichen zu relevanten Fragestellungen wahr- und ernst zu nehmen und hierfür altersentsprechende und moderne, vor allem: zielgruppengerechte Informationsmaterialien wie zum Beispiel Youtube-Videos zu entwickeln, um Partizipation an Entscheidungen zu ermöglichen.

Ein großer Fortschritt für die zukünftige Praxis des Kinderschutzes im Familienrecht ist im Rahmen des oben erwähnten Gesetzes zur Bekämpfung sexualisierter Gewalt gegen Kinder die Einführung verbindlicher Qualifikationsvoraussetzungen für die Familienrichterschaft. Hier muss nun durch eine Fortbildungsinitiative möglichst schnell das notwendige Wissen über die Anhörung von Kindern (zum Beispiel Methoden der altersangemessenen Gesprächsführung), aber auch über ihre entwicklungsbedingten Aussagemöglichkeiten und über die Folgen früher Kindheitsbelastungen erhöht werden. Entsprechende modellhafte Weiterbildungen wie der E-Learning-Kurs „Gute Kinderschutzverfahren" oder der Onlinelernen und Präsenzunterricht verbindende Kurs zur Gesprächsführung mit Kindern sollten unbedingt verstetigt werden und in die Richterfortbildung integriert werden.

Bessere Prävention ist zentral für besseren Kinderschutz. Daher ist die Absicht der neuen Koalition, Prävention und Intervention im Kinderschutz zu stärken, besonders erfreulich. Doch bleibt die Begriffsbestimmung von Prävention häufig unpräzise. Teilweise wird auf medizinische Präventionsbegriffe, die sich primär auf Stadien von Erkrankungen beziehen, zurückgegriffen. Die Rahmenordnung des ständigen Rats der Deutschen Bischofskonferenz vom 18. November 2019 zeigt beispielhaft eine solche Begriffsverwirrung: „Prävention im Sinne dieser Ordnung meint alle Maßnahmen, die vorbeugend (primär), begleitend (sekundär) und nachsorgend (tertiär) gegen sexualisierte Gewalt an Kindern und Jugendlichen und schutz- und hilfebedürftigen Erwachsenen ergriffen werden." Um es ganz klar zu benennen: Sexuellen Missbrauch zu begleiten ist unverantwortlich, er muss gestoppt und unterbunden werden. Kinder müssen geschützt werden. Missbrauch ist eben keine Krankheit, die nicht zu verhindern ist und deren Verlauf durch kompetente Begleitung verkürzt oder erträglich gemacht werden kann.

Sinnvoller sind Ansätze, bei denen sich Prävention auf Zielgruppen bezieht. Dabei ist Zielgruppe der „universellen Prävention" die Gesamtbevölkerung, die mit jetzt erneut geplanten Medienkampagnen erreicht werden kann. „Selektive Prävention" wendet sich an spezifische Risikogruppen. Die „indizierte Prävention" betrifft Fälle, die schon im System mit einem Problem vorstellig geworden sind.

In Deutschland finden sich derzeit hauptsächlich universelle Präventionsansätze, die „Kinder stark machen" wollen. Ob es wirklich gelingt, Botschaften aus Kindertheaterstücken oder auch Büchern in die Praxis zu übertragen, ist nicht nachgewiesen. Vielversprechender sind Präventionsansätze für sogenannte „Bystander", also andere Eltern, Lehrkräfte und Erzieher, um diese in Fragen des Kinderschutzes und im Gespräch mit Familien und anderen Eltern kompetenter zu machen; dies ganz im Sinne von Artikel sechs des Grundgesetzes, der deutlich macht, dass die Pflege und Erziehung von Kindern und Jugendlichen primär Verantwortung und Privileg ihrer Eltern ist, dass aber darüber die staatliche Gemeinschaft wacht; letztlich – im Sinne einer gesamtgesellschaftlichen Aufgabe – wir alle. Die neue Bundesfamilienministerin Anne Spiegel (Grüne) hat jüngst bei der Eröffnung des digitalen Fachtags der Aufarbeitungskommission zum sexuellen Kindesmissbrauch in der Familie von einem „Ethos des Einmischens" gesprochen und gemeinsam mit dem Unabhängigen Beauftragten der Bundesregierung für Fragen des sexuellen Kindesmissbrauchs (UBSKM) eine neue universelle Sensibilisierungs- und Informationskampagne angekündigt.

Neben der „Verhaltensprävention", die das Tun und Lassen potentieller Täter und potentieller Opfer verändern möchte, ist gerade die „Verhältnisprävention" von Bedeutung. Die verändert die Rahmenbedingungen und sorgt dafür, dass betroffene Kinder gesehen und wahrgenommen werden und die Spielräume der potentiellen Täter kleiner werden. Die Einführung und die Verbesserung von Schutzkonzepten in Institutionen ist eine Dauerbaustelle. Insofern spreche ich lieber von Schutzprozessen, denn am Ende eines solchen Prozesses steht meistens der Neuanfang, auch angesichts des Personalwechsels und veränderter Rahmenbedingungen in Institutionen. Hier sollte darauf geachtet werden, dass Schutzprozesse eine gemeinsam geteilte Haltung reflektieren und einen Rahmen bieten, der allen bewusst ist. Beschwerdewege müssen transparent und für Kinder und Jugendliche auch zugänglich sein. Die Konzentration auf sexualisierte Gewalt mit fernen Ansprechpersonen, etwa auf der Ebene von Dachorganisationen, ist problematisch. Kindern gelingt es sehr viel besser, bei Belastungen Gehör zu finden und sich Hilfe zu holen, wenn sie dies im Alltag, in einem generellen Beschwerde- und Anregungsmanagement lernen. Die Hürden dafür müssen gering sein, und das Kind sollte die Ansprechperson selbst wählen können.

Gerade für die Prävention gilt: „Gut gemeint ist nicht gleich gut gemacht." Deshalb sollten alle Formen der Prävention evaluiert werden, nicht nur in Institutionen oder anderen Formen der institutionalisierten Fremdunterbringung wie Pflegefamilien. In den vergangenen Jahren wurden wichtige Debatten darüber geführt, wie man durch Schutzprozesse Institutionen zu Schutzorten und gleichzeitig auch Kompetenzorten machen kann, die mit Kindern umgehen können, die in der Familie Schreckliches erleben mussten oder müssen.

Nach wie vor ist sexueller Missbrauch in der Familie die häufigste Form. Neben leiblichen Vätern und – deutlich seltener – auch Müttern sind hier Stiefväter und auch nahe männliche Verwandte, also etwa Großväter oder Onkel, und – deutlich seltener – auch weibliche Verwandte mögliche Täter. Frauen können, wie im Fall „Staufen", Mittäterinnen und aktiv Handelnde sein oder auch nur ein Tatgeschehen als Mitwisserin dulden und Unterstützungshandlungen leisten oder als alleinige Täterin auftreten. Die „Perfect-Mom-Illusion", dass Mütter oder Frauen jenseits jeglicher Tatgefährdung liegen, ist trügerisch. In der Kommission Kinderschutz des Landes Baden-Württemberg haben wir deshalb hervorgehoben, dass Fachkräfte und die Öffentlichkeit stärker für diese Thematik sensibilisiert werden müssen.

Die Aufdeckung sexuellen Missbrauchs spaltet häufig Familien. Oft werden nicht die Täter, sondern nicht selten die Opfer ausgegrenzt, da niemand zu den betroffenen Kindern hält. Wir sollten genau die Ursachen analysieren, die Mütter daran hindern, zugunsten ihrer Kinder eine Beziehung zu einem Angeschuldigten aufzugeben, und welche Bedingungen dazu führen, dass Offensichtliches innerhalb der Familie „übersehen" wird.

Insgesamt gibt es derzeit noch zu wenig Unterstützung für Mütter, die sich zum Schutz ihrer Kinder korrekt verhalten. Aus Angst vor der Unterstellung, der Missbrauchsvorwurf werde im Zuge einer Trennung oder eines Scheidungsverfahrens nur als Waffe instrumentalisiert, werden häufig sogar Verdachtsmomente und reale Beobachtungen zurückgehalten. In familiengerichtlichen Verfahren ist daher nicht nur das Risiko intendierter Falschbeschuldigungen erhöht, sondern vor allem das Risiko, dass Informationen zurückgehalten werden, es also Falsch-Negative gibt.

Auch dieses Feld bedarf bei einer Neuregelung des Familienrechts einer stärkeren Beachtung aus der Sicht der Interessen der Kinder und nicht nur aus dem Blickwinkel des Rechts der Eltern auf Umgang mit dem Kind. Die mit den Auseinandersetzungen verbundene Spaltung und die Konflikte unter Familienmitgliedern zeitigen Langzeitfolgen, die bis heute zu wenig beachtet werden.

Formen der Peer-Gewalt und innerhalb der Familie, Formen der Gewalt und von sexuellen Übergriffen zwischen Geschwistern werden bis heute weitgehend ignoriert oder tabuisiert. Untersuchungen haben klar gezeigt, wie hoch das schädliche Potential solcher Verhaltensweisen für die weitere Entwicklung des betroffenen Kindes ist. Die Jugendhilfestatistik weist aus, dass Kinder, die zu ihrem Schutz in Institutionen oder einer Pflegefamilie fremduntergebracht werden, sehr viel häufiger aus sogenannten

Stieffamilien oder Patchworkfamilien stammen als aus traditionellen Kernfamilien. Es wäre deshalb wichtig, besondere Risiken in solchen Familienkonstellationen ohne Zensurschere im Kopf zu betrachten und spezifische Angebote auch in Hinblick auf Gewalt unter Geschwistern in der Familie und für neu zusammengestellte Familien zu entwickeln.

Ein weiterer großer Komplex familiärer Gewalt ist die häusliche Gewalt, das heißt die Partnergewalt zwischen Erwachsenen, die nicht selten kombiniert ist mit Gewalt gegen Kinder. Insofern wird es immer wichtiger, Schutzkonzepte für die gesamte Familie zu entwickeln und auch die Belastungen der Kinder und Jugendlichen durch das Erleben von Gewalt zwischen den Erwachsenen und ihnen selbst gegenüber in den Blick zu nehmen. Das ausdifferenzierte Interventionssystem mit Schutzeinrichtungen wie den Frauenhäusern muss gestärkt, wohnortnah ausgebaut und im sensiblen Umgang mit den betroffenen Kindern weiter unterstützt werden. Darüber hinaus braucht es hier neue präventive Angebote. Daten, die während der ersten Phasen der Corona-Pandemie gewonnen wurden, haben gezeigt, dass Personen, die selbst in ihrer Kindheit Gewalt erfahren haben, stärker dazu neigen, unter Stress impulsiv zu reagieren. Neben den sozioökonomischen Belastungen werden also die Folgen der Lockdowns sehr stark durch die Kindheitserfahrungen der Eltern mit beeinflusst. Dies sollte in Beratungs- und Therapiekontexten stärker berücksichtigt werden.

Die Reform des Sozialen Entschädigungsrechts in der vergangenen Wahlperiode hat, trotz aller berechtigten Kritik des UBSKM und von Betroffenenverbänden, auch zahlreiche Verbesserungen mit sich gebracht. Vernachlässigung und psychische Gewalt sind endlich körperlicher Gewalt rechtlich gleichgestellt, zeitnahe Frühinterventionen im Rahmen von Traumaambulanzen sind als genereller Rechtsanspruch geregelt worden. Allerdings ist die Rechtsverordnung, die die Qualifikationsvoraussetzungen gerade auch für die allgemein zugängliche Intervention in Traumaambulanzen regeln soll, noch nicht verabschiedet. Viele Länder haben dies zum Anlass genommen, die notwendigen Entwicklungen in diesem Bereich noch nicht voranzubringen.

Dennoch bleibt festzuhalten, dass in der zurückliegenden Legislaturperiode im Kinderschutz wichtige Fortschritte erzielt wurden. Dies gilt gerade auch für die Zusammenarbeit zwischen Fachkräften unterschiedlicher Professionen, die durch die Verabschiedung des Kinder- und Jugendstärkungsgesetzes Anfang Juni 2021 besser geregelt wurde. Rechte von Kindern in Pflegefamilien wurden gestärkt und spezifische Schutzkonzepte endlich auch für diesen Bereich an der Grenze zwischen Familie und Fremdunterbringung eingefordert. All dies muss sich nun in der Praxis bewähren.

In der letzten Dekade ist in Deutschland durch die Einrichtung des Unabhängigen Beauftragten sehr viel erreicht worden. Die erste Amtsinhaberin Christine Bergmann (SPD) ebenso wie der scheidende Beauftragte Johannes-Wilhelm Rörig haben hier Maßstäbe gesetzt und durch persönliche Überzeugungskraft und einen sukzessive auf- und ausgebauten Arbeitsstab sehr viel erreicht. Gerade deshalb ist es besonders wichtig, dass die Arbeit des UBSKM umgehend auf eine gesetzliche Grundlage gestellt und eine regelmäßige Berichtspflicht an den Deutschen Bundestag eingeführt wird. Die Phase des Übergangs sollte daher auch dazu genutzt werden, erfolgreich aufgebaute Strukturen zu verstetigen. Dies gilt gleichermaßen für den Nationalen Rat gegen sexuelle Gewalt an Kindern und Jugendlichen und die Unabhängige Aufarbeitungskommission.

Ein sehr wichtiger, bislang noch wenig beachteter Impuls im Koalitionsvertrag der Ampel ist die Verbesserung der länderübergreifenden Zusammenarbeit in Kinderschutzfällen. Dasselbe gilt für den Plan, einheitliche Standards für das fachliche Vorgehen zu entwickeln, etwa in Meldeketten. Gerade an diesem Punkt entstehen bis heute immer wieder Widersprüche, insbesondere bei Verdacht auf sexuellen Missbrauch in Institutionen.

Wichtig ist frühe Intervention, bevor Kinder in der Familie „in den Brunnen gefallen sind". Deshalb sind die „Frühen Hilfen" eine der Erfolgsgeschichten in der Jugend- und Familienhilfe seit der Jahrtausendwende. Es ist erfreulich, dass die Koalition die Bundesstiftung Frühe Hilfen, die die Angebote der Frühen Hilfen trägt, finanziell dynamisch weiterentwickeln will.

Es bleibt sehr viel zu tun im Kinderschutz, und die Koalition hat sich hier sehr viele wichtige Punkte vorgenommen. Es bleibt zu hoffen, dass es nun tatsächlich gelingen wird, Bewährtes und Beschlossenes dauerhaft zu implementieren und gleichzeitig Spielräume zu nutzen, um durch innovative Projektförderung die immer noch großen fachlichen Lücken anzugehen, die seit Jahrzehnten erkannt sind und einer Verbesserung harren.

***

Jörg M. Fegert ist Ärztlicher Direktor der Klinik für Kinder- und Jugendpsychiatrie, Psychotherapie am Universitätsklinikum Ulm, leitet den Kompetenzbereich „Prävention seelische Gesundheit BaWü" und ist Vorsitzender des Wissenschaftlichen Beirats für Familienfragen beim Bundesfamilienministerium.

Erschienen in der F.A.Z. vom 21.02.2022, Seite 6

Verschlusssache Jugoslawien

Seit Anfang dieses Jahres sind die Akten des Auswärtigen Amtes zur Vorgeschichte der Anerkennung Sloweniens und Kroatiens 1991 zugänglich. Sie zerstreuen die Legende, Deutschland habe damals die Auflösung Jugoslawiens betrieben und so Schuld an den darauf folgenden Kriegen auf sich geladen

Michael Martens

Ist Deutschland schuld am Ausbruch der bis in diese Tage schlimmsten Kriege in Europa nach 1945? Trägt die deutsche Politik Verantwortung für den Zerfall eines Staates, für ein mehrjähriges Blutvergießen mit zahlreichen Massakern, mehr als 120 000 Toten, Hunderttausenden Vertriebenen? Hätten die Ankläger recht, so wäre die Bundesrepublik ein aggressiver Schurkenstaat, der rücksichtslos Kriege vom Zaun bricht. So will es eine seit Dekaden kursierende Legende, die in vielen Facetten existiert, im Kern aber stets besagt, Deutschland habe durch die „vorzeitige Anerkennung Kroatiens und Sloweniens" 1991 den blutigen Zerfall Jugoslawiens ausgelöst. Je nach Proponent kann diese Erzählung bis in die Gegenwart fortgesponnen und Berlin damit auch für heutige Konflikte am Balkan mitverantwortlich gemacht werden.

Zu den Wortführern der Anklage gehören Geister wie der amerikanische Linguist Noam Chomsky. Er behauptet, Bonns Politik 1991 sei das „Rezept für den Bürgerkrieg" in Jugoslawien gewesen. Unmissverständlich insinuiert er seit Jahren, Helmut Kohl und sein Außenminister Hans-Dietrich Genscher hätten gleichsam in Fortsetzung von Hitlers Eroberungspolitik das deutsche Bündnis mit dem mörderischen kroatischen Ustascha-Staat von 1941 bis 1945 aufleben lassen. Deutschland habe den Krieg am Balkan gewollt, um auf den Trümmern des sozialistischen Vielvölkerstaates wieder die Vormacht im Südosten Europas zu übernehmen.

Nicht jede Absurdität ist es wert, widerlegt zu werden. Doch Chomsky steht nicht allein. Bücher, Artikel und angeblich wissenschaftliche Beiträge über „Deutschlands Zerstörung Jugoslawiens" bilden eine kaum noch überschaubare Blame-Game-Bibliothek mit Hunderten Beiträgen. Dass ehemalige Akteure wie der französische Präsident François Mitterrand oder der britische Premier John Major Varianten der Legende später in Memoiren oder Interviews Futter gaben, überrascht nicht. Paris und vor allem London spielten ab 1992 in Bosnien-Hercegovina eine unheilvolle Rolle, von der sie später abzulenken suchten. Wenn „Le Monde" 1991 wieder deutsch-kroatische Nazi-Glocken läuten hörte oder der britische Publizist Misha Glenny im „New York Review of Books" Deutschland vorwarf, Kroatien und Slowenien in einer Politik von „zweifelhaftem moralischen Wert" ohne Rücksicht auf demokratische Standards anerkannt zu haben, stand das jedoch auch für eine weitverbreitete, bis heute nachhallende journalistische Stoßrichtung: Deutschland ist schuld. Auch im deutschen Sprachraum hat diese Sicht bis heute ihre Anhängerschaft.

Die Verfechter der These von einer destruktiven deutschen Sonderrolle mussten bisher freilich auf eine zentrale Quelle verzichten: Die Akten im Politischen Archiv des Auswärtigen Amts waren nicht zugänglich. Erst seit Ablauf der üblichen Sperrfrist von 30 Jahren sind sie nun seit Jahresbeginn einsehbar – und wer das Material untersucht, wird sehen: Es gibt keinerlei Belege für die Behauptung, Bonn habe 1991 vorsätzlich die Zerstörung Jugoslawiens herbeigeführt. Hunderte Lageberichte der deutschen Botschaft in Belgrad und des Generalkonsulats in Zagreb, Aktenvermerke, Mitschriften von Hausbesprechungen im Ministerbüro, Protokolle von Gesprächen Kohls und Genschers mit dem serbischen Präsidenten Slobodan Milosevic, dessen kroatischem Gegenpart Franjo Tudjman sowie anderen Akteuren in Jugoslawien legen vielmehr nahe: Allzu lange wollte auch Bonn nicht wahrhaben, dass der jahrzehntelang als blockfreier Stabilitätsfaktor geschätzte jugoslawische Staat schon deshalb nicht zu retten war, weil die Maßgeblichen in Belgrad, Zagreb und Ljubljana ihn aus verschiedenen Gründen nicht retten wollten.

Zutreffend ist allerdings, dass sich die deutsche Position unter dem Eindruck des eskalierenden Konflikts wandelte. Die Anfang 1991 noch eisern verteidigte Position, Jugoslawien müsse unbedingt erhalten bleiben, verlor sukzessive an Rückhalt, obwohl insbesondere die deutsche Botschaft in Belgrad lange an der Fiktion festhielt, der jugoslawische Staat werde auch gegen den Willen seiner wichtigsten Völker irgendwie zu kitten sein. Weil das von Tag zu Tag aussichtsloser schien, setzte sich im Herbst 1991 jedoch eine andere Linie durch. Kohl und Genscher gelangten zu der Ansicht, dass die Anerkennungen Sloweniens und Kroatiens das geringere Übel in dem jugoslawischen Dilemma darstellten. Danach waren sie auch bereit – da immerhin stimmt die Mär vom deutschen Alleingang zumindest partiell –, ihre Sicht gegen Einwände in Washington, London und Paris zu verteidigen.

Zu Jahresbeginn 1991 folgte Bonn jedoch noch einer anderen Linie. Zu den vielen Dokumenten, die das belegen, gehört ein auf den 4. Januar 1991 datierter Vermerk im Auswärtigen Amt, der in Vorbereitung auf anstehende deutsch-französische Konsultationen angefertigt wurde, bei denen es auch um eine Abstimmung in Sachen Jugoslawien gehen sollte. Als deutsche Position wird darin vorgegeben: „Interesse des Westens muss im Interesse europäischer Stabilität weiter auf Erhalt Jugoslawiens gerichtet sein." So war es auch am Ende des Monats, als der deutsche Botschafter in Belgrad, Hansjörg Eiff, in einem Bericht an Bonn ein fünfzigminütiges Gespräch resümierte, das er in Zagreb mit Franjo Tudjman geführt hatte. In seinem standardmäßig verschlüsselten Fernschreiben, das am 30. Januar in Bonn einging, meldet der Botschafter, Tudjman sei im Anschluss an das Gespräch nach Wien geflogen, „wo er von Präsident Waldheim und Bundeskanzler Vranitzky empfangen wurde". In Bonn weigerte man sich zu jener Zeit noch strikt, Tudjman auf höchster Ebene zu empfangen, um nicht der Einmischung in jugoslawische Angelegenheiten bezichtigt zu werden. Eiff regt an, ob Bonn nicht Wiens Beispiel folgen und „eine Lockerung der bisher geltenden Maßgabe" erwägen solle. Das kommt nicht gut an. Ein Beamter – vermutlich Michael Libal, der Leiter des Balkanreferats im Auswärtigen Amt – kommentiert den Vorschlag handschriftlich mit der Bemerkung: „Österreich ist für uns KEIN Maßstab!"

Auch über Umwege scheiterte Tudjman mit Versuchen, Kohl und Genscher direkt zu treffen. Davon zeugt ein Bericht des deutschen Botschafters bei der NATO in Brüssel, Hans-Friedrich von Ploetz. Er meldet am 26. Februar nach Bonn, bei einem „privaten luncheon" der NATO-Botschafter sei erörtert worden, dass auch NATO-Generalsekretär Manfred Wörner „auf ‚privaten Kanälen' (anscheinend über bayerische Vertreter)" mit einem Gesprächswunsch Tudjmans konfrontiert worden sei. „Seine – ablehnende – Reaktion fand ungeteilte Zustimmung", berichtet von Ploetz.

Auch als Slowenien und Kroatien am 25. Juni 1991 ihre Unabhängigkeit proklamieren, bleibt Bonns Haltung ablehnend. Botschafter Eiff in Belgrad und Generalkonsul Hans Julius Boldt in Zagreb werden am gleichen Tag unter dem Betreff „Stellungnahme gegenüber Presse" aus Bonn angewiesen, auf etwaige Fragen zur deutschen Haltung zu antworten: „Die Bundesregierung hat sich zusammen mit ihren Partnern in der EG stets für die Bewahrung der Einheit Jugoslawiens auf demokratischer Grundlage und unter Wahrung der Menschen- und Minderheitenrechte eingesetzt ... Die Frage einer Anerkennung der Unabhängigkeit Sloweniens und Kroatiens stellt sich gegenwärtig nicht." Zur internen Verwendung in Gesprächen mit jugoslawischen Politikern legt Bonn den Diplomaten zudem folgende Argumentation nahe: Da nicht absehbar sei, ob die anderen jugoslawischen Republiken die Loslösung Kroatiens und Sloweniens akzeptieren, „würde eine vorzeitige Anerkennung einer Einmischung in die inneren Angelegenheiten Jugoslawiens gleichkommen. In jedem Fall kann eine Ausübung des Selbstbestimmungsrechts nicht losgelöst von der Verpflichtung gesehen werden, einseitige Handlungen zu Lasten der übrigen Mitglieder eines Vielvölkerstaates zu unterlassen und sich um eine einvernehmliche Lösung mit ihnen zu bemühen." Zwei Tage später heißt es in einem Lagebericht, Genscher und der italienische Außenminister Gianni De Michelis hätten dem jugoslawischen Außenminister Budimir Loncar telefonisch versichert, „nur Jugoslawien werde anerkannt. Beide Minister unterstützen den Demokratisierungsprozess in Jugoslawien und dessen territoriale Integrität."

Doch zumindest intern setzt zu dieser Zeit im Amt offenbar ein Umdenken ein. Ein Beleg dafür ist ein Papier mit dem Titel „Zerfall und Neugründung Jugoslawiens. Thesen und Anti-Thesen", das 13 Seiten umfasst und als „Verschlusssache. Nur für den Dienstgebrauch" klassifiziert ist. Das Dokument ist, durchaus ungewöhnlich, weder datiert und gezeichnet noch einem Referat zugeordnet.

Es gibt auch keinen Verteiler, der erkennen ließe, wie breit es im Amt gestreut wurde. Doch lässt die Ablage in den Akten vermuten, dass es im Juni im Amt kursierte und eine Arbeit des Planungsstabs war. Der Planungsstab ist so etwas wie das amtlich gewollte Narrenschiff des Auswärtigen Amtes. Befreit von Zwängen und Rücksichtnahmen der Tagesarbeit, sollen kluge Köpfe dort ganz bewusst unkonventionell denken, sollen alle Szenarien außenpolitischer Entwicklungen durchspielen und analysieren. In dem Papier werden Argumente für und gegen die Anerkennung Sloweniens und Kroatiens einander gegenübergestellt. Gegen eine Anerkennung des jugoslawischen Zerfalls respektive für eine „Neubegründung" Jugoslawiens spricht demnach, dass andernfalls Krieg drohe. Es müsse sichergestellt werden, dass Kroaten und Serben „nicht erneut der Versuchung erliegen, Bosnien-Hercegovina, einschließlich der dort lebenden Muslime, für sich annektieren zu wollen". Zudem gelte es, Serbien einzubinden: „Ein isoliertes Serbien dürfte noch weniger Neigung zu einer Revision seiner Politik im Kosovo zeigen als eines, das sich gemeinsam mit den anderen Republiken um eine Annäherung an Europa bemüht." Deshalb müsse eine „wie auch immer geartete Form" Jugoslawiens erhalten werden, da „vom serbischen Kernland abgesehen, die Siedlungsräume von Serben, Kroaten und bosnischen Moslems so miteinander verflochten sind, dass die Schaffung reiner Nationalstaaten unmöglich ist".

In den folgenden Monaten gewinnen in Bonn jedoch jene Argumente des Thesenpapiers an Gewicht, laut denen eine Anerkennung Kroatiens und Sloweniens das geringere Übel sei. Hingewiesen wird unter anderem auf den drastischen Autoritätsverfall der jugoslawischen Regierung, die kaum noch Einfluss in den Teilrepubliken habe. Dabei sind die anonymen Verfasser alles andere als begeistert über das absehbare Ende Jugoslawiens: „Dass es für die internationale Gemeinschaft und insbesondere für die Europäische Gemeinschaft leichter ist, mit einem einheitlichen jugoslawischen Staat als mit einer Anzahl kleinerer, notwendigerweise instabiler und in manchen Fällen (Bosnien-Hercegovina, Mazedonien) auch wohl kaum lebensfähiger Nachfolgestaaten zu tun zu haben, trifft sicherlich zu", heißt es. Dann wird jedoch eingeschränkt: „Wenn wir dies aber zur Richtschnur unseres Verhaltens gegenüber den einzelnen jugoslawischen Nationen machen, ohne wenigstens Verständnis für die Sorgen und Wünsche der nicht-serbischen Nationen zu zeigen, geraten wir in den Verdacht einer zynischen Parteinahme für den Stärksten, d. h. Serbien." Allerdings müsse Kroatien den Serben auf seinem Gebiet „echte politische Autonomie" zugestehen, „die physischen Schutz und wirtschaftliche und kulturelle Entfaltung in ungehindertem Kontakt mit ihren Landsleuten in der Republik Serbien garantiert".

Verständlich wird der Sinneswandel vor allem vor dem Hintergrund der Ereignisse in Jugoslawien in der zweiten Jahreshälfte 1991. Als Reaktion auf die slowenische Unabhängigkeitserklärung versuchte die zu diesem Zeitpunkt bereits stark serbisch dominierte „Jugoslawische Volksarmee" im sogenannten Zehntagekrieg die Kontrolle über Slowenien und die jugoslawischen Grenzen zurückzuerobern. Genscher war empört. Der Einsatz der Armee sei „durch nichts, aber auch durch gar nichts gerechtfertigt", sagte er am 1. Juli vor einem Treffen mit Slobodan Milosevic in Belgrad.

Eine Folge des allmählichen Bonner Kurswechsels ist, dass Tudjmans Versuche, Kohl und Genscher zu treffen, nun nicht mehr rundweg abgelehnt wurden. Nachdem er zuvor in Wien, Budapest sowie in London Gespräche geführt hatte und in Italien sowohl von Präsident Francesco Cossiga als auch von Regierungschef Giulio Andreotti empfangen worden war, kann Tudjman am 18. Juli auch in Bonn vorsprechen. Man will dort aber sicherstellen, dass er dies nicht als Beleg für eine deutsche Anerkennung kroatischer Unabhängigkeitswünsche verstehen könne. In einer Vorlage an das Kanzleramt hatte das für Jugoslawien zuständige Referat 215 im Auswärtigen Amt dazu schon am 4. Juli Vorschläge zusammengestellt und gewarnt, es gelte, „jeden Anschein von Anerkennung zu vermeiden. Bloße Gespräche, wozu wir grundsätzlich mit allen bereit sind, können allein nicht die Anerkennung herbeiführen." Dann wird vorgeschlagen, Tudjman protokollarisch auf der untersten möglichen Ebene zu empfangen: „Abholung am Flughafen durch Protokollbeamte (nicht Chef Protokoll). Kein roter Teppich. Polizeileitfahrzeug, keine Ehreneskorte (Motorräder), kein kroatischer Fahrzeugständer, keine kroatischen Flaggen. Gegebenenfalls Unterbringung in einem Hotel (nicht Gästehaus Petersberg).

Kostenübernahme. Gespräch mit dem Bundeskanzler (kein Essen)." In einem „Gesprächsführungsvorschlag" des Amts für Genscher wird zudem angeregt, sollte Tudjman nach einer deutschen Anerkennung Kroatiens fragen, sei die beste Antwort, diese Frage stelle sich nicht, da eine Anerkennung „Einmischung in den innerjugoslawischen Klärungsprozess" gleichkäme.

Den Dokumenten aus den folgenden Wochen ist dann freilich durchaus zu entnehmen, wie sich Bonns Haltung angesichts der Flut von Nachrichten über blutige Zusammenstöße, den Einsatz der Armee gegen kroatische und slowenische Zivilisten, den Terror serbischer und kroatischer Freischärler, gebrochene Waffenstillstände und gescheiterte Verhandlungsrunden ab dem Spätsommer 1991 immer stärker auf eine Entscheidung zur Anerkennung zubewegte. Dies hatte auch mit der Wirkung zu tun, die das Blutvergießen am Balkan auf die Medienberichterstattung, die öffentliche Meinung und die Stimmung in den Parteien hatte, einschließlich des größten Teils der Opposition. Vor allem der stellvertretende Vorsitzende der SPD-Bundestagsfraktion Norbert Gansel setzte sich vor und hinter den Kulissen dafür ein, die Unabwendbarkeit des jugoslawischen Zerfalls nicht länger zu leugnen.

Nachdem die Armee auch in Kroatien gewaltsam in den Konflikt einzugreifen beginnt – angeblich „zur Trennung der Konfliktparteien", tatsächlich jedoch immer aufseiten serbischer Freischärler –, bestellt Genscher am 26. August den jugoslawischen Botschafter in Bonn, Boris Frlec, zu sich ein. „Wenn der Waffenstillstand nicht sofort Beachtung findet, muss die Bundesregierung die Anerkennung Sloweniens und Kroatiens überprüfen. Sie wird sich auch in der EG dafür einsetzen", droht er dem Diplomaten – und der stimmt zu. Die Streitkräfte Jugoslawiens seien „keine Volksarmee mehr, da Slowenen, Kroaten und Mazedonier nicht mehr vertreten sind. Es handelt sich also um eine rein serbische Armee, die Aggressionshandlungen gegen Kroatien vornimmt", antwortete Frlec, ein Slowene, laut Gesprächsprotokoll. Er schied bald danach im Protest aus dem jugoslawischen diplomatischen Dienst aus.

Laut einem anderen archivierten Protokoll sagt Helmut Kohl dem neu ernannten kroatischen Außenminister Zvonimir Separovic bei einem Gespräch in Bonn am 8. Oktober 1991, es sei ihm „in langen Gesprächen gelungen, den französischen Präsidenten Mitterrand in dieser Frage zu bewegen". Entscheidend sei aber, dass Kroatien „die Frage der Minderheiten" löse. Tatsächlich macht die Bundesregierung eine Anerkennung Kroatiens (der Fall Sloweniens war weniger heikel) nun davon abhängig, dass die dortige serbische Minderheit umfangreiche Rechte erhält – und zwar durch ein vom Parlament mit Zweidrittelmehrheit zu billigendes Gesetz in Verfassungsrang. Dazu unterbreitet Genscher Kroatien im November das „Angebot", einen deutschen Experten als Berater zu entsenden.

Da Bonn inzwischen tatsächlich der wichtigste Fürsprecher von Kroatiens Streben nach Eigenstaatlichkeit geworden war, ist Genschers Offerte von jener Art, die abzulehnen unklug wäre. So wird der Berliner Völkerrechtler Christian Tomuschat mit einem Übersetzer nach Zagreb entsandt, um den kroatischen Gesetzentwurf zu prüfen und notfalls Nachbesserungen zu fordern. Als anzustrebendes Vorbild gilt das Südtirol-Modell. Nachdem das Gesetz mehrfach überarbeitet worden war, lobt Tomuschat es in einem ausführlichen Bericht an Bonn schließlich als „durchweg ausgewogen und fair". Am 4. Dezember 1991 billigen die Abgeordneten in Zagreb das ihnen als alternativlos präsentierte Verfassungsgesetz „über die Rechte der ethnischen und nationalen Gemeinschaften oder Minderheiten in der Republik Kroatien".

Drei Tage zuvor hatte Botschafter Eiff, der noch immer nach Argumenten suchte, Jugoslawien irgendwie zusammenzuhalten, ein warnendes Fernschreiben nach Bonn gesandt: „Zumindest ein Teil der kroatischen Führung scheint mit internationaler Anerkennung die Erwartung internationaler Militärhilfe zu verbinden, die u. a. von Reißmüller in der F.A.Z. offen gefordert wurde. Hierzu empfiehlt sich aus hiesiger Sicht bei den Gesprächen über die künftigen Beziehungen eine Klarstellung." Johann Georg Reißmüller, damals einer der Herausgeber der F.A.Z., war ein Lieblingsgegner Eiffs, auf den sich der Botschafter in vielen Berichten an sein Ministerium kritisch bezog. Reißmüller, der das Land aus seiner Zeit als Korrespondent in Belgrad kannte, hatte früher als viele andere erkannt, dass „Jugoslawien" nur noch eine Kulisse war. Das widersprach der Lesart Eiffs, der Botschafter für ganz Jugoslawien bleiben wollte. Ohne Reißmüller beim Namen zu nennen, hatte der Botschafter schon am 9. September in einem als „citissime" (eilig) klassifizierten Fernschreiben geklagt: „Durch die einseitige Berichterstattung wird eine positive politische Einflussnahme auf den innerjugoslawischen Konflikt durch uns erheblich erschwert. Die Botschaft gibt zu bedenken, gegenüber den in Frage kommenden deutschen Medien, die dort bekannt sind, diesen Komplex in geeigneter Form anzusprechen."

Am Lauf der Dinge änderte das nichts, zumal nachdem die kroatische Stadt Vukovar von der „Volksarmee" im November in Schutt und Asche gebombt worden war. In der Nacht zum 17. Dezember 1991 beschlossen die zwölf Staaten der Europäischen Gemeinschaft, Slowenien und Kroatien am 15. Januar 1992 gemeinsam anzuerkennen. In der Folge kam es dann allerdings tatsächlich zu einem deutschen Vorpreschen, da Deutschland auf Geheiß Helmut Kohls die Anerkennung schon am 23. Dezember aussprach. Das ärgerte viele im Auswärtigen Amt, auch Referatsleiter Michael Libal. Noch zwanzig Jahre später schrieb er in einem Leserbrief an die F.A.Z.: „Die um drei Wochen vorgezogene, von deplatziertem Triumph begleitete Bekanntgabe unserer Entscheidung erwies sich als schwerer psychologischer Fehler. Deutschland übersah, dass es damit den Kritikern und Verleumdern der deutschen Politik willkommene Nahrung bieten würde." Auf den Konflikt in Jugoslawien hatten diese drei Wochen indes keine Auswirkung.

Es versteht sich, dass das Archiv des Auswärtigen Amts nicht der alleinige Schlüssel zum Verständnis der deutschen Rolle beim Zerfall Jugoslawiens sein kann. Der Nachlass Helmut Kohls, die Archive der politischen Stiftungen, des Quai d'Orsay, des Foreign Office oder des serbischen Außenamts dürften weiteren Aufschluss geben. Darauf deutet etwa ein Drahtbericht Wolfgang Ischingers vom 14. Mai 1991 hin. Ischinger, damals deutscher Gesandter in Paris, berichtete von einem Gespräch mit Mitterrands Berater Pierre Morel, der gerügt hatte, es gebe wohl „bei Teilen der deutschen Presse Sympathie für die Bestrebungen der Kroaten und Slowenen" und auch in Wien seien Kräfte am Werk, „die es an der nötigen Zurückhaltung fehlen ließen". Paris fürchte offenbar einen zu starken deutschen Einfluss im Südosten, berichtete der Gesandte Ischinger.

Für Behauptungen, Deutschland habe 1991 in Wiederanknüpfung an altes Großmachtgebaren eine systematische Politik der Zerstörung Jugoslawiens betrieben, finden sich im Archiv des Auswärtigen Amts nach Auswertung von mehr als 2500 Aktenseiten jedoch erwartungsgemäß keine Belege. Tatsächlich setzte sich in Bonn 1991 erst nach monatelangem Zögern die Überzeugung durch, dass Jugoslawien keine Zukunft habe – ebenso wenig wie die zerfallende Sowjetunion.

***

Michael Martens ist Korrespondent der F.A.Z. für südosteuropäische Länder mit Sitz in Wien.

Erschienen in der F.A.Z. vom 28.02.2022, Seite 8

Keine Gnade

Zwischen 1950 und 1952 wurden alleine in Dresden mehr als hundert Zivilisten durch sowjetische Militärtribunale zum Tode verurteilt. Vollstreckt wurde die Todesstrafe durch Erschießen in Stalins Moskau

Dr. Bert Pampel

Heinz Domaschke, Hausmeister in einer Kelterei in Dresden-Lockwitz, hatte vor der Wahl zur Volkskammer der DDR am 15. Oktober 1950 gemeinsam mit einigen Freunden Propagandaplakate entfernt oder übermalt. Das Ministerium für Staatssicherheit (MfS) kam dem 30 Jahre alten Mann, der SED-Mitglied war, auf die Spur. Da er während der Vernehmungen zugegeben hatte, mit amerikanischen Nachrichtendiensten und dem Rundfunksender RIAS Berlin in Kontakt gestanden zu haben, übergab ihn die Stasi Mitte Dezember 1950 „an die Freunde", das heißt an das Ministerium für Staatssicherheit der UdSSR (MGB).

Nach zahlreichen Verhören und Gegenüberstellungen kam es vor dem Militärtribunal der Gruppe der sowjetischen Besatzungstruppen in Deutschland, das die Feldpostnummer 48240 trug, zum Prozess gegen Heinz Domaschke und sieben weitere Angeklagte. Am Ostersonntag, dem 25. März 1951, verurteilten die Richter neben Domaschke noch den tags zuvor 30 Jahre alt gewordenen Hermann Kernert, der in der elterlichen Gastwirtschaft „Alte Mühle" angestellt war, sowie den 18 Jahre alten Autoschlosser Manfred Günther zum Tode durch Erschießen.

Nach der Verkündung des Urteils wurden die drei umgehend von den Angeklagten getrennt, die zu Freiheitsstrafen verurteilt worden waren. Anschließend verschleppte man sie von Dresden über das MGB-Gefängnis Berlin-Lichtenberg nach Moskau. Sechs Tage nach der Ablehnung ihrer Gnadengesuche wurden die Todesurteile gegen Heinz Domaschke und Hermann Kernert am 29. Mail 1952 im Moskauer Butyrka-Gefängnis vollstreckt. Das Todesurteil gegen Manfred

Günther war in 25 Jahre „Besserungsarbeitslager" umgewandelt worden.

Die Dresdner Gruppe um Heinz Domaschke war kein Einzelfall. 35 000 bis 40 000 deutsche Zivilisten standen zwischen dem Vorrücken der Roten Armee auf das Reichsgebiet im letzten Kriegswinter und dem Jahr 1955 vor sowjetischen Militärtribunalen (SMT). Mehr als 2500 von ihnen wurden zwischen 1944 und der Abschaffung der Todesstrafe am 26. Mai 1947 auf sowjetisch besetztem deutschem Territorium zum Tode verurteilt und erschossen. Am 12. Januar 1950 trat ein Erlass des Präsidiums des Obersten Sowjets der UdSSR in Kraft, der als Ausnahme für „Vaterlandsverräter, Spione und Saboteure" erneut die Verhängung der Todesstrafe zuließ. Bis zum Ende der Tätigkeit der Militärtribunale in der DDR im Jahr 1955 wurden mindestens 1112 Deutsche zur Höchststrafe durch Erschießen verurteilt. Mehr als 80 Prozent dieser Todesurteile wurden vollstreckt.

Was wurde den Angeklagten vorgeworfen? Unter welchen Umständen erfolgte ihre Verurteilung? Der vorliegende Beitrag beleuchtet diese Fragen anhand der deutschen Zivilisten, die zwischen 1950 und 1952 in Dresden durch die sowjetische Militärjustiz zum Tode verurteilt wurden. Er nutzt als Ausgangspunkt eine besondere Quelle, und zwar die Gnadengesuche, die die Gefangenen unmittelbar nach ihrer Verurteilung verfassten. Sie sind, zusammen mit den Vorlagen, die das Oberste Gericht der UdSSR für das Präsidium des Obersten Sowjets der UdSSR zur Vorbereitung der Entscheidung über die Begnadigung erstellte, im Staatsarchiv der Russischen Föderation (GARF) archiviert.

In einigen Fällen konnten weitere Unterlagen hinzugezogen werden, darunter Strafakten, die im Zentralarchiv des russischen Inlandsgeheimdienstes FSB in Moskau lagern, sowie Ermittlungsakten der DDR-Staatssicherheit oder Berichte von überlebenden Mitverurteilten. Die Auswertung ist Teil eines von der Bundesstiftung zur Aufarbeitung der SED-Diktatur geförderten Projekts, in dem die Dokumentationsstelle Dresden der Stiftung Sächsische Gedenkstätten sämtliche Urteile erforscht, die sowjetische Militärgerichte zwischen 1945 und 1953 in Dresden gegen Deutsche verhängten (www.smt-dresden.de).

Für den fraglichen Zeitraum vom 28. September 1950 bis zum 15. November 1952 sind derzeit 102 Todesurteile sowjetischer Militärgerichte in Dresden bekannt. Sechs davon betrafen Frauen. Das Durchschnittsalter der Verurteilten betrug 34 Jahre, der jüngste Verurteilte war 18, der älteste 60 Jahre alt. Insgesamt liegen 98 Gnadengesuche vor. Ob die übrigen Verurteilten keine Gnadengesuche verfassten oder diese nicht überliefert sind, ist noch ungewiss.

Den Verurteilungen gingen Ermittlungen der DDR-Staatssicherheit sowie der Untersuchungsabteilung des sogenannten Operativsektors Sachsen der sowjetischen Geheimpolizei voraus. Nach ihrer Festnahme beziehungsweise der Übergabe durch die Stasi wurden die Verhafteten im Gefängnis des Operativsektors, das sich in einem von den sowjetischen Sicherheitsorganen genutzten Gebäudekomplex an der Bautzner Straße in Dresden befand, in monatelanger Untersuchungshaft zahlreichen Verhören unterzogen. Diese fanden vorzugsweise nachts statt und dienten in erster Linie dazu, weitere Namen zu ermitteln und Geständnisse zu erpressen. Die Verhöre wurden so lange fortgesetzt, bis das gewünschte Ergebnis vorlag. Ziel der Vernehmer war es, Untergrundorganisationen zu konstruieren, denen Spionage angelastet werden konnte. Den Gefangenen stand keinerlei Rechtsbeistand zur Verfügung, weder während der Ermittlungen noch während der Gerichtsverhandlung.

In ihrer aussichtslosen Lage bezichtigten sich die Gefangenen oft selbst, Agenten westlicher Geheimdienste gewesen zu sein. Bezeichnend sind auch Bestätigungen teils absurder Vorwürfe, um den psychischen und physischen Torturen ein Ende zu bereiten. So schrieb der 29 Jahre alte Student an der Deutschen Hochschule für Politik in Westberlin, Werner Schneider aus Colmnitz, in seinem Gnadengesuch: „In den Protokollen der Untersuchung über meine Spionagetätigkeit habe ich mich zweimal hintereinander selbst bezichtigt. Alle darin vorkommenden Taten, Ereignisse und Namen sind frei zusammengestellt." Dass Angeklagte während der Gerichtsverhandlung ihr Geständnis widerriefen, nutzte ihnen jedoch nichts.

Das bedeutet nicht, dass die Vorhaltungen der Vernehmer stets jeglicher Grundlage entbehrten. So hatten die Ermittler bei einigen Verdächtigen durch die Öffnung von Briefpost, bei Hausdurchsuchungen oder unmittelbar bei der Festnahme in der Nähe von

Militärobjekten Aufzeichnungen über sowjetische Truppen oder antikommunistische Flugblätter sichergestellt, die sich noch heute in den Strafakten finden. Auch werden Aussagen von Gefangenen, die in den Materialien der sowjetischen Geheimpolizei protokolliert sind, durch Angaben gegenüber der DDR-Staatssicherheit oder durch zeitgenössische Unterlagen bestätigt, die bei westlichen Kontaktpersonen und -institutionen überliefert sind.

Die inhaltliche Erschließung, Deutung und Bewertung der Gnadengesuche müssen den Umständen Rechnung tragen, unter denen sie abgefasst wurden. Den zum Tode Verurteilten war es weder erlaubt, Abschiedsbriefe schreiben, noch konnten sie den Beistand eines Seelsorger in Anspruch nehmen. Gegen das Urteil war keine Berufung zugelassen. Das Gnadengesuch, das den Verurteilten vonseiten der sowjetischen Untersuchungsabteilung nahegelegt wurde und das wenige Stunden nach der Urteilsverkündung zu schreiben war, bot damit die einzige Möglichkeit, auf eine Abänderung des Urteils hinzuwirken. Die Verurteilten standen beim Schreiben wohl zumeist unter Schock, und manchmal spürt man ihre Fassungslosigkeit ob der Härte des Urteils.

So schrieb die 26 Jahre alte Wäscherin Elisabeth Körner aus Radebeul, die später begnadigt wurde, das Urteil treffe ihr junges Leben schwer, „zumal ich mir selbst nicht bewußt geworden bin, was ich Schlimmes getan habe". Einige der Todgeweihten mögen auch den Versprechungen der Vernehmer Glauben geschenkt haben, die Strafe werde milder ausfallen, wenn sie das gewünschte Geständnis ablegten. Angeklagte, die während der Verhandlung noch politische Überzeugungen als Motivation für ihr inkriminiertes Verhalten anführten, brachten in ihrem Gnadengesuch eher wirtschaftliche Beweggründe vor, etwa Schulden oder die Notwendigkeit, ihre Familie zu ernähren. Vermutlich wollten sie harmloser erscheinen. Andere dienten sich ihren Richtern an, indem sie die „anständige und menschliche Behandlung" während der Untersuchungshaft lobten, sich anboten, im Koreakrieg auf kommunistischer Seite mitzukämpfen oder sich bereiterklärten, ihr Verbrechen „zu sühnen durch Arbeit am Aufbau der für den Weltfrieden kämpfenden demokratischen Völker unter Führung der Union der Sozialistischen Sowjetrepubliken". Doch wer wollte noch einmal den Stab über die

Unglücklichen brechen, die auf diese Weise ihr Leben zu retten versuchten?

Die Gnadengesuche umfassen manchmal nur drei bis vier Sätze, in der Regel jedoch zwei bis drei Seiten. Das ausführlichste Gesuch ist 13 Seiten lang. Die Bittschreiben folgen überwiegend einer ähnlichen Struktur, und viele Verurteilte verwenden identische Formulierungen – anscheinend wurden sie ihnen von den Vernehmern vorgeschlagen. Die Gesuche von gemeinsam Verurteilten gleichen sich mitunter bis aufs Wort. Nach einem einleitenden Satz, der Gericht, Verhandlungsdatum und Urteil benennt, folgt eine Beschreibung des vorgeblichen beziehungsweise tatsächlichen Vergehens. Anschließend führen die Verurteilten zu ihrer Entlastung verschiedene Gründe an, neben einer finanziellen Notlage etwa ihr jugendliches Alter oder westliche Propaganda. So schreibt der 24-jährige frühere Polizist Gerhard Siebert aus Leipzig: „Das Westgeld lockte mich ... Ich beherrschte zwar die Theorie der Partei der S.E.D., doch die vollen Schaufenster und der Rias waren stärker."

Nicht wenige Bittsteller begründen ihre tatsächliche oder vermeintliche Zusammenarbeit mit Nachrichtendiensten damit, dies sei der Preis gewesen für eine Zuzugsgenehmigung in den Westen. Als mildernde Umstände werden antinazistische Gesinnung, fehlende feindselige Einstellung zur Sowjetunion oder umfassende Kooperation während der Ermittlungen geltend gemacht. Abschließend bekennen die Verfasser ihre Schuld, bekunden Reue und hoffen auf eine Gelegenheit zur Wiedergutmachung. Doch weder der Umfang noch der Inhalt der Gesuche hatten Einfluss auf die Entscheidung über eine Begnadigung.

Welcher Vergehen hatten sich die Verurteilten überhaupt schuldig gemacht? Niemand von ihnen hatte einen Mord oder ein anderes Gewaltverbrechen begangen, keiner stand wegen der Beteiligung an nationalsozialistischem Unrecht vor Gericht. Einige, wie der 33 Jahre alte Bäckergehilfe Albert Stegerer aus Weißkollm, waren im Gegenteil schon von den Nationalsozialisten verfolgt worden. Das ehemalige Mitglied der kommunistischen Jugendorganisation in Bayern hatte die NS-Konzentrationslager Dachau, Flossenbürg und Sachsenhausen überlebt.

Knapp die Hälfte der Fälle stand im Zusammenhang mit Kontakten zur „Kampfgruppe gegen Unmenschlichkeit" (KgU). Im September 1951 hatte ein ehemaliger KgU-Mitarbeiter, der 22-jährige Dresdner Hanfried Hiecke (KgU-Deckname „Fred Walter"), der sowjetischen Geheimpolizei alle ihm bekannten Operationen, Quellen und Kontakte unter bislang nicht geklärten Umständen preisgegeben. Was den Verrat besonders verwerflich machte, war, dass er bereits seit Längerem für westliche Nachrichtendienste tätig war, ohne seine Quellen in der DDR darüber zu unterrichten. Viele von ihnen hatten zunächst zur Klärung des Schicksals von Verhafteten und Verschwundenen oder wegen der Hilfe für deren Angehörige Kontakt zur KgU aufgenommen, darunter der 38 Jahre alte Bäcker Helmut Rößler, der zwischen 1945 und 1948 im sowjetischen Speziallager Buchenwald interniert gewesen war. Der Vater des Lebensmittelkaufmanns Christoph Altenberger (25 Jahre) war im Speziallager Mühlberg ums Leben gekommen. In der Verhandlung vor dem Militärtribunal erklärte Altenberger seine Zusammenarbeit mit der KgU: „... außerdem war ich nicht damit einverstanden, dass sich die Sowjetunion propagandistisch als Land des Friedens darstellte und gleichzeitig die Aufstellung von Abteilungen der Reservepolizei erlaubte. Ich war dagegen und rechnete damit, daß eine reguläre Armee aufgestellt wird."

Wie er waren auch andere von Grund auf mit der politischen Entwicklung in der DDR unzufrieden und suchten – durch Ereignisse wie das Todesurteil gegen den Studenten Hermann Flade im Januar 1951 radikalisiert – die Unterstützung der KgU für ihren Kampf gegen die politischen Zustände. Sie begannen, wie der 43 Jahre alte Arbeiter in einer Brikettfabrik Gerhard Dietze aus Taucha bei Leipzig, Flugblätter zu verteilen und Parolen an Wände zu malen.

Einige gaben dem zunehmenden Drängen von Hiecke („Fred Walter") und seinem Kurier Günter Malkowski (Deckname „Junker") nach und begannen, Informationen über sowjetische Truppen, über DDR-Polizeieinheiten oder über den Uranabbau für die sowjetische Atomindustrie in der „Wismut" zu sammeln. Andere, wie die Gruppe um den 22 Jahre alten Müllermeister Rolf Hummel aus Prietitz, brachen wegen dieses Drängens sogar den Kontakt zu Hiecke ab.

Doch auch sie sahen sie sich nach ihrer Verhaftung durch Hieckes Verrat nun mit dem Vorwurf der Militär- und Wirtschaftsspionage konfrontiert.

Für diese Anschuldigung bedurfte es nicht der Übermittlung streng geheimer militärischer Unterlagen. Als Spionage galten bereits die Übermittlung der Namen örtlicher SED-Funktionäre, die Weitergabe von Berichten über die Stimmung unter Arbeitern oder Studenten sowie die Übersendung von in der DDR frei verkäuflichen Broschüren. In der Vorlage des Obersten Gerichts der UdSSR über die Entscheidung zum Gnadengesuch des 22 Jahre alten Revisors Dieter Beichling findet sich der Satz: „Im Mai 1951 erblickte Beichling, während einer Zugfahrt von Leipzig kommend, in der Nähe von Riesa in der Luft vier Strahlflugzeuge, worüber er seinem Vater nach der Ankunft zu Hause berichtete." Beichling wurde zusammen mit seinem Vater Hans und seinem Onkel Rudolf in Moskau erschossen.

Der 45 Jahre alte Ingenieur Kurt Frank aus Netzschkau im Vogtland, der als Bauleiter im VEB Industrie-Entwurf Berlin arbeitete, hatte einem Bekannten aus Westberlin Informationen über verschiedene Industriebetriebe in Reichenbach und Umgebung übergeben, die dieser erbeten hatte, um für die westdeutsche CDU eine Ausarbeitung für wirtschaftliche Planungen zu erstellen. In seinem Gnadengesuch schrieb Frank, ihm sei „niemals zum Bewußtsein gekommen, daß meine Angaben über Lage des Betriebes, ungefähre Belegschaftsstärke und Art der Erzeugnisse ... als ein derart schwerwiegendes Verbrechen gewertet werden könnte und den Bestand der Sowjetunion gefährdet". Bei der Firma „Fichtel & Sachs", die zur sowjetischen staatlichen Aktiengesellschaft (SAG) „Awtowelo" gehörte und Ersatzteile für Fahrräder und Autokupplungen produzierte, habe es sich um reine Friedensproduktion gehandelt, „die allgemein bekannt war und keiner Geheimhaltung unterlag", so sein mitverurteilter früherer Arbeitskollege, der 31 Jahre alte Egon Werner aus Lengenfeld, in seinem Gnadengesuch.

Es steht außer Frage, dass mittels des Spionagevorwurfs der dahinterstehende Widerstand bekämpft wurde. So hieß es in der Vorlage des Obersten Gerichts zur Entscheidung über die Gnadengesuche der Mitglieder einer Gruppe in Klingenthal/Vogtland: „Seit 1949 bis zur Verhaftung waren Göring, Dölling und Zimmermann

Mitglieder einer illegalen antisowjetischen Gruppe, die für Durchführung von Propaganda gegen die DDR gegründet wurde." Und der Dresdner Elektroschweißer Heinz Friedrich (26 Jahre) erklärte in der Gerichtsverhandlung: „Auf den Weg der Spionage begab ich mich aus politischer Überzeugung. Ich war der Ansicht, dass die Arbeiter in der DDR schlecht leben, wenig verdienen und ausgebeutet werden ... Ich war gegen die Diktatur Hitlers und bin jetzt gegen jegliche Diktatur."

Ob sich die Angeklagten zu ihren politischen Ansichten bekannten, sich reumütig zeigten oder gar für den Kampf gegen die westlichen Agenten anboten, spielte für die Entscheidung über ihre Gnadengesuche keine Rolle. Auch Appelle an die Menschlichkeit verhallten ungehört. So schrieb der 22 Jahre alte Dresdner Student Heinz Just in seinem Gnadengesuch am Heiligabend 1951: „Es ist Weihnachten. In Deutschland das größte Familienfest des Jahres, das Fest der Geschenke. Zu Hause werden zu dieser Stunden meine lieben Eltern sitzen, und meine liebe Mutter wird sich die Augen wegen mir ausweinen. Ich habe gerade für sie und für mich an das Präsidium des Obersten Sowjets der UdSSR eine große Bitte und einen besonderen Weihnachtswunsch zugleich, mich vom Tode durch Erschießen zu begnadigen."

Und auch die Bitte der Buchhalterin Inge Müller blieb ungehört: „Ich flehe Sie an, haben Sie Erbarmen, lassen Sie bitte Gnade walten, nehmen Sie von mir das Todesurteil." Die 24 Jahre alte Witwe, die eine vierjährige Tochter hinterließ, war fast ein Jahr zuvor wegen vermeintlicher Spionage für den französischen Nachrichtendienst zu 25 Jahren Haft verurteilt worden, später jedoch aus der DDR-Strafvollzugsanstalt Waldheim, in der sie ihre Strafe verbüßte, abgeholt und in einem zweiten Verfahren zum Tode verurteilt worden.

Dolmetscher des Tribunals, des MGB Sachsen oder der in Dresden stationierten 1. Garde-Mechanisierten Armee, übersetzten die Gnadengesuche noch in Dresden, von wo sie zusammen mit den Strafakten an das Militärkollegium des Obersten Gerichts der UdSSR nach Moskau geschickt wurden. Neun der in Dresden zum Tode Verurteilten, von denen Gnadengesuche überliefert sind, wurden begnadigt. Ob die Begnadigung nach bestimmten Kriterien erfolgte, ist nicht erkennbar, abgesehen davon, dass die zwei jüngsten Verurteilten begnadigt wurden, um nach der Entscheidung von Moskau aus direkt in den Gulag deportiert zu werden. Nach der Ablehnung ihrer Gnadengesuche wurden die Verurteilten im Moskauer Butyrka-Gefängnis erschossen, die Leichname im Krematorium des Donskoje-Friedhofs eingeäschert. Der Verbrennungsofen stammte von der Erfurter Firma Topf & Söhne, die später die NS-Konzentrationslager mit „Leichenverbrennungsöfen für den Massenbetrieb" ausrüstete. Die Angehörigen erfuhren bis 1990 nichts von der Hinrichtung. Im Jahr 2005 dokumentierten das historische Forschungsinstitut Facts & Files (Berlin) und die russische Menschenrechtsorganisation Memorial International in Moskau in dem Buch „Erschossen in Moskau ...' Die deutschen Opfer des Stalinismus auf dem Moskauer Friedhof Donskoje 1950–1953" erstmals die Schicksale der Hingerichteten. Auf dem Donskoje-Friedhof wurde im Sommer 2005 eine kleine Gedenkstätte eingeweiht. In Dresden erinnern die Gedenkstätten Münchner Platz und Bautzner Straße an die Verurteilten der sowjetischen Militärjustiz.

Die Dokumentationsstelle Dresden unterstützt im Auftrag des Auswärtigen Amtes Angehörige, die die Rehabilitierung ihrer Verwandten nach dem russischen Gesetz zur Rehabilitierung von Opfern politischer Repressionen anstreben. Sie ist auch bei der Einsichtnahme in die Strafakten behilflich. Von den in Dresden zwischen 1950 und 1952 zum Tode Verurteilten wurden seitdem neun von zehn rehabilitiert. Zu den ersten unter ihnen gehören Heinz Domaschke und Hermann Kernert.

In diesem Jahr jährt sich zum dreißigsten Mal der Beginn der Rehabilitierung deutscher Opfer sowjetischer politischer Verfolgung durch russische Institutionen. Wie die Auflösung von „Memorial" durch das Putinsche Regime zeigt, ist eine staatlich unabhängige gesellschaftliche Aufarbeitung der kommunistischen Verbrechen gegenwärtig in Russland unerwünscht.

Doch auch in Deutschland tun sich einige mit der Anerkennung des antikommunistischen Widerstands während der sowjetischen Besatzung und der DDR schwer – sowohl wegen früherer Verstrickungen mancher seiner Protagonisten in der NS-Zeit als auch aufgrund eigener Sympathien für sozialistische Ideen.

Besonderen Respekt und Hochachtung schulden wir den wenigen, die damals in dieser verzweifelten Lage ihre Würde bewahrten und menschliche Größe zeigten. Dazu zählt auch Heinz Domaschke, der in seinem Gesuch nicht um ein milderes Urteil für sich selbst bat, sondern um Gnade für seine beiden zum Tode Mitverurteilten.

***

Bert Pampel leitet die Dokumentationsstelle Dresden der Stiftung Sächsische Gedenkstätten.

Erschienen in der F.A.Z. vom 07.03.2022, Seite 7

Nach Belzec

Vor achtzig Jahren begann die „Aktion Reinhardt": Innerhalb von nicht einmal zwei Jahren ermordeten die deutschen Besatzer im Generalgouvernement 1,8 Millionen Menschen, die meisten davon polnische Juden

Professor Dr. Stephan Lehnstaedt

Ein Bahngleis, perspektivisch überdimensionierte Gaskammern und Massengräber, umgeben von einem Zaun und versehen mit einem winzigen Wachturm – mehr ist nicht zu sehen auf der ersten Skizze des Vernichtungslagers Belzec, die 1945 nach einer Aussage des Überlebenden Rudolf Reder in Polen angefertigt wurde. Die schematische Zeichnung zeigt die Traumatisierung Reders offen und bringt gleichzeitig das Wesen Belzecs auf den Punkt: eine Gaskammer mit Gleisanschluss. Sehr viel mehr war dort nicht. Und sehr viel mehr brauchte es auch nicht, um innerhalb von nicht einmal zwölf Monaten fast eine halbe Million Menschen zu ermorden.

Auf einer Grundfläche von 400 mal 600 Metern, etwa halb so groß wie die des Reichstag in Berlin, hatte der Lubliner SS- und Polizeiführer Odilo Globocnik von November 1941 an das Lager errichten lassen. Der zukünftige Kommandant, SS-Hauptsturmführer Christian Wirth, brachte am 22. Dezember mehr als 150 jüdische Häftlinge mit, die bis Februar 1942 die Bauarbeiten abschlossen. Unter anderem mussten sie in den in Holzbauweise errichteten Gaskammern glasierte Fliesen und einige Duschköpfe anbringen, die die Deutschen besorgt hatten, um das Gebäude als Bad zu tarnen. Als eine Art Testlauf ließ Wirth diese Juden Ende Februar vergasen.

Am 15. März 1942 fanden die ersten Deportationen nach Belzec statt. Jüdinnen und Juden aus den galizischen Städten Zolkiew und Lemberg (Lwiw) sowie zwei Tage später auch aus Lublin waren die ersten Opfer eines Tatkomplexes, der als Aktion Reinhardt bekannt werden sollte. Eineinhalb Jahre später, im November 1943, waren annähernd 1,8 Millionen Menschen tot, ermordet in den Vernichtungslagern Belzec, Sobibor und Treblinka, in den

Deportationszügen und bei den „Aussiedlungen" aus den Ghettos. Die große Mehrzahl von ihnen stammte aus Polen, aber unter den Opfern dieser Aktion waren auch Juden aus der Slowakei, den Niederlanden, aus Tschechien, Österreich, Deutschland, Frankreich, Belarus, Griechenland, dem damaligen Jugoslawien und Litauen sowie mehrere tausend Roma.

Es ist nicht allein diese gigantische und wahrhaft europäische Dimension, die die Aktion Reinhardt zum Kern des Holocausts werden lässt. Entscheidender ist deren Scharnierfunktion, weil sie so viele Verbrechen des Zweiten Weltkriegs miteinander verbindet. So entschied sich Globocnik deshalb für Belzec als den ersten Standort seiner Genozidoperation, weil es in der Nähe dieses Dorfes zwischen Mai und Oktober 1940 schon ein Zentrum jüdischer Zwangsarbeit gegeben hatte. In einem Komplex aus acht Lagern – davon vier in unmittelbarer Umgebung der Ortschaft – mussten Häftlinge Sümpfe trockenlegen und einen Verteidigungswall gegen die Sowjetunion anlegen, was schon damals zu einer hohen Todesrate geführt hatte. Unter den rund 10 000 Insassen waren auch tausend sogenannte Zigeuner aus Hamburg.

Das für das Vernichtungslager ausgewählte Gelände zeichnete sich durch eine bereits vorhandene Bahnrampe und vor allem durch einen guten Anschluss an Verkehrswege aus, lag es doch direkt an der viel befahrenen Zugstrecke und der Verbindungsstraße von Lemberg nach Lublin und weiter nach Warschau. Von Abgeschiedenheit konnte daher keine Rede sein, selbst wenn heutzutage die Grenze zwischen Polen und der Ukraine – und damit die Außengrenze der Europäischen Union – nur zehn Kilometer entfernt ist.

Auch das Personal der Aktion Reinhardt war keinesfalls zufällig ausgewählt. Christian Wirth etwa war zunächst Polizist und brachte es bei der württembergischen Kriminalpolizei bis 1932 zum Inspektor. Im Januar 1940 schickte ihn das Reichskriminalpolizeiamt in die „Euthanasie"-Anstalt Brandenburg an der Havel, wo sich schon bald Wirths Talent für die Organisation eines Massenmords durch Gas erwies. Als diese als „Aktion T4" bekannten Tötungen im August 1941 gestoppt wurden, war Wirth frei für eine weitere Verwendung – und Globocnik hatte Bedarf für einen Fachmann für Massenmord.

Wirth sorgte für den notwendigen Transfer der Techniken sowie des Personals in den Osten, denn vor seinem Wechsel nach Polen hatte er in Brandenburg, Grafeneck, Hartheim und Hadamar die bürokratische Abwicklung der „Euthanasie" organisiert, gefälschte Totenscheine ausgestellt, die Tarnung nach außen hin geregelt, Helfer ausgewählt und die Mordvorgänge selbst überwacht.

Für den Betrieb der Lager griffen Wirth und Globocnik auf 121 SS-Männer zurück, die zuvor in den „Euthanasie"-Anstalten im Reich tätig gewesen und nun über die Kanzlei des Führers in das Generalgouvernement abgeordnet worden waren. Nach dem vorläufigen Stopp des Mordes in den Psychiatrien sollten sie dort ihre mörderischen Fähigkeiten bewahren, um nach dem Krieg die Tötung von Kranken fortzusetzen. Keiner dieser Männer musste zum Massenmord gezwungen werden. Ganz im Gegenteil arbeiteten die früheren Pfleger und Polizisten aus Überzeugung und hatten kein Interesse daran, etwas anderes zu tun.

Ohne Zweifel waren in Belzec, Sobibor und Treblinka fanatische Nationalsozialisten tätig. Aber für einen Genozid an fast zwei Millionen Menschen war diese homogene Gruppe zu klein. Als Beauftragter für die SS-Stützpunkte in der besetzten Sowjetunion hatte Globocnik auch hier vorgesorgt: Seit dem Spätsommer 1941 rekrutierten seine Untergebenen unter den in Kriegsgefangenschaft geratenen Rotarmisten sogenannte fremdvölkische Hilfswillige, um dereinst jene Außenposten bemannen zu können. Bis Kriegsende konnten auf diese Weise fast 5000 Männer für die SS gewonnen werden, wobei deren freiwillige Meldung angesichts der katastrophalen Bedingungen in den Kriegsgefangenenlagern – mehr als 3,3 Millionen Rotarmisten starben in deutschem Gewahrsam – oft eine Frage des Überlebens war.

Globocnik setzte sie im besetzten Polen für allerlei Aufgaben ein. Sie waren für den Objektschutz verantwortlich, halfen bei der Ernte oder auf Baustellen. Vor allem aber unterstützten sie die Deportation der Juden in die Vernichtungslager und leisteten dort Dienst als Wachleute. Auf 15 bis 20 Deutsche kamen auf diese Weise 100 bis 120 Angehörige der offiziell „Wachmannschaften des SS- und Polizeiführers Lublin" genannten Truppe. Bekannt waren sie aber meist nur als Trawnikis, nach dem Namen ihres Ausbildungsortes im Distrikt Lublin.

Diese Konstellation verdeutlicht, warum der Holocaust oft als eine arbeitsteilige Kollektivtat der besetzten europäischen Völker unter deutscher Planung und Anleitung beschrieben wird. Freilich zeigt die Aktion Reinhardt auch, dass nicht nur eine kleine Gruppe fanatischer SS-Männer für den Holocaust verantwortlich war. Ohne eine breite gesellschaftliche Beteiligung wäre sie nicht möglich gewesen: Hans Frank etwa, der „König" des Generalgouvernements Polen, war über Globocniks Absichten informiert. Noch vor Beginn der Massenmorde in Lublin hatte der SS-Mann der Regierung des Generalgouvernements am 16. Dezember 1941 erklärt: „Mit den Juden, das will ich Ihnen ganz offen sagen – muss so oder so Schluss gemacht werden." Frank verwies sodann auf die geplante Wannsee-Konferenz, von der er sich weitere Bestätigung erhoffte. Grundsätzliche Diskussionen erwartete er nicht mehr: „Meine Herren, ich muss Sie bitten, sich gegen alle Mitleidserwägungen zu wappnen. Wir müssen die Juden vernichten, wo immer wir sie treffen und wo es irgend möglich ist."

Das tat die Zivilverwaltung. In Hrubieszow etwa legte Kreishauptmann Otto Busse im Mai 1942 ein Verzeichnis derjenigen Juden vor, die er deportieren lassen wollte. Und mehr noch: Als ihm der Einsatzstab Reinhardt in Lublin Zustimmung signalisierte, bestellte Busse selbst die notwendigen Güterwaggons und befahl dem Judenrat, weitere Personen für den Abtransport auszuwählen. Als dieser sich weigerte, ließ Busse die Juden durch den aus sogenannten Volksdeutschen bestehenden Sonderdienst und die Gendarmerie abholen. Bei einer zweiten Aussiedlungsaktion setzte Busse zudem deutsche Zivilbeamte für die Bewachung der Opfer ein, etwa den Leiter der Kreissparkasse und Lehrer.

Ein deutscher Polizist beschrieb eine derartige Deportation nach dem Krieg wie folgt: „Wenn es nicht klappen wollte, wurde ... mit Reitpeitschen und Schusswaffen nachgeholfen. Die Verladung war einfach fürchterlich. Es gab ein unheimliches Geschrei der armen Menschen, da diese in 10 oder 20 Waggons gleichzeitig verladen wurden." Transportunfähige Kranke, Alte und zurückgelassene

Kleinkinder wurden direkt erschossen – nicht selten sogar noch im Krankenhaus. Wilde Schießereien mit mehreren Hundert Toten waren üblich – gelegentlich kam es sogar zu „friendly fire", also Verletzten unter den Besatzern, die von Kollegen verwundet wurden. Etwa ein Viertel der Opfer der Aktion Reinhardt starb deshalb noch vor der Ankunft in den Vernichtungslagern.

Unbemerkt blieb der Massenmord daher nicht. Der polnische Untergrund und die Juden in den Ghettos waren schnell im Bilde – zumal die Deutschen bei der Deportation auf polnische Eisenbahner und Lokführer angewiesen waren. Viele von ihnen arbeiteten für den Widerstand – auch Franciszek Zabecki, der Bahnhofsvorsteher im Dorf Treblinka, der sich genaue Aufzeichnungen machte und die Zahlen der dorthin Deportierten weitergab.

Auch auf deutscher Seite brauchte es schon 1940 keine allzu scharfsinnige Beobachtungsgabe um festzustellen, dass die Juden für rechtlos erklärt worden waren. Ein Grund für den guten Informationsstand war der Ghettotourismus, den die Besatzer trotz der immer wieder ausgesprochenen Verbote unternahmen. Vor allem in Warschau führte der erste Spaziergang der meisten Neuankömmlinge an ebenjenen Ort, über den sie schon so viel gehört oder in der Presse gelesen hatten. Das Erlebte wurde den Angehörigen in der Heimat in Feldpostbriefen ausführlich geschildert – versehen mit Wertungen von genereller Ablehnung bis hin zur Freude über das Elend der Juden.

In Belzec war sogar ein relativ direkter Blick auf das Geschehen möglich. Der Unteroffizier Wilhelm Cornides beobachtete im August 1942 im galizischen Rawa Ruska einen Zug aus 35 Viehwaggons, in die Menschen hineingepfercht worden waren. Ein Bahnhofspolizist erklärte ihm, dass dies wohl die letzten der jüdischen Einwohner Lembergs seien, die seit drei Wochen nach Belzec transportiert würden. „Und dann?' ‚Gift.' Ich fragte: ‚Gas?' Er zuckte mit den Achseln."

Während der Weiterfahrt, so hat es Cornides in seinem 1959 von Hans Rothfels veröffentlichten Zeitzeugenbericht festgehalten, berichtete man dem Soldaten von Leichen, die immer wieder neben der Strecke gefunden würden. Zudem fielen ihm leere Züge auf, die in Gegenrichtung zurückführen. Als sein Zug Belzec passierte, „sah man nur eine hohe Hecke von Tannenbäumen. Ein starker süßlicher Geruch war deutlich zu bemerken. ‚Die stinken ja schon', sagte die Frau (die mit Cornides im Abteil saß). ‚Ach Quatsch, das ist ja das Gas', lachte der Bahnpolizist. Inzwischen – wir waren ungefähr 200 Meter gefahren – hatte sich der süßliche Geruch in einen scharfen Brandgeruch verwandelt. ‚Das ist vom Krematorium', sagte der Polizist. Kurz darauf hörte der Zaun auf. Man sah ein Wachhaus mit SS-Posten davor. Ein doppeltes Bahngleis führte in das Lager hinein … Einer der Schuppen war offen, man konnte deutlich sehen, dass er mit Kleiderbündeln bis an die Decke gefüllt war. Beim Weiterfahren schaute ich noch einmal zum Lager zurück. Der Zaun war zu hoch, als dass man irgendetwas hätte sehen können."

Tatsächlich waren die Vernichtungslager blickdicht abgeschottet, damit das grausame Geschehen im Inneren verborgen blieb. Und das Vorgehen war auch nicht immer gleich. Bei den ersten Deportationszügen, die im März 1942 in Belzec eintrafen, experimentierten Wirth und seine Untergebenen noch mit den Methoden der Vernichtung. In den Monaten zuvor hatten sie mithilfe von Gaswagen geistig und körperlich behinderte Menschen der Umgebung ermordet. Aber für die Dimension der Aktion Reinhardt war diese Methode nicht effizient genug. Als später die Gaskammern funktionsfähig waren, verwendeten die SS-Männer zunächst Kohlenmonoxid. Dies musste aber in Flaschen und damit umständlich aus Deutschland herangeschafft werden. Vermutlich im April 1942 ließ Wirth deshalb einen Panzermotor installieren, dessen Abgase in die Kammern einströmten.

Üblich war, die eintreffenden Züge zu teilen und jeweils acht bis zehn Waggons auf einmal auf das Gelände des Lagers zu rangieren. Die Opfer mussten auf eine etwa ein Meter tiefer gelegene Rampe springen, wobei sich immer wieder Menschen verletzten. Diese wurden sofort erschossen. Das gleiche Schicksal erlitten alle anderen Schwachen und Kranken, die nicht selbst den Weg zur Gaskammer antreten konnten. Es bewährte sich jedoch nicht, die Waggons von den Wachmannschaften öffnen zu lassen, denn mehr als einmal griffen Juden sie an. Schnell ordnete Wirth daher an, dass die im Lager arbeitenden Häftlinge den Empfang übernehmen sollten.

Dann trieb die SS zur Eile. Anfänglich mussten sich die Juden in Belzec an der Rampe ausziehen, erst später baute man für Männer und Frauen getrennte Entkleidungsbaracken, und noch später dahinter ein weiteres Gebäude, in dem ihnen die Haare abrasiert wurden. Wer bei alldem zu langsam war, den schlugen Deutsche und Trawnikis erbarmungslos, bis die Opfer den „Schlauch" erreichten, jenen eingezäunten Weg, der direkt zu den Gaskammern führte.

Christian Wirth war stolz auf die Effizienz seiner Vernichtungsmaschinerie. Kurz vor ihrer Perfektionierung führte er sie sogar Adolf Eichmann vor, der Belzec im Februar 1942 besuchte. Bei Außenmaßen von zwölf mal acht Metern war die Gaskammer in drei Räume unterteilt. 600 Menschen trieb die SS in dieses Gebäude, dann lief der Motor für 20 Minuten. Nach 15 Minuten war fast niemand mehr am Leben. Doch auch das genügte für die Aktion Reinhardt nicht, sodass im Juni 1942 ein neuer Bau errichtet wurde, der mit zehn mal 24 Metern viel größer war und 1500 Personen fasste. Die Vernichtung ließ sich ebenso simpel wie effektiv steuern: Die Täter benötigten keine komplizierten Vorrichtungen, die Motoren waren einfach zu reparieren oder auszutauschen, Verzögerungen wegen technischer Probleme blieben die Ausnahme.

Tatsächlich hing die Mordkapazität hauptsächlich von der „Entsorgung" der Leichen ab. In der Anfangszeit der Lager ließ die SS die Leichen noch in riesigen Gruben verscharren. Diese waren teils vorher ausgehoben, teils erst während des laufenden Betriebs geschaffen worden: In Belzec konnten Archäologen 33 Massengräber identifizieren, die relativ wahllos auf dem gesamten Gelände verteilt waren. Rudolf Reder, der 1881 geborene Seifenfabrikant aus Lemberg, der im August 1942 in das Lager verschleppt worden war, berichtete über diese Gruben: „Das Schrecklichste für mich war, dass sie uns befahlen, die Leichen einen Meter hoch auf bereits volle Gräber zu legen und sie mit neuem Sand zu bedecken – dann floss dickes schwarzes Blut aus den Gräbern und überflutete die ganze Oberfläche wie ein Meer. Wir mussten darüber laufen, von einer Ecke des Grabs zur anderen, um zum nächsten zu kommen. Unsere Beine versanken im Blut unserer Brüder, wir trampelten auf einem Berg von Körpern."

Etwa 500 Häftlinge wurden von den Deutschen in Belzec gezwungen, für sie zu arbeiten. In den anderen beiden Vernichtungslagern der Aktion Reinhardt waren es nur wenig mehr. Außer kräftigen Männern, die Gräber ausheben und Leichen schleppen konnten, wurden einige Ärzte benötigt. Hinzu kamen Personen, die die geraubten Gegenstände ordneten und verpackten. Globocniks Männer suchten dafür unter den neu angekommenen Deportierten manchmal Tischler, Schneider, Kürschner oder Goldschmiede. Unter den jeweils etwa 2000 Neuankömmlingen meldeten sich meist einige, aus denen die SS dann nochmals selektierte. Es brauchte viel Glück, um ausgewählt zu werden – zumal bei vielen Transporten niemand verschont wurde.

Die Lager waren in jeder Hinsicht als Einbahnstraße gedacht: Niemand sollte sie lebend verlassen. Deshalb durften die Häftlinge normale Kleidung tragen und sich dazu der Hinterlassenschaften der Ermordeten bedienen – Sträflingskleidung war überflüssig. Trotzdem gelang es dann und wann, aus dem Vernichtungslager zu flüchten. In Sobibor und Treblinka kam es sogar zu Aufständen, denn Hilfe von außen war nicht zu erwarten. Die beiden letztgenannten Lager überlebten so jeweils knapp 70 Personen. In Belzec waren es wohl nur drei. Einer von ihnen war Rudolf Reder, den SS-Männer als Helfer auf eine Besorgungsfahrt nach Lemberg mitgenommen hatten; dort konnte er seinen betrunkenen Aufpassern entkommen.

Zu dieser Totalität des Genozids gehört untrennbar die Beseitigung der Spuren. Im Dezember 1942 trafen in Belzec die letzten Deportationszüge ein. Damals waren die Deutschen und ihre Helfer schon damit beschäftigt, die Leichname zu exhumieren und zu verbrennen. Die Holzgebäude ließen sich schnell demontieren, danach trug man den Zaun ab, vernichtete Unterlagen und deportierte die noch lebenden Häftlinge nach Sobibor. Trawnikis und SS-Männer pflanzten anschließend Bäume und gaben das in Wald und Wiese verwandelte Lager am 8. Mai 1943 offiziell auf. In den beiden anderen Zentren der Aktion Reinhardt ging die Vernichtung bis Spätherbst 1943 weiter. Anschließend wurden die Spuren in derselben Weise verwischt.

Die Deutschen hatten innerhalb von eineinhalb Jahren das polnische Judentum vernichtet und waren zugleich darangegangen, jegliche Zeugnisse von dessen Existenz auszulöschen. Die Aktion Reinhardt ist die Quintessenz des Hasses und des deutschen Antisemitismus: Sie war die Vernichtung ohne irgendwelchen sonstigen „Nutzen".

Doch diese monströse Tat offenbart sich heutzutage nicht wie in Auschwitz in einem gigantischen Lagerkomplex für Zehntausende Zwangsarbeiter, sondern gerade in dessen Nichtvorhandensein. Das aber erschwert Erinnerung und Gedenken: Treblinka, das mit seinen annähernd 900 000 Toten kaum hinter der Dimension von Auschwitz zurückbleibt, ist nicht annähernd so bekannt.

Das gilt in noch größerem Maße für Belzec, obwohl dort – und nicht in Auschwitz – die industrielle Vernichtung von Menschen ihren Anfang nahm. Zwar begann die polnische Staatsanwaltschaft 1945 mit der Dokumentation des Massenmords, aber sie hatte keinen direkten Zugriff auf die Täter, von denen die meisten in Deutschland und Österreich lebten. Doch zunächst ging es ohnehin um die Erhebung von Fakten, denn die genauen Vorgänge in den Lagern, die Zahl der Opfer und die Namen der Verbrecher waren nicht bekannt.

In Deutschland beschäftigte sich erstmals im Jahr 1960 eine Staatsanwaltschaft mit den Vorgängen in Belzec. Bis dahin konnten die Täter ein weitestgehend unbehelligtes Leben führen – sofern sie nicht Selbstmord begangen hatten wie Odilo Globocnik oder wie Christian Wirth im Krieg gefallen waren. Etwa ein Drittel des deutschen Lagerpersonals der Aktion Reinhardt war zu Beginn dieser juristischen Aufarbeitung tot. Bei einem weiteren Drittel ließ sich aus verschiedensten Gründen – etwa Flucht oder Namenswechsel – kein Aufenthalt feststellen. Diese Männer entgingen dem polizeilichen Zugriff.

Im Falle von Belzec fehlten außerdem Zeugen – der inzwischen 77 Jahre alte Rudolf Reder war der einzige Überlebenden, der noch eine Aussage machen konnte. Nach fünf Jahren Voruntersuchung wurden acht Angehörige des Lagerpersonals aus Belzec vor dem Landgericht München angeklagt. Josef Oberhauser, der Adjutant von Christian Wirth, erhielt eine Freiheitsstrafe von viereinhalb Jahren. Die anderen Angeklagten sprach die Kammer frei. Für eine Verurteilung reichte die Aussage Reders nicht aus. Belzec war das perfekte Verbrechen: Die Vernichtung fast einer halben Million Menschen ohne nennenswerte juristische Konsequenzen.

Ohne die kontinuierliche Arbeit der Gedenkstätte Majdanek mit ihrem Leiter Tomasz Kranz, die für die Erinnerungsorte in Belzec und Sobibor zuständig ist, würde noch heute wenig passieren. In Deutschland sind achtzig Jahre nach dem Beginn der Aktion Reinhardt weder ein Gedenken noch etwa wissenschaftliche Konferenzen geplant. Die viel beschworene deutsche Verantwortung bestand bisher darin, dass widerwillig und nach langen Verhandlungen nur dann Geld gegeben wurde, wenn aus Polen offizielle Anfragen – etwa für den Neubau der Gedenkstätte in Sobibor – kamen. Doch schon als die Aktion Reinhardt Ende 1942 von der polnischen Exilregierung in London unter den Augen der Welt öffentlich gemacht wurde, war damit kein Aufschrei verbunden, keine Empörung. Niemand interessierte sich für weitere Details.

***

Stephan Lehnstaedt ist Professor für Holocaust-Studien und Jüdische Studien am Touro College Berlin.

Erschienen in der F.A.Z. vom 14.03.2022, Seite 6

Die Verteidigung eines freien Europas

Wenn die westlichen Demokratien sich angesichts offener militärischer Aggression behaupten wollen, müssen sie das Konzept der Nachhaltigkeit von der ökologischen Thematik, in der es eminent wichtig bleibt, auf machtpolitische Zusammenhänge ausdehnen

Professor Dr. Udo Di Fabio

I.

Russlands Angriff auf die Ukraine ist eine historische Zäsur. Auf den ersten Blick scheint Putins Krieg wie aus der Zeit gefallen. Gewaltpolitik tritt auf die Bühne, nunmehr vollends unverhüllt nach innen wie nach außen. Der brutale Ausgriff hinweg über völkerrechtlich garantierte Grenzen ist ein eklatanter Verstoß gegen das Gewaltverbot der UN-Charta. Der Annexionskrieg zielt auf den Gewinn von Territorien, Einflusszonen, Seezugängen, die Wiederherstellung eines Imperiums.

Wer den russischen Weg von den chaotischen Anfängen einer zerbrechlichen Demokratie unter Jelzin über die gelenkte Oligarchie bis zur allmählich deutlicher hervortretenden Diktatur verfolgt, kann in dem Krieg auch noch etwas anderes sehen als eine von großrussischen Geschichtsphantasien beflügelte Expansion der Macht. Einiges spricht dafür, dass es sich auch um einen autokratischen Präventivkrieg handelt, um einen Krieg gegen die westliche Infektionsgefahr, bevor Demokratie und Liberalität von der Ukraine aus auf das eigene Land übergreifen.

Der Überfall auf das Nachbarland bleibt indes nicht nur in der Erzählung des Kremls imperial eingebettet. Russland missachtet an seiner Peripherie geradezu beiläufig die souveräne Staatengleichheit, eines der elementaren Prinzipien des Völkerrechts. In unseren überraschten westlichen Augen ist das ein Herrschaftsatavismus aus dem Ambiente des 19. und des 20. Jahrhunderts. Wer weiter an die Kraft der Aufklärung, an Vernunft und die fortschreitende

Zivilisierung der Menschheit glaubt, bangt mit dem Volk der Ukraine, das die westliche Freiheit für sich und für uns verteidigt. Wir sind uns sicher: Putins Russland wird auch dann auf einer Verliererstraße weitergehen, sollte es ihm gelingen, die freie Ukraine zu zerstören oder zu zerstückeln.

II.

Der mit dem Krieg konfrontierte Westen befindet sich in einem Zustand zwischen Schuldgefühlen im Blick auf lange gezeigte Naivität und schierer Verzweiflung über das Schicksal der vom Krieg überzogenen Menschen. Es wächst indes auch so etwas wie ein Gefühl neuer Stärke, weil der Angriff zusammenführt, der Wille zur Selbstbehauptung zunimmt und man zu spüren meint, dass am Ende doch die Freiheit siegen wird. Selbst wenn es Russland gelänge, eine besiegte Ukraine in Abhängigkeit zu zwingen, ganz oder teilweise zu annektieren oder das Land über eine Marionettenregierung zu beherrschen, so hätte Putin doch nicht gewonnen.

Denn nicht nur das ukrainische Volk, der ganze Westen steht stärker da als erwartet. Die gewaltige gemeinsame Wirtschaftsmacht der USA, der EU und Japans kann auch heute noch ein Land wirksam unter „Quarantäne" stellen. So formulierte es der amerikanische Präsident Franklin D. Roosevelt in seiner Chicago-Rede im Jahr 1937, in der er sich gegen die Zunahme einer Herrschaft des Terrors und der allgemeinen Gesetzlosigkeit in den internationalen Beziehungen wandte. Damals litten die USA unter einer harten Rezession. Ihre europäischen Verbündeten waren wirtschaftlich auch nicht ganz auf der Höhe. Heute ist es anders, aller Rede vom Abstieg des Westens zum Trotz. Selbst die wachsende Supermacht China muss politisch lavieren, weil sie noch nicht stark genug ist, um mit ihrer ökonomischen Kraft politische Bedingungen zu diktieren.

Wirtschaftliche Stärke und technische Potenz sind in der Tat die Basis für eine erfolgreiche geopolitische Selbstbehauptung der Demokratien. Doch das allein reicht nicht. Seit dem Ende des Kalten Krieges hat sich gerade Europa zu sehr auf die koordinierende Wirkung der Marktkräfte und auf die integrative Kraft eines arbeitsteiligen, offenen Welthandels verlassen. Ähnliches gilt für das Vertrauen in die internationale Herrschaft des Rechts, die ebenfalls eine Voraussetzung für den Prozess weltgesellschaftlicher Zivilisierung ist. Diese Entwicklung fand ihre festen Ankerpunkte in starken internationalen Organisationen und in attraktiven supranationalen Staatenverbindungen wie der EU. Gewiss scheint im Völkerrecht die Wirklichkeit von Machtlagen immer noch mehr zu zählen als der Richterspruch. Aber offenes Unrecht hat einen Preis.

III.

Die zunehmende wirtschaftliche Verflechtung und die sich verdichtende Rechtsförmlichkeit der internationalen Beziehungen erschienen über Jahrzehnte als die feste Basis eines postimperialen, des postheroischen Zeitalters. Doch das globale politische System funktionierte bei aller Zivilisierung nie ohne den Hintergrund einer Deckung durch konkrete Machtmittel. Diese Deckung lieferten nach 1945 vor allem die USA mit ihrem militärischen und wirtschaftlichen Potential – verbunden mit der Bereitschaft, tatsächlich geopolitisch zu denken und zu handeln. Die als Weltmächte historisch abgestiegenen europäischen Staaten benahmen sich manchmal etwas kurzsichtig, weil sie als Juniorpartner nicht mehr die eigentliche Bürde globaler Verantwortung zu tragen hatten. Die scheinbare Dominanz des Westens ließ nach 1989 die Notwendigkeit einer machtpolitischen Deckung von diplomatischer Verhandlungsmacht verblassen.

Wer lange vom Erfolg verwöhnt ist, der richtet sich ein in einem Ambiente des selbstverständlichen Gelingens. Herkunft und Grundlage einer stabilen und friedlichen Ordnung können darüber in den Hintergrund treten. Das politische Themensetting kann sich im Erfahrungshorizont einer weltgesellschaftlichen Friedensordnung filigran verzweigen und auf einzelne Materien fokussieren, ohne noch groß nach konzeptioneller Bodenhaftung zu suchen. Wenn dann ein Hochwasser wie an der Ahr kommt und Menschen sterben, wird zwar rasch noch auf gendergerechtes Sprechen geachtet. Aber der Blick für das Wesentliche fehlte, und die Vorsorge beim Katastrophenschutz war womöglich mangelhaft.

Was schon im Kleinen auffällt, gilt auch im großen geopolitischen Gefüge. Die sich häufenden Krisen des Westens haben eine Gemeinsamkeit: Sie konnten entstehen, weil wir eigene Möglichkeiten überschätzten und die Deckungsgrundlagen der regelbasierten, der atlantisch geprägten Weltordnung aus dem Blick verloren. So konnte erst die aufflammende Inflation den Glauben von Notenbankern beenden, sie könnten immer komplexere geldpolitische Gebäude errichten, ohne irgendwann gefragt zu werden, ob sich Währungen wirklich von der Deckung durch Wirtschaftskraft lösen können. Nicht anders verhielt es sich im Recht. Es mochte so scheinen, als könne sich in einer wohlhabenden, liberalen Gesellschaft das Recht nach inneren Bezügen und gerichtet auf eigene normative Projekte immer weiter selbstbezüglich entwickeln, ohne auf praktische Durchsetzbarkeit angewiesen zu sein und ohne auf Funktionalität in der Gesellschaft oder auf Sicherung der Befolgungsbereitschaft sonderlich achten zu müssen.

Nichts anderes gilt für die internationalen politischen Beziehungen. Auch hier hat Europa über Jahrzehnte hinweg wenig getan, um auf die Veränderung in der Machtmechanik geopolitischer Zusammenhänge angemessen zu reagieren.

IV.

Neonationalismus, Gewaltandrohung und imperiales Großraumdenken sind in vielen Regionen der Welt wieder auf dem Vormarsch. Das atlantisch geprägte Völkerrecht, das nach 1945 entstanden ist, geht von der Souveränität und Rechtsgleichheit aller Mitgliedstaaten der Vereinten Nationen aus. Das hegemoniale Denken in konkurrierenden oder gar antagonistischen Herrschaftsräumen war damit noch nicht Geschichte. Aber nach dem Ende des Kalten Krieges keimte die Hoffnung, dass es damit unwiderruflich vorbei sei.

Die neue geopolitische Gegenwart sieht allerdings Mächte wie China und Russland, die Ordnungsansprüche in „ihren Räumen" anmelden. Für sie sind internationale Organisationen und Systeme gegenseitiger kollektiver Sicherheit wie die Vereinten Nationen sekundär und instrumentell. In der offiziellen russischen Vorstellungswelt gilt die Erweiterung der NATO nach Osten als eine Bedrohung. Das von den USA geführte nordatlantische Bündnis dehnt sich danach in die eigene Hemisphäre aus. „Vorfeld", „Glacis", „Pufferstaaten" oder die von Carl Schmitt lancierte Idee vom „Interventionsverbot raumfremder Mächte": Das alles sind alte Begriffe, die plötzlich beklemmend aktuell geworden sind.

Nicht nur in Washington oder London ist die Wahrnehmung eine ganz andere: Freie Völker entscheiden darüber, in welche internationalen Organisationen sie eintreten. Anreize sind erlaubt, aber keine Drohungen. Nicht die NATO dehnt sich in einer aggressiven oder imperialen Stimmungslage aus. Sie wird stattdessen – manchmal unwillig – in die Weite gezogen durch Länder, die ihre Freiheit, ihre Unabhängigkeit durch ein starkes Militärbündnis sichern wollen. Die Erweiterung von EU und NATO kann kaum abgelehnt werden, wenn freie Nationen in das Bündnis drängen. Dadurch fühlen sich diejenigen Potentaten bedroht, deren größte Sorge die Attraktivität der Demokratie ist. Die Herausforderer des Westens sind, anders als 1990 für einen Moment geglaubt wurde, nicht verschwunden. Immer wieder haben wir es mit nationalen Herrschaftssystemen zu tun, die gegen „den Westen" opponieren, vor allem gegen die USA. In Iran und Venezuela, auf Kuba, in Russland oder Nordkorea rebellieren Diktaturen gegen die kalten Gesetze des Marktes und gegen die angeblich kulturell zersetzende liberale Demokratie.

Auf lange Sicht dürfte der wichtigste Gegner aber nicht die Gruppe von Staaten sein, die sich gegen die Demokratie und den Markt zugleich in Stellung bringt, sondern dasjenige System, das gerade mit der Hilfe sich entfaltender Marktkräfte versucht, die Gewichte gegen die Demokratien zu verschieben. Es geht um China.

V.

Die eigentliche Schwäche des Westens, vor allem Europas, lag bislang in einer naiven, geradezu unpolitisch anmutenden Sicht auf die

Welt. Der mutwillig vom Zaun gebrochene und brutal geführte Krieg Russlands hat das Europa der EU endgültig aus der Bequemlichkeit jener Denkschablonen gerissen, die aus der langen Erfahrung mit einer regelbasierten internationalen Ordnung gewachsen waren. Gerade die Bundesrepublik Deutschland war immer stolz darauf, Integration, Multilateralismus, offene Märkte und friedliche Zusammenarbeit zu fördern und zu gestalten. Offene Staatlichkeit und internationale Zusammenarbeit sind Aufträge unserer Verfassung. Nicht nur als Juniorpartner der USA, sondern auch gemeinsam mit den anderen Mitgliedstaaten der EU hat die Mittelmacht Deutschland so einen erheblichen Einfluss auf die internationale Entwicklung erlangt.

Die deutsche Politik der vergangenen beiden Jahrzehnte steht dennoch vor einem Scherbenhaufen. Das wiedervereinigte Land hat vom Ende des Kalten Krieges und von der zweiten Globalisierung seit 1990 vielleicht mehr profitiert als jedes andere. Aber in einer seltsamen Mischung aus Weltoffenheit und Provinzialität hat die Politik es nicht verstanden, die Risiken der Zukunft zu erkennen und daraus die richtigen Schlüsse zu ziehen. Wer Augen hatte zu sehen, konnte allenfalls zu Beginn von Putins Herrschaft glauben, er habe es mit einem technokratischen Reformer zu tun, der am Ende doch auf dem Weg zur Modernisierung Russlands sei. Der „lupenreine Demokrat" errichtete für jeden sichtbar ein System oligarchischer Netzwerke, schuf Schlagadern der politischen Rohstoffabhängigkeit („Energiepartnerschaft"), setzte auf zunehmende Repression und auf militärische Rüstung.

Kein Land mit wachem Sinn für die Mechanik auswärtiger Machtbeziehungen hätte eine so massive Energieabhängigkeit von Russland aktiv gefördert oder passiv hingenommen wie Deutschland unter den Kanzlern Schröder und Merkel. Kritik aus den USA an Projekten wie Nord Stream 2 verbat man sich höflich, Kritik baltischer Staaten wurde nicht ernst genommen.

Die Bundesrepublik verfolgte eine geradezu romantische Energiepolitik. Für die ökologische Opposition der letzten zwanzig Jahre war es immer einfach, nach dem Ausstieg zu rufen: zuerst aus der als gefährlich empfundenen Atomenergie, dann aus der klimaschädlichen Kohleverstromung. Es war leicht, das Bild einer vollständig regenerativen Energieerzeugung in schönen Farben zu malen. Nein, diese weit gespannte Perspektive ist nicht falsch. Die globale Erwärmung ist ein Jahrhundertthema und wird mit einiger Wahrscheinlichkeit eine neue Quelle für Kriege und schwere Erschütterungen sein. Aber der Weg zur Nachhaltigkeit verläuft nicht monothematisch in einer kontrollierten Laborsituation, sondern in einer komplexen Welt der Interdependenzen, Widerstände und Überraschungen.

Wir Deutsche sind mit großer Geste und in der sicheren Erwartung, dass die ganze Welt uns folgen werde, aus bestimmten, vermutlich tatsächlich antiquierten Formen der Energieerzeugung ausgestiegen. Gleichzeitig sind wir aber erstaunlich unbedarft eingestiegen in eine immer stärker werdende Abhängigkeit von Russland. Das moralisch so selbstgewisse Deutschland zahlt schon seit Langem Putins Kriegsmaschinerie – auch in Syrien – und gerät bei seinen Verbündeten als schwaches Glied in der Kette westlicher Sanktionspolitik unter Druck. Gegenwärtig finanzieren die EU, Länder wie Deutschland, Ungarn oder Italien den Krieg gegen die freie Ukraine mit dreistelligen Millionenbeträgen pro Tag. Die Forderung, mit dieser Praxis zu brechen, treibt Wirtschaft und Bundesregierung den Angstschweiß auf die Stirn, wenn sie an die Versorgungslage im kommenden Winter denken.

Während die tapfer kämpfende Ukraine, ob im Sieg oder im Untergang, ein Leuchtfeuer für alle großen Prinzipien des Westens entfacht, hat sich das reiche Deutschland eines Teils der Mittel beraubt, um dem Kriegsherrn wirksam entgegentreten zu können. In die Kategorie geopolitische Vergessenheit gehört auch die lang anhaltende militärische Schwächung des Landes. In die Bundeswehr wurde nicht nachhaltig investiert, stattdessen wurde die vermeintliche Friedensdividende abgeschöpft. Das hat dem Bund hohe Ausgaben erspart, aber die konventionellen Fähigkeiten der NATO in Europa nicht gerade gefördert. Da heute die Depots der Bundeswehr weitgehend leer sind, werden wir es anderen überlassen müssen, an die Ukraine – hoffentlich noch rechtzeitig – wirksame Defensivwaffen zu liefern.

Im Grunde haben wir die eigene Landesverteidigung den USA überlassen und dabei die Chuzpe besessen, einen durchaus gesellschaftlich wahrnehmbaren Antiamerikanismus zu pflegen. Das Grundgesetz hat die Bundesrepublik indes nicht auf Entwaffnung und Pazifismus festgelegt, sondern auf die gemeinsame Verhinderung von militärischer Aggression in den internationalen Beziehungen. Schon in der Ursprungsfassung des Grundgesetzes war die Ermächtigung enthalten, sich in Verteidigungssysteme zur kollektiven Friedenswahrung wie die Vereinten Nationen oder die NATO einzuordnen, und zwar auch mit eigenen Verteidigungsanstrengungen.

VI.

Die gemeinsame Verteidigung stand Pate bei der Geburt der europäischen Integration, sie ist aber bis jetzt nicht wirklich vorangekommen. In dem Idealbild der „Einen Welt" mit einem guten transatlantischen Hegemon im Hintergrund waren Pazifismus und Abrüstung das, was wir alle wollten. Bis vor Kurzem galt es nicht nur für einige junge Anwältinnen und Anwälte als moralisch verwerflich, ein „Rüstungsunternehmen" wie Airbus zu beraten. Das angekündigte 100-Milliarden-Programm für die Bundeswehr mag auf manche Kritiker wie eine markante Aufrüstung wirken. Es dürfte sich aber mehr um den – im Erfolg eher ungewissen – Versuch handeln, die Streitkräfte wieder so auszurüsten, wie eine Demokratie ein Parlamentsheer um ihrer Selbstbehauptung willen und zur Friedenssicherung aufstellen muss.

Sofortmaßnahmen unter dem Eindruck des Krieges dürfen aber nicht wieder vergessen werden, wenn sich die Lage beruhigt oder man sich an die Gewalt gewöhnt hat. Es geht um nichts weniger als um ein neues strategisches Konzept zur Verteidigung des freien Europas. Die EU wird ihr politisches Koordinatensystem gänzlich neu zu ordnen haben. Wenn die westlichen Demokratien sich angesichts offener militärischer Aggression behaupten wollen, müssen sie das Konzept der Nachhaltigkeit von der ökologischen Thematik, in der es eminent wichtig bleibt, auf machtpolitische Zusammenhänge ausdehnen.

Die berechtigte Freude über die Einigkeit des Westens in Reaktion auf einen für unmöglich gehaltenen Angriffskrieg in Europa sollte niemanden darüber täuschen, was auf uns zukommt. Ein militärisches Eingreifen der NATO auf dem Boden oder über dem ukrainischen Himmel wäre brandgefährlich, ganz gleich, wie stark der moralische Druck in diese Richtung noch steigen wird. Fielen die tapferen Vorposten der Freiheit in Kiew und Lemberg, wäre der imperiale Drang Putins wohl kaum gestillt. Sollte die Sanktionspolitik des Westens wirken, könnte dies kurzfristig den Zeitdruck zur Schaffung neoimperialer Tatsachen sogar noch erhöhen. Würde der Sanktionsdruck zurückgenommen, könnte aber nach einem Verdauen der Beute der Appetit auf mehr wachsen. Die Implosion von Putins Herrschaftssystem ist nicht unmöglich, kann aber nicht als allzu sicher erwartet werden.

Europa muss sich auf mittlere Sicht aus der Energieabhängigkeit von Russland lösen und deutlich mehr in die Verteidigung investieren. Es muss europäisch viel besser integrierte und ausgerüstete Streitkräfte als Beitrag zur NATO bereitstellen. Dennoch wird die EU noch lange von dem transatlantischen Bündnispartner USA abhängig bleiben. Das ist kein Hinweis, um danach wieder auf dem Ruhesitz Platz zu nehmen. Die militärische und geopolitische Abhängigkeit des freien Europas von den USA ist aber auch kein Problem, solange die politischen Verhältnisse in Amerika nicht instabil werden. Vieles deutet hier indes auf Risiken hin, die Europa unter Zeitdruck setzen.

VII.

Der politische Prozess kennt in jedem Land ein Innen und ein Außen. Sind die außenpolitischen Verhältnisse friedlich und stabil, dominiert häufig die Innenperspektive mit ihren kleinen und großen Problemen oder Befindlichkeiten. Ereignisse in fernen Winkeln der Welt werden wahrgenommen, aber nicht unbedingt zu einem beherrschenden Thema. Nur eine tatsächliche oder prätentiöse Weltmacht denkt geostrategisch und argumentiert auch so im öffentlichen Meinungsraum. In Europa sind das neben Russland nur Frankreich und England, die noch Restbestände jener weltpolitischen Bedeutung pflegen, die spätestens mit Suez 1956 endete. Die EU und das Vereinigte Königreich werden mit dem Überfall auf die Ukraine zurück in die Geopolitik gezwungen. Nicht alte koloniale Denkmuster spielen dabei eine Rolle, sondern konzeptionell durchdachte, stärkere und eigenständige Beiträge zur Sicherung einer freiheitlichen Werte- und Friedensordnung.

Die Strategie der Selbstbehauptung von Freiheit in Frieden zielt nicht allein auf eine andere Energieversorgung und auf bessere Verteidigung, sondern benötigt einen neuen Begriff von Politik. Nichts ist falsch geworden an der internationalen Bekämpfung globaler Erwärmung oder an einer Politik zur Sicherung von ökologischen und sozialen Standards in internationalen Lieferketten. Doch sowohl der klassische als auch der neue, stärker menschenrechtlich verstandene Politikbegriff verlangen deutlich mehr Kohärenz und eine größere Gewichtung der Deckungsmittel für erfolgreiche Diplomatie.

Wir stehen vor der Aufgabe, jene Muster einer Gesellschaftsordnung zu rekonstruieren, die Demokratien so erfolgreich gemacht haben. Es geht um das Vertrauen in Institutionen, etwa in eine effizient arbeitende Verwaltung und eine unabhängige Rechtsprechung, um freien Zugang zu Informationen und Meinungsforen, um solide Währungen und Finanzmärkte, um die soziale Marktwirtschaft. Es geht um die Erhaltung und Förderung von individueller Leistungsbereitschaft und technischer Innovationskraft.

Die Ordnung der Freiheit ist stark. Zehntausende Helfer für Kriegsflüchtlinge beweisen spontanes zivilgesellschaftliches Engagement. Viele Menschen wollen lieber frieren, als weiterhin den Krieg zu finanzieren. Das geschundene und kämpfende ukrainische Volk verdient unsere Hilfe; in seinem Freiheitswillen gibt es uns ein Vorbild. Wenn der Westen auch im 21. Jahrhundert die rücksichtslose Gewaltanwendung und die Zerstörung der internationalen Friedensordnung unter Quarantäne stellen will, dann brauchen wir einen markanten Wandel unserer politischen Grundverständnisse.

***

Udo Di Fabio war Richter am Bundesverfassungsgericht, lehrt öffentliches Recht an der Universität Bonn und ist dort Direktor des Forschungskollegs normative Gesellschaftsgrundlagen.

Erschienen in der F.A.Z. vom 21.03.2022, Seite 7

Altes Feindbild, neuer Krieg

Warum Wladimir Putin die Ukraine „entnazifizieren" will und damit zeigt, dass er von der Geschichte des Nachbarlandes nichts versteht

PD Dr. Kai Struve

Anders als von dem russischen Präsidenten Wladimir Putin erwartet stößt der russische Angriff auf die Ukraine seit mehr als einem Monat auf starken militärischen Widerstand. Die Mobilisierung der Bevölkerung im Kampf für die Freiheit und Selbstbestimmung der eigenen Nation tut ihr Übriges, um die Erwartungen des russischen Präsidenten Lügen zu strafen. Der Plan, die ukrainische Hauptstadt Kiew innerhalb von wenigen Tagen zu besetzen und einen neuen ukrainischen Präsidenten einzusetzen, ist katastrophal gescheitert.

Woher stammt die Fehleinschätzung, dass die Ukraine ihre Souveränität mehr oder weniger kampflos preisgeben würde? Putins Ansprachen in der letzten Februarwoche und frühere Äußerungen über die Ukraine lassen, wie schon verschiedene Beiträge hervorgehoben haben, einen russischen Nationalismus und ein Ressentiment wegen des Zusammenbruchs der Sowjetunion als Motive erkennen. Diese Ansprachen sowie die Forderung nach einer „Entnazifizierung" der Ukraine, die Russland nach dem Beginn des Überfalls als ein zentrales Kriegsziel genannt hatte, zeigen aber auch die Quelle dieser Fehleinschätzung, nämlich ein Feindbild, das aus der Zeit der Sowjetunion stammt, aber bis heute weiterwirkt: den ukrainischen Nationalismus.

Zu den zentralen Elementen dieses Feindbilds gehört, dass die Bevölkerung die ukrainischen Nationalisten nicht unterstützt und diese im Dienste äußerer feindlicher Mächte in die Ukraine eindringen. Dort manipulieren sie das Volk, beuten es zu ihrem eigenen Vorteil aus oder unterdrücken es, wie während der deutschen Okkupation im Zweiten Weltkrieg. Entsprechende Topoi durchziehen nicht nur Putins Äußerungen über die gegenwärtige Situation in der Ukraine. Aus ihnen speiste sich auch die Erwartung, dass die russischen Invasoren auf nur schwachen Widerstand stoßen und sie von einem großen Teil der Ukrainer als Befreier begrüßt würden.

Die Forderung nach „Entnazifizierung" der Ukraine ist daher mehr als die propagandistische Zuspitzung des Ziels, eine andere, russlandfreundliche Regierung einzusetzen. Sie bringt zugleich eine Vorstellung über die Ukraine zum Ausdruck, die nicht einer wirklichkeitsnahen Analyse der aktuellen politischen Verhältnisse und Stimmungen entstammt, sondern dem sowjetischen Feindbild über den ukrainischen Nationalismus. Politische Entscheidungen des ehemaligen KGB-Offiziers Wladimir Putin werden offenbar auch dreißig Jahre nach dem Ende der Sowjetunion noch von sowjetischen Feindbildern beeinflusst.

Dieses Feindbild entstand bereits in den 1920er Jahren, wurde aber verstärkt in den 1930er Jahren propagiert. Nach dem Zweiten Weltkrieg trat darin der Vorwurf in den Mittelpunkt, dass die ukrainischen Nationalisten Helfershelfer beim deutschen Angriff auf die Sowjetunion 1941 gewesen seien. Während der folgenden deutschen Okkupation waren sie demnach ihre Henkersknechte.

Anders als von Putin in seiner langen Fernsehansprache am Abend des 21. Februar behauptet geht die heutige Ukraine nicht auf eine, wie er meinte, verhängnisvolle politische Entscheidung Lenins zurück. Die Gründung von Sowjetrepubliken im Jahr 1921, auf die Putin anspielte, war eine Reaktion der Bolschewisten auf die Nationalbewegungen, die in verschiedenen Teilen des Zarenreichs, vor allem in der Ukraine, während der Revolution erstarkt waren. Nach dem militärischen Sieg der Roten Armee, so die Absicht Lenins, sollte die föderale Staatsorganisation die nicht russischen Nationalitäten mit der Sowjetunion versöhnen.

Im Zuge der Februarrevolution 1917 hatte sich in Kiew eine nationalukrainische Vertretung, die Central'na Rada, gebildet, die zunächst für die Ukraine einen autonomen Status forderte. Als nach der Oktoberrevolution die Bolschewiki auch in der Ukraine die Macht zu übernehmen versuchten, erklärte die Central'na Rada im Dezember 1917 die Gründung einer unabhängigen Ukrainischen Volksrepublik. Kurz zuvor, im November 1917, hatten ukrainisch orientierte Parteien bei der Wahl zu einer Verfassungsgebenden Versammlung für Russland in den ukrainischen Territorien eine deutliche Mehrheit erhalten, allerdings nicht in den überwiegend russischsprachigen Städten der Ukraine. Auf Dauer konnte sich die Ukrainische Volksrepublik jedoch nicht gegen die bolschewistische Rote Armee halten. Ende 1919 verließen ihre verbliebenen Truppen unter Führung von Symon Petljura das Land.

Ihrerseits wurzelte die ukrainische Nationalbewegung des 19. Jahrhunderts, aus der die Staatsgründungsbestrebungen nach dem Ersten Weltkrieg hervorgegangen waren, in der älteren Geschichte dieser Regionen. Diese Geschichte begann mit der Kiewer Rus und der von Byzanz ausgehenden, orthodoxen Christianisierung am Ende des 10. Jahrhunderts. Aus der Kiewer Rus ging später auch das Großfürstentum Moskau hervor, das zum Ursprung des modernen Russlands wurde. Andere Teile der Kiewer Rus, darunter auch die Stadt Kiew, gerieten seit dem späten Mittelalter nach und nach unter die Oberhoheit Litauens und Polens und damit unter den Einfluss der politischen und kulturellen Traditionen der frühneuzeitlichen polnisch-litauischen Republik, die sich deutlich von denen der Moskauer Autokratie unterschieden.

Von zentraler Bedeutung für die weitere ukrainische Geschichte war das Kosakenhetmanat, das in der Mitte des 17. Jahrhunderts aus einem Konflikt der Zaporoher Kosaken mit Polen-Litauen entstanden war. Zwar verlor es seine Unabhängigkeit schon bald wieder. Erst unter Katharina II. und damit am Ende des 18. Jahrhunderts wurden die letzten Reste der Autonomie beseitigt. Mit den Teilungen Polens kam ein großer Teil der übrigen ukrainischen Territorien unter die Herrschaft der Zaren. Ein kleinerer Teil wurde von Österreich annektiert und bildete den östlichen Teil des Kronlands Galizien.

Obwohl das weitgehende Verbot von ukrainischen Druckerzeugnissen und fehlende gesellschaftliche und politische Organisationsmöglichkeiten dazu führten, dass die ukrainische Nationalbewegung ausgangs des 19. Jahrhunderts im Zarenreich schwächer als in der Habsburgermonarchie in der Bevölkerung verankert war, erwies sie sich während der „ukrainischen Revolution" 1917 und in den folgenden Jahren des Bürgerkriegs als stärkster Gegner der Bolschewiki in den ukrainischen Gebieten. Die Nationalbewegung trug damit maßgeblich dazu bei, dass die Bolschewiki nach ihrem militärischen Sieg ihr ursprüngliches Ziel eines Einheitsstaates mit einem Vorrang der russischen Sprache aufgaben und ihren Staat als Union von Sowjetrepubliken gestalteten, in denen die verschiedenen nicht russischen Sprachen und Nationalitäten gefördert werden sollten.

Die sowjetische Politik der „korenizacija" („Einwurzelung") führte in den 1920er Jahren zu einer beträchtlichen Stärkung der ukrainischen Sprache. Sie wurde in den meisten Schulen unterrichtet und herrschte nun auch in vielen Bereichen der Öffentlichkeit vor. Eine neue Blüte der ukrainischen Literatur und Kultur war die Folge.

Schon Anfang der 1930er Jahre wurde die „korenizacija" allerdings brutal abgebrochen. Im Zuge der forcierten Industrialisierung, der Zwangskollektivierung der Landwirtschaft und der damit einhergehenden Durchsetzung von Stalins Herrschaft setzten massive Repressionen in der Ukraine gegen alle ein, die auch nur entfernt den Verdacht erweckten, mehr Selbständigkeit der Ukraine anzustreben.

Vor allem aber fielen in der Ukraine fast vier Millionen Menschen dem „Holodomor", dem „Großen Hunger" der Jahre 1932/33, zum Opfer. Nur ein kleiner Teil dieser Hungertoten ging auf den Mangel an Grundnahrungsmitteln zurück, der seinerseits eine Folge der geringeren Produktivität in Zuge der Zwangskollektivierung der Landwirtschaft war. Der Hunger, der die Zahl der Toten in die Millionen steigen ließ, war vielmehr die Folge des gezielten Entzugs von Nahrungsmitteln, um Widerstand der Ukrainer zu brechen. Stalin fürchtete eine Verbindung zwischen dem bäuerlichen Protest gegen die Kollektivierung und dem ukrainischen Nationalismus. Suchbrigaden transportieren in vielen Regionen alle Nahrungsmittel ab und verurteilten die Menschen damit zum Hungertod.

Zur selben Zeit verstärkten die Sowjets die propagandistischen Angriffe auf die „Petljurowcy", die Petljura-Anhänger. Mit dem Begriff des „ukrainischen bürgerlichen Nationalismus" wurden alle Unabhängigkeitsbestrebungen belegt ohne Rücksicht darauf, ob sie von rechts oder von links kamen. Der Begriff des „ukrainischen bürgerlichen Nationalismus" wies keine klare Trennung zu dem sowjetischen Faschismusbegriff auf, unter dem in dieser Zeit so gut wie alle antisowjetischen Kräfte subsumiert wurden. Gleichzeitig wurden die „bürgerlichen Nationalisten" jedoch als Agenten feindlicher Mächte präsentiert, vor allem Polens und später auch des nationalsozialistischen Deutschlands, die die Sowjetunion zu unterwandern versuchten. Ein zentrales Element dieser Propaganda war, dass die Nationalisten keinen Rückhalt im ukrainischen Volk besäßen.

Seit den 1940er Jahren stand die Unterstützung des deutschen Angriffs auf die Sowjetunion durch ukrainische politische Gruppierungen im Exil und im deutsch besetzten Generalgouvernement im Zentrum des sowjetischen Feindbilds. Die ukrainischen Nationalisten erschienen hier nicht nur als Verräter, sondern auch als Kollaborateure der Deutschen, die zahllose Verbrechen gegen das ukrainische und sowjetische Volk während der deutschen Besatzung verübt hätten.

Gemünzt war diese Propaganda vor allem auf die „Organisation ukrainischer Nationalisten" (OUN), die lange vor 1939 von Polen aus für einen ukrainischen Staat gekämpft hatte. Die Zusammenarbeit zwischen den Deutschen und der von Stepan Bandera geführten Organisation endete zwar schon bald nach dem Angriff auf die Sowjetunion – Hitler hatte Mitte Juli 1941 entschieden, dass es keinen ukrainischen Staat geben werde. Allerdings nahm die von der OUN gegründete „Ukrainische Aufstands-Armee" (UPA) erst im Frühjahr 1943 den bewaffneten Kampf gegen die deutsche Besatzung auf. Als größter Feind der Unabhängigkeit der Ukraine galt ihr nach wie vor die Sowjetunion. Der eigentliche Kampf der UPA, in dessen Verlauf sie sich zunächst auch beträchtlich vergrößerte, begann daher erst 1944, nachdem die Rote Armee die Westukraine zurückerobert hatte. Der bewaffnete Widerstand hielt bis Anfang der 1950er Jahre an. In diesem Krieg zwischen der UPA und den sowjetischen Sicherheitsorganen fielen auf beiden Seiten mehrere Zehntausend Kämpfer, Hunderttausende Westukrainer wurden in das Innere der Sowjetunion deportiert. Gleichzeitig intensivierte sich die sowjetische Propaganda gegen die „Banderowcy". Sie wurden als „ukrainisch-deutsche Nationalisten" und faschistische Kollaborateure der deutschen Okkupanten dargestellt.

Das Verhältnis nationalukrainischer Gruppierungen und Akteure zu den Deutschen während des Zweiten Weltkriegs war vielschichtig und widersprüchlich. Die Zusammenarbeit war nicht auf die radikalnationalistische Bandera-OUN beschränkt. Andere, weniger bedeutende Gruppen und Akteure unterstützten die deutsche Okkupation länger und ausdauernder. Darüber hinaus gab es, wie in allen deutsch besetzten Ländern, lokale Verwaltungen und Polizeieinheiten, deren Angehörige oft keine politischen Bindungen hatten. Die sowjetischen Massenverbrechen der 1930er Jahre, vor allem der Holodomor, gehörten zu den Gründen, warum viele Ukrainer mit dem deutschen Einmarsch 1941 zunächst auch Hoffnungen verbunden hatten. Sie wurden allerdings durch die brutale deutsche Unterdrückungs- und Ausbeutungspolitik schnell enttäuscht.

Sowjetische Veröffentlichungen dienten niemals der historischen Aufklärung und der differenzierten Diskussion des komplizierten Verhältnisses der nationalukrainischen Kräfte zum NS-Regime und deren Rolle während der deutschen Okkupation. Das Ziel der sowjetischen Propaganda war die Erzeugung eines Feindbildes, das gegen den ukrainischen Nationalismus in Stellung gebracht werden konnte. Bei alledem durfte allerdings das Bild eines einheitlichen, heroischen Widerstands des sowjetischen Volkes gegen die deutschen Okkupanten nicht infrage gestellt werden. In sowjetischen Publikationen gab es nur wenige Kollaborateure der Deutschen, die aus der sowjetischen Bevölkerung stammten. Sie wurden als moralisch heruntergekommene, verbrecherische Charaktere gezeichnet. Die eigentlichen Drahtzieher der Kollaboration aus den Reihen der ukrainischen Nationalisten seien hingegen mit den Deutschen ins Land gekommen und mit diesen zusammen wieder vertrieben worden. Sie wurden faktisch als nicht ukrainische, antinationale Kräfte dargestellt, die das Land im Dienste der Feinde der Sowjetunion übernehmen und das ukrainische Volk unterdrücken sollten. Wenn Putin immer wieder von einem beklagenswerten Zustand des ukrainischen Staates spricht, den dessen Führung aus „Radikalen" und „Neonazis" zu verantworten habe, dann knüpft der Präsident an Elemente des Feindbilds an, wie es während der Sowjetunion gezeichnet worden war.

Sowjetische Publikationen ignorierten nicht nur den Bruch zwischen der OUN und den Deutschen in den ersten Wochen der Okkupation sowie den späteren Widerstand der UPA. Bezeichnenderweise verschwiegen oder verfälschten sie auch die Massenverbrechen, die von den ukrainischen Nationalisten begangen wurden, nämlich

Massaker der UPA an mehreren Zehntausend Polen in Wolhynien und Galizien in den Jahren 1943/44 sowie die Ermordung mehrerer Tausend Juden, vorwiegend im Sommer 1941, durch OUN-Milizen. Diese Verbrechen geschahen im Fall der Polen nicht und im Fall der Juden nur teilweise in Verbindung mit den Deutschen. Sie waren eigenständige Verbrechen der OUN und der UPA, die einer radikal-nationalistischen Ideologie entsprangen und Ziele verfolgten, die von den Deutschen abgelehnt wurden.

Dies entschuldigt diese Verbrechen nicht. Jedoch ging es in sowjetischen Publikationen auch diesmal nicht um historische Aufklärung. Wurden Verbrechen überhaupt erwähnt, dann geschah dies, um den Beitrag der ukrainischen Nationalisten zu den Verbrechen am ukrainischen und sowjetischen Volk während der deutschen Besatzung herauszustellen. Die Opfer wurden in diesem Kontext zumeist nicht mehr als Polen oder Juden identifiziert, sondern „sowjetisiert". Der Zusammenhang der Taten wurde so verfälscht und verschwiegen.

Einer der entscheidenden Gründe, warum die Verbrechen an Juden zu Sowjetzeiten nicht herausgestellt wurden, war der, dass sich die Emigrations- und Dissidentenbewegung unter den sowjetischen Juden seit Mitte der 1960er Jahre verstärkte und zunehmend internationale Aufmerksamkeit erhielt. Den sowjetischen Sicherheitsorganen galt der „jüdische bürgerliche Nationalismus" – damit war in erster Linie der Zionismus gemeint – als ebenso gefährlich wie der „ukrainische bürgerliche Nationalismus".

Auch der „jüdische bürgerliche Nationalismus" wurde nicht klar vom Faschismus abgegrenzt. Sowjetische Autoren, die ukrainischen Nationalisten Antisemitismus vorwarfen, um ihre ideologische Nähe zum NS-Regime zu belegen, taten dies in der Regel nicht, ohne gleichzeitig auf die Gefahren hinzuweisen, die vom Zionismus ausgingen. Vor dem Hintergrund ist es kein Widerspruch, dass sich Putins Forderung nach „Entnazifizierung" gegen einen jüdischen Präsidenten richtet.

Mit dem Beginn des Kalten Kriegs wurde das Bild ukrainisch-nationalistischer Kollaboration gegen die Sowjetunion um die Vereinigten Staaten und andere westliche Staaten erweitert. Im Zentrum der kommunistischen Propaganda stand nun die ukrainische Diaspora mit ihren Zentren in den USA und Kanada. Die meisten

Diaspora-Organisationen waren antikommunistisch ausgerichtet und unterstützten das Ziel einer selbständigen, von der Sowjetunion unabhängigen Ukraine. In den 1960er, 1970er und 1980er Jahren versuchten sie das Bewusstsein für den verbrecherischen Charakter des sowjetischen Regimes zu erhalten und griffen Moskau wegen der zunehmenden sprachlichen Russifizierung der Ukraine an. Vor allem aber unterstützten sie die Dissidentenbewegung in der Ukraine und der Sowjetunion, indem sie in der westlichen Öffentlichkeit auf deren Verfolgung aufmerksam machten.

Dass die ukrainischen Organisationen im Westen an dem Ziel der Unabhängigkeit festhielten, war für die sowjetische Seite ein willkommener Vorwand, um sie als Kriegstreiber darzustellen, die auch vor der Vorbereitung eines Atomkriegs nicht zurückschreckten. Auch auf dieses Motiv greift Putin zurück, indem er behauptet, die Ukraine würde Atomwaffen entwickeln.

Das sowjetische Feindbild „ukrainischer Nationalismus" hatte auch schon den Versuchen zugrunde gelegen, den Euromaidan 2013/14 und den anschließenden Regierungswechsel in Kiew als „faschistischen Putsch" zu diskreditieren. Damals stieß die Moskauer Propaganda auch in der Ukraine noch auf eine gewisse Resonanz. Der damalige moskautreue Präsidenten Wiktor Janukowitsch und seine Anhänger, die vor allem im russischsprachigen Osten der Ukraine ihre Basis hatten, nutzten sie, um Widerstand gegen den Euromaidan zu provozieren.

Russland wiederum nutzte das Feindbild dazu, einen Aufstand zu entfachen. Dazu wurden Waffen und Offiziere aus den Nachrichtendiensten in die ostukrainischen Regionen Donezk und Luhansk geschickt. Als flankierende Maßnahme stellten russische Medien den Euromaidan als ein ähnliches Geschehen dar wie den deutschen Einmarsch im Jahr 1941: Abermals wollten feindliche Kräfte aus dem Westen, in diesem Fall die USA und die EU, mithilfe der „ukrainischen Faschisten", der „Banderowcy", aus dem Westen der Ukraine die Macht in Kiew übernehmen. Gegen deren Versuch, ihr brutales Regime auf den Osten der Ukraine auszuweiten, sollte sich das Volk erheben wie einst während der deutschen Okkupation. Mit dieser Propaganda wurden auch Kämpfer in Russland mobilisiert, die sich den bewaffneten Kräften im Donbass anschlossen, bevor dann seit Sommer 2014 verdeckt russische Soldaten in größerer Zahl in diese Region geschickt wurden.

Wenn Putin in seinen Reden von einem „Genozid" an den Bewohnern des Donbass spricht, die ukrainische Regierung zu einem „Marionettenregime" des Westens erklärt und die „Entnazifizierung" der Ukraine als zentrales Ziel der „Spezialoperation" anführt, dann gehen die darin enthaltenen Vorstellungen auf das sowjetische Feindbild des ukrainischen Nationalismus zurück. Überdeutlich erscheinen solche Motive in seiner Fernsehansprache am frühen Morgen des 24. Februars, als die russischen Truppen den Angriff begonnen hatten: „Sie [die extremen Nationalisten und Neonazis in der Ukraine] werden natürlich die Hand nach der Krim ausstrecken, und natürlich werden sie, wie schon im Donbass, einen Krieg anfangen. Sie werden morden, so wie seinerzeit auch die nationalistischen ukrainischen Banden und ihre Strafkommandos, Hitlers Handlanger im Großen Vaterländischen Krieg, unschuldige Menschen ermordet haben."

Als Reaktion auf die Entscheidung der Bundesregierung, der Ukraine doch noch Waffen zu liefern, warf die Sprecherin des russischen Außenministeriums Berlin vor, die Nachfolger des nationalsozialistischen Handlangers Bandera zu unterstützen, und stellte infrage, dass nach dem Zweiten Weltkrieg eine Entnazifizierung Deutschlands stattgefunden habe. Zwar haben solche Vorwürfe anders als diejenigen gegen den Euromaidan 2013/14 außerhalb Russlands keine Wirkung mehr. Vonseiten der russischen Regierung und in den russischen Medien häufen sie sich hingegen, seitdem erkennbar wurde, dass der Krieg nicht schnell beendet sein würde. So wird ohne jeden Beleg behauptet, dass die „ukrainischen Nationalisten" friedliche Bürger einschüchterten, Kriegsverbrechen begingen oder gar den Einsatz biologischer oder chemischer Waffen vorbereiteten. Ein weiteres Mal dient das alte Feindbild zur Mobilisierung für den Krieg. Damit gehört auch eine unzureichende Aufarbeitung der sowjetischen Geschichte und der sowjetischen Verbrechen zu den Faktoren, die den russischen Krieg gegen die Ukraine ermöglicht haben.

***

Kai Struve lehrt Osteuropäische Geschichte an der Universität Halle-Wittenberg.

Erschienen in der F.A.Z. vom 28.03.2022, Seite 6

Pulli gegen Putin?

Der drohende Ausfall russischer Energieträger verunsichert Politik und Gesellschaft. Schon in den 1970er-Jahren zwangen Ölkrisen die Bundesrepublik und den Westen zu raschen und tiefgreifenden Reaktionen. Heute erscheinen sie aktueller denn je

Professor Dr. Frank Bösch

Im Herbst 1973 erlebte die Bundesrepublik ihre bislang größte Energiekrise. Im Unterschied zu heute reagierte die Politik prompt und ging in den Energiesparmodus. Um den Verbrauch an Benzin und Diesel zu senken, führte die sozialliberale Bundesregierung ein rigoroses Tempolimit von 100 Kilometern in der Stunde ein. In den Bundesbehörden wurde die Raumtemperatur auf maximal 20 Grad gesenkt, Politiker und der Mieterbund empfahlen Ähnliches den Bürgern. Viele Städte versanken nachts im Dunkel. Die Straßenbeleuchtung erlosch, die vorweihnachtlichen Lichter wurden abgeschaltet, Gebäude nicht mehr angestrahlt. Wirtschaftsverbände drangen in Absprache mit der Regierung darauf, Schaufensterbeleuchtung und Werbung abends auszuschalten. Auch der DFB stand nicht hintenan. Abendliche Spiele mit Flutlicht sollten nicht mehr stattfinden. Die Bundesligapartien begannen um 14.30 Uhr. Selbst der ADAC verzichtete auf Motorsportveranstaltungen und versorgte seine Mitglieder mit Tipps zum sparsamen Fahren. Am längsten in Erinnerung blieben die vier autofreien Sonntage Ende 1973. Die Mehrheit der Deutschen unterstützte die Entscheidung der Bundesregierung. Sie genossen die ruhigen Sonntage in der Familie, gingen spazieren oder radelten auf den leeren Straßen. Immerhin knapp die Hälfte der Bürger sparte laut Umfragen in diesen Monaten beim Heizen und Autofahren.

Heute stehen wir abermals vor einer Energiekrise. Deren Ausgang ist ähnlich ungewiss. Die deutsche Energieversorgung erscheint so unsicher wie nie. Die rapide steigenden Preise verunsichern ebenso wie die Möglichkeit, dass der Import von Öl und Gas aus Russland zum Erliegen kommen könnte. Die derzeitige Lage erinnert trotz vieler Unterschiede an die Krisen der 1970er-Jahre.

Auch damals sorgten vor allem Kriege dafür, dass die Energielieferungen einbrachen und sich die Preise vervielfachten. 1973 hatten die arabischen Öllieferländer nach dem Sieg Israels im Jom-Kippur-Krieg ihre Lieferungen reduziert. Der Preis für Rohöl stieg auf das Vierfache. 1979 fielen dann durch die Revolution in Iran und den folgenden Krieg zwischen Iran und dem Irak massiv Ölexporte aus. Panikkäufe ließen die Preise in bislang unbekannte Höhen steigen. Diese zweite Ölkrise machte deutlich, dass die Abhängigkeit von arabischem Öl eine strukturelle war, die Konsequenzen erforderte. Zudem verstärkten beide Ölkrisen neben der Inflation auch die öffentliche Verschuldung sowie weltweite Wirtschaftskrisen. Die westlichen Demokratien erschienen erpressbar und verletzlich. Die Bundesregierung setzte damals, um die ohnehin angeschlagene Industrie nicht zu belasten, vor allem auf Reformen bei der Energiebeschaffung und auf das Energiesparen der Bürger. Angesichts der aktuellen Lage lohnt es daher, sich die vielfältigen Reaktionen jener Jahre zu vergegenwärtigen. Sie kamen schnell auf, waren aber zu kurzlebig.

Viele bezeichnen heute die Ölkrisen der 1970er-Jahre als „Ölpreiskrise" oder „Ölpreisschock". Denn nur die Preise seien in Panik hochgeschnellt, während die Versorgung nie gefährdet war. Diese Deutung verkennt die Offenheit der damaligen Situation. Die Zeitgenossen fürchteten sowohl den langfristigen politischen Druck aus dem Nahen Osten als auch die Endlichkeit der Rohstoffe. Von einer „Ölpreiskrise" zu sprechen war bereits damals eine Strategie, um die Panik abzumildern. Die arabischen Staaten gingen zwar aus dem Angriffskrieg, den sie gegen Israel geführt hatten, als Verlierer hervor. Aber sie wurden zu einem gefürchteten Machtzentrum in einer sich globalisierenden Welt.

Diese Machtverschiebung veränderte den Status von Energie. Die Ölkrisen schufen ein neues Wissen über die Energieversorgung und machten diese zu einem außenpolitisch relevanten Politikfeld. Expertenstäbe, auch im Auswärtigen Amt, waren nun gefragt. Eine derartige Aufwertung und Verklammerung von Außen- und Energiepolitik erscheint heute wieder nötiger denn je.

Die Ölkrisen galten im Westen als Gefahr für die nationale Souveränität. Der amerikanische Präsident Jimmy Carter bezeichnete die Energiekrise bald nach Amtsantritt 1977 als „ein beispielloses Problem in unserer Geschichte" und als „moralisches Pendant zum Krieg". Die Drosselung der Ölexporte galt als ein Angriff auf den westlichen Lebensstil – dabei hatte gerade dieser die Energie-Abhängigkeit verursacht. Zwei Jahre später sprach Carter vor rund 100 Millionen Fernsehzuschauern von der größten Herausforderung seit dem Weltkrieg. Die steigenden Energiepreise sah er als Ursache für die Wirtschaftskrise, die Inflation und einen neuen Pessimismus in der Gesellschaft. Deshalb versprach er eine milliardenschwere Förderung von heimischen Energiequellen, besonders auch der Sonnenenergie, um den „Krieg um Energie zu gewinnen".

Um ihre nationale Unabhängigkeit zu sichern, arbeiteten die westlichen Staaten enger zusammen. Neue Organisationen wie die 1974 gegründete Internationale Energieagentur (IEA) entwickelten Krisenmechanismen mit Notstandsreserven und gemeinsamen Maßnahmen gegen Sanktionen. In der Europäischen Gemeinschaft und bei Weltwirtschaftsgipfeln wurde über Energiefragen gesprochen. Das verhinderte die abermalige Ölkrise 1979 nicht, zumal sie nicht aus einem gezielten Boykott entstand. Aber die engere Kooperation zeigte machtvoll nach außen, dass Sanktionen auf dem Energiesektor, die gegen einzelne Staaten gerichtet sind, gemeinsam abgewehrt werden können. Bilaterale Energieabkommen wie das deutsche Nord-Stream-Projekt, haben diese internationale Kooperation zur Minderung von Risiken unterlaufen.

Die führenden westlichen Industriestaaten einigten sich unter dem Eindruck der Krisen der 1970er-Jahre darauf, gemeinsam Energie einzusparen. Auf dem Weltwirtschaftsgipfel 1979 beschlossen sie eine Reduktion der Öleinfuhren und des Verbrauchs von fünf Prozent, was fünf von sieben Ländern im Folgejahr gelang. Auch die Mitgliedstaaten der Europäischen Gemeinschaft vereinbarten 1979, fünf Prozent des vorhergesagten Ölverbrauchs zu sparen. Die Internationale Energieagentur beschloss Ende 1980 in Paris sogar eine zehnprozentige Kürzung des Ölverbrauchs in den OECD-Staaten. Ein „Aktionsprogramm" zur Förderung des Einsatzes von Stein- und Braunkohle sollte das ermöglichen.

Eine der wichtigsten Reaktionen auf die Ölkrise 1973 war, die Energieversorgung zu diversifizieren. Um von den Staaten des Mittleren und Nahen Ostens unabhängiger zu werden, erschlossen westliche Staaten eigene Öl- und Gasvorkommen, was bisher als unrentabel galt. Besonders erfolgreich waren die Nordseeanrainer Norwegen und Großbritannien. Aber auch den USA gelang dies, da der Preisanstieg nun auch Offshore-Bohrungen rentabel machte. Um sich gegen arabische Sanktionen zu wappnen, wurden andere Anbieter in Augenschein genommen. Das erklärt zum Teil den intensiven Energiehandel mit Russland: Nach den Ölkrisen von 1973 und 1979 lieferte die Sowjetunion mehr Öl und Gas.

Die Diversifizierungsstrategie der Siebziger- und Achtzigerjahre wurde jedoch nicht lange weiterverfolgt. Deutschland ist heute ähnlich abhängig von Russland wie damals von den arabischen OPEC-Staaten. Derzeit sucht die Bundesregierung im Gespräch mit arabischen Öl- und Gasexporteuren wieder eine neue Diversifizierung. Diese Strategie läuft auf eine Abhängigkeit von anderen Autokratien hinaus.

Um sich von Energieimporten möglichst unabhängig zu machen, forcierten die meisten westlichen Staaten von 1973 an den Ausbau der Atomenergie. Zuvor hatte sie der Wirtschaft als zu kostspielig gegolten. Allerdings dauerte dieser Kraftwerksboom in den meisten Ländern nur ein Jahrzehnt an. Denn die Stromversorgung galt rasch als gesichert. Gleichzeitig wuchsen die Bedenken gegen die Atomkraft, besonders nach dem AKW-Unfall im amerikanischen Harrisburg 1979. Der Schutz vor radioaktiver Strahlung erschien nun wichtiger als die energiepolitische Unabhängigkeit. Der Reaktorunfall von Tschernobyl unterstrich 1986, dass Radioaktivität leicht europäische Grenzen überschreitet und der weltweite Ausbau der Atomkraft kein Garant für die nationale Sicherheit ist.

Zudem erschienen in der Ölkrise die Wind- und Sonnenenergie als Zukunftstechnik. Präsident Carter forderte 1979 mehrfach, bis zum Jahr 2000 sollten 20 Prozent des amerikanischen Energiebedarfs mit Hilfe der Sonne erzeugt werden. Er selbst ging mit gutem Beispiel voran und ließ auf dem Dach des Weißen Hauses eine Solaranlage errichten. Unter den Bundesstaaten legte sich Kalifornien als Vorreiter der Windkraft ins Zeug. In der Bundesrepublik traten die Grünen für erneuerbare Energien ein. Sie zogen im Zeichen der Umweltbewegung und der neuerlichen Energiekrise von 1979 an in die Parlamente ein. Das SPD-geführte Forschungsministerium förderte immerhin den Bau des Windrades „Growian" (Große Windkraftanlage). Die Anlage scheiterte 1983 an ihrer überdimensionierten Größe und diskreditierte die weitere Entwicklung der Windenergie. Sie wurde kaum noch gefördert.

Mit dem Rückgang des Ölpreises und den neuen konservativen Regierungen der 1980er-Jahre verlor die zaghaft eingeleitete Energiewende international an Fahrt. Symbolträchtig ließ Ronald Reagan 1986 die Solaranlage vom Weißen Haus entfernen. Die Deutschen schlossen erst spät bei den erneuerbaren Energien auf und sind auf diesem Feld keineswegs führend. Der Anteil der regenerativen Energien am Endverbrauch liegt in Deutschland heute unter dem EU-Durchschnitt.

Wer Unabhängigkeit von Autokratien erstrebt, sollte daher den Ausbau erneuerbarer Energien nicht scheuen. Wie beim Ausbau der Atomkraft in den 1970er-Jahren, die lange massiv subventioniert wurde, sind staatliche Förderung und entsprechende Rahmenbedingungen zentral. Die heutige Situation könnte ein energiepolitisches Bündnis unterschiedlicher Parteien befördern: von den ökologischen Grünen bis hin zu Konservativen, die eher die nationale Sicherheit und Souveränität sichern wollen.

Eine wegweisende Reaktion auf die Ölkrisen der 1970er-Jahre war das Energiesparen im Alltag. Die eingeschränkte Beleuchtung der Städte, das Tempolimit und die autofreien Sonntage waren keine reine Symbolpolitik, sondern reduzierten tatsächlich den Energieverbrauch. Zugleich sollten sie den Bürgern den Ernst der Lage verdeutlichen und zur Nachahmung anregen. Dies war keine spezifisch deutsche Aktion. Zahlreiche westeuropäische Regierungen verhängten mehrere autofreie Tage, einige schränkten sogar die Abgabe von Benzin ein. Dabei nahmen sie sich die Schweiz zum Vorbild, die schon in der Suezkrise 1956 vier autofreie Sonntage ausgerufen hatte.

Ebenso reduzierten viele Länder die zulässige Höchstgeschwindigkeit auf 100 Kilometer pro Stunde, um den Benzinverbrauch zu drosseln. In Italien mussten sogar die Flugzeuge der staatlichen Fluggesellschaft Alitalia langsamer fliegen. Im Unterschied zu heute hatte das weniger ökologische Gründe. Aber man fürchtete neben dem Ölboykott die Endlichkeit der Rohstoffe, nachdem eine Studie des Club of Rome die „Grenzen des Wachstums" aufgezeigt hatte. Zum einen ging es darum, im Kampf um energiepolitische Unabhängigkeit Stärke zu zeigen, zum anderen darum, als knapp erachtete Ressourcen zu sichern. Heute ergänzen sich außenpolitische und ökologische Gründe für eine Energiewende.

Die Sparmaßnahmen empfanden die Deutschen nicht als Zumutung. Selbst das Tempolimit stieß 1974 auf große Zustimmung, zumal infolgedessen die Zahl der Verkehrsunfälle deutlich sank. Laut einer Allensbach-Umfrage sprach sich nur knapp ein Drittel der Bürger gegen ein Tempolimit aus. Dennoch hob die Bundesregierung am 15. März 1974 das Tempolimit wieder auf. Die CDU/CSU-Mehrheit im Bundesrat setzte sich hier knapp gegen die SPD durch, unterstützt von einer Million ADAC-Aufkleber mit dem Slogan „Freie Bürger fordern freie Fahrt".

Bei der Ölkrise des Jahres 1979 verzichtete die Bundesregierung sogar auf ein Tempolimit, obwohl die Ministerien entsprechende Planungen bereithielten. Da ein Drittel unseres Öls derzeit aus Russland kommt, wäre gerade ein Tempolimit ein besonders einfaches Mittel, um den Verbrauch zu senken. Das Umweltbundesamt spricht von einem Einsparpotential von mehr als zwei Milliarden Liter Treibstoff im Jahr und von etwa 1,9 Millionen Tonnen CO_2-Äquivalente bei Tempo 130, bei Tempo 100 sogar 5,4 Millionen. Denn ab einer Geschwindigkeit von 120 Kilometern in der Stunde steigt der Verbrauch überproportional an.

Viele Politiker versuchten in der Ölkrise, durch vorbildliches Verhalten zum Energiesparen anzuregen. Jimmy Carter hielt seine ersten Reden oft in einer beigen Strickjacke vor dem Kaminfeuer, um visuell den Ernst der Lage vorzuführen. Heute würde man von „Freeze for Peace" oder „Pulli gegen Putin" sprechen. In Deutschland posierte bei der Ölkrise 1979 Erhard Eppler, die Ikone der linken Sozialdemokraten, vor seinem Haus mit Solaranlage und betonte, er fahre einen sparsamen Passat-Diesel mit einem Verbrauch von sechs Litern auf 100 Kilometer. Das Bundeskabinett beschloss damals, alle Dienstwagen mit Verbrauchsanzeigen auszustatten – selbst der FDP-Minister Otto Graf Lambsdorff versprach öffentlich, seinen

Dienstwagen langsamer fahren zu lassen. Mit den Grünen zogen erstmals das Dienstfahrrad in die Parlamente ein. Generell wertete die Ölkrise das Fahrradfahren auf.

Die Bundesregierung reagierte auf die Ölkrisen der 1970er-Jahre weniger mit Vorgaben als mit einer Erziehung der Konsumenten. 1979 versuchte sie sogar über eine Briefmarke mit der Aufschrift „Energie sparen", Verbraucher zu motivieren. Dieser sollte stets nicht nur wissen, wie viel Energie er verwendet, sondern auch danach handeln. Besonders wirkungsvoll war eine neue, europaweiten DIN-Norm zur Messung des Treibstoffverbrauchs. Die Autohersteller nannten seit dem Ende der 1970er-Jahre den Verbrauch in ihrer Werbung.

Große Hoffnungen setzte die Regierung zudem in die Einführung von Verbrauchsanzeigen im Armaturenbrett, um den Fahrer zum Sparen anzuhalten. Heute wären neue Anreize zur Verhaltenssteuerung nötig, sei es bei Kühlschränken oder der Erzeugung von warmem Wasser.

In Gesprächen mit der Autoindustrie drang die Bundesregierung damals darauf, sparsame Fahrzeuge zu entwickeln. Die Autohersteller sagten im April 1979 zu, den Verbrauch von Personenkraftwagen bis 1985 um zehn Prozent zu senken. Schon im folgenden Jahr wurden erste Erfolgsmeldungen verbreitet. Öffentlich kursierte nun die Vision von Biosprit-Autos, die Kraftstoff aus Zuckerrüben verbrauchen, und von Fünf-Liter-Fahrzeugen, die Forschungsminister Volker Hauff (SPD) in den Medien einforderte. Die Krise förderte kreative Ansätze. So berichtete Alex Severinsky, einer der Erfinder des Hybridautos, die Idee für diesen Antrieb sei ihm 1979 gekommen, als er in einer langen Schlange vor einer Tankstelle stand.

Wie in anderen Bereichen zeigten sich auf den Straßen zumindest kurzzeitig gewisse Spareffekte. Die Zahl verbrauchsarmer Dieselfahrzeuge nahm 1979 um 7,5 Prozent zu. Auch der wachsende Erfolg des VW-Golf, der als Kleinwagen weniger Treibstoff verbrauchte, hing mit den Ölkrisen zusammen. Ein Vorteil für die Bundesrepublik und andere westeuropäische Länder war, dass die Motorisierung der breiten Bevölkerung erst in den 1970er-Jahren eingesetzt hatte. Im Unterschied zu den USA lernten viele Erstkäufer das Autofahren mit den steigenden Benzinpreisen kennen und achteten daher stärker auf den Verbrauch. Dennoch stieg durch die wachsende Motorisierung der Verbrauch pro Kopf, während der Schienenverkehr an Bedeutung verlor. Der Durchschnittsverbrauch blieb mit rund zehn Litern im Durchschnitt deutlich höher als in Nachbarländern wie Frankreich, wo Kleinwagen mehr Absatz fanden. Anreize für kleinere Autos würden auch heute, im Zeitalter größerer, hubraumstarker Modelle mit bauweisebedingt größerem Luftwiderstand, den Verbrauch wesentlich senken.

Auch mit der Haushaltsgeräte-Industrie traf die Bundesregierung in der Ölkrise 1979 Vereinbarungen, um den Energieverbrauch zu reduzieren. Etiketten sollten europaweit vergleichbar den Verbrauch sichtbar machen. Ebenso versprach die Industrie technische Innovationen bei der Energieeffizienz. Zu den Selbstverpflichtungen zählte etwa, den Verbrauch von Gefrier- und Kühlgeräten bis 1985 um bis zu 20 Prozent zu senken. Bei Geschirrspülern sollten es bis zu 15 Prozent sein, bei Waschmaschinen bis zu zehn Prozent. Tatsächlich gelang es, die Ziele noch zu übertreffen. Jedoch fraßen Rebound-Effekte die Einsparungen auf: Kühlschränke wurden sparsamer, aber größer; Autos verbrauchten weniger, aber Zweitwagen nahmen zu. Vermutlich wäre es angebracht, die damals eingeführten Energiebilanzen heute auf neue technische Produkte auszuweiten.

Eine erfolgreiche Lenkungsmaßnahme war auch, dass die Bundesregierung 1979 die „verbrauchsabhängige Abrechnung für Heizkosten" anregte. Die Heizkostenverordnung machte den Vermietern 1981 verbindliche Vorgaben. Tatsächlich sank der Verbrauch pro Kopf in den 1980er-Jahren leicht, obgleich die Wohnungen größer wurden. Das Marktdenken zog damit in den Alltag ein: Wer als Mieter viel heizte, musste auch viel zahlen. Zugleich erhielten ärmere Menschen Zuschüsse angesichts der massiv gestiegenen Heizkosten. Derartige Hilfen sind auch heute unumgänglich.

In Reaktion auf die Ölkrisen kam es im Westen auch zum Ausbau der Wärmedämmung. Bis in die 1970er-Jahre waren viele Häuser kaum isoliert. Hier anzusetzen war sinnvoll, da das Heizen vier Fünftel des Energieverbrauchs eines Haushalts und die Hälfte des Endverbrauchs ausmachte. Schweden und das rohstoffarme Dänemark ergriffen in den 1970er-Jahren erste Maßnahmen. Das bundesdeutsche Energieeinsparungsgesetz setzte hier an. Ein

4,35 Milliarden teures „Programm zur Förderung heizenergiesparender Investitionen" führte zwischen 1978 und 1980 zu Dämmmaßnahmen an rund 800 000 Wohneinheiten. Damit war das Programm eine riesige Konjunkturmaßnahme für das Baugewerbe inmitten einer Wirtschaftsflaute. Zusammen mit den Sparappellen und gestiegenen Preisen wurde bereits 1979 trotz eines sehr kalten Winters weniger leichtes Heizöl verbraucht als im Vorjahr.

Schon in den 1970er-Jahren jammerten die Deutschen lautstark über die gestiegenen Preise an den Tankstellen. Am härtesten trafen die Ölkrisen jedoch nicht den Westen, sondern die Länder des globalen Südens. Viele Länder Afrikas hatten gerade ihre nationale Unabhängigkeit erreicht und eine Modernisierung ihrer Wirtschaft in die Wege geleitet. Die Ölkrisen bremsten ihr Wirtschaftswachstum, verstärkten ihre Auslandsverschuldung und damit ihre Abhängigkeit. Ihre Devisenschwäche erzwang eine Einschränkung des Energieverbrauchs. Bis zur Hälfte ihrer Exporteinnahmen floss nun in den Energiekonsum. Allein die Kosten für die erhöhten Ölpreise überstiegen die gesamte Entwicklungshilfe, wie zumindest die Bundesregierung errechnete. Auch sogenannte Schwellenländer wie Südkorea und Brasilien wurden in ihrer Wirtschaftsentwicklung stark gebremst.

Sollten die Ölpreise hoch bleiben, dürfte dies ärmere Länder abermals härter treffen als Deutschland. Neue afrikanische Ölboom-Staaten – wie Angola oder Sudan – haben hingegen ebenfalls autokratische Regime. Im Hinblick auf Menschenrechte sind sie kaum eine bessere Alternative zu Russland.

Ein langfristiger Verlierer der damaligen Ölkrise waren die Sowjetunion und die sozialistischen Staaten. Sie hatten zunächst von den hohen Preisen und den höheren Exporten in den Westen profitiert. Dafür reduzierte die Sowjetunion die günstigen Lieferungen an die sozialistischen Bruderländer. Die DDR geriet dadurch in größere Kreditabhängigkeit vom Westen. Erich Honecker ließ angeblich Breschnew die Frage übermitteln, warum er wegen der Kürzung von zwei Millionen Tonnen Erdöl die Existenz der DDR aufs Spiel setzen wolle. In einem Schreiben an Breschnew 1981 beschwor Honecker vergeblich die katastrophalen ökonomischen Folgen. So musste die DDR den Heizölverbrauch von 1979 an mit kostspieligen

Umstellungen innerhalb von nur fünf Jahren auf ein Viertel senken – durch mehr Braunkohle, Gas und Energiesparmaßnahmen.

Mit dem Einbruch der Ölpreise Mitte der 1980er-Jahre verlor die Sowjetunion einen größeren Teil ihrer Devisen. Das trug zum Zusammenbruch ihrer ohnehin angeschlagenen Wirtschaft und des Sozialismus insgesamt bei. Denn die Abhängigkeit von Energie hat immer zwei Seiten. Wir werden verfolgen, ob es Russland unter Putin ähnlich ergehen wird wie der späten Sowjetunion, wenn sich der Energiemarkt nun tatsächlich neu sortiert.

Die arabischen OPEC-Staaten galten zunächst als Gewinner der Ölkrisen, da sie von den stark gestiegenen Preisen profitierten. Auch ihre Anteile an westlichen Fördergesellschaften im eigenen Land stiegen in den 1970er-Jahren, mitunter verstaatlichten sie diese sogar. Zugleich wuchs ihre politische Bedeutung als diplomatisch und ökonomisch hofierte Partner, die Petrodollars in westliche Waren und Unternehmen investierten. Seit Mitte der 1980er-Jahre zeigte sich jedoch, dass die OPEC geschwächt aus der Kraftprobe hervorging. Die Diversifizierung der Energieträger, die neuen Förderquellen im Norden und auch Einsparungen führten dazu, dass der Ölpreis massiv sank. Die Erpressung hatte einen gegenteiligen Effekt: Statt des befürchteten Ölmangels gab es aufgrund der Reaktionen des Westens nun ein Überangebot.

Die beiden Ölkrisen, so lässt sich bilanzieren, sorgten für bemerkenswert rasche und innovative Reaktionen. Auch wenn einige Reformen kurzlebig blieben, trugen sie doch zur Überwindung der Energiekrisen bei. Der Bevölkerung wurde viel zugemutet, doch die staatlichen Vorgaben und Appelle trafen auf viel Verständnis. Mit den sinkenden Ölpreisen geriet vieles in Vergessenheit. Heute wäre es an der Zeit, sich daran zu erinnern.

***

Frank Bösch ist Direktor des Leibniz-Zentrums für Zeithistorische Forschung (ZZF) und Professor an der Universität Potsdam.

Erschienen in der F.A.Z. vom 04.04.2022, Seite 6

Operation Rache

Vor hundert Jahren erschossen in Berlin zwei junge Armenier die Kriegsverbrecher Cemal Azmi und Bahattin Schakir. Sie wollten den Genozid an ihrem Volk rächen, den die türkische Regierung während des Weltkriegs verantwortet hatte. Das Attentat öffnet den Blick auf eine überaus vieldeutige deutsch-türkische Geschichte

Dr. Kristina Milz

Berlin-Neukölln, Columbiadamm: „Schehitlik", der Name der bekanntesten Berliner Moschee, die sich hier, ganz in der Nähe des Tempelhofer Felds, befindet, leitet sich vom türkischen Wort für Märtyrer ab. Direkt vor ihrem Eingang befindet sich ein helles marmornes Grabmal – mit islamtypisch dunkelgrünen Flächen und goldenen Lettern sticht es auf dem Friedhof deutlich hervor. Darin bestattet wurden Bahattin Schakir, ein Gründungsmitglied des seit 1908 im Osmanischen Reich regierenden jungtürkischen Komitees für Einheit und Fortschritt (KEF), und der einstige Gouverneur der osmanischen Provinz Trabzon Cemal Azmi. Beide kamen bei einem Attentat am 17. April 1922 in Berlin ums Leben – „ermordet durch armenische Terroristen", wie die Grabinschrift auf Türkisch und Deutsch berichtet.

Waren nicht die Armenier die Opfer der Türken? Mehr als die Hälfte der 1,5 bis zwei Millionen Armenier sowie etwa 200 000 assyrische Christen waren 1915/16 im Osmanischen Reich Deportationen, Massenmord, Vergewaltigung und Versklavung zum Opfer gefallen. Diese zu rächen war das oberste Ziel eines armenischen Geheimkommandos: Die Operation „Nemesis" war nach der griechischen Rachegöttin benannt und hatte sich gegründet, um die Hauptverantwortlichen für den Genozid zu töten.

Berlin-Charlottenburg, vor hundert Jahren: Arschavir Schirakian trägt ein kragenloses weißes Hemd, als er am Ostermontag zusammen mit Aram Yerganian aufbricht, um Schakir zu töten. Gegen Mitternacht öffnet sich die Tür des Hauses Uhlandstraße 80: Heraus tritt die Zielperson, Arm in Arm mit Cemal Azmi; hinter den beiden gehen Schakirs Ehefrau und Hayriye Hanim, die Witwe des vormaligen osmanischen Innenministers Talat Pascha. Dieser war im Jahr zuvor auf offener Straße erschossen worden, und Hayriye erkennt als Erste die Gefahr: Kurz vor dem Kurfürstendamm taucht neben ihr Schirakian auf, in der rechten Hand eine Pistole. Die zarte Frau stürzt sich auf ihn und schreit. Davon aufgeschreckt, dreht Azmi sich um – er wird von einem Schuss links unter dem Auge tödlich getroffen. Schakir versucht seine Pistole zu ziehen, doch in diesem Moment streift ihn bereits der erste Schuss an der Wange. Der zweite Attentäter trifft ihn direkt in die Brust. Die beiden Männer sind sich sicher, dass sie ihren Auftrag erledigt haben. Sie schießen auf die Straßenbeleuchtung und fliehen in der Dunkelheit. Heute werden sie in der armenischen Hauptstadt Eriwan als Nationalhelden gefeiert, Ankara betrachtet sie als Terroristen.

Die für den Genozid verantwortliche jungtürkische Regierung ist an der Niederlage im Ersten Weltkrieg zugrunde gegangen. Der Offizier Mustafa Kemal, unter dessen Führung später aus der Konkursmasse des Osmanischen Reichs die türkische Republik entstehen sollte, war persönlich daran nicht beteiligt – dennoch erkannte er die Verantwortung der Türkei als Nachfolgestaat nicht an. Dass es sich um einen Völkermord handelte, ist wissenschaftlich längst erschöpfend nachgewiesen worden, dennoch wird dies von der Türkei bis heute geleugnet. Talat Pascha, der Architekt des Genozids, hatte die Schuld am Geschehen den Armeniern selbst zugeschrieben – seine postum veröffentlichten Erinnerungen sind ein denkwürdiges Beispiel dafür, wie autobiographische Apologetik zum Narrativ der nationalen Erinnerungskultur werden kann.

Diese Haltung ist auch in der Berliner Ditib-Moschee am Columbiadamm zu spüren, deren Gelände Eigentum des türkischen Verteidigungsministeriums ist. Mit dem auffälligen Doppelgrab wurden zwei besonders brutale Verbrecher geehrt. „Du hast ohnehin nicht mehr viele Tage zu leben. Wir werden keinen einzigen Armenier am Leben lassen", soll das Kind des einen zu einem armenischen Nachbarsjungen gesagt haben – der Schriftsteller Leon Surmelian, Sohn eines Apothekers aus Trabzon, der beide Eltern im Genozid verloren hat, musste später oft an diese Szene denken. Sein Nachbar, Gouverneur Azmi, war berüchtigt als „Henker von

Trabzon". Er soll zur sexuellen Befriedigung seines Sohnes einige der schönsten armenischen Mädchen im Alter von zehn bis 13 Jahren ausgesucht haben, bevor er die anderen im Meer ertränken ließ. 2003 wurde in der Türkei eine Grundschule nach ihm benannt. Bahattin Schakir, der andere, organisierte die Deportationen aus den Hauptsiedlungsgebieten der Armenier im Westen des Reichs und befehligte Todesschwadronen.

Für ihre Taten waren Schakir und Azmi von Kriegsgerichten zum Tode verurteilt worden. Dem entgingen sie durch ihre Flucht ins Ausland, doch die „Nemesis"-Agenten folgten ihnen ins Exil. Was aber hatten die beiden – genauso wie der im Jahr zuvor getötete Talat Pascha – überhaupt in Berlin zu suchen? Die Attentate markieren nicht nur eine armenisch-türkische Tragödie, sie verraten auch viel über die ambivalente deutsch-türkische Geschichte.

Schon Kaiser Wilhelm II. und der osmanische Sultan hatten ihre Freundschaft demonstrativ zur Schau gestellt: In der spätosmanischen Zeit, die mit der Herrschaft Abdülhamids II. in der Türkei neuerdings besonders verklärt wird, waren die Beziehungen zum Deutschen Reich überaus eng. Das revisionistische Geschichtsbild, das Recep Tayyip Erdogan in Bezug auf den Armenier-Genozid noch immer vertritt, bedeutet nicht, dass sich geschichtspolitisch in den vergangenen Jahren nicht einiges getan hätte: Mustafa Kemal Atatürk war als nationale Identifikationsfigur lange unantastbar, doch seine restriktive Religionspolitik wird heute verstärkt und zunehmend auch offen kritisiert. Die Zeit der osmanischen Sultankalifen mit ihrer Herrschaft über ein Großreich wirkt inzwischen auf viele als die wahre romantische Verheißung der Vergangenheit für die Zukunft.

Zu dieser Zeit gehörte auch eine enge deutsch-osmanische Verbindung, und sie war beiderseits gewinnbringend: Während Abdülhamid II. den britischen und französischen Einfluss in Nahost einhegen wollte und von deutschen Militärmissionen profitierte, freute man sich in Berlin, das seinen „Platz an der Sonne" einforderte, über wirtschaftliche Mammutprojekte wie die Bagdadbahn und konnte sich zumindest einem „kulturellen Imperialismus" hingeben.

Allerdings war Fingerspitzengefühl vonnöten: Der osmanische Vielvölkerstaat zerfiel zusehends. In Europa spottete man über den „kranken Mann am Bosporus", und im einst osmanischen Ägypten herrschten de facto die Briten. Immer dreistere koloniale Begehrlichkeiten bedrohten das Reich des Sultans von außen; separatistische Bestrebungen setzten es von innen unter Spannung. Die Armenische Revolutionäre Föderation, 1890 in Tiflis als Partei mit dem Ziel gegründet, einen eigenen Staat auf dem armenischen Siedlungsgebiet zu errichten, verband Sozialismus und Nationalismus, die beiden größten Schrecken des Sultans. Immer wieder kam es zu Attentaten und Sabotageakten. Büßen mussten dies schließlich auch Tausende Unbeteiligte, die mit solcherart politischer Agitation nichts zu tun hatten: Die Massaker an der armenischen Minderheit, die unter Abdülhamid II. Mitte der 1890er Jahre verübt und vom Leiter der Deutschen Orient-Mission Johannes Lepsius dokumentiert wurden, haben Wissenschaftler bereits als „partiellen Genozid" bezeichnet.

Das verbündete Kaiserreich aber ignorierte das Leid der armenischen Christen im Nahen Osten weitgehend. Deutsche Offiziere gingen derweil in Konstantinopel ein und aus: Insbesondere an den Militärschulen war der preußische Drill eingekehrt. Ausgerechnet an diesen Orten aber gedieh, beeindruckt von technischen und ideologischen westeuropäischen Entwicklungen, die Opposition gegen den Sultan ganz besonders. Ende des 19. Jahrhunderts formierte sich die sogenannte jungtürkische Bewegung, die von einer besonders gebildeten osmanischen Elite getragen wurde und in der viele nicht nur die Frömmigkeit der einfachen Bevölkerung belächelten. Die Offiziere verachteten den Sultan als schwachen Herrscher aus einer sterbenden Zeit, der mit den Ideen der Moderne fremdelte und keine Antworten auf die Probleme des Imperiums fand. Seine Kritiker unterdrückte Abdülhamid II. über eine rigide Zensur- und Verbannungspolitik, die viele in das Exil nach Paris oder Kairo gehen ließ.

Einen einzigartigen Einblick in diese Exil-Szene gewährt uns das auf Osmanisch verfasste Tagebuch des Orientalisten Karl Süßheim. Er verbrachte im Sommer 1908 mehrere Wochen in Kairo, um dort abseits der Zensur des Sultans die Edition einer orientalischen

Handschrift drucken zu lassen. Der junge Bayer machte auf diese Weise die Bekanntschaft osmanischer Oppositioneller, die im Verlagswesen aktiv waren und regelmäßig in einer Bar zusammenkamen. Als einer von wenigen Westeuropäern geriet Süßheim mitten hinein in die jungtürkische Revolution, die den Sultan dazu zwang, die Verfassung zu reaktivieren. Mit seinen neuen Freunden feierte der Deutsche den Erfolg der jungtürkischen Bewegung: „Der am meisten gelobte Gedanke war das Versprechen im Namen der Armenier, dass sie den Türken brüderlich die Hand reichen würden", schrieb er über eine Versammlung auf dem Höhepunkt der Revolution.

Süßheim, der junge deutsche Jude, genoss in den Reihen dieser Männer vor allem, dass Antisemitismus in ihren Reihen keine Rolle spielte – und in der Tat: In Kairo vertraten viele Jungtürken eine sogenannte dezentralistische Position, die sich für Minderheitenrechte aussprach. Hand in Hand mit den osmanischen Christen, so die Hoffnung, werde man der Herrschaft des Sultans ein Ende bereiten. In Konstantinopel feierten 1908 schließlich Armenier und Türken, Juden und Griechen gemeinsam die Wiedereinsetzung der osmanischen Verfassung. Die Christen hätten damals erwartet, dass nun auch die bürgerliche Gleichstellung folgen würde, schrieb der spätere „Nemesis"-Attentäter Schirakian in seinen Memoiren, aber: „Nur ein Jahr später, 1909, wurden 35 000 Armenier in Adana von einem türkischen Mob massakriert."

Die vergleichsweise kurze Regierungszeit der Jungtürken in den zehn Jahren von 1908 bis 1918 liegt gewissermaßen als Fanal zwischen dem alten osmanischen System und der türkischen Republik; hier zeigte die Moderne ihre brutalste Seite. Im jungtürkischen Komitee für Einheit und Fortschritt (KEF), das die Regierungsgeschäfte des Osmanischen Reichs übernahm, spielte ein Mann, der als besonders kaltblütig galt, eine wichtige Rolle: Mehmed Talat, bald weltweit bekannt als Talat Pascha. Der persönlich ganz und gar ungläubige, aber die religiöse Erregbarkeit des Volkes kühl berechnende Mann gehörte jenem Zweig der Bewegung an, der von einem „reinen" türkisch-muslimischen Staat träumte und unter dem Schlagwort Türk Yurdu („Türkische Heimat") hart gegen nicht muslimische Minderheiten vorging. Gemeinsam mit den Paschas Enver und Cemal bildete Talat schließlich das sogenannte Triumvirat, das ab 1913 regierte und das Osmanische Reich an der Seite der Deutschen in den Weltkrieg führte.

Der Sultan, inzwischen nurmehr eine Marionette der Jungtürken, beanspruchte als Kalif die geistige Oberhoheit über alle Muslime – was die deutschen Verbündeten zu einer beispiellosen Aktion inspirierte: Um die gesamte muslimische Welt gegen die feindlichen europäischen Großmächte aufzuwiegeln, ersonnen Strategen und Nahost-Kundige um Max von Oppenheim im Auswärtigen Amt in Berlin das Konzept eines Heiligen Kriegs, der unter muslimischen Kriegsgefangenen mithilfe einer Zeitschrift namens „El Dschihad" propagiert wurde.

Die Osmanen halfen bei diesem Dschihad „made in Germany" kräftig mit – Großmufti Musa Kazim verkündete eine entsprechende Fatwa. Der Plan sollte kriegsstrategisch scheitern. Im Innern des Osmanischen Reichs aber, wo anti-armenische Reflexe lediglich reaktiviert werden mussten, wandte sich der religiös geschürte Hass umso erbitterter gegen die christliche Minderheit.

Schirakian hat die Gewaltausbrüche in seinen Memoiren beschrieben: Auf der Konstantinopler Galata-Brücke geriet der damals 14 Jahre alte Junge in einen Aufmarsch kriegsbegeisterter Türken, die von einem Gottesdienst in der Neuen Moschee kamen. Die gegen das christliche Europa fluchenden Türken zerstörten Geschäfte sowie armenisch und griechisch geführte Restaurants, wobei sie penibel darauf achteten, nicht aus Versehen deutsche Einrichtungen zu treffen: „Die Rädelsführer schworen mit viel Gestik und Geschrei lautstark, einen Heiligen Krieg gegen die Ungläubigen zu führen. Selbst in ihrer wild-religiösen Schwärmerei nahmen sie ihre deutschen Freunde sorgfältig aus."

Am Vorabend des Ersten Weltkriegs war Schirakian seiner eigenen Beschreibung zufolge ein unbeschwerter und fleißiger Schuljunge gewesen, der sich in Literaturklassiker vertiefte, in seiner Freizeit Fußball spielte und im traditionellen Gewand in einem Chor sang. Wenige Jahre später wird er mehrere Menschen getötet haben: Schirakian sollte sich nicht an dem Attentat an Schakir und Azmi beteiligen, er erschoss auch den ehemaligen Großwesir des Osmanischen Reichs Said Halim in seiner Kutsche in Rom. Dazwischen liegt der Genozid, den der junge Armenier überlebt hatte: Die armenische Minderheit in Konstantinopel wurde von der Massendeportation ausgenommen, weil es in der Stadt viele Europäer und Amerikaner gab, die misstrauisch hätten werden können.

Im Haus der Schirakians versteckten sich während des Krieges etliche Verfolgte aus den anatolischen Provinzen, aber auch Führungsfiguren der Armenischen Revolutionären Föderation, die sich dem Widerstand verschrieben hatten. Sie nannten sich die „Armee der Dachböden" und rekrutierten den Heranwachsenden, der jünger aussah, als er war, für ihre Zwecke: Gekleidet wie ein Türke, transportierte er in seinem Schulranzen Waffen und half dabei, sie zu verstecken. Schirakian arbeitete aber auch für die Deutschen, zunächst als Fahrkartenverkäufer, später als Rechnungsprüfer der von einer deutschen Firma betriebenen Straßenbahn. Dabei trug er eine Uniform und konnte sich frei bewegen: Er saß in Kaffeehäusern und belauschte Mitglieder der KEF-Geheimorganisation Teschkilat-i-Mahsusa – „gottlose Sadisten", wie Schirakian in seinen Memoiren schrieb, die offen über die Deportationen, Massaker und Vergewaltigungen sprachen: „Diese Männer prahlten damit, die Brustwarzen armenischer Frauen zu sammeln, die sie getötet hatten."

Der Genozid geschah im Auftrag des Staates: Der schriftliche Vernichtungsbefehl von Innenminister Talat Pascha, den der deutsche Botschafter Wolff-Metternich 1915 als „Seele der Armenierverfolgungen" bezeichnete, ist öffentlich geworden. Die Regierung habe beschlossen, „alle Armenier, die in der Türkei wohnen, gänzlich auszurotten", hieß es darin: „Ohne Rücksicht auf Frauen, Kinder und Kranke, so tragisch die Mittel der Ausrottung auch sein mögen, ist, ohne auf die Gefühle des Gewissens zu hören, ihrem Dasein ein Ende zu machen."

Der Aghet („Katastrophe"), wie Überlebende das Geschehen bezeichneten, spielte sich unter den Augen der Weltöffentlichkeit, nicht zuletzt der deutschen Bündnispartner, ab, deren Militärvertreter das Geschehen vor Ort beobachteten. „Unser einziges Ziel ist, die Türkei bis zum Ende des Krieges an unserer Seite zu halten, gleichgültig ob darüber Armenier zugrunde gehen oder nicht", ließ Reichskanzler Theobald von Bethmann Hollweg verlauten.

Der Weltkrieg aber ging verloren, und die Flucht der in ihrer Heimat in Ungnade gefallenen jungtürkischen Verbündeten zu organisieren war die letzte deutsche Kriegshandlung in der Türkei, wie Rolf Hosfeld in seinem Buch „Operation Nemesis" geschrieben hat: Die Flucht war lange vorbereitet worden; mit einem deutschen Torpedoboot trafen die Türken am 3. November 1918 im deutsch besetzten Krimhafen Sewastopol ein und reisten über Simferopol weiter nach Deutschland. Für das Unternehmen hatte die Seekriegsleitung absolute Geheimhaltung angeordnet.

Das Kaiserreich selbst war von revolutionären Unruhen ergriffen, aber genau einen Tag nach Ausrufung der Republik, am 10. November 1918, erreichten die einstigen türkischen Führer, ausgestattet mit falschen Pässen, Berlin. Ungeachtet der neuen politischen Vorzeichen pflegte Talat Pascha fortan Kontakte in die höchsten deutschen Kreise. Seine große Wohnung in der Hardenbergstraße wurde sein Hauptquartier: Von hier aus zog er die Fäden der türkischen Nationalbewegung in Anatolien. Mustafa Kemal hielt er für eine nützliche Marionette: „Unsere Führung in Berlin steht mit den bewaffneten Kräften im Innern des Landes in enger Verbindung", hielt Talats Gefährte Bahattin Schakir fest. Ein weiterer Treffpunkt der Gruppe war ein eleganter Tabakladen – dieser gehörte Cemal Azmi, geführt wurde er von dessen ältestem Sohn.

Dass sich einige der Hauptverantwortlichen für den Genozid in Berlin aufhielten, war trotz ihrer Decknamen ein offenes Geheimnis. Ein türkischer Journalist namens Mehmed Zeki verfasste darüber sogar ein Buch, das unter dem Titel „Raubmörder als Gäste der deutschen Republik" erschien. 1920 verlangten die Briten offiziell die Auslieferung von Talat und anderen Kriegsverbrechern, doch da sich auf der Wunschliste auch deutsche Namen wie Ludendorff und Hindenburg befanden, artete die Diskussion darüber aus: Gewaltsame Massendemonstrationen auf den Straßen richteten sich gegen die englische Forderung. „Die Stimmung gegen Versailles ist es, die Talat und seinen Genossen in Deutschland Immunität verleiht", hat Hosfeld über den Hass der Deutschen auf den „Diktatfrieden" geschrieben.

Der Freispruch des Armeniers Soghomon Tehlirian im Sommer 1921 nach dessen Attentat auf Talat Pascha war vor diesem

Hintergrund keine kleine Sensation – allerdings berief sich die Verteidigung auf zeitweilige Unzurechnungsfähigkeit des Angeklagten, der seine gesamte Familie im Genozid verloren hatte. Seinen Auftrag hatte er im Prozess verschwiegen und über sich selbst angegeben, lediglich zufällig, unter einem Leichenberg liegend, überlebt zu haben. Das Urteil wurde im Gerichtssaal mit Applaus aufgenommen. Die öffentliche Meinung aber war zumindest gespalten: Talat Paschas Begräbnis, das von dem deutschen Publizisten Ernst Jäckh (zeitgenössisch bekannt als „Türken-Jäckh") organisiert wurde und bei dem viele deutsche Politiker und Militärs dem einstigen Kriegsverbündeten die letzte Ehre erwiesen, spricht für sich. Das Auswärtige Amt ließ einen Kranz niederlegen: „Einem großen Staatsmann und treuen Freund".

Talat Paschas sterbliche Überreste wurden 1943 in einem Staatsakt unter militärischen Ehrenbezeugungen von den Nationalsozialisten nach Istanbul, wie Konstantinopel seit der Ära Atatürk auch offiziell genannt wird, überführt und am Denkmal für die jungtürkische Revolution beigesetzt. Den Leichnam holten sie vom Türkischen Friedhof in Berlin, wo sich auch die unscheinbaren Gräber Schakirs und Azmis befanden, in denen sie zunächst beerdigt worden waren. Erst 2011 wurden sie in dem strahlenden Weiß aufwendig erneuert, in dem wir sie heute dort finden.

Es war Januar, und es war kalt, als hier, vor dem Ehrengrab auf dem Türkischen Friedhof, plötzlich eine Frau auftauchte. Ein bunt geblümtes Tuch saß lose auf ihrem Kopf, die Enden nicht verschlungen; immerzu blies der Berliner Ostwind es ihr vom glatten Haar. Sie sei in Istanbul geboren worden, erzählte sie, als Kind ist sie mit ihrer Familie nach Deutschland gezogen. In der Moschee spricht sie über das „Energiefeld" um die 99 Namen Allahs und den Koran – „Wir alle sind im Islam geboren". Sie zeigt die Böden, die Säulen, die Kuppel. Man sieht Vögel, Straußeneier und Tulpen. „Tulpen statt Rosen", sagt die Frau mit einem bedeutungsschweren Blick.

Erdogans Geschichtsbild ist in der deutsch-türkischen Gemeinde angekommen: Der Atatürk-Gedenktag wird traditionell mit Rosen begangen, die Tulpe war ein typisches ornamentales Gestaltungselement im Osmanischen Reich.

***

Kristina Milz ist Historikerin am Institut für Zeitgeschichte München-Berlin und arbeitet für die Ad-hoc-Gruppe „Zukunftswerte" (AG Multikulturalität & Identität) der Bayerischen Akademie der Wissenschaften.

Erschienen in der F.A.Z. vom 11.04.2022, Seite 6

Putins Krieg

Gleich wie der Angriff auf die Ukraine ausgeht, der Westen muss sich auf einen Konflikt von unabsehbarer Dauer einstellen. Die Drohung mit Atomwaffen wird darin eine Schlüsselrolle spielen

Peter Graf Kielmansegg

Man erinnert sich an den Satz, mit dem Annalena Baerbock am Morgen des 24. Februars vor die Öffentlichkeit trat: „Wir sind in einer anderen Welt aufgewacht" – aufgewacht, muss man hinzufügen, aus einem langen politischen Tiefschlaf, der die Welt jetzt teuer zu stehen kommt.

Was wissen wir inzwischen über diese andere Welt? Mindestens so viel: Es ist Putins Ziel, man darf wohl sagen Lebensziel, das Rad der Geschichte zurückzudrehen und das zerfallene russische Imperium wiederherzustellen. Er scheut nicht davor zurück, um dieses Zieles willen Angriffskriege zu führen. Und er führt sie mit äußerster Brutalität. Die Ukraine wehrt sich mit einer Tapferkeit und einer Stärke, die den Westen erstaunen macht. Russlands gewaltige Militärmaschinerie hingegen erweist sich als schwächer als vermutet."

Der Westen ist sich einig in seiner moralischen Empörung. Er ist sich beinahe einig in dem Entschluss, auf die Aggression mit harten Sanktionen zu antworten. Er ist sich nicht ganz so einig in der Bereitschaft, dabei auch hohe Kosten auf sich zu nehmen. Und er ist sich wiederum ganz einig in der Entschlossenheit, alles zu vermeiden, was ihn direkt in den Krieg hineinziehen könnte. Der Westen ist nicht die Welt. Die beiden asiatischen Großmächte China und Indien haben sich dem Westen nicht angeschlossen. Sie verurteilen Russland nicht. Sie sind sogar bereit, Russland – in Grenzen – zu unterstützen.

Wir sind, das ist das Fazit dieser ersten Bilanz, 30 Jahre nach dem Ende der Ost-West-Konfrontation, die die zweite Hälfte des 20. Jahrhunderts bestimmte, in einen neuen Weltkonflikt eingetreten. Wie der alte, so stellt auch dieser neue Weltkonflikt den Westen vor eine systemische Herausforderung. Zum einen stehen die Verfassung der Freiheit und ein autokratisches Regime – eine Autokratie freilich sui generis – einander gegenüber. Zum anderen stößt das Prinzip gewaltfreien, regelgeleiteten Umgangs der Staaten miteinander auf das Gegenprinzip Gewalt.

Mit solchen ersten Wahrnehmungen hat das Nachdenken über die Herausforderungen, vor die der russische Gewaltherrscher die westlichen Demokratien stellt, freilich erst begonnen. Am Anfang des Nachdenkens steht die Frage: Was unterscheidet den neuen Weltkonflikt vom Ost-West-Konflikt des 20. Jahrhunderts? Die erste und wichtigste Antwort lautet: Die Sowjetunion war, jedenfalls in ihren späten Jahren, ungeachtet ihrer Herrschaftsideologie faktisch eine Status-quo-Macht. Dass Russland Putins ist keine Status-quo-Macht mehr. Es ist eine nuklear bewaffnete Großmacht, die ihren Herrschaftsbereich ausweiten und ihre Grenzen, so wie sie sich in frei getroffenen Entscheidungen der Völker des ehemaligen sowjetischen Imperiums herausgebildet haben, verschieben will.

Ein zweiter Unterschied: Die Sowjetunion wurde in den Zeiten nach Stalin von einer oligarchischen Clique regiert, die in gewisse Institutionen und Regeln eingebunden war; das galt selbst für den Generalsekretär der KPdSU, den mächtigsten Mann in dieser Clique. Jetzt liegt das Potential der Großmacht Russland in den Händen eines Diktators, der allein und uneingeschränkt herrscht; eines Alleinherrschers, der in extremer Weise dem Prinzip Gewalt huldigt, vom Mord bis zum Krieg. Das macht die nukleare Großmacht Russland unberechenbarer, als sie es in den Zeiten der Sowjetunion war. Schließlich: Der Ost-West-Konflikt des vergangenen Jahrhunderts wurde in den vierzig Jahren, die er dauerte, immer mehr zu einem Konflikt, der nach gewissen ungeschriebenen Regeln ausgetragen wurde. In ihrem Kern dienten sie dazu, die dem Gleichgewicht des Schreckens inhärenten apokalyptischen Gefahren im Interesse beider Seiten unter Kontrolle zu halten. Für den neuen Weltkonflikt gilt: Es ist nur schwer vorstellbar, dass in der Konfrontation mit einem Aggressor eine Entwicklung hin zu Regeln überhaupt möglich ist. Die Voraussetzungen selbst für ein Minimum an Vertrauen sind zerstört. Dem neuen Weltkonflikt, heißt das, wohnt eine ganz eigene Dynamik der Unberechenbarkeit inne.

Diese Dynamik der Unberechenbarkeit lässt sich genauer beschreiben. Die Konfrontation des Ost-West-Konfliktes der Jahre 1946 bis 1990 war dadurch gekennzeichnet, dass die Grenze zwischen den beiden Machtblöcken jedenfalls in Europa als Grenze zwischen NATO und Warschauer Pakt scharf und eindeutig gezogen war. Und dass sich Verhaltensregeln entwickeln konnten, die ebendiese Eindeutigkeit zur Voraussetzung hatten. Deren wichtigste: Man respektierte den Status quo. Der Osten nahm nach dem Scheitern der Berlin-Blockade wie der Berlin-Offensive Chruschtschows in den späten Fünfzigerjahren die Enklave West-Berlin hin. Der Westen wiederum sah zu, wie 1953 der Aufstand des 17. Junis niedergeschlagen, 1956 die ungarische Freiheitsbewegung in Blut erstickt, 1961 die Mauer in Berlin gebaut und 1968 dem Prager Frühling ein Ende gemacht wurde.

In dem neuen Weltkonflikt sind die Gegebenheiten andere. Aus Putins Sicht liegt zwischen Russland und dem „alten Westen" eine geopolitische Konfliktzone, auf die sich seine imperialen Ansprüche in unterschiedlicher Intensität richten. Da sind einmal die Staaten, die früher zur Sowjetunion gehörten und nicht Mitglied westlicher Bündnisse geworden sind – die Ukraine, die für Putins Vision von der Wiederherstellung des Imperiums fraglos eine Schlüsselbedeutung hat, Georgien, Moldawien und Belarus. Da sind zum Zweiten die Staaten Estland, Lettland und Litauen. Sie gehörten früher zur Sowjetunion, gehören jetzt den westlichen Bündnissen NATO und EU an. Und da sind drittens die Staaten, die zwar nicht Teil der Sowjetunion waren, aber eingegliedert in das sowjetische Imperium, und die nun westgebunden sind – das restliche Ostmitteleuropa.

An Putins Zielen kann es nach allem, was geschehen ist, keinen Zweifel geben. Was die erste Staatengruppe angeht, so hat Putin mit dem Angriff auf die Ukraine die Rückabwicklung des Zerfalls der Sowjetunion begonnen. Einen Rückzugsweg hat er sich nicht offen gelassen. Dass die Ukraine, vom Westen unterstützt, dem Aggressor mit bewunderungswürdigem Mut entgegengetreten ist, schützt einstweilen Georgien und Moldawien. Aber doch nur einstweilen.

Alles spricht dafür, dass Putin auch das Baltikum im Visier hat. Natürlich gilt für die baltischen Staaten, dass die Zugehörigkeit zur NATO und die Präsenz von Bündnistruppen auf ihrem Territorium ihnen weit mehr Sicherheit gibt, als die Ukraine sie besaß. Aber diese Sicherheit hängt letztlich an der Bereitschaft und der Fähigkeit der Bündnispartner, vor allem der USA, ihre Beistandsverpflichtungen so zu erfüllen, dass Putin sie in seine Rechnung einstellen muss. Das ist nicht schon dadurch gewährleistet, dass es das Bündnis gibt.

Die Staaten der dritten Gruppe dürfen sich leidlich sicher fühlen. Zwar zeigen die mit dem Selbstverständnis und dem Selbstbewusstsein einer imperialen Macht formulierte geopolitische Doktrin vom „nahen Ausland" ebenso wie die Forderung, die NATO möge sich aus Ostmitteleuropa zurückziehen, dass Putin für Russland das Recht als Selbstverständlichkeit in Anspruch nimmt, eine vorgelagerte Einflusssphäre unter seiner Kontrolle zu halte. Die russischen Sicherheitsinteressen sind aus seiner Sicht so legitim, wie die Ansprüche der Nachbarvölker auf Selbstbestimmung, vor allem auf Sicherheit, vor dem übermächtigen Russland illegitim sind.

Die Hegemonie über Ostmitteleuropa, die der Sowjetunion als Siegespreis nach dem Zweiten Weltkrieg zugefallen war, kann Putin nach menschlichem Ermessen nicht wiedererlangen. Dennoch gilt auch hier: Die Abhängigkeit von der amerikanischen Sicherheitsgarantie ist Europas Achillesferse. Wie die Dinge derzeit stünden, hätte Trump die Präsidentenwahl 2020 gewonnen, mag man sich ungern ausmalen. Und ob Europa irgendwann willens und fähig sein wird, seine Sicherheit selbst zu gewährleisten, steht in den Sternen.

Der Kampf um die Zwischenzone ist eröffnet. Stünde am Ende des Krieges um die Ukraine in der Selbstwahrnehmung Putins ein Sieg, so würde er sich ermutigt sehen, das nächste Opfer ins Visier zu nehmen, wie hoch der Preis für den Sieg auch gewesen sein mag. Behauptete sich die Ukraine, würde er seinen imperialen Traum schon deshalb nicht aufgeben, weil er sein Schicksal als autokratischer Alleinherrscher durch den Entschluss zum Angriffskrieg unauflöslich an diesen Traum gekettet hat. Wiederherstellung des Reiches, Vorfeldkontrolle heißt für ihn, eben auch nicht zuzulassen, dass das westliche Modell politischer Ordnung sich in der unmittelbaren Nachbarschaft Russlands durchsetzt und Strahlkraft gewinnt.

Der Westen muss sich also auf einen Konflikt von unabsehbarer Dauer einstellen. Welche Rolle darin die Drohung mit Atomwaffen spielen wird, wissen wir noch nicht. Dass sie eine Rolle spielen wird, ist gewiss. Putin hat sie schon am ersten Tag der Invasion mit brutaler Deutlichkeit ausgesprochen. Wer sich ihm in den Weg stelle, habe mit Folgen zu rechnen, wie sie die Geschichte noch nicht gesehen habe. Er hat die Drohung wiederholt, indem er wenig später die „Vergeltungskräfte" in Alarmzustand versetzte, ohne dass der Westen irgendeinen Anlass dazu gegeben hätte. Seine Prahlerei mit den überschnellen Raketen, die dem Gegner keine Chance der Abwehr mehr ließen, weist in die gleiche Richtung.

Das Gleichgewicht des Schreckens in Zeiten des alten Ost-West-Konfliktes war ungeachtet aller Versuche, sich strategische Vorteile durch Weiterentwicklung des nuklearen Waffenarsenals zu verschaffen, ein leidlich stabiles. Die Drohung mit Atomwaffen war keine politische Waffe von großer Bedeutung, weil, noch einmal sei es gesagt, die Grenze zwischen Ost und West scharf, eindeutig gezogen war und jeder wusste: Wer sie überschreitet, beschwört die Apokalypse herauf. Das ist jetzt anders.

Die Drohung mit Atomwaffen ist in einer Konstellation mit vielen Ungewissheiten durchaus geeignet, die Handlungsspielräume des Westens einzugrenzen. Putin weiß das. Er weiß, dass er mit der nuklearen Drohung eine elementare Asymmetrie zwischen Autokratie und Demokratie zu seinen Gunsten aktivieren kann. Und arbeitet mit dieser Drohung. Dass der Westen alles zu vermeiden sucht, was ihn zur Kriegspartei machen würde, zeigt bereits ihre Wirksamkeit. Der Westen nimmt hin, dass es Putin ist, der entscheidet, welche Waffenlieferungen als Kriegseintritt westlicher Staaten anzusehen seien und welche nicht. Schon die Wege, auf denen Waffen in die Ukraine gelangen, werden zum Problem.

Auch da, wo Putin unmittelbar auf die NATO stößt, gibt es Spielräume für den politischen Einsatz der nuklearen Drohung. Putin würde, wenn es denn dahin käme, in die baltischen Staaten sicher nicht mit der gleichen offenen militärischen Brutalität einfallen wie in die Ukraine. Das ließe der NATO keine Wahl. Er würde nach Möglichkeiten subversiver Destabilisierung suchen, würde versuchen, so vorzugehen, dass im Westen Diskussionen darüber ausbrächen, ob es sich denn wirklich um einen bewaffneten Angriff auf einen Mitgliedstaat handle. Dass die politische Waffe der nuklearen Drohung in einer solchen Konstellation Wirkung entfalten würde, ist alles andere als unwahrscheinlich. Zumal dann, wenn man in Rechnung stellt, dass die Beistandspflicht in Artikel fünf des Nordatlantikpaktes sehr offen formuliert ist, den Mitgliedstaaten also beträchtliche Freiheit belässt, über die Art ihrer Unterstützung selbst zu entscheiden.

Die skizzierten Szenarien verdeutlichen, was ohnehin offensichtlich ist: Die nukleare Drohung konfrontiert den Westen mit einem Dilemma. Sie immer ernst zu nehmen, wenn man sie für möglicherweise ernst gemeint hält, hieße: Man überlässt es Putin, die Grenzen des politischen Handlungsspielraums festzulegen, der dem Westen offensteht. Die nukleare Drohung grundsätzlich nicht ernst zu nehmen, weil es immer möglich ist, dass Putin nur blufft, hieße, dass Risiko der Apokalypse in Kauf zu nehmen.

Wie geht man verantwortungsethisch mit diesem Dilemma um? Der Schluss liegt nahe, dass Verantwortungsethik im Schatten der ungeheuren Zerstörungsmacht von Nuklearwaffen im Zweifel immer äußerste Vorsicht und Zurückhaltung gebiete. Aber sind, so fragt man zurück, nicht alle denkbaren Fälle der Konfrontation Fälle des Zweifels? Und dies vor allem dann, wenn man sich wie im Fall Putin nicht sicher sein kann, dass der Gegner jedenfalls im Elementaren rational handelt? Legt einen die Maxime „Vorsicht und Zurückhaltung" also nicht letztlich auf immer neues Nachgeben fest? Auf eine Kapitulation, die schleichend fortschreitet, weil jeder Droherfolg die nächste Drohung zur Folge hat? Darf man die Welt auf diese Weise denen überlassen, die keine Bedenken haben, mit der nuklearen Drohung Politik zu machen? Diese suggestive Frage trifft freilich immer auf die Gegenfrage: Wie nahe darf man sich der Gefahr einer apokalyptischen Katastrophe annähern?

Die Debatten aus der Zeit des alten Ost-West-Konfliktes helfen bei der Suche nach Antworten nicht viel weiter. Die Konfliktkonstellation, um es noch einmal zu sagen, war eine andere. Zu ihr gehörten auch stabilisierende Momente, an denen es im neuen Weltkonflikt fehlt. Die Antworten, die es jetzt braucht, müssen neu gefunden werden. Immerhin kann man sich der Haltung vergewissern, die den Westen im Umgang mit seinem Dilemma leiten sollte. Sie lässt sich mit Begriffen der klassischen Tugendlehre beschreiben: Es geht um besonnene Tapferkeit. Kennedys Politik in der Kubakrise des Jahres 1962 ist ein Beispiel dafür, was besonnene Tapferkeit konkret bedeutet.

Die Frage, was verantwortungsethisch geboten sei, ist das eine. Die Frage, wie Demokratien unter Druck tatsächlich handeln, steht auf einem anderen Blatt. Können sie einer nuklearen Drohung standhalten? Die Erfahrungen des 20. Jahrhunderts zeigen, dass Demokratien in existenzieller Bedrängnis, wenn es kein Ausweichen gibt, einen erstaunlichen Mut und eine erstaunliche Widerstandskraft entwickeln können. Das England des Sommers 1940 ist das vielleicht rühmlichste Beispiel. Wenn es sich aber um uneindeutige Gefährdungen handelt; wenn es um Pflichten gegenüber Dritten geht und Möglichkeiten des Ausweichens offenstehen, dann ist der Ausgang viel ungewisser. Wohin das für den demokratischen politischen Prozess konstitutive Wechselspiel zwischen Politikern, die die Optionen des Handelns definieren, und Wählern, die in letzter Instanz über die Handlungsspielräume demokratischer Politik entscheiden, dann führt, ist offen. Parteienstreit ist wahrscheinlich, im Fall der nuklearen Drohung kann lähmende Angst um sich greifen, ja Panik ausbrechen.

Dass die Demokratien des Westens das Gleichgewicht des Schreckens im Ost-West-Konflikt des vergangenen Jahrhunderts Jahrzehnte hindurch dennoch ausgehalten haben, hat vor allem wohl damit zu tun, dass sich der Gedanke an sein mögliches Scheitern unter den gegebenen Bedingungen – ein stillschweigend einvernehmlich festgeschriebener Status quo, gesicherte Zweitschlagsfähigkeit und die Rationalität des Überlebenswillens auf beiden Seiten – verdrängen ließ. Aber nicht immer und überall. Besonders in Deutschland hat es immer wieder ein leidenschaftliches Aufbegehren gegen die nukleare Wirklichkeit gegeben.

Heute ist von den drei Bedingungen mindestens eine nicht mehr gegeben. Überhaupt schafft ein Alleinherrscher, der über ein gewaltiges Arsenal an Nuklearwaffen verfügt, der Grenzen verschieben will, Vorfeldkontrolle beansprucht und Krieg zu führen bereit ist, ganz neue Verhältnisse; ein Diktator zudem, der die neuen, durch das Internet geschaffenen Möglichkeiten manipulativer Beeinflussung demokratischer Öffentlichkeiten beherrscht und konsequent nutzt.

Man kann die Frage, ob Demokratien der nuklearen Drohung standhalten können, auch viel allgemeiner stellen: Können Wohlstandsgesellschaften den Ernstfall ertragen? Fragt man so, geht es nicht mehr nur um existenzielle Gefahren, sondern vor allem darum, ob Menschen, denen ein bestimmtes Wohlstandsniveau zur Selbstverständlichkeit geworden ist, schmerzhafte Einschränkungen ihrer Konsumgewohnheiten und ihres Lebensstils hinzunehmen bereit sind. Konkret: Wird der Westen Sanktionen, die den Bürgern fühlbare Opfer abverlangen, auch dann noch durchhalten können, wenn Putin seine Beute unter Dach und Fach gebracht hat und zur Rückkehr in die Normalität einlädt?

Deutschland ist auch auf diesem Feld ein Fall von besonderer Labilität. Zum einen weisen viele Indizien darauf hin, dass die Deutschen, geprägt von ihrer jüngeren Geschichte, in einem durchaus politisch bedeutsamen Sinn ungewöhnlich risikoscheu sind. Zum andern hält sich ihre politische Klasse davon überzeugt, dass ihr habituelles Ausweichen vor dem Ernstfall Ausweis der höheren Moral eines durch geschichtliche Erfahrung geläuterten Gemeinwesens sei. Man darf hinzufügen: Die Blindheit, mit der diese politische Klasse bis zur letzten Sekunde ihr Land bewusst in die Energieabhängigkeit von Putins Russland geführt und die Bundeswehr fast bis zum stillen Kollaps heruntergewirtschaftet hat, qualifiziert sie nicht gerade dafür, die Führung auf dem Gegenkurs zu übernehmen.

Jedes Appeasement – der Begriff mit all seinen historischen Konnotationen trifft unseren Sachverhalt genau – nimmt guten Glauben für sich in Anspruch. Chamberlain wollte 1938 mit dem Münchner Abkommen den Frieden retten. Aber man konnte damals wissen, dass der Frieden, wenn überhaupt, nicht mit, sondern nur gegen Hitler zu retten war. Immerhin lässt sich für Chamberlains Appeasement anführen, dass England Zeit brauchte, um aufzurüsten, und durch München tatsächlich Zeit gewann, die es auch nutzte. Die deutsche Appeasement-Politik gegenüber Putin hat nicht Deutschland, sondern Russland stärker gemacht. Und der gute Glaube gründete sich, um es noch einmal zu sagen, auf Blindheit.

Dabei waren die Zeichen deutlich. Der oft zitierte Satz Putins, der Zerfall der Sowjetunion sei die größte geopolitische Katastrophe des 20. Jahrhunderts gewesen, fiel früh, sehr früh. Er legte das imperiale Herrschaftsprogramm Putins offen. Auch rüstete Putin von Anfang an auf und baute Russland zu einer ganz auf seine Person ausgerichteten Autokratie um. In Georgien und auf der Krim ging er daran, das Programm der Wiederherstellung eines russischen Großreiches in die Tat umzusetzen. Über Putins beispiellose Brutalität war nach den Gewaltorgien in Tschetschenien und Syrien kein Zweifel mehr möglich. Und wem diese Erfahrungen noch nicht die Augen öffneten, dem hätte die Mordserie, in der Putin seine Gegner aus dem Weg räumte, sie öffnen müssen. Man wusste ja auch, wo er herkam. Der KGB war seine Schule der Politik gewesen, und nicht nur die der Politik. Dort hat er gelernt, wie man mit der Welt umgeht. Mehr Eindeutigkeit ist kaum möglich.

Sosehr die Gegenwart des Krieges uns in Anspruch nimmt, die Zukunft darf darüber nicht aus dem Blick geraten. Was ist zu erwarten? Der sechste Präliminarartikel in Kants Schrift „Zum ewigen Frieden" lautet: „Es soll sich kein Staat im Krieg mit einem andern solche Feindseligkeiten erlauben, welche das wechselseitige Zutrauen im künftigen Frieden unmöglich machen müssen." In der Erläuterung dieses Artikels fährt Kant fort: „Denn irgendein Vertrauen auf die Denkungsart des Feindes muss mitten im Krieg noch bleiben, weil sonst auch kein Friede abgeschlossen werden könnte, und die Feindseligkeit in einen Vernichtungskrieg umschlagen würde."

Vertrauen in die Denkungsart Putins gibt es nicht mehr. Zu sehr hat er neben der Gewalt die Lüge zum Prinzip seiner Herrschaft gemacht. Also kein Friede, solange er in Russland herrscht? Aber wie kann dieser Weltkonflikt dann enden?

Den Krieg, den die Welt bis zur bedingungslosen Kapitulation gegen Hitler, auch er ein Gewaltherrscher, dem niemand mehr vertrauen konnte, zu führen gezwungen war, kann und will sie gegen Putin nicht führen. Er würde in der Apokalypse enden. Es wird, wenn der Krieg in der Ukraine ausgekämpft sein wird – wer hofft und wünscht nicht, es möge am Ende so stehen, dass selbst Putin zur Kenntnis nehmen muss, dass er eine Niederlage erlitten hat –, um einen Waffenstillstand gehen, mehr nicht, solange Putin Russlands Herr ist. Ob es oppositionelle Kräfte in Russland geben wird, die irgendwann stark genug sein werden, sich seiner zu entledigen, wissen wir nicht. Einstweilen sieht es nicht danach aus.

Für die Zeit nach Putin gilt: Zwar ist seine Autokratie eine ganz und gar personale, nicht gestützt durch eine Ideologie und durch Institutionen, die nicht an seine Person gebunden wären. Aber alle bisherige Erfahrung zeigt, dass es Russland schwerfällt, sich im Wechsel der Regime aus seinen autokratischen und imperialen Traditionen zu lösen. Die Demokratien, heißt das, sind nicht nur durch den Unterwerfungskrieg gefordert, den Russland gegen die Ukraine fühlt. Sie werden nach menschlichem Ermessen weit darüber hinaus gefordert bleiben. Die Naivität der letzten ein, zwei Jahrzehnte werden sie sich nicht noch einmal leisten können.

***

Peter Graf Kielmansegg ist emeritierter Professor für Politikwissenschaft der Universität Mannheim.

Erschienen in der F.A.Z. vom 19.04.2022, Seite 7

Die liberale Ordnung und ihre Feinde

Das westliche Modell, internationale Beziehungen zu organisieren, gründet auf Freiheit, Souveränität und Gleichberechtigung. Deshalb wollen es Russland und China mit allen Mitteln zerstören. Doch das ist nicht so einfach, wie sie glauben

Professor Dr. Stephan Bierling, PD Dr. Gerlinde Groitl

Ein finanzieller Bankrott, schrieb Ernest Hemingway in seinem Roman „Fiesta", könne sich auf zwei Arten abspielen: erst allmählich, dann plötzlich. Das gilt auch für das Ende internationaler Ordnungen. Die Pax Britannica des 19. Jahrhunderts begann mit dem Aufstieg Deutschlands und der Vereinigten Staaten zu wanken und zerfiel abrupt im Ersten Weltkrieg. Das sowjetische Modell, nach marxistisch-leninistischer Sicht das Endziel der Geschichte, torkelte eine Dekade lang, bevor es 1991 binnen weniger Monate kollabierte.

Heute setzen Moskau und Peking auf den Zusammenbruch der seit dem Ende des Kalten Krieges dominierenden liberalen Ordnung. Seit Jahren werden sie nicht müde zu verbreiten, wie dekadent, kraftlos und ohnmächtig der Westen geworden sei. Brexit, Trump-Präsidentschaft, Afghanistan-Fiasko und ängstliche Reaktionen auf militärische Provokationen bestärken Russland und China in ihrem Glauben. Mehr noch: Wladimir Putin und Xi Jinping befördern den Abstieg dieser Ordnung, so gut es nur geht. Sie säen Zwietracht in und zwischen Demokratien, erpressen Staaten mit wirtschaftlichen Instrumenten und weiten ihren Einflussbereich wie in der Ukraine und im Südchinesischen Meer mit Gewalt aus.

Aber warum wollen die beiden Mächte das liberale Modell vernichten? Wieso nutzen sie dazu unterschiedliche Mittel? Und was kann der Westen tun, um seine Ordnung zu stärken?

Zunächst ein paar allgemeine Überlegungen. Internationale Ordnungen regeln das Zusammenleben einer Gruppe von Staaten, einschließlich ihrer Prinzipien und Institutionen. Hinter diesen Ordnungen stehen Länder, die dazu die nötigen Fähigkeiten besitzen – politische, militärische, ökonomische und technologische, aber auch kulturelle. Ohne Macht keine Ordnung. Und Macht bestimmt, wie weit die Ordnung reicht. So waren es die beiden Siegerstaaten des Zweiten Weltkriegs, die USA und die Sowjetunion, die ihr Modell auf weite Teile des internationalen Systems ausdehnen konnten.

Macht ist also die Voraussetzung internationaler Ordnungen, doch nicht deren einzige Währung. Der Charakter der Ordnungen wird geprägt von einem Wechselspiel von Macht und Ideen. Während Moskau während des Kalten Krieges seinen Einfluss auf Besatzungstruppen, Totalüberwachung und kommunistischen Allmachtanspruch stützte, bot Washington anderen Ländern des Westens Schutzgarantien, Demokratie und offene Märkte. Tatsächlich versuchen die Stifter dieser Ordnungen, die Welt um sich herum so zu gestalten, wie es ihren zu Hause erprobten Praktiken und Werten entspricht. Mit diesen wurden ihre Eliten sozialisiert, mit diesen kennen sie sich aus. Vor allem sichern internationale Ordnungen, die nach eigenem Abbild errichtet wurden, das heimische Herrschaftsmodell. Die Pax Americana spiegelt also Regierungssystem und politische Praxis der USA, die Pax Sovietica reflektierte die der UdSSR.

Die Eckpfeiler der Ordnung, die Washington nach 1945 etabliert hat, sind die Anerkennung des Existenzrechts der anderen Staaten, der weitgehende Ausschluss von Gewalt als Instrument der Politik, die Achtung von Regeln und Beschlüssen, die unter Gleichberechtigten vereinbart wurden, die Lösung von Konflikten durch Kompromisse, dazu Selbstbestimmung, gemeinsame Institutionen, freier Handel. Der Clou: Die Amerikaner brauchten dafür keine Blut-und-Eisen-Politik. Vielmehr erwiesen sich diese Prinzipien in Kombination mit der amerikanischen Sicherheitsgarantie als so reizvoll, dass sich viele Länder ihnen freiwillig anschlossen.

Die Westeuropäer bildeten die Vorhut. Im asiatischen Raum traten alte Demokratien wie Australien und Neuseeland, aber auch neue wie Japan und später Südkorea, die Philippinen und Taiwan der Pax Americana bei. Zum ersten Mal in der Geschichte entstand ein „Empire by invitation", ein Imperium durch Einladung, wie es der norwegische Historiker Geir Lundestad 1986 formulierte. Das Ende des Kalten Krieges brachte der liberalen Ordnung den nächsten Schub. Auch die ehemaligen Satelliten Moskaus in Mittel- und Osteuropa und viele ehemalige sowjetische Republiken wollten ihr unbedingt angehören. Sie versprach ihnen Freiheit, Souveränität und Wohlstand und damit alles, was sie im Zwangssystem des Kremls nie hatten.

Das westliche Modell, internationale Politik zu organisieren, breitete sich bis in die Jahre nach der Jahrhundertwende stetig aus. Die Zahl der Demokratien wuchs, mehr und mehr Länder drängten in die NATO und die Europäische Union. Die Diktatur hatte vermeintlich ausgedient. Der Mix aus Macht und Moral, also die materielle Überlegenheit der Vereinigten Staaten plus die Kraft der liberalen Ideen, verurteilte jede offene Opposition gegen diese Ordnung zum Scheitern. Selbst revisionistische Staaten wie Russland und China waren in dieser Phase militärisch und ökonomisch zu schwach und hatten weltanschaulich zu wenig zu bieten, um den Westen direkt in die Schranken zu weisen.

Doch wirklich universell wurde diese Ordnung nie, obgleich selbst ihre Gegner mit den Prinzipien zu liebäugeln schienen. Die Globalisierung der Wirtschaft machte Peking und Moskau deutlich, dass der Weg zu Wohlstand und Stärke über Markt und internationalen Handel führte. Deshalb übernahmen sie aus dem westlichen Erfolgspaket allein jenen Part, der ihnen den machtpolitischen Wiederaufstieg ermöglichen sollte. Beide buhlten um Auslandsinvestitionen und Transfer von Wissen, beide strebten in die Welthandelsorganisation (WTO) – mit Erfolg. Innerhalb von zwanzig Jahren avancierte China zum größten Warenexporteur und Russland zu einem der wichtigsten Energielieferanten der Welt. Der Westen jubilierte. Es schien, als ob die beiden Staaten Teil der liberalen Ordnung würden. Fast alle westlichen Politiker, insbesondere deutsche, gaben sich dem Selbstbetrug hin, ökonomische Kooperation werde deren Regime demokratisieren.

Dabei wollten Moskau und Peking nichts weniger als das. Weder das staatskapitalistische China noch die russische Petrokleptokratie akzeptierten den normativen Kern der Marktwirtschaft: die Geschäftsbeziehungen freier Bürger und Unternehmer ohne politische Einflussnahme, dazu Vertragssicherheit und Chancengerechtigkeit. Moskau und Peking reduzierten den Markt auf seine Effizienz und unterwarfen die Ökonomie im Zweifel dem Primat der Politik. Wirtschaftlicher Erfolg diente der herrschenden Elite stets nur dazu, sich selbst zu bereichern, ihre Macht zu festigen und das Land für den unvermeidlichen Zusammenprall mit der liberalen Ordnung zu rüsten.

Denn dieses Modell bedroht durch seine schiere Existenz das Wesen des russischen wie des chinesischen Herrschaftssystems: die Diktatur nach innen wie die Dominanz nach außen. Tatsächlich sehen sich beide Regime schon lange in einem Abwehrkampf gegen die Ideen der liberalen Ordnung, nämlich dass Bürger unveräußerliche Rechte gegenüber dem Staat und alle Staaten souveräne Gleichheitsrechte untereinander besitzen. Die Vereinigten Staaten und ihre Verbündeten haben diese Prinzipien nach dem Kalten Krieg immer stärker in den Institutionen und der Praxis der internationalen Politik verankert – etwa in Form einer Schutzverantwortung der Vereinten Nationen für den Fall, dass ein Staat seine Bürger nicht vor schweren Menschenrechtsverstößen bewahrt.

2011 kam diese Verantwortung erstmals zur Geltung, als der UN-Sicherheitsrat während des Bürgerkriegs in Libyen den Schutz der Zivilbevölkerung anordnete. Für Moskau und Peking war diese Entwicklung gefährlich, streben doch beide danach, ethnische Gruppen in ihrem Herrschaftsgebiet kulturell oder gar physisch auszulöschen: Krimtataren und Ukrainer, Tibeter und Uiguren.

Bei allen Unterschieden zwischen dem russischen und dem chinesischen Regime ist nicht zu übersehen, dass beide die Diktatur international verankern, vermeintliche Ungerechtigkeiten der Geschichte revidieren und ihren „legitimen" Platz als globale Ordnungsmächte zurückerobern wollen. Beide fürchten nichts mehr als das Virus der Freiheit, und sie verabscheuen die Schranken, die ihnen die liberale Ordnung mit ihren Normen, Institutionen und Verträgen auferlegt. Es ist kein Zufall, dass sich die Propaganda Moskaus und Pekings tagtäglich an den USA abarbeitet. Sie sind der Anker des westlichen Systems. Gelänge es, Washington und die Europäer zu spalten, hätten Russland und China das wichtigste Etappenziel ihres Kampfes gegen die liberale Ordnung erreicht.

Für dieses Ziel arbeiten die beiden Länder seit Jahren immer intensiver zusammen. Ihre jeweilige Machtposition und ihre Zukunftsaussichten erzwingen allerdings unterschiedliche Strategien. Russland ist trotz des wirtschaftlichen Aufschwungs in den

2000er-Jahren dank steigender Öl- und Gaspreise ein kranker Staat. Seine Bevölkerung schrumpft seit 1991 kontinuierlich auf heute 145 Millionen, allein im Jahr 2021 überstieg die Sterbe- die Geburtenzahl um eine Million. Die Lebenserwartung russischer Männer lag 2020 bei 67,3 Jahren und damit auf Platz 129 von 193 Ländern – hinter Ruanda, Kambodscha und dem Irak. Von 2012 bis 2019 verließen zwei Millionen Hochqualifizierte das Land. Die Wirtschaft lebt von fossilen Energieträgern, bis auf Waffen verfügt das Land kaum über exportfähige Industrieprodukte. Der amerikanische Senator John McCain nannte es schon nach dessen erstem Überfall auf die Ukraine „eine von der Mafia betriebene Tankstelle, die sich als Staat tarnt". Selbst das Bruttoinlandsprodukt von Kanada, Australien oder des amerikanischen Bundesstaates Texas war 2020 größer als das Russlands.

Moskau kämpft also aus innerer Schwäche gegen die liberale Ordnung. Dazu kommt sein unattraktives Herrschaftsmodell. Russland ist eine faschistische, korrupte Diktatur, deren internationale Macht auf dem ererbten ständigen Sitz im UN-Sicherheitsrat, auf militärischem Drohpotential und politischer Ruchlosigkeit basiert. Der Kreml mag für bedrängte Tyrannen in Syrien und Belarus Partner der Wahl sein. Um freilich eine internationale Ordnung nach seinen Wünschen zu gestalten, fehlt ihm die Fähigkeit, Gefolgschaft zu mobilisieren und öffentliche Güter wie ein gemeinsames Verteidigungs- oder Freihandelssystem bereitzustellen.

Die von Russland gegründeten internationalen Institutionen, die Eurasische Wirtschaftsunion (EAWU) und die Organisation des Vertrags über kollektive Sicherheit (OVKS), haben nur eine Handvoll Mitglieder und keinerlei Strahlkraft. Letztlich dienen sie Moskau als Instrumente, um in Kasachstan, Belarus, Armenien, Kirgisistan und Tadschikistan die Zügel zu führen. Im Januar 2022 entsandte Russland im Rahmen der OVKS Truppen nach Kasachstan, um Proteste gegen den dortigen Machthaber niederzuschlagen.

Die ökonomische und ideelle Schwäche übt einen doppelten Druck auf Russlands Strategie aus, die liberale Ordnung zu zerstören. Erstens ist Eile geboten, weil die eigene Machtposition erodiert. Und da Moskau kaum über politische und kulturelle Ausstrahlung verfügt, muss es sich, zweitens, auf indirekte und direkte Gewalt stützen. Es setzt daher auf Diffamierung, Desinformation, Drohung, Bruch von Normen und verschleierte Operationen bis hin zur militärischen Aggression. Wie die Mittel, so ist auch die Vision für die vom Kreml angestrebte internationale Ordnung rückwärts auf Ideen des 19. Jahrhunderts gerichtet. Im selbsterklärten nahen Ausland des ex-sowjetischen Raums soll gemäß dem imperialen Selbstbild nur eine Regel gelten: Unterwerfung wie im Zarenreich und in der UdSSR. Außerhalb seiner Einflusszone will Russland als starke und unabhängige Großmacht über die Weltpolitik mitbestimmen.

In China liegen die Dinge anders. Auch die Volksrepublik fühlt sich durch die liberale Ordnung bedroht. Auch die Volksrepublik arbeitet systematisch daran, dieses Modell zu zerstören. Aber China hat die Chancen der Globalisierung genutzt, um binnen weniger Jahrzehnte zu einem Industriegiganten zu werden. Dabei flirteten die Kommunisten in Peking nicht einmal mit westlichen Werten, wie es Russland unter Boris Jelzin in den frühen 1990er-Jahren getan hatte. Stattdessen erstickte Peking freiheitliche Ideen im Keim und schreckte sogar vor Massenmord wie beim Tiananmen-Massaker 1989 nicht zurück. Bis heute versteht es die KP, ihr Machtmonopol zu verteidigen. Dabei nutzt sie alle neuen Technologien von Gesichtserkennung bis Internetzensur, um die totale Überwachung und Kontrolle umzusetzen.

Noch nie in der Geschichte ist ein Staat so schnell so reich geworden wie China. Heute ist es nach Kaufkraftparität die größte Volkswirtschaft und die stärkste Exportnation der Erde. Außerdem hält es die höchsten Währungsreserven. Das Land ist für 130 Staaten der wichtigste Handelspartner, darunter fast aller Staaten Asiens, Afrikas und Lateinamerikas. Chinas Wachstumsprognosen übertreffen die der westlichen Staaten. Obwohl das Land den Amerikanern militärisch nach wie vor unterlegen ist, rüstet Peking vor allem bei Raketen und Nuklearsprengköpfen massiv auf. Seine Marine verfügt mittlerweile über mehr Schiffe als die amerikanische.

Chinas breites Arsenal an machtpolitischen Instrumenten ermöglicht es ihm, andere Strategien als Russland zu verfolgen, um die liberale Ordnung zu unterminieren. Das Land muss nicht primär auf Gewalt setzen, sondern kann auf politische und wirtschaftliche

Mittel zurückgreifen. Dabei ist China überzeugt, dass die Zeit sein Verbündeter ist.

Bis zum hundertsten Geburtstag der Volksrepublik 2049 will die KP den „chinesischen Traum", nämlich eine „nationale Wiedergeburt" als Weltmacht, realisieren. In einer von den USA dominierten, von liberalen Prinzipien durchzogenen internationalen Ordnung lässt sich dieses Ziel nicht erreichen – schließlich erfordert die Wiedergeburt die Annexion Taiwans und die territoriale Expansion im Südchinesischen Meer sowie die Hegemonie in Ostasien und darüber hinaus.

China arbeitet deshalb daran, die liberale Ordnung von innen auszuhöhlen und durch ein eigenes Modell zu ersetzen, das viel ehrgeiziger angelegt ist als das Moskaus. Es geht Peking nicht allein um regionale Dominanz und Multipolarität, sondern um eine sinozentrische Welt. Andere Länder sind Objekte dieser Ordnung – als Rohstofflieferanten und Absatzmärkte, als Stimmvieh in den Vereinten Nationen und als Staffage bei Audienzen in Peking, die als Gipfelbegegnungen getarnt sind. In dieser Welt ordnen sich alle Staaten den Vorgaben der chinesischen KP unter, werden für Wohlverhalten belohnt und für Unbotmäßigkeit bestraft.

Das wichtigste Instrument zur Schaffung einer Pax Sinica ist die Wirtschaft. Mit seiner Belt-and-Road-Initiative kurbelt China seit 2013 Investitionen in Straßen, Schienen, Häfen, Kraftwerke, 5-G-Netze und Glasfaserkabel von mittlerweile 140 Partnern an. Dabei verspricht Peking, anders als der Westen mit seinen Sozial- und Umweltauflagen, sich nicht in die inneren Angelegenheiten der Empfängerländer einzumischen. In der Realität geschieht das Gegenteil: Wer das Unterdrücken der Uiguren oder das Zerschlagen der Demokratie in Hongkong kritisiert, wer den Dalai Lama empfängt oder Beziehungen zu Taiwan ausbaut, den trifft der Bannstrahl der KP. Zudem erfolgen Kredit- und Auftragsvergabe intransparent und ohne Rücksicht auf internationale Standards. Davon profitieren korrupte Eliten, und wenn das Geld für oft fehlgeplante und überteuerte Projekte nicht fristgerecht zurückgezahlt wird, fallen die Einrichtungen mitunter an chinesische Firmen und Banken. Investitionen in Schlüsselindustrien der Zielländer schaffen ökonomische Abhängigkeiten und eröffnen Möglichkeiten, Kontrolle über sicherheitssensible Bereiche zu gewinnen.

Parallel unterminiert Peking die liberale internationale Ordnung, indem es neue Institutionen schafft und bestehende umzupolen versucht. So rief China 2015 die Asiatische Infrastruktur- und Investitionsbank (AIIB) mit Sitz in Peking ins Leben. Mit ihren inzwischen 89 Mitgliedern stellt sie eine direkte Konkurrenz zur westlich dominierten Weltbank dar. Die Shanghaier Organisation für Zusammenarbeit (SOZ), gegründet 2002 und mit ihrem Sekretariat ebenfalls in Peking angesiedelt, bildet ein Gegengewicht zum Netz amerikanischer Militärbasen in Asien und ein Bündnis autoritärer Staaten gegen Farbrevolutionen. Zugleich baut China seine Macht in den Vereinten Nationen systematisch aus. Es stellt heute in vier der 15 wichtigsten UN-Organisationen den Vorsitzenden und in weiteren neun den Stellvertreter.

Peking arbeitet ebenfalls systematisch daran, internationale Kritik an seinen Menschenrechtsverstößen zu blockieren. Ein Beispiel: Im Juli 2019 forderten 24 Länder in einem Brief an den Präsidenten des UN-Menschenrechtsrats, die Unterdrückung der Uiguren in Xinjiang zu untersuchen. China antwortete mit einem ablehnenden Schreiben – unterzeichnet von 37 Staaten. Und es definiert Menschenrechte einfach um. Anstatt von Individualrechten, wie in der Allgemeinen Erklärung der Menschenrechte von 1948 festgelegt, sollen künftig Kollektivrechte wie wirtschaftliche Entwicklung gelten. Auch ignoriert Peking Entscheide internationaler Gerichte. Alles das unterstreicht: China will globaler Regelsetzer und nicht Regelnehmer sein.

Ist die liberale Ordnung also am Ende, wie Peking und Moskau verkünden? Tatsächlich haben sie ihre tragenden Nationen in den vergangenen zwei Jahrzehnten selbst beschädigt: durch Hybris, Selbstbezogenheit, wirtschaftliche Gier und Appeasement von Diktaturen. Aber es steckt Leben in der liberalen Ordnung. Das liegt zunächst an ihrer materiellen Stärke. Sie wird getragen von vier Dutzend Staaten mit einem Anteil von 60 Prozent an der Weltwirtschaft wie an den globalen Verteidigungsausgaben. Es liegt jedoch insbesondere an der Attraktivität ihrer Ideen, wie Ukrainer und Balten, Taiwaner und Moldauer den alten und oft verzagten Demokratien zu deren Schande demonstrieren. Weltweit streben Migranten in die USA, nach Großbritannien, Deutschland und Australien, kaum einer geht freiwillig nach Russland oder China.

Moskaus Angriff auf die Ukraine zeigt, wie eine russische internationale Ordnung aussehen würde. Das findet kaum ein Land auf der Welt attraktiv. In der UN-Generalversammlung unterstützten den Krieg gerade einmal vier Staaten: Belarus, Syrien, Eritrea und Nordkorea. Von der Zahl wie von der Bedeutung her lässt sich mit ihnen kein eigenes Ordnungsmodell begründen. Selbst wenn Putin in der Ukraine militärisch siegen sollte, ist der Preis der Aggression enorm: die Wirtschaft des Landes ist zerrüttet, sein Ansehen ruiniert. Außerdem hat Russland mit seiner Invasion den Westen stärker zusammengeschweißt, als es tausend Gipfelerklärungen hätten tun können. Und Geschlossenheit von Partnern ist eine mächtige Waffe.

Letzteres wird auch China zu denken geben. Nur auf den ersten Blick profitiert das Regime davon, dass sich Russland noch stärker in seine Abhängigkeit begibt und sich der Westen auf Osteuropa statt auf Ostasien konzentriert. Seit Jahren ist es Pekings Ziel, die EU auf seine Seite zu ziehen. Nicht ganz erfolglos: Ende 2020 verabschiedete der Europäische Rat unter Druck Berlins gegen den ausdrücklichen Wunsch der neu gewählten Biden-Regierung ein Investitionsschutzabkommen mit China. Doch selbst den strategisch unbedarften Deutschen wird mit dem Überfall auf die Ukraine langsam klar, wie fatal Abhängigkeit von Despotien sein kann – sei es von russischen Energielieferungen, sei es vom chinesischen Markt. Xis Unterstützung für Putins Vernichtungskrieg dürfte die Skepsis gegenüber China verstärken.

Der Westen sollte indes nicht allein auf die Selbstbehauptungskraft der liberalen Ordnung und auf die Fehler ihrer Feinde vertrauen. Vielmehr muss er sein Modell entschlossen verteidigen. Dazu sollte er alles tun, um der ukrainischen Armee zu einem Sieg über die russischen Invasoren zu verhelfen. Eine militärische Niederlage Moskaus wäre das Ende von Putins Herrschaft und seiner imperialen Fantasien. Als Nächstes bedarf es der Wiedereinführung des Koordinationsausschusses für multilaterale Ausfuhrkontrollen (Cocom), der im Kalten Krieg alle westlichen Technologieexporte in den Ostblock genehmigte. Ziel wäre diesmal neben Russland vor allem China, dem der Zugang zu strategischen Gütern und Dienstleistungen verwehrt werden muss.

Schließlich sollte der Westen versuchen, über die EU und die NATO hinaus ein globales politisches Gremium zu etablieren. In ihm könnten die großen Demokratien Nordamerikas, Europas und Asiens die liberale Ordnung revitalisieren. Zu den bisherigen G-7-Mitgliedern USA, Japan, Deutschland, Frankreich, Großbritannien, Italien und Kanada sollten Südkorea, Australien, Polen, Spanien und die Skandinavier mit einem Sitz stoßen. Eine solche Gruppe der 12 würde die Vereinigten Staaten entlasten und die Bürde der Führung verteilen. Gelänge all dies, könnte es lange dauern, bevor Hemingways Bankrott-Diktum auf die liberale Ordnung zutrifft.

***

Stephan Bierling und **Gerlinde Groitl** lehren Internationale Politik an der Universität Regensburg.

Erschienen in der F.A.Z. vom 25.04.2022, Seite 6

Grenzen des Wachstums

Im März 1972 erschien „The Limits to Growth", wenige Wochen später empfing Bundespräsident Gustav Heinemann die Gründer des Club of Rome, der diese Studie in Auftrag gegeben hatte. Die wissenschaftliche und politische Debatte über die Zukunft der Menschheit bestimmt sie bis heute

Professor Dr. Elke Seefried

Am 3. Mai 1972 – vor 50 Jahren – empfing Bundespräsident Gustav Heinemann ungewöhnliche Gäste: Die Gründer des Club of Rome waren nach Bonn geladen. Anlass war das Erscheinen einer deutschen Übersetzung der Studie „The Limits to Growth", die erst wenige Wochen zuvor veröffentlicht worden war. „Die Grenzen des Wachstums", wie das Buch auf Deutsch hieß, sollte die Umweltbewegung und Umweltpolitik – auch und gerade in der Bundesrepublik – in elementarer Weise befördern und der Kritik am Leitbild des Wirtschaftswachstums einen starken Schub verleihen. Was machte die Wirkkraft dieses Buches aus und welche Bedeutung hat es für unsere Gegenwart?

Die Geschichte des Club of Rome ist eng verbunden mit der Faszination, die in den 1960er-Jahren von der Erforschung des Zukünftigen ausging. Damit verbunden waren weitreichende Überlegungen, ob und wie die Entwicklung der Menschheit geplant werden könnte und müsste. Der führende Kopf des Clubs war Aurelio Peccei, ein italienischer Ökonom und Manager, der für den Automobilhersteller Fiat in Südamerika gearbeitet und sich in internationalen Entwicklungsprojekten engagiert hatte. Er stand in regem Austausch mit einflussreichen Demokraten in den Vereinigten Staaten und war eng vernetzt in die Organisation für wirtschaftliche Zusammenarbeit und Entwicklung (OECD) sowie einflussreiche Stiftungen wie die Ford Foundation.

Peccei trieb die Frage um, wie die „zweite industrielle Revolution" die Welt verändern würde. Der technische Fortschritt, so Peccei

1965, werde sich immer weiter beschleunigen, von der Entwicklung der Dampfmaschine über die Atomkraft bis zur Computerisierung. Peccei war fasziniert von den Verheißungen des technischen Fortschritts und den neuen wissenschaftsgestützten Möglichkeiten, Prognosen zu erstellen und Planungen zu entwerfen. In den 1960er-Jahren besuchte er die Rand Corporation, ein großes, politisch alimentiertes amerikanisches Forschungsinstitut, in dem neue Methoden der Zukunftsforschung erdacht wurden.

Freilich betrachtete Peccei den technischen Fortschritt als eine ambivalente Erscheinung, weshalb man vorausplanen müsse. Ihn beunruhigte die viel beschworene „technologische Lücke" Westeuropas im Vergleich mit den USA. Zudem sah er den Westen in einem Systemwettbewerb mit dem Osten. Als Entwicklungsexperte diagnostizierte Peccei zudem eine Lücke zwischen der Ersten und der sogenannten Dritten Welt, den im Zuge der Dekolonisation seit 1945 unabhängig gewordenen Ländern des globalen Südens. Als Entwicklungshindernis galt ihm dort das massive Wachstum der Bevölkerung.

In der Tat hatte die UN-Bevölkerungskonferenz 1965 eindringlich auf die großen demographischen Dynamiken in den Ländern des Südens verwiesen. Im Dienst einer humanen Weltgesellschaft forderte Peccei eine rationale, langfristige Weltplanung (world planning). Dabei machte er offenkundig Anleihen bei der Vorstellung eines „evolutionären Humanismus", die der britische Biologe Julian Huxley entwickelt hatte und sich strikt am Leitbild wissenschaftlicher Rationalität ausrichtete. Zum Ziel Pecceis wurde so eine im hohen Maße technokratische Planung auf globaler Ebene, die eine Kontrolle der Zukunft ermöglichen sollte. Die Führung sollte dabei dem Westen obliegen.

Peccei fand Mitstreiter bei der OECD, welche ihrerseits auch die Aufgabe hatte, westliche Planungsexpertise bereitzustellen. Sein wichtigster Partner wurde der Chemiker Alexander King. Gemeinsam begründeten Peccei und der aus Schottland stammende Direktor der Wissenschaftsabteilung der OECD in Rom mit einem Kreis von westeuropäischen, dann auch amerikanischen und japanischen Wissenschaftlern, Wissenschaftspolitikern und Managern den Club of Rome. Dessen Ziel war es, wissenschaftliche Studien zu „Problemen der modernen Gesellschaft" in Auftrag zu geben und die Ergebnisse zu verbreiten, um so die Zukunft der Welt zu sichern.

Warum erhoben die Mitglieder dieses Clubs den Anspruch, die Zukunft der Menschheit erforschen zu lassen und globale Planungen anzustoßen? Die Antwort liegt zum einen in dessen Selbstverständnis. Er verstand sich als informeller Kreis und formierte sich 1970 als eine gemeinnützige Gesellschaft. Neue Mitglieder wurden auf Vorschlag anderer kooptiert, insgesamt sollte ihre Zahl die Hundertermarke nicht übersteigen. Die Unabhängigkeit sollte die Bestimmung sicherstellen, dass die Mitgliedschaft in dem Club mit einem politischen Amt unvereinbar sei. Dessen ungeachtet verfügte der Club über ausgezeichnete politische und ökonomische Beziehungen. So hatte Peccei neben den amerikanischen Kontakten sehr gute Verbindungen zur italienischen Agnelli-Stiftung. Die Legitimität des eigenen Wirkens speiste sich damit in hohem Maß aus einem elitären Selbstverständnis.

Zum anderen erschien für den Club of Rome – wie auch für andere Protagonisten der Zukunftsforschung in den 1960er-Jahren – der Gang der Weltgeschichte erforschbar und planbar wie nie zuvor, wenn neues Wissen genutzt werde. Zur neuen Leitwissenschaft avancierte die Kybernetik, die sich der computerunterstützten Systemanalyse bediente. Entwickelt im Kontext der Rand Corporation und der frühen Informations- und Computertechnik, analysierte die Kybernetik die Nachrichtenübermittlung, die Kontrolle und die Steuerung in Systemen. Entschlüssele man die Prozesse der Regelung und Übertragung von Nachrichten in Mensch und Maschine, werde eine „Steuerung" von Systemen ermöglicht (Kybernetes war ja eigentlich der Begriff für den Steuermann eines Schiffes). Zum methodischen Schlüssel wurde vor allem die computerunterstützte Modellsimulation. Sie versprach, große Datenmengen sammeln und in Modellen aggregieren zu können. Aus diesen wiederum gingen Szenarien hervor, wie sich die Welt in Zukunft entwickeln könnte. Gerade der Computer schien geeignet, die Entwicklung der Welt auf ganz neue Weise zu verstehen und im Sinne des Club of Rome einer rationalen und wissenschaftsbasierten Planung zu unterwerfen.

Indes muteten die ersten Texte des Club of Rome – wie auch seine erste Studie „Die Grenzen des Wachstums" – nicht zukunftsoptimistisch, sondern eher krisengeschwängert an. Die Rede war von der „Menschheit im Dilemma", die sich weltweit Problemen ausgesetzt sehe. Genannt wurden nicht nur technologische Beschleunigung und Bevölkerungswachstum, sondern auch Umweltverschmutzung. In der Tat keimte um 1970 in den westlichen Industriegesellschaften eine ökologische Revolution (J. Radkau). Abseits des traditionellen Naturschutzes, der sich auf die gegebene Natur und die Tiere richtete, entstanden zunächst in den USA, dann auch in Westeuropa die Umweltbewegung und erste Umweltschutzgesetze.

Der „1970er Diagnose" (P. Kupper) zugrunde lag nicht nur eine erkennbar wachsende Belastung von Luft und Wasser. Auch die Wahrnehmung der Umwelt und ihrer Gefährdung durch den Menschen als solche veränderten sich. In der Tat wurde die Erde damals neu visualisiert: Mit den „Apollo"-Missionen der amerikanischen Raumfahrtbehörde NASA ins Weltall verbreiteten sich jene Bilder vom verletzlichen blauen Planeten Erde, die auch der Club in seinen ersten Publikationen öffentlichkeitswirksam übernahm.

Zu der Diagnose von der Menschheit im „Dilemma" gelangte der Club, weil er die globalen Probleme als wechselseitig abhängig – als interdependent – betrachtete. Hier leitete ihn die Fixierung auf Kybernetik und Systemanalyse, die Peccei und King interessierte und die der amerikanische Systemingenieur Jay Forrester umsetzte. Das Club-Mitglied galt als Experte für computerunterstützte Modelle. Die Überlegung, dass die weltweiten Entwicklungen systemisch verknüpft und damit auch komplex zu ergründen seien, trug zur Krisenwahrnehmung des Clubs bei. Zugleich allerdings war es auch eine Kommunikationsstrategie, eine drohende Krise zu beschwören, um die Aufmerksamkeit von Politikern und Wissenschaftlern zu finden.

Die Studie „The Limits to Growth" ging aus dem ersten Projekt des Club of Rome hervor. Finanziert wurde sie von der Stiftung Volkswagenwerk, zu der das Club-Mitglied Eduard Pestel, Professor an der Technischen Hochschule Hannover, Spezialist für Systemforschung und Vizepräsident der Deutschen Forschungsgemeinschaft (DFG), den Kontakt hergestellt hatte. Jay Forrester lieferte die Grundlagen für das erste „Weltmodell" und übergab das Projekt dann einem interdisziplinären Team jüngerer Mitarbeiter an dem Massachusetts Institute of Technology (MIT) um den Ökonomen Dennis Meadows. In Abstimmung mit dem Exekutivkomitee des Clubs erarbeitete diese Gruppe ein verfeinertes Weltmodell, das zur Grundlage der Studie wurde.

Die Gruppe um Meadows erstellte ein Weltmodell mit fünf Grundgrößen, nämlich Bevölkerungszahl, industrielle Produktion, Nahrungsmittel, Rohstoffe und Umweltverschmutzung. Zudem entwarf die Gruppe eine Struktur von Regelkreisen, die etwa vorgaben, dass bei steigender Bevölkerungszahl Nahrungsmittelvorräte sinken. Die Auswirkungen verschiedener Datensätze auf die Wechselbeziehungen der Grundgrößen zu berechnen war Aufgabe des Computers. Das Grundszenario, das von konstanten physikalischen und politischen Strukturen ausging, kam zum Ergebnis, dass die Wachstumsgrenzen der Erde bis zum Jahr 2100 erreicht seien. Als größtes Problem identifizierte die Gruppe das Wachstum der Bevölkerung und der industriellen Produktion in einer begrenzten Welt. Das schnell wachsende industrielle Kapital benötige immer mehr Ressourcen und verschmutze die Umwelt; die Preise für Rohstoffe würden mit dem wachsenden Verbrauch stark steigen, sodass immer mehr Investitionen getätigt werden müssten, ehe das industrielle Wachstum kollabiere und damit auch die Bevölkerungszahl einbreche.

Einen Ausweg sah die Autorengruppe in einem demographischen und wirtschaftlichen Gleichgewichtszustand. Dieser erzwang scharfe Bevölkerungskontrollen und den Verzicht auf wirtschaftliches Wachstum, sodass das Investitionskapital und die industrielle Produktion konstant blieben. Hier berief man sich auf Überlegungen von John Stuart Mill aus dem 19. Jahrhundert. Vor allem war die Wachstumskritik ökologisch hergeleitet: Das Team um Dennis Meadows und seine Frau Donella, eine Biophysikerin, die den größeren Teil des Textes verfasst hatte, forderte, das ökologische Prinzip des Gleichgewichts zum politischen Prinzip zu erklären. Dafür sollte das im Zeichen des Booms dominante Leitbild ökonomischen Wachstums – quantifiziert im Bruttosozialprodukt – hintangestellt werden: Grenzen und Beschränkung sollten als Leitbild den immerwährenden Fortschritt ablösen.

„The Limits to Growth" erschien im März 1972 im amerikanischen Verlag Potomac Associates/Universe Books als Bericht an den Club of Rome. Ergänzt wurde die Studie durch ein Nachwort des Exekutivkomitees. Der schmale Band – er umfasste nur gut 200 Seiten – wurde sofort in mehr als dreißig Sprachen übersetzt und rasch zum Bestseller. Bis heute hat er sich bis 30 Millionen Mal verkauft. In Zeitungen und wissenschaftlichen Symposien wurden die Ergebnisse umgehend aufgegriffen.

Die immense Aufmerksamkeit, welche der Band weit über wissenschaftliche Fachkreise hinaus erzielte, hatte insgesamt vier Gründe. Erstens nutzte der Club of Rome geschickt sein Netzwerk, um die Studie in die politische und massenmediale Öffentlichkeit zu bringen. So erhielten mehrere Hundert wichtige Personen in den USA, dazu Regierungschefs, Außenminister und Botschafter in Washington, seitens des Verlages ein Exemplar auf dem Postweg – unverlangt. Der Club wiederum organisierte mit dem „Woodrow Wilson International Center for Scholars" eine Pressekonferenz in Washington. Hinzu kam zweitens, dass das Erscheinen des Buchs fast mit der ersten Umweltkonferenz der Vereinten Nationen zusammenfiel, die für den Sommer 1972 in Stockholm geplant war. Ein Jahr später schien die erste Ölkrise die These von den endlichen Ressourcen zu bestätigen.

Drittens vermittelte das mit den herabschwingenden Kurven doch recht einfach visualisierte Computermodell eine hohe Plausibilität. Das Buch stand eben ganz im Bann des Planungs- und Systemdenkens, das Politik und Wissenschaft in den 1960er-Jahren so stark beherrscht hatte. Ja, mit dem Computer schien eine fast objektive Berechnung der Zukunft möglich. Die Autoren der Studie hatten zwar eingangs eingestanden, dass es sich bei ihren Modellen nicht um exakte Voraussagen handele, doch betonten sie an anderer Stelle, dass der Computer „ohne Fehler" arbeite.

Viertens arbeitete die Studie – wie der Club of Rome – mit einer Zuspitzung des Krisenszenarios: Um den „Untergang" zu verhindern, sei sofortiges Handeln notwendig. Die Erdkugel auf dem Titel und zahlreiche Grafiken visualisierten die Thesen einprägsam:

Die steil nach unten verlaufenden Kurven vermittelten eine klare Botschaft. Ebenso galt dies für Erzählungen wie jene vom Seerosenteich, eines Kinderreims, der die Dynamik exponentiellen Wachstums unterstreichen sollte: Das Zuwachsen des Sees werde nicht ernst genommen, solange noch mehr als die Hälfte des Sees frei sei; dann aber werde von einem auf den anderen Tag der Teich ganz bedeckt, und es sei zu spät. Diese Kommunikation der Gefahren exponentiellen Wachstums lehnte sich an andere Untergangsszenarien an, die um 1970 mediale Aufmerksamkeit fanden. Dazu gehörte etwa die „Bevölkerungsbombe", die der Biologe Paul Ehrlich 1968 beschrieben hatte. Die amerikanischen und westeuropäischen Medien griffen die Thesen von den Wachstumsgrenzen begierig auf und spitzten sie – so der „Spiegel" 1972 – auf die „Weltuntergangs-Vision aus dem Computer" zu.

Der Bekanntheit der Studie kam es entgegen, dass sie auch hart attackiert wurde: Zum einen kritisierten Ökonomen, dass die Datenbasis viel zu gering sei und die Studie jenen technischen Fortschritt berücksichtige, der die Probleme der Umweltverschmutzung und Ressourcensicherung lösen könne. Zum anderen sichere Wirtschaftswachstum Wohlstand und Arbeitsplätze.

Linksintellektuelle wie der Friedensforscher Johan Galtung und Wissenschaftler aus den sozialistischen Staaten bemängelten, dass es sich beim Club of Rome um „Vertreter des Monopolkapitals" handele, die mit der Forderung nach Nullwachstum eigene Pfründe sichern wollten. Ungeachtet der Kritik waren sowjetische und ostdeutsche Wissenschaftler an dem Modell und den verwendeten Methoden sehr interessiert. Aus den Ländern des globalen Südens wiederum kam der Einwand, man benötige erst einmal wirtschaftliches Wachstum, um zu den Industrieländern aufschließen zu können: Man lasse sich die eigene Zukunft nicht kolonisieren.

Im Hintergrund dieser Polarisierung stand der Nord-Süd-Konflikt: In der Phase der Entspannung im Kalten Krieg suchten die Südländer eigene wirtschaftliche Interessen zu platzieren und forderten eine neue, gerechtere Weltwirtschaftsordnung mit besseren Handelsbedingungen, etwa für den Export der eigenen Rohstoffe.

Der Club of Rome reagierte: Eduard Pestel erstellte mit einem amerikanischen Kollegen ein zweites, verbessertes Weltmodell. Die

Studie „Menschheit am Wendepunkt" (1974) forderte nicht mehr Wachstumsverzicht, sondern ein kontrolliertes Wachstum, das nur langsam abflachen müsse. Außerdem wurde die Welt in Regionen aufgeteilt, um der Kritik aus dem Süden entgegenzukommen. Damit setzte sie den Ton für die Diskussion von „Weltmodellen", die in den 1970er-Jahren die Wissenschaft durchzogen. Rückblickend verdeutlichen sie, wie sehr die „Grenzen des Wachstums" die Umwelt- und Entwicklungsdebatten jener Zeit prägten. Diese wirkten insofern auf den Club of Rome zurück, als er Protagonisten aus dem globalen Süden aufnahm und sich der Idee eines Ausgleichs zwischen nördlichen Umweltinteressen und südlichen Entwicklungsinteressen öffnete. Die These einer Interdependenz von Umwelt- und Entwicklungszielen auf globaler Ebene bildete in der Folge den Nukleus der heute allgegenwärtigen „nachhaltigen" Entwicklung.

Die Studie entfaltete nachhaltige Wirkungen auf die bundesdeutsche Politik und Gesellschaft. FDP-Innenminister Hans-Dietrich Genscher, für Umwelt zuständig, verwies 1972 recht unvermittelt auf eine Spannung zwischen Wirtschaftswachstum und Lebensqualität. Genscher war es auch, der im Oktober 1972 mit Verweis auf die Diskussion über die Studie darauf drang, dass die EG ein geplantes Umwelt-Aktionsprogramm auch verwirklichen müsse.

Mehr noch wirkten die Debatten auf Teile der regierenden SPD, deren Reformbegeisterung 1972 zugunsten neuer Leitbilder zu verblassen begann. Vor allem Entwicklungshilfeminister Erhard Eppler verlangte, den Wachstumsbegriff infrage zu stellen und das „ökologische Gleichgewicht" zwischen dem globalen Norden und Süden zu wahren. Die SPD konnte auf diesem Weg auch an eigene Ziele wie Frieden, Solidarität und Sicherheit anknüpfen. Sie wurden nun auf die globale Ebene gehoben. Eppler und andere übernahmen insofern nicht die These vom Wachstumsverzicht, sondern von einem anderen, qualitativen Wachstum, das nicht nur ökonomische, sondern auch ökologische und soziale Kriterien berücksichtigen müsse.

Die Regierung Schmidt drängte allerdings unter dem Eindruck des Anstiegs der Arbeitslosigkeit 1974/75 die Umweltpolitik zurück – auch mit dem Argument der Studie, Umweltschutz gehe auf Kosten des Wirtschaftswachstums. In der Folge bildete Eppler den Kern eines ökosozialen Flügels der SPD, der das aus der industriellen

Moderne des 19. Jahrhunderts überlieferte Fortschrittsverständnis der Partei infrage stellte und sich gegen die zivile Nutzung der Atomkraft wandte. Diese Großtechnologie, so das Argument, sei nicht beherrschbar. Dieser Flügel rivalisierte mit anderen Positionen – etwa der Gewerkschaften –, die am Ideal der Industriegesellschaft festhielten.

Zudem sickerten die Thesen der Studie über linke Zukunftsforscher wie Robert Jungk – die im internationalen Vergleich in der Bundesrepublik öffentlich besonders präsent waren – in das alternative Milieu. In Umweltbewegung und Verbänden wie dem „Bund Umwelt und Naturschutz" amalgamierte sich die Infragestellung des Leitbilds Wirtschaftswachstum mit einer Kritik an den Werten und Lebensweisen der industriellen und kapitalistischen Moderne sowie einer Orientierung an einem anderen, qualitativen Wachstum. Weil umgekehrt einzelne Konservative wie der CDU-Abgeordnete Herbert Gruhl die Thesen über eine notwendige Beschränkung aufgriffen, überschritt die Wachstumskritik bald die klassische Rechts-Links-Einordnung. Gerade aus dieser Verbindung ging Ende der 1970er-Jahre die neue Partei Die Grünen hervor. Heute speisen sich die vieldeutige Postwachstumsbewegung, die von Attac bis zu Advokaten der Gemeinwohl-Ökonomie reicht, und auch das Konzept der Grenzen des Planeten aus der Debatte über die Grenzen des Wachstums.

Es wäre insofern zu einfach, in den „Grenzen des Wachstums" einen Ökoirrtum zu sehen, weil die Studie sich nicht bewahrheitet habe. Zwar sind Rohöl und andere wichtige Rohstoffe wie Gold und Silber eben nicht bis zur Jahrtausendwende zur Neige gegangen, etwa dank neuer Fördermethoden. Auch die stetige Zunahme der Luft- und Wasserverschmutzung hat sich als nicht zutreffendes Krisenszenario entpuppt. Eine technokratische und im Kern autoritative Welt-Planung, wie sie Aurelio Peccei vorschwebte, hätte demokratische Grundsätze ausgehebelt und ist zum Glück nie verwirklicht worden, wenngleich sie heute in Plänen radikaler Klimaschützer und Teilen der Fridays-for-Future-Bewegung wiederauflebt.

Dennoch lag der Bericht nicht falsch. Vergangene Szenarien sind immer im historischen Kontext und damit im damaligen

Prognosehorizont zu lesen. In der Tat entsprach etwa die Prognose zu den weltweiten Ölreserven den damals zirkulierenden Zahlen.

Exaktes Wissen über die Zukunft lässt sich nicht generieren, darüber ist sich die Zukunftsforschung heute im Klaren. Entscheidend erscheint, dass es sich bei „Die Grenzen des Wachstums" um eine Warnungsprognose handelte, deren Ansinnen es war, als zugespitztes Krisenszenario den drohenden Untergang zu skizzieren, um entsprechende gesellschaftliche und politische Reaktionen auszulösen.

Jede Prognose verändert die Zukunft, weil sie bestimmte Änderungen im Denken und Handeln auslöst. Damit lässt sich eine historische Prognose nie dahingehend befragen, ob sie auch eingetroffen ist. Die Studie hatte erkennbare Wirkungen, weil sie Umweltbewegung und -politik in elementarer Weise prägte. Insofern ist das Kalkül der Autoren und des Club of Rome aufgegangen.

***

Elke Seefried lehrt Geschichte der Neuzeit (19.–21. Jahrhundert) mit ihren Wissens- und Technikkulturen an der RWTH Aachen.

Erschienen in der F.A.Z. vom 02.05.2022, Seite 6

Die Verteidigung im Westen stärken

Imperium, Helden und Siege – über die geistige Aufrüstung durch eine manipulative Geschichtspolitik von Staat und Kirche in Putins Russland

Professor Dr. Dietmar Neutatz

Wer in den vergangenen zehn Jahren Russland besucht hat, konnte gewisse Veränderungen feststellen, die vor dem Hintergrund des Krieges gegen die Ukraine rückblickend eine neue Betrachtung verdienen. Der öffentliche Raum und der Umgang mit der eigenen Vergangenheit wurden in auffallender Weise patriotisch-kriegerisch aufgeladen. Russland hat geistig aufgerüstet.

Sicherlich – die Erinnerung an die Zeit des „Großen Vaterländischen Kriegs" von 1941 bis 1945 war schon in der Ära von Staats- und Parteichef Leonid Breschnew (1964–1982) eine feste Größe im Jahresablauf und im öffentlichen Raum, und sie hatte auch in den 1990er-Jahren durchgehend eine hohe Bedeutung. Immerhin wurde 1995 der Siegespark in Moskau eröffnet, und im selben Jahr wurde anlässlich der Feiern zum 50. Jahrestag des Sieges über Deutschland auch das Reiterdenkmal für Marschall Schukow auf dem Manegeplatz enthüllt.

Dennoch war im neuen Jahrtausend nach dem Amtsantritt von Wladimir Putin und vor allem seit 2012 eine deutliche Intensivierung des Erinnerns an Siege, Heldentaten und die vergangene Größe Russlands zu beobachten. Als Akteure dieses Wandels traten neben dem Staat vor allem die russisch-orthodoxe Kirche und die Russische Militärhistorische Gesellschaft hervor.

Insbesondere die Russische Militärhistorische Gesellschaft, gegründet im Dezember 2012 per Präsidialerlass Putins, entfaltete eine bemerkenswerte Tätigkeit. Zu ihrem Vorsitzenden wurde der damalige Kulturminister Wladimir Medinski gewählt. Die Gesellschaft sieht sich in der Tradition der von 1907 bis 1914 bestehenden Kaiserlichen Russischen Militärhistorischen Gesellschaft. Ziel der Gesellschaft ist laut ihrem Statut „die Konsolidierung der Kräfte des

Staates und der Gesellschaft beim Studium der militärhistorischen Vergangenheit Russlands, die Mitwirkung beim Studium der russischen Militärgeschichte, die Verhinderung von Versuchen zu ihrer Verfälschung, die Gewährleistung der Popularisierung der Errungenschaften der militärhistorischen Wissenschaft, die Erziehung zu Patriotismus, die Hebung des Prestiges des Militärdienstes und die Bewahrung von Objekten des militärhistorisch-kulturellen Erbes". Im Kuratorium sitzen unter anderem Verteidigungsminister Sergej Schoigu und Innenminister Wladimir Kolokolzew, was den hohen Rang der Organisation unterstreicht.

Die Militärhistorische Gesellschaft arbeitet eng mit dem Kulturministerium und dem Verteidigungsministerium zusammen, sie errichtet im ganzen Land Helden- und Schlachtendenkmäler, bisher mehr als 200 an der Zahl, sie veranstaltet anlässlich der Jahrestage bedeutender Schlachten spektakuläre Reenactments und Gedenk-Festivals, organisiert Ausstellungen und betreut Gedenkstätten sowie Museen, etwa das Museum des Sieges in Moskau, das Museum der heldenhaften Verteidigung und Befreiung Sewastopols und das Museum der Feldherren des Sieges in Staraja Russa. Entlang von Autostraßen wurden Informationstafeln zu Ereignissen des „Großen Vaterländischen Krieges" aufgestellt, U-Bahn-Züge wurden mit militärhistorisch-patriotischen Inhalten dekoriert, Mitglieder der Gesellschaft fungierten als Berater bei der Produktion der vielen Spiel- und Dokumentarfilme, die Kriegen und Kriegshelden gewidmet sind.

Besonderen Stellenwert hat die Kinder- und Jugendarbeit. Systematisch wird militärisches Heldentum verklärt, werden Veranstaltungen angeboten, um die Jugend zu militarisieren. An Schulgebäuden wurden mehr als 2100 Gedenktafeln für Helden der Sowjetunion angebracht, die Gesellschaft veranstaltet „militärpatriotische Lager" für Kinder und Jugendliche von zwölf bis 18 Jahren mit integrierten „Kursen für junge Kämpfer". Gekleidet in historische Uniformen machen sich die Jugendlichen in diesen Lagern mit den Schlachten der Vergangenheit vertraut und erhalten eine einfache militärische Grundausbildung.

Unter den zahlreichen Denkmälern, die seit 2012 unter der Ägide der Russischen Militärhistorischen Gesellschaft errichtet wurden, finden sich in Moskau so verschiedene wie die für den zarischen General Skobelew, für den Weltkriegsmarschall Rokossowski und für den Waffenkonstrukteur Michail Kalaschnikow. Nicht nur Kriegshelden, sondern auch Herrscherfiguren, die für die Größe und Macht Russlands stehen, erhielten neue Denkmäler. Im Stadtzentrum von Moskau etwa wurde 2016 auf dem Borowitzki-Platz ein gigantisches Denkmal für Wladimir den Heiligen enthüllt, den Fürsten, der von 978 bis 1015 in Kiew regierte und dort 988 das Christentum einführte.

Putins Namenspatron Wladimir steht programmatisch für den Anspruch Moskaus auf die Tradition der Kiewer Rus und die gemeinsame Geschichte Russlands und der Ukraine. Enthüllt wurde das Denkmal am 4. November 2016 und damit an dem 2004 eingeführten „Tag der Volkseinheit", der an die Vertreibung der polnischen Besatzer aus Moskau im Jahre 1612 erinnert. Sie war ein Staatsakt, an dem Präsident Putin, Ministerpräsident Medwedjew, Patriarch Kyrill, Kulturminister Medinski und der Moskauer Bürgermeister Sobjanin teilnahmen. In seiner Rede sagte Putin, Fürst Wladimir sei „für immer in die Geschichte eingegangen als der Verteidiger der russischen Länder, als weitsichtiger Politiker, der die Grundlagen für einen starken, einheitlichen und zentralisierten Staat gelegt" habe.

Im unweit gelegenen Alexandergarten war schon 2014 eine Denkmalanlage für Alexander I. und den Sieg im „Vaterländischen Krieg" von 1812 errichtet worden. „Man fühlt hier die Größe unserer Geschichte", verkündete Wladimir Putin bei der Einweihung, an der dieselben Repräsentanten von Staatsmacht und Kirche teilnahmen. „Buchstäblich alles ist durchdrungen von der Erinnerung an den Kriegsruhm Russlands, an diejenigen, die unser Vaterland verteidigt, bewahrt und behütet haben." Reliefs zeigen Szenen aus den Schlachten gegen Napoleon. Die Inschrift darunter lautet: „Die Heerführer der russischen Armee – die Helden des Vaterländischen Krieges von 1812".

Diese Denkmäler fügen sich in eine Geschichtspolitik ein, die systematisch darauf ausgerichtet ist, die einstige Größe Russlands und die Erinnerung an Macht, Siege und Helden in eine fortlaufende patriotische Erzählung einzubauen. Diese Erzählung wird über den Schulunterricht, Publikationen, Ausstellungen, Filme – mit einem

Wort über alle nur denkbaren Vermittlungskanäle in die Bevölkerung getragen. Eine besondere Zielgruppe ist die Jugend. Als die russische Rektorenkonferenz in ihrem kollektiven Unterstützungsbrief für den Krieg gegen die Ukraine am 4. März 2022 schrieb, die „oberste Pflicht" der Universitäten sei es, „die Jugend zu Patriotismus zu erziehen", da war das nicht bloß eine Floskel, sondern Ausdruck einer von den Verfassern verinnerlichten Bildungspolitik, die seit vielen Jahren das Ziel verfolgt, das Land geistig aufzurüsten.

Eine der augenfälligsten Manifestationen dieser geistigen Aufrüstung ist die Ausstellung „Russland – meine Geschichte". Es handelt sich um ein aufwendiges geschichtspolitisches Projekt, das in Russland seit 2013 betrieben wird. Begonnen hatte es mit einer Ausstellung in Moskau. 2015 wurde diese Ausstellung in eine Dauerpräsentation überführt. Zu diesem Zweck hat man einen eigenen riesigen Pavillon gebaut – auf dem großen Ausstellungsgelände im Norden Moskaus, das in der Stalinzeit errichtet worden war.

Seither ist dort ein moderner Geschichtspark zur Vermittlung eines patriotischen Geschichtsbildes entstanden. Initiatorin des Projekts war die russisch-orthodoxe Kirche (ROK). Dass die Kirche geschichtspolitisch in Russland aktiv wird, ist nicht ungewöhnlich. Sie handelt dabei in enger Abstimmung mit dem Staat. An der Organisation beteiligte sich die Stadt Moskau, an der Gestaltung der Inhalte wirkten die Akademie der Wissenschaften, die Moskauer Staatliche Universität (MGU), die Russische Staatliche Geisteswissenschaftliche Universität (RGGU) sowie mehrere Archive mit.

Der Multimedia-Geschichtspark ist ein großer Publikumserfolg. Er zieht bis zu 15 000 Besucher am Tag an. Seit dem Jahr 2017 wurden 22 Ableger des Parks über das Land verstreut aufgebaut, mit demselben Inhalt und zusätzlichen regionalen Komponenten. Weitere sind geplant. Die Ausstellung ist in technischer Hinsicht auf dem neuesten Stand und verknüpft geschickt Geschichte und Gegenwart: Sie enthält aufwendige interaktive Installationen, spricht die Besucher emotional durch Farbenspiele und Hintergrundmusik an und lässt sie an Schlachtenszenen teilhaben. Deren kriegsverherrlichende Präsentation zeugt von einem ungebrochen positiven Verhältnis zur „Kriegskunst". Begleitet wird all das von Spruchbändern, auf denen sich Putin und historische Persönlichkeiten an den Betrachter wenden.

Das Narrativ der Ausstellung hat es in sich. „Zentralisierung ist eine Wohltat und unumgänglich, denn ohne sie würde alles auseinanderfallen und sich auflösen", so wird der Historiker Sergej Solowjow aus dem 19. Jahrhundert zitiert. Die Zeit der „Zersplitterung" im 11./12. Jahrhundert ist Gegenstand einer dramatischen, in bedrohlichen Farben gehaltenen Installation. „Zersplitterung, Zerstörung Kiews und anderer Städte, Schutzlosigkeit gegenüber Bedrohungen von außen" – so lauten die zentralen Aussagen. „Der Verlust der staatlichen Einheit der Rus ... schwächte und verzettelte ihre Kräfte gegenüber der wachsenden Bedrohung durch ausländische Aggressionen."

Den Kontrast dazu bildet als Lichtgestalt der Fürst Alexander Newski aus dem 13. Jahrhundert mit dem auf die Gegenwart anspielenden Motto „Die Verteidigung im Westen stärken und Freunde suchen im Osten". Die militärischen Siege Newskis und anderer mittelalterlicher Herrscher werden in einem Videoclip verherrlicht, der am Ende in einer Landkarte der Russischen Föderation mit einem flatternden Band in den Landesfarben kulminiert.

Leitmotive der Ausstellung sind die Größe und Macht des russischen Imperiums. Für jede Epoche visualisiert eine Schautafel den Zuwachs an Territorium, Bevölkerung und Städten. Ergänzend dazu finden sich mehrfach Seitenhiebe auf Westeuropa, wie etwa ein interaktiver Bildschirm, auf dem man es mit den „ersten Informationskriegen in der europäischen Presse" zu tun bekommt. Durch Antippen erhält man nähere Informationen darüber, wie im 16. Jahrhundert in Westeuropa begonnen worden sei, ein negatives und bedrohliches Bild von Russland zu verbreiten, und wie schon 1560 die ersten Wirtschaftssanktionen gegen Russland verhängt wurden, um die Russen daran zu hindern, im Livländischen Krieg die Blockade der feindlichen Nachbarländer zu durchbrechen und sich einen Zugang zur Ostsee zu verschaffen.

Das Auftreten von Helden, die Vertreibung polnischer Okkupanten und die Wiedererrichtung einer gefestigten Herrschaft sind Anlass für eine in lichten Farben gehaltene Tafel über die Befreiung

Moskaus und die Wahl des ersten Zaren aus dem Hause Romanow im Jahr 1612. Neben weiteren Errungenschaften wird die „Wiedervereinigung von Russland und Kleinrussland" im Jahr 1654 als Meilenstein verbucht. Auch Peter I. und Katharina II. werden als Lichtgestalten präsentiert. Bei Peter steht die Erhebung Russlands zum Kaiserreich im Mittelpunkt, zeitgenössische Kritik an seinen Reformen wird relativiert mit dem Hinweis, das Volk habe seinen Hauptgedanken unterstützt: Russland stark, entwickelt und reich zu machen.

Peter gegenüber stehen Negativfiguren wie der ukrainische Hetman Iwan Maseppa, der mit den Schweden paktiert hatte. Bei Katharina II. werden die Einnahme der Festung Ismail (ein wichtiger Sieg gegen die Türken) sowie die Angliederung der Krim und die Errichtung des Gouvernements „Neurussland" besonders hervorgehoben. Die Aufteilung Polens wird als Wiedergewinnung der weißrussischen und ukrainischen Territorien beschrieben, die einst zur Kiewer Rus gehörten. Bei Zar Alexander I. sind die zentralen Ereignisse der Einzug der russischen Truppen in Paris, die Angliederung Finnlands und Bessarabiens, der Sieg über Napoleon im „Vaterländischen Krieg" von 1812 und die Entdeckung der Antarktis durch russische Seefahrer 1820.

Dem guten Zaren gegenüber stehen böse oppositionelle Kräfte, allen voran Geheimgesellschaften und Freimaurer. Die Verschwörung der Dekabristen von 1825, die in der liberalen Geschichtsbetrachtung gewertet wird als Formierung demokratischer Ansätze durch russische Offiziere, die in den Napoleonischen Kriegen mit den Verhältnissen in Westeuropa vertraut geworden waren, wird hier diffamiert als Bedrohung Russlands: Umsturz, Vernichtung der Zarenfamilie, Aufteilung des Landes in mehrere Staaten – das seien die verwerflichen Ziele der Dekabristen gewesen.

In den Zusatzinformationen erfährt man, dass die Dekabristen durch die Polnische Patriotische Gesellschaft mit Sitz in London finanziert worden seien. Im Gegenzug hätten sie sich verpflichtet, nach dem Umsturz Polen die Unabhängigkeit zu geben – ein destruktives Programm also von gewissenlosen Oppositionellen, die aus dem Ausland finanziert wurden, um Russland fremde westliche Normen einzupflanzen und vom russischen Reich einen unabhängigen Staat abzuspalten.

Zwischendurch steht man in einer großen Kuppelhalle, in der Sitzsäcke einladen, sich hinzulegen und die Projektionen an der Decke, liturgische Musik und Zitate von historischen Persönlichkeiten, auf sich wirken zu lassen wie „Die territorialen Ausmaße Russlands erfordern eine starke Staatsmacht"; „Wer die Orthodoxie nicht versteht, der wird niemals Russland verstehen"; „Russisch-Sein – das ist eine Weltanschauung, die das Leben auf die Grundlage der Gerechtigkeit stellt".

Nach dieser von Harmonie durchströmten Wohlfühloase und weiteren das späte Zarenreich verklärenden Installationen werden die Revolutionen von 1905 und 1917 als bedrohliche Machenschaften und als ein vom Westen gefördertes Zerstörungswerk in Szene gesetzt: Die Hauptakteure werden genannt und in weiterführenden Texten allesamt diffamiert, die Liberalen genauso wie die Bolschewiki. So heißt es über die „Verschwörung der Eliten": „Alle, die die Monarchie stürzten und den großen Februar-Wirbel in Russland erzeugten, gehörten der Elite an. Der russischen Elite, die nach dem Rezept Otto von Bismarcks gefüttert wurde, der bekräftigt hatte: ‚Um Russland zu Fall zu bringen, muss man nur unter der Elite Verräter finden und aufpäppeln, und mit ihrer Hilfe das Selbstbewusstsein eines Teils des großen Volkes so weit verändern, dass es alles Russische hasst, seine Sippe hasst, und sich dessen nicht bewusst ist. Alles Übrige ist eine Frage der Zeit.' 1917 war diese Zeit gekommen." Die Unabhängigkeitsbewegung in der Ukraine wird als Teil dieser großen und vom Ausland gesteuerten Verschwörung gegen Russland dargestellt.

Es folgt ein interessanter Kunstgriff: Während die Zaren glorifiziert und die Revolution gegen sie als schändlich bewertet wurden, erhalten die Kommunisten vom Moment ihrer Machtergreifung an eine positive Wertung, weil es ihnen gelungen sei, die Autorität des Staates wiederherzustellen. Dafür steht etwa das Zitat eines ehemaligen zarischen Generals: „Man kann viele Ideen der Bolschewiki vollständig ablehnen, man kann ihre Parolen für Utopien halten, aber man muss leidenschaftslos anerkennen, dass der Übergang der

Macht in die Hände des Proletariats im Oktober 1917, durchgeführt von Lenin und Trotzki, die Rettung des Landes brachte, indem die Anarchie überwunden wurde."

Bürgerkrieg und ausländische Intervention lassen den Staat zerfallen, aber von 1921 an geht es bergauf: Die Sowjetunion sammelt die verlorenen Gebiete wieder ein, ihre Bevölkerungszahl steigt, die Wirtschaftskraft wächst. Die Herrschaft Stalins wird mitsamt ihren schrecklichen Facetten gezeigt, aber vor allem als Zeit des Aufbaus, in der die Grundlage dafür geschaffen wurde, dass die Sowjetunion den Zweiten Weltkrieg gewinnen konnte. Daneben ein passendes Zitat von Putin: „Wir werden immer daran denken, dass der Sieg durch die Einigkeit und ehrliche Brüderschaft aller Völker der UdSSR erreicht wurde."

Im Dezember 2016 wurde zum 75. Jahrestag der Schlacht um Moskau im Geschichtspark ein riesiges begehbares 3-D-Panorama „Moskau 1941: die Gegenoffensive" eröffnet. Dargestellt sind heroische Kampfszenen, die illustrieren, wie der deutsche Plan einer schnellen Niederwerfung der Sowjetunion durch den Heldenmut und Widerstandsgeist der sowjetischen Soldaten vereitelt wurde.

Gemeinsamer Nenner all dieser Botschaften, die über Texte, Bilder, Filme, Farben, Geräusche und Musik auf die Besucher einwirken, ist ein in sich geschlossenes suggestives Geschichtsbild: Russland habe eine glorreiche Geschichte, auf die die Russen heute stolz sein sollten. Die Geschichte sei immer dann gut verlaufen, wenn das Imperium geeint war, unter fester, zentralistischer Führung durch einen starken Herrscher stand und wenn Staatsmacht und Kirche eng zusammenarbeiteten. Seit Anbeginn habe sich Russland gegen Feinde und Aggressionen aus dem Westen verteidigen müssen. Der Westen habe immer wieder versucht, Russland zu schwächen und in Russland Zwietracht zu säen, indem er Lügen verbreitete, oppositionelle Kräfte unterstützte und Revolutionen anzettelte. Russlands Kriege seien immer Verteidigungskriege gewesen. Die russische Geschichte habe große Helden hervorgebracht, die das Land vor äußeren Bedrohungen retteten, sein Territorium und seine Macht vergrößerten. Diese Helden seien zu ihrer Zeit Vorbilder gewesen und müssten dies auch heute sein.

Der Angelpunkt in der Ausstellung sind die Herrscherfiguren. Sie sind allgegenwärtig. Bei allen Ereignissen bis hin zu technischen Erfindungen und kulturellen Leistungen ist der jeweilige Herrscher, in dessen Zeit das Beschriebene geschah, optisch gut präsent. Diese Herrscherfixiertheit korrespondiert mit einer grundsätzlich negativen Wahrnehmung von Opposition, Widerstand, dem Infragestellen von Autoritäten, selbst von Diskussion. Die starken Herrscherpersönlichkeiten und auch andere Autoritäten – Würdenträger der Kirche, Generäle, Philosophen – sprechen in der Ausstellung direkt zu den Besuchern. Die Zitate transportieren die Leitbegriffe Führung, Autorität, Macht, Ordnung und Heldentum im Kampf gegen Feinde.

Die Expansion Russlands wird mit standardisierten Karten und Grafiken nach Epochen gegliedert stolz zur Schau gestellt und in keiner Weise infrage gestellt. Die Ausdehnung des Moskauer Staates in alle Richtungen wird als Wiedervereinigung zusammengehöriger Ländereien präsentiert. Dass es sich vielerorts um eine Expansion über das Siedlungsgebiet der Russen hinaus handelte, wird als solches nicht thematisiert, sondern als „Angliederung", „Befriedung" oder Sicherung gegen äußere Bedrohungen beschrieben. Expansion steht in dieser Darstellung in keinem Widerspruch zu der Behauptung, dass man sich immer nur hätte verteidigen müssen.

Die eigene Geschichte ist kein Gegenstand von nüchtern distanzierter Betrachtung, sondern sie verlangt nach emotionaler und patriotischer Parteinahme. Helden werden so präsentiert, dass sie zur Identifikation und Nachahmung auffordern. Der Gegenwartsbezug ist ständig vorhanden, sei es durch Zitate von Putin, sei es durch Anspielungen auf die Gegenwart, etwa die wiederkehrenden Hinweise auf den bösen Westen, die abtrünnige Ukraine oder die üble Rolle, die Oppositionelle grundsätzlich in Russland spielen, indem sie sich stets als Handlanger der äußeren Feinde instrumentalisieren lassen.

Diese manipulative Geschichtsvermittlung erscheint zusammen mit den eingangs beschriebenen Maßnahmen als ein Gesamtkonzept für die patriotische Erziehung und Militarisierung der russischen Gesellschaft. Die Vergangenheit wird systematisch für Belange der Gegenwart in Stellung gebracht. Gefragt ist nicht kritische Auseinandersetzung mit der Geschichte, sondern die Vermittlung einer eindeutigen Geschichtserzählung, in der die Guten und die Bösen klar benannt sind. Alles läuft auf die Verherrlichung von Macht, Expansion des Imperiums, Kampf, Sieg und Heldentum hinaus. Wer sich dieser Erzählung verweigert oder auch nur versucht, sie zu relativieren, wird eingeschüchtert, bedroht oder als „ausländischer Agent" gebrandmarkt.

Davon zeugen unter anderem das Verbot von Memorial International, Gerichtsurteile gegen Historiker und Maulkörbe wie das 2014 erlassene Gesetz, das „Lügen" über den Großen Vaterländischen Krieg unter Strafe stellt oder das 2021 in Kraft getretene Verbot, die Politik Stalins mit derjenigen Hitlers zu vergleichen. Sogar in die Verfassung wurde der Schutz des offiziellen Geschichtsnarrativs mittlerweile aufgenommen. In Artikel 67 heißt es: „Die Russländische Föderation ehrt die Erinnerung an die Verteidiger des Vaterlandes und stellt den Schutz der historischen Wahrheit sicher. Eine Herabsetzung der Heldentat des Volkes bei der Verteidigung des Vaterlandes wird nicht zugelassen."

Bislang konnte diese Geschichtspolitik als Legitimierung autoritärer Herrschaft und Unterfütterung einer Politik interpretiert werden, die auf die Hebung des nationalen Selbstbewusstseins nach der Krisenerfahrung durch den Zusammenbruch der Sowjetunion abzielte. Unter dem Eindruck dessen, dass Wladimir Putin aber nun einen Angriffskrieg gegen die Ukraine entfesselt hat, muss man sich die Frage stellen, ob die Verherrlichung von Kampf und Heldentum sowie die Heranführung der Jugend an ein Ideal von patriotischen Kriegern, verbunden mit der klaren Markierung von Feindbildern, nicht schon länger der mentalen Kriegsvorbereitung gedient haben.

Es stimmt schon: Das Wissen um den Ausgang birgt die Gefahr, alle Entwicklungen im Vorfeld in eine Kausalkette zu stellen, die es möglicherweise so nicht gegeben hat. In der Geschichtswissenschaft wird gelernt, die Offenheit des historischen Prozesses und die Entscheidungsmacht von Einzelpersonen in konkreten Situationen ernst zu nehmen. Ein Land mental aufzurüsten und kriegsbereit zu machen muss nicht in einen Krieg münden. Aber es erleichtert dessen gesellschaftliche Akzeptanz und es verändert das Denken sowohl der Führung selbst als auch breiterer Kreise der Bevölkerung. Das ist in Russland nun auf erschreckende Weise sichtbar geworden.

***

Dietmar Neutatz lehrt als Professor für Neuere und Osteuropäische Geschichte an der Albert-Ludwigs-Universität Freiburg.

Erschienen in der F.A.Z. vom 09.05.2022, Seite 6

Der Preis der Verteidigung von Freiheit und Demokratie

Der russische Angriff auf die Ukraine führt nicht in einen neuen Kalten Krieg. In der Macht- und Systemkonkurrenz des 21. Jahrhunderts muss sich Deutschland zusammen mit Frankreich als Führungsmacht eines souveränen Europas bewähren

Dr. Eckhard Lübkemeier, Dr. Oliver Thränert

Im Januar 1991 veröffentlichte die deutsche Rockband Scorpions ein Lied, das zu einem Welterfolg werden sollte: „Wind of Change". Ungeachtet ihrer musikalischen Qualität war diese Rock-Ballade deswegen so erfolgreich, weil sie den Nerv der Zeit traf: die Hoffnung, dass nach den Jahrzehnten des Kalten Krieges und der Unterdrückung der Völker Mittel- und Osteuropas unter dem kommunistischen Joch nun der Moment der Befreiung gekommen sei. Europa würde – einschließlich der seinerzeit noch existierenden Sowjetunion – zu einem Kontinent der Freiheit, der Demokratie und des Friedens werden. Immanuel Kants kühne Vision vom „ewigen Frieden" – sie schien erreichbar.

Dieser Traum ist erst einmal zerplatzt: Die Aggression Russlands gegen die Ukraine hat die Hoffnung auf ein friedliches Gesamteuropa zutiefst erschüttert. Statt um Sicherheit mit Russland geht es künftig vor allem um Sicherheit vor Russland. Und doch sollte die Metapher vom Kalten Krieg in die Geschichtsbücher verbannt werden. Denn die Rede von seiner Rückkehr ist politisch gefährlich und analytisch falsch. Sie wird daher nicht helfen, die kommenden Herausforderungen zu bestehen.

Politisch gefährlich ist die Rede vom neuen Kalten Krieg, weil sie verharmlost, worauf Deutschland sich einstellen muss. Der Kalte Krieg endete mit der Wiedervereinigung und einem rauschenden Fest am Brandenburger Tor. Die Erinnerung an dieses gute Ende könnte den nüchternen Blick auf die Macht- und Konfliktwelt des 21. Jahrhunderts verstellen – erst recht darauf, dass diese Welt der europäischen Führungsmacht Deutschland politisch und moralisch mehr abverlangen wird als dem geteilten Deutschland im Kalten Krieg.

Analytisch besteht ein großer Unterschied zwischen Putins Russland und der Sowjetunion im Kalten Krieg. Damals hatte sich Moskau im Großen und Ganzen mit der europäischen Ordnung arrangiert. In seinen Augen war es ein Erfolg, dass sie in der Schlussakte der Konferenz für Sicherheit und Zusammenarbeit in Europa (KSZE) im Jahr 1975 festgeschrieben wurde. Die Anerkennung des Prinzips der Unveränderlichkeit der nach 1945 gezogenen Grenzen entsprach sowjetischen Interessen. Die im Zweiten Weltkrieg siegreiche Sowjetarmee stand an der Elbe – niemals zuvor hatte Moskau seinen Einfluss weiter gen Westen auszudehnen vermocht.

Die Dialektik der Kalter-Krieg-Dynamik bestand indes fort: Beide Seiten akzeptierten zwar zumindest in Europa den Status quo, wollten ihn aber zugleich aufheben. „Wandel durch Annäherung", das von Egon Bahr erdachte und von Bundeskanzler Willy Brandt verkörperte Grundprinzip der Ostpolitik, sollte die Teilung Deutschlands und Europas erträglicher machen und die Kriegsgefahr einhegen. Zudem galt die Annahme, dass sich die kommunistischen Staaten auf die Dauer des westlichen Einflusses nicht erwehren könnten und die demokratischen Werte letztlich auch in ihnen obsiegten. Moskau seinerseits setzte zwar auch auf die Wirkung seiner Ideologie, der kommunistischen. Ungleich wichtiger war die militärische Macht, mit der die Sowjetunion den Westen unter Druck setzte und zu spalten beabsichtigte. Dem diente die Aufrüstung mit nuklear bestückten SS-20-Mittelstreckenraketen, die Ende der Siebzigerjahre begann. Der Westen hielt mit dem NATO-Doppelbeschluss dagegen. Die Standhaftigkeit der Vereinigten Staaten und ihrer europäischen Partie öffnete zusammen mit der Einsicht von Staats- und Parteichef Michail Gorbatschow, dass die Sowjetunion immer neue Aufrüstungsrunden mit dem Westen nicht verkraften würde, ab der zweiten Hälfte der Achtzigerjahre Tür und Tor für eine friedliche Beendigung des Kalten Krieges.

Die Vision vom „Wandel durch Annäherung" schien wahr geworden zu sein. Doch der Schein trog – zumindest teilweise. Zwar wurden aus ehemals kommunistischen Ostblockstaaten demokratische

Mitglieder von NATO und EU. Aber eine nachhaltige Transformation in Russland scheiterte. Nach anfänglichen Demokratiebemühungen unter Präsident Boris Jelzin mutierte Russland zu einer Oligarchenwirtschaft. Sein Nachfolger Wladimir Putin kehrte schon bald zu autoritären Strukturen zurück und schuf seit den frühen 2000er Jahren eine vollständig auf ihn als Präsidenten ausgerichtete Autokratie. Mittlerweile gibt es praktisch keine kritische Öffentlichkeit mehr. Russland ist kaum noch von einer Diktatur zu unterscheiden.

Das Putin-Regime sieht sich als Verlierer des Kalten Krieges. Daher verfolgt Moskau keine Status-quo-Interessen, sondern stellt die europäische Sicherheitsarchitektur grundlegend infrage. Insofern geht es derzeit um weit mehr als „nur" um die Ukraine. Die Vorschläge für neue Verträge, die Russland den USA und der NATO im Dezember 2021 unterbreitete, machten dies deutlich. Sie drücken aus, wie tief das Unbehagen mit den Entwicklungen der vergangenen dreißig Jahre sitzt.

Russland will dem Westen nicht nur Einhalt gebieten, sondern seinen Einfluss zurückdrängen. So fordert Putin, die Stationierung ausländischer Truppen, die seit der Unterzeichnung der NATO-Russland-Akte im Mai 1997 auf dem Gebiet der neuen NATO-Mitglieder erfolgte, rückgängig zu machen. Putin-Russland ist ein revisionistischer Akteur, dem es um den Wiederaufbau eines Imperiums geht. Seinen kleineren Nachbarn spricht Putin ihre Souveränität ab, im Falle der Ukraine sogar die eigene Identität und Staatlichkeit.

Doch nicht nur Russland ist eine revisionistische Macht, der es um Ausdehnung ihres Einflusses geht. Dasselbe gilt für China. Während des Kalten Krieges hatte das Reich der Mitte eine eher untergeordnete Rolle gespielt. Seit dessen Ende ist China nach und nach zu einer wirtschaftlichen, technologischen und auch militärischen Weltmacht geworden, die sich als Gegenmodell zum Westen versteht: Wirtschaftliche Dynamik und soziale Stabilität können Hand in Hand gehen mit einer politischen Diktatur.

Außenpolitisch verhält sich China unverhohlen aggressiv. Es reklamiert fast das gesamte Südchinesische Meer für sich – ein Ansinnen, das vom ständigen Schiedshof in Den Haag zurückgewiesen wurde. Ungeachtet dessen baut China künstliche Inseln, die größtenteils militarisiert werden. Ähnlich provozierend agiert Peking hinsichtlich einer Inselgruppe in der östlichen Chinesischen See, die von Japan beansprucht wird. Vor allem will Peking Taiwan eines nicht allzu fernen Tages in die Volksrepublik integrieren. Es spricht dem Land also – der Vorgehensweise Russlands gegenüber der Ukraine nicht unähnlich – das Recht auf eine eigene Identität und Staatlichkeit rundweg ab.

Anders als während des Kalten Krieges bieten sich für die USA und ihre Verbündeten wenig Möglichkeiten, Peking und Moskau gegeneinander auszuspielen. Die von Henry Kissinger orchestrierte und von Präsident Richard Nixon angeführte Annäherung an China zu Beginn der 1970er Jahre war angesichts sino-sowjetischer Spannungen seinerzeit ein wichtiger Beweggrund für Moskau, sich auf die vom Westen angestrebte Entspannungspolitik in Europa einzulassen. Heute verbinden China und Russland ihre machtpolitische Rivalität mit den USA und ihre systemische Gegnerschaft zu den Demokratien des Westens. Am Vorabend des russischen Angriffs auf die Ukraine versprachen Putin und der chinesische Staats- und Parteichef Xi Jinping einander grenzenlose Freundschaft.

Wie belastbar dieses Versprechen ist, hängt vor allem vom Kalkül Pekings ab. Anders als im Kalten Krieg die Sowjetunion ist China über Güteraustausch, Lieferketten und Technologieimporte mit dem Westen eng verflochten. Anders als damals gibt es nicht nur das gemeinsame Interesse, einen alle vernichtenden Nuklearkrieg zu verhindern. Ein verheerender Klimawandel trifft alle und kann nur kooperativ abgewendet werden. Die engen chinesischen Bande mit Russland könnte vor diesem Hintergrund durchaus bald unter Druck geraten.

Vorerst haben wir es indes mit einem globalen Macht- und Systemkonflikt zu tun. Auf der einen Seite stehen die USA und ihre Partner in Europa und Asien, die andere Seite bildet ein China-zentrierter Pol mit einem autokratischen Russland als Hauptverbündetem. Vor diesem Hintergrund bleibt Europa weiterhin auf die USA als Sicherungsanker angewiesen. Doch diese Abhängigkeit ist problematischer geworden.

Ungeachtet immer wieder aufflammender transatlantischer Unstimmigkeiten konnte sich Westeuropa während des Kalten

Krieges auf Washington als Beschützer verlassen. Diese Gewissheit schwindet. Donald Trump erwog einen Austritt aus der NATO, die EU bezeichnete er unverhohlen als Gegner der USA. Sein Nachfolger Joe Biden dürfte der letzte amerikanische Präsident sein, der den Wert transatlantischer Zusammenarbeit mit der politischen Muttermilch aufgesogen hat. Daher sollten sich die Europäer bewusst sein, dass sie hinsichtlich ihres Rückhaltes in Washington auf dünnem Eis wandeln. Zwar bekräftigt Präsident Biden immer wieder, dass die USA im Fall einer Ausdehnung des russischen Angriffs auf die Ukraine auf das Territorium eines NATO-Mitglieds jeden Quadratzentimeter verteidigen werden. Derzeit gibt es auch keinen Anlass, daran zu zweifeln. Aber es gibt strukturelle Gründe, die langfristige Verlässlichkeit der Vereinigten Staaten nicht als gegeben zu betrachten.

Europa steht schon länger nicht mehr im Zentrum des Weltgeschehens. Anders als während des Kalten Krieges ist es nicht mehr die Region, in der sich die großen Konflikte entscheiden. Seinerzeit sahen sich die USA wie selbstverständlich als eine europäische Macht. John F. Kennedys „Ich bin ein Berliner" war Ausdruck dieser Grundhaltung. Heute sehen die USA China als den schärfsten Konkurrenten an. Derzeit mag es so aussehen, als agiere Washington wie einst im Kalten Krieg. Unter Führung Bidens wird der Widerstand der transatlantischen Gemeinschaft gegen die russische Invasion in der Ukraine organisiert. Doch sollte man sich nicht täuschen lassen. Unter Republikanern wie auch Demokraten gibt es einflussreiche Stimmen, die in dem für die USA prioritären Ringen mit China erwarten, dass Europa mit Deutschland als führendem Akteur endlich damit beginnt, seine Sicherheit in die eigene Hand zu nehmen. Diese Stimmen könnten schon nach einem Sieg der Republikaner in der Kongresswahl im kommenden November deutlich lauter werden.

Hinzu kommt: Amerikanischen Militärplanern ist schon lange bewusst, dass ihr Land zwei große Kriege gleichzeitig nicht gewinnen könnte. Die nationale Sicherheitsstrategie der USA aus dem Jahr 2018 setzt das Ziel, eine gegnerische Großmacht jederzeit besiegen zu können. Daraus folgt: Sollte es je zu einem Krieg Amerikas mit China und Russland gleichzeitig kommen, müssten die Europäer die Last auf ihrem Kontinent zu großen Teilen selbst tragen.

Was bevorsteht, ist also keine Neuauflage des Kalten Krieges. Zu groß sind die Unterschiede gegenüber der Zeit von 1945 bis 1989. Putins Russland ist eine revisionistische Macht, die anders als die Sowjetunion in Europa nicht am Status quo interessiert ist, sondern diesen grundlegend infrage stellt. Chinas Rolle ist heute ungleich gewichtiger. Konnte der Westen damals Widersprüche zwischen beiden Akteuren ausnutzen, bilden sie heute eine Achse autokratischer Großmächte. Auf die USA ist heute strukturell weniger Verlass, weil das Land im Inneren gespalten ist und ihr weltpolitischer Rivale die asiatische Großmacht China ist. Schließlich sind die wirtschaftlichen und technologischen Verflechtungen zwischen westlichen Demokratien einerseits und Autokratien andererseits viel dichter als während des Kalten Krieges.

Um den autokratischen Herausforderungen Russlands und Chinas wirksam zu begegnen, sind daher nicht nur Militär und Diplomatie vonnöten. Erforderlich ist eine Anstrengung der gesamten Gesellschaft. Daher sollte der Begriff „Kalter Krieg" auf die Analyse der Vergangenheit reduziert und ansonsten aus dem politischen Vokabular gestrichen werden.

Das gilt mit Nachdruck für Deutschland. Unser Land ist heute anders und mehr gefordert als zur Zeit der Teilung. Dabei geht es nicht nur um Materielles, sondern auch um Ideelles, um einen Mentalitätswandel. Entscheidend ist ein Perspektivwechsel, der sich nicht an den Erfahrungen des Kalten Kriegs ausrichtet, sondern nüchtern die Risiken ebenso in den Blick nimmt wie die Chancen, das internationale Umfeld nach unseren Interessen und Werten mitzugestalten. Deutschland sollte dafür eine strategische Handlungsagenda aus fünf Punkten entwickeln:

Erstens: Außen- und Sicherheitspolitik sind Schicksalsfragen

Es obliegt der politischen Führung, dies den Bürgern zu vermitteln. Bundestagswahlkämpfe wie derjenige des Jahres 2021, in denen alle Parteien Außen- und Sicherheitspolitik als Nischenthema behandelten, müssen der Vergangenheit angehören. Im Bundestag sollte ein jährlich von der Bundesregierung vorzulegender "strategischer Rück- und Ausblick" zur Debatte stehen. Dazu sollten auch öffentliche Anhörungen stattfinden. Auch an den Schulen sollten Fragen der internationalen Politik wieder einen größeren Stellenwert einnehmen.

Zweitens: Deutschland muss eine Führungsmacht für ein souveränes Europa werden

Jedes politische Kollektiv braucht Führung. Deutschland ist nach Bevölkerung und Wirtschaftskraft das größte EU-Mitglied. Es hat das nationale Interesse, die Macht und das Vertrauen seiner Partner, um eine Führungsrolle einzunehmen. Dabei darf Berlin nie geschichtsvergessen agieren. Anders als im Fall Nord Stream 2 muss es sich bemühen, Interessen und Bedenken der Nachbarn zu berücksichtigen. Doch wer führt, kann es nicht immer allen recht machen. Das muss Deutschland aushalten.

Macht ist die Hauptwährung in der internationalen Politik. Wer mehr Macht hat, kann seine Werte und Interessen erfolgreicher zur Geltung bringen, sei es in Kooperation mit anderen, sei es zur Selbstbehauptung gegen andere. Es braucht Macht, um die Stärke des Rechts walten zu lassen und dem Stärkeren sein Willkür-Recht zu nehmen. Deutschland ist mächtig, aber nicht mächtig genug, um diese Aufgabe allein zu bewältigen. Das kann auch kein anderer europäischer Staat. Ebenbürtig mit den USA, China und Russland kann nur die Kollektivmacht der EU sein.

Drittens: Deutschland und Europa müssen ihre strategische Verwundbarkeit verringern

Deutschland lebt vom internationalen Austausch von Gütern und Ideen. Seine wichtigsten Ressourcen sind technologisch-wissenschaftliche Kreativität, qualifizierte Arbeitskräfte und politische Stabilität. Austausch geht jedoch mit Abhängigkeit einher. Von wem wir uns wie weit abhängig machen, muss künftig im Zusammenspiel von Politik und Wirtschaft stärker unter strategischen und damit auch sicherheitspolitischen Aspekten bedacht und entschieden werden.

Für den Macht- und Systemwettbewerb mit Russland und China heißt das, kritische Verwundbarkeiten zu vermeiden. Deutschland und seine EU-Partner werden sich von russischem Öl und Gas unabhängig machen. Im Falle Chinas geht es um Absatzmärkte, Lieferketten und Technologien für die digitale und grüne Transformation, um den Schutz geistigen Eigentums und um gleichberechtigten Marktzugang. Angesichts des weltwirtschaftlichen und politischen Gewichts Pekings kommt eine vollständige Entkoppelung nicht infrage. Das Ziel muss eine ausgewogene Verteilung von gegenseitigen Abhängigkeiten sein.

Viertens: Deutschland muss sich sicherheitspolitisch ertüchtigen

Der russische Angriff auf die Ukraine hat in Deutschland einen Perspektivwechsel eingeläutet, der überfällig war. Die zuvor gepflegte „Kultur der militärischen Zurückhaltung" und das Mantra „Es gibt keine militärischen Lösungen" müssen ebenso der Vergangenheit angehören wie das „freundliche Desinteresse" gegenüber der Bundeswehr. Ohne jetzt in das andere Extrem zu verfallen und Sicherheitspolitik einseitig militärisch zu verstehen, muss Deutschland endlich seinen Verpflichtungen und seiner Verantwortung in NATO und EU nachkommen. Dazu gehört die Stationierung gut ausgerüsteter Bundeswehrkontingente in anderen NATO-Staaten. Das hundert Milliarden Euro teure „Sondervermögen Bundeswehr" muss ausschließlich den Streitkräften zugutekommen, das Zweiprozentziel der NATO dauerhaft eingehalten werden. Die Verteidigung von Demokratie und Freiheit hat ihren Preis. Dies gilt es den Bürgern unmissverständlich zu vermitteln.

Deutschlands wichtigster EU-Partner für ein Zusammenwirken auch auf militärischem Gebiet ist Frankreich. Insofern ist das deutsche Aufatmen nach der Wiederwahl Emmanuel Macrons als Präsident berechtigt. Doch hat die Wahl auch gezeigt, dass er starke rechte und linke Kräfte gegen sich hat, die Deutschland kritisch sehen und eine sicherheitspolitische Zusammenarbeit erschweren.

Umgekehrt ist auch Paris unsicher, wie nachhaltig die deutsche „Zeitenwende" ist. Die Vernachlässigung der Bundeswehr, die militärische Zurückhaltung und auch ein als zögerlich empfundenes Handeln bei Waffenlieferungen an die Ukraine haben Spuren hinterlassen. In Frankreich ist die nukleare Abschreckung als Kern der eigenen Sicherheit fest verankert. Deutschland hat nun zwar eine Bundesregierung, die Abschreckung für unerlässlich erklärt und zur Aufrechterhaltung der nuklearen Teilhabe innerhalb der NATO mit dem F-35 einen Nachfolger des Tornado beschafft. Aus französischer Sicht ist die Konsolidierung der sicherheitspolitischen Kehrtwende Deutschlands aber noch nicht ausgemacht.

Deutschland wird dafür über manchen Schatten springen müssen. Für gemeinsame Rüstungsprojekte wird Berlin seine restriktive Rüstungsexportpolitik anpassen, bei Einsätzen jenseits von Landes- und Bündnisverteidigung entgegenkommender sein müssen. Der von Macron seit Längerem angebotene Dialog über Frankreichs Beitrag zu einer etwaigen europäischen nuklearen Abschreckung sollte endlich aufgenommen werden, auch wenn Paris diesen Diskurs außerhalb der NATO führen möchte. Überzeugende Lösungen sind gerade in nuklearen Fragen derzeit nicht absehbar, ist Frankreich doch ein Denken in Kategorien der erweiterten Abschreckung, also der Ausdehnung seines Atomschirms auch auf andere Staaten, weitgehend fremd.

Der Weg von der seit Jahrzehnten etablierten nuklearen Teilhabe innerhalb der NATO zu einem ähnlichen, rein europäischen Projekt dürfte steinig werden. Aber Deutschland kann es sich nicht länger leisten, den damit zusammenhängenden Fragestellungen auszuweichen.

Fünftens: Die sicherheitspolitische Eigenständigkeit Europas stärken

Russlands Überfall auf die Ukraine hat es bestätigt: Das Bündnis mit den USA ist die Lebensversicherung Europas. Doch gibt es eine Kehrseite. Abhängigkeit hat auch unter Freunden ihren Preis. Im Ernstfall muss Washington der eigenen Sicherheit Vorrang geben. Europa hat eine Beistandszusage, aber keine nukleare Garantie.

Parteiübergreifend wird in den USA erwartet, dass Europa sicherheitspolitisch mehr für sich selbst sorgt. Keinem amerikanischen Steuerzahler leuchtet ein, dass das reiche Europa dazu nicht in der Lage sein soll.

Deshalb besteht die Aufgabe für die kommenden Jahre darin, einerseits mehr europäische sicherheitspolitische Eigenständigkeit zu schaffen, andererseits jedoch die transatlantischen Bande zu pflegen, solange Europa seine Sicherheit nicht mit eigenen Mitteln gewährleisten kann. Dies ist auch wesentlich, um die Mittel- und Osteuropäer nicht zu verschrecken, die sich ohne die USA verlassen fühlen. Das Schlimmste, was passieren könnte und deshalb unbedingt verhindert werden muss, wären rhetorisch großspurige, in der Substanz aber uneingelöste Ambitionen, die in den USA zu früh denjenigen in die Hände spielten, die Europa sich selbst überlassen wollen.

Wie immer der russische Angriff auf die Ukraine enden wird: Ein „Wind of Change" ist nicht zu erwarten. Eine verlässliche, regelbasierte internationale Ordnung, in der ausschließlich die Stärke des Rechts gilt und sich keiner das „Recht" des Stärkeren nimmt, bleibt eine erstrebenswerte, bis auf Weiteres aber unerfüllte Utopie. Das steht wirtschaftlichem Austausch und Kooperation in Fragen gemeinsamen Interesses wie dem Klimaschutz nicht im Wege. Doch der prägende Faktor ist die Macht- und Systemkonkurrenz mit China und Russland. Die Herausforderungen sind globaler und vielschichtiger, und Deutschland wird mehr und anders gefordert sein. Sie zu bestehen erfordert Mut zum Umdenken und Entschlossenheit zum Handeln. Nicht nur von Politikerinnen und Politikern, sondern von der ganzen Gesellschaft.

***

Eckhard Lübkemeier, Botschafter a. D., ist Gastforscher bei der Stiftung Wissenschaft und Politik in Berlin.

Oliver Thränert leitet den Thinktank am Center for Security Studies der ETH Zürich.

Erschienen in der F.A.Z. vom 16.05.2022, Seite 8

Operation Ausverkauf

Um an Devisen zu kommen, verkaufte die DDR selbst Kulturschätze an das kapitalistische Ausland. Ein Kapitel deutsch-deutscher Geschichte, dessen Aufarbeitung erst am Anfang steht

Professor Dr. Gilbert Lupfer, Dr. Uwe Hartmann, Mathias Deinert

Die „Antiquitäten-Stube" hatte ihre Heimat in der Kirchgasse der kleinen thüringischen Residenzstadt Rudolstadt, am Fuße der mächtigen Heidecksburg. Die im bescheidenen Rahmen recht erfolgreiche Antiquitätenhändlerin besaß privat auch eine stattliche Puppensammlung. Das klingt alles nach einer fast schon biedermeierlichen Idylle, die nicht ganz in die DDR der 1980er Jahre zu passen scheint. Tatsächlich fand diese Idylle in den Jahren 1986 und 1987 ein brutales Ende: Als die historischen Puppen von Bettina Wendl erstmals öffentlich gezeigt wurden (eine Privatsammlung blieb weitgehend steuerfrei, wenn sie der Öffentlichkeit zugänglich war), erregten sie wohl die Aufmerksamkeit von DDR-Staatsorganen. Ließen sich mit dem Verkauf der Puppen in den Westen vielleicht begehrte und volkswirtschaftlich dringend benötigte Devisen erwirtschaften? Da störte nur noch die Familie Wendl.

Schon bald zog sich unter dem wenig erfinderischen Codenamen „OV (operativer Vorgang) Puppe" ein engmaschiges Netz um die „Antiquitäten-Stube" und ihre Inhaberfamilie zusammen. Neben der federführenden Staatssicherheit waren etliche weitere Organe der DDR an dieser Operation beteiligt. Bald wurden in der Kleinstadt Gerüchte gestreut, das Ehepaar Wendl habe sich der Steuerhinterziehung schuldig gemacht. Schließlich wurden die Eheleute mit einem vermutlich völlig fingierten Steuernachzahlungsbescheid dazu genötigt, ihren gesamten geschäftlichen Warenbestand sowie ihre private Sammlung an den Staat abzutreten. Den Wendls blieb in dieser ausweglosen Lage nur noch die Geschäftsaufgabe und die Ausreise in den Westen.

Genau dahin wanderten auch die meisten Puppen, und zwar mithilfe der staatlichen „Kunst und Antiquitäten GmbH" (KuA), die seit Mitte der 1970er Jahre den grenzüberschreitenden Handel mit Kunstwerken und Antiquitäten abwickelte. Im Jahresdurchschnitt erwirtschaftete sie einen Umsatz von rund 25 Millionen Valutamark, vulgo: Westgeld. Die KuA unterhielt ein eigenes Warenlager in Mühlenbeck bei Berlin. Sogar Busfahrten mit potentiellen Käufern aus dem Westen wurden dorthin organisiert. Denn das war der einzige oder zumindest vornehmliche Sinn und Zweck allen Kulturgutentzuges im SED-Staat: die Beschaffung von Devisen durch den Verkauf von Kunstwerken, Antiquitäten, antiken Möbeln, Büchern, Briefmarkensammlungen und vielen weiteren Objekten an Kunstagenten und Kunsthandlungen aus der Bundesrepublik und anderen westlichen Ländern von der Schweiz bis zu den USA. Über die KuA wurden nicht nur private Kunst- und Antiquitätensammlungen wie diejenige der Wendls verkauft. Auch Bestände aus Museen der DDR gingen über das Lager Mühlenbeck in den Westen. Ursprünglich war die KuA 1973 nur zu dem Zweck gegründet worden, Verkäufe von Museumsbeständen „für den Export in das nichtsozialistische Wirtschaftsgebiet" abzuwickeln, was sich aber vor allem angesichts des Widerstands zahlreicher DDR-Museumsmitarbeiter nicht so einfach realisieren ließ.

Julia Marie Wendl, Tochter von Martin Wendl und seiner zweiten Frau Anke, ist heute Inhaberin des Kunst-Auktionshauses Wendl in Rudolstadt. Sie hat die dramatische Geschichte ihrer Familie akribisch nachgezeichnet und in einem jüngst vom Deutschen Zentrum Kulturgutverluste herausgegebenen Sammelband zum privaten wie staatlichen Handel mit Kunstwerken in der DDR veröffentlicht. Man könnte dem Bericht von Julia Marie Wendl die starke persönliche Betroffenheit vorhalten oder den Rudolstädter Fall als Einzelschicksal abtun. Doch dem war eindeutig nicht so. Es gibt womöglich Hunderte weiterer Fälle, in denen DDR-Behörden private Sammler und Händler entrechtet haben.

Dabei wurde billigend in Kauf genommen, wenn nicht aus ideologischen Motiven beabsichtigt, Menschen zu ruinieren und psychisch zu zerbrechen. Das zeigt exemplarisch auch der – im Vergleich zu Rudolstadt bekanntere – Fall des Dresdner Kunsthändlers und -sammlers Helmuth Meißner. Gegen ihn hatte es schon 1982 eine von der Stasi gelenkte Aktion gegeben, um eine der größten und qualitätsvollsten privaten Kunstsammlungen in der DDR der finanziellen Verwertung zuführen zu können. Auch bei Meißner handelte es sich zum größten Teil um eine fingierte, willkürlich berechnete Steuerschuld, die „zufällig" genauso hoch ausfiel wie der geschätzte Wert seiner Sammlung. Vermutlich war das Dresdner Vorgehen die Blaupause für spätere Aktionen wie die in Rudolstadt.

Tatsächlich gab es in der DDR Gesetze, Regelungen und entsprechendes staatliches Handeln, die auch heutigen rechtsstaatlichen Ansprüchen standhalten. Steuerschuldner gab es, so erstaunlich das erscheinen mag, auch im sozialistischen Staat. Außerdem mussten keineswegs alle Objekte, die über die Ladentische oder durch die Depots der „Kunst und Antiquitäten GmbH" gingen, mit dem Makel des Entzugs behaftet sein. Es gab vielfach Verkäufe von DDR-Bürgern, die sich von ungeliebten Erbstücken trennen wollten. Die Geschäftsakten der GmbH jedenfalls, die im Bundesarchiv Berlin zugänglich sind, erzählen auch Ankaufsgeschichten ohne Druck oder Zwang.

Eine weitere Bedingung wäre zu nennen, die für das private Sammeln von Kunst und Antiquitäten in der DDR alles andere als förderlich war: das Wohnungsbauprogramm mit der bis in die 1980er Jahre hinein dominierenden, nahezu ausschließlich industriellen Fertigung genormter Architekturkomplexe und Wohnungstypen. Wer eine Altbauwohnung aufgab oder aufgeben musste, der sah sich mit unlösbaren Problemen konfrontiert, wenn er sein altes Heim historisch – also groß und schwer – möbliert hatte und womöglich großformatige Gemälde an den Wänden hingen. In einer Wohnung vom Typ WBS 70 mit Wohnzimmern von etwa 20 Quadratmeter Grundfläche und Innenwänden von höchstens 5,90 Meter Breite und 2,80 Meter Höhe war kein Platz für umfangreiche Sammlungen von Objekten gleich welcher Art.

Ältere Menschen, die aus gesundheitlichen oder anderen Gründen in ein Heim zogen und ihre Altbauwohnung aufgaben, standen gemeinsam mit ihren Angehörigen vor dem noch größeren Problem, was aus ihren historischen Möbeln, Teppichen oder auch aus einem Tafelservice werden sollte. Konnten solche Stücke nicht in der Familie verbleiben und ein Verkauf von privat zu privat nicht zustande kommen, blieb nur der Weg zum staatlichen Kunsthandel. Ein Verbleib der wertvollen Stücke „im Westen" war damit vorgezeichnet. Der Generaldirektor der KuA, Horst Schuster, hatte allerdings im Jahr 1977 prognostiziert, dass die Möglichkeiten für diese Art und Weise des Akquirierens begrenzt seien und dass die von der Parteiführung beschlossene Lösung der „Wohnungsfrage als soziales Problem" dazu führen werde, dass der Nachschub von 1990 an allmählich ausbleiben werde.

Doch alles in allem war der Transfer von Kunstwerken und anderen Kulturgütern innerhalb und aus der DDR heraus ein kontaminiertes Feld, durchzogen von Beispielen willkürlichen, oft auch nach den Gesetzen der DDR unrechtmäßigen Agierens staatlicher Organe. Wenn es um die Gewinnung von Devisen ging, dann kannten die Mitarbeiter von Alexander Schalck-Golodkowskis 1966 installiertem „Bereich Kommerzielle Koordinierung" (BKK, inoffiziell: KoKo), der zu diesem Bereich gehörenden KuA und die allgegenwärtige Staatssicherheit keine Skrupel.

Der Zugriff auf verwertbare Kulturgüter hatte indes schon lange vor dem phantasiereichen Wirken Schalck-Golodkowskis eingesetzt. Schon während der 1949 endenden sowjetischen Besatzung wurden bei den sogenannten Schlossbergungen im Rahmen der Bodenreform Hunderte von mitteldeutschen Schlössern und Landsitzen leer geräumt. Vom Bodenteppich bis zur Ahnengalerie, vom Tafelsilber bis zur Standuhr gelangte das Inventar dieser Schlösser zunächst meist in Sammeldepots und war dadurch immerhin vor Plünderungen und Diebstählen geschützt. Deshalb ist auch der vor allem in Sachsen bis heute gebräuchliche Begriff Schlossbergung nicht nur als reiner Zynismus zu lesen.

Der hauptsächliche Sinn dieser Aktionen war die Verwertung des Beutegutes. Dessen weitere Wege im Chaos der ersten Nachkriegsjahre lassen sich jedoch heute nur noch selten exakt rekonstruieren. In Einzelfällen haben sich Unterlagen erhalten, so in Dresden. Dort wurde im Albertinum als einem der wenigen kaum zerstörten Gebäude der Altstadt eine staatliche Verkaufsstelle eröffnet, deren Verkaufsbuch im sächsischen Hauptstaatsarchiv überliefert ist. Darin kann man heute noch nachlesen, welcher Dresdner Bürger damals welches Stück aus vormaligem Adelsbesitz erworben hat. Das dürfte allerdings juristisch unangreifbar gewesen sein und wäre überdies längst verjährt.

Ganz anders sieht es aus, wenn damals Kunstwerke von tatkräftigen, durchsetzungsfähigen Wissenschaftlern als museumswürdig reklamiert und dadurch vor der kommerziellen Verwertung durch die Schlossbergungs-Kommissionen gerettet werden konnten. Sofern sich diese Stücke nach der Wiedervereinigung noch in Museen auf dem Gebiet der vormaligen DDR befanden, konnten die Alteigentümer oder ihre Erben bei den zuständigen „Ämtern zur Regelung offener Vermögensfragen" ihr Rückgabebegehren vorbringen. Das geschah auf der Grundlage des „Entschädigungs- und Ausgleichsleistungsgesetzes" (EALG), das der Deutsche Bundestag 1994 verabschiedete. In der Folge wurden von Mitte der 1990er Jahre an bis heute aus Museen, Bibliotheken, Archiven und anderen öffentlichen Einrichtungen Zehntausende Beutestücke aller Art an die Alteigentümer oder ihre Erben zurückgegeben. Im Unterschied zu Restitutionen in anderen Bereichen, beispielsweise bei sogenannter NS-Raubkunst, geschah das in der Regel ohne großes öffentliches Aufsehen. Meist handelte es sich auch nicht um Kunstwerke von exzeptionellem Wert. Der inzwischen politisch gewordene Streit über offene Rückgabeansprüche des Hauses Hohenzollern zeigt aber, dass die Verfahren auch nach gut drei Jahrzehnten noch nicht abgeschlossen sind. Außerdem existieren in vielen Museen noch Restbestände aus Schlossbergungen, die entweder keinem konkreten Ort zugeordnet werden konnten, deren Aufbewahrungsort innerhalb der vierzig sozialistischen Jahre gewechselt hatte oder deren Eigentümer es einfach versäumt hatten, rechtzeitig einen Antrag auf Rückerstattung zu stellen. Die Frist, die damals festgesetzt wurde, betrug nur sechs Monate.

Nach der Gründung der DDR im Jahr 1949 hing der Entzug von Kunstwerken und anderen Kulturgütern oft mit einer Ausreise in den Westen oder einer sogenannten Republikflucht zusammen, bei der keine oder nicht alle Wertgegenstände mitgenommen werden konnten. Das Spektrum reichte von der Sicherstellung durch die Volkspolizei in einer verlassenen Wohnung bis hin zur Beschlagnahmung an der Interzonen-Grenze durch den Zoll: Manch ein Versuch, Kunstwerke mitzunehmen, scheiterte erst unter den Blicken der DDR-Grenzorgane. Der Grund für die Beschlagnahmung von Kulturgut durch Staatsorgane war immer derselbe: die kommerzielle Verwertung, vor allem durch den Verkauf in die Bundesrepublik, aber auch in die Schweiz und andere westliche Länder oder unmittelbar an internationale Auktionshäuser.

Häufig waren DDR-Museen direkt oder indirekt in diese fragwürdigen Geschäfte einbezogen, vor allem dann, wenn die Schätzung des Wertes von Kunst oder Antiquitäten erforderlich wurde, aber auch, wenn Ausfuhrgenehmigungen für das Umzugsgut legal Ausreisender zu erteilen waren. Letzteres führte bisweilen zu fragwürdigen Koppelgeschäften. Museumsdirektoren und -konservatoren bescheinigten den Antragstellern, dass deren auszuführende Sammlung keine Stücke enthielt, denen als „national wertvolles Kulturgut" die Ausfuhrgenehmigung zu versagen sei. Im Gegenzug „erbaten" sie sich dann einige Stücke als Schenkung für ihr Museum (und manchmal auch für ihr eigenes Wohnzimmer). Eine Übersicht dazu fehlt bislang, systematische wissenschaftliche Aufarbeitung und Forschung ebenfalls.

Der Entzug von Kulturgütern und die mögliche Wiedergutmachung dieses Aktes wurden in den letzten Tagen der DDR durch ein Gesetz erfasst, das die erste und letzte frei gewählte Volkskammer noch im September 1990 verabschiedete: das „Gesetz zur Regelung offener Vermögensfragen". Auch hier gab es, wie beim EALG, einen Amtsweg mit einem Antragsverfahren innerhalb bestimmter Fristen und Anforderungen an Nachweise. Darauf basierend, wurde – wie später bei der Schlossbergung, aber wohl in geringerer Anzahl – Kulturgut aus Museen, Bibliotheken und anderen öffentlichen Sammlungen in den fünf damals neuen Ländern zurückgegeben.

Nach wie vor sind jedoch zahlreiche Fälle ungeklärte oder strittige. Wie bei der Schlossbergung bleiben alle diejenigen Kulturgüter unberührt, die ihren Weg in Privatsammlungen, in Museen oder Bibliotheken der „alten" Bundesrepublik gefunden hatten. Auf sie findet das „Gesetz zur Regelung offener Vermögensfragen" bis heute keine Anwendung. Wenn es doch zu Rückgaben aus West-Sammlungen kam, so geschah das ausschließlich auf freiwilliger, moralisch induzierter Basis.

Es ist höchst unbefriedigend, dass der Weg der in der DDR entzogenen Kulturgüter im Westen bis heute kaum öffentliche Aufmerksamkeit erfahren hat und kaum erforscht wurde. Man kann es noch zugespitzter formulieren: Der Entzug von Kulturgut in der Sowjetischen Besatzungszone (SBZ) und der DDR wurde bisher nicht als gesamtdeutsches Phänomen und Problem wahrgenommen.

Immerhin gibt es auf diesem Feld gesetzliche Regelungen, mögen sie auch seinerzeit mit der „heißen Nadel" gestrickt worden und punktuell auch noch so lückenhaft und unbefriedigend gewesen sein. Aber die Geschädigten haben eben, wenn auch in einem engen Rahmen, einen Rechtsanspruch. Das unterscheidet dieses Feld denn auch deutlich von dem des nationalsozialistischen Kunstraubs. Dessen Aufarbeitung ist nicht durch ein Restitutionsgesetz oder Ähnliches geregelt. Es existieren aber immerhin die „Washingtoner Prinzipien" von 1998 und die darauffolgende „Gemeinsame Erklärung der Bundesregierung, der Länder und der kommunalen Spitzenverbände zur Auffindung und zur Rückgabe NS-verfolgungsbedingt entzogenen Kulturgutes, insbesondere aus jüdischem Besitz" von 1999. Letztere stellt eine unumgängliche und unumkehrbare Selbstverpflichtung für die Träger staatlicher oder kommunaler Sammlungen in der Bundesrepublik dar.

Für den seit wenigen Jahren nun auch in Deutschland in den Fokus zumindest des medialen Interesses gerückten Entzug und Raub unter kolonialen Verhältnissen hingegen existiert weder irgendeine gesetzliche Regelung noch ein „soft law", das der „Washingtoner Erklärung" vergleichbar wäre. Allerdings könnte bei dieser wirklich globalen Thematik eine nationale Normierung im eigentlichen Sinn des Wortes an Grenzen stoßen.

Kommen wir nochmals zurück auf die Auswirkungen staatlicher Handlungen in der Sowjetischen Besatzungszone und der DDR. Unabhängig von der Frage, ob Lücken oder auch Ungerechtigkeiten in den einschlägigen Gesetzen nach neuen beziehungsweise zusätzlichen Regelungen verlangen, geht es hierbei um ein Kapitel deutsch-deutscher Nachkriegsgeschichte, das bisher höchstens skizzenhaft umrissen und nur punktuell vertieft worden ist.

Immerhin haben bisher zehn vom Deutschen Zentrum Kulturgutverluste initiierte und finanzierte Projekte zur Grundlagenforschung erste, vielversprechende Schlaglichter gesetzt. Dies gilt für Arbeiten über die geheime „Aktion Licht" der Staatssicherheit 1962, über ausgewählte Aktenbestände des Ministeriums für Staatssicherheit, über kritische Provenienzen in brandenburgischen Museen oder über die Moritzburg in Halle/Saale als Sammellager in der Bodenreform. Projekte wie diese lassen zumindest erahnen, welche bis heute noch nicht vollständig ausgeloteten Ausmaße der Kulturgutentzug hatte.

Weitere Forschungen sind überfällig, etwa über den privaten Kunsthandel und über private Kunstsammler in der Sowjetischen Besatzungszone und der DDR (die es unter restriktiven Bedingungen tatsächlich gegeben hat). Neue Erkenntnisse versprechen auch Forschungen über die Organisation und das Agieren der „Kunst und Antiquitäten GmbH", deren Geschäftsunterlagen erst seit wenigen Jahren zugänglich sind. Im Dunklen liegen auch die Wege, die einzelne identifizierbare Stücke im Westen nahmen, wenn sie erst einmal die DDR verlassen hatten. In der „alten" Bundesrepublik stellte in den Jahren der Teilung der Handel mit Bodenreformgut und anderen Kulturgütern aus SBZ und DDR gleich welcher Provenienz zu keiner Zeit einen Straftatbestand dar – und er florierte natürlich. Dies gehört zweifellos zu den Fragen, die auch heute interessieren.

Es bleibt offen, ob es jemals zu einer Neubewertung dieser Thematik durch den Gesetzgeber kommen wird, sosehr das manche Betroffene auch wünschen, die vielleicht ohne eigenes Verschulden Fristen versäumt haben. Dessen ungeachtet, ist es wenn schon nicht von juristischer Relevanz, so doch von großem historischem Interesse, wer in der Bundesrepublik oder in anderen Ländern von dem staatlichen Zugriff auf Privateigentum wissentlich oder möglicherweise auch unwissentlich profitiert hat. Dies könnte zumindest eine nicht zu unterschätzende immaterielle Art der Wiedergutmachung für die Betroffenen sein.

Genauso verdient haben diese Erinnerung die privaten Kunstsammler in der DDR, die bisher in der gesamtdeutschen Wahrnehmung ein Schattendasein führen oder sogar völlig vergessen sind – auch wenn eine angemessene und würdige Erinnerung keineswegs für alles Unrecht entschädigen kann.

***

Gilbert Lupfer ist Vorstand des Deutschen Zentrums Kulturgutverluste, Magdeburg.

Uwe Hartmann leitet den Fachbereich „Kulturgutverluste im 20. Jahrhundert in Europa" der Stiftung.

Mathias Deinert ist Referent für Kulturgutentziehungen in SBZ und DDR.

Erschienen in der F.A.Z. vom 23.05.2022, Seite 6

Afghanische Lektionen

Der Westen steht vor einem Dilemma: Leistet er Hilfen, die Afghanistan vor dem Zusammenbruch bewahren, stabilisiert er die Herrschaft der Taliban. Tut er es nicht, kollabieren Staat und Gesellschaft, was neue Flüchtlingsströme auslöst, die auch Europa erreichen können, und Terrorgruppen einen rechtsfreien Raum verschafft

Rainer Hermann

In quälender Erinnerung bleiben die Bilder, wie nach dem 15. August 2021 und dem Einmarsch der Taliban in Kabul Tausende Afghanen zum Flughafen stürmten in der Hoffnung, auf einem Evakuierungsflug einen Platz zu bekommen. Verzweifelt glaubten sie, ein Verbleib in Afghanistan komme einem Todesurteil gleich. Die letzten US-amerikanischen Soldaten verließen nach zwanzig Jahren in der Dunkelheit der Nacht das Land. Das ist bereits Geschichte.

Geht uns Afghanistan dann auch heute noch etwas an? Afghanistan geht uns noch immer etwas an. Wer Soldaten in ein anderes Land schickt – und die Bundeswehr stellte in Afghanistan zeitweise das zweitgrößte Kontingent –, übernimmt für dieses Verantwortung. Die Soldaten hatten ein Vakuum gefüllt, und das kehrte nach ihrem Abzug zurück. Afghanistan geht uns auch etwas an, weil die Beben, die das Land erschüttern, selbst hierzulande zu spüren sind – sei es wegen des transnationalen Terrorismus, der gescheiterte Staaten als Rückzugsorte sucht, sei es wegen der Flüchtlinge, die seit Jahrzehnten ihre kriegszerstörte Heimat verlassen. In Deutschland leben 300 000 Afghanen oder Deutsche afghanischer Abstammung.

Kriege enden meist nach einigen Jahren oder nach einem Jahrzehnt. So war es in Vietnam, auf dem Balkan und in Ruanda; in Syrien dauert der Krieg seit 2011. Wie kein anderes Land wird Afghanistan aber seit einem halben Jahrhundert von Krieg und Gewalt heimgesucht. Es ist das Brennglas für viele Krisen unserer Zeit. Es zeigt, wie äußere Einmischungen ein Land zum Spielball machen und es nicht befrieden, wie schlechte Regierungsführung in einen gescheiterten Staat abgleitet, wie Terror entsteht und sich ausbreitet, wie Krieg und Gewalt Menschen zu Flüchtlingen machen.

Vieles davon gilt auch für den Nahen Osten, für die Konfliktregion, die sich vom Persischen Golf entlang der südlichen Mittelmeerküste bis an den Atlantik zieht. Mehr Resolutionen als zum Konflikt um Palästina hat der UN-Sicherheitsrat zu keinem anderen Thema verabschiedet. Auch den Nahen Osten prägen seit Jahrzehnten Kriege; bei einigen spielte das Erdöl eine Rolle. Der dschihadistische Terror hat seine Wurzeln in der arabischen Welt. Die Menschen begehren heute gegen ungerechte Ordnungen auf, Staaten implodieren, externe Akteure mischen sich ein. Im Nahen Osten verteilen sich diese Konflikte auf einen weiten Krisenbogen, der, nimmt man Iran dazu, dreieinhalbmal so groß ist wie die Europäische Union. Alle diese Konflikte finden sich jedoch auch in Afghanistan wieder, das im Osten diesen nahöstlichen Bogen abschließt und doppelt so groß ist wie Deutschland.

Afghanistans Geschichte ist eine Abfolge von Kriegen und Gewalt. Immer wieder wollten ausländische Mächte sich das Land einverleiben. Noch nie gelang es jedoch einer Macht, sich gegen den Freiheitswillen der Afghanen dauerhaft festzusetzen. Die Geschichte wäre wohl anders verlaufen, würden die in Afghanistan lebenden Völker eine Nation bilden, und sie wäre wohl auch anders verlaufen, hätten sich diese Völker auf einen Staat geeinigt, den sie nicht nur nach außen verteidigen wollten, sondern auch nach innen mit funktionsfähigen Institutionen füllten.

Wenige andere Länder erweisen sich als so schwer regierbar wie das Land am Hindukusch. Und es sind auch wenige Länder so vielfältig und so heterogen wie Afghanistan. Das gilt für die Natur ebenso wie für die Menschen, die nie dauerhaft zu dem gemeinsamen Projekt zusammenfanden, eine Nation zu bilden. Einig waren sich die Afghanen immer nur im Kampf gegen die Eindringlinge. Gescheitert sind hingegen alle Versuche, das Land nach fremden Vorbildern zu modernisieren.

Eine Nation, in der sich alle wiederfinden, können nur die Afghanen selbst schaffen. Jedoch hatte die Hoffnung bestanden, den Afghanen nach dem Sturz der Taliban und nach der Ausschaltung von Al-Qaida zu helfen, vom Jahr 2001 an einen funktionsfähigen

Staat aufzubauen. Das ist gescheitert, denn die Regierungen in Kabul waren hochgradig korrupt und unfähig, und man unterschätzte, welche Schlagkraft die Taliban als Aufstandsbewegung gewonnen hatten.

Der Kampf um Afghanistan wurde in den ländlichen Gebieten verloren. Die großen Hilfsgelder gelangten über Kabul und einige andere Städte kaum hinaus. In den ländlichen Gebieten nahmen die Menschen die Zeit nach den Taliban in erster Linie unter dem Eindruck von Kampfflugzeugen, Kampfhubschraubern und Drohnen wahr, die über ihr Land und ihre Dörfer flogen, um die Taliban und Al-Qaida zu jagen. Und so wandten sie sich erneut den Taliban zu, und um überleben zu können, nahmen sie wieder den Anbau von Schlafmohn auf. Die Taliban hatten bereits 2005 weite Teile Afghanistans auch deshalb unter ihre Kontrolle gebracht, weil die Landbevölkerung mit ihnen mehr sympathisierte als mit der Zentralregierung in Kabul und weil sie sich den Werten der Taliban mehr verbunden fühlten als den Werten der Städter.

Hätten die Taliban aber von 2001 bis 2021 durchgängig regiert, hätte es viele Verbesserungen im Leben der (städtischen) Afghanen nicht gegeben. Der Brahimi-Plan und die NATO-Mission ISAF hatten Fortschritte gebracht, die nach Jahrzehnten des Krieges ein neues, besseres Leben ermöglichten. Mädchen konnten wieder Schulen besuchen, Frauen durften arbeiten, die Medien erfreuten sich einer Freiheit wie in wenigen islamischen Ländern. Der Ausbau des Gesundheitswesens senkte die Kindersterblichkeit und verlängerte die Lebenserwartung. Die internationalen Hilfsgelder schufen einen Dienstleistungssektor, der gerade den Qualifizierten Chancen auf Arbeit bot. Diese Errungenschaften sind mit dem Zusammenbruch des Zentralstaats und der Rückkehr der Taliban gefährdet.

Afghanistan ist schwer zu regieren. Dafür gibt es zwei Gründe: das Erbe der Geschichte, zu dem das British Empire, die Sowjetunion und die Vereinigten Staaten beigetragen haben, sowie das kulturelle Beharrungsvermögen der konservativen Stammesgesellschaft, die in den ländlichen Gebieten fest verankert ist. Zusammen bilden sie ein

Geflecht, das Afghanistan von allen Ländern unterscheidet und das erklärt, weshalb das Land nicht zur Ruhe kommt. Das British Empire gewann zwar sein Great Game mit Russland und schirmte Indien erfolgreich mit Afghanistan als Pufferzone ab; den Preis dafür zahlen heute aber die Afghanen, sowohl für die 1893 gezogene Durand-Linie als auch für das 1901 geschaffene Niemandsland, das als die pakistanischen „Stammesgebiete unter Bundesverwaltung" (FATA) fortbesteht.

Der britische Kolonialbeamte Sir Mortimer Durand zog 1893 in der Absicht, einen stabilen Puffer zum zaristischen Russland zu schaffen, eine willkürliche Grenze quer durch das Siedlungsgebiet der Paschtunen. Diese Durand-Linie definiert immer noch Afghanistans Grenzen im Osten und im Süden. Bis heute hat sie jedoch keine afghanische Regierung anerkannt, bis in die 1970er-Jahre hatten nationalistische Afghanen im Gegenteil sogar Gebietsansprüche tief nach Pakistan hinein bis zum Indus erhoben. Die pakistanische Führung reagierte darauf stets, indem sie die Transportwege sperren ließ, die das Binnenland Afghanistan mit dem Hafen Karatschi verbinden.

Allerdings bestand die pakistanische Führung auch nie auf einer Anerkennung der Durand-Linie durch Afghanistan. Insbesondere Präsident Zia ul-Haq, der einen von Pakistan angeführten, tief nach Zentralasien hineinreichenden islamischen Block anstrebte, kam es zugute, dass es mit Afghanistan keine unumstrittene Grenze gab. So konnte er sich im Nachbarland militärisch einmischen, ohne auf den Vorwurf eingehen zu müssen, er würde internationales Recht verletzen. Seine Nachfolger unterstützten in Afghanistan ebenfalls nützliche Proxies – ihre erfolgreichsten Stellvertreter wurden die Taliban. Hinter diesem Vorgehen steht Pakistans alles überragendes Ziel, mit seinem Einfluss in Afghanistan eine strategische Tiefe für den Dauerkonflikt mit Indien zu schaffen.

Verhängnisvoll war auch eine zweite Entscheidung des British Empire. Die Pufferzone Afghanistan reichte den Briten nicht, deshalb legten Kolonialbeamte 1901 davor noch ein Niemandsland. In den sieben Stammesgebieten des Landstreifens regierten nach Gutdünken politische Agenten, also höhere Beamte. Sie hatten weitreichende Strafbefugnisse und konnten ganze Stämme bestrafen.

Pakistan behielt diesen Status des Niemandslands bei, das nun „Stammesgebiete unter Bundesverwaltung" (FATA) hieß, und führte mit entsandten Verwaltern das repressive Verwaltungssystem fort. Die Stammesangehörigen hatten weiterhin keine politischen Rechte, sie konnten sich nicht an pakistanische Gerichte wenden, und bis 1996 ernannten allein die Stammesältesten ihre Vertreter für das Parlament von Islamabad.

Die Stammesgebiete sind bis heute unterentwickelt, die Alphabetisierungsrate ist niedrig, die Stämme gelten als rückständig und engstirnig. Für Pakistan ist es von Vorteil, dass sie auf beiden Seiten einer Grenze leben, die es nur auf der Landkarte gibt. Die pakistanische Armee benutzte die faktisch rechtsfreien Stammesgebiete wiederholt, um von ihnen aus in Afghanistan Einfluss zu nehmen, zuletzt nach 2001 zur Unterstützung für die Taliban. Geschützt durch die paschtunischen Stämme und die hohen Berge ließen sich nach ihrer Flucht aus Afghanistan im Oktober 2001 auch die „afghanischen Araber", Al-Qaida und andere Dschihadisten hier nieder. Hier wurden die großen Terroranschläge von Madrid, London und Bali geplant. Unverändert ist diese britische Hinterlassenschaft aus dem Jahr 1901 ein bedrohliches Terrornest unter den Augen des pakistanischen Staats.

Auf diesem britischen Erbe baut die sowjetische Hinterlassenschaft auf. Die Sowjetunion wollte nachholen, was dem zaristischen Russland im 19. Jahrhundert versagt geblieben war: sich Afghanistan auf dem Weg zu den warmen Weltmeeren einverleiben. Sie scheiterte jedoch ebenso, wie zuvor Russland gescheitert war. Die Sowjets schickten ihre Armee und begannen, Afghanistan mit ihrer sowjetisch-kommunistischen Moderne zu überziehen, kamen damit über einige Städte aber nicht hinaus. Die militärischen wie die kulturellen Besatzer stießen insbesondere in den ländlichen Gebieten, die von einem konservativen Wertekodex durchdrungen sind, auf heftigen Widerstand. Glaubenskrieger, die Mudschahedin, organisierten einen Widerstand, auf den die Besatzer mit einer Gewalt reagierten, wie sie das Land seit Dschingis Khan nicht erlebt hatte. Die islamische Welt solidarisierte sich mit Afghanistan; erstmals entstand eine militante islamische Internationale. Der dschihadistische Salafismus, zuvor lediglich ein Phänomen der arabischen Welt, hatte nun eine transnational operierende Organisation mit Sitz in Afghanistan: Al-Qaida.

Die Sowjetunion wurde mit ihrer gescheiterten Besatzung nicht nur der Pate von Al-Qaida. Zu Beginn der sowjetischen Einmischung war Afghanistan noch ein halbwegs funktionierender Staat, der jedoch implodierte, als die Sowjetarmee das Land verließ. In dem rechtsfreien Raum formierte sich – wie aus dem Nichts – eine neue Bewegung, die im paschtunischen Dorf Südafghanistans ihre Wurzeln hat: die Taliban. Sie füllte mit ihren islamischen Gerichten ein Rechtsvakuum, was ihren raschen Siegeszug begünstigte. Gescheitert ist die Sowjetunion, weil sie den Freiheitswillen der Stämme unterschätzte. Diese lehnten alles ab, wofür die Sowjetunion stand: die Fremdherrschaft, den kommunistischen Zentralstaat, der in ihr Leben eingriff, und die Veränderungen, die er durchsetzen wollte, etwa die Befreiung der Frau aus der patriarchalischen Gesellschaft.

Die Sowjets ließen einen gescheiterten Staat zurück, den nach ihnen auch die Taliban nicht stabilisierten, und einen transnationalen Terror, der den Westen ins Visier nahm. Das war die Ausgangslage, als die Vereinigten Staaten ihren Krieg gegen den Terror begannen. Deren erster Fehler war, dass sie zu lange das britische Erbe in Afghanistan vernachlässigten: dass Paschtunen auf beiden Seiten der Grenze zusammenhalten. Aufständische wie die Taliban konnten sich dadurch in sichere Gebiete in Pakistan zurückziehen und aus diesen heraus operieren. Der zweite Fehler der US-Amerikaner bestand darin, wie die Sowjets auf die Städte und den Zentralstaat zu setzen. Damit unterschätzten sie die Macht der ländlichen Gebiete ebenso wie den Gegensatz von Stadt und Land. Während nämlich eine urbane Elite eine fremde Moderne eingeführt hatte, widersetzte sich die traditionelle Stammesgesellschaft auf dem Land allen Veränderungen.

Die Vereinigten Staaten und ihre Partner hatten irrtümlicherweise geglaubt, mithilfe eines Zentralstaats ein Land in den Griff zu bekommen, das sich immer nur in kurzen Phasen einer Zentralgewalt gebeugt hatte. Und sie übersahen, dass die Korruptionsmaschine, die sie mit dem künstlichen, von ihnen alimentierten Zentralstaat in Bewegung gesetzt hatten, die Menschen noch mehr gegen sich aufbringen würde. Ferner scheiterten die Vereinigten

Staaten daran, dass sie die Operation Enduring Freedom nicht konsequent fortführten, sondern ihr Hauptaugenmerk bereits nach wenigen Monaten auf den Irak und den Sturz von Saddam Hussein richteten.

Auch die Vereinigten Staaten hinterließen in Afghanistan keinen funktionsfähigen Staat. Dem Westen war es dort weder um ein noch anspruchsvolleres nation building gegangen noch um die Einführung von Demokratie, was an der traditionellen afghanischen Gesellschaft gescheitert wäre. Eine Demokratie akzeptiert Meinungsverschiedenheiten, ein demokratischer Prozess hält sie aus. Die traditionelle afghanische Gesellschaft will interne Konflikte aber beilegen und nicht in einem demokratisch verfassten Staat ausleben. Einem Staat billigt sie als einzige Aufgabe zu, als Vermittler und Richter bei Konflikten dann tätig zu werden, wenn er herbeigerufen wird.

Nach dem Sturz der Taliban und der Eliminierung von Al-Qaida war das Ziel, einen Staat aufzubauen, idealerweise einen starken Zentralstaat, der Recht und Ordnung durchsetzen würde. Dieser Versuch ist gescheitert, weil er ausblendete, dass insbesondere die paschtunischen Stämme starke Staaten stets als Unterdrücker wahrnahmen, gegen die sie sich in der Geschichte immer wieder aufgelehnt hatten. Traditionell regeln sie ihre Innenbeziehungen in einer Ordnung, die uns wie eine geordnete Anarchie erscheint. In ihr gibt der Wertekodex der Paschtunen, Paschtunwali, die Regeln für das Verhalten des Einzelnen vor. Bestenfalls besitzt als Quelle von Ordnung noch die islamische Scharia Legitimität. Was entwickelte Staaten als rationale Verwaltung anstreben, lehnen diese Gesellschaften aber als eine Anmaßung von Tyrannei ab.

Der Staat, der in Afghanistan nach 2001 aufgebaut wurde, war nicht stark, sondern schwach. Er reichte nicht über die Hauptstadt Kabul hinaus, den Stämmen auf dem Land konnte er seinen Willen nicht aufzwingen. Das wurde ein weiteres Problem, da sich der schwache Staat auf lokale Warlords stützte, die mit Gewalt vorgingen und in der Bevölkerung verhasst waren. Dieser Hass übertrug sich auf jene, die den Staat von außen zu festigen versuchten, also auf die ausländischen Mächte. Zudem ist in den ländlichen

Gebieten die Abneigung gegen die moderne, „dekadente" Stadt tief verwurzelt. Jetzt stehen aber auch die Taliban vor der Herausforderung, die Afghanen – und unter ihnen insbesondere die ländlichen Paschtunen – mit dem Staat zu versöhnen, denn ohne funktionsfähigen Staat wird es in Afghanistan keine Stabilität geben.

Können die paschtunischen Taliban eine solche stabile Herrschaft errichten? Der Brite Anatol Lieven, einer der besten Kenner Afghanistans im Westen, knüpft das an drei Voraussetzungen: Internationale Geldgeber müssen das Land subventionieren, was im Gegenzug zur Bekämpfung des Drogenanbaus und dschihadistischer Terrorgruppen geschehen kann. Die Taliban müssen Zugeständnisse an die kulturelle Moderne machen, um Technokraten im Land zu halten und auch Vertrauen der internationalen Geldgeber zu gewinnen. Schließlich müssen die Taliban, die sich nahezu ausschließlich aus Paschtunen rekrutieren, den anderen großen Volksgruppen in deren Siedlungsgebieten Autonomie und Sicherheit garantieren sowie ihnen am Staat – dem der Taliban – eine Teilhabe einräumen.

Ob das so eintreten wird oder nicht: „Die Taliban werden die mächtigste militärische und politische Kraft unter den Paschtunen Afghanistans bleiben", schreibt Lieven. „Sie werden ihrer Version der konservativen, ländlichen, islamischen paschtunischen Kultur treu bleiben, und sie werden sich niemals ergeben."

Bereits bei der Rückkehr der Taliban stand das Land aber am Abgrund. Schon vor dem Winterbeginn 2021 waren 23 Millionen Afghanen auf Nahrungsmittelhilfe angewiesen; mehr als die Hälfte der Afghanen besaßen nicht genügend Einkommen, um sich ernähren zu können. Die größte Dürre seit vier Jahrzehnten ruiniert die Landwirtschaft. Ohne ausländische Hilfe droht der Kollaps des Staates, was durch den Exodus von Fachkräften beschleunigt wird. Der afghanische Reststaat kann auch nicht länger ausreichend Dienstleistungen bereitstellen, da die fremden Geldgeber ausfallen, die bislang drei Viertel zum Staatshaushalt beigetragen haben. Und Nachbarländer stellen die Lieferung von Strom ein, weil Afghanistan die Rechnungen nicht mehr bezahlen kann.

Die Wirtschaft ist im freien Fall. Doch wer steht für Hilfen bereit? China und Russland halten sich bedeckt. China kündigte im September 2021 als humanitäre Hilfe magere 31 Millionen Dollar an, und dem Kreml reicht es, sich den zentralasiatischen Nachfolgestaaten der Sowjetunion als Sicherheitsgarantie zu empfehlen. In der arabischen Welt haben die Taliban außer Qatar keine Freunde. Nicht gut sind ihre Beziehungen zur Türkei, die sich als Schutzmacht der Turkvölker und damit unter anderem der Usbeken Afghanistans versteht; ihr Führer Raschid Dostum fand daher in der Türkei Zuflucht. Schutzmacht der Schiiten ist Iran, aber auch die schiitischen Hazara spielen im „Islamischen Emirat" der Taliban keine Rolle.

Es bleibt der Westen. Er hat seine Finanzhilfen auf Eis gelegt, und die Vereinigten Staaten haben die von ihr verwalteten afghanischen Währungsreserven eingefroren. Die Europäische Union knüpft künftige Hilfen an das Emirat der Taliban an fünf Bedingungen: die geordnete Ausreise aller Ausländer und Afghanen, die das Land verlassen wollen; Respekt vor den Menschenrechten und Grundfreiheiten; freier Zugang für humanitäre Operationen; die Verhinderung terroristischer Aktivitäten in Afghanistan; die Bildung einer Regierung, die alle Volksgruppen einschließt.

Der Westen steht in Afghanistan vor einem Dilemma: Leistet er Hilfen, die das Land vor dem Kollaps bewahren, stabilisiert er die Herrschaft der Taliban, die diese Hilfen zudem als Anerkennung ihrer Herrschaft auslegen würden. Tut er es nicht, kollabieren Staat und Gesellschaft, was neue Flüchtlingsströme auslöst, die auch Europa erreichen können, und Terrorgruppen einen rechtsfreien Raum verschafft.

Die Lösung muss sein, aus dem Fehler der Vereinigten Staaten zu lernen, die im Februar 2020 ihren Rückzug aus Afghanistan nicht an Bedingungen geknüpft hatten. Jede einzelne Finanzhilfe muss daher an konkrete Konditionen geknüpft werden, etwa an praktische Schritte bei der Schulbildung der Mädchen oder an die Freiheit der Frauen, zu arbeiten, bevor weitere Hilfen ausbezahlt werden. Mit bedingungslosen Hilfen würde der Westen nur einen Staat stabilisieren und anerkennen, der seinen Werten diametral entgegensteht.

Ein solches Quidproquo, bei dem die Taliban für Hilfen eine Gegenleistung erbringen, könnte einen stabilen Rahmen für einen innerislamischen Dialog schaffen, der die Taliban zur Vernunft bringt. Der Erfolg eines solchen Dialogs wäre auch im Interesse des

Westens. Denn die Taliban werden auf absehbare Zeit der wichtigste afghanische Akteur bleiben. Solange sie mit dem Rücken zur Wand stehen, werden sie jedoch nicht gegen die militanten Gruppen vorgehen, die zwar für den Westen eine Gefahr sind, nicht aber für die Taliban selbst.

Die Rückkehr der Taliban an die Macht ist ein Pyrrhussieg: Die Zurückhaltung der westlichen Geldgeber beschleunigt den freien Fall der afghanischen Wirtschaft, und die Taliban sind zu schwach, um das Sicherheitsvakuum zu füllen, das mit dem US-amerikanischen Rückzug entstanden ist und das Terrorgruppen wie der „Islamische Staat Provinz Khorasan" (ISPK) und Al-Qaida nutzen können. Insbesondere der ISPK hat ja die Taliban zu seinem Feind erklärt und bekämpft sie. China und Russland wollen weder das Sicherheitsvakuum füllen noch massive Wirtschaftshilfe leisten. Jedoch will China Afghanistan in seinen Orbit ziehen, um die Vereinigten Staaten weiter aus Asien zu drängen. Im Great Game um Afghanistan hat eine neue Runde begonnen, dieses Mal mit mehr als zwei Mächten. Das Land bleibt Schauplatz internationaler Konflikte. Scheitert Afghanistan, bedroht es den Westen – durch Terrorismus und durch Flüchtlinge. Der Westen wird sich auch nach seinem Rückzug mit Afghanistan beschäftigen müssen.

***

Rainer Hermann ist Mitglied der Politischen Redaktion der F.A.Z.

Auszug aus: Rainer Hermann: Afghanistan verstehen. Geografie, Geschichte, Glaube, Gesellschaft. Klett-Cotta, Stuttgart 2022.

Erschienen in der F.A.Z. vom 30.05.2022, Seite 6

Jenseits von Eden

Androhung und Ausübung von Gewalt sind aus Sicht des christlichen Glaubens strikt an die Aufgabe gebunden, für Recht und Frieden zu sorgen. Dabei muss sich christlich gegründetes Handeln an Jesu Rede vom Reich Gottes und seiner Vision einer besseren Gerechtigkeit messen lassen

Dr. h. c. Annette Kurschus

„Ach, Gott, wolltest du doch den Frevler töten! Dass doch die Blutgierigen von mir wichen!": So bricht es voller Wut und Verzweiflung aus dem Menschen heraus, der in Psalm 139 betet. Zuvor hat dieser Mensch mit anrührenden Worten über den Schutz und die Treue Gottes gestaunt: „Von allen Seiten umgibst du mich!" Der Wutausbruch mit seinen Rachegedanken wird in christlichen Gesang- und Gebetbüchern meist weggelassen. Darf so etwas sein – mitten im Gebet? Befremdlich eng treten hier Gott und Gewalt in Beziehung, erschreckend nah und brenzlig. Gott sollte doch lieber als der große Unparteiische über den Dingen schweben. Indes, man muss es sich leisten können, den strafenden Gott und den eigenen Hass und die eigenen Vergeltungswünsche gegenüber anderen auf Distanz zu halten. Dies geht umso leichter, je weiter und sicherer man selbst von brutalem Unrecht und blanker Gewalt entfernt ist.

Zum Realitätssinn der Bibel gehört es, Gewalt und Unrecht offen und nüchtern in den Blick zu nehmen und die eigene Empörung über diejenigen, die sie verüben, ungeniert zur Sprache zu bringen. Doch das ist nur die eine Seite der biblischen Botschaft. Denn zu ihr und zu der Friedenskraft des Glaubens gehört auch die Gewissheit, den eigenen Aggressionen und den rachedurstigen Gedankenkreisläufen nicht gänzlich ausgeliefert zu sein. Das biblische Gebet endet mit einem hoffnungsvollen Perspektivwechsel: „Erforsche mich, Gott, und erkenne mein Herz; prüfe mich und erkenne, wie ich's meine. Und sieh, ob ich auf bösem Wege bin, und leite mich auf ewigem Wege."

Indem der betende Mensch sich an Gott wendet, distanziert er sich von seinen Affekten. Der unmittelbare Impuls zur Vergeltung verwandelt sich in das, was von Christinnen und Christen in kontroversen Situationen gefordert ist: die ethische Reflexion, aus der verantwortliches Handeln entspringt. Solche Reflexion ist auch im Blick auf den Krieg in der Ukraine gefragt. Der russische Angriff hat Gewalt entfesselt und tut dies täglich neu. Die Bilder, die uns erreichen, rufen stumme Verzweiflung hervor und gerechten Zorn. Was da geschieht, fordert akut zum Handeln auf – und nicht weniger unmittelbar zum besonnenen Nach- und Weiterdenken.

Dieser Krieg hat das sicherheitspolitische und friedensethische Denken in Deutschland verändert. Er nötigt uns zu fragen, ob und wie einem Aggressor Einhalt zu gebieten ist, der das Recht mit Füßen tritt, sowohl die internationale Ordnung als auch die Rechte der Einzelnen. Die Berichte über die russischen Kriegsverbrechen sind erschütternd. Zum Entsetzen darüber tritt die Sorge, dass dieser Krieg, der trotz aller weltweiten Erschütterungen bislang ein regionaler Krieg ist, in eine weltweite Auseinandersetzung münden könnte, womöglich unter Einbeziehung nuklearer Waffen.

Die Christen haben sich nach den Erfahrungen der Gräueltaten des Nationalsozialismus und der Exzesse des Zweiten Weltkriegs um weltweite Verständigung untereinander bemüht. „Krieg soll nach Gottes Willen nicht sein", lautete die klare Botschaft der Gründungsversammlung des Ökumenischen Rats der Kirchen 1948 in Amsterdam. Dabei konzentrierte sich die Debatte darauf, die Lehre vom „gerechten Krieg" weiterzuentwickeln. Mit ihr sollte ein Fundament gefunden werden für die Ächtung des Einsatzes von Atomwaffen. Zugleich sollte sie ex post eine Legitimation liefern für den Kampf der Alliierten gegen Hitlerdeutschland und seine Verbündeten angesichts der hohen Zahl ziviler Opfer bis hin zu den Atombombenabwürfen auf Hiroshima und Nagasaki. Rückblickend wird zudem deutlich: Es ging auch um Begründungsstrategien, um den stalinistischen Kommunismus einzudämmen.

Später fokussierte sich die friedensethische Diskussion darauf, ob es angesichts der Möglichkeit eines Atomkrieges überhaupt noch eine ethische Rechtfertigung militärischer Gewalt geben könne oder ob nicht konsequente Gewaltlosigkeit und die Ablehnung jedweder Form von Bewaffnung die gebotene Option für Christinnen und Christen seien.

Diese leidenschaftlich geführte Auseinandersetzung wirkt bis in die heutigen innerkirchlichen Suchbewegungen nach. Sie fand einen gemeinsamen Nenner in der Einsicht: Für beide Optionen gibt es gute Gründe. Mitarbeit in der Bundeswehr und Verweigerung des Kriegsdienstes, Rüstung und zivile Friedensarbeit kamen als gleichberechtigte, komplementäre Handlungsweisen in den Blick. Diese Sichtweise stand auch am Ende der intensiven friedensethischen Auseinandersetzungen der 1980er-Jahre, die sich an dem NATO-Doppelbeschluss entzündet hatten.

Auf den ersten Blick mag die Rede von den komplementären Handlungsweisen wie ein lauer Kompromiss wirken, wie ein unentschiedenes Zaudern. Doch diese zunächst in den Heidelberger Thesen von 1959 entwickelte Position hat theologische Tiefe. Sie gibt einer skeptischen Sicht auf den Menschen Raum, seinem Unwillen zum Frieden, seiner Angst, zu kurz zu kommen, seiner düsteren Lust an Unrecht und Gewalt. In den ersten elf Kapiteln der Bibel – der sogenannten Urgeschichte – ist davon eindrücklich die Rede, wenn vom Verlust des Paradieses, vom Brudermord Kains und von der Sintflut erzählt wird. Und: Diese Position nimmt die verwandelnde Kraft des Evangeliums ernst. Sie traut den Verheißungen Jesu zu, die Welt und das Miteinander der Menschen zu verändern. Und zwar täglich neu, auch wenn die Lage noch so ausweglos erscheint. Beide Aspekte verweisen aufeinander. Sie können und dürfen nicht gegeneinander ausgespielt werden.

Schon 1937 hatte die Kirchenkonferenz von Oxford, eine wichtige Station der ökumenischen Bewegung, bei der Suche nach einer internationalen Verständigung angesichts wachsender Spannungen formuliert: „Die Kirche Christi, die ihre Glieder in allen Völkern hat, [muss] den Krieg ohne Vorbehalt und ohne Einschränkungen verurteilen." Denn „Krieg ist immer Folge und Ausbruch der Sünde". Beides, die Verurteilung des Krieges und das Eingeständnis der Sündhaftigkeit des Menschen, die „jenseits von Eden" bittere Realität ist, stehen nach christlicher Überzeugung nebeneinander.

Sie beschreiben die Spannung, die aktuell viele Menschen in unserem Land und in unserer Kirche bedrückt. Auch in mir ist diese Zerrissenheit. Ich kann einen Krieg grundsätzlich nicht gutheißen, auch keinen Verteidigungskrieg, auch keine Waffenlieferungen. Ich kann sie allenfalls als unvermeidlich anerkennen, als geringeres Übel für vertretbar halten. Es ist geboten, der Sünde in Form von brutaler Gewalt und verbrecherischem Unrecht entgegenzutreten. Die Hilfe für Menschen in höchster Not, gerade auch für die Schwachen, fordert, Angriffe auf ihr Leben, ihre Würde und ihre Freiheit nicht tatenlos hinzunehmen.

Unmissverständlich hält deshalb die Barmer Theologische Erklärung von 1934, das prominenteste Dokument des protestantischen Widerstandes gegen den Nationalsozialismus und einer Neuorientierung evangelischer Ethik im 20. Jahrhundert, fest: Der Staat hat nach Gottes Anordnung die Aufgabe, „in der noch nicht erlösten Welt, in der auch die Kirche steht, nach dem Maß menschlicher Einsicht und menschlichen Vermögens unter Androhung und Ausübung von Gewalt für Recht und Frieden zu sorgen. Die Kirche erkennt in Dank und Ehrfurcht gegen Gott die Wohltat dieser seiner Anordnung an. Sie erinnert an Gottes Reich, an Gottes Gebot und Gerechtigkeit und damit an die Verantwortung der Regierenden und Regierten."

Androhung und Ausübung von Gewalt sind demnach kein Selbstzweck. Sie unterliegen klaren Kriterien, und sie haben klare Grenzen. Staatliches Handeln ist gleichermaßen ermächtigt und begrenzt dadurch, dass Menschen den Erfolg ihrer Kalküle und Handlungen nicht per se garantieren können und dass menschliches Wissen und Erkennen per se endlich sind. Wir müssen handeln – und wissen zugleich, dass wir vieles nicht bis ins Letzte einschätzen können und manches erst hinterher wissen werden.

Zu Beginn des Krieges in der Ukraine war dieser Umstand mit Händen zu greifen. Als der Autokrat im Kreml sämtliche Grundfesten internationaler Politik und Zusammenarbeit skrupellos eingerissen hatte, gaben Politikerinnen und Politiker ihre Betroffenheit und Ratlosigkeit darüber offen zu. Derzeit dagegen dominieren im Brustton der Überzeugung vorgetragene moralische und politische

Gewissheiten über das, was zu tun und zu lassen sei. Dabei sind Nichtwissen und Kontingenz gerade in Kriegszeiten stetige Begleiter politischen Handelns. Dies eingestehen zu dürfen unterscheidet demokratisch legitimierte Politik von autokratischer Kraftmeierei.

Androhung und Ausübung von Gewalt sind aus Sicht des christlichen Glaubens strikt an die Aufgabe gebunden, für Recht und Frieden zu sorgen. Dabei muss sich christlich gegründetes Handeln an Jesu Rede vom Reich Gottes und seiner Vision einer besseren Gerechtigkeit messen lassen. Dieser doppelte Maßstab ist der Kompass, mit dem Christinnen und Christen Politik gestalten. Sie verfügen keineswegs über ein Wissen, das es ihnen erlauben würde, einzelne politische Optionen direkt aus der Bibel abzuleiten oder gar zum Willen Gottes zu erklären. Jedoch gibt der Kompass Orientierung und weist den Weg, indem er uns zumutet, stets aufs Neue abzuwägen. Er verlangt, immer neu auszuloten, wie tatkräftiges Eintreten für das Recht und die Würde von Menschen in Not balanciert werden kann mit dem nachhaltigen Einsatz für Frieden. Das ist mühsam! Denn in dieser unauflösbaren Spannung gibt es oft kein eindeutiges „Richtig" oder „Falsch". Dies zu erkennen und auszuhalten ist eine schmerzliche Lektion, die auch ich persönlich in diesen Wochen täglich zu buchstabieren habe.

Christliche Ethik kann und darf politische Entscheidungen nach der Maßgabe der Vernunft nicht vorwegnehmen oder ihnen ihre politische Verantwortung abnehmen. Aber sie kann und muss immer wieder kritisch fragen, ob und wie die Lieferung und der Einsatz von Waffen tatsächlich dem Schutz der Menschen und ihrer Rechte gelten oder ob es nicht doch darum geht, einer bestimmten Sicht auf das Zusammenleben, einem Blick auf die Geschichte, materiellem Gewinn oder geostrategischen Vorteilen zur Durchsetzung zu verhelfen.

Es ist bedrückend und empörend, wenn der orthodoxe Patriarch von Moskau einen Angriffskrieg als legitimes Mittel darstellt, um seine Auffassung des Christentums und seine Sicht der Geschichte gegen die Bedrohung durch die Ukraine und den Westen zu verteidigen. Es ist aber auch Skepsis geboten, wenn der Krieg in der Ukraine spiegelbildlich als Verteidigung westlicher Werte idealisiert wird. Auch hier ist eine geschichtstheologische Überhöhung des Krieges nicht fern. Es muss darum gehen, das Recht der Einzelnen auf ein Leben in Freiheit und Würde zu verteidigen. Verteidigt werden muss deshalb auch die Souveränität des Staates, der dieses Recht schützt und garantiert. An diesem Ziel ist alles Handeln immer wieder zu prüfen.

Das biblische Gebot der Feindesliebe geht bemerkenswert realistisch davon aus, dass es Verfeindung gibt, misst ihr aber keinen absoluten Rang zu. Feindschaft kann überwunden werden. Die Stimmen des Glaubens und der Kirche werden daher im politischen Diskurs immer vor überpointierter Rhetorik und vorschnellen Verurteilungen warnen. Es stimmt: Die Verteidigung von Freiheit und Recht ist einen engagierten Streit wert. Aber dieser Streit muss sich unterscheiden von der Logik machtvoller Überwältigung, bösartiger Unterstellung und hasserfüllter Abwertung von Andersdenkenden. Und allemal muss sich die Sprache frei halten von Dämonisierungen und Entmenschlichungen. Man muss nicht zum Heiligen werden, um das eigene Leben, die eigene Freiheit und die seiner Lieben verteidigen zu dürfen. Und man wird nicht zum Teufel, wenn man – verbohrt und verführt, machtverstrickt und verirrt, dumm und in Böses verliebt – über die Freiheit, das Recht und das Leben des Nächsten herfällt. Man bleibt auch dann noch Mensch. Das ist unser Elend, und das ist unsere Würde.

Im innersten Kern der christlichen Rede vom Menschen als Sünder liegt die Erinnerung an seine unverlierbare Würde als Geschöpf Gottes. Wer von der grundsätzlichen Sündhaftigkeit des Menschen ausgeht, rechnet mit der Realität von Unheil und Bosheit. Dadurch werden keineswegs alle Katzen grau. Damit geht auch nicht die Unterscheidung von Tätern und Opfern verloren. Im Gegenteil. Wer von menschlicher Verstrickung in Sünde spricht, gesteht ein, dass Menschen vor Gewalt und Unrecht geschützt werden müssen. Umgekehrt rechnet er damit, dass solcher Schutz und alle Hilfe zur Verteidigung ebenso mit Gewalt verbunden sind und in Gefahr stehen, Leid zu verursachen und sich schuldig zu machen.

So unzweifelhaft und eindeutig der verbrecherische Angriff der russischen Seite zuzuschreiben ist, so untröstlich müssen

Christinnen und Christen sein und bleiben über alle Verletzten, über jeden Toten, über jede verwitwete Mutter, über jedes verwaiste Kind auf beiden Seiten.

Der christliche Glaube weiß, wie buchstäblich not-wendig Vergebung und Versöhnung sind. Niemals können sie über die Köpfe der Leidtragenden hinweg bestimmt oder gar verordnet werden. Christinnen und Christen fragen daher beharrlich nach dem Ziel aller – auch militärischer – Bemühungen um Freiheit und Recht. Neben dem Schutz vor Gewalt und neben der Abwehr von Unrecht werden sie stets auch deren Überwindung anmahnen. Sie können sich nicht damit begnügen, dass Siege errungen oder Niederlagen verhindert werden. In der Nachfolge Jesu von Nazareth werden sie so nüchtern wie eindringlich daran erinnern: Die Logik der Gewalt kommt von selbst nicht zum Stillstand. Denn „wer das Schwert nimmt, wird durch das Schwert umkommen" (Matthäus 26, 52).

Was wiedergewonnen werden muss – und einzig im Wortsinne gewonnen werden kann! –, ist der Friede. Wenn es in hoffentlich nicht allzu ferner Zeit darum gehen wird, das Schweigen der Waffen in Frieden zu verwandeln, brauchen wir dabei die zivile Friedensarbeit als unabdingbares Fundament. Hier sehen sich die Kirchen, hier sieht sich auch die EKD in besonderer Weise in der Pflicht. Wir werden anknüpfen können an die Erfahrungen und Konzepte, die wir in den vergangenen Jahrzehnten gesammelt haben, und wir werden die Brücken nutzen, die in unermüdlicher Versöhnungsarbeit auch nach Russland gebaut worden sind. Diese Brücken gilt es auch jetzt – unter äußerst schwierigen Bedingungen – zu pflegen und zu stärken.

Die Demokratiedenkschrift der EKD aus dem Jahr 1985 stellt neben der Sündhaftigkeit des Menschen die Selbstzurücknahme und Selbstkorrektur staatlichen Handelns in den Mittelpunkt: Weil die staatliche Ordnung immer durch Menschen gebildet ist und diese immer auch problematischen und destruktiven Neigungen verfallen können, muss es die Verfassung ermöglichen, Macht zu beschränken. Demokratie versteht sich als die Institutionalisierung von Prozessen der Abwägung und der Kompromisssuche.

Das gilt in besonderer Weise für so weitreichende Entscheidungen wie die der Beteiligung an bewaffneten Konflikten oder über den

Export von Waffen. Zum Wesen der Demokratie gehört, dass solche Fragen kontrovers und auch öffentlich diskutiert werden können. Denn die Entscheidung, selbst Konfliktpartei zu werden, und sei es auch nur indirekt, muss von einer breiten Basis getragen sein.

Die Friedensdenkschrift der EKD aus dem Jahr 2007 nimmt die Gedanken der Selbstzurücknahme und Selbstkorrektur auf, wenn sie die Bedeutung des Rechts für den Frieden betont. Denn das Recht umschreibt die Grenzen der Machtausübung und sichert einen Raum der Freiheit, in dem Einzelne sich entfalten können – im nationalen wie im internationalen Bereich. Dabei wird nicht – wie gegenwärtig bisweilen behauptet – einer radikalpazifistischen Position das Wort geredet. Der Einsatz rechtserhaltender Gewalt nach den Regeln des Völkerrechts wird in der Denkschrift explizit angesprochen und für notwendig erachtet.

Allerdings müssen wir rückblickend feststellen: Die Besonderheiten des Völkerrechts gerade im Blick auf die Rechtsfindung und Rechtsdurchsetzung sind in der Denkschrift nicht ausreichend berücksichtigt. Das Völkerrecht ist, mehr noch als das nationale Recht, immer ein Spiegel politischer Interessen und Machtverhältnisse. Es fehlt eine Instanz, die die verbindliche Auslegung feststellt und vor allem auch durchsetzen kann. Putins offenkundiger Rechtsbruch zeigt es deutlich: Es reicht für eine Ethik internationaler Beziehungen nicht aus, eine Vorstellung der internationalen Ordnung für universal gültig zu erklären.

Nach dem Ende des kolonialen Zeitalters ist deutlich geworden, dass sich die weltanschaulichen und ethischen Grundsätze, die der UN-Charta als dem Fundament des Völkerrechts zugrunde liegen, nicht ohne Weiteres für alle Länder verbindlich erklären lassen. Hier setzt die Kritik an, die verschiedene Staaten an der einseitigen Interpretation der internationalen Ordnung durch die Länder des Westens üben. Die Kritik wird dadurch verstärkt, dass die militärischen Ressourcen, die für eine rechtserhaltende Gewalt auch unter dem Mandat der Vereinten Nationen notwendig wären, letztlich nur von Nationalstaaten aufgebracht werden können und allzu oft – durchaus mit besten Absichten – von den Staaten des Westens zur Verfügung gestellt werden. Aktuelle Friedensethik wird zu bedenken haben, was diese Kritik für die Zukunft einer Ethik internationaler Beziehungen bedeutet.

Im Zentrum einer solchen Ethik internationaler Beziehungen, die den Aspekt der internationalen Gerechtigkeit ebenso umfasst wie Fragen der Verteidigung, muss daher der Gedanke der Abwägung und Kompromisssuche stehen. Also das, was im nationalen Kontext demokratische Ordnungen erbringen und was die Barmer Theologische Erklärung als „Maßgabe menschlicher Einsicht" im Sinne eines realistischen Blicks auf die Wirklichkeit vor Augen hat.

Dabei gilt es, unterschiedliche Ebenen zu beachten, die der politischen Zwecke, der strategischen Ziele und der einzelnen operativen Maßnahmen. Es spricht viel dafür, die gemeinsamen Grundlagen minimalistisch zu formulieren. Nur so kann vermieden werden, eine Auffassung absolut zu setzen.

Dennoch: Im Sinne der Rede Jesu von einer besseren Gerechtigkeit kann dies für die christliche Ethik immer nur ein vorläufiger Zustand sein, eine vorübergehende Station auf dem Weg hin zu einem Zusammenleben in Frieden. Daher werden Christinnen und Christen sich nicht zufriedengeben mit dem Status quo, sie werden das scheinbar Selbstverständliche immer wieder hinterfragen. Nicht weil sie es besser wüssten oder besser könnten, nicht weil sie die besseren Politikerinnen und Politiker wären. Sie geben sich nicht zufrieden, weil sie von einer Hoffnung erfüllt sind, die über das Vorfindliche und über alles Menschmögliche hinausgeht. In der gegenwärtigen Situation, die ganz auf das Recht auf Selbstverteidigung fixiert ist, obliegt es ihnen, nach den Grenzen dieses Rechts zu fragen, nach den Grenzen rein militärischer Gewinn-und-Verlust-Rechnungen und auch nach den Grenzen legitimer Nothilfe.

Die ethische Tradition hat dazu den Grundsatz der Verhältnismäßigkeit der Mittel ausgebildet. Daher gilt es sorgsam abzuwägen, ob die Grenze überschritten ist, an der auch die Legitimität der Selbstverteidigung erlischt. Eine solche Grenze zu ermitteln ist äußerst anspruchsvoll. Auf keinen Fall darf es über die Köpfe der unmittelbar Betroffenen hinweg geschehen. Allerdings macht gerade der Ukrainekrieg deutlich, dass über die Kriegsparteien hinaus die internationale Staatengemeinschaft in zunehmendem Maße mitbetroffen ist. In jedem Fall aber führt der Einsatz von

Massenvernichtungswaffen den Gedanken der Selbstverteidigung ad absurdum und stellt somit eine ultimative Grenze für jede Nothilfe dar.

Das bedeutet nicht, jeder Drohung mit dem Einsatz von Atomwaffen sei umstandslos nachzugeben. Christliche Ethik muss darauf dringen, auch die verheerenden mittelbaren Folgen mit einzubeziehen, wenn etwa durch das Zerbrechen von Versorgungsketten Hunger und Leid auch in Regionen der Erde drohen, die nicht unmittelbar vom Krieg betroffen sind.

Unsere eigene Sicht ist begrenzt. Diese schlichte Erkenntnis bewahrt auf heilsame Weise vor Selbstüberschätzung. Hoffentlich bewahrt sie auch davor, die eigene Perspektive absolut zu setzen, denn das würde schnell zur Quelle von Aggression und Gewalt. Wenn der christliche Glaube von der Erlösungsbedürftigkeit des Menschen spricht, dann bringt er diesen problematischen, destruktiven Zug menschlicher Existenz zum Ausdruck. Zugleich vertraut er der Kraft, die das Böse zu überwinden vermag.

Es gilt, Freiheit und Recht mit größter Entschiedenheit zu verteidigen, mit wachem Sinn für die Gefährdungen aller Verfeindungsprozesse und mit offenem Blick für die unausgeschöpften Möglichkeiten des Friedens. Gleichermaßen illusionslos wie hoffnungsvoll bewegt der christliche Glaube dazu, sich für den Frieden einzusetzen und den Hass zwischen Nationen und Völkern zu überwinden. Die Bergpredigt Jesu hält zuversichtlich und unbeirrt fest: „Selig sind, die Frieden stiften, denn sie werden Gottes Kinder heißen."

***

Annette Kurschus ist seit 2012 Präses der Evangelischen Kirche von Westfalen und seit November 2021 zugleich Vorsitzende des Rates der Evangelischen Kirche in Deutschland.

Erschienen in der F.A.Z. vom 07.06.2022, Seite 7

Wie gerecht ist Gleichstellung?

Über einen sprachlich verschleierten, aber politisch relevanten Systemkonflikt – und eine Vision bürgerlicher Politik ohne Tabus

Professor Dr. Andreas Rödder, Dr. Kristina Schröder

Ungleichheit" ist zu einem Schreckgespenst der öffentlichen Diskussion geworden. Bis weit in die Unionsparteien hinein gilt „Ungleichheit" inzwischen als Synonym für „Ungerechtigkeit", obwohl die Unterschiedlichkeit der Menschen nicht nur eine lebensweltliche Selbstverständlichkeit ist, sondern auch ein elementarer Bestandteil des christlichen Menschenbildes.

Seit vielen Jahren kommt als Gegenmittel die „Gleichstellung" zur Anwendung. Sie geht nicht von Individuen aus, sondern von Gruppenzugehörigkeiten nach Geschlecht, Herkunft oder sexueller Orientierung. Und sie zielt auf Ergebnisse: die Verteilung von Positionen, Ämtern oder Gütern nach Quoten und Proporz. Im Endeffekt zielt Gleichstellung damit auf eine neue ständisch gegliederte Gesellschaft.

Die ständische Gesellschaft war die Organisationsform der Vormoderne. Im 19. Jahrhundert wurde sie von der bürgerlichen Gesellschaft abgelöst, die ein anderes Versprechen mit sich brachte: Nicht länger sollten Herkunft oder Gruppenzugehörigkeit für die soziale Position der Menschen entscheidend sein, sondern ihre individuelle Leistung und ihre freie Entscheidung. Das hieß vor allem: Bildung und Beruf. So entstand die Leistungs- und Wettbewerbsgesellschaft, die erst die Dynamik, den Erfindungsreichtum und den Wohlstand moderner Gesellschaften möglich machte.

Gerechtigkeit sah diese bürgerliche Gesellschaft nicht in der Repräsentation von Gruppen, sondern in den Chancen für Individuen, ihre Talente zu entfalten und zur Geltung zu bringen. „Vom Tellerwäscher zum Millionär" lautete diese Vision in der US-amerikanischen Zuspitzung – und zeigte zugleich zweierlei: Der individuelle Erfolg, der den sozialen Unterschied macht, wird gewollt. Zugleich ist die Vision immer ein Ideal, das sich nie vollständig realisieren lässt und das in seiner Realität immer wieder infrage gestellt werden muss.

In den USA des 21. Jahrhunderts wird soziale Position in hohem Maße vererbt. Mittelschichtenfamilien schicken ihre Kinder auf Elitehochschulen, über deren Prestige und über deren Netzwerke Karrieren vorgezeichnet werden. Und auch in Deutschland hängt Bildungserfolg inzwischen in deutlich höherem Maß von der sozialen Herkunft ab, als es dem bürgergesellschaftlichen Ideal lieb sein kann.

Bevor dies zu pauschal beklagt wird, ist allerdings zu bedenken, dass die Bundesrepublik dabei auch Opfer des eigenen Erfolgs geworden ist. Die Bildungsreformen der 1960er- und 1970er-Jahre in Westdeutschland folgten dem Versprechen vom „Aufstieg durch Bildung". Um Bildungsmöglichkeiten zu schaffen, wurden vor Ort höhere Schulen gebaut und die Zulassungshürden gesenkt. Der Sozialaufstieg durch Bildung wurde zu einem Generationenprojekt von jungen Menschen, die als Erste ihrer Familie Abitur machten, studierten und in gut bezahlte Positionen aufrückten. Die Bildungsreformen und die damit verbundene Verbreiterung der Mittelschichten wurden zu der Erfolgsgeschichte der alten Bundesrepublik schlechthin.

Damit geriet die Gesellschaft zugleich in eine sozialstatistische Falle: Die Tochter eines Universitätsprofessors, der aus nichtakademischen Verhältnissen stammt und damit seinen Sozialaufstieg geschafft hat, kann ihrerseits sozial gar nicht mehr aufsteigen, weil eine Professur als Bildungskategorie an der Spitze der sozialstatistischen Pyramide steht. Die Tochter kann also viel klüger, erfolgreicher und berühmter werden als ihr Vater – statistisch wird sie höchstens als Seitwärtsbewegung geführt und gilt damit als ausgebliebener Sozialaufstieg.

Abgesehen von diesen paradoxen Effekten hatten die Bildungsreformen allerdings auch ihre handfesten Blindstellen: Sie richteten sich – seinerzeit sprichwörtlich – an das katholische Mädchen aus der Eifel, das die Chancen nutzte, die das neu gebaute Gymnasium eröffnete. Profitiert haben von den Bildungsreformen vor allem die deutschen Mittelschichten und hier insbesondere die Mädchen, sehr viel weniger hingegen Unterschichten und Migranten. Sie haben von den Bildungsreformen und ihren Möglichkeiten in sehr viel geringerem Maße profitiert.

Denn weithin bestehen Barrieren fort, die Angehörige der Mittelschichten zumeist gar nicht wahrnehmen: Mittelschichten gehen oft selbstverständlich davon aus, dass auf die Schule das Studium folgt. Sie zeigen ihren Kindern unterschiedliche Studienorte, können sie beraten und kennen die Tricks und Kniffe, wie man sich um Stipendien bewirbt. Nichtakademische Familien stehen langen brotlosen Studienjahren oft skeptisch gegenüber, haben oftmals kein Geld, um sich verschiedene Studienorte anzusehen, sie wissen nichts über Stipendienmöglichkeiten, und wenn das Bafög verspätet bewilligt wird, ist das ein Existenzproblem für ein Studium.

Hinzu kommen die vererbten Hartz-IV-Biographien und verfestigte kulturelle Barrieren gegenüber Bildung und Leistung, die Kinder nur mit beachtlichem Eigenantrieb überwinden können – zumal dann, wenn sie die einschlägigen Vornamen tragen und mit der entsprechenden Sozialisierung in die Schule kommen.

Zwar kann man heute völlig zu Recht sagen, die Chancen, Abitur zu machen, seien für alle so groß wie noch nie. Aber es sind oftmals formale Chancen, die mit dem indischen Wirtschaftswissenschaftler Amartya Sen zu Recht von realen Chancen unterschieden werden müssen. Sen meint damit Chancen, die nicht nur auf dem Papier stehen, sondern tatsächlich genutzt werden können. Es sind diese realen Chancen, die in unterprivilegierten Milieus fehlen.

Das ist ein fundamentales Problem für ein bürgerliches Gerechtigkeitsverständnis, das Ungleichheit dann akzeptiert, wenn sie auf freien Entscheidungen oder unterschiedlichen Leistungen beruht. Diese legitime Ungleichheit der Ergebnisse erfordert aber die Gleichheit der Voraussetzungen.

Nun wird sich die Ungleichheit von Startchancen nie ganz verhindern und nivellieren lassen. Dass das Professorenkind am Familientisch mit Bildungsinhalten aufwächst, ließe sich nur durch ein Modell verhindern, in dem Kinder frühzeitig und vollständig ihren Eltern entzogen würden. Solch totalitäre Modelle haben nicht einmal in totalitären Systemen funktioniert. Aber es geht nicht um Schwarz-Weiß-Lösungen. Als ländliche Mittelschichtenkinder in den Achtzigerjahren an die Universität kamen, mochten sie städtischen Kindern aus dem Bürgertum an materiellem und kulturellem Kapital unterlegen sein. Aber diese Unterschiede ließen sich überwinden und hinderten aufstiegswillige junge Menschen nicht an der Verwirklichung ihrer Chancen. Insofern waren die Startbedingungen zwar nicht gleich, aber fair.

In diesem Sinne muss es einer zukunftsorientierten bürgerlichen Politik im Sinne der Gerechtigkeitstheorie von John Rawls darum gehen, die Ungleichheit der Startchancen so einzuhegen, dass allen eine faire Chance und ebenso der Zugang zu Positionen und Ämtern offenstehen.

Der Schlüsselbegriff im Sinne realisierbarer Zugänglichkeit ist dabei Fairness. Sie ist die Grundlage für die Anforderung der Selbstverantwortung und ein gelebtes System der Subsidiarität. Und sie ist die Grundlage für die Selbstachtung der Beteiligten. Denn während die Erfahrung der Chancenlosigkeit zu verfestigter Frustration führt, kann die Nutzung fairer Chancen ein Selbstwertgefühl erzeugen, das in die eigene Peergroup und in die gesamte Gesellschaft ausstrahlen kann: Seht her, was wirklich möglich ist!

Die bürgerliche Alternative zu einer Politik einer Gleichstellung, die Ergebnisse durch permanente Interventionen herstellt, ist eine Offensive, die „echte Chancen" für buchstäblich alle schafft, nicht nur für eine eigene soziale Klientel. So könnte eine der größten Erfolgsgeschichten der alten Bundesrepublik unter den Bedingungen der 2020er- und 2030er-Jahre mit neuem Leben erfüllt werden. Dabei sollte es nicht mehr im engeren Sinne um „Aufstieg durch Bildung" gehen, da dies allzu sehr nach der enggeführten Einbahnstraße mit den Wegmarken Gymnasium – Abitur – Studium – akademischer Beruf klingt. Die Chancenoffensive sollte breiter angelegt sein und eine Vielzahl von Wegen eröffnen.

Es geht nicht nur um „Aufstieg" im sozialstatistischen Sinne, sondern um erfolgreiche Lebensgestaltung. Und es geht nicht nur um akademische Bildung, sondern um Qualifikation beziehungsweise um qualifizierte Berufe überhaupt: Handwerker und Start-up-Unternehmer, Pfleger und Professoren.

Eine solche Chancenoffensive beginnt mit der nötigen Sensibilität für jene niedrigschwelligen Barrieren, die akademische Mittelschichten (und damit: die öffentlichen und politischen Eliten) allzu schnell übersehen: Verfestigte Benachteiligungen müssen aufgebrochen und gerechtere Chancen eröffnet werden. Mit den Rezepten der Bildungsreformen vor 50 Jahren und dem Vertrauen auf das Eigenengagement des katholischen Mädchens aus der Eifel ist es nicht getan. Nötig ist vielmehr ein proaktives staatliches Empowerment.

Eine solche Chancenpolitik muss aktiv auf unterprivilegierte Milieus zugehen. Sie bezieht die Familien mit ein und setzt auf Paten und Mentoren, Angehörige der Mehrheitsgesellschaft und – besser noch – Peers aus der eigenen sozialen Gruppe, die ihre Chancen selbst aktiv genutzt haben und die als Vorbilder dienen können. Eine vorbildliche Einrichtung ist etwa das „Diesterweg-Stipendium für Kinder und ihre Eltern" der Stiftung Polytechnische Gesellschaft in Frankfurt, das inzwischen bundesweit an verschiedenen Standorten angeboten wird: ein Bildungsstipendium mit Angeboten, das Kindern und Eltern dabei hilft, Zugangsbarrieren zu überwinden. Zwei Migrantenkinder beispielsweise gaben an, sie wollten selbst Lehrer werden, um ihre eigenen Erfahrungen weiterzugeben – so lässt sich ein Rollenmodell bei denjenigen etablieren, denen dies bislang fernlag.

Der Staat darf ein solches Engagement aber nicht allein zivilgesellschaftlichen Organisationen überlassen. Bei der Herstellung von Voraussetzungen ist tatsächlich mehr Staat nötig. Und er darf auch vor Verteilungsfragen nicht zurückschrecken. Wenn solvente Mittelschichten ihre Kinder auf Privatschulen in England oder Amerika schicken oder ihnen die teuersten Vorbereitungskurse zum Aufnahmetest für das Medizinstudium finanzieren, während die untere Hälfte der Gesellschaft verzweifelt gegen die Inflation kämpft, dann sind die fairen Startchancen von vielen gefährdet. Insofern ist die Idee, allen jungen Erwachsenen ein „Grunderbe" zur Verfügung zu stellen, das für Investitionen in die eigene Qualifikation verwendet werden kann, ein durchaus bedenkenswerter Gedanke.

Damit ist eine Debatte über Eigentum und Besteuerung vorgezeichnet – und bürgerliche Politik sollte sie offen und ohne Tabus führen. Denn eine offene bürgerliche Haltung erkennt den Zielkonflikt, der sich mit der zunehmenden Ungleichheit von Vermögen zwischen der Bewahrung des Eigentums auch über die

Generationen und den meritokratischen Prinzipien der Leistungsgesellschaft eröffnet – oder noch einmal mit dem Liberalen John Rawls: Die Ungleichheit der Verteilung von Gütern ist nur dann legitim, wenn sie auch dem am schlechtesten Gestellten nützt.

Dazu aber bedarf es des Ausgleichs durch die institutionelle Ordnung der Gesellschaft, tatsächlich auch der Umverteilung. Bürgerliche Politik setzt dabei aber darauf, Zielkonflikte nicht durch einfache Lösungen und ideologische Einseitigkeiten zu lösen, sondern durch realistische Bestandsaufnahme und differenzierende Abwägung – und durch die Eröffnung von Chancen, von der liberalen Arbeiterbildung bis zur „Vermögensbildung in Arbeitnehmerhand". Nivellierung nach unten allerdings – hier widersprechen wir John Rawls – bringt dabei nie ein Mehr an Gerechtigkeit, sondern lediglich weniger Wohlstand.

Wir brauchen also mehr Staat, um faire Voraussetzungen echter Chancen zu schaffen. Wenn diese Grundlage aber geschaffen ist, dann brauchen wir weniger Staat, mehr Selbstverantwortung – und mehr Akzeptanz unterschiedlicher Ergebnisse. Ungleichheit auf der Grundlage fairer Chancen als Ergebnis unterschiedlicher Leistungen, individueller Präferenzen und freier Entscheidungen ist in der liberalen Gesellschaft gern gesehen – nicht aber die Erfüllung staatlich vorgegebener und quotierter Erwartungshaltungen.

Dieses Prinzip gilt auch in der Geschlechterpolitik. Die Benachteiligung von Frauen ist zu einem verfestigten Narrativ geworden, von der „gläsernen Decke" über „verkrustete Rollenbilder" bis zum Gender-Pay-Gap. Es ist mit zunehmenden Gleichstellungsmaßnahmen und dem beruflichen Aufstieg von immer mehr Frauen in Führungspositionen sogar eher noch stärker geworden – und bekräftigt das von Alexis de Tocqueville schon 1835 erkannte Paradox, dass mit dem Abbau von Ungleichheiten die Sensibilität gegenüber verbliebenen Ungleichheiten zunimmt.

So wird inzwischen die Parität, also die hälftige Vertretung von Frauen gefordert, zum Beispiel in Parlamenten und auf den Landeslisten, die von den Parteien erstellt werden. Was aber wäre ein gerechter Maßstab für Parität? Der Anteil von Frauen an der Bevölkerung oder ihr Anteil an der Mitgliederschaft, weil der Eintritt in eine Partei der freien Entscheidung und keiner

Diskriminierung unterliegt? Können 26,5 Prozent der Mitglieder aufgrund ihres hälftigen Anteils an der Bevölkerung die Hälfte der Listenplätze beanspruchen? Bedeutete dies nicht notwendig, dass die Anforderungen an das unterrepräsentierte Geschlecht deutlich geringer sein müssten, während Männer in ihren Chancen in Zukunft deutlich benachteiligt würden. Sollten nicht mündige Bürger durch ihre Wahl entscheiden können, welche sozialen Gruppen in gewählten Gremien wie vertreten sind?

Die Gerechtigkeitsfrage ist nicht so einfach, wie es pauschale Forderungen nach „Parität" erscheinen lassen. Das gilt auch für den sogenannten Gender-Pay-Gap. So enthalten die statistischen Gesamtgrößen nicht nur Verzerrungen aufgrund von Branchen, Unternehmensgrößen und geleisteten Überstunden, sondern vor allem aufgrund unterschiedlicher biographischer Entscheidungen, die oftmals bereits vor Jahrzehnten getroffen worden sind. Aber auch heute liegt der Männeranteil beim Studium der Elektro- und Informationstechnik bei 84 Prozent. 77 Prozent der Studenten der Germanistik sind Frauen. Rund um die Geburt eines Kindes neigen Frauen nach wie vor deutlich häufiger als Männer dazu, ihre Berufstätigkeit zu reduzieren oder zeitweise aufzugeben. Solange erwachsene Personen frei entscheiden können und unter Abwägung aller Vor- und Nachteile ihr Konzept eines guten Lebens leben, können wir daran nichts Falsches erkennen.

Ungleiche Bezahlung für gleiche Tätigkeit hingegen ist inakzeptabel – daher gibt es sie zum Beispiel im öffentlichen Dienst auch nicht. Mit einer Ausnahme: Mit zunehmender Dienstzeit steigt man in den Erfahrungsstufen auf und verdient für die gleiche Tätigkeit mehr. Ist dieser Pay-Gap zwischen Dienstälteren und -jüngeren legitim oder eine Diskriminierung Jüngerer? Und was ist mit frei verhandelbaren Verträgen: Wenn ein Chefarzt ein höheres Gehalt aushandelt als eine Chefärztin – ist das eine strukturelle Benachteiligung im Sinne des Gender-Pay-Gap? Oder ist es unterschiedliches Verhandlungsgeschick, das keiner staatlichen Regulierung bedarf? Vielleicht hat die Chefärztin in den Verhandlungen auch durchblicken lassen, dass sie weniger als ihr Kollege bereit ist, Überstunden zu leisten, um ihr Kind pünktlich aus dem Kindergarten abzuholen – ist das unter dem Gesichtspunkt der Gerechtigkeit ein Problem?

Und was ist mit den neuen Ungerechtigkeiten, die durch Quoten erzeugt werden – diesmal vonseiten des Staates? Die Frauenquote für Unternehmensvorstände kann dazu führen, dass eine kinderlose Unternehmertochter aus München-Bogenhausen den Vorzug vor einem vierfachen Familienvater mit Migrationshintergrund aus Berlin-Neukölln erhält. Die Chancen eines jungen Mannes können aufgrund offizieller oder inoffizieller Quotenvorgaben über Jahre empfindlich gemindert sein, weil er als Mitglied eines Geschlechterkollektivs für Vorteile in Haftung genommen wird, die andere Mitglieder dieses Kollektivs früher tatsächlich oder vermeintlich hatten – ist das wirklich gerecht? Und wenn Professuren eigens für Frauen ausgeschrieben werden, widerspricht eine solche Maßnahme zugunsten der Geschlechtergerechtigkeit sowohl dem Prinzip der Individualgerechtigkeit als auch den Prinzipien der liberalen Wettbewerbsgesellschaft. Diskriminierung in der Vergangenheit durch Diskriminierung in der Gegenwart zu beantworten, ist die explizite Maßgabe von Ibram X. Kendi, einem der Vordenker amerikanischer Identitätspolitik. Wir halten dies für zutiefst illiberal und ungerecht.

Auch hier gilt: Eine bürgerliche Chancenpolitik will staatsinterventionistischen Dirigismus und Egalitarismus ebenso vermeiden wie ignorante Nonchalance. Vielmehr wird sie aufmerksam und offen prüfen, wo äußere Benachteiligungen reale Chancen einschränken – und das ist öfter der Fall, als man(n) auf den ersten Blick meinen mag. Stereotype, Vorurteile und Rollenmuster spielen ebenso eine Rolle wie eingefahrene Praktiken wie Absprachen auf der Herrentoilette oder Sitzungstermine am Abend, die Mütter (und Väter) benachteiligen. Und wenn Stellenbesetzungen in Orchestern tatsächlich so ausgefallen sind, dass Frauen nach Vorspielen auf offener Bühne viel seltener eine Stelle bekamen als nach Vorspielen hinter einem Vorhang – dann lag hier definitiv eine Benachteiligung vor, wo man allzu schnell gesagt hätte, dass es doch nur um die Sache gehe. Offenbar eben nicht.

Eines aber glauben wir nicht: dass dann, wenn sich Frauen und Männer für traditionelle Rollenverteilungen entscheiden, die Sieger- und die Verliererrolle so eindeutig verteilt ist, wie es das ewige Opferlamento des Feminismus behauptet. Männer machen häufiger

Karriere oder gründen Unternehmen, Frauen verbringen mehr Zeit mit ihren Kindern. Männer verdienen mehr, Frauen sterben seltener im Job. Mütter werden im Fall einer Scheidung häufig mit der Erziehung alleingelassen, getrennten Vätern wird oft der Umgang mit ihren Kindern verweigert. Sowohl die Wahrscheinlichkeit, einen Nobelpreis zu gewinnen, als auch die, obdachlos zu werden, ist für einen Mann deutlich größer als für eine Frau. Und schließlich: Männer sterben früher, Frauen ärmer.

Wer lebt das bessere Leben? Die Antwort hängt von persönlichen Wertmaßstäben ab. Eine liberale Konsequenz kann daher nur sein, faire und reale Chancen zu schaffen und die Freiheitsgrade und Wahlmöglichkeiten für alle Menschen unabhängig von ihrem Geschlecht weiter zu verbessern. Aber auch und gerade in einer utopischen Welt größtmöglicher Freiheit werden sich nach unserer Überzeugung die Lebensverläufe von Männern und Frauen wegen ungleicher Präferenzen immer noch deutlich unterscheiden – und das ist auch gut so.

Eine neue bürgerliche Geschlechterpolitik wird daher proaktiv darauf hinwirken, tatsächlich geschlechtsbedingte Benachteiligungen zu beseitigen. Aber ebenso wird sie Ungleichheit aufgrund unterschiedlicher Leistungen, individueller Präferenzen und freier Entscheidungen akzeptieren – einschließlich der Entscheidungen zugunsten von Karriereverzicht, Teilzeit oder Familienarbeit, statt diese als Ausfluss eines falschen Bewusstseins zu stigmatisieren. Vielmehr handelt es sich dabei um eben jene Vielfalt, die eine bürgerliche Gesellschaft gerade will.

Gleichstellung und Gleichberechtigung stehen für unterschiedliche Gesellschaftsmodelle. Wer Gleichstellung sagt und meint, Gleichberechtigung zu meinen, weil Begriffe doch nicht so wichtig seien, darf sich nicht wundern, wenn hinterher tatsächlich Gleichstellung praktiziert wird. Gleichstellung ist ein dirigistischer Ansatz, der auf kollektive Ergebnisse zielt und persönliche Präferenzen ignoriert: eine neuständische Modellierung nach Gruppen und Quoten, die dann Diversität genannt wird. Gleichberechtigung hingegen setzt auf möglichst gleiche und faire Voraussetzungen, die zu unterschiedlichen, ungleichen Ergebnissen führen: zu einem freiheitlichen Pluralismus, der sowohl dem bürgerlichen Gesellschaftsideal als auch dem christlichen Menschenbild entspricht.

Gleichberechtigung und Pluralismus als gesellschaftspolitische Leitideen im 21. Jahrhundert setzen auf gerechte Chancen und Voraussetzungen für Leistungsbereitschaft und Eigenverantwortung. Eine proaktive Politik für faire Chancen verbindet das bürgerliche Ideal von Erfolg durch Qualifikation mit einer gesamtgesellschaftlichen Innovationsoffensive, um die bürgerliche Leistungs- und Wettbewerbsgesellschaft neu zu beleben. Denn in einem stetig schärfer werdenden Systemwettbewerb des 21. Jahrhunderts werden die westlichen Gesellschaften nur dann bestehen können, wenn sie die Energiequellen ihrer Dynamik und ihres Wohlstands wieder freilegen: die Chancen und die Freiheit der Individuen mit ihren unterschiedlichen Begabungen, ihrer Originalität und ihrer Leistungsfähigkeit.

Sage einer, bürgerliche Politik habe keine Visionen. Es sind keine Ideologien einer neuen Welt, sondern Vorstellungen eines guten Lebens, die faire Voraussetzungen, individuelle Freiheit und Orientierung am Gemeinwohl verbinden.

***

Die CDU-Politikerin **Kristina Schröder** war von 2009 bis 2013 Bundesministerin für Familie, Frauen, Senioren und Jugend.

Andreas Rödder lehrt Neueste Geschichte an der Johannes-Gutenberg-Universität Mainz und lehrt zurzeit als Gastprofessor an er Johns Hopkins-Universität in Washington.

Sie sind Gründungsmitglieder und Leiter der Denkfabrik Republik21.

Erschienen in der F.A.Z. vom 13.06.2022, Seite 6

Ein Mord als Menetekel

Vor hundert Jahren: Das tödliche Attentat auf Reichsaußenminister Walther Rathenau erschüttert die Grundlagen der Weimarer Republik

Professor Dr. Heinrich August Winkler

Es geschah am späten Vormittag des 24. Juni 1922, eines Samstags, in der Königsallee im Berliner Villenviertel Grunewald: Gegen 10 Uhr 45 wurde Reichsaußenminister Walther Rathenau auf der Fahrt im offenen Wagen von seinem Privathaus ins Auswärtige Amt von zwei Personen, die mit ihrem Mercedes sein Fahrzeug überholten, durch Schüsse aus einer Maschinenpistole ermordet. Rathenau war zum Zeitpunkt seines Todes 54 Jahre alt. Personenschutz hatte er sich, trotz Warnungen und Todesdrohungen, nachdrücklich verbeten.

Das Attentat war nicht das erste, sondern eines in einer ganzen Reihe von Anschlägen auf Repräsentanten der Republik. Vorausgegangen waren unter anderem die Ermordung des bayerischen Ministerpräsidenten, des Unabhängigen Sozialdemokraten Kurt Eisner, durch einen adligen Nationalisten im Februar 1919, der tödliche Anschlag auf den ehemaligen Reichsfinanzminister Matthias Erzberger vom katholischen Zentrum im August 1921 durch Angehörige der rechtsradikalen Organisation Consul, kurz „O.C." genannt, und ein von derselben Terrorzentrale in Auftrag gegebenes fehlgeschlagenes Blausäureattentat auf einen prominenten Sozialdemokraten, den Kasseler Oberbürgermeister Philipp Scheidemann, am 4. Juni 1922. Auch Rathenaus Mörder, der Student Erwin Kern und der Ingenieur Hermann Fischer, zwei ehemalige Offiziere, waren Mitglieder der „O.C.". Sie wurden Mitte Juli auf der Burg Saaleck bei Bad Kösen von der Polizei gestellt. Kern wurde durch Kugeln seiner Verfolger getötet, Fischer nahm sich daraufhin selbst das Leben. Was sie getan hatten, sollte die junge Republik mehr erschüttern als irgendein anderes Ereignis seit dem monarchistischen Kapp-Lüttwitz-Putsch vom März 1920.

Walther Rathenau war ein geradezu ideales Hassobjekt der äußersten Rechten: Er war Jude, Intellektueller, als langjähriger Präsident der von seinem Vater Emil Rathenau gegründeten AEG ein „Großkapitalist", nach 1914 einer der Hauptorganisatoren der deutschen Kriegswirtschaft, nach 1918 ein scharfer Kritiker des letzten deutschen Kaisers und ein parteiloser Sympathisant der im November 1918 gegründeten linksliberalen Deutschen Demokratischen Partei, der DDP. In seinen Ämtern als Wiederaufbau- und, seit Januar 1922, Außenminister, war er als „Erfüllungspolitiker" hervorgetreten, der die harten Bedingungen des Vertrags von Versailles, besonders die Reparationsbestimmungen, durch größtmögliche Kooperation mit den Alliierten aufzuweichen versuchte.

„Auch Rathenau, der Walther, erreicht kein hohes Alter. Knallt ab den Walther Rathenau, die gottverdammte Judensau": So lautete eine in rechtsextremen Kreisen geläufige Reimparole. Wenige Wochen vor dem Attentat vom 24. Juni 1922 veröffentlichte der deutschnationale Reichstagsabgeordnete Wilhelm Henning, ein führender Vertreter des radikalen völkischen Flügels der Monarchistenpartei, in der „Konservativen Monatsschrift" einen gegen den „internationalen Juden" Rathenau gerichteten Artikel, der in den Worten gipfelte: „Die deutsche Ehre ist keine Schacherware für internationale Judenhände ... Sie aber, Herr Rathenau, und Ihre Hinterleute werden vom deutschen Volk zur Rechenschaft gezogen werden ...".

Doch nicht nur unter radikalen Antisemiten war Rathenau verhasst. Sein schärfster parlamentarischer Ankläger war Karl Helfferich. Der frühere kaiserliche Staatssekretär und nachmalige deutschnationale Abgeordnete hatte noch unmittelbar vor dem Attentat die „Erfüllungspolitik" des Außenministers leidenschaftlich angegriffen.

Die tief gespaltene politische Linke rückte nach dem Mord an Rathenau für einen kurzen Moment wieder zusammen. An den Massendemonstrationen, zu denen der Allgemeine Deutsche Gewerkschaftsbund für den 27. Juni aufrief, beteiligten sich nicht nur die Mehrheitssozialdemokraten, die seit 1914 dem Kaiserreich Kriegskredite bewilligt hatten, und die Unabhängigen Sozialdemokraten, die sich 1917 aus Protest gegen ebendiese Politik von der

Mutterpartei getrennt hatten. Unterstützung kam auch von der Kommunistischen Partei Deutschlands, die Ende 1918 aus dem äußersten linken Flügel der USPD hervorgegangen war und der sich zwei Jahre später die Mehrheit der Unabhängigen Sozialdemokraten angeschlossen hatte. Wenige Tage nach den großen Aufmärschen vom 27. Juni zerbrach die linke Einheitsfront schon wieder: Die Kommunisten weigerten sich, die von den Gewerkschaften, der MSPD und der Rest-USPD geforderte Ablehnung jeder Art von gewaltsamem Protest mitzutragen.

Der bürgerliche Teil des republikanischen Lagers fühlte sich durch die Ermordung des Reichsaußenministers nicht minder provoziert als die organisierte Arbeiterschaft. Am 25. Juni schleuderte der Reichskanzler, der Zentrumspolitiker Joseph Wirth, der an der Spitze einer Minderheitsregierung mit Ministern von SPD, Zentrum und DDP stand, in einer Sondersitzung des Reichstags, auf die deutschnationale Fraktion deutend, die vielzitierten Worte entgegen: „Da steht der Feind, der sein Gift in die Wunde eines Volkes träufelt. Da steht der Feind – und darüber ist kein Zweifel: Dieser Feind steht rechts." Das Protokoll verzeichnet an dieser Stelle „stürmischen langanhaltenden Beifall und Händeklatschen in der Mitte und links, auf sämtlichen Tribünen. Große langandauernde Bewegung."

Es blieb nicht bei Worten. Am 26. Juni erließ der Reichspräsident, der Sozialdemokrat Friedrich Ebert, eine Notverordnung nach Artikel 48 Absatz 2 der Weimarer Reichsverfassung, der republikfeindliche Handlungen mit scharfen Strafen bedrohte, die Landesbehörden zu Verboten antirepublikanischer Vereinigungen ermächtigte und als Berufungsinstanz einen Staatsgerichtshof zum Schutz der Republik beim Reichsgericht in Leipzig schuf. Es folgten, ungeachtet eines sofortigen Protests der bayerischen Staatsregierung, eine weitere Notverordnung vom 29. Juni, die die Todes- oder lebenslängliche Zuchthausstrafe für Mordanschläge auf (derzeitige oder ehemalige) Mitglieder republikanischer Regierungen einführte, und Anfang Juli Beratungen über den von der Reichsregierung vorgelegten Entwurf eines Republikschutzgesetzes im Reichsrat und im Reichstag.

Da das Gesetz seiner verfassungsändernden Bestimmungen wegen einer Zweidrittelmehrheit im Reichstag bedurfte, sah sich die Regierung Wirth zu Verhandlungen mit der nationalliberalen, ursprünglich monarchistischen Deutschen Volkspartei (DVP) genötigt. Diese hatte anders als die „Weimarer Parteien" Zentrum und DDP, im Juli 1919 gegen die Weimarer Reichsverfassung gestimmt, betrieb aber unter dem Einfluss ihres Vorsitzenden Gustav Stresemann inzwischen eine „vernunftrepublikanische" Politik. Das Ergebnis war ein Gesetz, das den bayerischen Vorwurf, es richte sich einseitig gegen die Rechte, keineswegs mehr rechtfertigte.

Dennoch holte die Münchner Regierung unter Führung der Bayerischen Volkspartei, der Schwesterpartei des Zentrums, zu einem bisher einmaligen Schlag gegen das Reich aus: Sie hob am 24. Juli, einen Tag nach dem Inkrafttreten des Republikschutzgesetzes, dieses Gesetz auf und ersetzte es durch eine eigene Verordnung. Die Reichsregierung erklärte dieses Vorgehen für verfassungswidrig, zeigte sich aber kompromissbereit. Beim neuen Staatsgerichtshof zum Schutz der Republik wurde ein zweiter Senat gebildet, der für die in Süddeutschland begangenen Delikte zuständig und mit süddeutschen Richtern besetzt war. Daraufhin zog die bayerische Regierung am 25. August unter Protest des deutschnationalen Koalitionspartners ihre eigene Verordnung zurück.

Die Wirkung des Republikschutzgesetzes blieb weit hinter dem zurück, was die Weimarer Parteien angestrebt hatten. Die Richter hatten nun zwar eine Handhabe, um gegen verfassungsfeindliche Bestrebungen vorzugehen. Die hierzu nötige Entschlossenheit aber ließ sich nicht erzwingen. Die obrigkeitsstaatlich geprägte Justiz beurteilte Straftäter von rechts in der Regel sehr viel milder als solche von links. Dasselbe Gericht, das einen Kommunisten, der von „Räuberrepublik" gesprochen hatte, für vier Wochen ins Gefängnis schickte, verurteilte einen völkischen Angeklagten, der das Schimpfwort „Judenrepublik" benutzt hatte, lediglich zu 70 Mark Geldstrafe. Bayerische Gerichte ließen die Bezeichnung „Saurepublik" ungesühnt, weil dies in bayerischer Mundart keine Beschimpfung sei. Die Reichsfarben Schwarz-Rot-Gold als „Schwarz-Rot-Mostrich" zu beschimpfen blieb straffrei.

Der neugebildete Staatsgerichtshof zum Schutz der Republik, dem neben drei Reichsrichtern sechs vom Reichspräsidenten ernannte Laienrichter angehörten, verurteilte im Oktober 1922 zwar einige der an der Vorbereitung des Rathenau-Mordes beteiligten Personen, darunter den späteren Bestsellerautor Ernst von Salomon („Die Geächteten" und „Der Fragebogen"), zu mehrjährigen Zuchthausstrafen. Die politischen Hintergründe des Attentats und damit die Rolle der Organisation Consul blieben aber unaufgeklärt. Auch ein weiteres Verfahren erbrachte 1925 auf Betreiben der Reichsanwaltschaft in Sachen O.C. keine zusätzlichen Erkenntnisse.

Der Reichspräsident und die Reichsregierung waren sich durchaus darüber im Klaren, dass es um die republikanische Gesinnung in Deutschland nicht gut bestellt war. Neben der Justiz gehörten die Universitäten und die Gymnasien zu den Hochburgen der Demokratiefeindschaft. Die preußische Regierung sah sich knapp drei Wochen nach dem Mord an Rathenau genötigt, einen nach Marburg einberufenen allgemeinen Studententag zu verbieten, weil sie mit öffentlichen Rechtfertigungen des Attentats rechnen musste. Die völkische Mehrheit innerhalb der Deutschen Studentenschaft wich daraufhin ins bayerische Würzburg aus. Die dort beschlossene Verfassung sah vor, dass die Studentenschaft außer Reichsangehörigen auch Deutsch-Österreichern und Auslandsdeutschen „deutscher Abstammung und Muttersprache" offenstand. Damit war ein erster Schritt in Richtung „Arier-Paragraph" getan.

Massive Vorbehalte gegenüber dem neuen Staat gab es auch in den beiden großen Kirchen – in der evangelischen noch weit mehr als in der katholischen. „Die evangelische Kirche ist politisch neutral – aber sie wählt deutschnational", lautete ein geläufiger Spottvers. Die katholische Kirche war innerlich weniger an die untergegangene Hohenzollernmonarchie gebunden als die evangelische. Wie stark aber auch hier die Vorbehalte gegenüber dem republikanischen Staat waren, machte Ende August 1922 der Deutsche Katholikentag in München deutlich. Kardinal Faulhaber, der Erzbischof von München und Freising, verurteilte die Revolution vom November 1918 als „Meineid und Hochverrat" und nannte sie eine „Untat", die nicht um einiger Erfolge willen, die sie den Katholiken gebracht habe, „heilig gesprochen" werden dürfe. Der Präsident des Katholikentages, der Kölner Oberbürgermeister Konrad Adenauer, widersprach und machte so den Riss sichtbar, der durch den deutschen Katholizismus ging.

Im Sommer 1922 hoffte das Kabinett Wirth, ein staatliches Gemeinschaftsbewusstsein entwickeln und so dem strafrechtlichen einen „positiven" Republikschutz zur Seite stellen zu können. Mit dem Bemühen, den 11. August, den Jahrestag der Unterzeichnung der Weimarer Reichsverfassung, zum gesetzlichen Feiertag zu machen, hatte die Regierung freilich keinen Erfolg: Sie scheiterte im Reichsrat am Widerstand einiger Länder.

Eine andere Initiative stieß hingegen kaum auf Opposition: Am 11. August 1922 erklärte Reichspräsident Ebert das Deutschlandlied von August Heinrich Hoffmann von Fallersleben mit allen drei Strophen zur Nationalhymne. Nicht als Ausdruck nationalistischer Überhebung sollte das Lied aus dem Jahr 1841 verstanden werden, erläuterte Ebert. „Aber so wie einst der Dichter, so lieben wir heute ‚Deutschland über alles'". Die Hoffnung von Reichspräsident und Reichsregierung erfüllte sich nicht. Wer die erste Strophe des Liedes sang, wurde dadurch noch nicht zum Republikaner. Umgekehrt fiel es Republikanern in der Arbeiterschaft schwer, in ein Lied einzustimmen, das, ungeachtet der schwarz-rot-goldenen Gesinnung seines Schöpfers, mittlerweile zu einem Erkennungszeichen der schwarz-weiß-roten Rechten geworden war.

Auch materiell hatte der Mord an Rathenau messbare Auswirkungen. Das Attentat zerstörte im Ausland fast schlagartig, was es noch an Vertrauen in die bereits stark entwertete Mark und in die Stabilität der deutschen Republik gab. In- und Ausländer stießen panikartig Markguthaben ab. Die Kapitalflucht nahm gewaltige Ausmaße an. Der Wechselkurs der Mark sank von 75 Dollar im Juni auf 118 im Juli und 270 im August. Im Herbst verschärften Veränderungen der Weltkonjunktur den Abwärtstrend der Mark: Im Dezember 1922 lag ihr Kurs bei 1808 Mark für einen Dollar. Deutschland trat in die erste Phase der Hyperinflation ein.

Womöglich noch langfristiger waren die Veränderungen des deutschen Parteiensystems im Gefolge der Mordtat vom 24. Juni 1922. Die Deutschnationale Volkspartei sah sich gezwungen, sich von ihrem äußersten rechten, dem völkischen Flügel zu distanzieren, um sich so die Chance einer Regierungsbeteiligung in Gestalt eines „Bürgerblocks" ohne und gegen die Sozialdemokratie zu eröffnen. Die vom Parteiausschluss bedrohten radikalen Antisemiten gründeten daraufhin im Dezember 1922 die Deutschvölkische Freiheitspartei, die, was den Judenhass anging, allenfalls noch von der NSDAP Adolf Hitlers übertroffen wurde.

Auf der politischen Linken bewirkte der Mord an Rathenau eine rasche Annäherung von Mehrheits- und Unabhängigen Sozialdemokraten. Am 14. Juli schlossen sich die beiden Reichstagsfraktionen zu einer Arbeitsgemeinschaft zusammen. Im September folgte die Wiedervereinigung. Die Zahl der Mitglieder und der Mandatsträger wuchs durch die Fusion erheblich. Gleichzeitig schrumpfte jedoch der politische Handlungsspielraum der Sozialdemokratie. Durch den Zusammenschluss mit der Rest-USPD rückte die SPD ein gutes Stück nach links. Die Mehrheitspartei musste ihrem Görlitzer Programm vom September 1921 abschwören, das ihr den Weg von der Arbeiter- zur linken Volkspartei hatte ebnen sollen. Fortan gab sich die Sozialdemokratie wieder sehr viel klassenkämpferischer als in den Jahren zuvor. Die Zusammenarbeit mit den Parteien der bürgerlichen Mitte fiel ihr infolgedessen schwerer als bisher.

Was für die Kooperation mit Zentrum und DDP galt, das galt erst recht für jedes Zusammenwirken mit der DVP, der klassischen Partei der Großindustrie. Mit der DVP hatten sich Zentrum und DDP, um ein bürgerliches Gegengewicht zur Arbeitsgemeinschaft von MSPD und USPD zu schaffen, am 19. Juli 1922 zu einer „Arbeitsgemeinschaft der verfassungstreuen Mitte" zusammengeschlossen. Die Deutsche Volkspartei unterstrich ihre Bereitschaft zu einer Koalition mit der SPD, indem sie im Oktober 1922 auf Drängen Stresemanns dafür sorgte, dass eine verfassungsändernde Zweidrittelmehrheit des Reichstags die Amtszeit des (formell immer noch vorläufigen) Reichspräsidenten Friedrich Ebert bis zum Juni 1925 verlängerte. Die für Anfang Dezember vorgesehene Direktwahl, die beide liberalen Parteien um des inneren Friedens willen vermeiden wollten, wurde dadurch überflüssig.

Zu einer Großen Koalition von den Sozialdemokraten bis hin zur Deutschen Volkspartei aber kam es im Herbst 1922 nicht, obwohl Reichskanzler Wirth vor allem aus außenpolitischen Gründen massiv darauf drang: Es ging ihm um die Stärkung der deutschen

Position bei den angestrebten Verhandlungen über eine Lösung des schwelenden Reparationsproblems. Die meisten ehemaligen USPDler lehnten jedoch eine Zusammenarbeit mit der DVP ab, sodass die Parteiführung, um es nicht so rasch nach der Wiedervereinigung der Sozialdemokratie zu einer Zerreißprobe kommen zu lassen, sich auf ein Nein festlegte. Die Reichstagsfraktion schloss sich dieser Position am 14. November an. Joseph Wirth trat noch am gleichen Tag in Absprache mit den Mittelparteien von seinem Amt als Reichskanzler zurück.

Die Folgen waren fatal. Um die Unternehmerschaft stärker an den Staat heranzuführen und ihre Mitwirkung an den Reparationsverhandlungen sicherzustellen, ernannte Reichspräsident Ebert am 22. November den parteilosen Generaldirektor der HAPAG und ehemaligen Geheimen Regierungsrat Wilhelm Cuno zum Reichskanzler. Cuno, der weit rechts von der Mitte stand, bildete ein bürgerliches Minderheitskabinett, dem außer ihm noch vier weitere Parteilose sowie Minister aus den Reihen des Zentrums, der Bayerischen Volkspartei, der DDP und der DVP angehörten.

Die Entscheidung von November 1922 war ein Menetekel: Die Regierung Cuno ließ als das erste, wenn auch noch verdeckte Präsidialkabinett der Weimarer Republik das autoritäre Potential des politischen und gesellschaftlichen Systems erkennen. Nach dem Scheitern der letzten parlamentarischen Mehrheitsregierung im Frühjahr 1930 sollte es sich voll entfalten.

Die Verschwörergruppe, die hinter dem Attentat auf Walther Rathenau stand, hatte gehofft, durch ihre Tat einen gewaltsamen Gegenschlag der äußersten Linken und so einen Bürgerkrieg zu provozieren, an dessen Ende der Sturz der verhassten Staatsordnung von Weimar stehen sollte. Mit diesem Plan war sie gescheitert. Zunächst bewirkte sie sogar das Gegenteil dessen, was sie erstrebte: eine Festigung der Republik durch ein Zusammenrücken der Demokraten angesichts eines brutalen Anschlags von rechts.

Doch nachhaltig war dieser Effekt nicht. Im Herbst 1922 zeigte sich, dass die Bereitschaft der verfassungstreuen Kräfte zur Zusammenarbeit über Klassengrenzen hinweg, eine Vorbedingung der parlamentarischen Demokratie, immer noch schwach ausgeprägt war. Ein teilweiser Rückfall in die obrigkeitsstaatliche Tradition war die Folge. Am Vorabend der französisch-belgischen Ruhrbesetzung im

Januar 1923, die das Reich binnen weniger Monate an den Rand des Abgrunds bringen sollte, befand sich die Weimarer Republik in einer inneren Krise, die chronisch zu werden drohte.

Hundert Jahre nach dem Mord an Walther Rathenau gehört die deutsche Demokratie zu den stabilsten der westlichen Welt. Anders als in der Weimarer Republik erfreuen sich die Verfassung und das auf ihr beruhende parlamentarische System eines breiten gesellschaftlichen, politischen und institutionellen Rückhalts. Doch bei dieser Feststellung kann es nicht sein Bewenden haben. Einen politischen Extremismus, der sich bis zu organisierten Mordaktionen steigerte, hat auch die Bonner Republik erlebt, und zwar vorwiegend seitens der äußersten antikapitalistischen Linken in Gestalt der RAF.

Die Berliner Republik hatte sich einer rechtsextremen Mordzentrale wie des Nationalsozialistischen Untergrunds zu erwehren, der in manchem der Organisation Consul ähnelte. Wie der Mord an dem Kasseler Regierungspräsidenten Walter Lübcke am 1. Juni 2019 zeigt, kann Deutschland auch heute nicht sicher sein, dass das Netzwerk der NSU nicht in anderer Form fortbesteht oder wieder entsteht und Einzeltäter wie die rassistischen Mörder von Halle und Hanau inspiriert. Inzwischen gibt es auch auf Länder- wie auf Bundesebene einen parlamentarischen Arm des radikalen Nationalismus in Gestalt der AfD, in der viel von dem Gedankengut der einstigen Deutschnationalen fortlebt.

Sosehr sich die zweite gesamtdeutsche Demokratie von der ersten unterscheidet: Aus den Weimarer Erfahrungen zu lernen war nicht nur ein guter Vorsatz der Väter und Mütter des Bonner Grundgesetzes. Es bleibt auch heute so aktuell wie zu der Zeit, als die Folgen der deutschen Katastrophe noch unmittelbar vor aller Augen standen.

***

Heinrich August Winkler lehrte Neueste Geschichte an der Humboldt-Universität zu Berlin.

Erschienen in der F.A.Z. vom 20.06.2022, Seite 6

Das Ende der europäischen Naivität

Die EU muss sich in einem internationalen Umfeld als wehrhafte Zivilmacht neu definieren. Dabei sieht sie sich zwei revisionistischen Großmächten gegenüber, die seit Jahren massiv aufrüsten, nach außen immer aggressiver auftreten und nach innen immer repressiver werden

Professor Dr. Joachim Schild

Der Aggressionskrieg Russlands gegen die Ukraine wirkt wie ein Realitätsschock. Weitverbreitete Annahmen von politischen Praktikern wie Forschern sind widerlegt. Sicherheit gemeinsam mit Russland Vorrang zu geben und die Sicherheitsvorsorge gegen Russland zu vernachlässigen hat sich als folgenschwerer politischer Irrtum erwiesen. Die Bereitschaft Russlands, militärische Gewaltmittel für revisionistische Ziele einzusetzen, wurde offenkundig unterschätzt. Die deutsche Energiepartnerschaft mit Russland zu stärken, anstatt die europäische Energiesicherheit zu erhöhen, hat einen hohen Preis. Sie beschränkt die Handlungsoptionen und Sanktionsmöglichkeiten gegenüber Russland ganz empfindlich.

Die schwierigen Verhandlungen über ein Ölembargo der Europäischen Union gegenüber Russland in ihrem sechsten Sanktionspaket legen davon ein beredtes Zeugnis ab. Ein Gasembargo ist nicht in Sicht. Wirtschaftliche Verflechtung hatte nicht die angenommene stabilisierende und friedensfördernde Wirkung, sondern sie füllt täglich Putins Kriegskasse. Auf den Brücken, die mittels der Energiebeziehungen zwischen Europa und Russland gebaut wurden, liegen nun die Leichen von Butscha.

Das Weltbild vieler Politiker in Brüssel und in den Ländern der EU, aber auch von Europaforschern und Vertretern der politikwissenschaftlichen Teildisziplin der Internationalen Beziehungen (IB) ist erschüttert. Sie waren auf diesen Realitätsschock eines mit militärischen Machtmitteln agierenden russischen Neoimperialismus nicht vorbereitet. Ihre Welt ist diejenige einer liberalen, regelbasierten internationalen Ordnung mit starken internationalen

Institutionen, einem effektiven Multilateralismus und Global-Governance-Institutionen – ein normatives Leitbild, dem sich auch der Autor dieser Zeilen verpflichtet fühlt.

In dieser Welt werden kooperative Positivsummenspiele gespielt, keine Nullsummenspiele, Akteure streben nach absoluten (Wohlfahrts-)Gewinnen, nicht nach relativen Gewinnen zulasten eines Gegners oder gar nach territorialer Expansion. Das Streben nach komparativen Kostenvorteilen treibt Akteure an, nicht das Primat von Sicherheitsinteressen. In der liberalen Welt sind wachsende wirtschaftliche Verflechtungen und Interdependenzen („Wandel durch Handel") stabilisierend und friedensfördernd. Sie werden nicht als ökonomische Waffe eingesetzt, um außenpolitische Ziele zu verwirklichen.

Nun aber verlangt die tiefe Zäsur des Ukrainekrieges der europäischen und internationalen Politik der EU eine Überprüfung von Annahmen und einen Abschied von bisherigen Denkgewohnheiten ab. Sie muss ihre Rolle als Macht im internationalen System neu bestimmen.

Wenn die Europäische Union von Praktikern und Wissenschaftlern als Macht gedacht wurde, dann bevorzugt als „normative Macht", etwa im Sinne von Ian Manners. Dieser sah die Macht und den internationalen Einfluss der EU in erster Linie in ihrer Wirkung als Vorbild für eine erfolgreiche Form des friedlichen Zusammenlebens ihrer Mitgliedstaaten auf der Grundlage eines soliden Normen- und Wertefundaments begründet, nicht im Einsatz konkreter Machtmittel zur Verfolgung europäischer normativer Ziele und Interessen. Die intellektuelle Dürftigkeit dieses Arguments stand schon immer in einem merkwürdigen Missverhältnis zu seiner Verbreitung. Nicht nur die Beiträge von Manners, sondern weite Teile der Literatur über die Außenbeziehungen der EU nach dem Ende des Ost-West-Konflikts waren von einem unerschütterlichen Optimismus durchtränkt. Die Vorbildrolle europäischer regionaler Integration für andere Weltregionen, Förderung von Demokratie und Achtung der Menschenrechte von außen, die Europäisierung von Drittstaaten und der Beitrag der EU zu internationalem Normenwandel standen bei der Wahl von Forschungsthemen hoch im Kurs.

Die EU galt als Vorbild für die Gestaltung zwischenstaatlicher, transnationaler und innerstaatlicher Beziehungen in einer globalisierten, interdependenten Welt. Nüchtern-kritische Wissenschaftler hielten dem die Realität einer „declining power Europe" (Douglas Webber) mit recht beschränkter Gestaltungsmacht entgegen.

Manch andere Autoren definierten die Macht der EU in den internationalen Beziehungen nicht über die Diffusion ihrer Normen, sondern über ihre Machtmittel. Sophie Meunier und Kalypso Nicolaïdis beschrieben die EU als Handelsmacht, Chad Damro als Marktmacht. Normativ wie empirisch gehaltvoller ist die Beschreibung der EU als Zivilmacht im Begriffsverständnis von Hanns Maull. Zivilmächte sind dem normativen Ziel der Zivilisierung internationaler Beziehungen verpflichtet, ein Ziel, zu dessen Verwirklichung sie Macht aktiv einzusetzen bereit sind – ihre Marktmacht, finanzielle Anreize, vertragliche Beziehungen zu Drittstaaten, Beitrittsversprechen, aber auch wirtschaftliche Sanktionsmittel bis hin zu militärischen Machtmitteln.

Der Begriff Zivilmacht denkt die internationale Rolle der EU von ihren Zielen her, nicht – wie in der verkürzten Rezeption des Begriffs häufig unterstellt – von den zivilen, nichtmilitärischen Mitteln. Eine Zivilmacht hat eine klare Präferenz für friedliche Mittel der Konfliktbearbeitung und Streitbeilegung, kann sich aber zur Zivilisierung internationaler Beziehungen veranlasst sehen, militärische Gewalt als Ultima Ratio anzudrohen und anzuwenden.

Die Zivilmacht Europa will Macht zugunsten einer Regelbindung und einer Verrechtlichung internationaler Beziehungen zurückdrängen. Dazu braucht sie starke Partner und funktionsfähige internationale Organisationen. Die Zivilmacht EU sah sich in den vergangenen Jahren jedoch mit erodierenden multilateralen Regelwerken, mit gelähmten internationalen Organisationen wie der WTO und mit einer sinkenden Zahl von Demokratien weltweit konfrontiert. Die USA als starker Partner der Zivilmacht EU fiel nicht nur zeitweise aus, sondern beschädigte oder zerstörte insbesondere unter Präsident Donald Trump bi- und multilaterale Regelwerke, etwa in den Bereichen Rüstungskontrolle, Non-Proliferation, Handels- und Klimapolitik.

Heute muss die Zivilmacht EU in einem internationalen System agieren, in dem die absteigende Großmacht Russland und die aufsteigende Großmacht China Recht durch Macht ersetzen wollen und revisionistische außenpolitische Ziele auch mit militärischen Mitteln und Drohungen verfolgen, bis hin zu kaum verhüllten Drohungen mit einem Atomwaffeneinsatz durch Wladimir Putin. Die normativen Grundpfeiler der europäischen Sicherheitsordnung werden von Putins Russland seit mehr als hundert Tagen zerbombt. Die Volksrepublik China, die sonst nicht müde wird, die Prinzipien staatlicher Souveränität und territorialer Integrität zu verteidigen, lehnt eine Verurteilung der eklatantesten Verletzung des Gewaltverbots, der territorialen Unversehrtheit und der staatlichen Souveränität eines Landes seit dem Überfall des Iraks auf Kuwait standhaft ab. Außenminister Wang Yi betonte nach dem russischen Einmarsch in die Ukraine die felsenfeste Freundschaft seines Landes mit Russland und den Beitrag ihrer Zusammenarbeit „zu Frieden, Stabilität und Entwicklung in der Welt".

Dieser blanke Zynismus verdeutlicht, dass auch China, genau wie Russland, ein ausschließlich taktisch-instrumentelles Verhältnis zu Kernprinzipien der Charta der Vereinten Nationen und zu Grundpfeilern einer regelbasierten internationalen Ordnung besitzt – auch wenn Peking im Rahmen einer komplexen Kosten-Nutzen-Abwägung bei der Bestimmung seiner Position zum Ukrainekrieg laviert.

Russland agiert seit Jahren nicht nur in Syrien, sondern im internationalen System als Ganzes als Spoiler- und nicht als Gestaltungsmacht, die einen Beitrag zur Wahrung und Stärkung internationaler Ordnung leistete. In Bezug auf China bestand in der EU noch lange die Hoffnung, Peking durch Auf- und Ausbau belastbarer bi- und multilateraler vertraglicher Beziehungen in die regelbasierte internationale Ordnung einzubeziehen. Allerdings sind die Zweifel an der Strategie, China eine Rolle als verantwortlicher „Stakeholder" zuzuweisen und somit zum Gestaltungsakteur einer Global Governance zu machen, schon vor dem Ukrainekrieg gewachsen. Jetzt wirft die Haltung Chinas gegenüber Moskau unwiderruflich die Frage auf, inwieweit China als Partner für die Stabilisierung einer regelbasierten liberalen internationalen Ordnung und die Herstellung internationaler öffentlicher Güter zur Verfügung steht. Schon in den letzten Jahren hat sich in Europa die Einsicht verbreitet, dass China internationale Regeln verletzt, etwa durch eine völkerrechtswidrige territoriale Expansion im Südchinesischen Meer, oder selektiv zum eigenen Vorteil nutzt, wie im internationalen Handelsregime der WTO. Auch hat Peking sein ökonomisches Gewicht immer selbstbewusster als Waffe zur Verfolgung außenpolitischer Ziele eingesetzt. In Europa wurde diese zuerst gegen Schweden eingesetzt, zuletzt gegen Litauen.

Aus seinem langfristigen Ziel, die liberale internationale Ordnung des Westens zumindest in Teilen der Welt durch eine Ordnung zu ersetzen, in der die Volksrepublik China eine dominierende, regelsetzende Rolle im Rahmen asymmetrischer Machtbeziehungen spielt, macht sie ohnehin längst kein Hehl mehr. Drohungen gegen Taiwan, die Vereinigung mit der Volksrepublik notfalls mit Gewalt zu vollziehen, sind seit Jahren unüberhörbar. Demokratien im näheren Umfeld empfindet China genauso als Bedrohung wie Russland eine demokratische Ukraine.

Die EU muss demnach ihre Rolle in einem internationalen Umfeld neu definieren, in dem zwei revisionistische Großmächte seit Jahren massiv aufrüsten, nach außen immer aggressiver auftreten und nach innen immer repressiver werden, bis hin zu neototalitären Herrschaftsansprüchen und massiven Menschenrechtsverletzungen. Sie muss sich der Tatsache stellen, dass Russland und China die Hauptakteure einer Entzivilisierung und eines Rückfalls in die Barbarei sind, im Innern wie in den internationalen Beziehungen.

Der Ukrainekrieg hat den Prozess der Neudefinition der EU als Macht im internationalen System in atemberaubender Weise beschleunigt. Zum ersten Mal in ihrer Geschichte hat sie ein umfassendes wirtschaftliches Sanktionsinstrumentarium eingesetzt. Zudem nutzt sie enge wirtschaftliche und finanzielle Verflechtungen und Abhängigkeiten ihrerseits als Waffe gegen eine aggressive Großmacht. Je länger der Krieg andauert, desto mehr wächst die Bereitschaft ihrer Mitgliedstaaten, das Aggressionsopfer Ukraine auch mit schweren Waffen zu unterstützen und ihre Waffenlieferungen zu koordinieren.

Zum ersten Mal auch finanziert die EU selbst die militärische Ausrüstung einer angegriffenen Kriegspartei, die ihr Recht auf Selbstverteidigung wahrnimmt. Damit ergreift sie Partei und zeigt Risikobereitschaft. Aus Mitteln ihrer Europäischen Friedensfazilität hat sie vier Unterstützungspakete im Gesamtumfang von zwei Milliarden Euro zugunsten der Ukraine auf den Weg gebracht, die der Waffenbeschaffung des ukrainischen Militärs dienen. Die Verfügung über militärische Machtmittel bis hin zu deren Einsatz kann durch die Veränderung von Kräfteverhältnissen auf dem Gefechtsfeld die Tür zu diplomatischen Konfliktbeilegungen öffnen, sollte der Aggressor seine Ziele nicht oder nur unter extrem hohen eigenen Kosten auf dem Schlachtfeld erreichen können. Damit erkennen die EU und ihre Mitgliedstaaten an, dass Diplomatie und militärische Machtmittel kein Gegensatz sind. „Diplomatie bleibt dann häufig heiße Luft, wenn sie nicht durch eine zumindest theoretisch vorhandene militärische Handlungsfähigkeit unterfüttert und abgestützt wird", so der frühere Spitzendiplomat Wolfgang Ischinger.

Nicht nur gegenüber Russland, auch gegenüber China ist die EU dabei, ihre Naivität zu überwinden. Sie hat 2016 und 2017 ihre handelspolitischen Schutzinstrumente gegen Dumping und subventionierte Warenexporte aus China verstärkt. Eine EU-Verordnung über Investment Screening setzte 2019 einen Rahmen für nationale Regierungen, um Drittstaateninvestitionen im Hinblick auf Gefährdungen der Sicherheit und öffentliche Ordnung zu prüfen, etwa durch Investitionen chinesischer Unternehmen in kritische, netzgebundene Infrastrukturen in der EU.

Nach zehnjährigen Verhandlungen haben Rat und Parlament am 15. März 2022 eine politische Einigung über das sogenannte International Procurement Instrument erzielt. Es soll den Druck auf Drittstaaten – vor allem China – erhöhen, europäischen Unternehmen den gleichen Zugang zu ihren öffentlichen Beschaffungsmärkten zu gewähren, den sie ihrerseits in der EU genießen. Andernfalls drohen empfindliche Preisaufschläge oder der völlige Ausschluss von öffentlichen Ausschreibungen.

Die Kommission hat im vergangenen Jahr mit zwei weiteren Gesetzgebungsvorschlägen die Gangart gegenüber China verschärft.

Zum einen will sie hoch subventionierte Unternehmensübernahmen durch Drittstaatenunternehmen im Binnenmarkt ebenso verhindern wie hoch subventionierte Angebote chinesischer Unternehmen auf öffentlichen Beschaffungsmärkten in der EU. Zum anderen schlägt sie ein Anti-Erpressungsinstrument (Anti-Coercion Instrument) vor, um auf den Einsatz wirtschaftlicher Machtinstrumente zu außenpolitischen Zwecken durch China ihrerseits mit Handels- und Investitionsrestriktionen reagieren zu können.

Der Weg, die Offenheit des Binnenmarkts für Importe und Investitionen aus China strikter an Reziprozitätsbedingungen zu knüpfen, sollte konsequent weiter beschritten werden. Darüber hinaus sollte die Union über eine Verschärfung der Exportkontrolle für Güter mit doppeltem zivilen und militärischen Verwendungszweck (Dual-Use-Gütern) über die letzte Gesetzesnovelle von 2021 hinaus nachdenken, will sie keinen indirekten Beitrag zur Aufrüstung der chinesischen Volksarmee mit Hightech-Fähigkeiten leisten. Hierzu sollte sie sich auch des 2021 ins Leben gerufenen Handels- und Technologierats EU-USA bedienen, der eine Arbeitsgruppe zur Exportkontrolle eingerichtet hat. Auch sollte die EU ihre wirtschaftliche Abhängigkeit von China selektiv dort reduzieren, wo diese als Erpressungspotential gegen die EU genutzt werden könnte. Das gilt etwa für den Bezug einzelner Rohstoffe, aber auch für die Abhängigkeit ganzer Industriezweige, wie etwa der deutschen Automobil- und Chemieindustrie, von China als Produktionsstandort und Exportmarkt. Die Haltung Pekings zum Ukrainekrieg dürfte die politische Unterstützung innerhalb der EU für eine solche wehrhafte Haltung gegenüber dem Systemrivalen China stärken.

Sollte die EU sich in diesem radikal veränderten internationalen Umfeld als eine geopolitische Macht definieren, wie es Wortmeldungen der Kommission und des Hohen Vertreters der EU für Außen- und Sicherheitspolitik, Josep Borrell, nahelegen? Sie sollte in der Tat das strategische Denken und die Sprache der Macht lernen. Eine Selbstbeschreibung als geopolitische Macht bliebe aber inhaltlich unbestimmt, zumindest jenseits des zustimmungsfähigen Ziels einer machtpolitischen Selbstbehauptung. Das Ziel einer Zivilisierung internationaler Beziehungen hat als inhaltlicher Kern und als Kompass der Außenpolitik jedoch nichts von seiner normativen Attraktivität verloren. Es ist angesichts des gegenwärtigen Rückfalls in die Barbarei notwendiger denn je.

Eine Zivilmachtrolle zur offensiven Transformation internationaler Beziehungen im Sinne universeller Werte und Normen wie Menschenrechten, Demokratie, Rechtsstaatlichkeit und Minderheitenschutz wird die EU aber realistischerweise nach der tiefen Zäsur des Ukrainekrieges nur noch in Teilen des internationalen Systems mit Aussicht auf Erfolg spielen können. Gegenüber Russland und China stehen defensive Handlungsimperative im Vordergrund: Schutz der eigenen militärischen und wirtschaftlichen Sicherheit sowie Schutz der westlichen Grundwerte und der demokratischen Regierungsweise gegenüber aggressiver Großmachtpolitik von Systemrivalen. Die Resilienz der eigenen freiheitlich-demokratischen Gesellschafts- und ihrer Wirtschaftssysteme sollte Vorrang haben vor wirtschaftlichen Effizienzkalkülen.

Auf der Basis einer glaubwürdigen Gewährleistung von Sicherheit und gestärkter wirtschaftlicher und gesellschaftlicher Resilienz gegen wirtschaftliche Erpressung und disruptive Schocks könnte die EU mit einem China, das weltwirtschaftlich stark verflochten ist und von einer regelbasierten Ordnung grundsätzlich profitiert, auch weiterhin Kooperationsspielräume zum wechselseitigen Nutzen ausloten. Sie sollte Peking aber nicht in naiver Weise relative Machtgewinne bescheren, die gegen sie selbst oder gegen andere Staaten offensiv eingesetzt werden könnten.

Könnte aber ein Russland unter Putins Herrschaft auf absehbare Zeit ein möglicher und verlässlicher Partner zum (Wieder-)Aufbau einer europäischen Sicherheitsarchitektur sein? Wären Vertragswerke mit Russland das Papier wert, auf dem sie geschrieben wären? Sicherheit vor, nicht mit Putins Russland hat bis auf weiteres Vorrang.

Die Zivilmacht EU sollte sich als eine wehrhafte neu definieren. Dies erfordert die Akzentuierung defensiver Ziele: Europa muss der Entzivilisierung und Barbarei entgegentreten, sich mit den dafür notwendigen Schutzinstrumenten ausstatten und über Machtmittel gebieten, um die eigene Verteidigungsfähigkeit sicherzustellen und mögliche Aggressionsopfer zu unterstützen. Dies kann punktuell mit einer offensiven Politik verbunden werden, die den staatlichen und privaten Hauptverantwortlichen und Profiteuren einer Entzivilisierung durch offensive Sanktionen hohe Kosten auferlegt.

Äußere Bedrohungen, systemische Rivalität und der Rückfall in Barbarei haben das Potential, die im vergangenen Jahrzehnt immer deutlicher hervorgetretenen Fliehkräfte und Desintegrationstendenzen in der EU einzudämmen und eine Rückbesinnung auf zentrale Ziele europäischer Integration zu befördern: die Gewährleistung von Sicherheit und Wohlstand der Bürger und das Einstehen für eine den Menschenrechten verpflichtete pluralistische und rechtsstaatliche Demokratie.

Letztere bildet das innere Fundament und das Pendant einer glaubwürdigen Zivilmachtrolle nach außen. Als wehrhafte Zivilmacht muss die EU ihre entsprechenden Fähigkeiten nach innen wie außen dokumentieren. Im Innern müssen wehrhafte Demokratien den Feinden der offenen Gesellschaft und den Gegnern pluralistischer, rechtsstaatlicher Demokratie in Regierungsämtern, etwa in Polen und Ungarn, entschiedener entgegentreten. Auch in ihrer Erweiterungspolitik darf die EU ihre normativen Anforderungen in Bezug auf Demokratie und Rechtsstaatlichkeit der Beitrittskandidaten nicht auf dem Altar geopolitischer Kalküle opfern, ohne ihren Zivilmachtcharakter zu verleugnen.

Nach außen hin kann das Selbstverständnis als wehrhafte Zivilmacht der EU dabei helfen, die Mittel und Instrumente ihrer Außen- und Sicherheitspolitik grundlegend zu erneuern und deren militärische Komponente zu stärken, ohne ihre fundamentalen Ziele aus den Augen zu verlieren.

Genau wie in Russland und China Entzivilisierung in Gestalt zunehmender Repression nach innen und zunehmender Regelverletzung und aggressivem Außenverhalten zwei Seiten einer Medaille sind, so muss das unter umgekehrten Vorzeichen im Sinne einer Zivilisierungsagenda nach innen und außen auch für die EU gelten.

Die Zivilmacht Bundesrepublik sollte in diesem Prozess eine ihrem wirtschaftlichen Gewicht entsprechende Führungsrolle auf dem Weg zu einer wehrhaften Zivilmacht Europa wahrnehmen, gemeinsam mit dem französischen Partner. Das Sondervermögen für die Ausrüstung der Bundeswehr und die im Kriegsverlauf gewachsene Bereitschaft der Bundesregierung, die Ukraine mit militärischer Ausrüstung zu unterstützen, um der Barbarei entgegenzutreten, sind wichtige Schritte auf diesem Weg. Auch die Tatsache, dass die grüne Außenministerin Annalena Baerbock nun den Begriff der Wehrhaftigkeit im Munde führt und mit einer klaren Sprache über Völkerrechts- und Menschenrechtsverletzungen verbindet, lässt auf weitere Lernprozesse in Berlin hoffen.

***

Joachim Schild lehrt vergleichende Regierungslehre an der Universität Trier.

Erschienen in der F.A.Z. vom 27.06.2022, Seite 6

Selig sind die Friedfertigen

Die evangelische Friedensethik kann sich nicht darin erschöpfen, einzelne Stellen aus der Bibel oder ein Bonmot aus einem Klassiker der Kirchengeschichte zu zitieren. Sie hat zeitgeschichtliche und soziokulturelle Kontexte zu berücksichtigen – gerade heute

Professor Dr. Hans Michael Heinig

Krieg soll nach Gottes Willen nicht sein." Die meisten Stellungnahmen aus den Reihen der evangelischen Kirche zum Ukrainekrieg zitierten diesen Satz aus einer Kundgebung der Ökumenischen Versammlung in Amsterdam 1948. Die Sentenz ist griffig, plakativ, beinahe apodiktisch. Heute wird sie aber oft aus dem Kontext gerissen. Man könnte fast denken, die Delegierten aus aller Welt, etwa aus den Kirchen Nordamerikas, der anglikanischen Kirche, der lutherischen Kirche Schwedens oder der reformierten Kirche der Niederlande, hätten dem Kriegseintritt Frankreichs, Großbritanniens und der USA nachträglich die ethische Legitimation absprechen wollen. Eine solche Lesart würde der Intention der Amsterdamer Zusammenkunft, der Geburtsstunde einer breiten ökumenischen Bewegung, in keiner Weise gerecht.

Um die Aussage zu verstehen, muss man sich vergegenwärtigen, wie prominente Teilnehmer der Versammlung sich vor dem Zweiten Weltkrieg über das Thema Krieg und Kirche geäußert hatten. Der in den USA lehrende deutsche Theologe Reinhold Niebuhr schrieb etwa zur Begründung, warum die christliche Kirche keine radikal pazifistische sein könne: „Gleich wie sie es drehen oder wenden, die Protagonisten eines politischen Pazifismus enden mit der Akzeptanz und Rechtfertigung der Tyrannei." Der Schweizer Karl Barth, Galionsfigur der Bekennenden Kirche, war 1938 in einem Brief an eine Pfarrerin in den Niederlanden sehr grundsätzlich geworden: Die Kirche habe „um des Evangeliums willen ... den demokratischen Staat aufzurufen, um jeden Preis, auch um den von Not und Untergang, starker Staat zu sein, das heißt: den Diktaturen an seinen Grenzen mit allen Mitteln Halt zu gebieten". Sie habe zu bezeugen, dass „es etwas gibt, das schlimmer ist als Sterben und als Töten: das freiwillige Jasagen zu der Schande der Herrschaft des Antichrist".

Diese Art endzeitlicher Aufladung eines militärischen Konflikts mag aus heutiger Sicht befremdlich sein. Aber für den reformierten Theologen Barth gab es nicht den Hauch eines Zweifels, dass der Einsatz von Waffengewalt zur Abwehr tyrannischer Aggression ethisch legitim sein kann.

Die Zitate zeigen, dass christliche Ethik sich nicht darin erschöpfen kann, einzelne genehme Stellen aus dem Alten oder dem Neuen Testament oder ein Bonmot aus einem Klassiker der Kirchengeschichte zu zitieren. Schon das fünfte Gebot („Du sollst nicht töten") klingt so klar und eindeutig – und es bedarf doch der philologischen Bearbeitung: Welches hebräische Wortfeld eröffnet sich hier, und wie lässt es sich akkurat ins Deutsche übertragen? Auch ein systematischer Abgleich mit anderen Aussagen über Tötungen in der hebräischen Bibel ist für die Interpretation des Textes unabdingbar. Der Umgang mit den Seligpreisungen Jesu („Selig sind die Friedfertigen") ist nicht weniger anspruchsvoll.

Der Anspruch, eine christliche Friedensethik zu begründen, reicht aber weiter als lege artis betriebene Philologie. Sie hat zeitgeschichtliche und soziokulturelle Kontexte zu berücksichtigen und zu wägen. Sonst wäre sie keine Ethik, sondern religiöser Doktrinismus. Ethik verlangt die Reflexion normativer Setzungen. Sie ist etwas anderes als moralische Intuition oder religiöse Gewissheit.

Ethik in diesem Sinn ist nicht zwingend ein wissenschaftliches Unterfangen. Die Justiz zum Beispiel ist im täglichen Vollzug auf vielfältige Weise auf Ethik angewiesen, trotz der Positivität des Rechts, also der schieren Geltung von Recht qua Setzung durch einen Gesetzgeber. Man denke nur an das richterliche oder anwaltliche Berufsethos, an Fragen der Strafzumessung, an den Umgang mit Rechtsbegriffen wie „Treu und Glauben" oder „gute Sitten" und an die Prüfung der Verhältnismäßigkeit staatlichen Handelns. Die berufspraktische Ethik, die im alltäglichen Rechtsvollzug mitläuft, steht mit der akademischen Rechtsethik als Teildisziplin der Rechtsphilosophie im Austausch, aber sie fällt mit ihr nicht einfach zusammen.

In ähnlicher Weise kann man verschiedene Arten von evangelischer Friedensethik unterscheiden: Sie ist bei der individuellen Gewissensbildung gefragt, früher etwa bei der Entscheidung über die Kriegsdienstverweigerung. Friedensethik gehört zudem als wissenschaftliche Subdisziplin zur akademischen Theologie. Und schließlich hat das theologische Ringen um Krieg und Frieden auch in den Kirchen als Institutionen eine lange Tradition. Um diese Art kirchlicher Friedensethik soll es in den weiteren Überlegungen gehen. Die Rechtstheologie ist für sie schon deshalb von Bedeutung, weil zu den kontextprägenden Einflussfaktoren immer auch die Rechts- und Staatsvorstellungen der jeweiligen Zeit gehören.

Eine kirchliche Friedensethik muss angesichts der Vielfalt von Frömmigkeitsstilen und politischen Überzeugungen in der Kirche in gewissem Maße pluralismusfähig sein. Das setzt die Fähigkeit voraus, zwischen letzten Fragen des christlichen Glaubens und politischen Schicksalsfragen des Gemeinwesens unterscheiden zu können. Bei aller Relativierung, Kontextualisierung und dem Sinn für Ambivalenzen muss kirchliche Friedensethik auf ethische Normativität aber nicht verzichten. Sie meint deshalb etwas anderes als die bloße Nebeneinanderreihung heterogener friedensethischer Haltungen der Getauften.

Bei der Bildung spezifisch kirchlich-ethischer Maßstäbe kann ein Rückgriff auf Grundfiguren reformatorischer Theologie helfen, die oft als Duale in Erscheinung treten. In der Sprache der Tradition: die gefallene Schöpfung Gottes, in der uns doch Gottes unverbrüchliche Treue und Liebe verheißen wird; anders gewendet der Mensch, der in Sünde schicksalhaft verstrickt, auch zu gutem Handeln befähigt, aber allein durch Glauben, nicht durch seine guten Taten, Gnade vor Gott findet (simul iustus et peccator). Oder auch: die weltliche und die geistliche Regierweise Gottes, in der sich die ambivalente Anthropologie widerspiegelt. Solche Spannungsverhältnisse werden in verbindlichen Schriften mit Bekenntnischarakter entfaltet – und gerade nicht einfach aufgelöst. Bekenntnistexte geben keine einfachen Antworten auf die Herausforderungen einer Zeit. Sie sind überlieferte Glaubenszeugnisse, können als solche aber auch heute noch Orientierung geben.

Zwei Passagen sind für eine kirchliche Friedensethik von besonderer Relevanz: Artikel 16 des Augsburger Bekenntnisses aus dem Jahr 1530 und die fünfte These der 1934 verabschiedeten Barmer Theologischen Erklärung. Sie stehen in engem Zusammenhang mit weiteren Fragen der politischen Ethik und der Rechtsethik.

Die von Philipp Melanchthon verfasste Confessio Augustana bündelte die theologischen Überzeugungen der Wittenberger Reformatoren und diente der Vorbereitung der Beratungen auf dem Reichstag in Augsburg (deshalb die Bezeichnung). In dem Text heißt es in der heute gebräuchlichen deutschsprachigen Fassung: „Von der Polizei (Staatsordnung) und dem weltlichen Regiment wird gelehrt, dass alle Obrigkeit in der Welt und geordnetes Regiment und Gesetze gute Ordnung sind, die von Gott geschaffen und eingesetzt sind, und dass Christen ohne Sünde in Obrigkeit, Fürsten- und Richteramt tätig sein können, nach kaiserlichen und anderen geltenden Rechten Urteile und Recht sprechen, Übeltäter mit dem Schwert bestrafen, rechtmäßig Kriege führen, in ihnen mitstreiten ... können usw."

In diesem Passus klingt die Lehre von den zwei Regierweisen Gottes in der Welt an: Gott wirkt demnach durch das geistliche und das weltliche Regiment. Das geistliche Regiment, ausgeübt allein durch das Wort und ohne Gewalt, sei der Kirche anvertraut, das weltliche Regiment der Obrigkeit. Der Obrigkeit bedürfe es, weil der Mensch aus eigener Kraft und Einsicht nicht dauerhaft gut handeln könne. Er gehe fehl in seiner Selbstsucht, er werde am Nächsten, auf sich alleine gestellt, mit gewisser Zwangsläufigkeit schuldig. Daraus rette ihn in geistlicher Hinsicht alleine die Rechtfertigung aus Glauben. In weltlicher Hinsicht bedürfe es hingegen der Obrigkeit, damit das Leben in dieser Welt nicht die Hölle auf Erden werde.

Diese Lehre von den zwei Regierweisen oder zwei Reichen hat in der lutherischen Tradition zuweilen zu einer Hyperlegitimierung staatlichen Handelns geführt. Staatliche Autorität wurde in der theologischen Deutung so geadelt, dass die religiösen Potentiale für Herrschaftskritik verschüttet wurden. Es entstand ein eher unheiliges „Bündnis von Thron und Altar". Hand in Hand damit ging eine ausgeprägte Skepsis gegenüber dem, was später „das Subjekt" oder „das Individuum" heißen sollte. Im 19. Jahrhundert versperrten beide Entwicklungen der evangelischen Kirche den Weg, sich früh mit der Ideenwelt liberaler Demokratien anzufreunden. Noch bis in die 1960er-Jahre gab es vernehmbar Stimmen, die der autoritären Obrigkeit nachtrauerten. Man mag deshalb skeptisch sein, ob eine Textpassage aus dem 16. Jahrhundert, die auf der Lehre von den zwei Regimenten Gottes aufsetzt, heutzutage noch politisch-ethische Orientierung bieten kann, und sei es auch ein Ausschnitt aus der zentralen Bekenntnisschrift der evangelischen Kirchen.

Die Autoren der Barmer Theologischen Erklärung von 1934 waren da weniger zögerlich. Mit ihrer Schrift wollten sie die vermeintlichen Glaubensgewissheiten der von der nationalsozialistischen Rassenlehre und Führerideologie beseelten deutschen Christen als bekenntniswidrig verwerfen. Bis heute bildet „Barmen" in kirchlichen Lehrfragen den zentralen Referenztext des deutschen Nachkriegsprotestantismus. An der überlieferten Differenzierungsfigur der zwei Sphären oder zwei Funktionslogiken (geistlich-kirchlich/ weltlich-politisch) als Kernbestand einer reformatorischen Staats- und Rechtsethik hielt die Erklärung bewusst fest. Sie modernisierte sie jedoch. Zu offensichtlich war, dass die liberale Demokratie Weimars keine „Obrigkeit" mehr im Sinne Luthers und Melanchthons gewesen war. Das öffentliche Gemeinwesen wurde in Reaktion darauf nicht mehr im Sinne der schöpfungstheologisch-staatsmetaphysischen Tradition des Luthertums, sondern streng funktional verstanden, im Sinne seiner die Bürger schützenden rechtserhaltenden und friedenssichernden Aufgaben. Schlicht selbstverständlich war den Vordenkern der Bekennenden Kirche, dass zu diesen Funktionen auch die äußere Sicherheit gehört und dass die staatlichen Mittel zu deren Erhaltung auch militärische Gewalt einschließen. So heißt es in der fünften These der Barmer Theologischen Erklärung: „Die Schrift sagt uns, dass der Staat nach göttlicher Anordnung die Aufgabe hat, in der noch nicht erlösten Welt, in der auch die Kirche steht, nach dem Maß menschlicher Einsicht und menschlichen Vermögens unter Androhung und Ausübung von Gewalt für Recht und Frieden zu sorgen."

Nach dem Zweiten Weltkrieg entspann sich dann innerkirchlich eine intensive Debatte darüber, ob sich das staatliche Gewaltpotential durch die Entwicklung von Massenvernichtungswaffen so verändert habe, dass die Ausübung von kriegerischer Gewalt unter keinen Umständen mehr in Betracht käme. Die Kontroverse setzte in der Zeit der Wiederbewaffnung unter Konrad Adenauer ein und prägte auch noch die kirchliche Friedensbewegung der 1980er-Jahre. In der Ost-West-Konfrontation wuchs die Sorge, dass der nächste Krieg der letzte der Menschheit sein könnte, weil sie Gefahr liefe, sich selbst auszulöschen. Ein kirchlicher Konsens über die Frage, ob angesichts dieses apokalyptischen Szenarios nukleare Abschreckung gerade friedenssichernd und damit ethisch verantwortbar oder in so gravierendem Maße menschheitsgefährdend, dass sie unverantwortlich sei, kam bis zum Fall der Mauer nicht zustande. Innerevangelisch einigte man sich letztlich darauf, dass beide Positionen mit einer christlichen Glaubenshaltung vereinbar sein können.

Als der Ost-West-Konflikt endete, keimte die Hoffnung auf eine Art „ewigen Frieden", wenn schon nicht streng nach Idee der gleichnamigen Schrift Immanuel Kants, so doch im Sinne einer völkerrechtlich angeleiteten multipolaren Weltordnung. Man setzte auf einen Weltsicherheitsrat der Vereinten Nationen, der die ihm in der UN-Charta angesonnene Aufgabe wirklich und systematisch wahrnimmt, effektive Maßnahmen zur Sicherung des Weltfriedens zu ergreifen. Diese Hoffnung war trügerisch. Die Völkerrechtsgemeinschaft stritt alsbald über die Legalität und Legitimität humanitärer Interventionen, also mit dem Schutz von Menschenrechten begründete Militäreinsätze, und über Maß und Mittel kriegerischer Entgegnungen auf (tatsächliche und vermeintliche) terroristische Bedrohungen. Erinnert sei nur an die Anschläge in den USA vom 9. September 2001 und die darauffolgenden Kriege in Afghanistan und im Irak.

In Anbetracht solcher Konstellationen entstand die bislang letzte Friedensdenkschrift der EKD, die im Jahr 2007 unter dem Titel „Aus Gottes Frieden leben – für gerechten Frieden sorgen" veröffentlicht wurde. Die Legitimität rechts-erhaltender Gewalt, auch in militärischer Form, wurde in ihr ausdrücklich anerkannt. Zugleich betonte man, dass „Frieden" als Leitbild einer politischen Ethik internationaler Beziehungen mehr bedeuten müsse als das Schweigen von Waffen. In diesem Sinne wurde nun das Ziel eines „gerechten Friedens" beschworen, der rhetorisch in Kontrast gesetzt wurde zu überkommenen Lehren vom „gerechten Krieg". Das war in gewisser Weise überschießend, weil bestimmte friedensethisch und völkerrechtlich anerkannte Kriterien für rechtmäßig geführte kriegerische Auseinandersetzungen bekräftigt wurden, etwa das Verbot eines Angriffskrieges und – korrespondierend – das Selbstverteidigungsrecht eines kriegerisch angegriffenen Staates.

Doch die Aussage, die Lehre vom gerechten Frieden löse die Lehre vom gerechtfertigten Krieg friedensethisch ab, verselbständigte sich in der evangelischen Kirche. Entsprechende Einlassungen führender Repräsentanten beförderten diese Entwicklung. Sie mündete auf der EKD-Synode 2019 in Dresden in der Diskussion, ob man nicht die Bekenntnisgrundlagen der evangelischen Kirche neu fassen müsse. Der Passus zur Beteiligung am militärischen Engagement des Staates in der Confessio Augustana, auf Latein „iure bellare, militare", gehöre gestrichen. Man gewann den Eindruck, eine radikalpazifistische Haltung setze sich im deutschen Protestantismus zunehmend durch – eine Haltung, die die Wittenberger Reformatoren angesichts ihrer theologischen Anthropologie, ihrer Sündenlehre, ihrer Rechtstheologie und ihrer politischen Ethik wohl als schwärmerisch entschieden verworfen hätten.

Das Ansinnen, die Confessio Augustana radikalpazifistisch nachzujustieren, war auch deshalb eigenwillig, weil die reformatorischen Bekenntnisschriften zahlreiche Aussagen enthalten, die heute sperrig und abständig wirken. Sie sind nun einmal 250 Jahre vor dem Zeitalter der Aufklärung, unserer eigenen begriffsgeschichtlichen „Sattelzeit", formuliert. Sie sind zeitgebundene Glaubensdokumente, die sich darum jede Generation neu aneignen und in ihre Zeit übersetzen muss. Isoliert einen Satzteil streichen zu wollen zeugt von blankem theologischem Unverstand, allzumal man sich auf der Synode ja ausgerechnet einen Satzteil herausgegriffen hat, der einem die Vergegenwärtigung nicht eben schwer macht. Man kann das „iure bellare" nicht nur als „gerechten" Krieg, sondern auch als „rechtmäßig geführten Krieg" verstehen.

Es spricht viel dafür, dass die Reformatoren sogar genau das im Sinn hatten. Anders als von manchen heute behauptet, ging es im Augsburger Bekenntnis ja nicht darum, Krieg für „gerecht" im Sinne eines erstrebenswerten Zustands zu erklären. Im Gegenteil.

Die unterschiedlich akzentuierten Lehren vom bellum iustum, angefangen von Cicero bis hin zum modernen Völkerrecht, waren und sind im Prinzip darauf angelegt, Frieden zu wahren, Gewalt einzuhegen, Konflikte auf andere Weise auszutragen und der Logik militärischer Eskalation zu widersprechen. Sie reden gerade nicht der neuzeitlichen Idee das Wort, Krieg setze mit anderen Mitteln die Politik, von religiösen und moralischen Bindungen entlassen und Machtgewinn als Selbstzweck betreibend, einfach fort. Die Reformatoren mit ihrem vormodernen, spätmittelalterlich geprägten Weltbild waren keine Proto-Machiavellisten und haben auch keine Clausewitz'sche Kriegskunstfibel avant la lettre geschrieben. Sie wussten aber sehr wohl, mit Kant gesprochen, aus welch krummem Holz der Mensch geschnitzt ist.

Seit Beginn des russischen Angriffskrieges gegen die Ukraine im Februar 2022 ringt die deutsche Öffentlichkeit nun erneut um Haltung und Positionen in Fragen von Krieg und Frieden. Dabei geht es hierzulande „nur" um Wirtschaftssanktionen und Waffenlieferungen. Einen Kriegseintritt Deutschlands fordert niemand. Markante Stimmen im kirchlichen Protestantismus verlangen im Gegenteil, auf jede militärische Unterstützung der Ukraine zu verzichten. Die Gefahr einer Eskalation sei zu groß. Sie empfehlen den Ukrainern die sofortige Einstellung aller Kampfhandlungen. Dem Aggressor solle man mit zivilem Ungehorsam begegnen.

Andere sehen die Notwendigkeit, dass sich die kirchliche Friedensethik angesichts der forcierten geopolitischen Spannungen aus ihrer Rechtsorientierung löse. Für die Frage nach der Legitimität militärischer Gewalt sei das Kriterium der Rechtserhaltung nicht mehr zweckdienlich. Wir müssten uns auf ein neues Zeitalter rivalisierender Machtblöcke einstellen, für das die Leitidee einer regelbasierten multipolaren Ordnung wenig tauge, zumal ein Teilaspekt der rechtserhaltenden Gewalt, nämlich das Anliegen des Schutzes der Menschenrechte mit den Mitteln militärischer Interventionen, in postkolonialer Perspektive ohnehin desavouiert sei.

Beiden Reaktionen aus den Reihen des deutschen Protestantismus sollte man zurückhaltend begegnen. Eine kirchliche Friedensethik tut gut daran, die realen Machtverhältnisse zur Kenntnis zu nehmen. Eine ethische Perspektive darf realpolitisch ansetzen, muss aber zur ethischen Normbildung beitragen. Die ethische Orientierung an der Achtung des universellen Völkerrechts lässt sich deshalb nicht durch eine Ordnung faktischer Einflusssphären ersetzen. Die militärisch-interventionistisch verstandene „responsibility to protect" war völkerrechtlich wie friedensethisch zu weiten Teilen sicherlich ein Irrweg. Darüber ist sich die Völkerrechtswissenschaft heute weitgehend einig. Das völkerrechtliche Verbot eines Angriffskrieges und das (im Verhältnis zu Maßnahmen des UN-Sicherheitsrates subsidiäre) Recht auf Selbstverteidigung sind aber im Lichte des Kriegs in der Ukraine friedensethisch nicht obsolet geworden. Daran ändert auch eine postkoloniale Betrachtung nichts. Im Gegenteil: Im Verteidigungsrecht nach außen gegen einen neoimperialen Aggressor spiegelt sich das Recht auf Selbstbestimmung nach innen, ein Recht, das eine dezidiert antikoloniale Spur aufweist. Zwar hat das Völkerrecht den Krieg in der Ukraine nicht verhindern können. Aber das ist kein ernsthaftes Argument gegen das Völkerrecht und sein friedensethisches Potential. Das brutale Faktum eines Angriffskriegs stellt dessen Verbot ebenso wenig infrage wie Mord und Totschlag die entsprechenden Strafrechtsnormen. Die Möglichkeit des Rechtsbruchs gehört zur Normativität des Rechts dazu.

Zugleich werden wir gegenwärtig auf dramatische Weise des Umstands gewahr, dass das Recht in den internationalen Beziehungen anders wirkt, andere Durchsetzungsressourcen und andere Gefährdungen der Rechtstreue kennt als im staatlichen Kontext. Die von den Reformatoren in ihrer politischen Anthropologie vorausgesetzten menschlichen Abgründe lassen sich zurzeit im internationalen Zusammenhang nicht in einer Weise eingehen, die mit staatlichen oder supranationalen Rechtsordnungen vergleichbar wäre.

Das verleiht der Frage, wie internationales Recht effektiv implementiert und Rechtsbruch sanktioniert wird, ihre existentielle Note. Geht es um das Verbot des Angriffskrieges, sind neben wirtschaftlichen Maßnahmen, etwa Sanktionen, wirksame militärische Abschreckung und als Ultima Ratio auch der Einsatz militärischer Gewalt eine naheliegende Antwort. Wer dies unter Verweis auf das friedensethische Leitbild eines „gerechten Friedens" strikt ablehnt, bleibt eine vernünftige Alternative schuldig. Das Potential zivilen

Ungehorsams erscheint im Angesicht der Schreckensbilder aus der Ukraine unzureichend. Eine kirchliche Friedensethik, die den gerechten Frieden postuliert, aber zum ungerechten Frieden, der in Massenmord, Folter, Vergewaltigung und kultureller Auslöschung eines Volkes mündet, nichts Substantielles mehr zu sagen weiß, muss sich die Frage gefallen lassen, wie sie es mit dem ansonsten postulierten „Vorrang" für die Schwächsten und Verletzlichsten hält. Scheint hinter dem antimilitaristischen Dogma doch nur religiös camouflierter Zynismus durch?

Frieden im anspruchsvollen Sinne meint mehr als Friedhofsruhe, aber auch mehr als die unerbittliche Logik militärischer Abschreckung. Eine kirchliche Friedensethik im Horizont der reformatorischen Rechtstheologie rechnet mit den Abgründen des Menschen und verliert zugleich nicht die Hoffnung, seine Verstrickung im Bösen immer wieder von Neuem zu überwinden. Folgerichtig stehen kirchliche Militärseelsorge sowie Friedens- und Versöhnungsarbeit komplementär zueinander. Zu erschließen, was aus der theologisch-anthropologischen Grundspannung im jeweiligen zeitgenössischen Kontext konkret politisch folgt, überantwortet die Barmer Theologische Erklärung der menschlichen Einsicht in all ihrer Begrenztheit. In diesem Sinne heißt es für die evangelische Kirche, sich in Sachen Friedensethik immer wieder neu ans Werk zu machen – auch nun.

***

Hans Michael Heinig lehrt Öffentliches Recht und Kirchenrecht an der Georg-August-Universität Göttingen.

Erschienen in der F.A.Z. vom 04.07.2022, Seite 7

Die andere Energiewende

Weltweite Klimaabkommen könnten die Erdgas- und Erdölvorräte durch ein Verbot ihrer thermischen Nutzung wertlos werden lassen. Die Folgen wären verheerend, weil die Anreize übergroß würden, Öl und Gas schnellstmöglich zu Geld zu machen. Doch es gibt eine Lösung für den „rush to burn"

Professor Dr. Kai A. Konrad

Wer vor gut einem Jahrzehnt am ifo-Institut in München zu Besuch war, hätte dort auch einen Dinosaurier antreffen können. Gemeint ist die Nachbildung einer Riesenechse, wie sie der Naturschutzbund Deutschland (NABU) jährlich als Negativpreis an Persönlichkeiten des öffentlichen Lebens verleiht. Hans-Werner Sinn, der damalige Ifo-Präsident, hatte diesen Preis im Jahr 2009 erhalten. Seine kritischen Botschaften zu den Wirkungen konkreter klimapolitischer Maßnahmen hatten erkennbar den Unmut des NABU erregt.

Bis heute aktuell und besonders bedeutsam, weil von großer wirtschafts- und klimapolitischer Tragweite, ist Sinns unpopuläre Einschätzung der unerwarteten und unerwünschten Effekte von Klimaabkommen, die als „grünes Paradoxon" in die Literatur Eingang gefunden hat. Demnach kann die Anstrengung der Weltgemeinschaft, die Nutzung fossiler Brennstoffe wie Erdöl und Erdgas durch Verbote und Besteuerung allmählich zu reduzieren, unmittelbar einen Ansturm auf die verbleibenden fossilen Brennstoffreserven der Welt auslösen. Ein solcher „rush to burn" beschleunigt den Ausstoß des klimaschädlichen Kohlendioxids, anstatt ihn zu verringern.

Das Problem ist heute unter Klimaökonomen gut bekannt. Wie ihm zu begegnen ist, blieb indes bislang offen. Eine aktuelle Studie von Forschern unseres Instituts, des Max-Planck-Instituts für Steuerrecht und Öffentliche Finanzen (MPI), sowie der Universität Bergen in Norwegen hat das unliebsame Problem aufgegriffen und eine Lösung gefunden. Es gibt Wege, den „rush to burn" zu bremsen oder umzukehren.

Erfolgreiche Klimapolitik verlangt, die CO_2-Emissionen erheblich zu verringern. Will man das 1,5-Grad-Klimaziel erreichen, darf ein Großteil der fossilen Energieträger nicht verbrannt werden. Nach einer aktuellen Studie der Zeitschrift „Nature" müssen etwa 60 Prozent der Reserven an Öl und Erdgas im Boden verbleiben, von den riesigen Kohlevorkommen ganz zu schweigen.

Die bisherige Klimapolitik setzt auf eine Dämpfung der Nachfrage nach fossilen Energieträgern. Allerdings wirken fast alle Maßnahmen, die dazu ergriffen werden, mit zeitlicher Verzögerung. Dazu gehören das Ende der Kohleverstromung, das Verbot neuer Ölheizungen, das Auslaufen des Verbrennungsmotors, der Ersatz von Öl und Gas in vielen rohstoffverarbeitenden Prozessen. Als hilfreich gelten auch ein möglichst allgemeiner Handel mit vorgegebenen Mengen von Emissionszertifikaten und Steuern oder Abgaben auf CO_2-Emissionen im Rahmen eines globalen Klimaabkommens.

Der Weg zu einem solchen Klimaabkommen ist steinig. Da wäre zunächst die Schwierigkeit, sich politisch auf Emissionsminderungen zu einigen. Die entsprechenden Verhandlungen haben vor mehr als 25 Jahren begonnen, sind allerdings ohne durchschlagenden Erfolg geblieben. Es gibt einige wenige positive Zwischenergebnisse. Dazu gehören das Kyoto-Protokoll aus dem Jahr 1997 und das Übereinkommen, das 2015 in Paris geschlossen wurde.

Die freiwilligen Zusagen und Absichtserklärungen, die die Staaten dort gemacht haben, sind allerdings eher unverbindlich. Auch die jüngste United Nations Climate Change Conference (COP 26) in Glasgow hat keinen wirklichen Durchbruch gebracht.

Die Fehlschläge sind im Grunde nicht überraschend. Über ein internationales Klimaabkommen verhandeln souveräne Staaten. Sie sind den Interessen ihrer jeweiligen Bürger verpflichtet. Sie müssen sich auf ein Abkommen einigen, das für jeden Unterzeichnerstaat mit Kosten verbunden ist. Angesichts der Ausgaben überwiegen die Vorteile für die Unterzeichner nur, wenn sich hinreichend viele Staaten substanziell beteiligen. Jeder Staat mag sich ein Abkommen wünschen, das den Klimawandel verlangsamt – am liebsten ist ihm aber eines, bei dem vor allem die anderen die Kosten tragen.

Schwierig ist auch die praktische Durchsetzung. Wenn einzelne Staaten die vereinbarten Emissionsminderungsziele nicht einhalten, welche Institution kann dann den Bruch des Vertrags feststellen? Jemand müsste den Vertragsbruch sanktionieren. Wer würde das sein?

Die Präsidentschaft von Donald Trump und der Austritt der USA aus dem Klimaabkommen von Paris haben deutlich gemacht, wie politisch anfällig solche Vereinbarungen sind. Sie hängen von den jeweils wechselnden politischen Mehrheiten in den Einzelstaaten ab. Trotz dieser Schwierigkeiten sehen die COP-Fachleute, die an unserer Studie teilgenommen haben, die Lösung des Klimaproblems mehrheitlich in einem solchen Abkommen.

Machen wir nun gedanklich einen Sprung zum „grünen Paradoxon": Was würde passieren, wenn es im November dieses Jahres auf der COP 27 in Sharm el Sheik zu einem bindenden Abkommen käme, das für die kommenden Jahrzehnte erhebliche Emissionsminderungen festschriebe? Zum Beispiel, dass vom Jahr 2040 an Erdöl und Erdgas weltweit nicht mehr zur Energieerzeugung genutzt werden dürften, und/oder die Abgaben auf CO_2-Emissionen bis dahin prohibitiv hoch sein müssten.

Lässt sich so das 1,5-Grad-Ziel erreichen? Das „grüne Paradoxon" gibt eine unbequeme Antwort: Versetzen wir uns in die Gedankenwelt des Regierungschefs in, beispielsweise, einem arabischen Ölstaat. Wie reagiert er auf die Nachricht über dieses Abkommen? Ihm wäre klar: Die fossilen Öl- und Gasvorräte, die sein Land bis 2040 nicht aus dem Boden gepumpt und verkauft hat, verlieren ihren Wert. Ab diesem Zeitpunkt wird sein Land für solche Bodenschätze nichts mehr bekommen. Sie werden zu „stranded assets", Vermögenswerten, die dauerhaft von Wertverlusten bis hin zum Totalverlust gekennzeichnet sind. Da empfiehlt es sich doch im Interesse der Bürgerinnen und Bürger seines Landes, so schnell und so viel wie möglich zu fördern und zu verkaufen. Gedanken dieser Art spielen gewiss die Regierenden aller Länder mit großen Öl- und Gasvorkommen durch.

In der Folge dieses „rush to burn" steigt das Angebot an Öl und Gas, die Preise verfallen. Das ist für die Rohstoffländer zwar schmerzlich, denn sie erhalten für ihre Ressourcen nur wenig Geld. Schnell und billig zu verkaufen ist indes noch immer besser, als am Ende auf einem großen, aber wertlosen Öl- und Gasvorrat sitzen zu bleiben.

Derzeit sehen wir im Zusammenhang mit dem militärischen Angriff Russlands auf die Ukraine am Öl- und Gasmarkt Knappheiten und eher eine Preisentwicklung nach oben. Das sollte über die Existenz des Problems des „rush to burn", also eines „Ausverkaufs", nicht hinwegtäuschen. Ein solcher Ausverkauf würde erst einsetzen, wenn ein verbindliches Klimaabkommen über substanzielle zukünftige Emissionsminderungen zustande gekommen ist oder ein Vertragsabschluss zumindest glaubhaft bevorsteht. Solange es noch nicht zu einem solchen Abkommen und nicht zu einem „rush to burn" gekommen ist, spricht das nicht gegen die Vorhersagen der Theorie. Diese sagt eher etwas darüber aus, wie weltweit die Erfolgsaussichten für ein solches Abkommen eingeschätzt werden.

Der Wirtschaftswissenschaftler Harold Hotelling hat den intertemporalen Marktzusammenhang für erschöpfbare Rohstoffe schon vor fast hundert Jahren beschrieben. Der endliche Vorrat dieser Rohstoffe macht sie zu grundsätzlich anderen Gütern als solche, die jederzeit und in jeder Periode in fast beliebiger Menge produziert werden können. Der Besitzer eines Vorrats an einem natürlichen Rohstoff verkauft jede Einheit seines Vorrats genau einmal. Er wartet auf den Zeitpunkt, an dem der Barwert des Verkaufserlöses am höchsten ist. Diese Logik bestimmt die Entwicklung des Preises für den Rohstoff. So kommen zu jedem Zeitpunkt Angebot und Nachfrage zum Ausgleich. Ist der erwartete Preis morgen sehr niedrig oder gar null, würden alle Anbieter heute verkaufen und begnügten sich mit einem niedrigeren Preis heute. Die Marktkonditionen, die in zehn oder zwanzig Jahren für Gas und Öl erwartet werden, wirken sich deshalb stark auf das Angebot in der Gegenwart aus.

Dass ein künftiger Bann von Öl und Gas zu einer unmittelbaren Ausweitung des Angebots und einem Preisverfall führt, ist keine graue Theorie. Solche Antizipationseffekte sind aus einzelnen Rohstoffmärkten durch empirische Studien belegt. Und etwa zwei Drittel der COP-Klimaexperten, die an unserer Studie teilgenommen haben, sehen in dem „rush to burn" ein drohendes Problem.

Für das Klima ist der drohende Ausverkauf eine sehr schlechte Nachricht. Er könnte die weltweiten CO_2-Emissionen beschleunigen. Das gilt zumindest für die Übergangsphase, ehe das Verbrennen von Öl und Gas effektiv unterbunden wird.

Zu gewärtigen sind auch negative Sekundärwirkungen. Das Interesse an Elektromobilität ist nicht so groß, wenn Benzin billig ist. Wärmedämmung an Gebäuden oder auch das Heizen mit einer strombetriebenen Wärmepumpe ist weniger interessant, solange man mit Gas und Öl preiswert heizen kann. Analoges gilt für weitere Märkte für regenerative Energien, wie Solarenergie und Windenergie. Sie hätten es angesichts billigen Erdgases und Öls schwer. Auch das wirtschaftliche Umfeld für Sprunginnovationen im Bereich regenerativer Energien wäre wohl eher ungünstig.

Soweit die Diagnose des Problems. Die schwierigere Frage ist die nach einer Lösung: Wie vermeidet man den „rush to burn"?

Ein extremer Vorschlag stammt von dem Umweltökonomen Bard Harstad: Die Länder mit großen Öl- und Gasvorkommen sollten dafür entschädigt werden, dass sie diese Vorkommen nicht heben, sondern im Boden belassen. Der Vorschlag hat einige Nachteile. Er ist vor allem teuer. Man verzichtet darauf, wertvolle Rohstoffe zu nutzen, und zahlt Abermilliarden dafür. Ungeklärt ist auch, wie und nach welcher Regel die globale Gemeinschaft die Zahlungen aufbringen würde: Welches Land möchte wohl wie viel zahlen? Entsprechend zurückhaltend antwortete die Mehrheit der Teilnehmer an unserer Studie auf die Frage, ob dieser Vorschlag realistisch sei.

Eine vielleicht bessere Lösung basiert auf der am MPI mitverfassten Studie. Sie lässt sich in zwei Schritten beschreiben. Stellen wir uns zunächst vor, es gibt Methoden, Gas und Öl zu fördern und nutzbringend zu verwenden – aber nicht als klimaschädliche Energieträger, sondern für klimaneutrale oder klimafreundliche Produkte. Was wäre die Folge?

Es greifen dann Mechanismen, die den „rush to burn" bremsen oder umkehren. Öl und Gas blieben knappe und wertvolle Güter, auch wenn sie künftig nicht mehr als Energieträger eingesetzt werden können. Die Rohstoffländer mit erheblichen Öl und Gasvorkommen im Nahen Osten, aber auch andernorts könnten damit rechnen, dass sie ihre Vorkommen auch nach 2040 noch für gutes Geld verkaufen können. Da sie die Vorräte nur einmal fördern und verkaufen können, warten sie lieber, statt jetzt zu Dumpingpreisen zu verkaufen.

Die Märkte in der Gegenwart reagieren auf die hohen Preise, die man für Gas und Öl mittelfristig erwarten würde. Angebot und Nachfrage kommen auf einem deutlich höheren Preisniveau zum Ausgleich. Entsprechend werden weniger Öl und Gas für die Energieerzeugung gefördert und verbrannt. Der Ausstoß an CO_2 geht zurück, und zwar schon heute.

Die hohen Öl- und Gaspreise in der Gegenwart machen alternative klimafreundliche Energieträger und nachhaltige Energiekonzepte auf dem Markt konkurrenzfähiger. Das wirtschaftliche Umfeld für klimafreundliche Innovationen verbessert sich ebenfalls.

Im Idealfall würden Erdöl und Gas in der Zukunft so wertvoll für die klimafreundlichen Formen ihrer Nutzung und damit so teuer, dass sie heute nicht mehr verbrannt werden. Damit wäre erreicht, was bislang nicht gelungen ist: die Dekarbonisierung der Energieerzeugung und eine Marktdynamik, die alternative klimafreundliche Konzepte und Innovationen fördert.

CO_2-Steuern oder Nutzungsverbote für Energieträger auf Karbonbasis würden weniger zwingend, vielleicht sogar überflüssig. Die Preislogik von Harold Hotelling beziehungsweise die Kräfte des Marktes, namentlich die hohen zukünftigen Preise für Öl und Gas, erledigen die Energiewende von ganz allein. Und selbst wenn die Wirkungen nur graduell und weniger extrem ausfallen, wäre schon viel gewonnen, wenn der „rush to burn" abgebremst würde.

Das führt zur zentralen Frage, die viele an dieser Stelle haben mögen: Wie sollten die alternativen und klimafreundlichen Nutzungskonzepte aussehen, die Öl und Gas in der Zukunft so überaus wertvoll machen?

Ein Blick in die Forschung legt nahe: Für Erdgas, das ganz überwiegend aus Methan besteht, lautet die mögliche Antwort „türkis". Wie ein Forschungsteam um Robert Schlögl vom Max-Planck-Institut für chemische Energiekonversion beschrieben hat, besteht ein attraktives Verfahren zur Erzeugung von Wasserstoff darin, Methan direkt und ohne Freisetzung von CO_2 in Wasserstoff und Kohlenstoff aufzuspalten. Methan zerfällt nicht ganz freiwillig in diese Substanzen. Der Zerfall erfolgt unter hohem Druck und hohen Temperaturen in einer Salzschmelze, die als Katalysator wirkt. Das Verfahren heißt katalytische Pyrolyse.

Der so hergestellte Wasserstoff heißt „türkis", im Unterschied zu „blauem" oder „grünem" Wasserstoff. Das Team um Schlögl beschreibt und vergleicht einzelne Verfahren miteinander. Der derzeit im Zentrum der politischen Aufmerksamkeit stehende „grüne" Wasserstoff zum Beispiel entsteht durch elektrolytische Aufspaltung von Wasser in Wasserstoff und Sauerstoff. Der dafür erforderliche Energieaufwand ist aber etwa achtmal so hoch wie der bei der Erzeugung von Wasserstoff aus Methan.

Für „blauen" Wasserstoff wird ebenfalls Methan aufgespalten. Aber bei diesem Verfahren entsteht neben Wasserstoff auch Kohlendioxid. Im Vergleich zu „blauem" Wasserstoff fallen bei der katalytischen Pyrolyse keine nennenswerten klimaschädlichen Nebenprodukte an.

Ein weiterer Pluspunkt der Methanpyrolyse wird in einem aktuellen Artikel in der Fachzeitschrift PNAS von Matteo Pasquali und Carl Mesters beschrieben. Der Kohlenstoff, neben Wasserstoff bei der Aufspaltung von Methan anfällt, kann beispielsweise die Form von Karbon-Nanoröhren (CNTs) annehmen. Diese Kohlenstoffformationen sind vielversprechende Rohstoffe für Konstruktionsmaterialien und könnten Aluminium, Beton, Stahl und andere Stoffe ersetzen.

Solche Karbonmaterialien sind nicht nur verhältnismäßig leicht, sie haben auch andere, hochinteressante Materialeigenschaften hinsichtlich Leitfähigkeit, Elastizität und Festigkeit. Ersetzten sie traditionelle Konstruktionsmaterialien, leistete Erdgas/Methan einen zweiten Beitrag zur Klimapolitik. Denn häufig werden traditionelle Baustoffe in klimaschädlichen Prozessen produziert. Sie durch Karbonstoffe zu ersetzen führt demnach zur Einsparung von CO_2-Emissionen.

Die Perspektiven für alternative Nutzungskonzepte für Erdöl sind noch nicht so offensichtlich. Derzeit wird ein Bruchteil des geförderten Erdöls zu Kunstfasern, Dämmstoffen und anderen Plastikprodukten verarbeitet. Ist das Erdöl in diesen Materialien einmal gebunden, ist es weitgehend klimaneutral verwendet.

Die Plastikwirtschaft, wie sie derzeit betrieben wird, hat allerdings schwerwiegende Schattenseiten: Ein Großteil des produzierten Plastiks treibt über die großen Flüsse ins Meer und wird dort als Mikroplastik in lebenden Organismen „zwischengelagert". Auch die Einwegplastiktüte, die am Ende ihrer kurzen Nutzungsperiode nicht im Ozean, sondern in der Müllverbrennungsanlage landet und dort in CO_2 und Wasserdampf umgesetzt wird, hat keine erfreuliche Klimabilanz.

Diese Nutzungszyklen für Plastik sind aber nicht naturgegeben. Sie ließen sich ändern, ohne dass wir auf Erdöl als Rohstoff verzichten müssten. Man könnte darauf hinwirken, dass Kunststoffprodukte aus Öl am Ende einer langen und hochwertigen Nutzung tief in die Erde verbracht werden, letztlich also ungefähr dorthin zurück, von wo man das Rohöl zu ihrer Produktion einst entnommen hat. So würde der Kohlenstoff dauerhaft gebunden, ohne negative Folgen für das Klima oder für die Gesundheit von Tier und Mensch.

Was klimaneutrale Verwendungen von Erdöl angeht, sind Phantasie und Innovationswille keine Grenzen gesetzt. Im derzeitigen gesellschaftlichen und politischen Klima richten sich die Anreize aber eher auf die Suche nach Stoffen, die Plastik ersetzen können und nicht aus Erdöl hergestellt werden. Solche Substitute verdrängen und verringern die künftige Nachfrage nach fossilem Öl. Ihre Entwicklung und preisgünstige Verfügbarkeit verschärfen insofern den „rush to burn" und erhöhen in der Tendenz die CO_2-Emissionen in der Gegenwart.

Die vielleicht wichtigste Aussage der Studie, an der unser Institut beteiligt war, betrifft aber die Frage, wann die klimafreundlichen Verwendungsarten verfügbar sein müssten. Für die Umkehrung des „rush to burn" ist es nicht erforderlich, dass die alternativen Nutzungsoptionen für Erdöl und Gas schon heute ausgereift sind. Wichtig ist, dass die Staaten mit großen Öl- und Gasvorkommen damit rechnen können, dass solche Möglichkeiten in einigen Jahren oder Jahrzehnten entwickelt werden. Jetzt müssen die Staaten nur darauf vertrauen können, dass ihre Ressourcen auch in einigen Jahren noch werthaltig sind.

Die Verwirklichung der skizzierten Klimawende, die sich die Marktkräfte zunutze macht, wird in der Praxis auf viele Hindernisse stoßen. Die Politik sollte helfen, diese zu überwinden. Unternehmen, die beispielsweise in die Erzeugung türkisen Wasserstoffs investieren sollen, werden das nur tun, wenn auch die Investitionsbedingungen stabil sind. Sie müssen darauf vertrauen können, dass die nächste Regierung dieser energiepolitischen Entwicklung nicht regulatorisch den Garaus macht.

Auch politische Vorschläge, wie etwa jüngst zum Rückbau des deutschen Erdgasnetzes, sollten wohlüberlegt sein. Das in Deutschland verlegte Gasleitungssystem kann in einer Wasserstoffwirtschaft wichtige Aufgaben bei der Versorgung der Verbraucher mit diesem klimaneutralen Brennstoff übernehmen. Ein Rückbau ist nicht hilfreich. Im Gegenteil: Wünschenswert, auch im Sinne einer künftigen Wasserstoffwirtschaft, wären die Erhaltung und der weitere Ausbau dieser Infrastruktur. Sie verspricht eine breite und zuverlässige Nutzung des produzierten Wasserstoffs zu vertretbaren Kosten.

Ähnlich bedeutsam ist die Zuverlässigkeit der Versorgung mit Erdgas als Rohstoff für die katalytische Pyrolyse, und zwar zu vertretbaren und konkurrenzfähigen Erzeugerpreisen und Transportkosten. Politisch ist das derzeit ein heißes Eisen. Eines kann man aber feststellen: Die Lösung des Versorgungsproblems besteht nicht darin, einzelne Lieferanten zu wählen oder auszusortieren, weil sie als zuverlässig oder unzuverlässig gelten.

Der Schlüssel besteht vielmehr darin, Anbieterkonkurrenz zu schaffen beziehungsweise für Redundanzen in der Versorgung zu sorgen. Gemeint ist damit, eine Handvoll Lieferbeziehungen gleichzeitig zu pflegen und mehrere Transportwege gleichzeitig zu nutzen. Kurzfristig ist das Halten von Gas- und Ölspeichern als Anpassungsreserve wichtig. Mittelfristig geht es aber darum, den Ausfall eines einzelnen Lieferanten oder eines Transportwegs durch höhere Liefermengen anderer Lieferanten ausgleichen zu können. Das politische Regime der Lieferanten und Transitstaaten mag aus vielen Gründen von Bedeutung sein. Für die Versorgungssicherheit und für einen günstigen Einkauf des Erdgases ist es nicht mehr besonders wichtig, wenn zwischen mehreren Anbietern hinreichend Konkurrenz herrscht.

Zusammengefasst lässt sich sagen: Der „rush to burn" ist ein echtes Hindernis für eine erfolgreiche Klimapolitik, gerade dann, wenn ein internationales Klimaabkommen geschlossen würde. Klimaneutrale oder klimafreundliche Alternativen für die Nutzung von

Erdöl und Gas wären die Lösung dieses „rush to burn", und zwar eine, die viele Vorteile bringt: Man muss nicht auf kollektive Vereinbarungen warten, die Lösung ist kostengünstig und sie nutzt statt hoher Subventionen und staatlicher Verbote die Kräfte des Marktes für eine erfolgreiche Klimawende.

***

Kai A. Konrad ist Direktor am Max-Planck-Institut für Steuerrecht und Öffentliche Finanzen in München.

Erschienen in der F.A.Z. vom 11.07.2022, Seite 6

Nach der Zeitenwende

Putins Angriff auf die Ukraine hat eine Wirklichkeit geschaffen – auch in Deutschland kann vieles nicht so bleiben, wie es ist

Bundeskanzler Olaf Scholz

Politik beginnt mit der Betrachtung der Wirklichkeit. Gerade auch dann, wenn sie uns nicht gefällt. Zur Wirklichkeit gehört: Der Imperialismus ist zurück in Europa. Viele hatten die Hoffnung, enge wirtschaftliche Verflechtung und gegenseitige Abhängigkeiten würden zugleich für Stabilität und Sicherheit sorgen. Diese Hoffnung hat Putin mit seinem Krieg gegen die Ukraine nun für alle sichtbar zerstört. Die russischen Raketen haben nicht nur in Charkiw, Mariupol und Cherson massive Zerstörung verursacht, sondern auch die europäische und internationale Friedensordnung der vergangenen Jahrzehnte in Schutt und Asche gelegt.

Hinzu kommt: Der Zustand unserer Bundeswehr und der zivilen Verteidigungsstrukturen, aber auch unsere allzu große Abhängigkeit von russischer Energie sprechen dafür, dass wir uns nach Ende des Kalten Krieges in falscher Sicherheit gewiegt haben. Allzu gern haben Politik, Wirtschaft und große Teile unserer Gesellschaft weitreichende Konsequenzen aus dem Diktum eines früheren deutschen Verteidigungsministers gezogen, wonach Deutschland nur noch von Freunden umzingelt sei. Das war ein Irrtum.

Nach der Zeitenwende, die Putins Angriff bedeutet, ist nichts mehr so, wie es war. Und deshalb können die Dinge nicht so bleiben, wie sie sind! Doch allein die Feststellung einer Zeitenwende ist noch kein Programm. Aus der Zeitenwende folgt ein Handlungsauftrag – für unser Land, für Europa, für die internationale Gemeinschaft. Wir müssen Deutschland sicherer und widerstandsfähiger machen, die Europäische Union souveräner und die internationale Ordnung zukunftsfester.

Zur neuen Wirklichkeit gehören die 100 Milliarden Euro, die wir als Sondervermögen für die Bundeswehr beschlossen haben. Sie markieren die größte Wende in der Sicherheitspolitik der Bundesrepublik

Deutschland. Wir statten unsere Soldatinnen und Soldaten mit dem Material und den Fähigkeiten aus, die sie brauchen, um unser Land und unsere Bündnispartner in dieser neuen Zeit kraftvoll verteidigen zu können. Wir vereinfachen und beschleunigen das viel zu schwerfällige Beschaffungswesen. Wir unterstützen die Ukraine – und zwar solange sie diese Unterstützung braucht: wirtschaftlich, humanitär, finanziell und durch die Lieferung von Waffen. Zugleich sorgen wir dafür, dass die NATO nicht zur Kriegspartei wird. Und schließlich beenden wir unsere energiepolitische Abhängigkeit von Russland. Bei der Kohle haben wir das schon erreicht. Russische Ölimporte wollen wir bis Jahresende stoppen. Beim Gas ist der Anteil der Einfuhren aus Russland bereits von 55 auf 30 Prozent gesunken.

Dieser Weg ist nicht leicht, auch nicht für ein so starkes, wohlhabendes Land wie unseres. Wir werden einen langen Atem brauchen. Schon jetzt leiden viele Bürgerinnen und Bürger unter den Auswirkungen des Krieges, vor allem unter den hohen Preisen für Benzin und Lebensmittel. Mit Sorge blicken viele auf ihre nächsten Rechnungen für Strom, Öl oder Gas. Finanzielle Hilfen von weit mehr als 30 Milliarden Euro hat die Bundesregierung daher zur Unterstützung der Bürgerinnen und Bürger auf den Weg gebracht. Die unterschiedlichen Maßnahmen beginnen nun zu wirken.

Doch zur Wahrheit gehört: Die Weltwirtschaft steht vor einer seit Jahrzehnten ungekannten Herausforderung. Unterbrochene Lieferketten, knappe Rohstoffe, die kriegsbedingte Unsicherheit an den Energiemärkten – all das treibt weltweit die Preise. Kein Land der Welt kann sich allein gegen eine solche Entwicklung stemmen. Wir müssen zusammenhalten und uns unterhaken, so wie wir es hierzulande im Rahmen der Konzertierten Aktion zwischen Arbeitgebern, Gewerkschaften, Wissenschaft und politischen Entscheidungsträgern verabredet haben. Dann werden wir, davon bin ich überzeugt, stärker und unabhängiger aus der Krise hervorgehen, als wir hineingegangen sind. Das ist unser Ziel!

Als neue Regierung haben wir früh entschieden, uns so schnell wie nur irgend möglich aus der Energie-Abhängigkeit von Russland zu befreien. Schon im vergangenen Dezember, also zwei Monate vor Kriegsbeginn, haben wir uns mit der Frage auseinandergesetzt, wie wir im Fall der Fälle die Energieversorgung unseres Landes sicherstellen können. Als Putin im Februar seinen Krieg vom Zaun gebrochen hat, waren wir handlungsfähig. Die Pläne, etwa für die Diversifizierung unserer Lieferanten oder den Bau von Flüssiggas-Terminals, lagen auf dem Tisch. Sie werden nun beherzt angegangen. Vorübergehend und schweren Herzens müssen wir aber Kohlekraftwerke wieder ans Netz nehmen. Für Gasspeicher haben wir Mindestfüllstände festgeschrieben – das gab es zuvor seltsamerweise nicht. Heute sind sie schon deutlich besser gefüllt als im vorigen Jahr um diese Zeit. Zugleich bestärkt uns die aktuelle Entwicklung in unserem Ziel, die erneuerbaren Energien viel schneller auszubauen als bisher. Die Bundesregierung hat deshalb Planungsverfahren etwa für Solar- und Windkraftanlagen erheblich beschleunigt. Und richtig ist auch: Je mehr Energie wir alle – Industrie, Haushalte, Städte und Gemeinden – in den kommenden Monaten einsparen können, desto besser.

Wir gehen diesen Weg nicht allein. Wir sind in der Europäischen Union vereint, mit der NATO in ein starkes Militärbündnis eingebunden. Und wir handeln aus festen Überzeugungen: aus Solidarität mit der existenzbedrohten Ukraine, aber auch zum Schutz unserer eigenen Sicherheit. Wenn Putin die Gaslieferungen drosselt, setzt er Energie als Waffe ein, auch gegen uns. Das hat nicht einmal die Sowjetunion in den Zeiten des Kalten Krieges getan.

Wenn wir Putins Aggression jetzt nichts entgegensetzen, dann könnte er weitermachen. Wir haben das erlebt: 2008 den Einmarsch in Georgien, dann die Annexion der Krim 2014, den Angriff auf den Osten der Ukraine und schließlich, im Februar dieses Jahres, auf das gesamte Land. Putin damit durchkommen zu lassen hieße, dass Gewalt das Recht praktisch folgenlos brechen darf. Dann wären letztlich auch unsere eigene Freiheit und Sicherheit in Gefahr.

„Wir können einen Angriff auf die territoriale Integrität der Alliierten nicht mehr ausschließen." Dieser Satz steht im neuen Strategischen Konzept der NATO, das die 30 Verbündeten bei ihrem Gipfel Ende Juni in Madrid gemeinsam beschlossen haben. Wir nehmen ihn ernst, und wir handeln entsprechend. Deutschland wird seine Präsenz im östlichen Bündnisgebiet deutlich aufstocken – in Litauen, in der Slowakei, in der Ostsee. Wir tun das, um Russland von einem Angriff auf unser Bündnis abzuschrecken. Und zugleich machen wir deutlich: Ja, wir sind bereit, jeden Teil des Bündnisgebiets zu verteidigen, und zwar genau so wie unser eigenes Land. Diese Zusage geben wir. Und auf diese Zusage können wir uns umgekehrt von jedem unserer Verbündeten verlassen.

Zur neuen Wirklichkeit gehört, dass auch die Europäische Union in den vergangenen Monaten enger zusammengerückt ist. In großem Einvernehmen hat sie auf Russlands Aggression reagiert und beispiellos harte Sanktionen verhängt. Sie wirken, jeden Tag ein Stück mehr. Und Putin sollte sich nicht täuschen: Dass wir unsere Sanktionen womöglich lange Zeit aufrechterhalten müssen, war uns von Beginn an klar. Und klar ist für uns auch: Bei einem russischen Diktatfrieden wird keine einzige dieser Sanktionen aufgehoben. Für Russland führt kein Weg vorbei an einer Vereinbarung mit der Ukraine, die von den Ukrainerinnen und Ukrainern akzeptiert werden kann.

Putin will unseren Kontinent in Einflusszonen aufteilen, in Großmächte und Vasallenstaaten. Wir wissen, in welche Katastrophen das uns Europäer früher geführt hat. Beim jüngsten Europäischen Rat haben wir daher eine unmissverständliche Antwort gegeben. Eine Antwort, die das Gesicht Europas für immer verändern wird: Wir haben der Ukraine und der Republik Moldau den Status von Beitrittskandidaten verliehen und die europäische Zukunft Georgiens bekräftigt. Und wir haben klargestellt, dass die Beitrittsperspektive aller sechs Länder des Westlichen Balkans endlich Realität werden muss. Dieses Versprechen gilt. Diese Länder sind Teil unserer europäischen Familie. Wir wollen sie in der Europäischen Union. Natürlich ist der Weg dorthin voraussetzungsreich. Das offen zu sagen ist wichtig, denn nichts wäre schlimmer, als Millionen von Bürgerinnen und Bürgern falsche Hoffnungen zu machen. Aber der Weg steht offen, und das Ziel ist klar!

Oft ist in den vergangenen Jahren zu Recht gefordert worden, die EU müsse zum geopolitischen Akteur werden. Ein ehrgeiziger Anspruch, aber ein richtiger! Mit den historischen Entscheidungen der letzten Monate hat die Europäische Union einen großen Schritt in diese Richtung getan. Mit bisher nie da gewesener Entschlossenheit und Geschlossenheit haben wir gesagt: Putins Neoimperialismus darf keinen Erfolg haben. Doch wir dürfen dort nicht stehen bleiben. Unser Ziel muss es sein, auf all den Feldern unsere Reihen zu schließen, auf denen wir in Europa schon zu lange um Lösungen ringen: bei der Migrationspolitik etwa, beim Aufbau einer europäischen Verteidigung, bei technologischer Souveränität und demokratischer Resilienz. Deutschland wird dazu in den nächsten Monaten konkrete Vorschläge machen.

Wir sind uns der Konsequenzen unserer Entscheidung für eine geopolitische Europäische Union sehr bewusst. Die Europäische Union ist die gelebte Antithese zu Imperialismus und Autokratie. Deshalb ist sie Machthabern wie Putin solch ein Dorn im Auge. Permanente Uneinigkeit, permanenter Dissens zwischen den Mitgliedstaaten schwächt uns. Deshalb lautet die wichtigste Antwort Europas auf die Zeitenwende: Geschlossenheit. Wir müssen sie unbedingt beibehalten, und wir müssen sie vertiefen. Für mich heißt das: Schluss mit den egoistischen Blockaden europäischer Beschlüsse durch einzelne Mitgliedstaaten. Schluss mit nationalen Alleingängen, die Europa als Ganzem schaden. Nationale Vetos, etwa in der Außenpolitik, können wir uns schlicht nicht mehr leisten, wenn wir weiter gehört werden wollen in einer Welt konkurrierender Großmächte.

Auch global wirkt die Zeitenwende wie ein Brennglas: indem sie bestehende Probleme wie Armut, Hunger, abgerissene Lieferketten und Energieknappheit verschärft. Und indem sie uns die Konsequenzen einer imperialistischen und revanchistischen Machtpolitik ganz brutal vor Augen führt. Putins Umgang mit der Ukraine und anderen Ländern in Osteuropa trägt neokoloniale Züge. Ganz offen träumt er davon, nach dem Modell der Sowjetunion oder des Zarenreichs ein neues Imperium zu errichten.

Die Autokraten der Welt beobachten sehr genau, ob er damit Erfolg hat. Gilt im 21. Jahrhundert das Recht des Stärkeren oder die Stärke des Rechts? Tritt in unserer multipolaren Welt Regellosigkeit an die Stelle einer multilateralen Weltordnung? Das sind Fragen, die sich uns ganz konkret stellen.

Aus Gesprächen mit unseren Partnern im Globalen Süden weiß ich: Viele von ihnen sehen das Risiko. Und dennoch ist der Krieg in Europa für viele weit weg, während sie seine Folgen ganz unmittelbar zu spüren bekommen. In dieser Lage lohnt es sich, auf das zu schauen, was uns mit vielen Ländern des Globalen Südens verbindet: das Bekenntnis zu Demokratie, so unterschiedlich sie in unseren Ländern auch ausgeprägt sein mag, die Charta der Vereinten Nationen, die Herrschaft des Rechts, Grundwerte von Freiheit, Gleichheit, Solidarität, die Würde eines jeden Menschen. Diese Werte sind nicht an den Westen als geographischen Ort gebunden. Wir teilen sie mit Bürgerinnen und Bürgern überall auf der Welt. Um diese Werte gegen Autokratie und Autoritarismus zu verteidigen, brauchen wir eine neue globale Kooperation der Demokratien – und zwar über den klassischen Westen hinaus.

Damit das gelingt, müssen wir die Anliegen des Globalen Südens zu unseren Anliegen machen, müssen wir Doppelstandards vermeiden und unsere Zusagen gegenüber diesen Ländern einlösen. Zu oft haben wir „Augenhöhe" behauptet, sie aber nicht wirklich hergestellt. Das müssen wir ändern, und zwar schon deshalb, weil sich viele Länder in Asien, Afrika und Lateinamerika gemessen an ihrer Bevölkerungszahl und Wirtschaftskraft längst auf Augenhöhe mit uns bewegen. Ganz bewusst habe ich meine Kollegen aus Indien, Südafrika, Indonesien, Senegal und Argentinien jüngst zum G-7-Gipfel nach Deutschland eingeladen. Wir sind mit ihnen und vielen anderen demokratischen Ländern dabei, Lösungen zu entwickeln für die Probleme unserer Zeit – die Nahrungsmittelkrise, den Klimawandel oder die Pandemie. Auf all diesen Feldern haben wir beim G-7-Gipfel greifbare Fortschritte erzielt. Aus diesen Fortschritten erwächst Vertrauen – Vertrauen auch in unser Land.

Darauf lässt sich aufbauen, wenn Deutschland in dieser schwierigen Zeit Verantwortung für Europa und in der Welt übernimmt. Führen, das kann nur heißen: zusammenführen, und zwar im doppelten Wortsinn. Indem wir zusammen mit anderen Lösungen erarbeiten und auf Alleingänge verzichten. Und indem wir, als Land in der Mitte Europas, als Land, das auf beiden Seiten des Eisernen Vorhangs lag, Ost und West, Nord und Süd in Europa zusammenführen.

Deutschland und Europa seien in selbstgewisser Saturiertheit erstarrt, postheroische Gesellschaften, unfähig, ihre Werte gegen Widerstände zu verteidigen – so tönt Putins Propaganda. So urteilten noch vor Kurzem auch manche Beobachter hier bei uns. In den vergangenen Monaten haben wir eine andere, neue Wirklichkeit erlebt.

Die Europäische Union ist so attraktiv wie nie, sie öffnet sich für neue Mitglieder und wird sich zugleich reformieren. Die NATO war selten so lebendig, sie wächst mit Schweden und Finnland um zwei starke Freunde. Weltweit rücken demokratische Länder zusammen, neue Bündnisse entstehen.

Auch Deutschland verändert sich im Licht der Zeitenwende. Sie macht uns bewusst, welchen Wert Demokratie und Freiheit haben – und dass es sich lohnt, sie zu verteidigen. Das setzt neue Kraft frei. Kraft, die wir in den kommenden Monaten brauchen werden. Kraft, mit der wir gemeinsam die Zukunft gestalten können. Kraft, die unser Land in sich trägt – und zwar in Wirklichkeit.

***

Olaf Scholz ist Bundeskanzler der Bundesrepublik Deutschland.

Erschienen in der F.A.Z. vom 18.07.2022, Seite 6

Faschismus? Genozid? Vernichtungskrieg?

Wie wir über den Angriffskrieg gegen die Ukraine sprechen, entscheidet nicht nur über Inklusion oder Exklusion Russlands. Die Debatte wirft auch ein grelles Licht auf das Defizit an historischer und kulturwissenschaftlicher Informiertheit der deutschen Politik wie auch in Teilen der Geschichtswissenschaft

Professor Dr. Martin Schulze Wessel

Nach dem 11. September 2001 veröffentlichte der damalige Außenminister Joschka Fischer (Grüne) ein Buch mit dem Titel „Die Rückkehr der Geschichte". Mit größerem Recht könnte man heute, nach dem 24. Februar, von einer Rückkehr der Geschichte sprechen. Gebiets- und Machtansprüche werden von Wladimir Putin historisch begründet, wie es in Europa lange unvorstellbar schien. Für Deutschland hat dieser Umbruch eine besondere Bedeutung: Mit dem russischen Angriff auf die Ukraine hat Deutschland gewissermaßen eine Wette verloren, die nur begründbar war, wenn man Geschichte ausblendete.

Die politische Ratio der deutsch-russischen Beziehungen bestand jahrzehntelang darin, sich sehenden Auges und ohne Not von Russland abhängig zu machen. Dahinter stand die Erwartung, dass daraus eine gegenseitige Abhängigkeit entstünde: Devisen gegen Gas. Würde Russland die enormen Vorteile der Wirtschaftsverflechtung für ein militärisches Abenteuer preisgeben? Würde es jemals die immensen Investitionen in Gasleitungen einfach abschreiben? Den politischen Entscheidungsträgern in Berlin erschien dies so unwahrscheinlich, dass sie die Wette erhöhten und die Verteidigungsfähigkeit Deutschlands über viele Jahre hinweg schwächten.

Die hochriskante und am Ende gescheiterte Politik basierte auf der Annahme, es mit einem Akteur zu tun zu haben, der den Regeln von „rational choice" folgte. Nicht erkannt wurde, dass Putin sich an historischen Vorstellungen russischer und sowjetischer Dominanz orientierte, die wiederherzustellen größte politische und wirtschaftliche Opfer rechtfertigte. Der russische Schriftsteller

Wiktor Jerofejew hat von einer „zweiten Wirklichkeit" gesprochen, in der Putin lebt, eine Wirklichkeit, die sich mit den herkömmlichen Vorstellungen rationalen Verhaltens nicht erfassen lässt, weil sie in der historischen Tiefe verortet ist. Diese „zweite Wirklichkeit" ging in das Kalkül der deutschen Wette nicht ein, denn sie passte nicht zu den ökonomisch geprägten Vorstellungen Berlins.

Der 24. Februar wirft ein grelles Licht auf das Defizit an historischer und kulturwissenschaftlicher Informiertheit der deutschen Politik. In der Geschichtswissenschaft, im historisch informierten Journalismus und Think Tanks wie der Liberalen Moderne wurden die Risiken der deutschen Russlandabhängigkeit durchaus erkannt. Die „Rückkehr der Geschichte" könnte nun die Stunde der Historiker und Historikerinnen sein. Tatsächlich waren insbesondere die Osteuropa-Spezialisten in den ersten Wochen nach dem Beginn der Invasion medial sehr präsent. Doch obwohl die historische und kulturelle Bedeutungsschicht der russischen Politik nun auf der Hand liegt, gelten sie nicht als Experten wie etwa die Virologen in der Pandemie.

Der Krieg treibt die öffentliche Debatte voran, die nach historischer Einordnung sucht, etwa des Charakters des russischen Regimes und des Kriegs. In welchem Verhältnis steht Russland zur zivilisierten Welt? Die Konzepte, mit denen über Russlands Krieg gesprochen wird, entscheiden über Inklusion oder Exklusion Russlands. Sie betreffen aber auch das eigene, auf Deutschland bezogene Geschichtsverständnis.

Ist Russland faschistisch? Und Putin ein Wiedergänger von Hitler? Solche Einordnungen stellen die Vorstellungen von der Singularität der Verbrechen NS-Deutschlands und damit die Zeitgeschichtsschreibung in Deutschland in Frage. Den Hitler-Putin-Vergleich zog zuerst der Historiker Heinrich August Winkler in der „Zeit", ihm folgten viele Publizisten. Seit Längerem wird in der Fachdiskussion und in der Öffentlichkeit auch der Faschismusbegriff auf Russland bezogen. Das Problem liegt dabei im Doppelcharakter dieses Begriffs: Faschismus ist eine eingeführte wissenschaftliche Kategorie und zugleich ein Schlagwort, mit dem Abscheu demonstriert werden soll. Für den Freiburger Zeithistoriker Ulrich Herbert hat Russland mit dem Faschismus nicht mehr gemeinsam als andere zeitgenössische Diktaturen. In der „taz" formulierte er eine Position, die als repräsentativ für die deutsche Zeitgeschichte gelten kann. Putins Russland habe „mit Faschismus nichts zu tun".

Wenn man die politische Kultur Russlands genauer analysiert, was nur mit entsprechenden Sprachkenntnissen möglich ist, erscheint diese Feststellung nicht zwingend. Die französische Historikerin und Politikwissenschaftlerin Marlène Laruelle, eine der besten Kennerinnen der ideologischen Landschaft Russlands, hat ihr im Jahr 2021 ein ganzes Buch der Frage gewidmet: „Is Russia fascist?" Schon ein Jahr vor der Invasion erkannte sie in der militärischen Subkultur und im Mythos einer „Nation in Waffen" ein Merkmal, das Russland mit den faschistischen Regimen und Bewegungen des 20. Jahrhunderts verbindet.

Darüber hinaus sind weitere Merkmale zu nennen, etwa Putins enge Verbindung mit der russischen orthodoxen Kirche, die seinen Krieg rechtfertigt und ideelle Grundlage seiner Herrschaft liefert, was Russland in die Nähe von klerikal-faschistischen Regimen rückt. Kennzeichnend für diese Allianz von Kreml und Altar ist die Dämonisierung von LGBT-Bewegungen, wobei der äußere Feind, der verkommene Westen oder „Gaj-ropa", mit den inneren Feinden, den Schwulen, Leben und Transsexuellen innerhalb Russlands, assoziiert werden.

Seit den 2000er-Jahren stellen die russischen Staatsmedien den Westen allgemein als Ort der Dekadenz und des Sittenverfalls einem scheinbar unverfälschten Russland gegenüber, zugleich werden LGTB-Personen im eigenen Land stigmatisiert. Strukturell ist die Homophobie mit ihrer Konstruktion eines inneren und äußeren Feinds den Diskursmustern des Antisemitismus ähnlich, der allerdings in der offiziellen russischen Propaganda keine Rolle spielt. Es fehlen auch andere Kriterien des Faschismus wie die permanente Mobilisierung der Massen und die Fähigkeit, ein utopisches Ideal der Erneuerung zu propagieren.

Die Debatte über den Charakter des russischen Regimes zeigt jedenfalls, dass das Phänomen des Faschismus in die Gegenwart gerückt ist. Ernst Nolte hatte 1963 in seinem Werk über den „Faschismus in seiner Epoche" eine vergleichende Analyse der Bewegungen Hitlers, Mussolinis und der Action française vorgelegt. Sie gab schon im Titel zu erkennen, dass der Faschismus ein Phänomen einer eigenen Epoche, das heißt einer vergangenen, abgeschlossenen Zeit, sei. Dies erscheint heute nicht mehr sicher.

Eine weitere Verunsicherung der Geschichtswissenschaft ist mit dem Begriff des Vernichtungskriegs verbunden. Nachdem die rasche Einnahme der ukrainischen Hauptstadt Kiew gescheitert war, hat die russische Kriegsführung einen extrem grausamen Charakter angenommen. Butscha ist dafür zum Symbol geworden. Die Zerstörung ganzer Städte und Dörfer durch russische Artillerie prägt seitdem das Kriegsgeschehen. Trotzdem weist Herbert den Begriff des Vernichtungskriegs zurück und will den Begriff dem Krieg von Nazideutschland in der Sowjetunion vorbehalten. „Das Ziel war es, alle jüdischen Teile der Bevölkerung und größere Teile der slawischen Bevölkerung zu ermorden und das Land zu zerstören. Das ist in unfassbar hohem Maße gelungen, Millionen Menschen sind getötet worden. Das meint der Begriff Vernichtungskrieg."

Wendet man den Begriff des Vernichtungskriegs auf die russische Invasion in die Ukraine an, stellt man jedoch keineswegs die Einzigartigkeit des Holocausts in Frage, auch nicht die größere Dimension der Zerstörung von Städten und Dörfern in Osteuropa durch die deutsche Wehrmacht. Doch wie soll man einen Krieg bezeichnen, der zivile Objekte, darunter auch Krankenhäuser und Kindergärten, nicht als Kollateralschäden auslöscht, sondern gezielt angreift? Die Stadt Mariupol existiert heute nicht mehr. Russlands Krieg ist über die „normale" militärische Gewaltdynamik hinaus auf Vernichtung angelegt, er ist ein Vernichtungskrieg. Es gibt im Deutschen dafür kein besseres Wort.

Damit verwandt ist die Frage, ob es sich bei der russischen Kriegsführung um einen Genozid handelt. Wie der Faschismusbegriff ist auch der Begriff des Völkermords oder des Genozids als wissenschaftliches Konzept und als politisches Schlagwort doppeldeutig. Wie beim Begriff des Vernichtungskriegs schwingt der Vergleich zum Zweiten Weltkrieg unweigerlich mit. Der Genozidbegriff wurde 1948 gerade mit der Absicht in das Völkerrecht eingeführt, um Verbrechen, die mit dem Holocaust nicht gleich sind, aber bestimmte Merkmale mit ihm teilen, verfolgen zu können. Ulrich Herbert wendet sich auch gegen die Anwendung des Genozidbegriffs auf die russische Kriegsführung. Denn Genozid, so Herbert, bedeute „die physische Vernichtung einer nationalen oder kulturellen Entität". Das ist nicht zutreffend. Die Völkerrechtskonvention der UN definiert Völkermord vielmehr als Handlungen, begangen in der Absicht, eine nationale, ethnische, rassische oder religiöse Gruppe als solche ganz oder teilweise zu zerstören. Zu den Handlungen zählt nicht nur die Tötung von Angehörigen der Gruppe. Unter diese Kategorie fallen auch das Zufügen von schweren körperlichen oder seelischen Schäden bei Angehörigen der Gruppe und die zwangsweise Überführung von Kindern in eine andere Gruppe.

Russlands Kriegsführung gegen die Ukraine zeichnet sich durch die Merkmale eines intendierten Völkermords aus, wie eine rechtswissenschaftliche Studie des Wallenberg Centre for Human Rights aufzeigt: Russland begeht gezielte Kriegsverbrechen gegen ukrainische Zivilisten, zerstört lebenserhaltende Infrastrukturen wie Krankenhäuser und Energie- und Wasserversorgung, negiert und dämonisiert die Ukraine als Nation und hat eine Million Ukrainerinnen und Ukrainer, darunter etwa 200 000 Kinder, aus den besetzten Gebieten nach Russland deportiert.

Wie ein Drehbuch zum Völkermord liest sich ein Text, der wenige Tage nach der Aufdeckung der russischen Verbrechen in Butscha auf der Seite der staatlichen russischen Nachrichtenagentur RIA Nowosti erschienen ist. Der Text bezeichnet den „Großteil der ukrainischen Bevölkerungsmasse" als Komplizen des Nazismus und fordert eine umfassende „Entnazifizierung" durch „Umerziehung, die durch ideologische Repressionen des nazistischen Gedankenguts und durch strenge Zensur nicht nur in der politischen Sphäre, sondern notwendigerweise auch in Kultur und Erziehung erreicht wird". Der Kreml will den Ukrainern ein ähnliches Schicksal bereiten wie China den Uiguren.

Faschismus, Vernichtungskrieg, Genozid – die Vokabeln, mit denen wir das Geschehen in der Ukraine beschreiben, rühren an das eigene historische Selbstverständnis Deutschlands. Wer sie in Bezug auf Russland verwendet, tut dies indes nicht in der Absicht, die deutschen Verbrechen im 20. Jahrhundert zu relativieren. Ist es nicht vielmehr so, dass aus der Tatsache, dass Russland in der Ukraine einen Vernichtungskrieg führt und genozidale Absichten dabei kaum zu verkennen sind, vor dem Hintergrund des Besatzungsterrors NS-Deutschlands eine besondere deutsche Verantwortung für die Ukraine entsteht?

Solche Fragen betreffen die Expertise der Osteuropäischen Geschichte, aber sie reichen darüber hinaus. Das Fach ist aber auch deshalb nur eingeschränkt debattenfähig, weil es selbst viel aufzuarbeiten hat. Die Sonderbeziehungen zwischen Russland und Deutschland hatten neben ihrer politischen Seite auch einen wissenschaftlichen Aspekt. Dies gilt bereits für die gemeinsame Erforschung Sibiriens durch russische und deutsche Wissenschaftler im 18. Jahrhundert und reicht bis in die intensive Kooperation, die deutsche Wissenschaftsorganisationen bis vor Kurzem mit russischen Partnern unterhielten.

Es gibt bislang kein Werk, das das Ende der exzeptionellen Beziehungen zwischen Berlin und Moskau angemessen in den Blick nimmt. Stefan Creuzberger etwa erkennt in seiner jüngst erschienenen Geschichte der deutsch-russischen Beziehungen im 20. Jahrhundert zwar die Fehler der Berliner Politik, das Gesamtkonzept des Buchs folgt jedoch der bewährten Formel der „Höhen und Tiefen" im deutsch-russischen Verhältnis. Dass sich die deutschen und russischen Interessen im 20. Jahrhundert immer wieder auf Kosten Ostmitteleuropas und speziell Polens trafen, fällt nicht ins Gewicht.

Unter den deutschen Russlandforschern ist auch keine Trauer über das katastrophale Ende der besonderen Beziehung zwischen Berlin und Moskau vernehmbar. Einen elegischen Ton wählte jedoch die deutsche Sektion der Deutsch-Russischen Geschichtskommission, als sie kurz nach Kriegsausbruch erklärte, dass die Gewaltausübung des 20. Jahrhunderts kein Mittel der Politik des 21. Jahrhunderts sein dürfe, dabei aber Russland als Angreifer nicht nannte. Die Resolution endet mit der lateinischen Sentenz: „Inter arma silent musae" (Im Krieg schweigen die Musen). Mit dieser Formel hatte der Kunsthistoriker Wilhelm von Bode im Ersten Weltkrieg die Schwierigkeiten des deutschen Kulturbetriebes bezeichnet. Zu den Musen zählt neben der Musik und der Dichtung auch die Geschichtsschreibung. Sollte sie heute angesichts der russischen Invasion tatsächlich schweigen?

Wie andere Institutionen auch war die Geschichtskommission selbst Teil des deutsch-russischen Bilateralismus, der mit der russischen Invasion in die Ukraine diskreditiert worden ist. Ein weiteres Beispiel dafür ist ein Editionsprojekt des Deutschen Historischen Instituts (DHI) Moskau, das aus sogenannten Beuteakten, die von der Sowjetunion unmittelbar nach dem Zweiten Weltkrieg nach Moskau transferiert worden waren, unter anderem die zweibändige wissenschaftliche Edition des Diensttagebuchs Heinrich Himmlers erstellt hatte. Für die Forschung war dies ein großer Gewinn, der auch in der Öffentlichkeit beachtet wurde. Doch der politische Preis, den das DHI für den Aktenzugang zahlte, war hoch: Für die Forschungs- und Digitalisierungsprojekte holte es sich Sergej Naryschkin ins Boot, der bei Projektbeginn Vorsitzender der Staatsduma war und seit 2016 Chef des Auslandsgeheimdienstes ist. Zugleich hat er das Amt des Präsidenten der Russischen Historischen Gesellschaft inne und ist in dieser Funktion seit vielen Jahren maßgeblich an der Umgestaltung der offiziellen Geschichtskultur Russlands beteiligt.

Dass Naryschkin zu Putins engstem Kreis gehörte, war der Kooperation zwischen dem DHI und dem russischen Militärarchiv nicht abträglich. Am Ende stand ein sehr erfolgreiches Projekt, aber auch eine bittere Pointe: Um ein Forschungsvorhaben zu verwirklichen, das den deutschen Vernichtungskrieg auch gegen die Ukraine dokumentierte, schloss man einen Pakt mit einem engen Vertrauten jenes Mannes, der den Krieg gegen die Ukraine verantwortete.

Die „Rückkehr der Geschichte" bedarf einer tiefgreifenden Reflexion über das, was Historiographie leisten soll. Dies muss bei den Grundlagen des Fachs ansetzen. Die Katastrophe des Krieges macht deutlich, dass Geschichtswissenschaft als historische Kulturwissenschaft tief verwurzelte Denkmuster und Mythologien analysieren muss. Ohne einen entsprechenden Begriffsapparat sind die historisch-kulturellen Grundlagen des Kriegs, wie zum Beispiel der Kult des Militärischen und die Homophobie in Russland, nicht erkennbar. Es ist aber auch eine Erneuerung der Politikgeschichte nötig. Dabei geht es nicht nur um die Re-Integration an den Universitäten vernachlässigter Felder wie der Diplomatie- und Militärgeschichte im Sinne einer modernen Geschichte internationaler

Beziehungen. Nötig ist auch ein tieferes Verständnis von Zäsuren und Entscheidungen.

Vor dem 24. Februar hatten sich auch die Geisteswissenschaften in einer Welt eingerichtet, in der die Fähigkeit, das Gelingen oder Misslingen von Politik einzuschätzen, von der Illusion von alternativloser, sich bruchlos in die Zukunft fortschreibender Gegenwart überlagert war. Timothy Snyder hat einmal festgestellt, dass die deutsche Russlandbindung mit ihrer energiepolitischen Komponente der zweitgrößte geopolitische Fehler des Westens in der jüngeren Vergangenheit sei, übertroffen nur vom amerikanischen Irakkrieg. Diese These muss man nicht teilen. Das Problem ist, dass sie in Deutschland kaum verstanden wird, da historische Urteilskraft wenig entwickelt ist und an den Universitäten kaum gefördert wird.

Im Hinblick auf die Geschichte Osteuropas sollte die Rekolonisierung dieser Region, die von Putin angestrebt wird, durch die Dekolonisierung unserer Sichtweisen auf das östliche Europa begegnet werden. Putin selbst leistet dem unwillentlich Vorschub, indem er durch Geschichtsgesetze systematisch die Forschungs- und Publikationsmöglichkeiten in Russland eingeschränkt hat. Unweigerlich wird sich die internationale historische Forschung zur Geschichte des Zarenreichs und der Sowjetunion von Moskau und Petersburg in die Hauptstädte der nichtrussischen Nachfolgestaaten der Sowjetunion verschieben.

Die Verlagerung wird auch Effekte auf die Forschung selbst haben. Zwar wird es weiterhin auch darum gehen, die Zentralperspektive des Zarenreichs beziehungsweise der Sowjetunion zu erfassen, die sich indirekt über die Archive der regionalen Metropolen erschließen lässt. Aber je mehr Historikerinnen und Historiker sich für ihre Forschungen an die ehemaligen Peripherien des Zarenreichs begeben, desto stärker wird eine dezentrale Sichtweise das Bild prägen, das wir von jenen Epochen haben.

Eine postkoloniale Perspektive auf Russland zu werfen bedeutet, konsequent das Wissen infrage zu stellen, das mithilfe des russischen Staats konstruiert und kanonisiert worden ist. Das hat eine besondere Relevanz, wenn es um territorialisierte Ansprüche kultureller Herrschaft und um die Begründung der politischen Ordnung selbst geht. Putins Anspruch, dass die Krim russisch sei, bricht nicht nur zulasten der Ukraine mit dem Völkerrecht, sondern verhöhnt auch die indigenen Krimtataren, wovon viel zu wenig die Rede ist. Man stelle sich vor, US-Amerikaner, Kanadier, Australier und andere westliche Länder sagten, ihre Länder seien „immer von Europäern bevölkert" worden.

Putins imperialer Restaurationsversuch gründet nicht nur auf einer diffusen Sowjetnostalgie, sondern auch auf einer Negierung der nationalen Geschichtsdeutungen in den nichtrussischen Nachfolgestaaten der Sowjetunion. Besonders konflikthaft ist dies im Verhältnis zur Ukraine, wenn es um den Holodomor geht, die große Hungersnot zu Beginn der 1930er-Jahre mit vier Millionen Toten in der Ukraine. Aus russischer Sicht handelt es sich um eine bedauerliche, aber nicht intendierte Folge der forcierten Industrialisierung unter Stalin, die nicht nur die Ukraine, sondern auch mehrere Sowjetrepubliken betraf und insofern als eine gemeinsame unionsweite Erfahrung betrachtet wird, welche die Völker der Sowjetunion nicht trennt, sondern auf tragische Weise zusammenführt.

Die Ukrainer dagegen sprechen von einem Genozid am eigenen Volk. Diese Sichtweise kann sich darauf stützen, dass Stalin während der Hungerkatastrophe eine gezielte Verschärfung der Getreide-Requirierungen anordnete, die ukrainischen Hungergebiete absperren ließ und gleichzeitig einen grausamen Kulturkampf gegen nationalbewusste ukrainische Intellektuelle führte. Nicht nur in Russland, auch in Deutschland wird die ukrainische Sichtweise meist nur als Ergebnis nationalistischer Kiewer Geschichtspolitik verstanden. Tatsächlich dient die Erinnerung an den Holodomor auch der Bewältigung eines Traumas, das die Ukrainerinnen und Ukrainer unter der totalitären und kolonialen Herrschaft Moskaus erlitten. Die postkoloniale Emanzipation der Ukraine vollzieht sich auch mit den Mitteln der nationalen Geschichtspolitik. Aus einer imperial-russischen, aber auch aus einer postnational westlichen Perspektive wird sie damit angreifbar.

Paradoxerweise gilt dies sogar für die Freiheitsgeschichte des Maidan. Der in Lemberg lehrende ukrainische Historiker Yaroslaw Hrytsak betont, dass der Maidan Teil einer weltweiten Reihe von Revolutionen und Protestbewegungen der 2010er-Jahre war. Vielfach werde der Maidan aber, so Hrytsak, auch im Westen vor allem mit dem Kult um den ukrainischen Nationalhelden aus der Zwischenkriegszeit, Stepan Bandera, in Verbindung gebracht und damit aus globalen Bezügen herausgenommen und als Nationalgeschichte singularisiert. So unabdingbar die historische Kritik nationaler Mythen ist, so problematisch ist sie im gegebenen Fall, wenn der Hinweis auf nationalistische Mythen die umfassendere politische Agenda des Maidans ausblendet. Es ging 2014 um die Schaffung einer demokratischen Nation auf der Grundlage ziviler Loyalitäten. Um deren Verteidigung geht es heute.

***

Martin Schulze Wessel lehrt Geschichte Ost- und Südosteuropas an der Ludwig-Maximilians-Universität München.

Dem Text liegt die diesjährige Droysen-Lecture des Instituts für Geschichtswissenschaften der Humboldt-Universität zu Berlin zugrunde.

Erschienen in der F.A.Z. vom 25.07.2022, Seite 6

Der enterdete Körper

Grenzenlose Machbarkeit, Technikglaube und Effizienzmanie: Der Interkosmos-Komplex der Sowjets, Ostdeutschland und die neuen Wege im All

Ines Geipel

Man schreibt den 12. April 2022. Der russische Präsident Wladimir Putin offeriert in einer nagelneuen Produktionshalle auf dem Gelände des Kosmodroms Wostotschny, 6000 Kilometer von Moskau entfernt, nach sieben Wochen Krieg gegen die Ukraine seine Version der Lage: Die „Spezialoperation" laufe nach Plan, sie sei so „nobel" wie „unvermeidlich", diene der „russischen Sicherheit", und man gehe dabei „effektiv" und „effizient" vor. „Wir hatten keine andere Wahl", beteuert er zum wievielten Mal, während hinter ihm sorgsam aufgereiht sechs übergroße Russlandfahnen wie Stalagmiten in die Höhe schießen.

Der 12. April 2022. Auf den Tag vor 61 Jahren war der sowjetische Kosmonaut Jurij Gagarin als erster Mensch ins All gestartet. Nach dem 9. Mai 1945 – Stalins Sieg über Hitler –, dem 4. Oktober 1957 – dem als Sputnikschock legendär gewordenen ersten Satellitenflug in den Kosmos – war der 12. April 1961 zu einer Art drittem inneren Gründungsakt für den Nachkriegssowjetismus geworden. Ein Nationalheiligtum, über das sich alte sowjetische Triggerware fest im russischen Staatsgedächtnis vertäute, und bei dem sich Putin nun für seinen im fernen Osten angesetzten Propagandatermin bedienen konnte. Über den Heldenmythos von 1961 wusste er zu sagen: „Die Sanktionen waren total, die Isolation war total. Aber die Sowjetunion war immer noch als Erste im Weltraum."

Auf Symbolebene war das unmissverständlich: je aussichtsloser, umso uneinholbarer am Himmel, je umkämpfter, umso gigantischer und strahlender der Sieg. Übersetzt in die aktuelle Szene sollten Putins Strategiesätze vor allem Stärke, Stabilität, Heroik, aber auch Planmäßigkeit und Anspruch suggerieren. Russische Ansprüche am

Boden gleich russische Ansprüche am Himmel. Eine Art Doppelbotschaft. Moskau werde sein „technisches und technologisches Potential" speziell im Weltall intensivieren, erläuterte der russische Staatschef und nahm damit unmittelbar auf eine gleichfalls mythische Größe im Bannraum des in seinen Augen neu zu initiierenden Sowjetreichs Bezug: das einst so legendäre Interkosmos-Programm.

Was war dieses Programm? Der konkrete Start für Interkosmos ist in den Quellen für den 14. April 1967 belegt, sechs Jahre nach dem Gagarin-Flug und fast sechs Jahre nach dem Bau der Berliner Mauer. Spezialisten aus neun Ländern der Sowjet-Hemisphäre waren in Moskau zusammengekommen, um am Ende einer kalten Aprilwoche einen Forschungskomplex von höchster Mission aus den Angeln zu heben: „die Erforschung und Nutzung des Weltraums". Die kleine DDR hatte für das Himmelsvorhaben bereits zwei Jahre zuvor ihr Placet gegeben, wohl auch deshalb, da der Kosmos in der ostdeutschen Forschungslandschaft des Nachkriegs eher ein Schattendasein geführt hatte und man sich nun zwanzig Jahre nach dem Ende des Nationalsozialismus und unter dem Patronat der Sowjets einen echten Neustart erhoffte.

Die Moskauer Vereinbarungen von 1967 fußten „im Wesentlichen auf der Grundlage streng geheimer und geheimer technischer Mittel und Dokumentationen", wie es in den Interkosmos-Papieren heißt. Stasi-Chef Erich Mielke erteilte den Befehl 2/67, in dem er en détail durchbuchstabierte, wie er sich die Sicherung der als „Staatsgeheimnis" deklarierten und nach innen verklappten Sonderforschung vorstellte: flächendeckende Vergatterung, Spitzengeheimnisträger, geheime Sicherungs- und Forschungskonzeptionen, ein Stasinetzwerk in Schlüsselpositionen, Stammkartendateien, Operativpläne, Kadernomenklatur, Feindaufklärung. Die Topforschungsprogramme wurden als Clustersystem gesichert, bei dem außerhalb des Geheimdienstes maximal ein Dutzend, eher weniger Personen, sogenannte Gesamtkenntnisse über das jeweilige Vorhaben erhielt.

All das ist mittlerweile bekannt. Der militärtechnische Teil der Interkosmos-Forschung ist aufgearbeitet und weist für die DDR, ganz gegen ihr demonstratives Friedensdogma, insbesondere in den Achtzigerjahren ein „komplexes Rüstungsprogramm" aus. Mit

DER ENTERDETE KÖRPER 299

Zustimmung von DDR-Chef Erich Honecker zum Anti-SDI-Programm der Sowjets, das gegen die Strategic Defensive Initiative (SDI) des amerikanischen Präsidenten Ronald Reagan aus dem Jahr 1983 aufgestellt wurde, war der zivile Status der Weltraumforschung in Ostdeutschland aufgegeben worden. Modernste Waffensysteme, Schlüsseltechnologien und überbordende Sicherungskomplexe gehörten damit zum verdeckten Signum der DDR. Wäre das Land anders implodiert oder wäre es 1989 womöglich gar nicht implodiert, wenn es sich nicht wie sein sowjetischer Leitstern durch grassierenden Rüstungswahn selbst stranguliert hätte?

Seltsam unbeantwortet ist bislang die Frage geblieben, mit welchem Körper die Sowjets den Run auf den Kosmos eigentlich bewerkstelligen wollten. Denn Ziel war ja nicht allein, den Kommunismus am Himmel auszurufen. Man wollte den „außerirdischen Raum beherrschen" und sich damit für immer im All aufhalten können. Über die ersten bemannten Flüge war allerdings rasch offenbar geworden, dass sich der fragile Menschenkörper beim Aufenthalt in der sogenannten kosmischen Fabrik, also unter den Bedingungen der Schwerelosigkeit, auf schwerste Schäden einzustellen hatte. Vor allem Muskeln, Knochen, Blut, aber auch das Immunsystem brachen regelrecht ein. Eine Art Demenzphysis, ein Kollateralschaden, der laut Dokumenten die Idee auf den Plan rief, „einen nicht mehr organbezogenen Körper" zu entwickeln. Eine Mensch-Maschine-Konstruktion, einen elektronischen Menschen, einen Cyborg? In jedem Fall ging es um ein Extremformat, einen superlativischen Leistungskörper, der der Himmelshölle standhalten konnte.

Die Interkosmos-Forschung, die von 1967 in allen Ländern des damaligen Ostblocks konzertiert stattfand, handelt insofern vom übermenschlichen, enterdeten Körper, vom kommunistischen Konzeptkörper, der als Kollektivexperiment kreiert werden sollte. Ein immenses Forschungsfeld, das sich in der sukzessiven Verschaltung von Militär, Forschung und Medizin sehr eigene Räume zu schaffen wusste. Ein dynamisches System, bei dem die Quellen sagen, dass es auch hätte anders kommen können, weil es anfangs noch Widerspruch gab und sich die eine oder der andere noch zu entziehen wusste. Aber Staatsforschung unter der Diktatur ist kategorische Hybrisforschung. Sie legalisiert das Nichtlegalisierbare, entzieht sich der Kontrolle, entgrenzt und wird darüber zwangsläufig zur Repression. Ein Stoff, der viele Türen hat, viele Flure und Nebengebäude, viel Unterboden, viel Hinterland.

In der DDR gab zunächst die Fakultät der Militärmedizin an der Universität Greifswald ab Anfang der 70er-Jahre den Forschungstakt für das hochgeheime Programm vor. 1971 wurden bei den Medizinern in Greifswald 120 Promotionen verteidigt, 1975 waren es bereits 312, 1980 schließlich 827. Arbeiten, die oft unmittelbar Eingang in zentrale Interkosmos-Forschungsvorhaben fanden. Dabei kreisten die frühen Projekte im Kern um den stellaren Hochleistungsflieger mit seinen erwiesenen Körperimplosionen unter der Schwerelosigkeit. Bei diesem Kern sollte es bleiben. Wonach man inständig suchte, das waren Substitute für Blut, Muskeln, Knochen, für geschädigte Ohren, Augen, Herz, Milz, im Grunde für alles. Dafür existierten in Ostdeutschland zunächst vier militärische Forschungseinrichtungen: die Militärmedizinische Sektion Greifswald, das Institut für Luftfahrtmedizin Königsbrück, das Marinemedizinische Zentrum Stralsund und das Zentrale Lazarett des Militärs in Bad Saarow. Ein handverlesenes Quartett, das in den Achtzigerjahren auf direkte Forschungsverbindungen in den zivilen Bereich setzte, insbesondere zur Akademie der Wissenschaften der DDR, zu diversen Sondereinrichtungen oder auch zu DDR-Kombinaten wie GERMED in Dresden, VEB Carl-Zeiss-Jena und Jenapharm.

26. August 1978. Knapp acht Tage weilte Generalmajor Sigmund Jähn als erster Deutscher im All. Eine reichliche Woche, die zum Peak der DDR-Weltraumforschung wurde, zum großen Leuchtfeuer, zum Propagandacoup. Ein Feuer, bei dem nichts dem Zufall überlassen wurde. Politbürobeschlüsse, die Sicherungskonzeption „Falke", bei der 250 Personen geheimdienstlich überprüft wurden, Gesamtabläufe, Generalrapporte. Für die Staatssicherheit, für die DDR-Regierung, für die Militärforschung bedeutete die große Himmelstour einen Parforceritt sondergleichen. Die Mission glückte und bestimmte zugleich den Forschungskompass für die folgenden Jahre: „Die Resultate des Fluges legen dringend nahe, den Wirkungen der Schwerelosigkeit, des veränderten Mikroklimas und der abnormen Tätigkeitsart erhöhte Aufmerksamkeit zu widmen."

Was nichts anderes hieß, als dass der Körper im All ein hochfragiles Unternehmen blieb, ein Drahtseilakt. Daran konnte auch die rege Forschung in den Biosatelliten nichts ändern, die ab 1973 regelmäßig ins All katapultiert wurden. Anfang der Achtzigerjahre waren die Interkosmos-Teams schließlich so weit, Affenkosmonauten ins All zu schicken. Insbesondere Biosputnik 1514 sollte als Modellexperiment herhalten, Ende 1983. Wie sah das aus? „Die Vorbereitungsphase der Affen für den Weltraumflug war von außerordentlichen Schwierigkeiten begleitet, denn es war das erste derartige Experiment ... Der Transport der Tiere per Flugzeug von Suchumi nach Moskau, die neue Umwelt sowie eine Anzahl von chirurgischen Eingriffen zur Einheilung von Elektroden versetzten die Tiere in einen permanenten Stresszustand."

Es sei dieser Stress gewesen, der sich zum ultimativen Forschungsmotiv weiten sollte. In Biosputnik 1514 waren die beiden Rhesusaffen Abrek und Bion im Orbit unterwegs. Abrek erhielt die Substanz P gespritzt – ein Neuropeptid –, Bion nicht. Abrek konnte sein Himmelsprogramm mühelos absolvieren, Bion dagegen war erst am dritten Flugtag überhaupt in der Lage, Nahrung aufzunehmen, seine Gesichtspartie blieb „wie bei vielen menschlichen Kosmonauten vom 1. bis 4. Tag angeschwollen", letztlich fiel er komplett aus.

Ein erstaunliches Ergebnis, das die Sowjets durchaus überzeugte. Was, wenn die DDR-Forschercrews mit Peptiden den universalen Angstkiller fürs All gefunden hatten, eine Art Himmelsschmiere, die den Havariekörpern da oben über all ihre Nöte hinweghelfen könnte? Neben Abrek und Bion am Himmel gab es noch Tevton am Boden. Er kam als Synchrontier zum Einsatz und war in erster Linie für die Peptid-Experimente vorgesehen. Bereits vor Biosputnik 1514 hatten sich die Ostdeutschen „weltstandbestimmende Beiträge" im Hinblick auf „akute bzw. chronische Extremsituationen (eskalierter Emotionalstress)" vorgenommen. Kapseltier Tevton wurde daher zum Bild: ein Bodenaffe unter Extremstress, mit gelöschtem Willen, der seine Mittel bekam und sein Programm abspulte. Laboraffe Tevton wurde dazu zum Symbol: der Nichtflieger, das „terrestrische Kontrolllebewesen", insbesondere auserkoren, einer Ideologie Vorschub zu leisten.

Bodenaffe Tevton wurde letzten Endes auch zur Spur für die „chronischen Modell-Experimente auf der Erde". Es ging um Themen wie „die Fähigkeit des Organismus, äußerste Beschleunigungen auszuhalten", „um den Einfluss pharmakologischer Mittel auf die Vestibularfunktion", um „Symptome des Taumelns", um „Hypergravitation", um das spezifische Verhältnis von „Reproduktion und chronischem Stress", das in das Zentrale Forschungsvorhaben „Mutter-Frucht-System" mündete, um „genetisch fixierte Veränderungen" und die „Züchtung resistenter Lebewesen". Zahllose Forschungsteams hockten verteilt über den gesamten Osten, um den Menschen an seinen äußersten Kanten neu zu kartieren.

Gesucht wurde der maximal beschleunigte Körper, der kälteste, der hitzebelastetste, der anspruchsloseste, stärkste, erschöpfteste, einsamste, der am meisten gestresste. Im Grunde seine Havarieversion. Die Protokolle und Berichte der biomedizinischen Interkosmos-Forschung wurden darüber zu einer eigenen Erzählung, wie sich Forschungstableaus, Themen und Experimentierbestecke nach einem klaren Suchbild ausrichteten: der maximalen „Arbeitsfähigkeit und psychischen Verlässlichkeit des Kosmonauten". Dafür wurde unentwegt „Bordreife" eingefordert, dafür wurde die „chronische Bodenforschung" an die „Bedingungen des kosmischen Fluges" angepasst.

Mit Wirkung vom 1. Januar 1986 übernahm die Akademie der Wissenschaften der DDR die „nationale Verantwortung für das Gebiet der kosmischen Biologie und Medizin im Rahmen des Programms Interkosmos". Warum dieser Kulissenumbau? Die Quellen der Zeit berichten viel von „Forschungsdurchbrüchen" und „Schlüsseltechnologien". Und auch der Himmel schien um Längen weiter aufgespannt. Das Ziel mittlerweile: interplanetare Flüge auf einer Zeitachse, die „bedeutend länger als zwei Jahre" war. Ein Sprung in etwas Unvordenkliches, der auf der Erde wiederum Folgen hatte. In den Forschungsakten der Berliner Charité heißt es unter anderem: „In Realisierung der im Oktober/November 1986 getroffenen Vereinbarung wurde festgelegt, Untersuchungen zum Verhalten von Substanz P, Endorphinen, Katecholaminen und ausgewählter Enzyme an sensorisch deprivierten Patienten durchzuführen. Mit diesem Experiment wird erstmals die Rolle von Substanz P in einem Modellexperiment am Menschen bearbeitet." So das Programm.

Forschung am Menschen und Forschung am Tier verschränkten sich ab 1986 zusehends. In den Quellen ist von „logischer Fortsetzung und Entwicklung" die Rede. Es ging insbesondere um Blut, Steroide, Strahlenforschung, Peptide, um Immunologie und Reproduktion. 1987 hieß es dann: „Unter Berücksichtigung gemachter Erfahrungen hinsichtlich risikobehafteter Forschung sollte eine breitere Einbeziehung potentieller Nutzer erfolgen." Die ostdeutschen Interkosmos-Leute verlagerten ihre Graubereiche, Untiefen, Entgrenzungen zunehmend ins Zivile. Geforscht wurde gründlich, insbesondere an den Rechtlosesten im System – an Soldaten, Häftlingen, Kindern, Schwangeren, Sportlern, Kranken.

Des Weiteren kooperierten die Forschercrews intensiv mit dem Ausland. Eine kurze Notiz hält im Zusammenhang mit der Virusforschung fürs All fest: „Reise nach Peking, Wuhan, 18.4.–5.7.1988". Fast ein Vierteljahr China? Noch dazu am Institut für Virusforschung in Wuhan? Es ist zumindest davon auszugehen, dass den Chinesen das Weltraumprojekt nicht ganz fern gelegen haben dürfte. Allein schon, da die Immunologie spätestens ab 1986 als Intensivkonstante ins Kosmos-Forschungsportfolio gehörte. Experimentiert wurde für neue Antiviruspräparate oder auch zu Resistenzen gegenüber Virusinfektionen. Klar schien, der Neue Mensch würde ohne forcierte Virusforschung nicht an sein Ziel gelangen.

Die Diktatur des superlativischen Leistungskörpers mit seinen Schlüsselmetaphern: grenzenlose Machbarkeit, Technikglaube und Effizienzmanie. Das war nicht allein ein Projekt der Sowjets, sondern hat eine lange Vorgeschichte und lag als ein Signum des Kalten Krieges in der Zeit. Denn auch die USA flogen in den Himmel, auch sie wollten die Ersten sein. In Europa steckten spätestens ab Anfang der Achtzigerjahre vor allem Frankreich und die Bundesrepublik viel Geld in das Kosmosprogramm der Sowjets. Von deren Seite aus die bewährte asymmetrische Strategie: Geld und technisches Know-how des Gegners nutzen, um die erhofften Forschungsdurchbrüche zu erzielen. Die ostdeutschen Topleute bemerkten dazu konsterniert: „Von sowjetischer Seite wurde uns vertraulich mitgeteilt, dass der zwischen der UdSSR und der BRD seit einigen

Jahren bestehende Vertrag auf dem Gebiet der mediko-biologischen Kosmosforschung von hoher Effektivität gekennzeichnet ist. Die BRD stellt der Sowjetunion weitaus mehr Mittel zur Verfügung als die DDR." Die Interkosmos-Protokolle belegen zu der Zeit den häufigen Einsatz des Begriffs Kosmische Pharmakologie. Er bezog sich auf eine Realität, die mit dem über die Jahre immer prekärer werdenden Himmelsmechanismus zu tun hatte: Je länger und weiter die Flüge, umso unabwendbarer die Kollateralschäden der enterdeten Körper und umso klarer der Trend zum komplex chemisierten Neuen Menschen.

Die „Schwerelosigkeitsmuster", der „nicht mehr organbezogene Körper", die „Symptome des Taumelns". Es waren die Konzepte der Kybernetikkultur der geteilten Welt bis 1989. Veraltet sind sie nicht, ganz im Gegenteil. In den vergangenen zehn, fünfzehn Jahren hat die Eroberung des Extraterrestrischen eine frappierende Renaissance erfahren. Der Himmel ist so begehrt und teuer wie nie. Er scheint unendlich und ist doch eine begrenzte Ressource. Nicht von ungefähr erklärte der amerikanische Präsident Donald Trump im Februar 2019 das Weltall zur „neuen Kriegsfront" und unterzeichnete ein Dekret zur Gründung einer eigenständigen „Space Force". Stellare Macht gleich globale Macht? In jedem Fall ist der Himmel erneut zur Bühne weltpolitischer Neujustierungen geworden.

Insbesondere die USA, Indien, Russland und vor allem China investieren massiv in ihre Orbitträume. Das Xi-Jinping-Riesenreich hat seine Ansprüche dabei besonders präzise definiert und beabsichtigt, bis 2045 die alleinige Supermacht im All zu werden. Das mit einer klaren Strategie: 2013 die erste unbemannte Mondlandung, 2018 der erste nichtstaatliche Raketenstart, 2019 die Landung einer Raumsonde auf der erdabgewandten Seite des Mondes, 2022 eine eigene permanent bemannte Raumstation, ab 2023 Solarstationen, die in der Stratosphäre Weltraumstrom produzieren können.

Der Kosmos gilt längst als Energielieferant und Megaressource für seltene Erden und wichtige Bodenschätze. Experten gehen davon aus, dass auf dem Mond etwa zwanzigmal mehr Titan, Platin und vor allem Helium 3 vorhanden sind als auf der Erde. Expansionisten sprechen deshalb auch vom Mond als dem „achten Kontinent".

Der Kosmos ist auch längst wieder zum begehrten Forschungsort geworden. Bereits zu Sowjetzeiten war klar, dass der Körper im All zwar rasch an seine Grenzen kommt, die Schwerelosigkeit jedoch das Ideal für eine Forschung ist, deren Bedingungen auf der Erde nur mit großer Mühe herstellbar sind.

Diesen Umkehrschluss weiß man mittlerweile gut zu nutzen. So haben Forscher an der ETH Zürich ein Verfahren entwickelt, das in der Lage ist, menschliche Miniorgane – sogenannte Organoide – unter den Verhältnissen der Internationalen Raumstation (ISS) zu entwickeln. Diese sollen insbesondere in der Transplantationsmedizin zum Einsatz kommen und die schäbigen Tierversuche überflüssig machen.

31. Mai 2012. Elon Musks SpaceX-Raumkapsel „Dragon" landete wohlbehalten wieder auf der Erde. Nach Sputnik, Kaltem Krieg und Space Shuttle war sie die erste erfolgreiche Mission einer privat entwickelten Rakete und Raumkapsel. Mittlerweile schickt Space X fast monatlich eine Rakete gen Himmel, mit Satelliten für Unternehmen und Staaten und mit Nachschub für die ISS.

Der Kosmos als neuer Lebensort? Die Kolonisierung des Mars? Es ist Musks Lieblingsidee, und bei ihm klingt sie, als sei sie nicht mehr als ein Umzug. „Wenn wir das Transportproblem lösen, ist es nicht mehr schwierig, ein transparentes Treibhaus mit künstlichem Luftdruck zu bauen, um darin zu leben", behauptet er. Auf die Frage, wie man mit der mittleren Temperatur von minus 63 Grad auf dem roten Planeten umgehen solle, sagt er: „Irgendwann würde man den Mars aufheizen müssen, wenn er ein erdähnlicher Planet werden soll ... Dafür müsste man wirklich drastische Sachen mit ihm anstellen." Das hätten die russischen Interplanetaristen vor reichlich hundert Jahren oder die Interkosmisten der Sowjetsphäre nicht anders gesagt. Es sind ihre Ideen: die Beherrschung, Verwandlung und Unterwerfung des Weltalls.

Für diese Zukunftsszenarien ist Putins Krieg gegen die Ukraine der Kulminationsraum, der totale Schlachtplatz, das Testfeld für die Welt. Ein Krieg, der sich einerseits real in den Kellern von Schulen, Theatern, in den Katakomben und Bunkern der ukrainischen Städte ereignet und andererseits mittels Drohnen, Killersatelliten und Cyberangriffen aus dem Himmel kommt. Ein Krieg als reine

Körper- und Materialschlacht wie aus dem letzten Jahrhundert und ein Hightechkrieg aus dem Weltall.

Diese intensivierte Parallelisierung – neues Imperium auf der Erde, Herrschaftsutopie im Weltall – ist das tatsächlich Neue. Sie ist über den Schrecken für die Ukraine hinaus alarmierend, weil das Völkerrecht den technologischen und politischen Dynamiken bei Weitem hinterherhinkt. Ein enormes Risiko, das es Putin ermöglicht, seine Strategie immer weiter zu verfeinern.

4. Juli 2022. Die drei russischen Kosmonauten Oleg Artemyev, Denis Matveev und Sergey Korsakov zeigen sich zur Flaggenparade im All. Sie gratulieren an Bord der ISS den russischen Invasoren zur vollständigen Einnahme der Region Luhansk im Donbass und twittern: „Wir feiern sowohl auf der Erde als auch im All."

**

Ines Geipel ist Schriftstellerin und lebt in Berlin.

Erschienen in der F.A.Z. vom 01.08.2022, Seite 6

Freiheit von Furcht und Not

Eine Übertragung der Ostpolitik der sechziger und siebziger Jahre in die Gegenwart ist nicht möglich. Eine dem Denken und Handeln Willy Brandts zugrundeliegender Geltungsanspruch erweist sich jedoch als besonders aktuell

Professor Dr. Manuel Fröhlich

Am 11. Dezember 1971, einen Tag nach Verleihung des Friedensnobelpreises, hielt Willy Brandt eine Rede an der Universität Oslo. Der deutsche Bundeskanzler sprach über „Friedenspolitik in unserer Zeit". Geehrt worden war er unter anderem für seinen Beitrag zum Dialog zwischen Ost und West. In der Rede taucht das in diesem Zusammenhang häufig assoziierte Wort „Ostpolitik" allerdings nur einmal auf, und noch dazu in einer besonderen Deutung: „Das Etikett ‚Ostpolitik' sagt mir nicht zu. Aber wie will man etwas einfangen, was sich als Begriff selbständig gemacht hat und – wie ‚Gemütlichkeit' unübersetzbar erscheinend – Eingang in die internationale Terminologie gefunden hat? Das Wort ist vorbelastet. Und es lässt Fehldeutung zu, als sei es mit der Auswärtigen Politik wie mit einer Kommode, bei der man mal die eine, mal die andere Schublade aufzieht."

Brandts Warnung vor missverständlichem „Etikett" und irreführendem „Schubladendenken" verdient einen näheren Blick: In der gegenwärtigen Debatte über Orientierung in der „Zeitenwende" ist das außenpolitische Denken und Handeln Brandts zu einer wichtigen, aber mehrdeutigen Bezugsgröße geworden: Der Verweis auf Brandt wird sowohl für einen Abgesang auf die Strategie „Wandel durch Annäherung" (oder kürzer „Wandel durch Handel") genutzt als auch zur Bekräftigung einer Politik der Stärke oder des Imperativs der kriegsvermeidenden Verständigung und Versöhnung.

Das Argumentieren mit, gegen und über Brandt hinaus steht allerdings selbst in der Gefahr des „Etiketts" oder der „Schublade". Dies liegt in Teilen daran, dass zeitgebundene Strategien und Handlungsempfehlungen Brandts ohne ihren Bezug zu einer wichtigen

Kontinuitätslinie seines politischen Denkens und Handelns rezipiert werden, dem politischen Programm der „Freiheit von Furcht und Not". Diese Maxime taucht wiederholt bei Brandt auf und bietet auch in der Gegenwart Orientierung, ausgehend von der Erfahrung von Krieg und Leid über die Verwobenheit von Innen- und Außenpolitik bis hin zu einem Sicherheitsbegriff, der sich an der Lebenssituation konkreter Menschen orientiert.

Die Formel der „Freiheit von Furcht und Not" wurde nicht von Brandt geprägt. Die Spurensuche führt zu einem Schiff, das im August 1941 im Atlantik vor der Küste von Neufundland ankerte. An Bord waren der amerikanische Präsident Franklin Delano Roosevelt und der britische Premierminister Winston Churchill. Neben Absprachen über Waffenlieferungen und Wirtschaftshilfen einigten sich die beiden Staatsmänner während des geheim gehaltenen Treffens auf ein Programm für die Nachkriegsordnung, die acht Punkte umfassende Atlantik-Charta.

Besonderes Interesse verdient der sechste Punkt der Charta: „Nach der endgültigen Vernichtung der Nazi-Tyrannei hoffen sie auf die Etablierung eines Friedens, der allen Nationen die Möglichkeiten eröffnet, in Sicherheit in ihren eigenen Grenzen zu leben, und allen Menschen in allen Ländern die Gewähr gibt, ihr Leben in Freiheit von Furcht und Not zu leben." Hier taucht die programmatische Formel auf: Freiheit von Furcht und Not als Zielvorgabe für die Nachkriegsordnung. Tatsächlich wurde die Atlantik-Charta über den Zwischenschritt der „Erklärung der Vereinten Nationen", der sich im Januar 1942 schon 26 Staaten anschlossen, zu einem wichtigen Vorläufer der Charta der Vereinten Nationen.

Die Leitformel für die Neugestaltung der internationalen Politik hatte ihren Ursprung in der amerikanischen Innenpolitik. Die zwei hier benannten Freiheiten sind Teil der vier Freiheiten, die Roosevelt in seiner Rede vor dem Kongress im Januar des Jahres 1941 vorgestellt hatte: die Freiheit der Rede, der Religion, die Freiheit von Not („Das bedeutet, weltweit gesehen, wirtschaftliche Abmachungen, die jeder Nation gesunde Friedensverhältnisse für ihre Einwohner gewähren – überall auf der Welt.") und von Furcht. („Das bedeutet, weltweit gesehen, eine globale Abrüstung, so gründlich und so lange durchgeführt, bis kein Staat mehr in der Lage ist, einen Akt physischer Aggression gegen jeglichen Nachbarn durchzuführen – überall auf der Welt.")

Roosevelt verstand die vier Freiheiten als Gegenentwurf zu der Weltordnung der Achsenmächte. Ein Blick auf die Entstehungsgeschichte der Rede zeigt, dass die vier Freiheiten einerseits ein ganz persönliches Glaubensbekenntnis Roosevelts darstellten. Sie können als grundlegende Motivation der Politik dieses demokratischen Präsidenten gelten, der in seiner Zeit nicht nur die klassischen bürgerlichen Freiheiten akzentuierte, sondern insbesondere auch über den sogenannten „New Deal" wirtschafts- und sozialpolitische Initiativen zur Milderung der Weltwirtschaftskrise auf den Weg brachte.

Die kompakte Begriffsprägung hat aber noch eine tiefere Bedeutungsebene. Die Eleganz von Roosevelts Formulierung liegt nämlich gerade in der Verbindung von politischen Rechten („Freiheit von Furcht") und sozialen Rechten („Freiheit von Not") – als Fusion von Liberalismus und Sozialismus, als Ausgleich zwischen „Ost" und „West". Hinter jeder Freiheit steht also ein Erfahrungsraum, der sich sowohl auf die nationale als auch auf die internationale Ebene erstreckt. Die beiden Freiheiten dienen sowohl der Rechtfertigung der militärischen Bemühungen inmitten des Weltkriegs als auch der Zweckbestimmung der späteren politischen Bemühungen zur Gestaltung einer internationalen Ordnung, die den Einsatz von Gewalt in der internationalen Politik durch ein System kollektiver Sicherheit verbieten beziehungsweise regulieren sollte.

Was hat das nun mit Willy Brandt zu tun? Roosevelts Formel hat eine erstaunliche Rezeptions- und Wirkungsgeschichte. Sie taucht nicht nur in der Präambel der Allgemeinen Erklärung der Menschenrechte von 1948 auf, sondern wurde und wird weltweit von unterschiedlichsten Gruppierungen verwandt – nicht zuletzt von den antikolonialen Bewegungen der zweiten Hälfte des 20. Jahrhunderts.

Die Formel taucht aber auch in einem Text auf, bei dem Willy Brandt während des Exils in Stockholm als Sekretär der Internationalen Gruppe demokratischer Sozialisten federführend war, einer programmatischen Schrift aus dem März 1943 unter dem Titel „Die Friedensziele der demokratischen Sozialisten". In diesem

Text wurde den vier Freiheiten Roosevelts ein eigener Abschnitt gewidmet. Darin schlossen sich die demokratischen Sozialisten „vorbehaltlos Roosevelts ebenso einfacher wie verheißungsvoller Programmerklärung" an. Die Atlantik-Charta „wird nicht das letzte Wort der Demokratie sein können, aber wir meinen, dass die in ihr festgelegten Grundsätze eine brauchbare Grundlage für die weitere Arbeit bilden". Die Schrift wendete sich in diesem Zusammenhang auch gegen Gefühle von Rache und Hass, die die Nachkriegsordnung nicht erdrücken dürften, und betonte abschließend: „Die Probleme, die der Krieg aufgeworfen hat und die beim Friedensschluss gelöst werden müssen, sind nicht an Landesgrenzen gebunden; sie müssen in einem internationalen Maßstab gelöst werden."

Liest man heute diese Sätze aus der Kriegszeit, so scheinen einige Elemente auf, die für das weitere Denken und Handeln Brandts richtunggebend wurden. Neben der Fusion von Liberalismus und Sozialismus wurde für Brandt gerade die Verbindung von innenpolitischem und internationalem Gestaltungsanspruch wichtig, die auch schon bei Roosevelt auftauchte. Der Gedanke fand nicht zufällig in leichter Abwandlung Eingang in das Godesberger Programm der SPD von 1959: „Darum ist die Hoffnung der Welt eine Ordnung, die auf den Grundwerten des demokratischen Sozialismus aufbaut, der eine menschenwürdige Gesellschaft, frei von Furcht und Not, frei von Krieg und Unterdrückung schaffen will, in Gemeinschaft mit allen, die guten Willens sind."

Noch entscheidender für die These einer Kontinuitätslinie bei Brandt ist der Umstand, dass die Formel auch in seiner programmatischen Regierungserklärung aus dem Jahr 1973 auftauchte. Der Kontext war hier die Qualität des Lebens der Menschen als zentraler Begriff der politischen Arbeit der Bundesregierung. Diese dürfe „nicht zur abstrakten Formel gerinnen. Sie heißt für uns: Freiheit, auch Freiheit vor Angst und Not, Sicherheit auch durch menschliche Solidarität."

Schließlich fand sich der Impuls aus den Tagen Roosevelts und des schwedischen Exils auch in Brandts Abschiedsrede als Vorsitzender der SPD beim Parteitag in Bonn 1987 wieder: „Wenn ich sagen soll, was mir neben dem Frieden wichtiger sei als alles andere, dann lautet meine Antwort ohne Wenn und Aber: Freiheit. Die

Freiheit für viele, nicht nur für die wenigen. Freiheit des Gewissens und der Meinung. Auch Freiheit von Furcht und Not. So stand es zu einem frühen Zeitpunkt des Zweitens Weltkrieges übrigens in der Atlantik-Charta, die ich damals nicht nur als ein Instrument der psychologischen Kriegsführung verstehen mochte." In der Tat: Die Freiheiten von Furcht und Not waren für Brandt Horizont und Auftrag für Politik – auf der nationalen wie auf der internationalen Ebene, in Kriegs- und in Friedenszeiten.

Dieser Zusammenhang führt zu einem weiteren wichtigen Bezugspunkt im Denken Brandts: Weltinnenpolitik. Auch hier lohnt ein Blick auf Kontext und Konzept des Begriffes, den Brandt ebenfalls nicht erfunden hat. Die wichtigste Prägung dieses Begriffes im bundesdeutschen Zusammenhang ist sicher Carl Friedrich von Weizsäcker zuzuschreiben, der ihn in seiner Rede zur Verleihung des Friedenspreises des Deutschen Buchhandels im Jahr 1963 eingeführt hatte. Bei beiden, Weizsäcker wie Brandt, sind ein paar Gemeinsamkeiten festzustellen: die Erfahrung der Katastrophe und des Leidens im und aus dem Zweiten Weltkrieg und die Einsicht in den grenzüberschreitenden Charakter der zu lösenden Probleme, die Weltinnenpolitik zu einem unabweisbaren Imperativ machen. Weizsäcker formulierte: „Der Weltfriede ist nicht das goldene Zeitalter, sondern sein Herannahen drückt sich in der allmählichen Verwandlung der bisherigen Außenpolitik in Welt-Innenpolitik aus. Unter dem Titel Welt-Innenpolitik werde ich hier zwei verschiedene, aber beide aus der Vereinheitlichung der Welt entspringende Phänomene beschreiben: die Entstehung übernationaler Institutionen und die Beurteilung weltpolitischer Probleme mit innenpolitischen Kategorien."

Bei Brandt sind diese Phänomene weniger eindeutig benannt. Die Attraktivität des Begriffs für ihn scheint vielmehr darin zu liegen, dass er eine Art Gleichzeitigkeit und Verwobenheit von Innenpolitik und internationaler Politik zum Ausdruck bringt, die sich gerade aus der gemeinsamen normativen Zielvorgabe der „Freiheit von Furcht und Not" ergibt. Der proklamierte Zielhorizont bliebe unerreichbar, würde man nur auf eine dieser Ebenen schauen.

Damit richtet sich der Blick nochmals auf den Friedensnobelpreis 1971. Schaut man auf die Begründung des Nobelkomitees, so würdigte es die Bemühungen Brandts um Versöhnung und Entspannung – ausgehend vom „Deutschlandproblem" über die Situation in Europa bis hin zur allgemeinen Weltlage. Genannt wurden keine konzeptionellen, sondern konkrete politische Aktivitäten: die Verträge mit der Sowjetunion, mit Polen, der Beitritt zum Nichtverbreitungsvertrag. Dies prägte auch die Worte der Vorsitzenden des Nobelkomitees bei der Preisverleihung, Aase Lionaes, die den zeitgenössischen Begriff der „Détente" nutzte, um Brandts Wirken darzustellen. Der Kniefall in Warschau wurde als eine weitere Manifestation von Brandts Bemühen um Versöhnung dargestellt. Lionaes, die Brandt schon seit gemeinsamer Arbeit während der Kriegsjahre in Norwegen kannte, bediente sich aber noch einer anderen Formulierung, die wiederum an die Atlantik-Charta erinnerte: „Seine Arbeit für den Frieden bedeutet Chancen und Möglichkeiten für alle Völker in allen Ländern, ein würdevolles Leben ohne Furcht zu leben."

Brandt selbst benannte am Tag nach der Preisverleihung in der längeren Nobelpreisrede einige weitere Eckpunkte dessen, was er als Friedenspolitik oder auch „Organisation des Friedens" bezeichnete: „Ich begreife eine Politik für den Frieden als wahre Realpolitik dieser Epoche." Das, was üblicherweise als Realismus in den internationalen Beziehungen beschrieben werde, entpuppe sich dagegen als „höllische Chimäre". Brandt brachte auch in der Nobelpreisrede wichtige Kernbegriffe zur Sprache – die Kooperation, die bloße Koexistenz überwinden müsse, eine Politik der guten Nachbarschaft – im Inneren wie im Äußeren, feste Verankerung im Westen, die erst Verständigung mit dem Osten ermögliche, ein Bewusstsein von Aufgaben, „die die Grenzen jedes Staates und Kontinents überschreiten" sowie die Überzeugung, dass es darauf ankomme, Fortschritte „für die Menschen (zu) erreichen", und dass dabei „kleine Schritte besser sind als keine Schritte".

In diesem Zusammenhang wurde die Friedenspolitik auch mit der „Weltinnenpolitik" verbunden: „Vom geheiligten Egoismus der Nation soll sie zu einer europäischen und globalen Innenpolitik führen, die sich für ein menschenwürdiges Dasein aller verantwortlich fühlt." Wieder also dieses Element der Wendung zum Internationalen im Dienste des Individuums: Die Lebenssituation des einzelnen Menschen wird zum Maßstab der Politik gemacht. Und aus dieser Überlegung lässt sich eine Brücke zu einem weiteren, aktuellen Konzept schlagen: dem der menschlichen Sicherheit.

Für diesen Schritt bietet es sich an, auf die von Brandt verfasste Einleitung des Berichts der „Nord-Süd-Kommission" aus dem Jahr 1980 einzugehen. Hier wurde der Impuls aus den frühen Jahren und die Botschaft aus der Nobelpreisrede nochmals um weitere Aspekte erweitert. „Ob es uns passt oder nicht: Wir sehen uns mehr und mehr Problemen gegenüber, welche die Menschheit insgesamt angehen, so dass folglich auch die Lösungen hierfür in steigendem Maße internationalisiert werden müssen. Die Globalisierung von Gefahren und Herausforderungen – Krieg, Chaos, Selbstzerstörung – erfordert eine Art ‚Weltinnenpolitik', die über den Horizont von Kirchtürmen, aber auch nationale Grenzen weit hinausreicht. Dies vollzieht sich bisher nur im Schneckentempo. Weithin herrscht ein defensiver Pragmatismus vor, und dies in einer Zeit, in der die wahren Interessen der Menschen und der Menschheit neue Perspektiven und weitsichtige Führung erfordern. Das, was man ‚internationale Gemeinschaft' nennt, ist immer noch zu sehr abgeschnitten von der Erfahrung der einfachen Leute; es gilt auch umgekehrt." Besondere Erwähnung fand in diesem Bericht das Problem des Hungers, später auch als „Welthunger" bezeichnet.

Politikwissenschaftlich gesehen nahm Brandt eine horizontale und vertikale Erweiterung des Sicherheitsbegriffs vor: Horizontal in dem Sinne, dass Sicherheit nicht mehr nur durch ein Themenfeld (Militär und Rüstung) definiert wird; vertikal in dem Sinne, dass die Referenzgröße nicht mehr (nur) die Situation von Staaten ist, sondern die Lebenssituation einzelner Menschen und Individuen.

Ein solcher Begriff von Sicherheit scheint höchst zeitgemäß: Für die etwa 828 Millionen Menschen, die nach Zahlen der UN Nationen von Hunger betroffen sind, für die fast 785 Millionen Menschen, die keine Grundversorgung mit Wasser haben, für circa 300 000 Mütter, die jährlich aufgrund von mangelhafter Versorgung während Schwangerschaft und Geburt sterben, kommt und kam die Bedrohung nicht aus militärischem Krieg oder der Waffentechnologie, sondern aus der Versagung von Lebenschancen.

Die Aggression Putins gegenüber der Ukraine bedroht nicht nur die Sicherheit der Menschen in Europa, sondern wirkt sich als

Katastrophe auf die Nahrungsmittelsicherheit von Millionen von Menschen in Afrika, Lateinamerika und Asien aus. Was die Brandt-Kommission 1980 ohne direkten Widerhall formulierte, hat Jahre später unter anderen Vorzeichen, in anderen Dynamiken Eingang in die internationalen Beziehungen gefunden. So findet sich die Analyse aus dem Brandt-Bericht im Bericht über menschliche Entwicklung des UN-Entwicklungsprogramms (UNDP) aus dem Jahre 1994 wieder. Hier wird auf internationaler Ebene eine durchaus wirkmächtige Formulierung des Konzepts menschlicher Sicherheit mit insgesamt sieben Ebenen ausbuchstabiert.

Die Sicherheit von Menschen konstituiert sich danach in wirtschaftlicher Absicherung, in sicheren Nahrungsmitteln, in Bewahrung der Gesundheit, im Schutz der den Menschen umgebenden Umwelt, im Respekt vor der kulturellen Gemeinschaft, in der Menschen leben, sowie in der Sicherung politischer Rechte. Schließlich spricht auch der UNDP-Bericht von „persönlicher Sicherheit" – und meint damit den Schutz der physischen Integrität des Menschen gegen jede Bedrohung von Krieg und Gewalt. Suchte man nach einer eingängigen Formulierung für diese sieben Dimensionen menschlicher Sicherheit, könnte man sich der Formel von der „Freiheit von Furcht und Not" bedienen. Die hier formulierte Neuakzentuierung der internationalen Politik hat in Projekten wie den globalen Entwicklungszielen, einer internationalen Schutzverantwortung oder der Etablierung des Internationalen Strafgerichtshofs augenfällige Manifestationen gefunden – freilich nicht ohne teils berechtigte und teils vorgeschobene Kritik an der jeweiligen Idee und ihrer Verwirklichung.

Deshalb ist hier nicht von Teleologie zu reden – und man würde auch Brandt nicht gerecht, wenn man eine Reihe von gegenläufigen Entwicklungen unerwähnt ließe: Im Brandt-Bericht tauchte die Umweltproblematik wesentlich noch als Frage der gerechten Ressourcenverteilung auf. Der Dialog mit den Ländern des Südens folgte implizit noch stark der Vorstellung einer zwar unterschiedlichen, aber im Wesentlichen vergleichbaren Bemühung um „Modernisierung". Die Akteure der Weltpolitik blieben, auch wenn sie nicht staatlich organisiert waren, doch der staatlichen Logik und Abgrenzbarkeit unterworfen. Die Liste der globalen Herausforderungen ließe sich verlängern: Digitalisierung, globale Pandemien oder der Klimawandel wären nur einige Stichworte.

Willy Brandt trat als jemand auf, der Konzepte nicht unbedingt erfindet, der sie aber mit einem bemerkenswerten Sensorium aufnimmt, integriert, prägt, ihnen Kraft und Nachdruck verleiht. Die Rede von der Freiheit von Furcht und Not mag sehr vage erscheinen. Konzepte wie das einer Weltinnenpolitik oder der menschlichen Sicherheit (auch in ihrer Akzentuierung als „feministische Außenpolitik") verblassen auf den ersten Blick im Angesicht von Krieg, Tod und Zerstörung, wie sie der russische Überfall auf die Ukraine hervorgebracht hat.

Auf den zweiten Blick markieren sie aber Wirkzusammenhänge, die in Brandts Lesart der beiden Freiheiten angelegt sind. In seiner Nobelpreisrede hatte er Grundlagen eines „Gebäudes des Friedens" für Europa skizziert: Gleichgewicht zwischen Staaten und ihren Interessen, Gewaltverzicht, Unverletzlichkeit der Grenzen, Nichteinmischung in die inneren Angelegenheiten, wirtschaftliche Zusammenarbeit, soziale Gerechtigkeit und gleichwertige Entwicklungschancen für alle Völker.

Diese Aufzählung illustriert ihrerseits das Ausmaß der Aggression Russlands – nicht nur gegen die Ukraine, sondern gegen die Bedingungen der Möglichkeit einer Friedensordnung, wie Brandt sie skizziert hat. Die Bedrohung der Freiheit von Furcht und Not kann jedoch auch wieder ihre Relevanz unterstreichen. Gerade weil die beschriebene Neuakzentuierung internationaler Politik der Logik imperialer Macht entgegensteht, sollte ihr Gestaltungsanspruch nicht vorschnell als „zu idealistisch" abgetan oder als „westliche Anmaßung" desavouiert werden. Wege und Mittel zur Erreichung der überaus ambitionierten Zielvorgabe werden sich auf nationaler und internationaler Ebene unterscheiden. Bemühungen der Emanzipation fallen darunter ebenso wie Bemühungen um die Sicherung des bloßen Überlebens. Konkrete Politik im Sinn der Freiheit von Furcht und Not wird sich wohl auch immer mehr in der graduellen und fragilen Annäherung als in der allumfassenden und dauerhaften Realisierung niederschlagen.

Und doch bietet die aus der Erfahrung des menschlichen Leides geborene und in Zeiten des Krieges fixierte Zielbestimmung einen

Orientierungspunkt. Er kann in einer eher schlagwortartig geführten Debatte über scheinbar einander ausschließende Konzepte wie „kluge Realpolitik" und „wertegeleitete Außenpolitik" sowie bei der inhaltlichen Füllung von Begriffen wie „Verantwortung" oder „Führung" Perspektiven eröffnen kann.

***

Manuel Fröhlich lehrt Politikwissenschaft mit Schwerpunkt Internationale Beziehungen und Außenpolitik an der Universität Trier.

Erschienen in der F.A.Z. vom 08.08.2022, Seite 6

Herrschen und teilen

Vor 75 Jahren entließ Großbritannien Indien und Pakistan in die Unabhängigkeit. Die Unterschiede zu den Dekolonisierungsprozessen anderer Mächte sind nicht gering – und doch hinterließen die Briten ein schweres Erbe

Professor Dr. Benedikt Stuchtey

Seit der Nachkriegszeit hat die Vorstellung die britische Politik mitbestimmt, der Ausklang der direkten Imperialherrschaft und ihr Übergang in ein „Commonwealth" stehe letzten Endes für den Erfolg des Systems des Britischen Empires. Mehr noch: Der Übergang vom Kolonialismus zu einer Partnerschaft, der im Unterschied zu den äußerst gewaltvollen Dekolonisationsprozessen anderer europäischer Kolonialmächte friedlich vollzogen worden sei, wurde sogar zu einer Quelle, aus der sich die Mythen speisten, die den „Brexit" legitimieren sollten.

In dieser Erzählung fehlen freilich die brutale Unterdrückung des Mau-Mau-Aufstandes in Kenia (1952 bis 1960) und die dauerhaften kriegerischen Unruhen in Nordirland, um nur zwei Beispiele zu nennen. Irland ist zudem exemplarisch für die Herrschaftspolitik des Teilens. Auch Zypern und Palästina haben diese Erfahrung nach dem Rückzug der Briten gemacht. In keiner ehemaligen Kolonie des Empires hat sie jedoch zu so großen Umwälzungen geführt wie in Indien. Die Folgen der Teilung des Subkontinents prägen noch nach 75 Jahren das Leben in Südasien.

Am 15. August 1947 trat der „Act to make Provision for the Setting up in India of Two Independent Dominions" in Kraft, nur vier Wochen zuvor hatte ihn das britische Parlament verabschiedet. Exakt zwei Jahre nach der Kapitulation Japans verkündete der letzte Vizekönig, Lord Mountbatten, den Abzug der Kolonialmacht mit den Grußworten des englischen Königs, Indien habe den Wechsel herbeigeführt und sei nun in der Lage, sein Schicksal selbst in die Hand zu nehmen. Dekolonisation bedeutete nicht, das Denken und die Sprache des Kolonialen zu überwinden.

Seit Gründung der East India Company im Jahr 1600 hatten die Briten in Indien Fuß gefasst. Von hier aus sollten die Märkte Chinas und Südostasiens erschlossen werden, von hier aus zogen Händler und Kontraktarbeiter in den Süden und Osten Afrikas, ebenfalls nach Birma (Myanmar) und auf die Fidschi-Inseln. Was im August 1947 ein Ende fand, war mithin mehr als das so oft beschworene Juwel des Empires: Östlich des Suezkanals hatte sich via Aden und Afghanistan bis über Nepal und nach Malaysia das Anglo-Indische Empire erstreckt – und ebenfalls eine große Illusion entfaltet. Die bestand darin, von Großbritannien gehe eine weltumspannende Zivilisierungsmission aus, auch zeitlich quasi grenzenlos.

Dabei hatten sich die Zeichen der Veränderung längst am Horizont abgezeichnet. Der Erste Weltkrieg hatte deutlich gemacht, dass der Kampf auf den Schlachtfeldern des Nahen Ostens ohne die indischen Soldaten nicht gewonnen werden würde. Vor dem Krieg waren die rhetorischen Versprechen der Briten, nach dem Krieg die politischen Erwartungen der Inder entsprechend groß. Der bereits 1885 gegründete Indian National Congress nahm seit 1920 eine vollkommen neue Gestalt an: Von einem insgesamt loyalen, mit maßvollen Forderungen agierenden Interessenverband wurde er zu einer Massenbewegung, an deren Spitze sich Mahatma Gandhi stellte.

Gandhi gelang es, den britischen Autoritätsanspruch („Raj") im Kern auszuhöhlen, indem er zivilen Ungehorsam, passiven Widerstand, die Verweigerung der Kooperation mit der Kolonialherrschaft, den Verbrauch von in Indien produzierten Gütern und die Gewaltlosigkeit („Satyagraha") zu Maximen erklärte. In seiner Zeit in Südafrika bis 1915 hatte er sie sich zu eigen gemacht und im März 1930 im berühmten Salzmarsch von Ahmedabad nach Dandi am Arabischen Meer (März 1930) verwirklicht. Diese Bewegung, der sich Zehntausende anschlossen, zog die Aufmerksamkeit der Weltöffentlichkeit auf sich. Eindrucksvoll hat sie Richard Attenborough in seinem viel gerühmten Film „Gandhi" (1982) in Bilder gefasst. Zu einem besonders starken Symbol sollte das Spinnrad werden.

Die Situation in der Kronkolonie aber stellte sich insofern kompliziert dar, als die große muslimische Minderheit dem Indian National Congress nicht zu folgen bereit war. Schon bald zeichnete sich ab, dass er sich spalten würde. Die eine Seite war zu Kompromissen mit den Briten bereit, die andere fürchtete aus gutem Grund, dass eine Teilung des Subkontinents nach dem Prinzip „divide et impera" in der Luft lag. Danach sollten die indischen Provinzen föderalisiert und mit Selbstverwaltung ausgestattet werden, was im Government of India Act 1935 tatsächlich geschah.

Traditionell hatten die 565 Fürstenstaaten („Princely States"), die ein Viertel der Bevölkerung regierten, einen Ausgleich mit der britischen Kolonialherrschaft hergestellt. Waren sie intern relativ autonom, so respektierten sie die britische Krone als Dachverband. London seinerseits musste daran gelegen sein, Indien ruhig zu halten und so wenig wie möglich zu investieren. Gleichzeitig führte Muhammad Ali Jinnah, wie Gandhi in England zum Rechtsanwalt ausgebildet, Anführer der Muslime und späterer Gründer Pakistans, die Provinzen Sind, Kaschmir, Afghan und Assam unter die Kontrolle der Muslim League, was einer faktischen Teilung gleichkam und Gewaltausbrüche noch vor dem Zweiten Weltkrieg immer wahrscheinlicher machte.

Von außen kommend, eskalierte dann die Gewalt, als japanische Truppen im Jahr 1942 in Malaysia und Birma (Myanmar) einmarschierten, 40 000 Gefangene machten und ihr Einfall in Indien jederzeit erwartet werden konnte, zumal sie schon im Februar desselben Jahres Singapur erobert hatten. Singapur zu verlieren symbolisierte in den Augen vieler Zeitgenossen den drohenden Verlust des Anglo-Indischen Empires. Nun wurde es dringlicher denn je, sich auf eine Kriegswirtschaft einzurichten. Während Gandhi und Jawaharlal Nehru sich hinter die Briten und gegen den Nationalsozialismus stellten, formierte sich mit der Indian National Army eine Kraft, die sich mit den Achsenmächten verbündete.

Einen Monat nach dem Fall Singapurs traf Stafford Cripps, ein ranghohes Mitglied der britischen Regierung, in Indien ein, um im Gegenzug für umfassende Loyalität freie Wahlen und Selbstregierung nach dem Krieg zu garantieren. Derweil forderten Mitglieder des Indian National Congress mehr Autonomie ein, wozu der britische Premierminister Winston Churchill nicht bereit war. Doch der Londoner Regierung war die Kontrolle über den Zeitplan des Machtwechsels längst entglitten.

Vollständig offenbarte sich ihre Ohnmacht im Angesicht der großen bengalischen Hungersnot von 1943/44, der bis zu vier Millionen Menschen zum Opfer fielen. Diese größte humanitäre Katastrophe im Britischen Empire des 20. Jahrhunderts soll Churchill wissentlich in Kauf genommen haben.

Aber schon die von Gandhi und dem Congress ausgerufene „Quit India"-Kampagne (August 1942) hatte den Subkontinent an den Rand der Regierbarkeit gebracht. Großbritanniens Plan, Sicherheit und Stabilität obwalten zu lassen, kennzeichnete ohnehin eine tiefe Unkenntnis der Spannungsfelder, die sich aus dem Klassen- und Kastensystem der indischen Gesellschaft mit ihrer religiösen Vielfalt ergaben. Wohl aus Frustration über Cripps' gescheiterte Mission entluden sich die Dynamiken einer neuen Massenbewegung, die, vergleichbar dem Sepoy-Aufstand von 1857 und dem Massaker von Amritsar (Punjab) im April 1919, nicht nur eine Bedrohung für die britische Kolonialherrschaft darstellte, sondern deren Gewaltbereitschaft provozierte.

Die Repression ließ nicht lange auf sich warten. Mehrere Zehntausend Mitglieder des Indian National Congress mussten ins Gefängnis, was die Verbitterung über die britische Herrschaft extrem steigerte, und die Muslim League gewann unwillkürlich an Macht. Die Spannungen verschärften sich zwangsläufig, auch weil erste Bevölkerungsverschiebungen und große binnenländische Wanderungsbewegungen einsetzten, indem die industrialisierten Großstädte Landarbeiter anzogen und mehr als zwei Millionen Inder für den Kriegsdienst mobilisiert wurden.

Ob Muslime in Uttar Pradesh oder Hindus und Sikhs im Punjab, Mehrheiten und Minderheiten stießen immer öfter aufeinander. Als 1945 der Zweite Weltkrieg endlich vorbei war, war Indien so gespalten wie noch nie zuvor: Armut und Hunger waren allgegenwärtig, die sozialen und religiösen Gräben füllten sich mit Hass, und die Not, aus dem baldigen Zusammenbruch des Raj eine Tugend zu machen, weckte Erwartungen jenseits politischer Realisierbarkeit.

Das betraf nicht zuletzt London selbst. Denn in Whitehall lebte die Illusion fort, Indien werde ähnlich wie Australien den Dominion-Status anstreben, also die Krone weiterhin als Staatsoberhaupt akzeptieren, in einem föderalen System die Verbindung zum ehemaligen „Mutterland" aufrechterhalten sowie seine riesige Armee zur Verteidigung der britischen Interessen in Südostasien bereithalten. Doch warum sollte das Land dies tun? Im Gegenteil, Anfang 1946 rebellierte die Royal Indian Navy in Mumbai, und in britischen Regierungskreisen wurde darüber spekuliert, dass die indische Armee sich der Marine bald anschließen würde. Hinzu kam eine wachsende Müdigkeit des kolonialen Personals, erschöpft auch von der Monotonie des Alltags. Schriftsteller wie E. M. Forster hatten schon in den Zwanzigerjahren beschrieben, wie die britische Oberschicht Indiens ihr Selbstbewusstsein einbüßte („A Passage to India", 1924). Der schleichende Verlust der Orientierung in Raum und Zeit war am Horizont der alltäglichen Erfahrung des Empires zu erahnen und nun zu erleben. Oder, wie Nirad Chandra Chaudhuri meinte, hatte er in den 1930er-Jahren längst eingesetzt („A Passage to England", 1959).

Während viele Briten also nichts anderes im Sinn hatten, als Indien den Rücken zu kehren, setzte sich auch bei Premierminister Clement Attlee die Auffassung durch, das sinkende Schiff seinem Schicksal zu überlassen. Anders gewendet: Den drohenden Bürgerkrieg zwischen hinduistischen und muslimischen Indern, zwischen Congress und Muslim League sowie die von Jinnah geforderte Staatsgründung Pakistans machtlos zuzulassen. Angetrieben von der Muslim League, setzten Mitte August 1946 die ersten Unruhen in Kolkata ein und verbreiteten sich von dort aus in Windeseile auf das Land und weiter nach Bihar. Der Zustand, die politischen Geschehnisse nicht länger kontrollieren zu können, war das Gegenstück zu dem Selbstverständnis des Raj.

Auch auf einen Zeitrahmen hatte man sich eingestimmt. Mitte 1948 sollte der Machttransfer stattfinden. Attlee stattete Mountbatten, der im März 1947 in Indien eintraf, mit der Vollmacht aus, den Ablauf selbst zu gestalten. Er war sich bewusst, dass weder die öffentliche Meinung Großbritanniens und erst nicht seine Labour-Partei eine Wiederherstellung der militärischen und administrativen Kontrolle über Indien unterstützen würden. Außerdem hätte die Weltöffentlichkeit, so Attlee, keinen Sinn mehr für imperiale Revanche.

Lord Mountbatten hatte es eilig. Die Teilung Indiens, die Nehru mit aller Kraft ablehnte, stellte sich dem Vizekönig als einzige, wenn auch denkbar ungünstige Alternative dar. Nehru hiervon zu überzeugen, hieß, ihn glauben machen, dass der Indian National Congress andernfalls seinen Einfluss über den Subkontinent verlöre und sich in regionalen Konflikten aufreiben werde. Nur die Schaffung Pakistans zuzulassen, mithin Trennungslinien quer durch den Punjab und Bengalen zu ziehen, ermöglichte den schnellen Weg zur Unabhängigkeit. Ein britischer Richter namens Cyril Radcliffe ohne Orts- und Indienkenntnisse wurde mit der Teilung beauftragt.

Was in diesen Monaten die neuen Grenzen zur Folge hatten, war jenseits alles Vorstellbaren. Geschätzt nahezu zwei Millionen Menschen starben in den sozial und religiös motivierten Auseinandersetzungen, mindestens zwölf Millionen wurden im Zuge von riesigen Bevölkerungsverschiebungen vertrieben. In diese unerträgliche Gewalt, der Indien vor genau 75 Jahren ausgesetzt war, fügte sich sogar noch ein kurzer Krieg über Kaschmir ein, als ob die Provinz, die bis heute nicht zur Ruhe kommt, ein weiteres Symbol für die Teilungsgeschichte von Kolonisations- und Dekolonisationsprozessen sein sollte.

Was die Briten seinerzeit als Erfolgsgeschichte begriffen, weil sie ihre Zusage, Indien Selbstregierung zu gewähren, eingehalten hatten, ist angesichts der vielen Unsicherheiten mindestens strittig. Pakistan stellte sich rasch als ein höchst zerbrechliches politisches Gebilde heraus. Ob es, wie Indien, Mitglied des Commonwealth werden würde, war zeitweise keineswegs ausgemacht. Die Katastrophe der Teilung und das durch die bürgerkriegsähnlichen Zustände hervorgerufene Leid konnte Gandhi nicht verhindern, ein vorübergehendes Abklingen der Gewalt, indem er in den Hungerstreik trat, dagegen wohl. Doch Gandhi würde nur noch ein halbes Jahr leben und in Neu Delhi am 30. Januar 1948 einem Attentat eines Hindu-Nationalisten zum Opfer fallen. Der Verfechter der strikten Gewaltlosigkeit und des zivilen Ungehorsams bezahlte den Preis der Freiheit mit dem eigenen Leben.

Wenn Freiheit auch in der Einsicht begründet liegt, wie notwendig Veränderung ist, dann präsentierte sich ein Empire, dessen

Weltkarten die Begriffe „Freedom" und „Fraternity" schmückten, erstaunlich unberührt von den Geschehnissen in Indien. Noch hatte Walter Cranes „Imperial Federation Map" (1886) nicht an Popularität verloren. Zwar war der innere Zusammenhalt des Britischen Empires brüchig geworden, sein Auseinanderbrechen stand jedoch nicht bevor. Viel dringlicher stellte sich die Frage nach den Folgen für Politik und Gesellschaft des Subkontinents, und zwar auch den längerfristigen, zieht man in Betracht, dass vor fünfzig Jahren, 1972, Ostpakistan sich löste und als Bangladesch für unabhängig erklärte. Mithin war die Teilungsgeschichte noch zu keinem Ende gekommen, so wenig, wie sie am 15. August 1947 ihren Anfang genommen hatte.

Tief verwurzelt war und ist sie nämlich aufgrund sozialer Faktoren, allen voran des Kastensystems. Auch die Sprachenvielfalt – in Indien werden 22 „offizielle" Sprachen anerkannt – spielt eine maßgebliche Rolle darin, linguistische Diversität und politische Einheit als nicht vereinbar zu verstehen. Die Religion birgt mehr denn je Zündstoff für gewaltsam ausgetragene Konflikte. Außer in Indonesien leben in keinem Land mehr Muslime als in Indien. Soziale Ungleichheit, städtische wie ländliche, war und ist der wichtigste Faktor für die ökonomische Asymmetrie zwischen unbeschreiblichem Wohlstand einiger und erschütternder Armut von mehr als einem Viertel der Gesamtbevölkerung Indiens.

Hierarchiegläubigkeit, starre Rollenbilder, Antimodernismus und alltägliche Gewalt gegen Frauen verweisen schließlich auf die Notwendigkeit, dem Gender-Aspekt viel mehr Aufmerksamkeit zu schenken, als dies gewöhnlich der Fall ist. Die Intoleranz, die sich heute auf fast allen Ebenen immer stärker abzeichnet, lässt dem Kampf für Emanzipation so wenig Luft.

Indessen fehlte es ursprünglich nicht an Enthusiasmus, hatte doch für viele der eigentliche Unabhängigkeitstag bereits am 26. Januar 1930 stattgefunden, als der Congress eine Resolution in Lahore verabschiedete, um die britische Kolonialherrschaft außer Landes zu zwingen. Bei dieser Gelegenheit wurde Nehru zum Präsidenten des Congress gewählt. Wie er später in seiner Autobiographie festhielt, bestand der wesentliche Punkt dieses fortan jährlich gefeierten Tages darin, im gesamten Land mit friedlichen Demonstrationen begangen worden zu sein. „Monster Meetings" in Kolkata und

Mumbai, die an die katholische Emanzipationsbewegung durch Daniel O'Connell in Irland, namentlich in Tara 1843, erinnerten, unterstrichen den Patriotismus. Wie also sollte man sich in Indien mit einem Datum wie dem 15. August identifizieren, das aus britischer Sicht militärischen Sieg kennzeichnete und imperiales Selbstbewusstsein verkörperte?

Nehrus Rede am 15. August 1947 wurde dennoch zu einem rhetorischen Feuerwerk. Der erste Premierminister des unabhängigen Indiens sprach von einer „Zeitenwende" und appellierte viel stärker an die Emotionen, als das mit dem Januardatum möglich gewesen wäre. Sein politischer Ziehvater Gandhi verhielt sich demgegenüber auffallend still und vor allem fern der Ereignisse in Delhi. Was es zu feiern gebe, äußerte er sich verwundert auf eine Frage, angesichts der zahllosen Hungertoten und Vertriebenen? Gandhi beging den 15. August 1947 auf seine Weise und fastete 24 Stunden. Dann machte sich der mittlerweile 77 Jahre alte Mahatma auf einen 116 Meilen langen Fußmarsch, besuchte in einem Zeitraum von sieben Wochen nahezu hundert Dörfer und wandte sich mahnend zu gleichen Teilen an Hindus und Muslime, sie möchten die Gewalt beenden. Aus seiner Sicht war die Zwei-Nationen-Lösung nicht unvermeidlich. Schließlich begab er sich doch in die Hauptstadt, die sich immer mehr mit Flüchtlingen aus dem Punjab füllte.

Die multireligiösen und multikulturellen Städte wurden zu sozialen Pulverfässern. Das betraf insbesondere die Provinzen von Bengalen und Punjab. Gewaltsame, religiös motivierte Konflikte hatte es in Bengalen bereits seit dem dritten Drittel des 19. Jahrhunderts gegeben, für den Punjab war dies eine neuere Erfahrung. Hier wurden die Sikhs zwischen den beiden großen Kräften zerrieben. Auf eine weitere Unwägbarkeit weist Ramachandra Guha in seiner großen Geschichte Indiens hin. Es war der Monsun, der in diesem Sommer außergewöhnlich spät kam, mit verheerenden Folgen für die Ernte. Klima- und umweltgeschichtliche Faktoren, hier der späte Regen, übten beträchtlichen Einfluss auf die Geschehnisse aus, und der heiße Sommer machte die riesigen, historisch präzedenzlosen Migrationsbewegungen zusätzlich beschwerlich.

Die einzig nachhaltige Lösung für die Spannungen bot sich für Gandhi im wiederholten Fasten, mit dem er äußerst öffentlichkeitswirksam seinen Körper zur Disposition stellte. So soll Lord Mountbatten gesagt haben, ein einzelner unbewaffneter Mann übe mehr Wirkung aus als eine Armee von 50 000 Soldaten. Gandhis Kalkül, die verfeindeten Seiten zu einem Kompromiss zu bringen und eine Ethik der Überkonfessionalität als politisches Instrument zu praktizieren, ging so lange auf, wie die Masse der Rechtlosen an ihn glaubte. Aber das Problem wurde von Tag zu Tag größer. Nehru bestand darauf, dass Indien im Unterschied zu Pakistan als demokratischer und säkularer Staat gegründet worden sei, alle Bürgerinnen und Bürger die gleichen Rechte genössen und Anspruch darauf hätten, vom Staat geschützt zu werden. Der radikale Madhav Sadashivrao Golwalkar, ein Hindu-Nationalist der frühen Stunde und gefährlicher Ideologe, bekämpfte diese Versuche der Toleranz und zielte auf die Errichtung einer streng religiösen Hindu-Herrschaft über ganz Indien.

Von nun an schlug Gandhi offene Feindschaft entgegen. Bevor Nathuram Godse ihn ermorden konnte, war ein Bombenattentat auf ihn fehlgeschlagen. Gleichwohl hielt er es nach wie vor für möglich, dass die Teilung sowohl Indiens als auch seiner Gesellschaft überwunden werden könne und dies das wichtigste politische Ziel bleiben müsse, wie es der Kampf für die Unabhängigkeit gewesen war. Tatsächlich illustrierte sein gewaltsamer Tod noch einmal, wie fragil der Zustand Indiens vor 75 Jahren war. Die britische Kolonialverwaltung hatte sich zügig zurückgezogen und die Dynamiken der Teilung sich selbst überlassen. Gehorchten diese einer Logik?

Die Frage, warum der Subkontinent in Indien, Pakistan, später Bangladesch und außerdem das unabhängige Sri Lanka geteilt wurde und warum es den Briten nicht gelang, die Spaltung zu verhindern, hat zu keiner Zeit an Relevanz und Brisanz eingebüßt. Sie ist aktueller denn je. Dass Großbritannien sich die Spannungen zwischen Hindus und Muslimen zunutze machte, um den Raj zu festigen, ja, die Kolonialherrschaft die religiösen Spannungen verschärfte, ist ebenso festzuhalten wie Gandhis und Nehrus Fehler, Jinnahs politische Ambitionen gänzlich unterschätzt zu haben. Noch in den Dreißigerjahren hatte sich kurzzeitig die Gelegenheit geboten, Congress und League wieder einander anzunähern. Sie wurde nicht genutzt, seitdem verzeichnete die Muslim League rasant steigende Mitgliederzahlen. Im März 1940 forderte sie erstmals einen eigenen Staat, Pakistan, und nur der Zweite Weltkrieg verzögerte die Entscheidungen.

Auf den Punkt gebracht, spitzte sich im Sommer 1947 zu, was das Verhältnis zwischen Kolonien und Kolonialmacht auch bestimmte, nämlich eine Mischung aus Hoffnung und Angst, aus sozialem und ökonomischem Sicherheitsbedürfnis auf der einen Seite sowie der Erwartung von Unsicherheit auf der anderen, sofern die politischen Forderungen nicht erfüllt würden. Diese Mischung war höchst explosiv. Ob es noch mehr Tote gegeben hätte, wenn die Briten ihren Abzug umsichtig vorbereitet gehabt hätten, ist kaum zu beantworten. Jedenfalls zeigte der Dekolonisationsprozess von wenigen Monaten, dass er wie die britische Kolonisation Indiens von über zweihundert Jahren von keinem „master mind" gesteuert wurde.

Wer den „Brexit" mit der vermeintlichen Wiedererlangung der ehemaligen Weltgeltung Großbritanniens nach wie vor zu rechtfertigen glaubt, sollte sich vor Augen führen, was in Indien vor 75 Jahren geschah.

***

Benedikt Stuchtey lehrt Neuere und Neueste Geschichte an der Philipps-Universität Marburg.

Erschienen in der F.A.Z. vom 15.08.2022, Seite 6

Da ist der Wurm drin

Der Skandal um die vormalige RBB-Intendantin und ARD-Vorsitzende Schlesinger wirft ein Schlaglicht auf den immensen Reformbedarf des öffentlich-rechtlichen Rundfunks, vor allem bei der ARD und dem ZDF. Gleich, wo man hinschaut: Weniger wäre mehr

Staatsminister Rainer Robra

Von einer Empörungswelle getragen, entwickelt die Diskussion zur Zukunft des öffentlich-rechtlichen Rundfunks in Deutschland eine Dynamik, die auf substanzielle Reformen hoffen lässt.

Jetzt gilt es, kühlen Kopf zu bewahren, um nicht von der Welle mitgerissen zu werden. Mit der Erfahrung aus 20 Jahren Rundfunkpolitik möchte ich ein Gefühl entwickeln helfen für das, was jetzt sinnvoll und machbar erscheint.

Alles hängt schon deshalb mit allem zusammen, weil alle Anstalten aus demselben Beitragstopf von rund 8,5 Milliarden Euro im Jahr finanziert werden. Von den derzeit 18,36 Euro Rundfunkbeitrag entfielen im Jahr 2021 auf die ARD (das heißt, die Landesrundfunkanstalten) 12,78 Euro oder sechs Milliarden insgesamt, auf das ZDF 4,69 oder 2,1 Milliarden Euro, auf das Deutschlandradio 54 Cent oder 240 Millionen Euro und die Landesmedienanstalten 35 Cent. Drei Landesrundfunkanstalten – WDR, SWR und NDR – erhalten jeweils mehr als eine Milliarde im Jahr, der BR liegt knapp darunter. Das Mittelfeld mit 600 bis 400 Millionen bilden MDR, HR und RBB; SR und RB erhalten weniger als 100 Millionen Euro und wären ohne den internen Finanzausgleich nicht lebensfähig.

Die Summe der Aufwendungen der Landesrundfunkanstalten für die ARD lässt sich kaum ermitteln, denn sie hat keinen eigenen Haushalt, und die internen Kostenrechnungen der Anstalten sind nicht standardisiert. Diesem Mangel soll der 3. Medienänderungsstaatsvertrag abhelfen, der sich in der Ratifizierung durch die Landtage befindet.

Ich konzentriere mich hier auf die ARD mit den Landesrundfunkanstalten und das ZDF. Ergänzende Programme wie 3sat, Arte, Phoenix oder Kika und die digitalen Zusatzprogramme, die reinen Telemedien wie „funk" oder die Radioprogramme von Deutschlandradio fallen finanziell kaum ins Gewicht, was nicht bedeutet, dass es dort keinen Handlungsbedarf gäbe.

Der Ausgangsbefund für die Reformdebatte liegt schon länger auf dem Tisch und wird von mir nicht erst heute kritisiert. Die beiden schweren Kreuzer ARD und ZDF sind in ihren Haupt- und Vollprogrammen, dem Ersten und dem Zweiten, zu ähnlich. Sie bieten zu viel vom Gleichen, und das in unglaublichen Mengen. Der mittelgroße MDR hat gerade offengelegt, wie viel Programm er pro Tag produziert: über alle Radio- und Fernsehkanäle 280 Stunden. Für 2020 weist die Kommission zur Ermittlung des Finanzbedarfs (KEF) für alle Anstalten ohne die digitalen Hörfunkkanäle und reine Onlineangebote 394 Stunden Fernsehen und 1452 Stunden Hörfunk pro Tag aus. Ist das noch Grundversorgung? Oder rotiert hier ein System um sich selbst und dehnt sich, von der Definitionsmacht der Intendanten und der Finanzierungslogik getrieben, wie das Weltall schier endlos aus?

Ein programmatischer Wettbewerb zwischen ARD und ZDF wird oft beschworen, findet aber zwischen den Anstaltszwillingen nicht wirklich statt. Ein paar Prozent mehr Quote für diese oder jene Sendung und ein prominentes Bildschirmgesicht hier, ein prominenteres dort schaffen noch keinen publizistischen Mehrwert. Diese Art von Konkurrenz treibt die Preise, sonst nichts. Es ist im In- und Ausland schwer zu erklären, warum wir uns zwei BBC, RAI, France. tv oder ÖRF leisten.

Für eine Reform des historisch gewachsenen öffentlich-rechtlichen Rundfunks gibt es keine Stunde null. Es ist müßig zu spekulieren, wie er zu organisieren wäre, könnte man von vorn beginnen. Die mit Geburtshilfe der Alliierten entstandenen Rundfunkanstalten der Länder bildeten 1950 eine Arbeitsgemeinschaft, die ohne spezielle Rechtsgrundlage das Deutsche Fernsehen veranstaltete. Dieses bundesweit ausgestrahlte Gemeinschaftsprogramm war damals vernünftig, denn es gab kein nationales

Programm, das für das Zusammenwachsen der Länder und ihren Zusammenhalt im Bund wichtig war. Lange nach Gründung des ZDF im Jahr 1961 als Antwort der Länder auf Bestrebungen des Bundes, selber verfassungswidrig ein zweites nationales Programm zu etablieren, verabschiedeten die Länder 1991 einen rudimentären ARD-Staatsvertrag. Erstmals wurde die Arbeitsgemeinschaft staatlich beauftragt, das Fernsehvollprogramm „Das Erste" zu veranstalten und dafür einen Programmdirektor zu bestellen. Eine nicht näher ausgestaltete Konferenz der Vorsitzenden der Gremien der Landesrundfunkanstalten koordiniert seither die Kontrolle über die ARD. Sie erfolgt aber weiter mittelbar über die Landesrundfunkanstalten. Weitere Kompetenzen hat die Konferenz nicht, sodass das Programm nur fragmentarisch durch die Gremien der Landessender kontrolliert wird. Dass das für eine nach außen so machtvoll auftretende ARD zu wenig ist, haben wir gerade besichtigen können.

Eine erste Schlussfolgerung drängt sich auf: Es bedarf einer grundlegenden Reform der ARD. Die Probleme liegen sicher tiefer, aber es ist kein Zufall, dass man die Causa Schlesinger zunächst an ihrem Vorsitz der ARD festmachte, denn dort sind die Kontrolldefizite systembedingt. Selbst wenn man hätte handeln wollen, man konnte es nicht. Das konnten nur die Gremien des RBB.

Damit sollten wir uns nicht länger abfinden. Auch die ARD braucht verfasste Organe, die ihre Kontrolle aus eigenem Recht und unmittelbar gewährleisten. Als Muster dafür kann der auf der Grundlage der Rechtsprechung des Bundesverfassungsgerichts reformierte Staatsvertrag für das Deutschlandradio gelten. Darin sind alle wichtigen Standards gewahrt: Die Relevanz der gesellschaftlichen Gruppen, die Mitglieder entsenden, ist regelmäßig zu überprüfen; nach zwei Amtszeiten von hier jeweils fünf, bei anderen Anstalten vier Jahren ist Schluss; Frauen folgen auf Männer und umgekehrt; im Verwaltungsrat sitzen, einem Board ähnlich, auch externe Sachverständige; es erfolgt eine gemeinsame Überprüfung der Haushalts- und Wirtschaftsführung durch die Rechnungshöfe der Sitzländer; die Innenrevision funktioniert, auch die kostensenkende Zusammenarbeit mit den angeschlossenen Rundfunkanstalten. Weil die Länder – wie beim ZDF-Staatsvertrag – lange

Übergangsfristen gewährt haben, wird die Amtszeitbegrenzung erst später greifen. Soweit Rechtsgrundlagen einzelner Landesrundfunkanstalten diesen Standards noch hinterherhinken, sollten sie entsprechend angepasst werden. Die Wirkung dieser Reformen bleibt abzuwarten, bevor man für die Kontrolle der Gremien das Rad neu erfindet.

Weil der 3. Medienänderungsstaatsvertrag den Einfluss der Gremien erheblich stärkt, sollte er zügig verabschiedet und konsequent verwirklicht werden. Künftig sind die Gremien effiziente Aufsichts- und Kontrollorgane, aber neben den Intendanten durch Vorgabe von Richtlinien und Maßstäben auch Träger der Gesamtverantwortung. Es ist gut, dass der amtierende Vorsitzende der ARD öffentlich festgestellt hat, dass Gremien mit Biss eine bessere Unterstützung aus den Anstalten heraus benötigen und zudem die Freiheit haben müssten, sich in schwierigen Fragen auch externen Rat einzuholen.

Bei der Formulierung der Vorgaben für das Programm werden Gremien und Intendanten ein gemeinsames Selbstverständnis entwickeln müssen, auch zu Fragen der Unternehmensethik. Einrichtungen, die von allen zwangsfinanziert werden, sollten bei wichtigen, aber in der Gesellschaft umstrittenen Themen nicht immer an der Spitze stehen wollen, sei es in der Sprachpflege, im Umgang mit Diversitäten oder beim Durchbrechen sittlicher oder moralischer Schranken. Wie viel davon verträgt der normale Bürger? Wenn ARD und ZDF ausdrücklich Programm für alle – nicht für jeden – machen sollen, dürfen sie nicht immer Avantgarde sein. Dies sind programminhaltliche Fragen, die die Politik aufwerfen, aber nicht beantworten darf. Sie müssen unverstellt in den Anstalten und dort vor allem in den Gremien behandelt werden. So würden diese auch wieder mehr Akzeptanz in der Bevölkerung gewinnen.

Zum Respekt vor dem Beitragszahler gehört ferner die Einsicht, dass es keinen volkserzieherischen Auftrag gibt. Im aufgeklärten 21. Jahrhundert ist die Bundeswehr nicht mehr Schule der Nation, und die Rundfunkanstalten sind es schon gar nicht. Das Volk spricht, wie ihm der Schnabel gewachsen ist. Der Rundfunk ist nicht berufen, es politisch korrekt sprechen zu lehren oder sonst Verhaltensstandards zu setzen. Übersetzt in die Sprache des Medienrechts: Die

Anstalten sind vermehrt – oft missionarischer – Faktor der öffentlichen Meinungsbildung geworden und weniger Medium; das sollte sich wieder umkehren.

Dass der öffentlich-rechtliche Rundfunk gerade durch Informationssendungen einen unabdingbaren Beitrag zur politischen Meinungsbildung in Deutschland leistet, hat das Bundesverfassungsgericht wiederholt unterstrichen. Unter Information verstehen wir nach der Legaldefinition des Medienstaatsvertrags „Nachrichten und Zeitgeschehen, politische Information, Wirtschaft, Auslandsberichte, Religiöses, Sport, Regionales, Gesellschaftliches, Service und Zeitgeschichtliches", also ein breites Spektrum an Themen und Formaten. Das ist neben Bildung und Kultur, für die es ebenfalls erweiternde Definitionen gibt, der Kern des öffentlichen Auftrags, das ist Grundversorgung, welche die privat finanzierte Säule des deutschen Rundfunksystems so nicht zu leisten vermag.

Unterhaltung, nach dem Staatsvertrag Kabarett und Comedy, Filme, Serien, Shows, Talkshows, Spiele und Musik, ist mehr als schmückendes Beiwerk, aber sie wird ihre Bedeutung für die Hinführung zu Informationssendungen in absehbarer Zeit verlieren: dann nämlich, wenn die Mehrheit nicht mehr dem linearen Programm des Senders folgt, sondern sich aus dem Internet sein eigenes Programmbouquet zusammenstellt. Relevant wird dann lediglich sein, was qualitativ aus der unermesslichen Fülle der Angebote im Netz herausragt. Das ist eine inhaltliche und gestalterische Aufgabe, für die es – schaut man auf die BBC – nicht notwendig ständig wachsender Budgets bedarf und schon gar nicht miteinander konkurrierender Anstalten.

Wenn aber die Telemedien unweigerlich an Bedeutung gewinnen, dürfen sie redaktionell nicht mehr so stiefmütterlich behandelt werden. Auch das Telemedium muss ein Qualitätsmedium werden, für das auch als soziales Medium dieselben journalistischen Kriterien gelten wie für „Terra X" oder „Tagesschau". Auch hier gilt: Weniger kann mehr sein, gerade auch bei Textbeiträgen.

Bei den Landesrundfunkanstalten ist es eine müßige Frage, ob die nur durch den Finanzausgleich am Leben gehaltenen Anstalten im Saarland und in Bremen wirklich zur DNA der beiden Länder gehören. Das haben allein die Bremische Bürgerschaft und der

Saarländische Landtag zu entscheiden. Alle Landesrundfunkanstalten aber müssen ihr wirtschaftliches Gebaren überprüfen, zumindest dies hat der aktuelle RBB-Fall sehr deutlich gezeigt. Das ist eine Herausforderung für die kritische Begleitung durch ihre (zu stärkenden) Gremien, aber vor allem für die vorausschauend agierende KEF und sicher die bald überall rückblickend prüfenden Landesrechnungshöfe.

Solche Prüfungen sind kein Eingriff in die redaktionelle Unabhängigkeit. Es ist zwar richtig, dass das Bundesverfassungsgericht, gestützt auf Artikel fünf des Grundgesetzes, den Schutzbereich der Meinungs- und Pressefreiheit der Anstalten weit gezogen hat. Aber die Intendanten wären schlecht beraten, sich hinter diesem Schutzwall zu verschanzen, um berechtigte Nachfragen und Kontrollen abzuwehren. Auch die Wissenschaft genießt Freiheitsgarantien und wird dennoch kontrolliert. Selbst die unabhängige Justiz hat in ihrer wirtschaftlichen Tätigkeit keinen prüfungsfreien Raum. Transparenz ist elementare Voraussetzung für Akzeptanz, ohne die es ein beitragsfinanzierter Rundfunk künftig sehr schwer haben wird.

Bei einer Sichtung der Instrumente darf die professionelle Rechtsaufsicht durch die zuständigen Medienministerien nicht vernachlässigt werden. Sie spielt bisher eine untergeordnete Rolle, weil sie (nur) in Deutschland erst eingreifen kann, wenn die Gremien nicht das Notwendige veranlassen. Das erweckt den unzutreffenden Eindruck, bei einem manifesten Skandal geschehe zunächst nichts. So sollte es nicht bleiben.

Das Beispiel der Umstellung der Finanzierung des Rundfunks in Frankreich auf Steuern legt die Frage nahe, ob dies auch eine Lösung für Deutschland sein könnte. Die klare Antwort lautet: nein. Alle Rundfunkanstalten beruhen auf Landesrecht und verdanken ihre Existenz der Kulturhoheit der Länder. Wenn die Landesparlamente statt eines Beitragsstaatsvertrages nun Steuergesetze verabschieden müssten, wäre nichts gewonnen. Außerdem ist seit dem Übergang von der Gebühr zum Beitrag höchstrichterlich geklärt, dass eine steuerliche Finanzierung mit den Grundsätzen der Staatsferne unvereinbar wäre.

Dies ändert nichts daran, dass die Regelungen zur Aufbringung des Beitrags in der Rundfunkkommission der Länder zur Debatte stehen. So muss die Belastung der Haushalte neu kalibriert werden, aber die der mittelständischen Unternehmen, insbesondere bei der Heranziehung von Firmenfahrzeugen. Um die dadurch entstehenden Defizite nicht durch Beitragserhöhungen ausgleichen zu müssen, bedarf es harter Sparanstrengungen der Anstalten und äußerst zurückhaltender Anmeldungen für die nächste Beitragsperiode, die im Jahr 2025 beginnt.

Die Dynamik der Kostenentwicklung kann von den Anstalten am besten selbst gebrochen werden, und zwar durch „finanzwirksame Selbstverpflichtungen", wie sie der Rundfunkfinanzierungsstaatsvertrag ermöglicht. Ein geeigneter Bereich wären die Kosten der Verbreitung der Telemedien. Weil es für die Begrenzung der Streamingkosten keine Handhabe gibt, muss man gewissenhaft prüfen, was alles im Netz zugriffsfähig sein soll und für welche Zeiträume. Das ist ansatzweise geregelt, aber ein klarer Wille zur Kostenbegrenzung ist nicht erkennbar. Auch hier gilt das Kästner-Prinzip: Es gibt nichts Gutes, außer man tut es. Jetzt wäre es Zeit für ein Zeichen der Intendanten, ernsthaft sparen und dem Volkszorn die Spitze nehmen zu wollen.

Und nur der Vollständigkeit halber: Das Programm hinter eine Bezahlschranke zu verschieben ist mit allen ehernen Grundsätzen des Bundesverfassungsgerichts zum öffentlich-rechtlichen Rundfunk, die es in der jüngsten Entscheidung über die Beitragsanpassung noch einmal bekräftigt hat, ganz offensichtlich unvereinbar.

Die Steuerung des Bedarfs der Anstalten durch die politische Weiterentwicklung des Auftrags ist wesentlich weniger wirksam als vielfach angenommen. Unter Auftrag ist die Summe der inhaltlichen und organisatorischen Vorgaben der Länder zu verstehen, namentlich die Zahl der auszustrahlenden Programme.

Der Entwurf des 3. Medienänderungsstaatsvertrags bleibt insofern hinter den Erwartungen vieler zurück. Das ist keine Folge von Phantasielosigkeit der Länder oder gar besonderer Nähe zu den Anstalten. Wesentliche Ursache ist vielmehr, dass der Programmauftrag verfassungsrechtlich eine gewisse Abstraktionshöhe nicht unterschreiten darf.

Grundlegender Ausgangspunkt für Straffungen und die Erschließung finanzieller Ressourcen ist das Wissen darum, dass der

Löwenanteil der Finanzmittel in Organisation und Verwaltung sowie im Haupt- und Vollprogramm abfließt. Dort muss angesetzt werden. Auch bei den Anstalten gibt es eine Digitalisierungsdividende, die kaum gehoben worden ist. In Organisation und Verwaltung kann und muss konzentriert und arbeitsteilig kooperiert werden, wie überall im öffentlichen Dienst. Die Anstalten sind nichts anderes, ihre Beschäftigten sind strafrechtlich Amtsträger.

Auch die Bezahlung sollte sich am öffentlichen Dienst orientieren. Bisher gelingt es der öffentlichen Hand, für wichtigste Funktionen geeignetes Personal zu finden. Das sollte auch den Anstalten möglich sein, ohne den Rahmen sprengen zu müssen.

Um einen kürzlich bei der Reform des MDR diskutierten Vorschlag aufzugreifen: Präsidenten des Bundesverfassungsgerichts sind zweifellos herausragende Persönlichkeiten. Warum sollte deren Gehalt nicht für Intendanten ausreichen, und das eines Richters dort für die zweite Ebene der Anstalten? Entschiede man sich dafür, erhöhten sich die Gehälter geräuschlos kraft Bundesgesetzes, und es gäbe keine Antrittsprämien mehr. Auch inhaltlich wäre dieser Maßstab angemessen, denn wie die Richter des höchsten Gerichts die Spitzen der unabhängigen dritten Gewalt sind, so ist das Spitzenpersonal der Rundfunkanstalten Repräsentant eines anderen unabhängig agierenden Bereichs unserer Gesellschaft.

Disparitäten bei den Personalkosten ziehen sich der KEF zufolge allerdings durch alle Gehaltsgruppen, sodass es einer grundlegenden Neuorientierung der Bezügesysteme bedarf. Unbeschadet der Tarifautonomie kann es mittelfristig gelingen, sich wieder in die Strukturen des öffentlichen Dienstes einzuspuren; anerkennenswerte Erfolge bei der Begrenzung der Folgen früherer Versorgungsversprechen belegen dies.

Entsprechendes gilt für außertariflich vergütete Kräfte, insbesondere im Programmbereich. Wer nicht bereit ist, angesichts der hohen Reichweite von ARD und ZDF zu angemessenen Honoraren zu arbeiten, mag sich bei den Privaten verdingen. Das war für diejenigen, die diesen Weg gegangen sind, gewiss nicht immer ein Königsweg.

Was bleibt zu tun? ARD und ZDF müssen – auch aus eigenem Antrieb – ihr Profil schärfen und dem Publikum besser als bisher vermitteln, dass es sich lohnt, dafür einen fairen Beitrag zu zahlen. Der sollte als deutliches Signal im Sinne eines Moratoriums bis auf Weiteres nicht erhöht werden.

Verfehlt wäre es, eine der beiden deutschlandweit sendenden Einrichtungen abzuschaffen. Das ZDF und eine inhaltlich sowie in ihren Rechtsgrundlagen erneuerte ARD haben nebeneinander eine Daseinsberechtigung – wenn sie Unterscheidbarkeit gewährleisten. Im föderalen Staat fallen viele wichtige Entscheidungen auf der Ebene der Länder und der Städte und Gemeinden. Das kann vom ZDF nicht abgebildet werden und muss die Domäne der Landesrundfunkanstalten bleiben. Die ARD sollte sich auf ihren Ursprung als Gemeinschaftsprojekt der Landesrundfunkanstalten besinnen. Die Bürger finanzieren derer neun, darunter sieben, die finanziell gut dastehen. Diese geben viel Geld für ihre regionalen Programme aus und produzieren dafür auch überregional Sehenswertes. Die besten dieser Sendungen auch auf einer nationalen Plattform auszutauschen und überregional zu präsentieren wäre ein berechtigtes Anliegen; es würde die gemeinsame Identität in Deutschland fördern und dadurch zum Zusammenhalt beitragen, wie es der Medienstaatsvertrag fordert. Die Zuschauer würden es danken, wenn sie mit ihren Sorgen und Nöten, aber auch mit dem, was sie geleistet haben, im Programm vorkämen und sich wahrgenommen, ja gewürdigt fühlten.

Daneben könnten einige wenige Gemeinschaftssendungen wie die „Tagesschau" produziert werden, aber die Grundausrichtung des erneuerten Ersten sollte in der föderalen Bundesrepublik und einem Europa der Regionen regional sein. Das trüge erheblich zur Kosteneffizienz bei, ohne die Rundfunkversorgung in Deutschland substanziell zu beeinträchtigen. Vielleicht gelingt es auf diese Weise sogar, wichtige Themen der Landespolitik wie Bildung und Kultur, die mangels Zuständigkeit des Bundes auf gesamtdeutscher Ebene in ihrer Vielfalt kaum eine Rolle spielen, stärker in die öffentliche Meinungs- und Willensbildung einzubeziehen.

Abschließend ein Wort zur sogenannten Intendantenverfassung: Die Rundfunkfreiheit ist den Intendanten anvertraut, die sie nach gesetzlicher Vorgabe mit ihren Gremien wahrzunehmen haben. Die aktuellen Ereignisse legen die Frage nahe, ob diese monokratische

Verfassung mit gelegentlich absolutistischen Zügen bei den heutigen Dimensionen der Anstalten noch ausreicht oder ob – wie in der Schweiz – ein an das Aktienrecht angelehntes Modell zeitgemäßer wäre. Wäre der Intendant Sprecher des Vorstands und teilte Macht und Verantwortung für das Unternehmen mit anderen, etwa dem Verwaltungschef, dem Chefredakteur oder dem Programmdirektor, wären manche Missstände wahrscheinlich nicht eingetreten.

***

Rainer Robra (CDU) ist Leiter der Staatskanzlei und Kulturminister des Landes Sachsen-Anhalt. Seit 2002 ist er Mitglied des ZDF-Fernsehrates.

Erschienen in der F.A.Z. vom 22.08.2022, Seite 6

Unser Kampf ist so hart

Bei den Olympischen Spielen 1972 im „Land des Klassenfeindes" wollte die DDR die Überlegenheit des Sozialismus zur Schau stellen – mit allen Mitteln

Dr. Jochen Staudt

Seit den Olympischen Sommerspielen 1956 in Melbourne konkurrierten die ost- und westdeutschen Sportverbände in Ausscheidungswettbewerben um die Hegemonie in der gesamtdeutschen Olympiaauswahl. Der Deutsche Turn- und Sportbund (DTSB) der DDR nahm sich 1962 vor, „zu den Olympischen Spielen 1964 die leistungsmäßige Überlegenheit gegenüber Westdeutschland zu erringen". Bei den deutsch-deutschen Ausscheidungswettkämpfen im Berliner Olympiastadion und auf dem Ernst-Abbe-Sportfeld in Jena qualifizierten sich dann erstmals mehr ost- als westdeutsche Sportler zu den Spielen in Japan, nämlich 194 aus der DDR und 182 aus der Bundesrepublik. Die DDR-Sportler verfehlten allerdings in Tokio das ihnen vorgegebene Ziel, „die leistungsmäßige Überlegenheit zu erringen". Sie erkämpften drei Goldmedaillen, die Westdeutschen derer sieben.

Das sollte 1968 bei den Olympischen Spielen in Mexiko anders werden. Das Internationale Olympische Komitee (IOC) nahm am 8. Oktober 1965 in Madrid das NOK der DDR unter der Bezeichnung „Ostdeutsches NOK" als neues Mitglied auf. Die ost- und westdeutschen Mannschaften marschierten am 12. Oktober 1968 zur Eröffnungsfeier in Mexiko-Stadt erstmals getrennt ein, die Westdeutschen als Germany, die Ostdeutschen als East Germany unter der Länderkennung ADE (Allemagne de l'Est). Beide Mannschaften traten unter schwarz-rot-goldener Flagge mit Olympischen Ringen an, bei den Zeremonien für ost- und westdeutsche Goldmedaillengewinner erklang Beethovens „Freude schöner Götterfunken". DDR-Sportler erreichten mit neun Goldmedaillen den fünften Platz der Nationenwertung und überholten die Bundesrepublik, deren Aktive mit fünf Goldmedaillen den achten Platz belegten.

1966 hatte die SED-Führung zunächst die Absicht gehabt, eine Entscheidung des IOC für München als Austragungsort der XX. Olympischen Spiele der Neuzeit zu verhindern. Das sollten im IOC allerdings die sozialistischen „Bruderländer" für die DDR erledigen. Die DDR-Sportfunktionäre hielten sich aus taktischen Gründen zurück, denn damals stand noch die Entscheidung über die erstmalige Zulassung einer eigenen DDR-Auswahl zu den Spielen in Mexiko aus. Einen Erfolg konnte die SED-Spitze mit ihrer indirekten Kampagne gegen die Vergabe der Sommerspiele nach München jedoch nicht verbuchen. Während der Spiele in Mexiko nahm das IOC das NOK der DDR als gleichberechtigtes Vollmitglied auf. Bei den Münchner Spielen würden somit bei Siegerehrungen erstmals die DDR-Flagge gehisst und die DDR-Hymne erklingen.

Deswegen reagierten die SED-Verantwortlichen, die sonst nicht müde wurden, der Bundesrepublik Revanchismus und Nationalismus vorzuwerfen, mit Empörung auf einen 1968 vom bundesdeutschen NOK gestellten Antrag, die Nationalhymnen und -flaggen bei Olympischen Spielen abzuschaffen. Auch der später verwirklichte Vorschlag, die Nationalhymnen nur in Kurzfassung zu intonieren, wurde im März 1970 von der DDR-Sportfunktionären als „neuer schwerer Anschlag gegen die Olympische Charta und olympische Regeln" zurückgewiesen.

Nach dem Willen der SED-Führung sollte sich ihr Staat 1972 in München als eigenständige sozialistische Nation präsentieren. Als Schaltzentrale der DDR-Olympiakampagne setzte das SED-Politbüro im Januar 1970 eine 23-köpfige, ausschließlich männlich besetzte „Parteikommission zur politisch-ideologischen Vorbereitung der Olympischen Spiele" (AG 72) ein. Diese Kommission hatte die Besetzung der DDR-Delegation zu überwachen, die „Touristengruppen" und DDR-Journalisten auf München vorzubereiten sowie die Abstimmung einer gemeinsamen Olympiapolitik der Warschauer-Pakt-Staaten zu gewährleisten.

Das SED-Politbüro beschloss überdies, der DDR-Sport müsse in München „durch Siege und hervorragende Platzierungen" hervortreten, um „durch Weltspitzenleistungen und Rekorde" das „Weltniveau aktiv mitzubestimmen und selbst voranzutreiben". Die Zielvorgabe lautete, „in der Nationenwertung die 1968 erkämpfte

Position zu bestätigen und eine Platzierung vor Westdeutschland zu erreichen". Unter der Überschrift „Auswahl und Nominierung" wurden Selektionskriterien für die „DDR-Olympiakader" aufgelistet. Sie sollten „sich durch klassen- und staatsbewußtes Verhalten als sozialistische Persönlichkeiten" auszeichnen. Weiterhin wurde angeordnet, es seien durch „wirksame Mittel und Methoden der Haß gegen den Imperialismus zu entwickeln und unsere Sportler zu befähigen, das Wesen der imperialistischen Politik immer besser zu erkennen und daraus persönliche Konsequenzen für ihr klassenmäßiges Verhalten abzuleiten".

Im Zuge der weiteren Vorbereitung der Olympiade in Westdeutschland präzisierte die AG 72 die Propagandalinie später dahingehend, dass sich der Hass nicht mehr nur abstrakt gegen „Militaristen und Imperialisten" richten müsse. Als Feinde galten nun auch die Sportlerinnen und Sportler der Bundesrepublik. Die Leistungssportler der DDR sollten in München „ihren Klassenauftrag als Diplomaten im Trainingsanzug" erfüllen und dazu beitragen, „dem westdeutschen Imperialismus bei den Olympischen Spielen im eigenen Land eine sportliche Niederlage beizubringen". Die „komplette Olympiamannschaft" Westdeutschlands werde von „Führungseinrichtungen und Kommandostäben der NATO-Bundeswehr, unter dem Befehl des Bundesverteidigungsministers Helmut Schmidt (SPD)" auf die Münchner Spiele vorbereitet, und dies geschehe „im Geiste des deutschen Militarismus". Die Sportler der Bundesrepublik seien deswegen „zu potentiellen Gefolgsleuten der BRD-Imperialisten geworden. Sie sind, ob bewußt oder unbewußt, unsere Feinde, unsere Klassengegner. Mit ihnen kann es keine Freundschaft, keine Gespräche, keinerlei Kontakte geben. Denn es ist nicht Aufgabe der Leistungssportler, den Klassenkampf mit Diskussionen zu führen." Die „Klassenauseinandersetzung auf sportlichem Gebiet" habe ein solches Ausmaß erreicht, „daß prinzipiell kein Unterschied zur militärischen Ebene besteht. So wie der Soldat der DDR, der an der Staatsgrenze seinem imperialistischen Feind in der NATO-Bundeswehr gegenübersteht, so muß der DDR-Sportler in dem Sportler der BRD seinen politischen Gegner sehen. Unser Kampf ist so hart, daß er mit voller Konsequenz in der Abgrenzung, mit Haß gegen den Imperialismus und seine Abgesandten, auch gegen die Sportler der BRD, geführt werden muß. Das freundschaftlich scheinende und teilweise vielleicht auch ehrlich gemeinte Gespräch muß von unseren Sportlern abgelehnt und verhindert werden, denn wir können dabei nicht mehr differenzieren, wer es von den BRD-Sportlern möglicherweise ehrlich meint. Jede Lücke in unserer Mannschaft muß geschlossen werden."

Zu Jahresbeginn 1972 sahen sich die SED-Oberen allerdings noch mit anderen, scheinbar unbedeutenderen Schlupflöchern des „feindlichen ideologischen Eindringens" im Zeichen der Olympischen Flagge konfrontiert. Die Zollverwaltung wies sie darauf hin, dass „im 2. Halbjahr 1971 verstärkt im Geschenkpaket- und -päckchenverkehr aus Westdeutschland und Westberlin Gegenstände festgestellt" worden seien, die Werbung verschiedenster Art für die Olympischen Spiele in München enthielten. Diese Gegenstände könnten „nach den bestehenden gesetzlichen Bestimmungen eingezogen bzw. zurückgesandt" werden. Allerdings könne die DDR-Zollkontrolle „nur ca. 20 % der Sendungen" eingehend kontrollieren und deren Einfuhr verhindern". Hierzu merkte ein Sachbearbeiter in der Sportabteilung des SED-Zentralkomitees handschriftlich an: „Und was wird mit den 80 %?"

Darüber zerbrachen sich in der folgenden Zeit die zuständigen Spitzenfunktionäre ihre Köpfe. Die Parteikommission zur Vorbereitung der Olympischen Sommerspiele besichtigte am 5. Januar 1972 eine vom Chefinspekteur der DDR-Zollverwaltung, Gerhard Strauch, zusammengestellte Ausstellung der beschlagnahmten „Werbeartikel, Bücher und Gebrauchsgegenstände aller Art". Das Politbüromitglied Albert Norden war von den Exponaten derart beeindruckt, dass er Erich Honecker gleich am nächsten Tag vorschlug, diese Ausstellung der „Bonner Werbematerialien für die Olympiade in München" in das ZK-Gebäude zu schaffen, um sie der Parteiführung vorzuführen: „Wenn Du damit einverstanden bist, würde ich veranlassen, daß die Materialien in einem Nebenraum des Sitzungssaals ausgestellt werden. Wir könnten sie dann – zweckmäßigerweise als letzter Tagesordnungspunkt – kurz besichtigen und eine Entscheidung treffen."

Honecker erhielt von Norden auch eine Liste mit dem inkriminierten Diversionsgut, darunter ein Fernsehturm aus Metall mit

Kugelschreiber, Biergläser aus Glas, einen Olympiawaldi. Hinzu kamen Schlüsselanhänger und Flaschenöffner aus Metall mit Werbedarstellungen, Kopftücher und Taschentücher mit Werbung, Gedenkmünzen, Sportbekleidung und Sportgeräte mit Werbeaufdrucken, Sporttaschen in verschiedensten Ausführungen mit Olympiawerbung, Schokolade und andere Süßigkeiten. Eine schöne Bescherung zur Beginn des Olympiajahres.

Je näher die Spiele rückten, desto wachsamer beäugten DDR-Sportfunktionäre alles, was in der Bundesrepublik geschah. Alfred Heil, Vizepräsident des DTSB und der „Gesellschaft zur Förderung des Olympischen Gedankens in der DDR", entdeckte in der F.A.Z. vom 22. Juni 1972 eine Zeitungsanzeige der westdeutschen Sporthilfe, die er sofort seinem Chef Manfred Ewald schickte. Sie zeigte einen entspannt auf dem Rasen liegenden Sportler im DDR-Trainingsanzug. Darunter stand „Er hat gut lachen. Denn er geht gut vorbereitet an den Start. Seit vielen Jahren trainiert er intensiv für München '72. Mit der vollsten Unterstützung von allen Seiten. Durch Geld, Trainer, Verpflegung. Und er braucht seinen Chef nicht zu fragen, ob er einen halben Tag frei kriegt. In anderen Ländern regelt alles der Staat. Wir bevorzugen die freie Bürger-Initiative. Deshalb Sporthilfe." Das sei doch, empörte sich Alfred Heil, eine den DDR-Sport beleidigende antiolympische Anzeigenkampagne der westdeutschen „Sporthilfe", die einen „Protest wegen bewußter Vergiftung der olympischen Atmosphäre 8 Wochen vor den Spielen" beim IOC erforderlich mache. Zu erwägen sei auch eine Klage auf Unterlassung. Schließlich könne der auf dem Foto als Werbeträger des Klassenfeindes abgebildete „Spfrd. Haase" – dieser wusste tatsächlich von nichts – gegen die westdeutsche Sporthilfe ein Verfahren wegen persönlicher Beleidigung und Verunglimpfung anstrengen.

An der Olympiavorbereitung beteiligte sich mit allerlei „Maßnahmen" auch das Ministerium für Staatssicherheit (MfS). Minister Erich Mielke ordnete mit Befehl Nr. 13/69 die Einrichtung einer „Abteilung Arbeits- und Sportmedizin" im Bereich des Medizinischen Dienstes der Staatssicherheit an. Die geheimpolizeiliche Sportmedizin erhielt den Auftrag zur „Weiterentwicklung des Übungs-, Trainings- und Wettkampfsystems zur Vollbringung sportlicher Höchstleistungen zum Ruhm und zur Ehre unserer souveränen sozialistischen Deutschen Demokratischen Republik". Insbesondere habe sie „einen entscheidenden Anteil zur Erhöhung der physischen und psychischen Leistungsfähigkeit unserer Sportler" zu leisten. Nach außen wurde diese sportmedizinische Abteilung des MfS abgeschirmt. Bei Kontakten mit wissenschaftlichen Instituten und in der Zusammenarbeit mit dem Sportmedizinischen Dienst der DDR trat sie unter der Bezeichnung „Sportärztliche Hauptberatungsstelle der Sportvereinigung Dynamo" auf. Was genau dort geforscht wurde, war streng geheim, und wie sich zeigen sollte, höchst erfolgreich.

Aus der Sowjetunion traf im Frühjahr 1972 in der Sportabteilung des SED-Zentralkomitees eine Konzeption zur Koordination der sozialistischen Staaten für die Olympischen Spiele 1972 ein. Zwei Abschnitte dieses Dokuments stechen besonders ins Auge. Der erste trug die Überschrift „Koordinierung der Aktionen auf dem Gebiet der Verbesserung des Kampfrichterwesens", der zweite lautete, „Koordinierung der Maßnahmen auf dem Gebiet der Dopingkontrolle". Im Juli 1972 übergaben DTSB-Chef Manfred Ewald und ZK-Abteilungsleiter Rudi Hellmann den sowjetischen Funktionären bei einer Besprechung der „Sportleitungen" von DDR und UdSSR „eine namentliche Liste aller für die Olympischen Spiele nominierten DDR-Kampfrichter mit ihren Funktionen in München". Weiterhin wurde die sowjetische Seite „über die Delegation der Zusatzoffiziellen, der Wissenschaftler und Beobachter einschließlich ihrer Aufgabenstellung in Kenntnis gesetzt". Unter den 32 Kampfrichtern der DDR waren demnach nur vier parteilos, einer gehörte der Blockpartei NPDP an, 27 der SED.

Warum die sozialistischen Sportfunktionäre großen Wert auf einen koordinierten Einsatz ihrer Kampfrichter, Offiziellen und Wissenschaftler legten, verdeutlichen die Ausführungen über die Dopingfrage in dem sowjetischen Koordinationsplan. Es ging um eine Verschleierung der Herkunft von Urinproben. Im „Zusammenhang mit der Durchführung der Dopingkontrolle und der medizinischen Untersuchung" sei in den internationalen Föderationen eine Entscheidung „durchzusetzen, nach der die Dopingkontrollen und Sextests entsprechend den Regeln der Internationalen Föderationen und die medizinischen Untersuchungen nur nach dem Prinzip der Freiwilligkeit durchgeführt werden". Es müsse erreicht werden, „daß die einzelnen Internationalen Föderationen rechtzeitig vor Beginn der Wettkämpfe den Auswahlmodus für die zu untersuchenden Sportler festlegen und die Chefs de Mission davon in Kenntnis setzten". Damit ein ordnungsgemäßer Verlauf und die Geheimhaltung der Proben gewährleistet werde, müssten die sozialistischen Länder in allen Doping-Kommissionen vertreten sein. Weiterhin wurden Maßnahmen angeregt, die auf die maximale „Neutralisierung der Vertreter der BRD in der Dopingkontrolle" abzielten, dazu die „Differenzierung von Proben, die Sportlern der BRD abgenommen wurden". Es sei nämlich zu befürchten, dass Sportler der Bundesrepublik ihre Urinproben durch Kennzeichnung identifizierbar machen, wodurch eine Eingrenzung der Herkunft positiver Kontrollresultate möglich würde.

Die Attraktivität Münchens und seiner kontaktfreudigen Bürger barg noch ein weiteres Problem für die SED. Im April 1972 erarbeitete die Sportabteilung des SED-Zentralkomitees eine Direktive für „die Prinzipien des Auftretens der DDR-Touristen während der Olympischen Sommerspiele", die neben einem Leitfaden für den Umgang mit Bundesbürgern auch Sicherheitsrichtlinien und Überlegungen für den Fall einer „Heimschaffung" von Fluchtverdächtigen enthielt. „Bei Bekanntwerden von Abwerbeversuchen machen sich sofort Maßnahmen notwendig, um die betroffenen DDR-Bürger zu schützen und gleichzeitig energische Schritte gegen bekanntgewordene Abwerber zu unternehmen. Sollte eine Situation der Abwerbung oder des illegalen Verlassens der DDR unmittelbar während ihrer Ausführung entdeckt werden, so ist schnellstes Eingreifen dringend erforderlich. Eine schnelle und möglichst reibungslose und sichere Heimschaffung (wahrscheinlich am zweckmäßigsten mit Interflug) sollte in diesen Fällen veranlaßt werden."

Für eine etwaige Heimschaffung traf auch das Ministerium für Staatssicherheit (MfS) Vorkehrungen. Es beorderte dazu eine größere Zahl von inoffiziellen Mitarbeitern (IM), die ihm andernorts in der Bundesrepublik, in Österreich und in der Schweiz als Spitzel dienten, zu den Spielen nach München. Aus Westberlin reiste eine überwiegend aus Kleinkriminellen bestehende Agentengruppe unter Führung eines IM „Karate" an, die in ihrem Kleintransporter eine eigens für diesen Einsatz gezimmerte Holzkiste bereithielt, mit der „Sportverräter" in die DDR zurückgeschafft werden sollten. Die Truppe kam 1974 mit ihrer Kiste zur Fußballweltmeisterschaft in Hamburg erneut zum Einsatz. Für den Ernstfall stand in München auch juristischer Beistand in Reserve. DDR-Anwalt Friedrich-Karl Kaul wurde als DDR-Journalist beim Organisationskomitee der Münchner Spiele akkreditiert.

Eine „Direktive der Auswahl der Touristen für München", erlassen am 11. November 1971 durch die SED-Führung, enthielt „Prinzipien der Kaderauswahl". Demnach durften „nur solche Bürger, die sich Verdienste bei der Entwicklung in der DDR erworben haben", nach München reisen. Es seien „auch solche Bürger zu berücksichtigen, die bereits als bestätigte Reisekader im nichtsozialistischen Ausland waren. Nicht zu bestätigen sind: Übersiedler und Rückkehrer, aus deren nächstem Angehörigenkreis Republikflucht begangen wurde, deren Angehörige 1. Grades in der BRD, in Westberlin oder im kapitalistischen Ausland wohnhaft sind, die enge Verbindungen zu Verwandten 2. Grades und zu republikflüchtigen Personen in der BRD, in Westberlin und im kapitalistischen Ausland haben, bei denen Verdacht auf Republikflucht besteht, die vorbestraft sind oder gegen die ein Partei-, Disziplinar- oder Ermittlungsverfahren läuft, die in der Vergangenheit für einen Einsatz oder eine Reise in das nichtsozialistische Ausland abgelehnt wurden, die vom Studium exmatrikuliert oder nicht zum Studium zugelassen wurden, die kein geordnetes Lebens- und Arbeitsverhältnis haben." Entgegen der anfangs erwogenen Größenordnung von zweimal fünftausend Personen – das hätte 5 420 000 (West) Mark gekostet – reduzierte die SED-Führung das Kontingent aus den Bezirken auf zweimal eintausend olympiataugliche DDR-Bürger. Zur Halbzeit der Spiele erfolgte der Austausch der ersten tausend Touristen.

Die SED-Sportfunktionäre überließen indes selbst bei den gesinnungsüberprüften DDR-Touristen, unter denen sich viele hauptamtliche und inoffizielle MfS-Mitarbeiter befanden, nichts dem Zufall. Per Direktive wurde ihr Verhalten in- und außerhalb der Wettkampfstätten im Detail festgelegt. Demnach sollten sich die Touristen „auch über die guten Leistungen und den sportlichen

Triumph jedes Sportlers der Sowjetunion und der anderen sozialistischen Länder" freuen. „Die DDR-Touristen verwenden bei ihrer Unterstützung der Sportler den bekannten Zuruf der sportbegeisterten Bürger der DDR: 7, 8, 9, 10 – Klasse! und spenden kräftig Beifall. Sie verhalten sich dabei diszipliniert und vermeiden jede den Rahmen sprengende Übertreibung." Tatsächlich fielen die DDR-Touristen 1972 wegen des schulklassenartigen Auftretens und der durchorganisierten Beifallskundgebungen besonders auf.

Gewöhnliche DDR-Bürger durften nicht zu den Spielen nach München reisen. Das DDR-Reisebüro bat das SED-Zentralkomitee im Februar 1972 dringend um eine Auskunft, wie mit der wachsenden Zahl von Nachfragen aus der Bevölkerung zu verfahren sei. Bis dahin hatte man die Bittsteller mit der Begründung vertröstet, wegen der starken Nachfrage könne eine Bearbeitung ihres Reisewunsches noch nicht erfolgen. Die SED-Führung ordnete daraufhin an, unter Verweis auf den Stand der bereits vollzogenen Vorbuchungen für Institutionen, gesellschaftliche Kollektive und Einzelpersonen seien die Reiseersuchen von Normalbürgern abschlägig zu bescheiden.

In den Überlieferungen des DDR-Staatssicherheitsdienstes finden sich etliche Schreiben von DDR-Bürgern, die sich bei verschiedenen Instanzen über Reiseverweigerungen zu den Münchner Spielen beschwerten. So etwa ein an Karl-Heinz Gerstner, Moderator des pseudokritischen Fernsehmagazins „Prisma", gerichteter Brief von zwei „Sportsfreunden" aus Gera. Sie baten Dr. Gerstner darin „um die Beantwortung folgender Frage: „Welche Möglichkeiten gibt es für Bürger der DDR, an der Sommerolympiade 1972 in München teilzunehmen?" Die Briefschreiber schilderten Gerstner ihre Odyssee durch die DDR-Instanzen. Auf eine Anfrage bei der Volkspolizei wurden sie demzufolge an das Reisebüro verwiesen, dort erhielten sie den Hinweis, der DTSB sei zuständig, dort wiederum verwies man sie an das Deutsche Reisebüro zurück. In dieser Dienststelle erhielten sie schließlich die Auskunft, „daß erst nach Vorlage eines Berechtigungsscheins eine Buchung vorgenommen werden kann. Wo diese Berechtigungsscheine zu erhalten sind, konnte man uns nicht sagen." Auch Gerstner, der als IM „Ritter" für den Staatssicherheitsdienst arbeitete, konnte den beiden Sportsfreunden diese Frage nicht beantworten. Er übergab dem MfS deren Brief.

Der Leipziger Ingenieur Klaus Prautzsch versuchte, mit der schriftlichen Einladung seines in Schwaben lebenden Vaters Gerhard Prautzsch eine Reise nach München zu buchen. Am 20. Mai 1972 teilte er dem Vater mit: „Du weißt sicher, wie mich das interessiert, nur mal so hier herauszukommen und dann noch nach München." Doch Karten beim DDR-Reisebüro zu erhalten sei unmöglich und „unser Betrieb mit 2.000 Beschäftigten hat eine Karte erhalten, und diese ist schon mit Begründung vergeben worden. Also keine Chance für mich." Drei Jahre später, am 13. August 1975, versuchte Klaus Prautzsch mit seiner Lebensgefährtin Brigitte von Kistowski auf eigene Faust in den Westen zu gelangen. Das Paar starb im Kugelhagel bulgarischer Grenzer, nachdem es bereits griechischen Boden erreicht hatte.

Die Hasspropaganda der SED- und Sportfunktionäre fiel bei den meisten DDR-Sportlerinnen und Sportlern nicht auf fruchtbaren Boden. Die olympische Idee lag ihnen mehr am Herzen als Parteidirektiven. Selbst unter den hundertprozentig überzeugten Touristen kam es zu „ideologischen Unklarheiten". Zur DDR-Delegation in München gehörte auch der MfS-Offizier Dr. Werner Teske, ein Experte für die Wirtschaftsspionage. Er erlebte ebenfalls als ausgewählter Zuschauer 1974 das siegreiche Spiel der DDR-Auswahl gegen die deutsche Nationalelf in Hamburg. Die Aufenthalte in München und Hamburg müssen ihn beeindruckt haben, denn er plante danach die Flucht in den Westen. Das Vorhaben scheiterte. Werner Teske wurde in einem Geheimprozess zum Tode verurteilt und am 26. Juni 1981 in Leipzig mit einem Kopfschuss hingerichtet.

Das „Sportwunder DDR", das 1968 in Mexiko begonnen hatte, setzte sich 1972 in München fort. Innerhalb von vier Jahren war der westdeutsche Sport weiter ins Hintertreffen geraten. Die DDR konnte 1972 in München zwanzig Goldmedaillen und den dritten Platz in der Nationenwertung vor dem bundesdeutschen Team feiern. Man hatte, wie geplant, „dem westdeutschen Imperialismus auf eigenem Boden eine Niederlage" beigebracht.

Doch das wurde durch das Attentat eines palästinensischen Terrorkommandos auf die israelische Olympiamannschaft nebensächlich. An der Trauerfeier für die ermordeten Israelis im Olympiastadion nahm die Delegation der DDR nicht teil. Der Staatssicherheitsdienst zog aus der am 6. September 1972 auf dem Flugfeld von Fürstenfeldbruck gescheiterten Geiselbefreiung die Konsequenz des Aufbaus einer eigenen Anti-Terror-Abteilung. Diese schritt allerdings nicht gegen Terrororganisationen aus dem Nahen Osten ein, die vom Gebiet der DDR aus den „westlichen Imperialismus" bekämpften, so geschehen am 5. April 1986 mit einem Bombenanschlag auf die von amerikanischen Soldaten besuchte Diskothek „La Belle" in Westberlin mit drei Todesopfern und 28 Schwerverletzten.

***

Jochen Staadt ist Projektleiter im Forschungsverbund SED-Staat an der Freien Universität Berlin.

Erschienen in der F.A.Z. vom 29.08.2022, Seite 6

Ein Nazi für die Stasi

Wie die Staatssicherheit der DDR die Entführung Hanns Martin Schleyers mit Hilfe eines früheren SS-Mannes für ihre perfide Desinformationsarbeit nutzte

Reiner Burger

Am späten Nachmittag des 5. September 1977 stieg Hanns Martin Schleyer vor der Bundeszentrale der Deutschen Arbeitgeberverbände am Kölner Rheinufer in seinen dunklen Mercedes 450 SEL. Der Arbeitgeberpräsident wollte in seine Dienstwohnung in Köln-Braunsfeld. Wie üblich fuhren drei Personenschützer in einem Zivilfahrzeug hinterher. Als der kleine Konvoi beinahe am Ziel war, setzte aus einer Ausfahrt ein gelbes Auto abrupt zurück. Schleyers Fahrer konnte noch rechtzeitig bremsen, doch das Begleitfahrzeug schob den Wagen des Arbeitgeberpräsidenten auf das Sperrfahrzeug des RAF-Kommandos „Siegfried Hausner". Einen Lidschlag später eröffneten die vier Terroristen das Feuer. Schleyers Fahrer und die drei Polizisten waren tot. Den Arbeitgeberpräsidenten, der unverletzt geblieben war, schleppten die Terroristen in einen VW-Bus und rasten davon.

In einer Großfahndung bis dahin unbekannten Ausmaßes suchten die Sicherheitsbehörden fieberhaft nach Schleyer und seinen Entführern. Krisenstäbe tagten unentwegt, neueste Computertechnik war im Einsatz. Enorme Aufregung herrschte auch in der Zentrale der DDR-Staatssicherheit in Ost-Berlin. Kurz nach der Entführung gab Erich Mielkes Stellvertreter den Befehl, sofort alles umfassend aufzuklären. Also wurden der westdeutsche Funkverkehr aufgezeichnet und Telefonleitungen sogar des Bundeskriminalamts und der Krisenstäbe der Bundesregierung von Kanzler Helmut Schmidt (SPD) angezapft. In ihrem vergangenes Jahr erschienenen Buch über die Rolle der Stasi im Fall Schleyer schreiben Georg Bönisch und Sven Röbel, den DDR-Agenten sei es vorrangig darum gegangen herauszufinden, ob die Fahndungen „Auswirkungen auf die operative Arbeit" haben könnten. Schließlich arbeiteten nicht nur in den Ministerien in der Bundeshauptstadt Bonn, sondern auch in Köln und dem Umland besonders viele DDR-Spione, etwa bei der Polizei oder etwa auch in Einwohnermeldeämtern.

Unmittelbar nach der Ermordung Schleyers im Oktober versuchte die Stasi die seit September gewonnenen Erkenntnisse für ihre Desinformationsarbeit auszuschlachten. Eine gewisse Rolle hatten die Stasi aber auch bei der Vorbereitung des Attentats gespielt.

Die Entführung Schleyers und die Kaperung des Lufthansa-Flugzeugs „Landshut" durch Terroristen der „Volksfront zur Befreiung Palästinas – Spezialkommando" (PFLP-SC) vor 45 Jahren waren die Höhepunkte der von der zweiten RAF-Generation geplanten „Offensive 77". Am 7. April 1977 waren Generalbundesanwalt Siegfried Buback und zwei seiner Begleiter in Karlsruhe erschossen worden – die RAF machte Buback für den Tod von Ulrike Meinhof und zwei weiteren Mitkämpfern „direkt verantwortlich". Am 30. Juli scheiterte die Entführung des Bankiers Jürgen Ponto in Oberursel – als er sich zur Wehr setzte, erschossen ihn die Terroristen.

„Big Raushole" – wie die RAF die Freipressung ihrer 1972 verhafteten ersten Generation in dem für sie typischen Schnodder-Ton codierte – war das eine und einzige Ziel der zweiten Generation. Anfang 1975 hatten die Terroristen durch die Entführung des Berliner CDU-Vorsitzenden Peter Lorenz tatsächlich erreicht, dass fünf Gesinnungsgenossen freigelassen wurden. Kurz darauf scheiterte der Versuch, auch die Freilassung und den freien Abzug von Andreas Baader, Gudrun Ensslin und weiterer inhaftierter RAF-Terroristen zu erpressen: Im April 1975 endete eine Geiselnahme in der deutschen Botschaft in Stockholm im Desaster. Die Terroristen erschossen den Militär- und den Wirtschaftsattaché, und bei der Explosion des von ihnen in der Botschaft verteilten Sprengstoffs erlitten alle Geiseln Verbrennungen. Ein Terrorist starb drei Stunden später, RAF-Mann Siegfried Hausner erlag seinen schweren Verletzungen einige Tage nach der Erstürmung der Botschaft in der Justizvollzugsanstalt Stuttgart-Stammheim.

Kurz darauf gaben die in Stammheim inhaftierten Gründungsmitglieder den verstreuten Grüppchen der zweiten RAF-Generation über einen Anwalt Weisung, sich zu einer schlagkräftigen „Stadtguerilla" zu formieren, sich ordentlich ausbilden zu lassen und sich am besten auch international einzubetten. Schon seit einigen Jahren hatte die RAF Kontakte in den Nahen Osten, auf die sie nun zurückgriff. Diesmal ging es zum militärischen Schnelltraining auf einen ehemaligen britischen Stützpunkt in der Nähe von Aden, der Hauptstadt des Südjemens. Dort betrieb die PFLP-SC ein von dem früheren Arzt Wadi Haddad geleitetes Ausbildungslager, in dem sie nicht nur ihre eigenen Kräfte militärisch schulte, sondern auch Mitgliedern befreundeter Gruppen wie der baskischen Eta, der nordirischen IRA und ebender RAF Häuserkampf, Waffenkunde, Schießen oder Sprengen beibrachte.

Damals – Ende August, Anfang September 1976 in der jemenitischen Wüste – fiel im Kreis der RAF-Terrortrainingsgruppe bei Diskussionen über mögliche Anschlags- und Entführungsopfer für die „Offensive 77" auch der Name Hanns Martin Schleyer. Die Terroristen hatten den Arbeitgeberpräsidenten bereits ausspioniert. Er galt ihnen als geradezu prototypisch geeignete Hassfigur, nicht nur weil er als „Boss der Bosse" der Repräsentant des westdeutschen Kapitalismus war, sondern auch wegen seiner NS-Vergangenheit – aus der er nie einen Hehl gemacht hatte. Haddad versprach den RAF-Leuten, geheimdienstliches Material über Schleyer zu liefern. Der Palästinenser arbeitete schon seit einigen Jahren für den sowjetischen Geheimdienst KGB, hatte aber auch gute Kontakte zur Hauptverwaltung Aufklärung (HVA) der Stasi, dem Auslandsgeheimdienst der DDR.

In der auf Desinformation und „geheimdienstliche Bearbeitung" von Politik und Medien der Bundesrepublik spezialisierten HVA-Abteilung X von Stasi-Major Rolf Wagenbreth schrieb gerade ein Mann namens Willi Rudolf Schelkmann mit Hilfe von Geheimdienstdokumenten aus der damaligen Tschechoslowakei an einem Dossier über Schleyer, dem nach Stasi-Einschätzung „Hauptrepräsentanten des feindlichen Lagers". Zumindest den Teil über Schleyers SS-Karriere bekamen die RAF-Terroristen kurz vor ihrer Rückreise nach Deutschland von den Haddad-Leuten ausgehändigt. Weil die HVA zur Wendezeit ihre Akten nahezu vollständig vernichten konnte, ist dieses Dokument ebenso wie die mehr als zwanzigbändige IM-Akte zu Schelkmann nicht mehr überliefert. Dass das Dossier existierte, hat Schelkmann jedoch in einer Vernehmung kurz vor seinem Tod im Jahr 1992 bestätigt.

Schelkmann war eine schillernde Figur. In Hitler-Deutschland war er selbst Mitglied der SS gewesen und gehörte sogar der Eliteeinheit „Leibstandarte Adolf Hitler" an. Eine Zeit lang arbeitete er im Reichssicherheitshauptamt, der zentralen Repressionsbehörde im SS-Terrorstaat. In der Bundesrepublik trat Schelkmann – wie einige seiner SS-Kameraden – der FDP bei, arbeitete als Journalist und später im Auswärtigen Amt, dann im Presseamt der Bundesregierung in Bonn. Als sogenannter Selbststeller wandte sich Schelkmann Ende der 1950-er Jahre an die Stasi und war unter den Decknamen „Goldring", „Karstädt" und „6004/60" in Bonn und West-Berlin als sogenannter Einflussagent tätig. Nach der Guillaume-Affäre wurde er nach Ost-Berlin beordert und in der HVA bald für seine außerordentlichen Fähigkeiten beim Manipulieren oder Erfinden von Dokumenten geschätzt.

Eine seiner ersten größeren Auftragsarbeiten war das Schleyer-Dossier, das im Spätsommer 1976 über den Umweg PFLP-SC an die RAF gelangte. Im Frühjahr 1977 informierten sich RAF-Leute dann „sorgfältig über die Person und die beruflichen Funktionen" von potentiellen Entführungsopfern", wie der frühere Stuttgarter Generalstaatsanwalt Klaus Pflieger in seinem Standardwerk über die RAF festgehalten hat. Im Welt-Wirtschafts-Archiv Hamburg sahen sie die Personenakte „Schleyer" gleich zwei Mal ein – Ende April und Anfang Juli 1977.

Georg Bönisch, der sich seit mehr als 40 Jahren mit der linksterroristischen RAF befasst, glaubt nicht, dass die Stasi im Fall Schleyer mit dem Dossier steuernd tätig war. Er weist darauf hin, dass Schleyer schon 1975 auf der Opferliste der RAF stand. „Aber durch das Schelkmann-Dossier war Schleyer für die RAF nun quasi ein amtlich beglaubigter Kriegsverbrecher. Es ist ein ganz bizarres Stück Zeitgeschichte, dass es ein Ex-SS-Mann und Stasi-Spion war, der es in hohe Regierungsstellen in Bonn geschafft hatte und nun in Ost-Berlin saß, der das bestätigte."

Bis 1975 hatte Schelkmann zu einem Netz von Inoffiziellen Mitarbeitern in West-Berlin und in der Bundesrepublik gezählt, die

HVA-Mann Horst Kopp führte. Im September 1972 wurde der FDP-Mann sogar ins Kanzleramt befördert, um für Bundeskanzler Willy Brandt „außenpolitische Reden" zu entwerfen. Doch weil Schelkmanns SS-Vergangenheit erstmals auffiel, schickte man ihn mit einer großzügigen Abfindung in das Bundespresseamt zurück.

Die Stasi dagegen hatte nie Probleme mit Schelkmanns Lebenslauf. Führungsoffizier Horst Kopp beschrieb Schelkmann 2016 in seinem Erinnerungsbuch „Der Desinformat" als „geläutert". Der Selbststeller „verfügte über sehr gute Kenntnisse aus dem Reichssicherheitshauptamt, der Waffen-SS und der NSDAP, die unseren Ermittlungsorganen beim Aufspüren von Nazi- und Kriegsverbrechern sehr halfen". Zwei Koffer voller Dokumente soll Schelkmann der Stasi übergeben haben, als er bei ihr anheuerte. „Er trug schwer an seiner Vergangenheit, und sein Bemühen war echt, etwas von dieser Schuld abzutragen", so Kopp. Es ist eine Mär ganz nach Stasi-Manier.

Für ihr Schleyer-Buch haben Bönisch und Röbel auch Details aus dem Lebenslauf des skrupellosen Opportunisten in der Nachkriegszeit zusammentragen können, die der Stasi seinerzeit bekannt gewesen sein müssen. Weiteres ergibt sich durch Unterlagen aus verschiedenen Archiven. Nach dem Krieg versuchte der aus Dortmund stammende Schelkmann vergeblich bei der Kriminalpolizei oder in einer Detektei unterzukommen und gründete dann ein Varieté, das aber schon im Oktober 1946 pleite war. Zudem gründete Schelkmann mit Gesinnungsgenossen eine Untergrundorganisation, um an der Wiedererrichtung der Nazi-Herrschaft zu arbeiten. Sein Deckname lautete Rolf Heimborg. Der Geheimdienst des amerikanischen Militärs (OSS) kam dem kleinen Trupp bald auf die Spur. Der mit gefälschten Pässen ausgestattete Schelkmann beteuerte, seine politischen Ziele seien „fast ausschließlich antikommunistischer Natur" gewesen. Trotzdem wurde er als Anführer zu einer außergewöhnlich langen Haft verurteilt: 15 Jahre Freiheitsstrafe, von der er mehr als vier Jahre im Gefängnis verbrachte. Zu einem Umdenken scheint die Haft nicht geführt zu haben, denn Ende der Fünfzigerjahre war Schelkmann für die „Hilfsgemeinschaft auf Gegenseitigkeit der Angehörigen der ehemaligen Waffen-SS" (HIAG) tätig, eine Nazi-Lobbyorganisation, der es darum ging, Mitglieder der Waffen-SS den

Wehrmachtssoldaten gleichzustellen. Die Denkschrift „Die Waffen-SS und das Gesetz gemäß Artikel 131 GG", die an alle Bundestagsabgeordneten geschickt wurde, stammte aus seiner Feder. Als Schelkmann den Verein um die Portokosten für 1000 Exemplare der Schrift betrog, verlor er seinen Posten als Geschäftsführer der HIAG-Zweigstelle Dortmund. Just in jener Zeit diente er sich den DDR-Behörden an.

Nach der Wende ermittelte der Generalbundesanwalt gegen Rolf Wagenbreth und andere Mitarbeiter der Abteilung X der HVA. Schelkmann musste sich nicht mehr vor Gericht verantworten, weil er 1992 starb. Doch in der Anklageschrift und in Vernehmungsprotokollen, die kurz vor seinem Tod entstanden, ist sein Stasi-Werdegang in wesentlichen Zügen dokumentiert. Schon für seine ersten Treffen bekam er eine üppige Entschädigung in Höhe von 500 Mark. Nach dem Bau der Mauer konnte Schelkmann jederzeit ohne Kontrolle in die DDR einreisen. „Ich erhielt eine Postkarte, die in der gleichen Form bei den Grenzorganen lag."

So sehr schätzte die Stasi Schelkmanns Arbeit, dass er von Beginn an bei der von Wagenbreth Mitte der 1960-er Jahre nach sowjetischen Vorbild aufgebauten Desinformationsabteilung X dabei war. Deren Aufgabe war es, das politische System des „Klassenfeindes" mit Hilfe „aktiver Maßnahmen" zu destabilisieren und die Bundesrepublik international zu diskreditieren. Die Abteilung X mit ihren etwa sechzig hauptamtlichen Mitarbeitern organisierte „eine ‚Hexenküche' geheimdienstlicher Einflussnahme, bei der der Phantasie keine Grenzen gesetzt waren", wie Hubertus Knabe in seiner Studie „Die unterwanderte Republik" formuliert. Zu den Spezialitäten der Abteilung X zählte die Verwendung von Unterlagen aus der Zeit des „Dritten Reiches", die das MfS selbst in großem Umfang archiviert hatte. Die dann teilweise erheblich verfälschten Dokumente verteilte die Abteilung X nur selten über ihre Inoffiziellen Mitarbeiter. Ihre Zielgruppe waren sogenannte Multiplikatoren in Westdeutschland, also Politiker und Journalisten. Schleyer geriet spätestens Ende 1971 in den Fokus der Desinformationsabteilung. 1974, 1975 und 1976 bekam die Abteilung X von einer anderen Stasi-Abteilung in erheblichem Umfang Kopien und Originaldokumente aus der NS-Zeit zu Schleyer zugeleitet.

Die Abteilung X verfügte in der Bundesrepublik über ein eigenes Netz Inoffizieller Mitarbeiter in Parteien, Organisationen und Medien, auf dessen ständigen Ausbau Stasi-Chef Markus Wolf persönlich drang. Um politische Prozesse im Sinne der SED zu beeinflussen, ließ die Abteilung X mit Hilfe von westdeutschen Publizisten auch Presse- und Informationsdienste herstellen, die den Anschein erweckten, von den Parteien herausgegeben zu werden, so etwa „SPD-Intern" oder für die CDU die Publikation „Die Mitte". Jene für die FDP hieß „X-Information" und wurde bis Herbst 1968 alle 14 Tage von Schelkmann in einer Auflage von maximal 500 herausgegeben. Sie sollte vor allem der Förderung der Ostpolitik nach SED-Vorstellungen dienen. Bei der FDP vermutete die Stasi schon deshalb gute Ansatzpunkte, weil ihre Führungsebene im Vergleich zu den Volksparteien aus wenigen Personen bestand und die FDP in wechselnden Bündnissen an Regierungen beteiligt war.

Zunächst stellte Schelkmann die „X-Information" in zwei Büroräumen in der Kölner Rubensstraße zusammen. Später erlaubten ihm seine Stasi-Vorgesetzten, die Redaktion nach Niederkassel bei Bonn zu verlegen. Laut Schelkmann stammten sämtliche Wirtschaftsberichte und viele weitere Texte vom MfS. Schelkmann, der den großzügigen FDP-Förderer spielte, der den Pressedienst aus seinem Privatvermögen finanzierte, gelang es aber immer wieder auch, namhafte FDP-Politiker als Autoren zu gewinnen. Nach der Wende gab Schelkmann zu Protokoll, die nach einem seiner IM-Decknamen stasiintern „Projekt Karstädt" genannte Zeitschrift sei dann auch deshalb eingestellt worden, weil Stasi-Chef Wolf und Wagenbreth befürchtet hätten, der Verfassungsschutz könnte herausfinden, „dass ich selbst nicht in der Lage war, den Verlag mit legalen Mitteln zu leiten".

Im August 1975 verfügte die Führung der HVA X die Übersiedlung der fünfköpfigen Familie Schelkmann in die DDR. Nach der Enttarnung des Spions im Bundeskanzleramt Güther Guillaume schien das Risiko der Enttarnung für den erfolgreichen Einflussagenten zu groß geworden. Von nun an war Schelkmann als Hauptamtlicher Inoffizielle Mitarbeiter (HIM) in der Stasi-Zentrale als Analytiker der politischen Szene Westdeutschlands eingesetzt und erstellte Personenprofile, so 1976 auch über Hanns Martin Schleyer. In seiner

Vernehmung 1992 sagte Schelkmann, er habe von MfS-Archivaren dafür auch „übersetzte MfS-Unterlagen aus der CSFR" erhalten. Während des Kriegs hatte Schleyer als Untersturmführer-SS beim Zentralverband der Industrie für Böhmen und Mähren gearbeitet. Wie Peter-Jürgen Boock, eines der Mitglieder des „Kommandos Siegfried Hausner", in den vergangenen Jahren mehrfach zu Protokoll gab, fand auf dem Schleyer-Dossier, das die PFLP-SC den Terrorgenossen aus Deutschland im Spätsommer 1976 im Südjemen übergab, der Vermerk, die Kopien stammten vom Staatssicherheitsdienst der Tschechoslowakei.

Die Position der moralisch Besseren und Stärkeren, die sich ihrer gerechten Sache sicher sind und noch dazu die Macht in den Händen haben, hätten er und die anderen aus der Gruppe Schleyer gegenüber kaum über die ersten Tage nach der Entführung retten können, gab Boock 2002 zu. „Er zwang uns durch seine Antworten mit jedem Tag mehr, von unseren Vorstellungen und Vorurteilen Abschied zu nehmen." Von Schleyer sei eine Faszination ausgegangen, „der sich auch jene von uns kaum entziehen konnten, für die der Gefangene anfangs nur die Inkarnation alles Bösen war". Ein Teil der Tonbandaufzeichnungen der Schleyer-Verhöre wurden später in einem RAF-Erddepot gefunden. Der überwiegende Teil ist aber ebenso bis heute verschollen wie die Waffe, mit der Schleyer am 18. Oktober 1977 und neun Jahre später der Diplomat Gerold von Braunmühl ermordet wurde.

Nach der Wende versuchte Schelkmann die Bedeutung seines Schleyer-Dossiers herunterzuspielen. „Aus dieser, von mir gefertigten Unterlage ging zweifelsfrei die Mitgliedschaft Schleyers zur (sic!) SS hervor", sagte er aus. „Eine andere Deutung wurde von mir nicht verlangt." Durch die Entführung habe das Papier an Bedeutung verloren. Doch das stimmte nicht. Die Ost-Berliner Desinformationsfachleute blieben am Ball. Wie aus den noch vorhandenen Stasi-Unterlagen hervorgeht, verlangte ein Oberst am elften Tag nach der Entführung abermals, „in den vorhandenen Speichern und dafür geeigneten Archivmaterialien Überprüfungen zur Person und Vergangenheit" Schleyers anzustellen. „Zur Einleitung weiterer Maßnahmen ist es erforderlich, am 20.9.1977 über die ersten Ergebnisse zu berichten." Fristgerecht bekam der Oberst einen vierseitigen Vermerk mit

Informationen aus Schleyers „Original-Personalakte des faschistischen Reichsministeriums des Inneren" vorgelegt. Am 29. September erhielt die Abteilung X laut einer Aktennotiz 67 weitere Blatt „Kopien zu Dr. Schleyer, Hans (sic!) Martin." Vom 20. Oktober stammt ein neunzeiliger handschriftlicher Vermerk eines Stasi-Mitarbeiters, der im ARD-Fernsehen die Bundestagssitzung verfolgte, in der Bundeskanzler Helmut Schmidt (SPD) eine Regierungserklärung zur Befreiung der „Landshut"-Geiseln und der Ermordung Schleyers abgab. Nicht um die Opfer ging es der Stasi, sondern um die Täter, wie aus dem letzten Satz des Vermerks klar wird: „In der gesamten Sitzung wurden keine Namen von Terroristen genannt, die im Zusammenhang mit den Entführungen bekannt geworden waren."

Kurz nach der Ermordung Schleyers entwickelte die HVA X den perfiden Plan, das Opfer postum gegen Schmidt, Oppositionsführer Helmut Kohl (CDU) und andere westdeutsche Politiker in Stellung zu bringen. Innerhalb von vier Wochen stellte die HVA X laut Erkenntnissen der Bundesanwaltschaft „unter Anknüpfung an die Ausarbeitung Schelkmanns (...) und auf der Grundlage von Abhörerkenntnissen der Hauptabteilung III MfS, welche den Fernsprechverkehr des damaligen Krisenstabs der Bundesregierung überwacht hatte", komplett erfundene Protokolle eines RAF-Verhörs her.

Der Fake unter dem RAF-Stern drehte sich auf vier Seiten um angebliche Verstrickungen der Spitzen der Bonner Republik in unlautere Machenschaften. Zudem sollten die Unterlagen zeigen, wie abfällig sich Schleyer angeblich über Kanzler Schmidt und CDU-Leute wie Kohl geäußert habe. Über ihre Kanäle schleuste die Stasi das erfundene Protokoll in den Westen und ließ es per Post an den „Spiegel", einen niederländischen Deutschland-Korrespondenten und an den Schleyer-Sohn Hanns-Eberhard schicken. Zu einer Veröffentlichung kam es nicht – weil den Adressaten entweder Zweifel blieben oder weil ihnen umgehend klar war, dass es sich um eine plumpe Fälschung handelte. Die Stasi ließ nicht locker. Ein Jahr später schickte sie ihr Machwerk einem hohen Beamten des Bundeskriminalamts – wieder ohne Erfolg.

Zu vielen tatsächlichen oder erfundenen Anlässen, mit denen die Stasi auf das Meinungsklima in Westdeutschland Einfluss zu nehmen oder Verwirrung zu stiften versuchte, lieferte Schelkmann eineinhalb Jahrzehnte bis zur Wende zuverlässig Material. Um vor der Bundestagswahl im Herbst 1980 einen Keil in die Fraktionsgemeinschaft von CDU und CSU zu treiben und die Position der Union mit ihrem Kanzlerkandidaten Franz Josef Strauß gegenüber der SPD von Kanzler Schmidt zu schwächen, heckte die Führung der Abteilung X den Plan aus, ein „Kreuth II" zu inszenieren. Den seinerzeit wieder rasch zurückgenommenen Trennungsbeschluss aus dem Jahr 1976 interpretierte und analysierte Schelkmann eingehend. Nach dieser Vorlage fertigte ein anderer Stasi-Fälscher dann ein 13 Seiten umfassendes Positionspapier unter dem Titel „Rückbesinnung auf Kreuth" an, das sodann von einem angeblichen CSU-Mann an diverse Medien lanciert wurde. Als Erste berichteten gut zwei Wochen vor der Wahl die „Süddeutsche Zeitung" und die „Frankfurter Rundschau", der „Spiegel" dokumentierte das Papier dann gar auf knapp drei Druckseiten im Wortlaut.

Auch im Fall der erfundenen Schleyer-Protokolle ging die Fälschersaat doch noch auf. Im März 1984 zitierte die linke Zeitschrift „Konkret" unter der Schlagzeile „Was hat Schleyer der RAF erzählt?" ausführlich aus dem Machwerk. Auch das ist ein bizarres Stück Zeitgeschichte: Ausgerechnet „Konkret" – die Zeitschrift, die von der DDR finanziell unterstützt wurde und bei der einst die spätere RAF-Terroristin Ulrike Meinhof gearbeitet hatte, verkaufte das Schleyer-Protokoll als echt.

***

Reiner Burger ist Politischer Korrespondent der F.A.Z. in Nordrhein-Westfalen.

Erschienen in der F.A.Z. vom 05.09.2022, Seite 6

Die Wende

Am 17. September 1982 wurde in Bonn das Ende der ersten und bislang einzigen Bundesregierung von SPD und FDP besiegelt. Aus heiterem Himmel kam das Zerwürfnis nicht

Günter Bannas

Am 17. September 1982, einem Freitag, vollzog sich in Bonn ein historischer Einschnitt. Nach der Bildung der Brandt/Scheel-Regierung 1969, die das Ende der Adenauer-Ära besiegelt hatte, war er der zweite seiner Art. Nach 13 Jahren zerbrach die SPD/FDP-Regierung. Mit hochfliegenden Absichten („Mehr Demokratie wagen") war die sozialliberale Koalition gestartet. Die Anerkennung der Nachkriegsgrenzen hatte sie mit einer neuen Ostpolitik durchgesetzt. Die Herausforderungen des Terrors der „Roten Armee Fraktion" hatte sie bewältigt – 1977 im „Deutschen Herbst". Helmut Schmidt, nach Willy Brandt der zweite sozialdemokratische Bundeskanzler, verfügte über hohes Ansehen. Hans-Dietrich Genscher, nach Walter Scheel der zweite Außenminister der FDP, ebenso. Doch es nistete sich Misstrauen ein. Meinungsverschiedenheiten über Wirtschafts- und Haushaltspolitik und über den Beschluss der NATO, der sowjetischen Aufrüstung mit SS-20-Raketen ein Nachrüstungsprogramm mit eigenen Mittelstreckenraketen entgegenzustellen, verknüpften sich mit innerparteilichen Auseinandersetzungen. Glaubwürdigkeit und Vertragstreue des je anderen Partners wurden infrage gestellt.

Am Ende gönnten sich SPD und FDP, Schmidt und Genscher, nicht einmal mehr den „Erfolg", wer die Koalition beendet habe. Hat Schmidt die FDP-Minister aus dem Kabinett geworfen? Haben die FDP-Politiker dem Bundeskanzler ihre Rücktritte eingereicht? Gleichwie: Zwei Wochen nach dem Bruch, der „Wende" hieß, wurde Helmut Kohl zum Bundeskanzler gewählt. Das Bündnis von CDU, CSU und FDP hielt 16 Jahre lang. Die FDP aber erlitt einen politischen Aderlass. Viele sozialliberal gesinnte Mitglieder verließen die Partei und fanden in der SPD oder bei den Grünen eine neue politische Heimat.

Bei der Bundestagswahl im Herbst 1980 trat für die Unionsparteien Franz Josef Strauß, CSU-Vorsitzender und bayerischer Ministerpräsident, als Kanzlerkandidat an. Strauß war umstritten wie kein Politiker sonst in der Bonner Republik. Kampagnen wurden organisiert: „Stoppt Strauß!" Dass die SPD bei der Landtagswahl im Mai in Nordrhein-Westfalen die absolute Mehrheit der Mandate erzielt hatte, schürte die Erwartung, den Erfolg bei der Bundestagswahl zu wiederholen, mindestens aber die stärkste Fraktion im Bundestag zu stellen. Die FDP hingegen war aus dem Landtag ausgeschieden. Die sozialliberale Koalition in Düsseldorf war beendet – und nun gab es in der FDP die Befürchtung, das könnte sich bei der Bundestagswahl wiederholen. Doch gab es Umfragen, nach denen die Mehrheit der Befragten erstens Strauß verhindern wolle, sich zweitens wünsche, dass Schmidt Kanzler bleibe, und drittens eine absolute Mehrheit der SPD ablehne. Günter Verheugen, ein politisches Ziehkind Genschers und nun FDP-Generalsekretär, entwickelte daraus für den Wahlkampf das Motto „Wer Schmidt will, muss FDP wählen" – eine Zweitstimmenkampagne also, mit der die Liberalen schon öfters zulasten ihres größeren Koalitionspartners, vordem auch der CDU, operiert hatten.

Dieses Mal zur Empörung der SPD. Über das letzte Koalitionsgespräch vor der Wahl 1980 notierte Verheugen: Herbert Wehner, der SPD-Fraktionsvorsitzende, und Helmut Schmidt, der Kanzler, seien „wütend" über ihn hergefallen. Doch die Kampagne hatte Erfolg. Mit 10,6 Prozent erzielte die FDP das zweitbeste Ergebnis ihrer Geschichte. Sie heimste die Verluste der Union (minus 4,1 Punkte) ein. Die SPD aber schnitt mit 42,9 Prozent kaum besser ab als 1976. Am frühen Wahlabend saß Verheugen in seinem Büro in der Parteizentrale, dem barackenähnlichen Thomas-Dehler-Haus, gelegen auf halber Strecke zwischen Kanzleramt und dem Erich-Ollenhauer-Haus. Meldung des Pförtners bei Verheugen: Der Bundeskanzler ist im Haus. Noch ehe Schmidt hinüber in die SPD-Zentrale fuhr, suchte er den FDP-Generalsekretär auf. Verheugen erinnert sich an den unerwarteten Besucher so: „Schmidt tobte. Das sind meine Stimmen. Merkt euch das." Heute sagt Verheugen: „Im Sieg 1980 lag der Kern des Verderbens."

In beiden Koalitionsparteien kamen Fliehkräfte auf. Bei den Koalitionsverhandlungen setzte die gestärkte FDP durch, die Montanmitbestimmung auslaufen zu lassen, was von den Gewerkschaften mit Empörung aufgenommen wurde. Im Arbeitnehmerlager der SPD und bei der Parteilinken wiederum machte sich eine Anti-FDP-Stimmung breit: Die Sozialdemokratie dürfe sich nicht alles vom kleineren Koalitionspartner gefallen lassen. Eine Stimmung war das, die den Rückhalt Helmut Schmidts in der SPD zu unterminieren begann. Schmidt war zwar auch stellvertretender SPD-Parteivorsitzender. Doch seinem Selbstverständnis nach war er in erster Linie Bundeskanzler. Um die Partei kümmerte er sich wenig. Die hatte in den Siebzigerjahren Hunderttausende neue Mitglieder gewonnen – die meisten jung, links und amerikakritisch. In innerparteilichen Machtkämpfen setzten sie sich – zunächst in den Untergliederungen – zunehmend gegen jene Sozialdemokraten durch, die die Basis von Schmidts Politik bildeten: Traditionellgewerkschaftsnah, meist älter und manchmal auch konservativ gestimmt. Im Bundestag nannten sie sich „Kanalarbeiter". Sie wurden von Egon Franke, der als Bundesminister für innerdeutsche Beziehungen an Schmidts Kabinettstisch saß, straff organisiert und trafen sich regelmäßig im Bonner Lokal „Kessenicher Hof". Sie waren so etwas wie Schmidts Leibgarde. Auch Herbert Wehner, der mächtige SPD-Fraktionsvorsitzende („Zuchtmeister"), konnte sich auf sie verlassen.

Willy Brandt aber, der SPD-Vorsitzende, wurde zur Leitfigur des Nachwuchses der Partei. Brandt, Schmidt und Wehner wurden zwar als „Troika" beschrieben. Doch setzten sie auf vielen Feldern der Politik unterschiedliche Akzente. Meist zwei gegen einen: Schmidt und Wehner gegen Brandt.

Zu Beginn des Jahres 1981 musste Schmidt das Kabinett umbilden. Justizminister Hans-Jochen Vogel war als Regierender Bürgermeister nach Westberlin zur Behebung dortiger SPD-Krisen entsandt worden. Forschungsminister Jürgen Schmude wurde Justizminister, und Björn Engholm, bis dahin dessen Parlamentarischer Staatssekretär, sollte Forschungsminister werden. Scheinbar war bloß eine Kleinigkeit zu regeln – die Suche nach einem Parlamentarischen Staatssekretär. Schmidt weigerte sich, den Parteilinken Eckart Kuhlwein, einen Landsmann Engholms aus Schleswig-Holstein, zu ernennen. Vier frisch in den Bundestag gekommene SPD-Abgeordnete, stellten eine Machtfrage: Konrad Gilges, Hermann Scheer, Gerhard Schröder und Ottmar Schreiner. Das ambitionierte Kleeblatt wollte Kuhlwein durchsetzen. Schröders Idee: „Liebesentzug". Wochenlang ignorierten sie im Bundestag den Helmut-Schmidt-Vertrauten Hans-Jürgen Wischnewski. Sie grüßten nicht mehr, bis Wischnewski nach dem „Warum?" fragte.

Gerhard Schröder soll es gewesen sein, der Wischnewski die Sache erklärte. Weil er der Einzige sei, der auf Schmidt Einfluss habe, müsse er für Kuhlwein werben. Dann werde alles wieder gut. Wenig später war die Ernennungsurkunde unterschrieben.

Die FDP war politisch breit aufgestellt – von Lambsdorff bis Baum, wie das hieß. Traditionen und Geschichte des deutschen Liberalismus spiegelten sich wider. Otto Graf Lambsdorff war Wirtschaftsminister, ein vehementer Verfechter der Marktwirtschaft und ein Antipode der Sozialdemokraten. Gerhard Rudolf Baum war Innenminister, einer der Repräsentanten des linksliberalen Flügels der Partei. Diesem Modell nach war Hans-Dietrich Genscher – als Parteivorsitzender, als „Vizekanzler" und Außenminister – das flügelübergreifende „Weltkind in der Mitte". Doch in der Partei gärte es. Walter Scheel, 1969 ein Gründungsvater der SPD/FDP-Koalition, ehemals Außenminister und Bundespräsident, hatte schon vor Jahren befunden, die Gemeinsamkeiten mit der SPD seien aufgebraucht. In der Bundestagsfraktion gab es eine Gruppe um den konservativen Richard Wurbs aus Kassel und Detlef Kleinert, die beharrlich auf das Ende der SPD/FDP-Koalition hin- und gegen die Exponenten des sozialliberalen Flügels arbeiteten. Auch sie trafen sich in einer Bonner Lokalität – dem „Schaumburger Hof" am Rhein. In Lambsdorff fanden sie ihren Fürsprecher. Ihre innerparteilichen Gegner scharten sich um Baum und Burkhard Hirsch, den vormaligen Innenminister aus Nordrhein-Westfalen. In den „Freiburger Thesen" sahen sie das Manifest eines sozialen Liberalismus und die Basis für die Zusammenarbeit mit der SPD. Um die Gunst und den Zuspruch Genschers buhlten beide Seiten. Doch der Parteivorsitzende vermied Festlegungen. Strategische Gespräche über den Fortbestand der Koalition führte er nicht – weder mit den Wortführern der beiden Flügel, geschweige denn in den Führungsgremien der Partei. Der Verlauf der Sitzungen von Präsidium und Bundesvorstand wurde – in Wortwahl, Interpretationen und Reaktionen – protokollartig nach draußen getragen. Alle Seiten waren beteiligt – je zu Lasten der jeweils anderen. Zunehmend machte sich die Erkenntnis breit, Genscher taktiere und habe „seinen Laden" nicht im Griff.

Einen Jugendverband hatte die FDP auch, die 1919 gegründeten Deutschen Jungdemokraten. Namhafte FDP-Politiker hatten in deren Reihen nach dem Krieg die ersten Schritte in der Politik gemacht: der Fraktionsvorsitzende Wolfgang Mischnick, Abgeordnete wie Ingrid Matthäus-Maier und Andreas von Schoeler, und auch Baum, Hirsch und Verheugen. Von der zweiten Hälfte der Siebzigerjahre an aber drifteten die Jungdemokraten ins linksradikale Fahrwasser. In der Friedensbewegung und anderswo standen sie den kommunistischen DKP-nahen Gruppen von SDAJ und MSB-Spartakus näher als selbst die Jungsozialisten der SPD oder die Grünen. „Die FDP ist die Agentur der Kräfte, die wir eigentlich bekämpfen", hieß es 1980. Solche Thesen führten zum Aufbau einer jugendlichen Konkurrenzorganisation. Sie hieß „Junge Liberale", trat aggressiv auf und suchte Unterstützung beim rechten FDP-Flügel. Den Jungdemokraten wurden immer mehr Anerkennung und finanzielle Zuweisungen verweigert. Genscher und vor allem Lambsdorff warfen sie vor, das Ende des Bündnisses mit der SPD herbeiführen zu wollen. Sie waren zu falschen Freunden geworden. Gerade die Anhänger der amtierenden Regierung – Baum, Hirsch und Verheugen etwa – sahen sich in Misskredit geraten. Genscher schwankte, wer der Jugendverband der FDP sein solle. Presseerklärung: „Die Jungen Liberalen erwarten von der FDP-Führung, endlich das zu verwirklichen, was sie schon seit Langem beabsichtigt: die offizielle Anerkennung und Förderung der Jungen Liberalen." Autor des Textes: Guido Westerwelle, 20 Jahre alt, Pressesprecher. Es sollte so kommen.

Die wachsenden Spannungen zwischen den Vereinigten Staaten und der Sowjetunion Ende der Siebzigerjahre und die Aufrüstung des sowjetischen Raketenarsenals mit Mittelstreckenraketen vom Typ SS 20 führten im Dezember 1979 zu dem – von Helmut Schmidt nachdrücklich unterstützten – NATO-Doppelbeschluss. Teil 1 bestand aus der Ankündigung, die Vereinigten Staaten würden ein eigenes Programm vom Bau und von der Stationierung von Mittelstreckenraketen (Pershing II und Marschflugkörper) auflegen. Teil 2 enthielt die Zusage, auf die „Nachrüstung" zu verzichten, falls auch die sowjetische Seite auf ihr Raketenprogramm verzichte. Die Folge dieses Doppelbeschlusses war das Wiederaufleben von Friedensbewegungen in Amerika und Europa – und dort vor allem in der Bundesrepublik Deutschland. Während die oppositionellen Unionsparteien den Kurs der NATO (und damit Schmidts und Genschers) unterstützten, gab es Widerspruch in großen Teilen der SPD. Auch in Teilen der FDP bis in deren Bundestagsfraktionen hinein waren skeptische Stimmen zu vernehmen. Genscher sah sich im Mai 1981 auf dem FDP-Parteitag genötigt, mit Rücktritt zu drohen, falls seine NATO-Linie nicht unterstützt werde. Vor allem wollte er dem Vorwurf vorbeugen, die FDP könne schuld am Koalitionsbruch sein. Genscher setzte sich durch. Größere Schwierigkeiten hatte Schmidt in der SPD. Der linke Flügel sympathisierte mit der wachsenden – auch von antiamerikanischen Stimmungen geprägten – Friedensbewegung. Willy Brandt, der SPD-Vorsitzende, wurde bei einem Besuch in Moskau wie ein Regierungschef empfangen und von der sowjetischen Führung umgarnt – was wiederum in der Schmidt/ Genscher-Koalition zu Verdächtigungen führte, Brandt stelle die Entschlossenheit der Bundesregierung infrage.

Am Samstag, dem 10. Oktober 1981, kam es in Bonn zu einer der größten Kundgebungen in der Bundesrepublik. Motto: „Gegen die atomare Bedrohung gemeinsam vorgehen." Hundertausende zogen in Sternmärschen zur Hofgartenwiese an der Universität. Hauptredner dort war der Schriftsteller Heinrich Böll. Doch auch zwei Sozialdemokraten traten auf – Brandts ehemaliger Entwicklungshilfeminister Erhard Eppler und Heinrich Albertz, der frühere Regierende Bürgermeister Berlins. Der Form halber waren sie nicht als

SPD-Politiker als Redner nominiert, sondern als „Persönlichkeiten". Viele Sozialdemokraten waren führend dabei – doch nicht als SPD-Entsandte, sondern namens verschiedener Initiativen und Organisationen, Jo Leinen etwa als der Sprecher des Bundesverbands Bürgerinitiativen Umweltschutz (BBU). 1983, nach dem Bruch der sozialliberalen Koalition, sprach dann auch Willy Brandt auf einer weiteren Anti-Raketen-Demonstration in Bonn.

Vom August 1981 an geisterte ein neues Wort durch das Regierungsviertel am Rhein: „Wende". Genscher hatte den Begriff in einem Schreiben an die FDP-Mitglieder während der parlamentarischen Sommerpause platziert. „Eine Wende ist notwendig, im Denken und im Handeln." Und: „Es gilt eine Anspruchsmentalität zu brechen." Zwar hatte Genscher versichert, „dass diese Politik der Wende auch weiterhin in der bestehenden Koalition aus SPD und FDP durchgesetzt werden sollte". Doch verständlicherweise wurde der „Wende-Brief" in der SPD als gegen deren sozialpolitischen Wünsche gerichtet verstanden.

Eine „Genug-ist-genug"-Stimmung machte sich in der SPD breit, auf dem linken Flügel, aber auch unter den Sozialpolitikern wie Arbeitsminister Herbert Ehrenberg. Ein Bündnis mit einer „rechtsliberalen Partei" sei nicht möglich, hieß es vor allem mit Blick auf den FDP-Wirtschaftsminister Lambsdorff. Sibyllinische Interviews wurden gegeben. Herbert Wehner warnte seine Abgeordneten vor der Aussicht, eine „andere Koalition" könne den Kurs bestimmen, falls sie Vorlagen der Regierung ablehnten. Brandt sagte, er könne nicht „garantieren", dass die Koalition bis zur nächsten Bundestagswahl 1984 bestehen werde. Politiker von SPD und FDP vermerkten, der SPD-Vorsitzende schweige meistens in Sitzungen des Koalitionsausschusses oder lasse sich durch Bundesgeschäftsführer Peter Glotz vertreten. Wehner war gesundheitlich – Diabetes, beginnender Alzheimer – gehandicapt. In Unterredungen von SPD-Ministern wurde gerätselt, ob die Koalition halten werde. Helmut Kohl, der CDU-Oppositionsführer, der stets gute Kontakte zur FDP und zu Genscher im Besonderen unterhielt, wurde sich sicher: Die Koalition werde schon vor der nächsten Bundestagswahl zerbrechen. Journalisten amüsierten sich, dass der an sich koalitionstreue FDP-Fraktionsvorsitzende Wolfgang Mischnick in Parlamentsdebatten leicht sächselnd das Wort „Koalition" meist wie „Kollision" aussprach.

Über alles Mögliche stritten die Minister von SPD und FDP – von der Haushaltspolitik bis zu Fragen der Ausländerpolitik. Gegen den Rat seines Kanzleramtschefs Manfred Lahnstein setzte Schmidt im Februar 1982 eine Vertrauensfrage im Bundestag an – und das nicht etwa an ein spezielles Regierungsvorhaben gebunden, sondern als allgemein gehaltene Zustimmung zu seiner Politik insgesamt. Er überstand sie. Noch wollte niemand den Bruch. Doch die abträglichen Schlagzeilen über den Zustand der Koalition blieben. Die SPD verlor Landtagswahlen, wofür die Bundesregierung verantwortlich gemacht wurde. Schmidt müsse mehr sozialdemokratische Politik betreiben, wurde verlangt. Die FDP warf der SPD vor, mit den gerade entstehenden Grünen als neuem Bündnispartner anbandeln zu wollen. CDU-Generalsekretär Heiner Geißler tauchte bei Günter Verheugen, seinem FDP-Pendant, mit dem Ansinnen auf, Kohl mittels eines konstruktiven Misstrauensvotums zum Kanzler zu wählen und danach eine Bundestagswahl einzuleiten. Verheugen widersprach taktisch: Erst Neuwahl. Verheugen und Glotz planten ein Grundsatzpapier, wie die Koalition zu retten sei, kamen jedoch nicht recht weiter. Vielmehr überraschte Glotz Verheugen mit der Frage, ob er nicht in die SPD übertreten wolle.

Von Schmidt persönlich enttäuscht, trat im April 1982 Familienministerin Antje Huber zurück, womit sie dem Plan des Bundeskanzlers zuvorkam, ein größeres Revirement unter den SPD-Bundesministern vorzunehmen, was wiederum zu Turbulenzen in der SPD führte. Nun wollte sich auch Genscher nicht mehr festlegen, ob die Koalition bis 1984 halten werde. Sibyllinisch auch er: „Sachprobleme suchen sich ihre Koalitionen." Der FDP-Chef bekräftigte seine Forderung nach einer „Wende", was seitens der SPD-Führung eine Revanche nach sich zog: Genscher betreibe „Wackelei". Unter Billigung der Bundesführung beschloss die hessische Landes-FDP vor der im Herbst 1982 anstehenden Landtagswahl, die Koalition mit der SPD nicht fortsetzen, sondern ein Bündnis mit der CDU eingehen zu wollen – ausgerechnet mit Alfred Dregger, dem Führungsmann des rechten CDU-Flügels.

Schlechte Stimmung herrschte. Genscher vermied gegenüber Baum und Verheugen das offene Wort, wie es weitergehen könne. Kohl wurde sich unsicher, ob Genscher wirklich „springen" wolle und dafür auch innerparteilich die Mehrheit habe. Auch aus taktischen Gründen sprach nun der CDU-Chef nicht mehr mit Genscher, weil das bekannt werden könne und politische Munition für die Anhänger der SPD/FDP-Koalition gewesen wäre. Vor Vertrauten erläuterte Kohl, falls die FDP die Koalition nicht bis zum Herbst verlassen würde, würde ihr ein späteres Bündnis mit der CDU umso „teurer" zu stehen kommen. Schmidt wiederum suchte nicht das Gespräch mit dem – von ihm nicht geschätzten – sozialliberalen FDP-Flügel, um das Bündnis zu stabilisieren. Stattdessen erteilte der Kanzler seinem Wirtschaftsminister den Auftrag, ein Papier zur Haushalts- und Wirtschaftspolitik zu verfassen – ausgerechnet Lambsdorff, dessen Positionen am weitesten von denen der SPD entfernt waren. Lambsdorffs Mitarbeiter, voran Staatssekretär Otto Schlecht, machten sich ans Werk. Weil es eine Regierungsangelegenheit war, wurde der Text nicht vorab den FDP-Gremien vorgelegt.

Es kam, wie es hat kommen müssen. Am Mittwoch, dem 15. September, legte Lambsdorff sein Memorandum dem Kabinett vor. Entgegen sonstiger Usancen wurden die Wortwechsel von Klaus Bölling, dem Regierungssprecher und Schmidt-Vertrauten, nach draußen getragen. Danach stellte Schmidt fest, das Lambsdorff-Papier stehe in „eklatantem Widerspruch" zur Regierungspolitik. Ob der Wirtschaftsminister einen „Scheidungsbrief" habe schreiben wollen, fragte der Kanzler. Das Papier enthalte einen „Mangel in der Analyse". Genscher verteidigte seinen Parteifreund. Lambsdorffs Papier entspreche exakt dem Auftrag Schmidts, und persönliche Auseinandersetzungen schadeten dem Regierungsbündnis insgesamt. Prompt warfen SPD-Wahlkämpfer in Hessen dem Wirtschaftsminister „Klassenkampf von oben" vor. Weitere Zuspitzungen gab es tags darauf im Bundestag. Genscher kritisierte die Haltung der SPD in der Außen- und Sicherheitspolitik – spät am Donnerstagabend und voller Emotion.

Entscheidungen waren gereift. Drehbücher wurden verfasst. Am Freitag, dem 17. September 1982, rief Genscher frühmorgens bei

Verheugen an. Inhalt: Der Kanzler habe die FDP-Minister – Genscher, Lambsdorff, Baum und Landwirtschaftsminister Josef Ertl – entlassen. Rauswurf also, so später das SPD-Wording. Oder etwa nicht? Frühmorgens saß auch Hans von Plötz, Büroleiter Genschers im Auswärtigen Amt, im Büro. Genscher rief an. Inhalt: Von Plötz möge ein Rücktrittsschreiben aufsetzen, dieses ihm zur Unterschrift in den Bundestag und sodann ins Kanzleramt bringen. Frühmorgens rief Genscher auch bei Wolfgang Mischnick an. Inhalt der Mitteilung an den FDP-Fraktionsvorsitzenden: Er und die anderen FDP-Minister würden Schmidt um Entlassung bitten. Gleichwie: Das sozialliberale Bündnis war zerbrochen. Es folgten Abschieds- und Rücktrittsgespräche im Bundeskanzleramt, Fraktionssitzungen voller Betroffenheiten und eine Bundestagsdebatte mit Verratsvorwürfen und Tränen.

Noch am selben Tag wurde Schmidts letzte Kabinettsumbildung vollzogen. Egon Franke, der treue Chef der SPD-Kanalarbeiter, wurde „Vizekanzler" einer SPD-Minderheitsregierung, Manfred Lahnstein, der seit April amtierende Finanzminister, wurde zusätzlich Wirtschaftsminister. Um Mitternacht rief Lambsdorffs Staatssekretär Otto Schlecht bei Lahnstein, seinem neuen Chef, an. Inhalt: Er sei in Kenia in Urlaub – ob eine vorzeitige Rückkehr erwünscht sei? Lahnstein zu Schlecht: Nicht nötig – in drei Wochen ist Ihr alter Chef wieder im Amt. So kam es. Zwei Wochen nach dem Ende der SPD/FDP-Koalition wurde Helmut Kohl zum Bundeskanzler gewählt. Bis 1998 blieb er – im Bündnis mit der FDP.

***

Günter Bannas war bis 2018 Leiter des Hauptstadtbüros der F.A.Z. in Berlin.

Erschienen in der F.A.Z. vom 12.09.2022, Seite 6

Wenn du einen Bären zum Tanzen aufforderst ...

... bist nicht du, der entscheidet, wann der Tanz beendet ist, sondern der Bär. Dem russischen Sprichwort zum Trotz waren gute Beziehungen zu dem „lupenreinen Demokraten" (Gerhard Schröder) Wladimir Putin auch nach der russischen Invasion der Krim im Jahr 2014 noch lange en vogue. Nicht nur in Deutschland, auch in Österreich hatten der Moskauer Autokrat und seine Entourage leichtes Spiel. Dabei hatte sich Wien während des Kalten Krieges gegenüber den Avancen der Kommunisten bis in die Siebzigerjahre unversöhnlich gezeigt. Doch dann nahmen die wirtschaftlichen Interessen überhand

Universitätsprofessor Dr. Dr. Oliver Rathkolb

Das kleine Land Österreich verdankt seine frühe staatliche Wiedergeburt nach dem Zusammenbruch des Dritten Reiches der Kampfkraft und den vielen Opfern der sowjetischen Armee sowie den Plänen des totalitären Diktators Josef Stalin. Der Gewaltherrscher hatte schon Ende 1941 für sich entschieden, die ehemalige Republik aus dem Deutschen Reich herauszuschneiden, ohne sie direkt in den künftigen kommunistischen Einflussbereich zu integrieren. Österreichs Unabhängigkeit sollte nicht nur das Nachkriegsdeutschland schwächen. Zugleich erhoffte sich Stalin, ein Land in unmittelbarer Nachbarschaft der Peripherie der sowjetischen direkten Einflusszone könne als Verhandlungsmasse im Spiel mit den Westmächten dienen.

Trotz der aktiven Kollaboration vieler Österreicher mit dem nationalsozialistischen Terrorregime konnte schon am 27. April 1945 der alte Sozialdemokrat Karl Renner wie einst 1918/19 als provisorischer Staatskanzler mit dem Segen Stalins gegen die ursprünglichen Interessen der Vereinigten Staaten, Großbritanniens und Frankreichs eine Provisorische Staatsregierung etablieren. Bereits im November 1945 wurde in Österreich die Wahl zum Nationalrat abgehalten.

Gleichwohl ist es die kommunistische Sowjetunion, die die außen-, aber auch innenpolitische Ausrichtung der Zweiten Republik mitbestimmt. So erkannte Bundeskanzler Julius Raab (ÖVP) nach vielen Jahren kompromissloser Westintegrationspolitik und Teilnahme am Marshallplan, dass der Tod Stalins im Jahr 1953 die einmalige Chance bot, das Ende der alliierten Präsenz in Österreich einzuleiten. Der geopolitische Schlüssel für eine internationale Lösung lag freilich noch immer in Moskau. Aber mit der Klärung der Deutschlandfrage durch den Beitritt der Bundesrepublik zur NATO im Mai 1955 war das letzte Hindernis für einen Staatsvertrag mit Österreich gefallen. Die von der Sowjetunion erstrebte Schwächung Deutschlands war durch scheinbar permanente Teilung fixiert.

Fälschlicherweise wird die Zusicherung der militärischen Neutralität Österreichs bis heute oft auf ein sowjetisches Diktat zurückgeführt. Tatsächlich hatte der amerikanische Präsident und Republikaner Dwight D. Eisenhower schon im Jahr 1954 entschieden, dass eine Neutralität Österreichs nach dem Vorbild der Schweiz eine notwendige Bedingung für den Abschluss eines Staatsvertrages der vier Alliierten darstellte. Erst Anfang 1955 entdeckte Stalins Nachfolger Nikita Chruschtschow wieder die Neutralität als eine zentrale Verhandlungsoption, nachdem sie sich als Lockmittel für die Bundesrepublik Deutschland nicht bewährt hatte.

Seit den Gesprächen einer Regierungsdelegation in Moskau im April 1955 verfügten österreichische Politiker in der Folge über spezielle Kommunikationskanäle zur sowjetischen Nomenklatura. Sie sollten sich nicht nur in den Verhandlungen über die Verringerung der Reparationszahlungen durch die Lieferung von Erdöl bewähren. Selbst während der Kubaraketenkrise 1962, der heißesten und wohl gefährlichsten Phase der Nachkriegsjahre, fungierte der damalige sozialdemokratische österreichische Außenminister Bruno Kreisky als glaubhafter Überbringer eines sowjetischen Vorschlags. Als „Kreisky-Proposal" führte dieser zur Entschärfung dieses Konflikts im Situation Room des demokratischen US-Präsidenten John F. Kennedy im Westflügel des Weißen Hauses: Abzug der amerikanischen

Jupiter-Raketen in der Türkei gegen die teilweise schon scharfgemachten sowjetischen SS-4 und SS-5-Trägerraketen auf Kuba. Damals war die Welt nur noch wenige Stunden von einem Atomkrieg entfernt. Und wenn die amerikanische Luftaufklärung nicht so schlampig gearbeitet, sondern realisiert hätte, dass einige der Raketen bereits mit Atomsprengköpfen bestückt waren, wäre Kennedy wohl dem Drängen der US-Militärs auf einen Befehl zum Angriff auf Kuba nachgekommen.

Auch in den frühen 1970er-Jahren spielten die neutralen und die damals blockfreien Staaten eine wichtige Rolle, vor allem vor und während der Verhandlungen über die Schlussakte der Konferenz für Sicherheit und Zusammenarbeit in Europa (KSZE). Dem österreichischen Bundeskanzler Bruno Kreisky war aber immer bewusst, dass dieser wichtige Schritt auf dem Weg einer Entspannung zwischen Ost und West gleichzeitig mit einem kompromisslosen Bekenntnis zur ideologischen Konfrontation mit dem kommunistischen totalitären sowjetischen Regime einhergehen müsse: Friedliche Koexistenz war in den 1960er- und 1970er-Jahren keine Einbahnstraße Richtung Moskau, sondern für viele Politiker ein unaufgebbarer Teil einer friedlichen Gesamtstrategie zur Erosion des Kommunismus.

Bruno Kreisky nützte sogar die Unterzeichnung der KSZE-Akte im Jahr 1975 in Helsinki, um im Unterschied zu den meisten anderen Staatsmännern ganz klar die Fortsetzung der ideologischen Konfrontation zwischen westlicher Demokratie und Kommunismus zu fordern. Ausführlich legte der SPÖ-Politiker die ideologische Frontstellung mit den Worten offen, die „Koexistenz – unter der wir die heute mögliche Form friedlicher Beziehungen verstehen – (könne) nicht als für den ideologischen Bereich gültig angesehen werden". Der österreichische Bundeskanzler hat an diesen Formulierungen bis kurz vor seinem Auftritt im Kreis der Staats- und Regierungschefs eigenhändig gearbeitet. Diplomaten im sowjetischen Außenministerium meinten danach halb scherzhaft, Kreisky habe „dem Kommunismus den Krieg erklärt". Gegenüber der Tschechoslowakei, aus der Kreiskys Ahnen stammten, ging er noch härter vor. Der Sozialdemokrat intervenierte immer zugunsten des Dissidenten Václav Havel und sorgte in Wien persönlich für geflüchtete oder ausgebürgerte Anhänger der Charta-77-Bewegung. Entsprechend angespannt blieben die bilateralen Beziehungen.

Der Wendepunkt der sozialdemokratischen Parteien in der Bundesrepublik Deutschland und Österreich, die ideologische Konfrontationsbereitschaft zurückzustellen, fiel in die Zeit der Massenproteste der polnischen katholischen Gewerkschaftsbewegung Solidarnosc. Kreisky forderte die streikenden Arbeiter unverblümt auf, in die Bergwerke zurückzukehren und Kohle für die verstaatlichten Stahlbetriebe in Österreich zu schürfen. Über die Frage der Unterstützung für Solidarnosc kam es sogar zu einer der wenigen öffentlichen Auseinandersetzungen zwischen Kreisky und dem Wiener Erzbischof Kardinal Franz König.

Dieser Bruch mit der überkommenen Politik während des Kalten Krieges – friedliche Kooperation ja, Ende der intensiven ideologischen Konfrontation nein – hing in Österreich aber nicht nur mit den beiden Ölkrisen der 1970er-Jahre zusammen: Kohle und später auch Erdöl sowie Gas aus dem Ostblock sollte als Ersatz für das Rohöl aus dem Nahen Osten dienen. Um die Folgen der Wirtschaftskrise vor allem für den damals noch hohen Anteil verstaatlichter Betriebe und Banken nach der Erhöhung der Preise für OPEC-Öl aufzufangen, versuchte die österreichische Regierung zudem, die Wirtschaftsbeziehungen mit dem kommunistischen Ostblock zu intensivieren.

Der Vorrang der Interessen der (Staats-)Wirtschaft vor den ideologischen Grundlinien zur Verteidigung der parlamentarischen Demokratie und der Menschenrechte zieht sich wie ein roter Faden auch durch die Zeit nach dem Ende des Kalten Krieges 1989/1991. Anders als nach dem Zweiten Weltkrieg gab es jedoch keinen Marshallplan für eine Transformation der Wirtschaft, diesmal der staatssozialistischen ökonomischen Systeme. Während die Gesellschaft der Russischen Föderation in den 1990er-Jahren in eine wirtschaftliche Existenzkrise schlitterte, blühte im „goldenen Osten" der Raubtierkapitalismus.

Während der Marshallplan für Westeuropa von 1947 an auch auf die Stärkung der parlamentarischen Demokratie gerichtet war und die europäische Einigung förderte, fehlten derartige Konzepte nach 1989 und 1991 für die ehemals kommunistischen Staaten und auch für die Sowjetunion. Zwar wurde immer wieder auch in Brüssel von einem gemeinsamen europäischen Plan geredet, aber letzten Endes dominierten private beziehungsweise nationale ökonomische Interessen. Nur in wenigen Fällen wurde die extrem schwierige soziale und wirtschaftliche Situation der Gesellschaften nach dem Ende der kommunistischen Herrschaft wirklich berücksichtigt.

Bald nach dem Untergang der Sowjetunion überließ der russische Staats- und Parteichef Boris Jelzin in Zuge der Privatisierung die Staatsunternehmen einer kleinen Schicht von Glücksrittern, ehemaligen kommunistischen Jugendfunktionären und Beamten. Die Verarmung weiter Teile der Bevölkerung war die Folge. Bettler und Arbeitsuchende waren in den frühen 1990er-Jahren vielerorts Teil des Stadtbildes. Im Westen kümmerte diese desaströse Entwicklung niemanden.

Spätestens im Jahr 2009 hätten alle Alarmglocken schrillen müssen. Jelzins Nachfolger Wladimir Putin ließ im Streit über Abrechnungen von Gastransfers mit der Ukraine die Lieferung von Erdgas nach Österreich für vierzehn Tage stoppen. Obwohl die Leitung durch die Ukraine auch als technisch unsicher galt, ändert dies nichts an der Energiepolitik der Regierungen. Im Gegenteil: Weil das Gas aus Russland billig war, wurde die Abhängigkeit noch vergrößert. 2009 bezog Österreich etwa die Hälfte seines Gases aus Russland. Im Juli 2022 waren es sogar noch 87 Prozent.

Schon 2015 hatte ein westlicher Geheimdienst vor einem möglichen neuen deutschen Chef der teilstaatlichen Österreichischen Mineralölverwaltung (ÖMV) gewarnt – vergebens. Die prorussische Lobby um den damaligen Außenminister und künftigen Bundeskanzler Sebastian Kurz (ÖVP) war stärker und drückte seinen Wunschkandidaten durch. Kafkaesk, aber letztlich zutreffend ist eine E-Mail eines ÖMV-Vorstands aus jener Zeit: „St. Petersburg hat Rainer S. nominiert: Er/Du/René (Anm. Benko) und ich im Kreis um Seb. (Anm. Kurz) und großer Chef passt das?"

Rainer Seele, der bereits bei der BASF-Tochter Wintershall auf die russische Karte gesetzt hatte, machte die Diversifizierungsstrategie seines Vorgängers Gerhard Roiss zunichte. Roiss, der am Ende einer Intrige zum Opfer fiel, hatte auf Erdgas aus Norwegen gesetzt und 2012 eine gigantische Gasreserve im Schwarzen Meer vor Rumänien gesichert. Dieses Projekt soll nun im kommenden Jahr verwirklicht werden – es geht um bis zu 200 Milliarden Kubikmeter Erdgas.

Das strategische Ziel von Roiss war, „ein Drittel aus Rumänien, ein Drittel aus Norwegen, rund zehn Prozent aus Österreich und das verbleibende Viertel aus Russland" zu beziehen. Übrigens: Seele wurde gekündigt und als Vorstand von der Hauptversammlung für 2021 erst im zweiten Anlauf entlastet. Da half auch der „Orden der Freundschaft" nichts mehr, den ihm Putin 2018 verliehen hatte. Zumindest in einem parlamentarischen Untersuchungsausschuss wird jetzt klar, dass die Russlandlobby gerade im Umfeld des ÖVP-Kanzlers ungemein aktiv war. Strategische Diversifizierung der ÖMV war nicht angesagt. Zu verlockend war nicht nur der günstige russische Einkaufspreis, sondern auch die Aussicht auf gewinnbringende Positionen in russischen staatsnahen Unternehmen.

Fast vier Monate nach der Invasion der Krim im Jahr 2014 wurde Putin beispielsweise von der österreichischen Wirtschaftskammer eingeladen – ein Staatsbesuch macht sich ja nach dieser massiven Verletzung des Völkerrechts so gut. Im Zentrum der Interessen und der in herzlicher Atmosphäre geführten Gespräche standen russische Investitionen in Österreich sowie der russische Markt. Die brutale Verfolgung Oppositioneller wurde ebenso verdrängt wie die Zerschlagung unabhängiger Medienstrukturen oder die Ermordung von Journalistinnen und Journalisten.

Besonders skurril war die Diskussion zwischen dem damaligen Wirtschaftskammerpräsidenten Leitl und Präsident Putin. Der rief Leitl nach einem Hinweis auf die lange Amtszeit und auf drei Treffen mit Putin „Diktatur" zu. Dann aber – nach einigen Schrecksekunden – auf Deutsch abmilderte „gute Diktatur". Auf diese Weise wurde ein demokratisch gewählter Kammerfunktionär von einem Diktator zum antidemokratischen Kumpel stilisiert und lächerlich gemacht. Noch absurder war Leitls Hinweis, dass 1914 ein Teil der Ukraine bei „Österreich" war, das heißt, Teil der Habsburgermonarchie. Auch hier drehte Putin schnell die Situation zu seinem Vorteil und forderte konkrete Vorschläge nach dem Hinweis „Was soll das heißen?" Befürchtete er österreichische Gebietsansprüche, die seinen eigenen zuvorkommen könnten?

Österreichische, größtenteils großzügig staatlich finanzierte Kulturunternehmungen profitierten ebenfalls von den besonders engen Beziehungen der politischen Führung des Landes mit der russischen Führung. Die rechtspopulistische FPÖ hatte vor ihrer Beteiligung an der von der ÖVP geführten Bundesregierung im Jahr 2016 sogar für fünf Jahre einen Kooperationsvertrag mit Putins Partei „Einiges Russland" abgeschlossen.

Da war es nur logisch, dass die parteilose Außenministerin Karin Kneissl, die in der ÖVP/FPÖ-Koalition von der FPÖ benannt worden war, das zentrale politisch-kulturelle Dialogforum, den Sotschi-Dialog, mit Außenminister Sergej Lawrow in Moskau 2019 formell vereinbarte. Gemeinsam mit Bundespräsident Alexander Van der Bellen sollte sie es dann auch eröffnen. Das Forum wurde zu einem ganz wichtigen Ort, um weitere Verbindungen mit russischen Unternehmen und Oligarchen im Bereich des Kultursponsorings anzubahnen.

Spätestens mit der Invasion auf der Krim im Jahr 2014 hätte klar sein müssen, dass die politische Rechnung, dass wirtschaftliche Verflechtungen und Kulturproduktionen Staaten trotz unterschiedlicher ideologischer Grundausrichtung verbinden und Kriege verhindern, nicht mehr aufgeht. Ganz im Gegenteil, das russische Regime nützte den Geldregen, um die eigentlichen brutalen machtpolitischen Interessen zu vernebeln. Viele Kulturverantwortliche in Österreich, Deutschland und Europa spielten dieses Spiel dankbar mit.

Bis heute sind selbstkritische Einlassungen selten, obwohl niemand gezwungen wurde, nach der Invasion der Krim Subventionen von russischen Staatsfirmen oder kremlnahen Oligarchen anzunehmen. Zumindest Bundespräsident Van der Bellen fand bei der Eröffnung der Bregenzer Festspiele im Sommer selbstkritische Worte und bedauerte es, wie er sich von Putin habe täuschen lassen.

Die völkerrechtswidrige Aggression Russlands gegen die Krim war ebenso rasch vergessen wie die Pseudosanktionen der EU. Diese bestärkten Putin letztlich nur in seinem aggressiven Kurs, da sie völlig untauglich waren. Doch viele maßgebliche Politiker scherte dies nicht.

So drückte Außenministerin Kneissl 2018 Putin bei einem offiziellen Treffen eine Einladung zu ihrer Hochzeit in die Hand – und der russische Präsident erkannte den Propagandawert der Hochzeitsbilder sofort. 90 Minuten inmitten eines idyllischen Ortes in der Steiermark reichten: Präsident Putin tanzte – ganz Kavalier der alten Schule – mit der Braut. Kneissl machte nicht nur vor dem russischen Staatschef einen tiefen Knicks, sondern wiegte sich auch zu den Klängen eines Kosakenchores. Das Hochzeitsgeschenk Putins – Saphirohrringe im Wert von 50 000 Euro – zog allerdings das österreichische Außenamt an sich. Ungeachtet heftiger Proteste Kneissls lagern sie noch immer in einem Tresor am Ballhausplatz. Die vormalige Außenministerin fühlt sich aber bis heute in ihrem Land verfolgt und lebt nach einem Gastspiel in Frankreich im Libanon, wenn sie nicht gerade an Wirtschaftskonferenzen in Sankt Petersburg teilnimmt.

Während Kneissl ihrer Heimat den Rücken kehrt, kann eine von Putins Töchtern nicht genug von Österreich kriegen: Katerina Tichonowa reiste nach 2015 mehrfach nach Wien und nach Kitzbühel, streng bewacht von russischen Bodyguards – angeblich aus der Moskauer Präsidentenwache. Diskret auch der Kitzbüheler Luxushotelier, der dazu keine Auskünfte erteilt. Die österreichischen Sicherheitsbehörden konnten hingegen glaubhaft versichern, keine Ahnung gehabt zu haben, welch illustre Gäste sich im Land aufhielten.

Trotz aller Vorbehalte ist es selbst im neuen blutigen Kalten Krieg 5.0 wichtig, seitens der EU-Entscheidungsträger den direkten Kontakt mit Moskau nicht abbrechen zu lassen und inmitten der Kritik an der menschenverachtenden Invasion in der Ukraine und den unhaltbaren Zuständen der Menschenrechte in Russland selbst weiter direkte Verhandlungen und das Gespräch zu suchen. Letztlich hat eine solche Linie mitgeholfen, den ursprünglichen Kalten Krieg zu beenden.

Die politischen Akteure der EU und der demokratisch gesinnten Welt sollten jedoch gleichzeitig wieder zur ursprünglichen Strategie der Politik der friedlichen Koexistenz und der Ostpolitik vor 1981 zurückkehren. Das Ziel muss sein, einerseits Konflikte abzubauen,

Kriege zu verhindern oder zumindest zu beenden, aber andererseits die klare ideologische Auseinandersetzung mit der Forderung nach parlamentarischer Demokratie und Einhaltung der Menschenrechte zu verstärken und nicht zugunsten kurzlebiger Bilanzgewinne und der Reduktion öffentlicher Ausgaben aufzugeben.

***

Oliver Rathkolb ist Vorstand des Instituts für Zeitgeschichte an der Universität Wien.

Erschienen in der F.A.Z. vom 19.09.2022, Seite 6

Kampf dem Ukrainertum

Nach der Lesart des dilettierenden Präsidialhistorikers Wladimir Putin war ausgerechnet Lenin der Schöpfer einer eigenständigen Ukraine. Tatsächlich war seine Politik nur eine Reaktion auf die ukrainische Nationalbewegung, nicht ihr Auslöser

Professor Dr. Ricarda Vulpius

Kurz vor der Invasion Russlands in die Ukraine am 24. Februar erklärte Präsident Wladimir Putin in seiner fast einstündigen Rede, dass die Ukraine als eigenständige Nation eine Schöpfung Lenins sei und dass Russen und Ukrainer in Wahrheit ein Volk seien. Schon im Jahr davor hatte er unter seinem Namen einen zwanzigseitigen Aufsatz mit dem Titel „Über die historische Einheit der Russen und Ukrainer" veröffentlichen lassen.

Viele Beobachter mögen diese Einlassungen für einen Ausweis putinschen Größenwahns gehalten haben – als Beleg eines Herrschers, der sich in seinem Drang nach Geltung gedemütigt fühlt und nach der Wiederherstellung der Sowjetunion verlangt. Eine solche Sicht greift viel zu kurz. Nicht erst mit Putin und nicht erst seit dem 21. Jahrhundert hängt ein Großteil der Elite und Bevölkerung Russlands der Vorstellung an, Russen und Ukrainer seien ein Volk. Vielmehr hat diese Erzählung ihre Wurzeln im 17. Jahrhundert. Im ausgehenden 19. Jahrhundert hatte sie den überragenden Teil der russischen Gesellschaft hinter sich versammelt. Die Zarenregierungen hatten das Narrativ ab den 1830er-Jahren mit dem Projekt der „allrussischen Nation" verknüpft, wonach unter (groß-) russischer Führung die „großrussische" Nation mit den beiden anderen ostslawischen Ethnien der Weiß- und „Kleinrussen" zu einer einzigen Nation zu vereinen sei.

In der Vormoderne war die Bezeichnung „Kleinrusse" noch neutral und dem kirchlichen Bereich entlehnt. Damals unterschied Konstantinopel als die orthodoxe Mutterkirche zwischen einer großen und einer kleinen Entfernung: Nach Moskau war die Entfernung groß, dort waren die „Großrussen", nach Kiew war sie kleiner, dort lebten die „Kleinrussen". Seit dem ausgehenden 17. Jahrhundert übernahm die Moskauer Regierung diese Bezeichnung für die einverleibten Gebiete mit ukrainischsprachiger Bevölkerung. Auch die Bewohner der Gebiete selbst übernahmen allmählich die Bezeichnung, obgleich sie im Zuge des entstehenden Nationalbewusstseins im 19. Jahrhundert in den Augen nationalbewusster Ukrainer eine herablassende Bedeutung gewann. Alsdann wurde sie nur noch von jenen gewählt, die eine ukrainische Nationalbewegung ablehnten und mit „Kleinrussland" einen regionalen Identitätsentwurf verbanden, der mit der Vorstellung einer allrussischen Nation einherging.

Worauf gründete die Idee der Einheit von „Klein- und Großrussland"? Wichtigster Bezugspunkt war die gemeinsame Herkunft aus der mittelalterlichen Kiewer Rus, einem ostslawischen Herrschaftsverband, der durch den Einfall der Mongolen auseinandergerissen wurde und für 400 Jahre getrennte Wege ging. Erst im 17. Jahrhundert und ausgerechnet im Kreise Kiewer Geistlicher kam das Anliegen auf, die gemeinsame Bindung an die orthodoxe Religion zu betonen und die Sakralgemeinschaft von Moskowitern und Ukrainern gegenüber den katholischen Polen zu behaupten. Für dieses Anliegen ließen sie in einem Werk von 1674, der Synopsis, die Vorstellung aufkommen, wonach es eine enge geschichtliche, dynastische, religiöse und ethnische Verbindung der ukrainischen Gebiete und ihrer Bevölkerung mit dem Moskauer Reich gebe.

Es sollte aber noch weitere 150 Jahre lang dauern, bis diese Erzählung in breiteren Kreisen Anhänger gewann. Der russische Bildungsminister Sergej Uvarov sah sich nach dem polnischen Aufstand von 1830/31 veranlasst, einen Wettbewerb für Lehrbücher auszurufen, mit denen die Einheit der „Polnischen, Litauischen und Russischen Geschichte" bewiesen werden sollte. Dahinter verbarg sich auch die ukrainische Geschichte. Der Historiker Nikolaj Ustrjalov gewann den Wettbewerb und legte 1836 mit seinem vierbändigen Lehrbuch, dem ersten, offiziell gebilligten Lehrbuch zur „Russischen Geschichte", das Fundament für die russische Sicht auf die ukrainische Geschichte.

Ustrjalov machte sämtliche große Perioden der ukrainischen Geschichte zum Teil der „russischen" Geschichte. Demnach sei die russische Nation durch die polnische Herrschaft über die Ukraine und Weißrussland gespalten worden. Anschließend habe eine bewusste Politik der Entfremdung der „zwei Russlands" eingesetzt. Der große Trend der späteren Geschichte habe darin bestanden, stets die „Wiedererrichtung des russischen Landes innerhalb der Grenzen (...), die es unter Jaroslaw dem Weisen gegeben hatte", anzustreben.

Jaroslaw der Weise aber hatte im 11. Jahrhundert regiert, also in der Zeit der Kiewer Rus, als es weder Ukrainer noch Russen, sondern nur Ostslawen gab. Ustrjalov fusionierte mithin geschickt die moderne Idee einer allrussischen Nation mit dem vormodernen Konzept eines dynastischen Patrimoniums und übersprang dabei die anschließende 400-jährige Auseinanderentwicklung genauso wie die Tatsache, dass sich der Moskauer Zar Mitte des 17. Jahrhunderts über Jahre hin dagegen gesträubt hatte, die Hetmanatsukraine in sein Reich aufzunehmen.

Die Beschreibung Ustrjalovs der ukrainischen und vor allem von der russischen Geschichte, die sich durch den großen „Wunsch nach Wiedervereinigung" ausgezeichnet habe, wurde nach und nach zum Eckstein der offiziellen Interpretation der Geschichte der ukrainischen Länder.

Parallel zu den Bemühungen Uvarovs und Ustrjalovs in den 1830er-Jahren bildete sich an der Universität Kiew ein kleiner Zirkel von Intellektuellen, die „Gesellschaft der Heiligen Kyrill und Method". Ihre Mitglieder, unter ihnen der Historiker Mykola Kostomarov (1817 bis 1885) und Taras Sevcenko (1814 bis 1861), der bedeutendste ukrainische Schriftsteller im 19. Jahrhundert, dachten über die Zukunft „der Ukraine" und über ihren Platz in der Welt der Slawen nach. Sie strebten eine Föderalisierung des Zarenreichs an, in dem „Russland" und „die Ukraine" gleichwertige Subjekte sein sollten. Kostomarov verfasste eine Schrift, in der er die Knechtschaft beklagte, in welche die Ukraine unter Zar Peter I. gefallen sei, und beschuldigte Katharina II., dem Kosakentum und der Freiheit ein Ende bereitet zu haben. Er endete mit den Worten: „Die Ukraine wird aus ihrem Grabe auferstehen und wird erneut alle ihre slawischen Brüder aufrufen, und diese werden ihren Ruf hören, und das Slawentum wird sich erheben, und es wird kein Zar, kein Zarewitsch, keine Zarin, (...) kein Pan, kein Bojar, kein Leibeigener und kein Sklave mehr da sein, weder in Russland noch in Polen, noch in der

Ukraine, (...). Die Ukraine wird eine unabhängige Republik in einer Union der Slawen sein."

Der Kyrill-Method-Zirkel bestand nur kurze Zeit. Seine Mitglieder und Sympathisanten wurden 1847 denunziert und verhaftet. Die Geheimpolizei war damit zum ersten Mal auf die Existenz der sogenannten Ukrainophilen aufmerksam geworden. Der Chef der Geheimpolizei, Graf Aleksej Orlov, meldete 1847: „In Kiev und in Kleinrussland hat sich die Slawophilie in Ukrainophilie verwandelt. Dort bemühen sich junge Menschen um die Wiederherstellung der Sprache, der Literatur und der Bräuche Kleinrusslands bis hin zu Träumen von der Rückkehr der früheren Freiheit, des Kosakentums und des Hetmanats." Als besonders gefährlich schätzte der Chef der Geheimpolizei Sevcenkos Dichtungen ein.

Die Vorstellung, die „Kleinrussen" könnten sich von Russland abspalten wollen, führte zu heftigen Reaktionen. Nicht nur zarische Behörden, sondern auch russische Intellektuelle reagierten auf die ersten Anzeichen einer ukrainischen Nationalbewegung ablehnend. Bis dahin hatte die öffentliche Meinung den „Kleinrussen" wohlgesinnt gegenübergestanden. Im Zuge der Romantik und Empfindsamkeit hatte man mit der ukrainischsprachigen Bevölkerung die glückliche einfache Lebensart und das unverdorbene Landleben verbunden. In der ersten Hälfte der 1840er-Jahre aber vollzog sich der Umschwung. Als Anlässe dienten die Publikation von Sevcenkos „Kobzar" sowie Mykola Markevycs Schrift „Geschichte Kleinrusslands" (1842/43).

Markevyc bezeichnete die „Großrussen" darin als „jüngere Brüder" der „Kleinrussen". Der bekannte russische Literaturkritiker Vissarion Belinskij (1811 bis 1848) kritisierte daraufhin Sevcenkos und Markevycs Sichtweisen massiv und setzte ihnen 1843 seine Auffassung von der Geschichtslosigkeit „Kleinrusslands" gegenüber: „Kleinrussland war nie ein Staat und hatte folglich im strengen Sinn dieses Wortes auch keine Geschichte. (...) Die Geschichte Kleinrusslands ist ein Nebenfluss, der in den großen Fluss der russischen Geschichte mündet (...). Indem es endgültig mit dem blutsverwandten Russland zusammengeflossen ist, hat sich für Kleinrussland die Türe zur Zivilisation, zur Aufklärung, zur Wissenschaft geöffnet, von denen es bisher sein halbwilder Charakter unüberwindlich getrennt hat.

Gemeinsam mit Russland steht ihm jetzt eine große Zukunft bevor." Früher habe es einmal eine „kleinrussische" Sprache gegeben. Heute sei sie nur ein Dialekt. Die Literatursprache der „Kleinrussen" müsse daher das Russische sein, und große Dichter könnten dort nur russische Dichter sein.

Belinskij war nicht der letzte Intellektuelle, der den „Kleinrussen" die Daseinsberechtigung als separate Nation absprach, zumal die Anfänge der ukrainischen Nationalbewegung mit einem immensen Aufschwung des russischen Nationalbewusstseins einhergingen. Die Ablehnung der Vorstellung einer eigenständigen ukrainischen Nation und das Eintreten für eine „allrussisch" vorgestellte russische Nation ergriff Mitte des 19. Jahrhunderts alle politischen Lager der russischen Gesellschaft und etablierte sich als eine Konstante des russischen politischen Denkens.

Mit der politischen Liberalisierung in den 1860er-Jahren wurde diese Dynamik noch stärker: Die Presse expandierte, erstmals entstand eine breite politische Öffentlichkeit, in der politische und gesellschaftliche Fragen umfänglich diskutiert wurden. Nationale Themen standen im Vordergrund. Die Ukrainophilen stiegen in der russisch-nationalen Ideologie zum wichtigsten Feindbild auf. Ein möglicher Abfall der Ukrainer, der mit Abstand größten nichtrussischen Ethnie des Reiches, wurde als Bedrohung für die Existenz der russischen Nation und für den Zusammenhalt des Imperiums gesehen. Nur als „Kleinrussen", als Teil eines großen Ganzen, konnten die Ukrainer zur Integrationskraft der „allrussischen" Nation im Reich beitragen, die 1897 mit rund 84 Millionen insgesamt etwa zwei Drittel der Bevölkerung des Zarenreichs ausmachte. Hingegen stellten die Großrussen ohne Ukrainer und Weißrussen nur noch 44 Prozent der Reichsbevölkerung.

Mit besonderem Argwohn schaute die Zarenregierung auf polnische Agitatoren, die die „Kleinrussen" umwarben. In russischnationalen Kreisen war die Behauptung allgegenwärtig, wonach die ukrainische Nationalbewegung das Produkt einer „polnischen" oder „katholischen Intrige" sei. Aus dieser Perspektive galten die national orientierten Ukrainer als potentielle Verräter. In Erinnerung an den einstigen ukrainischen Hetman (Anführer) Ivan Mazepa (1639 bis 1709) wurden sie mit dem Attribut „Mazepisten" belegt – in

Anlehnung an den als Verrat ausgelegten Abfall Mazepas von Zar Peter I. Der Vorwurf des potentiellen Verrats ging dabei in zwei Richtungen: Zum einen wurde in Analogie zum historischen Mazepa die Gefahr eines Frontenwechsels entweder zum Habsburger Reich oder zumindest zur polnischen Nationalbewegung beschworen. Zum anderen wurden solche als Verräter und Mazepisten bezeichnet, die auch nur ansatzweise den Wunsch nach einem eigenständigen ukrainischen Weg formulierten.

Der slawophile Russe Ivan Aksakov drückte es im Jahr 1862 so aus: „Kleinrussland, Weißrussland, Großrussland – sie sind ein Körper, etwas Ganzes und Unteilbares – und eines vom anderen wegzureißen, bedeutet das Gleiche, wie einen Körper in seine Bestandteile zu zerstückeln. Kiev abzuschneiden würde bedeuten, in einen lebenden Körper zu schneiden." Der bekannte Publizist Michail Katkov unterstützte diese Haltung ein Jahr später, als er nach dem Beginn des zweiten polnischen Aufstands 1863 seinen Leitartikel in den „Moskovskie Vedomosti" mit den Worten begann: „Eine Intrige, überall eine Intrige, eine heimtückische Intrige!" Und weiter: „Die Ukraine hatte nie eine eigene Geschichte, war nie ein separater Staat. Das ukrainische Volk ist ein rein russisches Volk, ein seit jeher russisches Volk, ein essentieller Teil des russischen Volkes, ohne den das russische Volk nicht bleiben kann, was es ist (...). Es kann keine Rivalität zwischen dem südlichen und nördlichen Teil einer Nationalität geben, genau so wenig wie zwischen zwei Händen oder Augen eines lebenden Organismus. Deshalb bedeute der Verlust der Ukraine „die Verstümmelung des russischen Körpers und der russischen Seele".

Nach dem Tod von Nikolaus I. nutzte die ukrainische Nationalbewegung die nun einsetzende politische Liberalisierung, um wieder aktiv zu werden. Zwischen 1855 und 1863 erschienen im Russländischen Imperium zahlreiche ukrainischsprachige Bücher, unter ihnen literarische Werke, religiöse, historische und ethnographische Schriften sowie Lehrbücher für verschiedene Unterrichtsfächer. Im Zentrum stand – wie auch auf russischer Seite – das Ziel, die Kluft zu den Massen analphabetischer Bauern, die als Kern einer künftigen Nation betrachtet wurden, zu überbrücken und für das Projekt zu mobilisieren.

Eine wichtige Rolle spielte dabei die landeskundliche Bewegung, die ihren Anfang oft in den ukrainophil unterwanderten Geistlichen Seminaren der ukrainischen Eparchien der Russisch-Orthodoxen Kirche nahm. Seminaristen und Priester veröffentlichten preiswerte, für ein breiteres Publikum bestimmte Broschüren und richteten in den Dörfern zusammen mit weltlichen national Gesinnten ukrainischsprachige Sonntagsschulen ein. In Kiew und anderen Städten fanden sich Studenten, Lehrer und junge Intellektuelle zusammen. In Sankt Petersburg gründeten einige Mitglieder der ehemaligen Kyrill- und-Method-Gesellschaft die Zeitschrift „Osnova", die Texte über ukrainische Themen in ukrainischer und russischer Sprache publizierte. Obwohl die Protagonisten erklärten, rein kulturelle Ziele zu verfolgen, erregten sie mit ihren Aktivitäten erneut das Misstrauen der Behörden.

Die entscheidende Wende hin zu repressiven Maßnahmen ging mit dem polnischen Aufstand vom Januar 1863 einher. Adelige, die ein unabhängiges Königreich Polen wiederherstellen wollten, bemühten sich um Unterstützung durch die ukrainische Intelligenz und „kleinrussische" Bauern. Sie hatten damit zwar keinen Erfolg. Doch entsprachen sie genau dem in zarischen Behörden vorherrschenden Stereotyp der „polnischen Intrige". Die schnell einsetzenden Repressionen der Regierung trafen deshalb nicht nur die polnischen Adligen und Geistlichen, sondern auch die Anfänge der ukrainischen Nationalbewegung: Die gerade erst eröffneten Sonntagsschulen wurden verboten, die Gruppierungen in Kiew und in anderen Städten aufgelöst.

Dann kam der Paukenschlag. Auslöser war die zum Druck vorliegende, aber noch unveröffentlichte Übersetzung der Bibel ins Ukrainische. Im Juli 1863 wies der russische Innenminister Petr Valuev alle Zensurbehörden an, den Druck jeglicher Bücher in ukrainischer Sprache mit Ausnahme der schöngeistigen Literatur zu verbieten. Auch der Unterricht in ukrainischer Sprache wurde von sofort an untersagt. Als Begründung führte Valuev die Aktivitäten von „Kleinrussen" unter den Bauern an, die „separatistische Gedanken" hätten, „die gegenüber Rußland feindlich und für Kleinrußland tödlich" seien.

Valuevs Zirkular richtete sich ausdrücklich gegen die Existenz einer eigenständigen ukrainischen Sprache. Und er formulierte die legendär gewordenen Sätze: „Eine eigene kleinrussische Sprache hat es nie gegeben, gibt es nicht und wird es auch in Zukunft nicht geben. Bei ihrem Dialekt, der von dem einfachen Volk gesprochen wird, handelt es sich um die russische Sprache, nur verdorben durch polnische Einflüsse. Die allgemeinrussische Sprache ist für die Kleinrussen genauso verständlich wie für die Großrussen, ja sogar besser als die jetzt von einigen Kleinrussen und besonders einigen Polen ausgeheckte sogenannte ukrainische Sprache."

Das Zirkular von 1863 leitete eine Politik der Russifizierung gegenüber der ukrainischsprachigen Bevölkerung ein. Im Prinzip hatte diese Politik von da an vierzig Jahre Bestand. Gegenüber den Ukrainern wurde sie rigoroser exekutiert als gegenüber jeder anderen Nation im Reich, einschließlich der Polen. Das unterstreicht, welche Bedeutung die Zarenregierung der mit Abstand größten nationalen Minderheit und ihrer Nationalbewegung zumaß.

1876 verschärfte die Regierung die Bestimmungen von 1863. Neben einem Verbot der Einfuhr jeglicher Bücher in ukrainischer Sprache aus Galizien wurden nun auch alle Theateraufführungen, Begleittexte zu musikalischen Noten und öffentlichen Vorträge „in diesem Dialekt" verboten, „da sie heute den Charakter ukrainophiler Ausdrucksformen haben".

Die Zensurbehörden sorgten dafür, dass selbst das Ethnonym „Ukrainer" und die Landesbezeichnung „Ukraine" nicht mehr verwendet werden durften. Stattdessen erhielten die ehemals polnisch beherrschten Gebiete westlich des Dnjeprs den Namen „Südwestliches Gebiet". Auch die Bezeichnung „Südliche Rus", die sich auf alle ukrainischen Gebiete unter zarischer Herrschaft bezog, fand zunehmend Verwendung. Mit der Tilgung der ursprünglichen Landesbezeichnung aus dem öffentlichen Sprachgebrauch galt es, das Konzept von der allrussischen Nation abzusichern.

Vor allem aber entzog das Verbot, die eigene Sprache zu benutzen, der Nationalbewegung die Möglichkeit, öffentlich in der Muttersprache zu kommunizieren. Die Nationsbildung wurde massiv gehemmt. Erst mit der neuerlichen Liberalisierung der politischen Verhältnisse nach der Revolution von 1905 und der Aufhebung des

Verbots, Ukrainisch im öffentlichen Raum zu sprechen, kam es zu einem Wiederaufleben. Allerdings mobilisierten die Liberalisierung und die Pluralisierung der politischen Öffentlichkeit abermals auch den russischen Nationalismus.

Die Auseinandersetzung mit den national gesinnten Ukrainern suchten sowohl ethnonationalistisch gesinnte extreme Organisationen wie der „Klub der russischen Nationalisten" in Kiew als zunehmend auch liberale Politiker. Einer von ihnen, Petr Struve, warnte 1912 davor, dass die von der Intelligenz erfundene „kleinrussische" Kultur breitere Massen erfassen könnte: „Wenn die ‚ukrainische' Idee der Intelligenz [...] das Volk mit ihrem ‚Ukrainertum' anstecken wird, dann wird dies zu einer gigantischen und präzedenzlosen Spaltung der russischen Nation führen, die, dies ist meine tiefe Überzeugung, mit einem wahren Desaster für Staat und Volk enden wird. Alle unsere ‚Grenzland'-Probleme werden als reine Lappalien erscheinen mit Vergleich mit einer solchen Perspektive der ‚Zweiteilung' und – sollten die Weißrussen dem Beispiel der Ukrainer folgen – ‚Dreiteilung' der russischen Kultur (...). Die russische progressive öffentliche Meinung muss (...) in einen ideologischen Kampf mit dem ‚Ukrainertum' treten, als einer Tendenz, die die große Errungenschaft unserer Geschichte, die allgemeinrussische Kultur, schwächt und teilweise sogar abschafft."

Auf der russischen Seite konkurrierten und vermischten sich verschiedene Nationsentwürfe: Sie reichten von imperialen über ethnorussische bis hin zu liberal-staatsbürgerlichen Konzepten. Im Verhältnis zu den Ukrainophilen aber stimmten alle weitgehend überein: Die ukrainischsprachige Bevölkerung, genauer gesagt die „Kleinrussen", hätten sich als Teil einer allrussischen Nation zu begreifen.

Auch innerhalb der ukrainischsprachigen Bevölkerung standen sich das „ukrainische" und das „kleinrussische" Projekt gegenüber. Für viele Nachkommen der kosakischen Oberschicht des im 18. Jahrhundert aufgelösten Hetmanats knüpfte die Bezeichnung „kleinrussisch" an das politische und historische Bewusstsein ihres damaligen halbstaatlichen Gebildes an und umfasste das Konzept multipler Identitäten: Demnach ließ sich das „Kleinrussentum" mit einem Bekenntnis zur allrussischen Nation verbinden. Die Anhänger einer exklusiven Loyalität zur ukrainischen Nation rangen mit den Befürwortern des multiplen Identitätsentwurfs um diejenigen, die national unentschieden waren.

Darüber hinaus gab es bis 1914 die Möglichkeit, dass mehrere Nationsbildungsprozesse gleichzeitig erfolgten. So hatte die ukrainischsprachige Bevölkerung der Habsburgermonarchie, die als „Ruthenen" bezeichnet wurde, das Potential, eine eigenständige Nation zu bilden. Zudem war denkbar, dass sowohl das galizische als auch das ukrainische Nationsbildungsprojekt scheiterten.

Der Schock, der vom Ersten Weltkrieg und den revolutionären Umwälzungen ausging, mündete jedoch in fundamental veränderte Rahmenbedingungen. Mit dem Sturz des Zarenreiches fiel auch das Repressions- und Polizeiregime in sich zusammen. Die Februarrevolution von 1917 führte zu einer Liberalisierung des politischen und kulturellen Lebens, die eine Nationsbildung von Russen und Ukrainern beförderte. Jetzt erfasste nationales Gedankengut breite Kreise der Bevölkerung. Die Gründung der ukrainischen Volksrepublik im November 1917 zwang die Bolschewiki zu Zugeständnissen, die sich in den ersten Jahren der Sowjetunion in einer Politik der Ukrainisierung niederschlugen.

Vor diesem Hintergrund könnte nichts abwegiger sein, als von Lenin als einem Schöpfer der ukrainischen Nation zu sprechen, wie es der dilettierende Präsidialhistoriker Putin behauptete. Die von den Bolschewiki eingeleitete Nationalitätenpolitik unterschied sich zwar grundlegend von der repressiven Politik des Zarenreiches und bildete mithin eine erstaunliche, wenn auch nur vorübergehende Abkehr vom Konzept der allrussischen Nation. Lenins Politik war jedoch der Versuch einer Antwort auf die erstarkte ukrainische Nationalbewegung, nicht ihr Auslöser.

***

Ricarda Vulpius lehrt Osteuropäische Geschichte an der Westfälischen Wilhelms-Universität Münster.

Erschienen in der F.A.Z. vom 26.09.2022, Seite 6

Eine gute Schule für das Leben

Fünf Jahre arbeitete Wladimir Putin als KGB-Offizier in Dresden. Stasi-Unterlagen aus dieser Zeit verraten mehr über den russischen Präsidenten, als diesem lieb sein dürfte. Aber auch manche Legende wird widerlegt

Dr. Hubertus Knabe

Viel ist in den vergangenen Monaten über Wladimir Putin geschrieben worden. Zahllose Fachleute haben seit dem Einmarsch Russlands in die Ukraine eine Einschätzung des Kremlherrschers abgegeben. Sogar seine Körperhaltung bei Fernsehauftritten wurde analysiert. Doch viele Erklärungsversuche bewegen sich im Bereich der Spekulation.

Durch schriftliche Unterlagen dokumentiert ist hingegen eine Phase in Putins Leben, die ihn nachhaltig prägt: seine Tätigkeit als Offizier der I. Hauptabteilung des sowjetischen Komitees für Staatssicherheit (KGB) in Dresden. Hierhin hatte die sowjetische Auslandsspionage 1985 den damals 33 Jahre alten Agenten nach dem Abschluss der KGB-Hochschule in Moskau zu seinem ersten Auslandseinsatz entsandt. Und hier erlebte er fünf Jahre später, wie die scheinbar unerschütterliche SED-Diktatur durch Bürgerproteste zu Fall gebracht wurde. Zusammen mit seiner damaligen Frau Ludmila musste Putin Anfang 1990 seinen Hausstand in der Radeberger Str. 101 überstürzt zusammenpacken und nach Russland zurückkehren.

Die Unterlagen über Putins Lehrzeit in der DDR lagern heute in der Dresdner Außenstelle des Bundesarchivs. Sie stammen aus den Beständen der dortigen Bezirksverwaltung des Ministeriums für Staatssicherheit (MfS). Diese arbeitete eng mit den „Freunden" zusammen – wie die Stasi den KGB intern nannte. Rund 500 Blatt Dokumente hat das Archiv herausgegeben, außerdem Dutzende überwiegend unveröffentlichte Fotografien. Obwohl die Unterlagen nur teilweise direkt vom KGB stammen, geben sie doch einen tiefen Einblick in die damalige Tätigkeit des russischen Präsidenten. Wie sehr deren Folgen bis in die Gegenwart reichen, ist das eigentlich Überraschende bei der Lektüre.

Auf den ersten Blick am faszinierendsten sind zweifellos die Fotos, die Putin bei unterschiedlichen Anlässen in Dresden zeigen. Die Stasi lud die Kollegen vom KGB regelmäßig zu feierlichen Veranstaltungen ein, zum Beispiel zur Vereidigung neuer Rekruten oder aus Anlass politischer Jahrestage. Putin war fast immer dabei.

Auf den Bildern sieht man einen schlanken, etwas linkisch wirkenden Mann, dessen Stirn sich früh lichtet und der meist schweigend seine Umgebung taxiert. Statt einer Uniform trägt Putin Anzug, Hemd und Krawatte, und anstelle des sonst üblichen Alkohols steht vor ihm fast immer ein Glas Saft. Er wirkt diszipliniert, dynamisch – und ehrgeizig.

Inhaltlich interessanter sind jedoch die schriftlichen Unterlagen. Sie dokumentieren zum Beispiel den raschen Aufstieg Putins vom Hauptmann über den Majorsrang zum Oberstleutnant. Bereits 1987 vertrat er seinen Chef Lasar Matwejew, auch danach amtierte er noch mehrfach als Leiter der Dresdner KGB-Residentur. Putin übernahm außerdem den ungeliebten Posten des Parteisekretärs – eine wichtige Funktion, wenn man Karriere machen wollte. Schon im Februar 1988 wurde er abermals ausgezeichnet, diesmal sogar von Stasi-Minister Erich Mielke, der ihm die Verdienstmedaille der NVA in Bronze verlieh. Ein Foto, das Putin mit Mielke und dem Dresdner SED-Chef Hans Modrow zeigt, dürfte bei dieser Gelegenheit entstanden sein.

Die Unterlagen zeigen darüber hinaus, dass der Zusammenbruch der DDR für Putin völlig unerwartet kam. Nirgendwo findet sich ein Hinweis, dass den Offizieren von KGB und MfS die drohende Gefahr bewusst gewesen wäre. „Der Sozialismus ist in der Offensive", erklärte der Dresdner Stasi-Chef Horst Böhm beim Ball der Waffenbrüderschaft im November 1987 „Sein weiteres Erstarken (...), das ist der Grundzug, das Bestimmende der Geschichte unseres Jahrhunderts."

Umso größer muss der Schock gewesen sein, als das SED-Regime ins Wanken geriet – auch für Putin, der den Prozess hautnah miterlebte. Als Demonstranten im Dezember 1989 die Bezirksverwaltung der Stasi besetzten, zogen einige auch vor die nahe gelegene

Villa des KGBs in der Angelikastraße 4. Vergeblich, so berichtete Putin später, habe er beim sowjetischen Militärkommando in Dresden um Unterstützung gebeten. Augenzeugen zufolge kam er schließlich selbst ans Tor, wo er sich als Dolmetscher ausgab und den Demonstranten auf Deutsch erklärte, dass es sich um sowjetisches Territorium handele. „Wenn Unbefugte in dieses Gelände eindringen, dann habe ich Schießbefehl erteilt", soll er gesagt haben. Die Menge zog wieder ab.

Aus Angst vor einer Besetzung der KGB-Residentur machten sich Putin und seine Kollegen nun fieberhaft daran, ihre mühsam zusammengetragenen Akten zu vernichten. „Wir haben Tag und Nacht Sachen ins Feuer geworfen", erinnerte er sich später. Wie sein letzter Chef Wladimir Schirokow berichtete, wurden schließlich zwölf Lastwagenladungen voller Dokumente in das örtliche Hauptquartier der sowjetischen Armee gebracht, um sie im Schutz der Truppen zu zerstören. Doch dort sei erst der Ofen für die Verbrennung von Geheimdokumenten zusammengebrochen, dann das Napalm nicht gekommen, mit dem die Papiere auf dem Schießplatz vernichtet werden sollten. Schließlich habe man sie mit Benzin übergossen und angezündet, wobei es zu einer Explosion gekommen sei.

Im selben Interview schilderte Schirokow auch den schmachvollen Abzug des KGBs aus Dresden. Weil er von morgens um sechs Uhr bis Mitternacht beschattet worden sei, habe er so getan, als ob er alle Aktivitäten eingestellt hätte. Heimlich habe er jedoch zwei Autos kaufen und beladen lassen, die ihm dann in der Nacht „auf die Strecke gestellt" worden seien. Im Schutz der Dunkelheit habe man ihn schließlich mit seinem Sohn dorthin gefahren. „Am Morgen waren wir bereits in Polen." Wie einschneidend der Zusammenbruch des Regimes für die Tschekisten war, lässt sich auch daran ermessen, dass der selbstbewusste Dresdner Stasi-Chef, der auf vielen Putin-Fotos zu sehen ist, mit 52 Jahren Selbstmord beging. Das tiefe Misstrauen des russischen Präsidenten gegenüber der Zivilgesellschaft hat viel mit diesen Erfahrungen zu tun.

Den Papieren kann man auch entnehmen, wie Putins Arbeitsstelle aufgebaut war und welche Aufgaben sie hatte. Neben dem Leiter bestand die „Dienststelle des Verbindungsoffiziers" nur noch aus einem Stellvertreter, einer Sekretärin und vier Offizieren. Dass mindestens drei von Putins damaligen Kollegen heute zum engsten Zirkel des russischen Präsidenten gehören, belegt, dass die viel zitierten Netzwerke des KGBs tatsächlich existieren.

Eine erstaunliche Karriere machte zum Beispiel Jewgeni Schkolow, dessen Name auf einer Geburtstagsliste der Stasi steht. Der Sohn eines sowjetischen Geheimdienstoffiziers wurde 1955 in Dresden geboren und kehrte später für den KGB dorthin zurück. Nach dem Zusammenbruch der Sowjetunion arbeitete er zunächst als kleiner Beamter in der Stadtverwaltung der Region Ivanovo. Kaum hatte Putin das Amt des Präsidenten übernommen, holte er ihn zu sich. Russische Medien bezeichneten ihn bald als „Putins obersten Kaderoffizier". Nachdem ihn die USA 2018 auf ihre Sanktionsliste setzten, wechselte er auf einen Vorstandsposten in der staatlichen Stromwirtschaft.

Eine Schlüsselrolle in der Energiewirtschaft spielt auch Nikolai Tokarew. Sein Name steht auf einer geheimen Telefonliste der Stasi. Wie Putin hatte er an der KGB-Hochschule in Moskau studiert und war anschließend nach Dresden geschickt worden. Nach dem Ende des kommunistischen Regimes kam er zuerst bei einer russisch-deutschen Leasinggesellschaft unter, doch als Putin 1996 in die Kreml-Verwaltung einrückte, machte er ihn zum Vizechef des Staatsunternehmens für Auslandsimmobilien.

Nach dem Amtsantritt als Präsident ernannte Putin Tokarew zum Generaldirektor von Zarubezhneft, einem Staatsunternehmen zur Erschließung von Öl- und Gasfeldern. 2007 wurde er Chef von Transneft, das die riesigen Erdölpipelines in Russland betreibt. Tokarew steht ebenfalls auf den Sanktionslisten der EU und der USA, seit Kurzem auch seine Tochter. Sie soll unter anderem Luxusimmobilien im Wert von mehr als 50 Millionen Dollar für ihn verwalten. Mit seinen Dresdner Kollegen verbindet Putin nicht nur das besondere Loyalitätsverständnis des KGBs, wo Verrat mit dem Tode bestraft wurde. Er hat sie auch materiell korrumpiert, indem er ihnen erlaubte, sich hemmungslos zu bereichern.

In der DDR musste Tokarew sein Telefon noch mit Sergei Tschemesow teilen – dem dritten Putin-Vertrauter aus Dresden. Auf einem der Fotos schaut er wohlwollend auf Putin, als der gerade ausgezeichnet wird. Auch die Ehefrauen der beiden Tschekisten sollen miteinander befreundet gewesen sein, schließlich wohnten die KGB-Mitarbeiter alle im selben Plattenbau. Als Putin in den Kreml kam, brachte er Tschemesow im Büro des Präsidenten unter, zuständig für Außenwirtschaftsbeziehungen. Kaum wurde Putin selbst Präsident, machte er ihn zum obersten Waffenproduzenten – erst beim staatlichen Rüstungsexportunternehmen Rosoboronexport, dann bei dessen Mutterkonzern Rostec. Wegen des Ukrainekrieges kommt Tschemesow, der auch dem Präsidium von Putins Partei „Einiges Russland" angehört, derzeit besondere Bedeutung zu.

Einem russischen Zeitungsbericht zufolge betrug Tschemesows Familieneinkommen im Jahr 2013 mehr als 800 Millionen Rubel, was damals etwa 20 Millionen Euro entsprach. Darüber hinaus soll er zahlreiche Immobilien besitzen. Bereits 2014 verhängten die USA und die EU eine Einreise- und Kontensperre gegen ihn. Im März 2022 beschlagnahmte die spanische Regierung in Barcelona seine 85 Meter lange Yacht, die allein einen Wert von 140 Millionen Dollar haben soll. Weil Tschemesow sein Vermögen wie viele andere Günstlinge Putins vor allem durch Familienmitglieder verwalten lässt, stehen inzwischen auch seine Stieftochter, seine Schwiegermutter und sein Sohn auf die EU-Sanktionsliste.

Offiziell waren Putin und seine Kollegen in Dresden für den Kontakt zur Stasi-Bezirksverwaltung zuständig. Als Offiziere der I. Hauptverwaltung war es aber gleichzeitig ihre Aufgabe, westliche Agenten für den KGB zu rekrutieren. Die Spekulationen, die darüber im Umlauf sind, stellen sich bei Lektüre der Unterlagen als wenig glaubwürdig heraus.

In ihrem Buch „Putins Netz" schreibt die Journalistin Catherine Belton beispielsweise, Putin habe damals linksradikale Terroristen und Neonazis in der Bundesrepublik unterstützt. Mitglieder der Roten Armee Fraktion (RAF) seien mehrfach per Zug zu ihm gereist. Dabei hätten sie auch Listen mit Waffen übergeben, die dann in Westdeutschland hinterlegt worden seien. Sogar der Anschlag auf Deutsche-Bank-Chef Alfred Herrhausen sei „aus Dresden vorgegeben" worden.

In den Unterlagen findet sich dafür keinerlei Beleg. Eine solche Kooperation wäre der Stasi mit ihren guten Kontakten zur RAF und ihrer lückenlosen Überwachung des Grenzverkehrs mit Sicherheit nicht verborgen geblieben. Auch der KGB hätte einen politisch derart heiklen Vorgang kaum einem unerfahrenen Offizier der Auslandsspionage in der ostdeutschen Provinz anvertraut. Allein die Behauptung, die Stasi hätte die Terroristen in sowjetischen ZIL-Limousinen am Bahnhof abgeholt, macht Beltons anonymen Zeugen unglaubwürdig.

Belton zufolge soll Putin auch in der Technologiespionage eine bedeutende Rolle gespielt haben. Weil das Elektronikkombinat Robotron einen Sitz in Dresden hatte, sei die Stadt Zentrum des Schwarzhandels mit westlichen Technologien gewesen. Wie Stasi-Unterlagen belegen, lief die illegale Beschaffung jedoch größtenteils über die Ost-Berliner Zentrale, die das Material direkt nach Moskau weiterreichte. Entsprechend bescheiden äußerte sich der Dresdner Stasi-Chef beim erwähnten Ball der Waffenbrüderschaft: „Unsere Kundschafter", so berichtete er den sowjetischen Kollegen, hätten „Anteil" an der Entwicklung eines 32-Bit-Rechners und eines 256-Kilobit-Speicherkreises gehabt; das Adjektiv „hohen" hatte er zuvor eigenhändig durchgestrichen.

Nachweislich falsch ist die Feststellung der verstorbenen US-Politologin Karen Dawisha, dass Putin auf einem Stasi-Foto mit Matthias Warnig zu sehen sei – jenem Spionageoffizier, den der russische Präsident später zum Geschäftsführer von Nord Stream 1 und 2 machte. Auch Beltons Behauptung, Warnig sei „Teil einer KGB-Zelle in Dresden" gewesen, die Putin unter dem Deckmantel einer Unternehmensberatung gegründet habe, ist äußerst fragwürdig. Den Unterlagen zufolge lebte Warnig von 1986 bis 1990 in der Bundesrepublik, davor war er in Ost-Berlin beim MfS und im Ministerium für Außenhandel beschäftigt.

Ein reines Phantasieprodukt ist schließlich die Behauptung des Recherchezentrums „Correctiv", Putin habe in Dresden einen hauptamtlichen Stasi-Mitarbeiter als Agenten angeworben. Das Zentrum, das unter anderem „Faktenchecks" für Facebook durchführt, berichtete, dass der Mann deshalb von der Auslandsaufklärung „in die weniger angesehene Observationsabteilung versetzt" worden sei. Angeblich habe Putin auch Rainer Sonntag angeworben, um ihn als Neonazi in die Bundesrepublik einzuschleusen. Das US-Portal „Source Material" schmückte die Story kürzlich weiter aus und verbreitete, der Stasi-Mitarbeiter sei wegen seiner Arbeit für den KGB in der DDR zu drei Jahren Gefängnis verurteilt worden.

In den Unterlagen findet sich von alledem kein Wort. Der Kaderakte des Mannes ist vielmehr zu entnehmen, dass er 1988 versetzt wurde, weil er wegen seiner „Hektik und Zerstreutheit" für die Arbeit mit Agenten ungeeignet war. An seinem neuen Einsatzort machte man bald ähnliche Erfahrungen mit ihm, sodass er am Ende nur noch technische Arbeiten erledigen durfte. Im Gefängnis war er nie.

Zweifelhaft erscheint auch die Heldengeschichte, die ein vormaliger Kollege Putins in einem unter Pseudonym erschienenen Buch erzählt. Der Mann, bei dem es sich vermutlich um Wladimir Agartanow handelt, behauptete, beim Zusammenbruch der DDR habe Putin als „Gesellenstück" die Kartei mit den Kontaktpersonen des KGBs aus der Stasi-Bezirksverwaltung herausgeholt. In Wirklichkeit wurden diese jedoch, wie alle Personen, in der allgemeinen F-16-Kartei registriert. Putin hätte die Karten also einzeln heraussuchen müssen – was Stunden, wenn nicht Tage in Anspruch genommen hätte. Außerdem gab es von jeder Karte in Berlin ein Duplikat.

Wie Stichproben zeigen, gibt es auch in Dresden noch Karteikarten von KGB-Agenten. Sie tragen allesamt die Registriernummer XII 2135/74. Diese führt zu einem sogenannten Sicherungsvorgang, mit denen die Stasi größere Personengruppen erfasste. Anders als sonst steht auf der ebenfalls überlieferten Vorgangskarte allerdings unter Mitarbeiter nur „Freunde" – weshalb sich nur in Einzelfällen feststellen lässt, welcher Informant von Putin persönlich geführt wurde.

Auch der Sicherungsvorgang ist noch vorhanden – eine spektakuläre Entdeckung, denn dabei handelt es sich um das Verzeichnis aller Dresdner KGB-Agenten, einschließlich der Militärabwehr. Von dem ursprünglich mindestens 90 Seiten umfassenden Vorgang existieren allerdings nur noch zwei beidseitig beschriebene Blätter, die erst 1995 gefunden wurden. Darauf stehen die Namen von 83 Personen, davon 37 aus der Bundesrepublik.

RAF-Terroristen befinden sich nicht darunter. Stattdessen war Putin eher mit Routinearbeiten beschäftigt. Er wurde zum Beispiel gerufen, als ein junger KGB-Mann aus Leningrad bei einem

Besuch in Dresden Kontakt zum MfS suchte – was dieses ohne Voranmeldung über die Zentrale ablehnte. In einem anderen Dokument bat Putin den Dresdner Stasi-Chef um „wirksame Unterstützung", als einem KGB-Agenten „irrtümlicherweise" der Telefonanschluss abgeschaltet worden war; das MfS sorgte dafür, dass er wieder funktionierte.

Anders als vielfach kolportiert, waren Putin bei der Anwerbung von DDR-Bürgern weitgehend die Hände gebunden. Laut einer Vereinbarung zwischen KGB und MfS von 1978 war dies nur zur „Lösung von Aufklärungs- und Abwehraufgaben in kapitalistischen Staaten und Westberlin" sowie zum Schutz sowjetischer Militärobjekte gestattet. Bevor der KGB einen DDR-Bürger ansprach, musste er ihn zudem vom MfS überprüfen lassen, wodurch dieses praktisch ein Vetorecht besaß.

Spekulationen über eine Aktion „Ljutsch" (Strahl), mit der der KGB 1989 versucht haben soll, unter SED-Funktionären und Bürgerrechtlern Einflussagenten zu rekrutieren, und an der angeblich auch Putin beteiligt gewesen sein soll, erscheinen deshalb nicht sonderlich plausibel. Aus den Unterlagen geht vielmehr hervor, dass die Stasi sehr genau darauf achtete, dass die Regularien eingehalten wurden. So beschwerte sie sich im März 1989 über unabgestimmte Kontaktaufnahmen zu Reservisten – der KGB stellte diese daraufhin sofort ein. Als der KGB um „kompromittierendes Material" über eine Dresdnerin bat, schrieb Böhm auf die Anfrage: „Für DDR-Bürger sind wir zuständig!" Eine Anwerbung von Einflussagenten hätte erst recht Protest hervorgerufen.

Die erwähnte Vereinbarung erklärt übrigens auch, warum Putin einen MfS-Ausweis besaß. Als der 2018 gefunden wurde, galt dies als kleine Sensation. Doch dann stellte sich heraus, dass die Stasi sich 1978 verpflichtet hatte, die Verbindungsoffiziere des KGBs und deren Mitarbeiter allesamt mit Dokumenten auszurüsten, „die es ihnen gestatten, die Diensträumlichkeiten des MfS der DDR zu betreten".

Mit etwas Mühe findet man in den Unterlagen auch Hinweise auf Putins tatsächliche Agenten. Der Mann mit dem abgeschalteten Telefon arbeitete zum Beispiel im Arbeitsgebiet I der Kriminalpolizei (K1), einer Art Hilfstruppe der Stasi mit 15 000 eigenen Spitzeln. Der

KGB registrierte ihn 1982 als Führungs-IM (FIM), was bedeutet, dass er noch weitere inoffizielle Mitarbeiter (IM) anleitete. „Im Interesse der Freunde" drängte er zum Beispiel einen Bekannten, eine West-Reise zu beantragen, um Kontakt zu einem Bundeswehrangehörigen zu bekommen. Seine Vorgesetzten zeigten sich mit seiner „spezifisch-operativen Arbeit" zwar zufrieden, doch ein Topagent war er sicher nicht. Wegen seiner vielen Gaststättenbesuche, seiner Schulden und seinen Freundschaften zu Kriminellen schickte ihn die Kripo vielmehr aus „sicherheitspolitischen Gründen" vorzeitig in den Ruhestand.

Für den Dresdner KGB arbeitete noch ein weiterer Polizist der K1. Der Mann mit dem Decknamen „Henry" war bereits seit 1975 dabei und ebenfalls FIM. Zu seinen Informanten gehörte unter anderem ein Dozent an der Sektion für Politische Ökonomie der TU Dresden, der seit 1985 als IM „Bock" tätig war. Über ihn hatte der KGB wiederum eine Westdeutsche aus Besigheim bei Stuttgart „zur freiwilligen Zusammenarbeit durch eine schriftliche Erklärung" verpflichtet: IM „Ulla". Bei der Anwerbung von Westagenten unterlag Putin keinerlei Einschränkungen vonseiten der DDR.

Die Suche nach Spionen war freilich ein mühsames Geschäft. Ständig hielt der KGB nach infrage kommenden Personen Ausschau. Deutlich aktiver als Putin war dabei die Militärabwehr, da die im Raum Dresden stationierten Truppen im Kriegsfall bis weit in die Bundesrepublik vorstoßen sollten. So bat deren zuständiger Oberst Waleri Androsow die Stasi wiederholt um Recherchen zu „Verbindungen von DDR-Bürgern zu BRD-Personen" in Bundeswehrstandorten wie Munster oder Soltau. Oberst Hardi Anders, der bei der Dresdner Stasi für den Kontakt zum KGB zuständig war, ließ ihm Hunderte Hinweise aus dem Reise- und Briefverkehr zukommen.

Im September 1986 bat auch Putins Chef Matwejew um eine „Sonderrecherche". Er suchte nach DDR-Bürgern „bis 50 Jahre", die Privatreisen nach Bonn, Hannover und München beantragt hatten. Die Stasi gab ihm jedoch einen Korb, da eine derartige Recherche nicht möglich sei. Mehr Erfolg hatte sein Nachfolger Schirokow. Der ließ im März 1989 eine Bundesbürgerin überprüfen, die in die DDR reisen wollte und für den KGB „von operativem Interesse" sei. Die

Stasi half auch, als Schirokow nach einem West-Berliner fragte, der gerade vom KGB „unter der Sicht einer möglichen Anwerbung aufgeklärt" wurde.

Manchmal bat auch die Stasi um Amtshilfe – etwa als ein KGB-Agent unweit des Gästehauses der SED-Bezirksleitung „Hinweise zum dort tätigen Personal" liefern sollte. Der Mann wurde vermutlich von Putin geführt, denn auf der Anfrage ist auf Russisch vermerkt „Genossen W. W. Putin zum Vollzug". Der wollte oder konnte aber nicht helfen, denn darunter steht: „Zurückgegeben ohne Vollzug".

Hatte der KGB einen Bundesbürger ausfindig gemacht, der als Spion infrage kam, bedurfte es in der Regel monatelanger Bemühungen, um diesen anzuwerben. Um dabei Erfolg zu haben – das ist eine weitere Erkenntnis aus der Lektüre -, sind Fertigkeiten erforderlich, die man bei Putin bis heute beobachten kann: ein langer Atem, der Wille zur Täuschung und die Fähigkeit zu taktischen Winkelzügen. Wer diese Kunst beherrscht, wird mit Aufstieg und Auszeichnungen belohnt.

Putin war offenbar ein „Meister der geheimen Kombinationen", wie es einer seiner Dresdner KGB-Kollegen formulierte. „Er war ein Regisseur oder, wenn Sie so wollen, sogar ein Dirigent künstlich geschaffener Situationen, in denen Menschen, die für ihn von Interesse waren, getestet wurden." Putin selbst sagte, als er 2017 seinen ehemaligen Chef Matwejew besuchte: „Die Arbeit mit Ihnen war für uns eine gute Schule – für das Leben, menschlich und professionell."

Man kann den Blick in die Unterlagen nicht beenden, ohne auf den kühlen Ton zu sprechen zu kommen, der darin vorherrscht. Wegen seiner plumpen Methoden wies die Stasi den KGB manchmal regelrecht zurecht. Nur einmal im Jahr änderte sich der Ton – wenn der Dresdner Stasi-Chef Putin „in enger Verbundenheit" mit Grußkarte und Blumen zum Geburtstag gratulierte.

Illustriert wird dieses Spannungsverhältnis durch Schriftstücke über die „Dekonspiration einer technischen Maßnahme der sowjetischen Tschekisten". Durch Zufall hatte die Stasi im Juni 1987 erfahren, dass bei einem DDR-Besuch von IM „Ulla" deren Sohn unter dem Sofa des IM „Bock" eine Abhöreinrichtung entdeckt und eingesteckt hatte. Panikartig schrieb das MfS die KGB-Agentin daraufhin an allen DDR-Grenzübergängen zur Fahndung aus. Dem IM „Bock" gelang es zwar, den Sender zurückzubekommen, doch die Stasi war sichtlich verschnupft. Bei den Ermittlungen stellte sich heraus, dass Putins Kollege Agartanow die Wanze ohne Rücksprache angebracht hatte. Zerknirscht musste sein Chef einräumen, dass „die Entdeckung auf eine unqualifizierte Arbeit seines Mitarbeiters zurückzuführen" sei.

Zu massiver Kritik kam es aber vor allem wegen der Disziplinlosigkeit der sowjetischen Truppen. In der Korrespondenz zwischen MfS und KGB finden sich zahllose Beschwerden über Einbrüche, sexuelle Belästigungen, Schlägereien, Unfälle mit Fahrerflucht, Verlust oder Verkauf von Waffen, ja sogar Granateneinschläge in bewohnten Gebieten. Die Stasi beklagte nicht nur die Vorfälle selbst, sondern auch den Umgang der Militärs damit.

So erklärte der Kommandant in Königsbrück Beschwerden über Einbrüche für „erledigt", weil die dabei festgestellten sowjetischen Kfz-Kennzeichen „nicht registriert" seien. Die Belästigung einer DDR-Bürgerin bezeichnete er als „Erfindung". Wenn die Kriminalpolizei ihn kontaktieren wollte, zeigte er „Verständigungsschwierigkeiten" oder war nicht zu sprechen, da er „Mittagsruhe" hielt. Selbst als die Ehefrau eines MfS-Mitarbeiters belästigt worden war und die Stasi mithilfe des KGBs den Schuldigen ermitteln wollte, musste sie vermerken: „Ergebnis: nichts passiert".

Vielleicht waren für den russischen Präsidenten und Oberbefehlshaber der Streitkräfte seine Jahre in Dresden auch in dieser Beziehung eine Lehrzeit.

***

Hubertus Knabe war Direktor der Gedenkstätte Hohenschönhausen und arbeitet im Projekt „Nach der Diktatur" der Universität Würzburg.

Erschienen in der F.A.Z., 04.10.2022, Seite 7

Dienst an der Zeit

Vor einhundert Jahren, am 13. Oktober 1922, hielt Thomas Mann seine vielleicht berühmteste Rede: „Von deutscher Republik". Sein Versuch, die neue politische Form mit alter nationaler Tradition zu versöhnen, steht bis heute im Streit der Meinungen

Professor Dr. Alexander Gallus

Die Frage aufzuwerfen, ob Thomas Mann ein Intellektueller sei, wirkt abwegig. Schließlich hat er sich mit der Zeit den Ruf erarbeitet, ein besonders herausragender Vertreter dieser Spezies in Deutschland zu sein. Zugleich lässt sich an seinem Fall aber besonders gut studieren, wie schwer sich Intellektuelle wie er bisweilen mit der eigenen Rolle taten. Kultur und Politik, Geist und Macht schienen zu unterschiedliche Gebiete zu sein, als dass man sie vermengen oder produktiv aufeinander beziehen könnte. Von diesem Schisma überzeugt, hielt Thomas Mann am Ende des Ersten Weltkriegs paradoxerweise mit „Betrachtungen eines Unpolitischen" Einzug in die Streitarena einer politischen Öffentlichkeit.

Dieser langgestreckte polemische Essay glich nicht gerade einem glücklichen Auftakt auf dem Weg hin zu einem Weimarer Republikanismus oder wenigstens „Vernunftrepublikanismus" eines demokratischen Intellektuellen – mithin Eigenschaften, wie sie Thomas Mann später regelmäßig zugeschrieben werden sollten. Das Gegenteil traf zu: Die „Betrachtungen" waren das krude Zeugnis einer antiwestlichen, antidemokratischen und antiintellektualistischen Denktradition.

Wer etwas über Intellektuellenhass lernen möchte, wird dort im Kapitel „Der Zivilisationsliterat" mustergültig bedient. Der „radikale Literat" oder „Zivilisationsliterat" entstamme einer westlichen, insbesondere französischen Tradition. Er sei „Vertreter des literarisierten und politisierten, kurz, des demokratischen Geistes, ein Sohn der Revolution". Deutsche Repräsentanten des „Revolutionsfranzosen" oder auch „Intellektuelle" würden zu „kosmopolitischer Hingebung und Selbstentäußerung" neigen und letztlich dem „Imperium der Zivilisation" dienen. Eine „handvoll schändlich häßlicher Kunstwörter" zählten, wie Thomas Mann meinte, zum liebsten Vokabular der „Zivilisationsliteraten": „Politisierung, Literarisierung, Intellektualisierung, Radikalisierung" und schließlich – ganz oben auf der Liste – „Demokratisierung Deutschlands". All dies fiel für ihn unter den „Generalnenner" einer „Entdeutschung". Dem begegnete er abschließend mit der rhetorischen Frage: „Und an all diesem Unfug sollte ich teilhaben?"

Vor dem Hintergrund dieser frühen antiintellektuellen Intellektuellenschrift Thomas Manns lässt sich besser verstehen, weshalb es keineswegs selbstverständlich ist, ihn ohne Umschweife als Intellektuellen zu charakterisieren. Von der Warte des Jahres 1918 aus hätte er eine solche Bezeichnung als Affront von sich gewiesen. Anders als sein älterer Bruder Heinrich, der an führender Stelle in den neu geschaffenen Räten geistiger Arbeiter mitwirkte und den er zuvorderst mit dem Verdikt des „Zivilisationsliteraten" treffen wollte, war Thomas' Taten- und Gestaltungsdrang im revolutionären Herbst 1918 wenig ausgeprägt. Erleichtert hielt er am 10. November in seinem Tagebuch fest: „Ich bin befriedigt von der relativen Ruhe und Ordnung, mit der vorderhand wenigstens alles sich abspielt. Die deutsche Revolution ist eben die deutsche, wenn auch Revolution. Keine französische Wildheit, keine russisch-kommunistische Trunkenheit."

Was er an dieser Stelle unerwähnt ließ, war die gegenrevolutionäre Gewalt einer autoritären Rechten, die einem völkischen Weltbild und aufpeitschenden nationalistischen Irrationalismus anhing. Nicht zuletzt der terroristische Geheimbund der „Organisation Consul" unter Hermann Ehrhardts Führung zielte mittels einer Reihe von Attentaten auf eine Destabilisierung der jungen Weimarer Republik. Zu den berühmtesten Opfern dieser Mordserie zählten der Zentrumspolitiker Matthias Erzberger und Außenminister Walther Rathenau.

Die Ermordung Rathenaus am 24. Juni 1922 im Berliner Ortsteil Grunewald erschütterte das gesamte Land und löste auch bei Thomas Mann blankes Entsetzen aus. Ungeachtet mancher Kritik schätzte er Rathenau nicht zuletzt als geistigen Menschen von Rang, dessen Broschüren und Aufsätze er regelmäßig zur Kenntnis nahm. Beide waren sie im übrigen Autoren des S. Fischer Verlags.

„Rathenaus Ende" habe ihm einen „schweren Choc" versetzt, notierte Mann nach dem Attentat. Er wurde von Gewissensbissen geplagt und fragte sich, ob auch seine „Betrachtungen" Anteil an einer Vergiftung des politischen Klimas hatten, das erst die Voraussetzung für solche Mordtaten schuf. Als engagierter Beobachter der Zeitläufte sah sich Thomas Mann nicht nur zur Selbstkritik veranlasst, sondern auch zu einer Distanzierung von konservativ-revolutionären Denkzirkeln, die ihn seit der Veröffentlichung seiner „Betrachtungen" als eine Art Hausgott verehrten.

Umgekehrt brachte er den jungkonservativen Kreisen rund um den „Juni-Klub" und die Zeitschrift „Das Gewissen" Sympathien entgegen. Noch im Juli 1920 zeigte er sich davon überzeugt, dass es einen „Konservatismus" gebe, der „mehr Zukunftskeime" in sich trage „als irgend eine liberale Ideologie".

Trotz der „Betrachtungen" und solcher Bekenntnisse wirkte Thomas Mann in Weimars Entstehungsphase eher wie ein Schwankender und von politischer Heimatlosigkeit befallener Autor. Es ließe sich auch behaupten, dass dies nicht die schlechteste Ausgangsposition für einen Intellektuellen ist, der sich eine gewisse gedankliche Elastizität und Kritikfähigkeit bewahren muss, um eben dieser Rolle gerecht zu werden. Angesichts der Gefahr einer weiteren rechten Radikalisierung, die ihm mit dem Rathenau-Mord deutlich vor Augen trat, schlug Mann sich auf die Seite der Republik. Sie sollte ihm fortan als der beste Rahmen für seine Vorstellungen von Menschlichkeit und Bürgerlichkeit gelten.

1922 war ein einschneidendes Jahr. Thomas söhnte sich mit seinem Bruder Heinrich aus und hielt am 13. Oktober im Berliner Beethovensaal seine Rede „Von deutscher Republik". Sie trug wesentlich dazu bei, seinen Ruf eines demokratischen Intellektuellen der Weimarer Republik zu begründen und ihn gleichsam von den Altlasten der „Betrachtungen" zu befreien. Seine einstigen Bewunderer zur Rechten überzogen ihn mit Schimpf und Schande. Sie hielten ihn für einen Abtrünnigen und Opportunisten. „Mann über Bord", kommentierte „Das Gewissen" die Rede, vom „Saulus Mann" kündete der nationalkonservative „Tag". Er selbst antizipierte bereits in dem Vortrag die empörten Reaktionen von rechts, die sein Wort, wie er fest annahm, als das eines „Renegaten", „Überläufers" und „Gesinnungslumpen", ja „des charakterlosesten Selbstverleugners" kennzeichnen dürften.

Aber auch im republikanischen Lager wurde die Rede teilweise reserviert aufgenommen. Offenbar traute man dem Gesinnungswandel nicht recht. Leopold Schwarzschilds „Tage-Buch" spottete über Manns „wohlüberlegte Tapferkeit", seine Rede in Berlin und nicht in seiner Heimatstadt München gehalten zu haben. Dort hätte er doch mit eingeschlagenen Fensterscheiben durch einen rechten Mob rechnen müssen. Als Schriftsteller, in den sich auf einmal ein „unbezwinglicher Aktivitätstrieb verirrt" habe, sollte er doch „lieber auf handfeste Wirklichkeit als in den luftleeren Raum wirken wollen".

Bis heute herrscht keine Einigkeit darüber, ob der Schriftsteller im Oktober 1922 eine umfassende republikanische Wende vollzog oder nicht. Dass diese Frage ein Streitfall bleibt, liegt auch an den widersprüchlichen Spuren, die Thomas Mann selbst gezogen hat. Einerseits legte er ein Bekenntnis zur Republik ab, andererseits wurde er nicht müde, die Kontinuität seiner politisch-gesellschaftlichen Leitvorstellungen zu betonen („Ich weiß von keiner Sinnesänderung."). Nicht er, die Zeiten hätten sich gewandelt. Dies erfordere die Begehung neuer Wege, um Deutschland und den Deutschen zum Glück zu verhelfen und den Gedanken der Humanität wachzuhalten. Er betrieb Werbearbeit für Republik und Demokratie, fasste Letztere aber lieber unter dem Terminus „Humanität", auch um die Abneigung, die dem Reizwort „Demokratie" nach wie vor entgegenschlug, nicht zu befördern.

Mann richtete seine Ansprache an die deutsche Jugend, die er den Fängen eines „intellektualistischen Radikalismus" zu entwinden und für die Republik einzunehmen beabsichtigte. Als wollte er seine Glaubwürdigkeit und die Konstanz seiner Grundhaltung unterstreichen, distanzierte er sich vom Pazifismus und hob einen unverbrüchlichen Patriotismus hervor, der nun am besten in Form der Republik aufgehoben sei. Er appellierte mit dem Philosophen Nietzsche an die Liebe zum Schicksal, das nun Republik heiße, und suchte mit Bezugnahme auf den amerikanischen Dichter Walt Whitman und den deutschen Romantiker Novalis in recht gedrechselter Weise, die Verbindung aus Humanität, Demokratie und deutscher Eigenart darzulegen.

An mehreren Stellen seiner Rede verdeutlichte Mann, wie wenig seine Grundgedanken nur auf die Spielregeln des modernen demokratischen Verfassungsstaats ausgerichtet waren oder einen politischen Pluralismus begründeten. Stattdessen waren seine Ideen einem älteren Staatsdenken verhaftet, das Leitmotiven wie Harmonie und Homogenität folgte. Sie zielten auf die Versöhnung zwischen Individuum und Gemeinschaft sowie auf die „Einheit des Geistig-Nationalen und des staatlichen Lebens". Beides sollte die neue Republik am besten ermöglichen.

Die mäandernden Wege seiner Argumentation, die neue politische Form und nationale Tradition miteinander versöhnen wollte, mündeten in einem Appell an ein Synthesedenken, das die Zwischenlage einer „deutschen Mitte" („zwischen Mystik und Ethik, Innerlichkeit und Staatlichkeit") beschwor. Diese sei nunmehr am ehesten in der „positiven Rechtsform" der Republik aufgehoben, der deswegen zu huldigen sei: „Es lebe die Republik!"

So entschlossen-unentschlossen Thomas Manns Beweisführung erschien, so begründete sie doch die Kernannahme, dass die Gestaltung des Staates eine Aufgabe aller sei. Sich selbst bezog er ausdrücklich mit ein, habe im Falle des Schriftstellers doch dessen „unmittelbares Ansehen" ebenso wie dessen „unmittelbare Verantwortlichkeit" in der Republik zugenommen; „ganz einerlei", so fügte er ein wenig mürrisch hinzu, „ob er persönlich dies je zu den Wünschbarkeiten zählte oder nicht". Sosehr er an dieser Stelle den Begriff des Intellektuellen mied, so verabschiedete er sich doch von seiner „unpolitischen" Antihaltung und freundete sich, wenn auch nicht leichten Herzens, mit der demokratischen Aufgabe des politischen Schriftstellers an.

Weder mit seinen „Betrachtungen" noch mit seiner Republik-Rede hat es Thomas Mann seinen Interpreten leicht gemacht. Einfachen Rastern und Zuordnungen entzog er sich, zumal mit der Ansprache vom Herbst 1922. Das stellte insofern ein rezeptionsgeschichtliches Problem dar, als in der Weimar-Historiographie nach 1945 allgemein und speziell die Vermessungen der Ideenlandschaften jener Jahre hartnäckig einem Entweder-oder-Schema folgten: entweder Republikaner oder Radikaler, Demokrat oder Antidemokrat. Tertium non datur!

Wer zu den Antidemokraten zählte, fand sich – nicht selten mit einigem Recht – nach dem Zweiten Weltkrieg auf der historischen Anklagebank wieder. Die Erklärungsbedürftigkeit von „1933" dominierte die Fragerichtung und überwölbte die Interpretationen der Zwischenkriegszeit. „Weimar" warf lange Schatten und galt als Teil einer womöglich nach wie vor oder erneut gefährdeten Gegenwart.

Erst mit wachsendem Abstand und der Abschwächung jenes „Weimar-Komplexes" erlangte die Geschichte der Jahre 1918 bis 1933 mehr Eigengewicht und galt nicht nur als eine Art Intermezzo oder bloßes Verbindungsstück im deutschen Sonderweg-Drama zwischen autoritärem Kaiserreich und totalitärer NS-Diktatur. Schon vorher war es im Übrigen gelungen, Weimar auf dem Gebiet der Kultur aufzuwerten. „Weimar Culture" wurde zu einem eigenen Begriff, der in der Formel von den Goldenen Zwanzigern kulminierte – und damit wieder ein Schwarz-Weiß-Schema bediente: von kultureller Blüte hier und gesellschaftlich-politischer Krise dort.

Auch Mann stand anfangs selbst im Verdacht solcher binären Abgrenzungsmuster, obwohl er sie bei genauerer Betrachtung stets unterlief und – verstärkt von 1922 an – bewusst infrage stellte. Sein Denken war weder statisch noch unpolitisch und schon gar nicht kulturfremd. Es liegt in der Natur der Sache, dass Intellektuelle beide Sphären, jene der „Kultur" und der „Politik", miteinander verbinden müssen. Pierre Bourdieu schrieb ihnen später einmal treffend eine zweidimensionale Natur zu. Einerseits erarbeiten sie sich als Künstler, Schriftsteller oder Wissenschaftler Autonomie und Reputation, um dann andererseits auf diesem Fundament stehend von Zeit zu Zeit (aber nicht hauptamtlich und dauerhaft) ins politische Feld zu intervenieren, ob mittels Pamphleten, Manifesten, offener Briefe oder öffentlicher Reden.

Eine solche Rollendynamik zu erlernen und als wertvoll zu erachten bedurfte eines Lernprozesses, der in der Zwischenkriegszeit recht holprig verlief. Weimar gilt häufig als eine Versagensgeschichte der Intellektuellen in gleich zweifacher Weise. Einmal standen ihre Vertreter häufig für eine Unbedingtheit und Radikalität ihrer Wunschwelten, die der realen Republik nicht gut bekamen. Außerdem sahen sich die Intellektuellen selbst unter Dauerbeschuss, erfuhren Ablehnung, Schmähung und Diskriminierung vielfältiger Art. Als Außenseiter und Fremdkörper zugleich befanden sie sich in einer prekären Lage. Jürgen Habermas nahm diese Beobachtung im Jahr 1986 in seinem Vortrag „Geist und Macht – ein deutsches Thema" zum Anlass, von einer missglückten Geschichte des Intellektuellen während der Weimarer Republik zu sprechen. Erst verspätet, wie so oft in der deutschen Geschichte, habe sich eine erfolgreiche, wenngleich nicht reibungslose Institutionalisierung des Intellektuellen vollzogen – in der Bundesrepublik.

Thomas Mann schnitt nicht gut ab, weil der Frankfurter Sozialphilosoph vorrangig Aussagen aus den „Betrachtungen" heranzog, um zu belegen, dass die Intellektuellenfeindschaft bereits bei der Begriffsverwendung begann. Der Terminus „Intellektuelle" habe vielen als „westlich", ja „undeutsch" gegolten, weswegen lieber von „geistigen Menschen" die Rede sein sollte. Deren Spektrum reichte vom „Geistesadel" bis zum „Geistesarbeiter". Wie wir inzwischen wissen, gab es eine ausgeprägte Tradition des Schimpfworts „Intellektueller" in Deutschland. Sie war aber nicht so ausschließlich und unveränderlich, wie vielfach behauptet. Auch Thomas Mann sollte sich von 1922 an zunehmend mit dem Begriff und noch mehr mit dem dahinterstehenden Phänomen anfreunden.

Er dient aber auch als ein Beispiel dafür, wie wenig erkenntnisgewinnend es ist, politische Denker wie ihn anhand normativer Schablonen unserer Gegenwart schulmeisterlich zu bewerten. Wir sollten Fälle wie Thomas Mann nicht in erster Linie an dem bemessen, was er noch nicht oder früher als andere war. Tadel und Lob in dieser Hinsicht zu verteilen wirkt so anachronistisch wie ahistorisch. Auch Habermas' nachträgliche Weimarer Inspektion des Intellektuellen war davon nicht frei, weil sie diese Figur anhand von Modellvorstellungen ihres Wirkens innerhalb einer diskursiven und von staatlichen Restriktionen freien politischen Öffentlichkeit bemaß, wie sie sich erst im Verlauf der bundesdeutschen Geschichte ausbildete.

Im Grunde mangelt es einer solchen Interpretation an Aufgeschlossenheit gegenüber einer Analyseebene, die Zeit- und Ideengeschichte miteinander verbindet. Wer mit hochgradig präformierten Demokratiemodellen an die Ideengeschichte von Weimar herangeht, dürfte ihre eigentümliche Dynamik, ihren Hang zu Schwebelagen, zu gedanklichen Umbau- und Anpassungsleistungen nur unzureichend erkunden können. Die Weimarer Republik glich einem Laboratorium, in dem politische Ordnungsvorstellungen erst entstanden und erprobt werden mussten. Der Versuchsraum war dabei kein hermetisch abgeriegelter, was die Sache von Anfang an risikoreich machte und uns nachträglich fragen lassen sollte, welches die Kontexte und Bedingungsfaktoren waren, die politische Ideenwelten in Schwingung versetzten.

Thomas Manns Denkbewegungen während der Weimarer Republik lassen sich losgelöst von damaligen Vorgängen und Ereignissen kaum angemessen nachvollziehen. Wenn ihm in einer nachträglichen Erörterung seiner Republik-Rede von 1922 einmal vorgehalten wurde, dass er sich selbst weniger gewandelt hätte als die Umstände, so ist dies in gewisser Weise ein merkwürdiges Argument. Abermals wird hier ein binäres Schema – in diesem Falle zwischen äußeren Impulsen wie dem Rathenau-Mord und intrinsischer Motivation – entfaltet, das gerade einer intellektuellengeschichtlichen Würdigung nicht gerecht wird. Es kommt auf das Zusammenspiel und die Rekonstruktion der immer neuen Lagen eines „konstellationsabhängigen Denkens" an, wie es der Ideenhistoriker Jens Hacke in seinem großen Werk über das schwierige Wechselverhältnis von Liberalismus und Demokratie in der Zwischenkriegszeit genannt hat.

In diesen Spannungsbogen eingebunden war auch Thomas Mann, der sich nur zögerlich Demokratie und Republik annäherte und anfänglich den Bereich der Politik mit ihren Prozeduren, Repräsentanten und Tageskämpfen aussparte und ihnen stattdessen mit einer kulturpessimistischen und geistesaristokratischen Haltung begegnete. Aber schon im Jahr 1922 nahm sein Sinn für das politisch Notwendige so sehr zu, dass er ungeachtet aller gedanklichen Blockaden und Umleitungen realisierte, wie notwendig ein Bekenntnis zur Republik in diesen krisenhaften Zeiten war. Insofern stellte Thomas Manns große Rede vom Oktober 1922 einen Wendepunkt auf dem Weg zu seiner Intellektuellenwerdung dar. Wenn auch aus kritischer Distanz sah er sich zunehmend zuständig für politische Angelegenheiten. Mit der Zeit versteckte er seine Interventionen immer weniger hinter einem bildungsemphatischen Schutzpanzer.

Schon in „Von deutscher Republik" waren Ansätze eines solchen Moduswechsels zu erkennen, in jenen Passagen nämlich, in denen er „Vater Ebert" an der Spitze des Staates fast liebevoll würdigte: „Ein grundangenehmer Mann, bescheiden-würdig, nicht ohne Schalkheit, gelassen und menschlich fest." Im Folgejahr erneuerte Thomas Mann in der „Gedenkrede auf Rathenau" nochmals und weniger ästhetizistisch überformt sein Bekenntnis zur Republik. Schließlich belegte fast auf den Tag genau acht Jahre nach seiner Republik-Rede, wieder im Berliner Beethovensaal, seine „Deutsche Ansprache – ein Appell an die Vernunft" vom 17. Oktober 1930, wie wenig er nun die offene politische Auseinandersetzung scheute und wie sehr er als kampfbereiter Intellektueller „Dienst an der Zeit" leisten wollte. Hier hieß es ausdrücklich, „unmittelbare Notgedanken des Lebens" würden „den Kunstgedanken zurückdrängen". Angesichts der akuten Staatskrise und des erstarkenden Nationalsozialismus wies Thomas Mann mit der ganzen Autorität des Literaturnobelpreisträgers von 1929 nun dem deutschen Bürgertum den „politischen Platz" zu, und zwar „an der Seite der Sozialdemokratie".

In seiner „Deutschen Geschichte des 19. und 20. Jahrhunderts" von 1958 widmete Thomas Manns Sohn Golo den Weimarer Intellektuellen ein ganzes Kapitel. Er ging mit ihnen hart ins Gericht und nannte sie mitschuldig am Niedergang der Republik. Mit spitzer Feder würdigte er auch seinen Vater, dem es an politischem Realitätssinn gefehlt habe. Die „geistige Begründung der Republik" vom Oktober 1922 war für Golo Mann „eine schön erdachte, aus alter deutscher Dichtung zusammengereimte". Das sei „Literatur, nicht Wirklichkeit". An anderer Stelle prägte er das Aperçu vom in politischen Dingen „unwissenden Magier".

Thomas Mann war in den Augen des Sohns wohl ein herausragender Belletrist, als politischer Intellektueller aber blieb er unbegabt. Dabei war er ein Prototyp dieser so faszinierenden wie widerspenstigen Sozialfigur: irrtumsanfällig und lernfähig, starrköpfig und flexibel, inkompetent und urteilsstark.

Würdigungen wie jene seines Historiker-Sohns verkannten Thomas Manns dynamische Rollenfindung ebenso wie die Fluidität eines erfahrungssensiblen politischen Denkens. Wer aber Weimarer Intellektuellengeschichte betreibt, darf sich nicht fürchten, mit Geistesakrobaten auf dem Schwebebalken zu balancieren. Auch deshalb ist die Lektüre der Rede „Von deutscher Republik" nach einhundert Jahren immer noch ein reizvolles Unterfangen.

***

Alexander Gallus lehrt Politische Theorie und Ideengeschichte an der TU Chemnitz.

Erschienen in der F.A.Z. vom 10.10.2022, Seite 6

Handel durch Wandel

Vor fünfzig Jahren nahmen die Bundesrepublik Deutschland und die Volksrepublik China diplomatische Beziehungen auf. Was als Fernostpolitik im Kontext des Kalten Krieges gedacht war, entwickelte bald eine Eigendynamik. Mithilfe des Westens und nicht zuletzt Deutschlands wurde China in kürzester Zeit zu jener Wirtschaftsmacht, die nach innen wie nach außen immer repressiver auftritt

Professor Dr. Frank Bösch

In diesen Tagen findet ein gewichtiges Jubiläum statt, das keinen Anlass zu Festreden gibt: Im Oktober 1972 reiste Außenminister Walter Scheel (FDP) nach Peking, um die Aufnahme diplomatischer Beziehungen zwischen der Bundesrepublik Deutschland und der Volksrepublik China zu besiegeln. Dieser Schritt war der Beginn einer Zusammenarbeit zwischen beiden Staaten, die wellenartig wuchs und viele Krisen überstand. Selbst die blutige Niederschlagung der Studentenproteste in Peking im Jahr 1989 war nur ein kurzer Einschnitt.

Heute erscheint Chinas ökonomische Macht wie ein Tsunami, der die Welt in den vergangenen beiden Jahrzehnten wie aus dem Nichts kommend überschwemmt hat. Tatsächlich entfalteten sich Chinas Macht und Exportstärke auch dank der jahrzehntelangen Förderung der Wirtschaft durch den Westen. Die deutsche Politik unterstützte diese Beziehungen früh und ausgiebig, sodass die Bundesrepublik rasch zum größten Handelspartner Chinas in Europa aufstieg. Neben den USA und Japan entwickelte sich Deutschland zur zentralen Stütze von Chinas Aufstieg. Menschenrechte spielten lange eine untergeordnete Rolle.

Bemerkenswerterweise waren es prominente Christdemokraten, die früh eine Annäherung an China forderten. Schon in den Fünfzigerjahren brachte Chinas wachsende Entfremdung von der Sowjetunion Bundeskanzler Konrad Adenauer auf den Gedanken,

Kontakte nach Peking aufzunehmen, um so Druck auf Moskau auszuüben. Aus Rücksicht auf das westliche Bündnis blieb es bei Überlegungen. In den Sechzigerjahren, als die von Staats- und Parteichef Mao Tse-tung geführte Volksrepublik ganz von Moskau und Ost-Berlin abrückte, trat der CSU-Vorsitzende Franz Josef Strauß mit ähnlichen Motiven für eine Annäherung an China ein.

Anfang der 1970er-Jahre forderte auch die CDU-Führung von der sozialliberalen Bundesregierung eine Fernostpolitik, um sich gegenüber Brandts Ostpolitik zu profilieren. Ein Bündnis mit China, so das Kalkül der Union, sollte die deutsche Position gegenüber der sowjetischen Führung stärken. Brandt und sein Außenminister Scheel fürchteten dagegen, eine engere Kooperation mit Peking könne die Annäherung an die sozialistischen Länder Osteuropas gefährden.

Die Ostverträge kamen zustande, als die Spannungen zwischen der Sowjetunion und China ihren Höhepunkt erreichten. Sie machten Peking und Moskau gesprächsbereiter gegenüber dem Westen. In der Folge blieb es bei einer gewissen Arbeitsteilung der beiden Volksparteien, sodass Ost- und Fernostpolitik vielfältig miteinander zusammenhingen. So reisten in den frühen 1970er-Jahren vornehmlich Unionspolitiker nach China. Nach dem spektakulären Besuch des amerikanischen Präsidenten Richard Nixon, mit dem er 1972 die Macht der Sowjetunion eindämmen und den Vietnamkrieg beenden wollte, schien dies nur legitim.

Als erster bundesdeutscher Spitzenpolitiker flog im Juli 1972 der vormalige Außenminister Gerhard Schröder (CDU) für zwei Wochen nach Peking, wo er auch Ministerpräsident Tschou En-lai traf. Nach einer internen Absprache mit Brandt bereitete er in seiner Eigenschaft als Vorsitzender des Auswärtigen Ausschusses des Bundestages die Aufnahme diplomatischer Beziehungen vor.

In den nächsten Jahren folgten ihm zahlreiche Christdemokraten nach: Im September 1974 reiste etwa der neue Parteivorsitzende Helmut Kohl nach China, 1975 der CSU-Vorsitzende Strauß, 1976 die Bundestagsabgeordneten Alfred Dregger und Werner Marx, und 1977 besuchten der verteidigungspolitische Sprecher Manfred Wörner sowie der baden-württembergische Ministerpräsident Hans Filbinger das Land. Die Maoisten in der Bundesrepublik mussten ertragen, dass ausgerechnet Strauß als erster westdeutscher Politiker Mao traf und das Zusammentreffen als „freundschaftliche Begegnung" in die Annalen einging.

Die Nebenaußenpolitik der Christdemokraten sollte auch die Wirtschaft in den von ihnen regierten Ländern fördern. Verärgert verfolgte das Bundesaußenministerium, wie Bayern und Baden-Württemberg gesonderte Verträge mit China abschlossen. Die chinesischen Kommunisten hingegen sahen in den Oppositionspolitikern und Ministerpräsidenten nicht nur künftige Regierungsmitglieder. Sie hofierten sie auch in der Absicht, sie als Verbündete gegen Moskau in Stellung bringen zu können – mit Erfolg. Während die Unionspolitiker der Sowjetunion wie auch der DDR Menschenrechtsverletzungen vorhielten, sprachen sie derartige Themen gegenüber den Chinesen nicht an.

Als ein wirtschaftlich interessanter Markt erschien China erst Ende der 1970er-Jahre. Maos Nachfolger Deng Xiaoping reformierte die kommunistische Planwirtschaft, und bundesdeutsche Unternehmen rissen sich um die Emissäre, die Deng in das westlich-kapitalistische Ausland schickte. In der damaligen Wirtschaftskrise erschien China als ein vielversprechender neuer Absatzmarkt. Chinas Führung hatte dagegen ein anderes Ziel: Die Kooperation sollte einen Techniktransfer einleiten, um die eigene Industrie und vor allem die Exportwirtschaft zu fördern. In der Hoffnung auf einen Zugang zu einem potentiell riesigen Markt ließen sich westliche Politiker und Unternehmen auf die Strategie der Pekinger Kommunisten ein und legten so den Grundstein für Chinas heutige Macht.

Die Bundesregierungen unterstützten die Zusammenarbeit ohne Vorbehalte. Zahlreiche deutsch-chinesische Abkommen boten immer ausgefeiltere Rahmenbedingungen: zunächst ging es um Handel und Studentenaustausch (1973), dann um wissenschaftlich-technische Zusammenarbeit, es folgten kulturelle Zusammenarbeit und Wirtschaftskooperation (1978), technische Zusammenarbeit (1982) sowie Doppelbesteuerung und finanzielle Zusammenarbeit (1985).

Flankiert wurde der Handel durch günstige Kredite und Förderung im Rahmen der Entwicklungshilfe. China entwickelte sich in den 1980er-Jahren zu dem größten Mittelempfänger aus der Technischen und der Finanziellen Zusammenarbeit. Unzweideutig hielt die offizielle „Gemischte Kommission für die entwicklungspolitische Zusammenarbeit" 1987 fest: „Dabei geht die deutsche Seite davon aus, dass bei den jeweils in Aussicht genommenen Projekten die Aufträge an deutsche Firmen vergeben werden." Die Bundesregierung finanzierte zudem Ausbildungszentren nahe den Niederlassungen einiger deutscher Firmen in China sowie 3000 Stipendien im Jahr für eine Ausbildung in Deutschland, um – so die Hoffnung – die Rückkehrer als Brückenköpfe für den Handel zu gewinnen.

Der Hightech-Export nach China wurde eigentlich durch die westlichen „CoCom-Listen" streng reguliert. Die Bundesregierung verhielt sich auch hier pragmatisch. Sie versicherte 1985 in Gesprächen mit Chinas Führung, sich „bei COCOM-pflichtigen Exporten nach China im COCOM an Flexibilität von niemanden übertreffen zu lassen". Bundeskanzler Helmut Kohl (CDU) versprach dem chinesischen Außenminister sogar Unterstützung, um „das Problem der COCOM zu überwinden." Tatsächlich traten die Deutschen bei CoCom-Treffen für eine Lockerung ein, um „längerfristig China gänzlich von der Liste verbotener Zielländer zu streichen". Bei Rüstungsexporten nach China blieb die Bundesregierung zurückhaltender als etwa Frankreich und die Vereinigten Staaten, aber mit einigen Ausnahmen. Nicht ausgeführt werden durften Waffen, die zur Unterdrückung von Protesten im Inneren hätten eingesetzt werden können.

Die Bundesregierung förderte in den 1980er-Jahren zudem mehrfach den Verkauf deutscher Atomkraftwerke nach China. Dafür gewährte sie milliardenschwere Hermes-Bürgschaften und unterstützte die Planung von Kompensationsgeschäften – etwa durch Ausfuhr von „bestrahlten" Brennstäben nach China. Ein mit Steuermitteln finanziertes Ausbildungszentrum für Nukleartechnik flankierte das Angebot. Die Offerten scheiterten jedoch mehrfach an Chinas Kurswechseln.

Gezielt wurden Exportgüter gefördert, die Arbeitsplätze in Deutschland zu sichern oder zu schaffen versprachen. Angesichts der Werftenkrise etwa warb die Bundesregierung im Jahr 1988 mit zinsgünstigen Krediten erfolgreich für deutsche Containerschiffe. In der Europäischen Gemeinschaft unterstützte sie die Erhöhung der Quoten im Chinahandel. Ebenso befürwortete die Bundesregierung frühzeitig Chinas (Wieder-)Aufnahme in das internationale Handelsabkommen GATT, obgleich das Land die Voraussetzungen dafür kaum erfüllte.

Staatsbesuche flankierten die Wirtschaftspolitik. Helmut Kohl reiste 1984 und 1987 mit großen Delegationen nach China. In den Jahren dazwischen empfing er Chinas Regierungsspitze in Bonn. 1984 konnte Kohl in China nach mühsamen fünfjährigen Verhandlungen das erste große Joint Venture besiegeln: Die Volkswagen AG baute ein Werk in Shanghai. Die dort produzierte Limousine unter dem Namen Santana wurde zum Symbol des Wirtschaftsaufschwungs und zur Grundlage des bis heute hohen Absatzes von VW-Fahrzeugen in China. Nach den USA und Japan, die nicht minder pragmatisch Beziehungen zu China suchten und deutlich mehr Joint Ventures aufbauten, etablierten sich die Deutschen so als zentraler Partner Chinas.

Die wirtschaftliche Annäherung war jedoch von Beginn an mühsam. Das ZK der Kommunistischen Partei wechselte mehrfach die Wirtschaftsstrategie und ließ immer wieder längst ausgehandelte Großprojekte platzen. Deutsche Unternehmen klagten über immense, staatlich festgesetzte Preise für Grundstücke, Rohstoffe und Immobilien, während für deutsche Technologie kaum gezahlt würde. Da die Unternehmen im Zuge der oft zähen Verhandlungen Einblicke in ihre Produktion gewähren mussten, fürchteten sie ohnehin unbezahlte Techniktransfers.

Mühsam war auch der Beginn des kulturellen Austauschs. Es dauerte Jahre, bis das Goethe-Institut in Peking 1988 als erste westliche Kultureinrichtung eine Niederlassung eröffnete, da China auf einer Zustimmung zu jeder Veranstaltung und einem gemischten besetzten Kontrollrat bestand. Das Auswärtige Amt gab nach und sagte geheim und nur mündlich eine Kontrollklausel zu. Umgekehrt ermunterten Kohl und Genscher Chinas Staatsspitze, doch auch bald Kultureinrichtungen in Deutschland zu eröffnen. Die ersten Konfuzius-Institute in der Bundesrepublik wurden allerdings erst 2006 eröffnet. Da sie Chinas Ideologie verbreiten, stehen sie zu Recht in der Kritik.

Menschenrechte spielten lange keine Rolle. Deutsch-chinesische Abkommen, wie das über technische Zusammenarbeit aus dem

Jahr 1982, enthielten sogar die Klausel, „sich nicht in die inneren Angelegenheiten Chinas einzumischen". Es waren die Grünen, die das Thema Menschenrechte als Erste im Deutschen Bundestag aufbrachten. Seit 1986 prangerten sie im Parlament die Repression in Tibet an. Nach der Niederschlagung von Protesten im Oktober 1987 erwirkten sie sogar eine fraktionsübergreifende Resolution, die die Gewalt verurteilte. Die Bundesregierung distanzierte sich davon. Außenminister Hans-Dietrich Genscher übermittelte Peking „das Bedauern der Bundesregierung über die Resolution des Bundestages". Kohl und Strauß agierten ähnlich.

Das Auswärtige Amt beschwor zudem alle Politiker, keine Treffen mit dem Dalai Lama zu arrangieren, da China diese als Affront ansähe. Ein Visum für Deutschland erhielt das geistliche Oberhaupt der Tibeter zunächst nur unter der Auflage, sich jeder „politischen Tätigkeit" zu enthalten. Dies wurde seit 1987 aber unterlaufen. Petra Kelly, die treibende grüne Tibetaktivistin, besuchte ihn im indischen Exil, und er stellte in Stuttgart ihr Buch „Tibet – ein vergewaltigtes Land" vor. Auch CDU-Generalsekretär Heiner Geißler und Bundessozialminister Norbert Blüm (CDU) trafen den Dalai Lama 1987 „privat". Kohl hingegen fuhr als erster westlicher Regierungschef bei einem Staatsbesuch nach Tibet, was viele als Anerkennung von Chinas Herrschaft kritisierten. „Auf Kosten Tibets" setze der Kanzler ein Zeichen deutsch-chinesischer Freundschaft, monierte etwa die Frankfurter Allgemeine Zeitung. Als der Bundestag im Frühjahr 1989 eine Resolution zum Kriegsrecht in Tibet plante, intervenierte das Auswärtige Amt abermals, um China zu beruhigen.

Einen Einschnitt bewirkte erst die gewaltsame Niederschlagung der Massenproteste in China, die 1989 aufflammten. Bei der Räumung des Pekinger Tiananmenplatzes tötete Chinas Militär am 4. Juni 1989 Hunderte Demonstranten, einige schätzen die Zahl auf über tausend. Zahlreiche Verhaftungen, Todesurteile und lange Haftstrafen folgten. Die Bundesregierung setzte sofort ranghohe Kontakte und Rüstungsexporte aus. Allerdings hieß es im Auswärtigen Amt schon am 9. Juni intern: „Sanktionen aber entsprechen nicht unserem Interesse." Es war abermals der Bundestag, der parteiübergreifend den „brutalen Waffeneinsatz gegen friedliche, für ihre demokratischen Rechte demonstrierende Bürger" verurteilte. Selbstkritisch konzedierte etwa die CSU-Abgeordnete Michaela Geiger, man habe sich „getäuscht". Die Bundesregierung richtete Gnadenappelle an die kommunistische Führung und verlängerte Stipendien chinesischer Studenten und Wissenschaftler in Deutschland.

Der Bundestag, aber auch die Parlamente der Vereinigten Staaten und der EG drangen dagegen auf Sanktionen. „Eine positive Fortentwicklung der deutsch-chinesischen Beziehungen wird künftig die Respektierung der elementaren Menschenrechte durch die chinesische Regierung voraussetzen", hieß es in seiner Resolution. Der Bundestag drückte die Aussetzung neuer Export-Bürgschaften und Kapitalhilfen durch. Dies erwies sich als härteste Maßnahme, die ab 1990 die bundesdeutschen Exporte weiter sinken ließ. Dagegen stiegen Chinas Importe weiter kontinuierlich an. Keine Mehrheit fand der Vorschlag der Grünen, den Botschafter abzuziehen und China wirtschaftlich stärker zu isolieren.

Auch der gesellschaftliche Aktivismus blieb gering. Eine Solidaritätsbewegung wie zuvor gegenüber verfolgten Chilenen unter Pinochet oder den „Boat People" aus Vietnam entstand nicht. Ebenso blieben Boykottbewegungen wie gegenüber Südafrika aus. Der Aufruf der Tibet-Initiativen und der Grünen, keine Spielwaren aus China zu kaufen, verhallte. Nur vor Chinas Botschaft in Bonn fanden ab Juni 1989 regelmäßig Demonstrationen statt.

Einige Politiker setzten nun auf eine Annäherung an Taiwan. Dem parlamentarischen Freundeskreis Bonn- Taipeh, der die Kontakte ausbauen wollte, schlossen sich rasch 129 Bundestagsabgeordnete an. Der Handel mit Taiwan wuchs ab 1990, ebenso der politische Reiseverkehr. Da sich das bislang autoritär regierte Taiwan demokratisierte, waren die exklusiven Beziehungen zur Volksrepublik China immer schwerer zu rechtfertigen. Die Bundesregierung hielt von einer politischen Annäherung an Taiwan jedoch nicht viel, tolerierte aber Wirtschaftsgespräche. Da China der größere Absatzmarkt war, folgte sie dem Druck der Volksrepublik.

Rasch trat die Bundesregierung für eine Abkehr von den Sanktionen ein. Das Auswärtige Amt und das Wirtschaftsministerium drangen ab Anfang 1990 nachdrücklich auf neue Hermes-Bürgschaften. Im Juni verlangten Kohl und Genscher von den Fraktionen die baldige Freigabe. Viele Abgeordnete hatten Bedenken. Erst am 30. Oktober 1990 gab die Regierungsmehrheit diese gegen die Stimmen der Opposition frei, ebenso die entwicklungspolitische Zusammenarbeit, „soweit sie unmittelbar der Bevölkerung bzw. dem Schutz und der Erhaltung der Umwelt dienen sowie zur Reform der chinesischen Wirtschaft beitragen". Besonders für den Bau der U-Bahn in Schanghai flossen damit wieder günstige Kredite. Ab 1992 war China wieder der größte Empfänger deutscher Entwicklungshilfe.

Chinas Führung um Deng Xiaoping gewährte zwar keine demokratischen Reformen, aber reagierte durchaus auf die Sanktionen. Sie beschloss symbolträchtige Amnestien und tolerierte Gespräche über Menschenrechtsfragen. Zudem positionierte sich China vermittelnd in UN-Gremien. Vor allem aber sorgte Deng ab 1992 für eine weitreichende wirtschaftliche Öffnung für ausländische Investitionen. Dies lockte Wirtschaft und Politik wieder nach China und ließ das Handelsvolumen in bisher unbekanntem Maße steigen.

Das alles legitimierte eine schrittweise politische Annäherung. Per „Privatbesuch" vermittelte der vormalige Bundeskanzler Helmut Schmidt (SPD) bereits im Mai 1990 in Peking. Die Außenminister der EG-Staaten beschlossen schließlich am 18. Juni 1991 die „Wiederaufnahme der hochrangigen Kontakte mit China". Fünf Monate später traf Wirtschaftsminister Jürgen Möllemann (FDP) mit einer großen Wirtschaftsdelegation in China ein und bot eine deutsche Unterstützung für Chinas Aufnahme in das GATT, den Vorläufer der WTO, an. Damit war ein weiterer Handelsboom vorgezeichnet.

Neu war, dass nun Menschenrechte zur deutschen Agenda gehörten. Möllemann überreichte eine Liste mit den Namen von 903 politischen Häftlingen, um deren Überprüfung und Freilassung er bat. Gegenüber Ministerpräsident Li Peng schlug er sogar eine Generalamnestie vor. Deutsch-chinesische Menschenrechtsgespräche, die Genscher als Vorbedingung für eine Normalisierung angekündigt hatte, flankierten dies auf „Expertenebene". Bei Helmut Kohls Chinareisen 1993 und 1995 standen die Förderung und Unterzeichnung großer Investitionsvereinbarungen im Vordergrund, aber auch der Bundeskanzler übergab Listen mit politischen Gefangenen, für deren Freilassung er eintrat. Das Ende des Kalten Kriegs nährte den Optimismus, durch mehr Handel auch einen politischen Wandel in China herbeizuführen. Die Beziehungen zu China blieben relativ spannungsfrei, da die Bundesregierung auf engere Verbindungen zu Taiwan verzichtete und Menschenrechtsverletzungen als nachrangig behandelte.

Der rot-grüne Regierungswechsel 1998 ließ eine Neuausrichtung erwarten. Tatsächlich empfing der Außenminister Joschka Fischer (Grüne) schon im Dezember 1998 den chinesischen Dissidenten Wei Jingsheng, dann den Dalai Lama. Im März 1999 hielt Fischer eine Rede über Menschenrechtsverletzungen in China und sprach seinen chinesischen Amtskollegen auf diese an. 1999 begann zudem der deutsch-chinesische Rechtsstaatsdialog, der fast im Jahresrhythmus unter Leitung des Bundesjustizministers tagte.

Bundeskanzler Gerhard Schröder konterkarierte jedoch diesen Kurs. Sechsmal besuchte er China, so oft wie kein anderes Land der Welt außer den USA. Jeweils begleiteten ihn große Wirtschaftsdelegationen. Menschenrechte sprach der Sozialdemokrat kaum an. Stattdessen trat er dafür ein, das Waffenembargo gegen China zu lockern und China zu den G-8-Treffen einzuladen. „Sanktionen zielen auf Isolierung und Diskriminierung. Die Bundesregierung setzt dagegen auf Kooperation, auf Integration und damit verbundenen Wandel", rechtfertigte er sich im Bundestag. Fischer und Schröder verkörperten damit die doppelgleisige Handels- und Menschenrechtspolitik, die sich seit 1989 etabliert hatte.

Angela Merkel knüpfte an die Politik der Vorgängerregierung an. Bei ihren Treffen mit Chinas Staatsführung sprach sie anfangs regelmäßig Menschenrechtsverletzungen sowie die Religions- und Pressefreiheit an. Ebenso traf sie sich mit chinesischen Intellektuellen und dem Dalai Lama. Nach der Niederschlagung von Protesten in Tibet sagte sie 2008 und 2010 Gespräche ab. Die internationale Finanzkrise ließ jedoch ökonomische Ziele wieder in den Vordergrund rücken. Offen ist, ob die kritische Chinapolitik, die der aktuelle Koalitionsvertrag verspricht, unter den aktuellen Bedingungen verwirklicht wird. Die Aussetzung der Hermes-Bürgschaften für VW in Xinjiang im Mai 2022 könnte der Vorbote weiterer, gezielter Sanktionen sein.

Viele Bemühungen deutscher und anderer westlicher Regierungen um eine Verbesserung der Menschenrechtslage erscheinen heute als gescheitert. Weder haben Chinas Minderheiten mehr Rechte, noch gibt es Meinungsfreiheit. Der jahrzehntelange Transfer von Technologie hat Chinas Wirtschaftsmacht gestärkt. Anstatt zu einem „Wandel durch Handel" in China kam es zu einem „Handel durch Wandel" in Deutschland. Die Demokratien passten sich oft an Chinas Regeln an. China hat, wie nun auch Russland, die Hoffnung widerlegt, dass Handel und Kooperation langfristig zu einer politischen Liberalisierung führen.

***

Frank Bösch lehrt Geschichte an der Universität Potsdam und ist Direktor des Leibniz-Zentrums für Zeithistorische Forschung (ZZF).

Erschienen in der F.A.Z. vom 17.10.2022, Seite 6

Journalist in vier politischen Systemen

Zum fünfzigsten Todestag des Herausgebers Erich Dombrowski

Professor Dr. Jürgen Wilke

Die historischen Brüche, die Deutschland im 20. Jahrhundert erlebte, schlugen sich millionenfach im Leben der Menschen nieder und hinterließen tiefgreifende Spuren. Das gilt nicht zuletzt für Journalisten, die berufsbedingt in enger Beziehung zu den jeweiligen Zeitläuften stehen. Einer von ihnen, an den hier aus Anlass der Wiederkehr seines fünfzigsten Todestages am 29. Oktober 1972 erinnert werden soll, war Erich Dombrowski. Am 23. Dezember 1882, also vor 140 Jahren, wurde er geboren. Er war Journalist in vier verschiedenen politischen Systemen: im noch obrigkeitsstaatlich verfassten wilhelminischen Kaiserreich, in der um eine demokratische Ordnung und um ökonomische Konsolidierung ringenden Weimarer Republik, sodann unter der Diktatur der nationalsozialistischen Herrschaft und schließlich in der neu errichteten Demokratie der Bundesrepublik Deutschland. Politisch vollzog Dombrowski dabei einen Sinneswandel: War er in der Frühzeit ein Linker oder Linksliberaler gewesen, so am Ende ein Nationalliberaler, wenn nicht Konservativer. In zwei dieser Phasen, ja rund der Hälfte seines Lebens war Erich Dombrowski eng mit dem Rhein-Main-Gebiet verbunden, und zwar mit Frankfurt, Mainz und Wiesbaden.

Auf die Welt kam Erich Dombrowski 1882 ganz woanders, nämlich in Danzig, wo er – einer Beamtenfamilie entstammend – ein humanistisches Gymnasium besuchte. Nach dem Abitur machte er eine dreijährige Banklehre und ging zum Studium der Volkswirtschaftslehre nach Kiel. Ein Universitätsexamen machte er aber nicht, was früher bei nicht wenigen Journalisten der Fall war, weil dieser Beruf sie schon vorher vereinnahmte. Das geschah zunächst bei der „Danziger Allgemeinen Zeitung", bei der „Nord-Ostsee-Zeitung" in Kiel und bei der „Ostdeutschen Allgemeinen Zeitung" in Breslau.

Ausgestattet mit den dort gesammelten Erfahrungen, machte ihn das „Geraer Tageblatt" zum politischen Redakteur und bald zum geschäftsführenden Chefredakteur. Damit gelangte er in die Hauptstadt des einstigen Mini-Fürstentums Reuss – jüngere Linie, einer sprichwörtlichen „Idylle". Hier musste er gleichwohl Journalismus unter Kriegsbedingungen praktizieren. Das war nicht leicht wegen der Zensurmaßnahmen und der erdrückenden alltäglichen Lebensbedingungen. Als er Gera 1916 verließ, waren seine Verleger trotzdem voll des Lobes für ihn: „Die Zeitung selbst hat er nach eigenen Ideen ausgebaut und sie in ein modernes Blatt, das überaus übersichtlich und fesselnd angeordnet ist, umgestaltet. Seine Leitartikel und Feuilletons, Theaterkritiken u.s.w. werden wegen ihrer individuellen stilistischen Prägung und geistigen Vertiefung stets von den weitesten Kreisen mit besonderem Interesse gelesen. Im Verkehr mit Publikum und Behörden hat er es verstanden, sich weitgehendes Vertrauen und eine sehr angesehene Stellung zu verschaffen."

Dass man sich von Dombrowski so bald trennte, hatte damit zu tun, dass „er von einer großen Unternehmung in eine leitende Stellung berufen wurde". Diese große Unternehmung war das „Berliner Tageblatt" (BT), die führende linksliberale Tageszeitung in der Reichshauptstadt, beziehungsweise der Mosse-Verlag, der sie dort herausbrachte. Dessen Chefredakteur war Theodor Wolff, eine geradezu legendäre Gestalt im deutschen Journalismus. Dombrowski wurde sein Stellvertreter und erlebte beim BT das Kriegsende und den Umbruch vom Kaiserreich zur Weimarer Republik. Das waren schwierige Jahre, die auch politische Profilierung erforderten. Dombrowski trat der von Theodor Wolff mitgegründeten Deutschen Demokratischen Partei (Staatspartei) bei. Beim BT entwickelte er seine Art, umfängliche kommentierende Leitartikel zu schreiben, sozusagen „Riesen Riemen". Im Großen und Ganzen unterstützten er und die Zeitung die demokratischen Koalitionsparteien.

Dombrowskis journalistische Arbeit blieb nicht auf das „Berliner Tageblatt" beschränkt. Er wirkte als Korrespondent auch mehrerer ausländischer Presseorgane. Bekannt wurde er, wenn auch unter Pseudonym, durch an die hundert Kurzporträts mehr oder weniger prominenter Zeitgenossen, die in der „Weltbühne", Siegfried Jacobsohns berühmter linksgerichteter Zeitschrift, erschienen. Er publizierte sie unter dem Namen Johannes Fischart, jenes elsässischen Dichters des 16. Jahrhunderts, dessen Schriften wegen ihrer satirischen Schärfe denkwürdig sind. Dombrowskis Porträts sind kleine Meisterwerke der Beobachtung und der persönlichen Pointierung. Sie wurden in den 1920er-Jahren in mehreren Bänden in Buchform nachgedruckt („Köpfe der Gegenwart"). Es gab sogar eine amerikanische Ausgabe. Unter dem Namen Sebastian Brant, des Baseler Humanisten, der mit der Moralsatire „Das Narrenschiff" (1494) in die Literaturgeschichte eingegangen ist, schrieb Dombrowski auch Glossen für die „Neue Rundschau", die repräsentative Literaturzeitschrift des S. Fischer Verlages.

Zehn Jahre blieb Dombrowski beim „Berliner Tageblatt". Dass er diese Zeitung 1926 verließ, erklärte er später mit seinem gesundheitlichen Zustand: „Ich war überarbeitet, und ich suchte eine ruhigere Position. Das ‚Berliner Tageblatt' erschien samt seiner Reichsausgabe drei Mal am Tag, während das Frankfurter Blatt nur ein Mal." Mutmaßlich war ihm aber die Nachfolge von Theodor Wolff als Chefredakteur in Aussicht gestellt worden, was sich nicht erfüllte. Davon ist in Wolffs generösem Abschieds- und Dankesbrief allerdings keine Rede. Vielleicht wollte sich Dombrowski aber auch dem aufgeheizten Klima der Reichshauptstadt entziehen. Gerade das „Berliner Tageblatt" geriet laufend in Auseinandersetzungen mit den Nationalsozialisten.

Davon war Erich Dombrowski unmittelbar selbst betroffen. Adolf Hitler erhob 1925 gegen ihn als verantwortlichen Redakteur eine Beleidigungsklage, weil das BT von einer Beschuldigung berichtet hatte, wonach Hitler französisches Geld angenommen und sich dadurch habe korrumpieren lassen. Das Münchener Landgericht verurteilte Dombrowski zu einer Geldstrafe von 1000 Mark, ersatzweise 20 Tagen Gefängnis. Beide Seiten legten gegen dieses Urteil Berufung ein. Das nächsthöhere Gericht in Leipzig, offenbar NS-freundliche Richter, wiesen die Berufung Dombrowskis nicht nur zurück, sondern erhöhten die in erster Instanz erlassene Strafe auf 2500 Mark oder 25 Tage Gefängnis.

Nach seinem Ausscheiden aus dem BT wechselte Dombrowski 1926 zum „General-Anzeiger der Stadt Frankfurt" und damit zu einem ganz anderen Zeitungstyp. Dieser war im 19. Jahrhundert im Zuge der Kommerzialisierung der Presse entstanden, baute vor allem auf dem Inseratenteil auf und erzielte häufig Massenauflagen.

In Frankfurt gab es ihn seit 1876. Ende der 1920er-Jahre lag die Auflage des „Frankfurter General-Anzeigers" bei 155 000 Exemplaren. Das machte den Titel damals zur auflagenstärksten Frankfurter Tageszeitung.

Ludwig Marcuse, der jüdische Intellektuelle und Schriftsteller, der in die USA emigrieren musste und nach dem Krieg nach Deutschland zurückkehrte, war damals Feuilleton-Redakteur beim „General-Anzeiger". Er hat in einer amüsanten Reminiszenz zu Dombrowskis siebzigstem Geburtstag 1952 geschildert, wie dieser dort auftauchte: „Und dann öffnete sich eines Tages die Tür zu meinem Zimmer und herein trat ein sehr langer (sagen wir:) Attaché mit einer Nase wie ein Blitz im länglichen Gesicht – dieser Blitz aus Fleisch war aber auch das einzig Gewalttätige an ihm. Ansonsten war er ein Weltmann mit einer sehr leisen Suada."

Marcuse berichtet auch, wie Dombrowski sprachliche Änderungen noch bis in den Fahnensatz vornahm. Widerspenstige Kollegen habe er nicht zu gewünschten Änderungen gezwungen, sondern deren Artikeln lieber einen eigenen zur Seite gestellt. Laut Marcuse war von Politik im „General-Anzeiger" wenig die Rede. Zumindest für Dombrowskis Leitartikel, die in der Regel im Wochenrhythmus erschienen, gilt das nicht.

Sie waren zumeist ebenfalls lang und enthielten ausführliche Erörterungen. Die innenpolitischen und wirtschaftlichen Krisen wurden ebenso behandelt wie die Entwicklungen in Frankreich, England und anderswo in der Welt. Häufig ging es um Reparationsfragen, die seinerzeitigen internationalen Konferenzen und die Sitzungen des Völkerbunds, an denen Dombrowski in Genf teilnahm. Eher selten befasste er sich, obwohl er einer Lokalzeitung vorstand, mit Themen vor Ort. Wenn schon, dann kritisierte er das Haushaltsgebaren in seiner Stadt, sprach von Verschwendung statt solider kommunaler Finanzwirtschaft und kritisierte deswegen den Frankfurter Oberbürgermeister Landmann. Typisch für Dombrowskis Leitartikel war, was er einmal wie folgt ausdrückte: „Die gegenwärtige weltpolitische Lage drängt einem geradezu philosophische Betrachtungen auf. Nicht in dem Sinne, dass man seine Gedanken bei der Wertung der Dinge, Menschen wie Völker, ins Uferlose verlöre. Wohl aber nach der Richtung hin, dass man nach den tieferen

Gründen für die eigenartigen politischen Vorgänge, die sich vor unseren Augen filmartig abrollen, sucht. Alles scheint voller Widersprüche zu stecken. Vergebens sucht man nach dem Schlüssel zur Lösung der Probleme."

Zunehmend stellte der in Deutschland vordringende Nationalsozialismus demokratisch gesinnte Journalisten vor Probleme. In einer späteren Aufzeichnung äußerte Dombrowski, er habe im „General-Anzeiger" lange Zeit eine „Verschweigungstaktik" verfolgt. Er sprach sogar von „stiller Sabotage". Das ließ sich spätestens seit der „Machtergreifung" am 30. Januar 1933 nicht mehr durchhalten. Diese bezeichnete Dombrowski im Titel seines Leitartikels am Tag danach als „Experiment". Das suggerierte einen offenen Ausgang, was sich später als Fehleinschätzung erweisen sollte. Angeblich nahm Gauleiter Sprenger diesen Artikel bei einer Straßenversammlung am Frankfurter Börsenplatz zum Anlass für den Ausruf: „An dem Laternenpfahl soll der Jud' Dombrowski hängen!" Zum Glück blieb ihm dieses Schicksal erspart, er war ja auch kein Jude, wohl aber seine (zweite) Ehefrau.

Nach der „Machtergreifung" hatte es unabhängiger Journalismus in Deutschland immer schwerer. In Dombrowskis Nachlass im Bundesarchiv findet sich ein neuer, am 1. Januar 1935 zwischen ihm und dem Verlag H. & G. Horstmann abgeschlossener Dienstvertrag. In diesem ist ein Vermerk zur politischen Linie der Zeitung eingetragen: „Die grundsätzliche Einstellung des Verlegers (Verlages) oder die Richtung der Zeitung ist der nationalsozialistischen Staatseinstellung entsprechend." Diesen Vertrag hat Dombrowski notgedrungen unterschrieben, aber dessen ohnehin vorgesehene kurze Laufzeit gar nicht mehr ausgeschöpft. Am 31. August 1936 wurde das Dienstverhältnis beendet. Dombrowski musste aus der Zeitung ausscheiden, aus der Berufsliste des Reichsverbands der Deutschen Presse (RDP) wurde er gestrichen. Inzwischen war es der NSDAP auch gelungen, den Verlag des „General-Anzeigers" teilweise zu übernehmen. Dieser kam danach – politisch gleichgeschaltet und antisemitisch – noch bis zum 31. März 1943 heraus und musste dann wegen der „totalen Kriegsmaßnahmen" wie viele andere Blätter in Deutschland sein Erscheinen einstellen, fünf Monate vor der „Frankfurter Zeitung".

Trotz des faktischen Berufsverbots konnte Dombrowski zumindest bis 1937/38 noch Artikel im „General-Anzeiger" unterbringen. Sie erschienen ohne Nennung des Verfassers, unter wechselnden Kürzeln und enthielten sich direkter politischer Bezüge. Es waren Börsenberichte oder Schilderungen von Reisen in verschiedene Teile Deutschlands, aber auch von einer solchen nach Fernost. Im Grunde war Erich Dombrowski nach seiner Entlassung arbeitslos und musste mit seiner Familie ein zurückgezogenes Leben führen. Nach eigenem Bekunden betrieb er selbst fortan wissenschaftliche Studien. Zunächst erhielt er von den alten Inhabern des Unternehmens noch ein Ruhegehalt von 833 Mark im Monat, das nach drei Jahren auf 500 Mark reduziert wurde. Vorher hatte sein monatliches Gehalt 2500 Mark betragen. Vorhandene stille Teilhaberschaften verhalfen zu überleben.

1938/39 bemühte sich Dombrowski mit seiner Familie um die Auswanderung nach Frankreich und in die USA. Dieses Vorhaben wurde von der Gestapo verhindert, die der Familie die Pässe entzog. Die Lebensumstände wurden in der späten Kriegszeit immer bedrohlicher. Erich Dombrowski wurde zur Haft im Arbeitslager Derenburg ausersehen, wovor ihn Krankheit bewahrte. Seine jüdische Ehefrau, von der sich scheiden zu lassen er abgelehnt hatte, wurde im Februar 1945 in das Konzentrationslager Theresienstadt verbracht. Sie entging durch dessen Befreiung zwei Monate später glücklicherweise der Todesmaschinerie.

Nach dem Ende des Zweiten Weltkriegs begann die vierte Phase von Dombrowskis journalistischer Karriere. Nach den Erfahrungen mit der Unterdrückung in der NS-Diktatur sollte jetzt durch die Errichtung einer lebendigen Demokratie auch dem Journalismus eine maßgebliche gesellschaftliche Rolle zufallen. Auf der Suche nach geeigneten, unbelasteten Journalisten war es nicht schwer, auf ihn zu stoßen. Zwar kam er in der amerikanischen Besatzungszone bei der Rekrutierung des überwiegend linksgerichteten Herausgebergremiums der „Frankfurter Rundschau" nicht zum Zuge. Das Angebot, als fester freier Mitarbeiter an die „Rundschau" angebunden zu werden, lehnte er ab mit der Begründung: „Erstens wollte ich als politischer Mitarbeiter auch einen Einfluss auf das Blatt haben. Das schien mir nicht gewährleistet. Die Redaktion bestand aus drei kommunistischen, drei sozialdemokratischen und einem katholischen Herrn. Zweitens konnte ich mir nicht eine fruchtbringende Zusammenarbeit mit Herren, die als Laien an die Herausgabe einer Zeitung gingen und die meine anleitenden und korrigierenden Vorgesetzten geworden wären, vorstellen."

In der französischen Zone lief das anders. Dabei spielten – wie so oft im Leben – früher einmal entstandene zufällige Verbindungen eine Rolle. Als leitender Presseoffizier fungierte bei der französischen Militärregierung in Baden-Baden ein Colonel Loutre, mit dem Dombrowski in den 1920er-Jahren in Berlin zusammengetroffen war, als dieser dort Korrespondent des „Petit Parisien" gewesen war. Dieser machte Erich Dombrowski in Mainz zum Chefredakteur des „Neuen Mainzer Anzeigers", der dortigen Lokalzeitung. Am 25. August 1945 nahm dieser dort seine Arbeit auf und suchte sich rasch geeignete Mitstreiter für die Redaktion. Am 26. Oktober 1945 konnte die erste Ausgabe der Zeitung erscheinen. Das Blatt erschien dreimal in der Woche, ihre anfängliche Auflage von 50 000 Exemplaren stieg rasch an und erreichte schließlich eine Viertelmillion. Für diese Zeitung berichtete Dombrowski sogleich über den Nürnberger Prozess gegen die deutschen Hauptkriegsverbrecher. Es ging in der Zeitung ferner selbstverständlich um den lokalen Wiederaufbau und die ersten Schritte zur politischen Reorganisation unter dem Besatzungsregime.

Parallel dazu liefen Bemühungen, für die französische Besatzungszone eine überregionale Wirtschaftszeitung ins Leben zu rufen. Aus den Initiativen, die dazu ergriffen wurden, ging in Mainz die „Allgemeine Zeitung und Wirtschaftsblatt" hervor, deren erste Ausgabe am 29. November 1946 auf den Markt kam, zunächst einmal wöchentlich. Noch herrschte großer Papiermangel. Im Grunde hatte man dazu die überregionale Ausgabe des „Neuen Mainzer Anzeigers" ausgegliedert und verselbständigt. Chefredakteur war auch hier Erich Dombrowski. Das Nebeneinander zweier Zeitungen in einem Verlag ließ sich freilich nicht durchhalten. Dombrowski machte daraufhin den „Neuen Mainzer Anzeiger" zu einer Bezirksausgabe der „Allgemeinen Zeitung". Im April 1947 wurde der Mainzer Zeitungsverlag gegründet, in den Dombrowski als Gesellschafter einstieg.

Noch an einer weiteren folgenreichen Episode in der Gründungsgeschichte der deutschen Nachkriegspresse war Erich Dombrowski maßgeblich beteiligt. Die Mainzer Verlagsanstalt war nach der Währungsreform 1948 in wirtschaftliche Schwierigkeiten geraten und bedurfte der Restrukturierung. Hinzu kam, dass in der Redaktion der „Allgemeinen Zeitung" inzwischen mehrere Redakteure der einstigen „Frankfurter Zeitung" tätig waren, die 1943 auf Geheiß der Nationalsozialisten hatte eingestellt werden müssen. Weil sie noch so lange erschienen war, erhielten ihre einstigen Mitarbeiter zunächst keine Lizenz für eine neue Zeitung. Das änderte sich erst nach dem Inkrafttreten des Grundgesetzes und der Herstellung der Pressefreiheit.

Tatsächlich wurde die Hauptausgabe der „Mainzer Allgemeinen Zeitung" jetzt aufgegeben und in die „Frankfurter Allgemeine Zeitung" überführt, die am 1. November 1949 erstmals erschien. Sie trat gewissermaßen die Nachfolge der alten „Frankfurter Zeitung" an. Fünf Herausgeber übernahmen deren Leitung, außer Erich Dombrowski waren dies Hans Baumgarten, Karl Korn, Paul Sethe und Erich Welter. Sie hatten alle schon in der Weimarer Republik als Journalisten gearbeitet.

Zwölf Jahre war Erich Dombrowski einer der Herausgeber der F.A.Z. Hier setzte er seine journalistische Arbeit fort, weiter vornehmlich als Leitartikler, der die Entwicklung der frühen Bundesrepublik mit Kommentaren aus seiner Sicht begleitete. Zeit seines Lebens war Dombrowski ein Meinungspublizist, der seine Urteile auf feste Prinzipien gründete. Im Grundsatz stimmte er mit Konrad Adenauer und seiner Westpolitik überein, vertrat aber durchaus eigene, abweichende Standpunkte, so anfangs in der Frage der Wiederbewaffnung und beim Saarstatut.

Die Chefredaktion der „Allgemeinen Zeitung" in Mainz behielt Dombrowski in Personalunion bis 1957 bei. Diese verfügte inzwischen über mehrere Lokalausgaben in Rheinhessen. Hinzu kam die Übernahme des „Wiesbadener Tagblatts" und des „Darmstädter Tagblatts", für die Dombrowski ebenfalls als Chefredakteur fungierte. Das bedeutete eine riesige Arbeitsbelastung. 1958 schrieb er seinem alten Freund Camille Loutre, er habe sich endlich aus der Redaktion der „Allgemeinen Zeitung" zurückgezogen. „An sich habe ich nicht viel weniger zu tun. Aber ich werde nicht, wie bisher, den ganzen Tag hin- und hergezerrt durch die vielen Blätter, die ich zu leiten hatte." 1962 schied Dombrowski auch aus dem Herausgebergremium der F.A.Z. aus, blieb der Zeitung aber als freier Mitarbeiter verbunden. Zahlreich waren jetzt seine Rezensionen historischer und politischer Bücher.

Erich Dombrowski starb am 29. Oktober 1972, kurz vor Vollendung seines neunzigsten Geburtstages. Dutzende von Kondolenzschreiben aus Journalismus, Politik, Wirtschaft und Kultur erreichten seine Familie und lassen die eminente Wertschätzung erkennen, die er in der Bundesrepublik genoss. In Nachrufen würdigten ihn in der F.A.Z. Nikolas Benckiser als den „Nestor unter den Journalisten" und Rudolf Reinhardt, der Leiter des Stadtblatts, als „Mentor Frankfurts".

Seiner vielen Verdienste wegen war er hochgeehrt: Er hatte das Große Verdienstkreuz des Verdienstordens der Bundesrepublik erhalten. In Mainz wurde er zum Ehrenbürger der Johannes-Gutenberg-Universität und 1957 zum Ehrendoktor der Rechts- und Wirtschaftswissenschaftlichen Fakultät ernannt. Die französische Republik machte ihn zum Offizier des Ordre des Palmes Académiques. Und die Stadt Frankfurt hatte ihm schon im Dezember 1952 zum siebzigsten Geburtstag die vom Magistrat gestiftete Ehren-Plakette verliehen.

Die Stadt Mainz hat Erich Dombrowski geehrt, indem sie eine Straße nach ihm benannte, und zwar dort, wo die Verlagsgruppe Rhein-Main angesiedelt ist, die die „Allgemeine Zeitung" heute herausbringt. In Frankfurt jedoch fehlt es noch bis heute an dergleichen lokaler Ehrung.

***

Jürgen Wilke lehrte von 1988 bis zu seiner Emeritierung Publizistik an der Johannes- Gutenberg-Universität Mainz.

Erschienen in der F.A.Z. vom 24.10.2022, Seite 6

Die Erfindung des Neuen Testaments

Martin Luthers vollständige deutsche Übersetzung des Neuen Testaments war längst nicht die erste – aber die bei Weitem wirkmächtigste. Dafür bürgte allein die Höhe der Auflagen: Im September 1522 kamen 3000 Exemplare des neuartigen Lesebuches in Wittenberg auf den Markt, im Dezember waren es nochmals 3000

Professor Dr. Thomas Kaufmann

Ein halbes Jahrtausend ist es her, dass Martin Luthers Übersetzung des Neuen Testaments erschien. In erster Ausgabe kam sie im September, in einer zweiten Auflage bereits im Dezember 1522 heraus: Das Neue Testament Deutsch. Bis heute gilt es als epochales Werk. Neben der vielgerühmten sprachlichen Qualität, die vor allem dadurch erreicht wurde, dass sich der Übersetzer Luther nicht am Duktus der Quell-, sondern an den Ausdrucksmöglichkeiten der deutschen Zielsprache orientierte, sind es vor allem Aspekte der Buchlichkeit gewesen, die Aufmerksamkeit verdienen. Denn der Wittenberger Bibelprofessor und sein Drucker Melchior Lotter der Jüngere haben aus dem Neuen Testament Deutsch zugleich ein Buch und ein Buch gemacht. Das war alles andere als selbstverständlich.

Im Frühjahr 1521 nämlich hatte Luthers enger Vertrauter und Ordensbruder Johannes Lang in Erfurt eine Teilübersetzung des Neuen Testaments, das Matthäusevangelium, als Flugschrift, als ungebundenes Heftchen, herausgebracht. Unter dem Gesichtspunkt des Absatzes und der ökonomischen Risikokalkulation waren die Vorzüge solcher kleinteiligen, mit relativ geringem Aufwand herzustellenden Druckerzeugnisse offenkundig: Sie wurden schnell produziert, konnten relativ günstig verkauft und im Falle eines Verkaufserfolges rasch nachgedruckt werden. Auch die Wittenberger hatten noch zu Beginn des Jahres 1522 geplant, das Neue Testament in einer Reihe an Flugschriften unters Volk zu bringen. Für die Johannesoffenbarung war von Philipp Melanchthon und Lukas Cranach an eine Teilausgabe mit Holzschnitten gedacht, die – gleichsam in

Anknüpfung an ein „Passional Christi und Antichristi" aus dem Mai 1521 – die Schrecken der Endzeit am gegenwärtigen Wüten des päpstlichen „Tieres aus dem Abgrund" illustrieren und aktualisieren sollte.

Die Entscheidung zugunsten einer integralen Ausgabe des vollständigen deutschen Neuen Testaments in Buchform fiel nach Luthers Rückkehr von der Wartburg, wo er seine Übersetzung binnen elf Wochen, zwischen Dezember 1521 und Februar 1522, angefertigt hatte. Wie Lang bei seiner Übersetzung des Matthäusevangeliums, so hatte auch Luther die epochale Ausgabe des Neuen Testaments von Erasmus von Rotterdam (Basel 1516; zweite Auflage 1519) zugrunde gelegt. Der gefeierte niederländische Gelehrte hatte in seinem Novum Instrumentum, dem „neuen Hilfsmittel", wie es 1516 hieß, die nun erstmals gedruckte griechische Version des ehrwürdigsten christlichen Textes mit einer eigenen lateinischen Übersetzung kombiniert – und dem Ganzen dann noch Anmerkungen beigefügt, die schwierige Vokabeln oder kritische Formen philologisch erläuterten. Dadurch war ein fortan für Jahrhunderte unabdingbares Arbeitsinstrument für jeden gelehrten Umgang mit der Urkunde der Christenheit geschaffen worden.

Durch seine eigene lateinische Übersetzung hatte Erasmus die Autorität der bisher als kanonisch geltenden Übersetzung des Kirchenvaters Hieronymus, die sogenannte Vulgata, relativiert – was ihm aus Teilen der zeitgenössischen Theologie scharfe Kritik eintrug. In weitverbreiteten lateinischen Texten hatte der von der bibelfrommen Bewegung der Devotio moderna beeinflusste Erasmus auch für das Neue Testament in der Volkssprache geworben. Luther knüpfte mit seiner Übersetzung also unmittelbar an eine Forderung des führenden Humanisten an und warf sich hinein in den Streit um die Übersetzung, ja er praktizierte Übersetzung als Streit.

Des rechtskräftig verurteilten Ketzers Luther Übersetzen vollzog sich im Streit mit der Kirche seiner Zeit oder wesentlichen ihrer Autoritäten, die die Lektüre der Bibel in der Volkssprache mit Argwohn verfolgten. Die Theologische Fakultät zu Köln etwa argumentierte gegen volkssprachliche Bibeln in folgender Weise: Den Laien fehle der „intellectus", die geistige Befähigung zur Erfassung der heiligen Schriften, die häufig in einem höheren, mystischen

Sinne zu verstehen seien. Durch rohe, ungebildete, neugierige und aufs Fleischliche fixierte Leser aus dem Laienstand werde der Bibel Gewalt angetan. Könnten die Laien das Wort Gottes selber lesen, würden sie es nicht mehr aus dem Mund des Priesters hören wollen und unterminierten so dessen heilsvermittelnde Rolle. Aus der Sicht vieler Repräsentanten der römischen Kirche bedeutete die Bibellektüre der Laien also einen fundamentalen Anschlag auf das Wesen der Kirche. Genau das aber war Luthers Absicht.

Für die buchliche Einheit des Neuen Testaments waren aus Luthers Sicht theologische, insbesondere schrifthermeneutische Überlegungen ausschlaggebend. Diese legte er in einer Vorrede dar: Gleich wie das Alte Testament ein Buch sei, „darynnen Gottis gesetz und gepot/ daneben die geschichte beyde dere dieselben gehalten und nicht gehalten/ geschrieben sind", sei „das newe testament/ eyn buch/ darynnen das Euangelion unn Gottis verheyssung/ daneben auch geschichte beyde/ dere die dran glewben und nicht glewben/ geschrieben sind [...]". Der Einheit des einen Buches Neues Testament entspreche das eine Evangelium, der eine Glaube und der eine Gott, der es verheiße. Das griechische Wort euangelion, lateinisch evangelium, bedeute nicht einfach die literarische Form, derer es vier Beispiele im Neuen Testament gebe (Matthäus, Lukas, Markus, Johannes), sondern „gute botschafft/ gute meher [= Mär]/ gutte new zeyttung/ gut geschrey/ davon man singet/ saget und frolich ist". Dieses eine Evangelium habe sich in einer Vielzahl sehr unterschiedlicher Schriften, eben der aus 27 Einzelschriften bestehenden Textsammlung des Neuen Testaments, niedergeschlagen und artikuliert. Die innere Hierarchisierung der neutestamentlichen Schriften, die Luther vornahm, orientierte sich vor allem daran, wo die „gute Mär", das Evangelium von Gottes erbarmender Gnade, die Botschaft von Christus als dem Heiland, am deutlichsten vernehmbar sei: Im Johannesevangelium, in den Briefen des Apostels Paulus an die Römer, die Epheser und die Galater und im 1. Petrusbrief.

Die anderen Schriften des Neuen Testament fallen dem gegenüber deutlich ab; vier von ihnen – der Hebräerbrief, der Jakobus- und der Judasbrief, die Apokalypse des Johannes – führte Luther sogar ohne eigene Zählung in seinem Inhaltsverzeichnis auf und rückte sie damit in einen „deuterokanonischen", hinsichtlich ihrer

Autorität und Bedeutung abgestuften Rang. Selbst ihre apostolische Verfasserschaft war ihm – aus moderner historisch-kritischer Sicht völlig zu Recht – zweifelhaft. Dadurch freilich, dass sie Teil des einen Buches Neues Testament blieben, wurde ihre Wirkung „eingehegt" und dem Leitkriterium des Evangeliums untergeordnet. Wären sie als vereinzelte Flugschriften erschienen, hätten sie gewiss noch eigensinnigere Aneignungen erfahren als ohnehin schon.

Die Erfindung des deutschen Neuen Testaments als ein Buch durch Luther und seinen Drucker ist auch vor dem Hintergrund der durchaus lebhaften Geschichte der vorreformatorischen deutschen Bibeln zu sehen. Denn seit der ersten deutschen Vollbibel, die 1466 von dem Straßburger Drucker Johannes Mentelin herausgebracht worden war, waren bis in die 1520er-Jahre hinein deutsche Bibeln gedruckt worden, insgesamt 18 hoch- und vier niederdeutsche. Die gern von protestantischer Seite verbreitete Behauptung, Luther habe die Bibel als Erster ins Deutsche übersetzt, gehört zu den Fake News aus den Zeiten des konfessionalistischen kalten Krieges.

Freilich – und dies ist entscheidend für die These, Luther habe das deutsche Neue Testament als Buch erfunden – waren die vorreformatorischen Bibeldrucke Gesamtausgaben des Alten und des Neuen Testaments, also in schwere Folianten gebannte Ausgaben der gesamten zwiefältigen christlichen Bibel. Dadurch aber, dass Luther das Neue Testament allein erscheinen ließ, räumte er dem Neuen einen unbedingten Vorrang vor dem Alten Testament ein. Für seine Lesart des Alten Testaments wurde dies entscheidend; er verstand das Alte Testament ganz von Christus her und als Weissagung auf ihn hin. Wehe all denen, die dies nicht taten, den Juden zuerst!

Luthers Vorrede zum Neuen Testament als Ganzem wie zu seinen einzelnen Schriften erschienen anonym. In späteren Drucken firmierte auch Luthers Name auf dem Titelblatt so, als sei er der Autor der Heiligen Schrift. In dem Sinne, dass er dem Neuen Testament eine ungleich eingängigere und kohärente sprachliche Form gegeben hatte als jemals zuvor, traf dies sogar zu. Das zuerst 1527 erschienene katholische Gegenbuch aus der Feder des Dresdner Hoftheologen Hieronymus Emser hing weitestgehend von Luthers Neuem Testament Deutsch ab. Der kontroverstheologische Streit über die Übersetzung einzelner Wörter und um den Sinn vieler Verse sollte Luther bis ans Ende seiner Tage nicht mehr loslassen.

Mit der typographischen Gestaltung des Wittenbergischen deutschen Neuen Testaments als einheitlichem und handhabbaren Buch setzte Melchior Lotter d. J. eigene Maßstäbe. Denn er kreierte entgegen dem üblichen Spaltensatz ein Layout, das in lesefreundlicher Type den Text des Neuen Testaments als Fließtext bot. Absatzgliederungen lockerten den Text auf und strukturierten Sinneinheiten vor. Überdies bot der Druck zu allen neutestamentlichen Schriften außer der Johannesoffenbarung Verweise auf Referenzstellen innerhalb des Neuen oder des Alten Testaments in Form von Innenmarginalien. Das Neue Testament Deutsch war ein mit gut 440 bedruckten Seiten handliches Lesebuch, das reiche Möglichkeiten eines umfassenden Bibelstudiums eröffnete. Es erschloss vor allem die inneren Zusammenhänge, das Verhältnis von Verheißung und Erfüllung, altem und neuem Bund, mosaischem Gesetz und jesuanischem Evangelium, Buchstaben und Geist.

Sodann druckte Lotter, gleichfalls in kleinerer Type, Außenmarginalien, die Wort- und Sacherläuterungen boten und sich an einigen Stellen zu regelrechten Kommentaren auswuchsen. Auch diese Hilfen dienten dazu, den Leser umfassend zu bilden und urteilsfähig zu machen. Das seit 1520 von Luther propagierte Konzept des Allgemeinen Priestertums der Glaubenden und Getauften, seine revolutionäre Idee zur Mobilisierung zahlloser Christenmenschen um „des christlichen Standes Besserung" willen, also zur Reformation in Stadt und Land, hatte auch einen Bildungsaspekt. Im Neuen Testament Deutsch ist das Konzept des Allgemeinen Priestertums der Bibellesenden in einer versierten drucktechnischen Form umgesetzt worden.

Dass mit der Herstellung eines solchen Buches, das zwischen Mai und September 1522 in 3000 Exemplaren, je auf 222 Foliobögen, insgesamt also auf 660 000 Bögen Papier gedruckt und zunächst mit zwei, dann mit drei Pressen pünktlich zur Leipziger Messe fertiggestellt wurde, erhebliche Kosten verbunden waren, versteht sich von selbst. Nach allem, was man einigermaßen verlässlich sagen kann, fungierte Lotter selbst als Verleger, das heißt, er legte die erheblichen Kosten für das Papier und die Herstellung vor. Als Kaufpreis eines Exemplars sind ein halber bis eineinhalb Gulden bezeugt, je nachdem, ob es sich um ein gebundenes, ein ungebundenes oder ein zusätzlich noch illuminiertes Stück handelte. Bis die entsprechenden Verkaufserlöse eingingen, hatte der Drucker wohl beinahe 1000 Gulden für die Papier- und die Herstellungskosten vorzulegen.

Wieso nahm Lotter dieses Risiko auf sich? Nun – zum einen handelte es sich bei der in Leipzig ansässigen Druckerfamilie um die größte Buchdruckerei Mitteldeutschlands. Man verfügte dort über reichhaltige Erfahrungen auch mit größeren Projekten, etwa umfangreichen liturgischen Werken oder auch hohen Auflagen der diversen Medien bei großen Ablasskampagnen. Zum anderen hatte der älteste Sohn des Leipziger Firmenchefs, Melchior d. J., seit der Eröffnung der von ihm geleiteten Wittenberger Filiale gelernt, eng und erfolgreich mit Luther zusammenzuarbeiten. Viele der bekannten und bahnbrechenden Schriften des Jahres 1520 – der Sermon „Von den guten Werken", die Schrift „An den christlichen Adel", die Kampfschrift „Vom Papsttum zu Rom" und andere mehr – waren in der Lotterschen Offizin erschienen.

An diesen Drucken kann man beobachten, wie nach und nach Produktionsroutinen zwischen Luther und dem jüngeren Lotter erprobt wurden: Die Texte, die Luther in mustergültiger Lesbarkeit, liniengenau und übersichtlich niederschrieb, gingen, oft bevor eine Schrift wirklich abgeschlossen war, „on the fly" in den Satz; die gedruckten Bogen wanderten flugs zur Korrektur ins Augustinerkloster Luthers zurück. Mit der Routine wuchs das Vertrauen in die Umsätze. Lotter konnte nach und nach seine Auflagen steigern, denn er hatte immer wieder die Erfahrung gemacht, dass er dieselben Texte mehrmals neu setzen musste, weil die Nachfrage nicht abriss. Im Buchgewerbe gingen Frühkapitalismus und Reformation Hand in Hand. Dabei galt es, schnell zu produzieren, denn die Nachdrucker lauerten nur auf ihre Chance. Ein Copyright, ein Problembewusstsein in Bezug auf Plagiate, eine effiziente Zensur, die Idee des Urheberrechtsschutzes – nichts von alledem existierte.

Um den Reiz des Neuen Testaments Deutsch als Lesebuch zu erhöhen, fügte Lotter 21 großformatige Illustrationen der

Johannesoffenbarung bei. Diese Entscheidung ist insofern bemerkenswert, als sie in einer erheblichen Spannung zu Luthers negativem Urteil über die „durch und durch mit gesichten vnd bilden" handelnde Apokalypse stand, die mit dem, was er unter Evangelium verstand, nur wenig zu tun hatte. Durch die Abbildungen wurde Luthers theologisches Urteil also gleichsam konterkariert; einige Bilder, die die höllischen Tiere mit der Papstkrone, der Tiara, zeigten, zogen das Buch natürlich in die Gegenwart hinein, ja aktualisierten es in Bezug auf den Kampf, den der heilige Rest der reformatorisch erweckten Christenheit gegen die Mächte der Finsternis zu bestehen hatte.

Da die Zuordnung der Bilder zu den Texten, die sie illustrierten, im Druck schwierig war und erst im Dezember durch Verweisziffern eine Lösung fand, besitzt es eine große Wahrscheinlichkeit, ihre Verwendung im Neuen Testament Deutsch für sekundär zu halten. Vieles spricht dafür, dass die Holzschnitte zur Apokalypse ursprünglich für die von Cranach und Melanchthon geplante Separatausgabe der Johannesoffenbarung gedacht waren – in Analogie zu Albrecht Dürers in lateinischen (1498; 1511) und deutschen (1498) Versionen erschienenem Apokalypsezyklus. Die künstlerisch sehr uneinheitliche Ausführung der Holzschnitte war wohl eine Folge dessen, dass Meister Cranach selbst das Projekt aus der Hand gegeben hatte. In der zweiten Ausgabe, dem sogenannten Dezembertestament, wurden die provokativen Tiaren wegretuschiert; auch dies wird keine Entscheidung des antipapistischen Polemikers Luther gewesen sein, wohl aber Lotters, der auch an noch katholisch gesinnte Käufer gedacht haben wird.

Bisher stand das Dezembertestament gegenüber der im September erschienenen Erstausgabe, dem sogenannten Septembertestament, völlig im Schatten, durchaus zu Unrecht. Denn an dem ebenfalls in einer Auflagenhöhe von 3000 Exemplaren gedruckten Dezembertestament lassen sich einige interessante Beobachtungen machen. Zunächst: Durch die erreichten Produktionsroutinen konnte die zweite Ausgabe zwischen Ende September und Mitte Dezember fertiggestellt werden. Das waren, trotz der dunklen Jahreszeit, weit weniger als zwei Drittel der für die erste Ausgabe benötigten Zeit. Das Dezembertestament stellt somit das erste

Beispiel für die Steigerung der Intensität des Wittenberger Bibeldrucks dar. Bald sollte die winzige Universitäts- und Residenzstadt das produktivste Druckzentrum Europas sein.

Sodann: Das Dezembertestament erschien nicht mehr anonym, sondern unter dem Namen des Druckers Lotter; der Erfolg der Erstausgabe veranlasste ihn also, mit Stolz für sein Werk einzutreten. Schließlich – und erst auf den zweiten oder dritten Blick erkennbar: Luther las den Text noch einmal gründlich Korrektur und änderte ihn an insgesamt 574 Stellen. Er begann also bereits bei dem ersten Nachdruck seiner Übersetzung mit jenem Prozess der Revision, der sein gesamtes Übersetzungswerk bis zur Vollbibel letzter Hand im Jahre 1545 begleiten und charakterisieren sollte.

Als Übersetzer, der unablässig mit Gegnern über Übersetzungsoptionen zu streiten hatte, rang Luther immer wieder auch mit sich selbst und seinen eigenen Entscheidungen. Dabei diente die Mehrzahl seiner Korrekturen dazu, die Verständlichkeit des Textes zu steigern beziehungsweise einen Ausdruck zu finden, der den Möglichkeiten des Deutschen am besten entsprach.

Natürlich korrigierte Luther im Dezembertestament auch Fehler, die er im Septembertestament gefunden hatte – ausgelassene Pronomina wurden eingefügt, Druck- und Grammatikfehler verbessert, Wortfolgen dadurch, dass Verben oder Infinitive ans Satzende wanderten, eingängiger komponiert, ein im September ausgelassener Halbvers nachgetragen, fehlerhafte Verweise in den Innenmarginalien korrigiert. Auch von wörtlichen Übersetzungen löste er sich, um prägnantere Formulierungen im Deutschen zu erreichen, etwa statt „Der gerechte wirt leben aus seynem glauben" nun: „Der gerechte wirt seynes glaubens leben" (Röm 1,17) – die fortan als geradezu klassisch geltende Formulierung eines für Luthers „Rechtfertigungslehre" zentralen biblischen Verses.

Weil das Neue Testament Deutsch Luthers eigenes Buch war, besaß er die Freiheit zur permanenten Revision – und dies von den frühesten Anfängen seiner so ungemein erfolgreichen Tätigkeit als Bibelübersetzer an. Das Neue Testament Deutsch, ein Gemeinschaftswerk Luthers und Lotters, war ein revolutionäres Buch, weil es ein handliches und handhabbares Buch war. Es veränderte die

Welt und trug zur Emanzipation der Laien bei – weit mehr, als der Wittenberger Zauberlehrling selbst intendiert hatte.

Die volkssprachliche Bibel als Buch war und ist das Unterpfand christenmenschlicher Autonomie – lesbar überall, passend immer, anregend, tröstend und ärgerlich allemal, nutzbar ohne Akku, Adapter oder Ladegerät! Sollten protestantische Kanzelreden heute ohne Bibelbezug auskommen, Literaturzitate aller Art Worten der allein ihres Potentials wegen „heiligen" Schrift vorziehen und evangelische Gemeinden junge Menschen konfirmieren, ohne dass ihnen ein nennenswerter Kontakt mit der Bibel und das Geschenk einer solchen zuteilwürden, lägen suizidale Erscheinungen vor.

Denn der Protestantismus hängt am Wort und fällt ohne es. Was an die Stelle träte? Wohl Varianten eines ritualistischen Entertainment- und Eventpfaffentums, das den Zeitgeist reproduzierte und seinen Sieg über eine kritische, biblisch verantwortete und mit der Schrift ringende Theologie feierte. Steht die evangelische Kirche am Scheideweg? Will sie noch die Kirche der Reformation sein, oder sie bedarf einer solchen – dringend, radikal, fokussiert auf ihre Kerngehalte, schonungslos, an Haupt und Gliedern?

***

Thomas Kaufmann lehrt Kirchengeschichte an der Universität Göttingen und forscht derzeit am Wissenschaftskolleg zu Berlin; unlängst erschien von ihm als kritische Edition: Das Neue Testament Deutsch (Dezembertestament, 1522).

Erschienen in der F.A.Z. vom 31.10.2022, Seite 6

Die Quadratur der Wahlkreise

Die Reform des personalisierten Verhältniswahlrechts ist in der entscheidenden Phase. Mit der verbundenen Mehrheitsregel bietet sich erstmals die Chance, die Normgröße des Bundestages verlässlich einzuhalten

Professor Dr. Florian Grotz,
Professor Dr. Robert Vehrkamp

Mit der „Zeitenwende", die sich durch den russischen Angriff auf die Ukraine vollzogen hat, sind etliche Reformprojekte der Ampelkoalition in den Hintergrund der öffentlichen Aufmerksamkeit gerückt. Einer der Bereiche, für den sich Sozialdemokraten, Grüne und FDP „mehr Fortschritt" vorgenommen hatten, ist das Wahlrecht. Laut Koalitionsvertrag vom Dezember 2021 sollte es „innerhalb des ersten Jahres" überarbeitet werden, „um nachhaltig das Anwachsen des Bundestages zu verhindern". Angesichts von Krieg, Energiekrise und Inflation scheint die Größe des Bundestages von eher geringer Bedeutung zu sein. Tatsächlich handelt es sich um ein institutionelles Strukturproblem im Herz der parlamentarischen Demokratie, das spätestens bei der Wahl des nächsten Bundestages wieder akut wird.

Das Problem besteht nicht allein darin, dass die Anzahl der Bundestagsmandate die Normgröße von 598 demnächst noch stärker übersteigen könnte als derzeit mit 736 Abgeordneten. Es war schon von einem „Bundestag der Tausend" die Rede – ohne Ironie. Unter dem aktuellen Wahlrecht ist vorab jedes Mal völlig unklar, wie groß das Parlament am Ende wird. Weil immer mehr Wahlkreise mit geringen Mehrheiten gewonnen werden und die ehemals großen Parteien unter einer dauerhaften Zweitstimmenschwäche leiden, können selbst kleinste Veränderungen in der Stimmenverteilung erhebliche Konsequenzen für die Parlamentsgröße nach sich ziehen, und zwar in beide Richtungen. Nicht zuletzt geht es um die drei nichtausgeglichenen Überhangmandate, die kurz vor der Bundestagswahl 2020 mit der Mehrheit von CDU/CSU und SPD eingeführt wurden.

Sie bremsen den Mandatsaufwuchs nur marginal. Umgekehrt können sie aber dazu führen, dass politische Mehrheiten verhindert werden, die sich aus dem bundesweiten Parteienproporz ergeben. Es können aber auch alternative Mehrheiten entstehen, die nicht durch das Verhältniswahlergebnis gedeckt sind.

Laut Umfragedaten wäre es zu einer solchen Umkehr der Mehrheitsverhältnisse gekommen, wenn die Bundestagswahl 2021 einige Wochen früher stattgefunden hätte. Dieser Effekt der nichtausgeglichenen Überhangmandate hätte zweifellos die lagerübergreifende Akzeptanz des Wahlergebnisses beeinträchtigt. Wohin das führen kann, zeigen Entwicklungen in anderen Demokratien, die auch als wenig gefährdet galten. Das gegenwärtige Wahlrecht kann folglich die Legitimität der politischen Kerninstitutionen unterminieren – in einer Zeit, in der die Demokratie ohnehin mit vielfältigen externen und internen Herausforderungen zu kämpfen hat.

Die Einhaltung der Normgröße des Bundestages bleibt also ein zentrales Desiderat. Da zudem eine Klage vor dem Bundesverfassungsgericht anhängig ist, die hohe Erfolgsaussichten hat, ist eine abermalige Wahlrechtsreform unvermeidbar. Dabei hatte es seit 2008 mehrfach Versuche gegeben, das Wahlgesetz entsprechend zu ändern. Allerdings war keiner davon erfolgreich, weil die Bundestagsparteien nicht von ihren divergierenden Eigeninteressen absehen konnten. Mithin ist die Wahlrechtsfrage auch zu einem Lackmustest dafür geworden, ob das Parlament überhaupt in der Lage ist, sich selbst zu reformieren.

Nun zeichnet sich ein Silberstreif am Horizont ab. Im Frühjahr 2022 hat eine neu zusammengesetzte Wahlrechtskommission des Bundestages ihre Arbeit aufgenommen. Die aus diesem Gremium kommenden Vorschläge sind zum Teil deutlich ambitionierter als zuvor. Dabei gibt es mehrere Gemeinsamkeiten zwischen den Positionen der Ampelregierung und der CDU/CSU-Opposition.

Erstens haben sich beide Seiten mit ihren Vorschlägen zur gesetzlichen Normgröße von 598 Abgeordneten bekannt. Damit folgen sie der Empfehlung einer früheren Reformkommission, die der Bundestag so beschlossen hat und die seit 2002 gilt. Auch international vergleichende Analysen demokratischer Parlamente zeigen, dass der

Bundestag schon mit 598 Abgeordneten eher zu groß als zu klein ist. Eine formale Heraufsetzung der Parlamentsgröße wäre also funktional nicht begründbar und – gerade in Zeiten wie diesen – politisch kaum vermittelbar.

Zweitens sehen die Vorschläge der Ampelparteien und der Union vor, dass die Bundestagsgröße in Zukunft nicht nur für bestimmte Fälle, sondern für alle vorstellbaren Parteienkonstellationen und Wahlergebnisse eingehalten wird. Die meisten zuvor diskutierten Reformoptionen hätten den Mandatsaufwuchs nur mehr oder minder stark begrenzt, etwa durch nichtausgeglichene Überhangmandate, auf andere Landeslisten angerechnete Überhangmandate oder eine Verringerung der Wahlkreise. Demgegenüber ist die nun erfolgte Festlegung auf eine verbindliche Einhaltung der Parlamentsgröße ein erheblicher Gewinn an Verlässlichkeit und Kalkulierbarkeit.

Drittens besteht Konsens darüber, die hälftige Personalisierung der Mandatszusammensetzung vollständig zu erhalten. Dagegen hätten gerade jene früheren Vorschläge, die den Mandatsaufwuchs über eine Verringerung der Zahl der Wahlkreise begrenzt hätten, die für das deutsche Wahlsystem charakteristische Personalisierungskomponente geschwächt. Nicht zuletzt besteht Einigkeit darüber, die 2013 eingeführte Ausgangsverteilung, die die Stimmenverrechnung nur unnötig kompliziert macht, wieder abzuschaffen.

Im Sinne einer Wahlrechtsreform, die die wesentlichen Bestandteile der personalisierten Verhältniswahl beibehält und zugleich eine Vergrößerung des Parlaments vermeidet, sind diese Gemeinsamkeiten ausgesprochen begrüßenswert. Sie hätten zudem das Potential, zu einem von Regierungs- und Oppositionsfraktionen geteilten Reformkonzept zu führen. Im bisherigen Verlauf der Kommissionsarbeit wurde diese Chance nicht genutzt, da sowohl die Ampelkoalition als auch die Union ihre jeweiligen Reformvorschläge relativ schnell und ohne vorherige gemeinsame Beratung der Öffentlichkeit präsentiert haben. Damit lag der Fokus von vornherein eher auf den konzeptionellen Unterschieden als auf den Gemeinsamkeiten. Auch für das Regierungslager enthält der Zwischenbericht der Kommission verschiedene Varianten, von denen nicht immer klar ist, wie sie im Detail aussehen und was ihre spezifischen Vor- und Nachteile sind. Daher stellen wir im Folgenden die wichtigsten

Reformoptionen dar, die gegenwärtig zur Debatte stehen, wägen ihre Stärken und Schwächen ab und illustrieren ihre möglichen Effekte anhand der letzten Bundestagswahl beziehungsweise von Umfragedaten, die in deren zeitlichem Umfeld erhoben wurden.

Wir beginnen mit dem Reformvorschlag von CDU/CSU, der von ihren Vertretern als „echtes Zweistimmensystem" bezeichnet wird und schon vor der aktuellen Wahlrechtskommission in die Diskussion eingebracht wurde. Dabei handelt es sich um ein Wahlsystem, das unter dem Begriff Grabensystem international gebräuchlich ist und in Ländern wie Italien, Japan oder Mexiko zum Einsatz kommt. In diesem System sind Erst- und Zweitstimme tatsächlich gleichwertig, weil Wahlkreis- und Listenmandate strikt getrennt voneinander verrechnet werden. Die über die Erststimmen vergebenen Wahlkreismandate werden nach relativer Mehrheit besetzt, die andere Hälfte der Mandate wird über die Zweitstimmen proportional zugeteilt. Diese Verrechnung ist leicht nachzuvollziehen, und es können keine Überhang- und Ausgleichsmandate mehr entstehen. Allerdings zählt dieses System nicht mehr zum Typ der personalisierten Verhältniswahl, weil die Wahlkreismandate nicht in die proportionale Gesamtverteilung eingefügt werden. Das „echte Zweistimmensystem" wäre vielmehr ein Schritt in Richtung Mehrheitswahl, die den relativ größten Parteien einen substanziellen Bonus verschafft, wobei die stimmenstärkste Partei nicht notwendigerweise bei den Mandaten vorn liegen muss. Dies lässt sich anhand der letzten Bundestagswahl illustrieren: Unter der Geltung eines Grabensystem hätten CDU und CSU mit 24 Prozent der Stimmen 37 Prozent der Mandate erhalten, während die SPD mit 26 Prozent der Stimmen nur 34 Prozent der Mandate bekommen hätte. Trotz dieser Zuwächse hätte keine der beiden Parteien eine „kleine" Zweierkoalition bilden können, weil sowohl Grüne als auch FDP im Vergleich zu ihren Stimmenanteilen deutlich weniger Mandatsanteile erhalten hätten. 2021 hätte das Grabensystem also die Union als zweitplatzierte Partei am stärksten begünstigt und gleichwohl die Koalitionsbildung nicht erleichtert. Somit zeigt sich, dass die gleichberechtigte Kombination der beiden Repräsentationsprinzipien Mehrheits- und Verhältniswahl auch das „Schlechteste beider Welten" hervorbringen kann: eine empfindliche Verzerrung des Parteienproporzes ohne klare Regierungsmehrheit.

Daher ist das „echte Zweistimmensystem" keine sinnvolle Reformoption für den Bundestag.

Die Parteien der Ampelkoalition haben sich dagegen auf die Einführung einer „verbundenen Mehrheitsregel" in den Wahlkreisen verständigt. Das bedeutet, dass eine Partei maximal so viele Wahlkreismandate erhalten kann, wie ihr nach dem bundesweiten Zweitstimmenproporz zustehen. Bekanntlich zeichnet sich die personalisierte Verhältniswahl dadurch aus, dass die Wahlkreismandate nicht für sich stehen, sondern in die proportional ermittelten Gesamtmandate ihrer Partei eingefügt werden. Deswegen entscheidet die Zweitstimme über die parteipolitische Zusammensetzung des Bundestages. Die Erststimme dient dagegen nur zur hälftigen Personalisierung der Mandate innerhalb der Parteikontingente, die durch das bundesweite Verhältniswahlergebnis bestimmt werden. Zwar werden in den Wahlkreisen Personen gewählt, doch sind dies zuallererst Kandidaten einer bestimmten Partei. Auch für die Wähler ist die Parteizugehörigkeit der Wahlkreiskandidaten das entscheidende Kriterium. Das zeigt der seltene Fall, in dem ein Wahlkreisabgeordneter nach einem Parteiaustritt wieder als unabhängiger Kandidat antritt und dann abgeschlagen auf den hinteren Rängen landet.

Die verbundene Mehrheitsregel führt die geschilderte Grundlogik der personalisierten Verhältniswahl konsequent zu Ende, indem sie die proportionale Zweitstimmendeckung für alle Parteien zur Voraussetzung für die Vergabe von Wahlkreismandaten macht. Erst innerhalb dieser proporzbasierten Direktmandatskontingente entscheidet die relative Mehrheitsregel, welche Kandidaten in den Bundestag einziehen. Auf diese Weise können keine Überhangmandate mehr entstehen, die nach der Logik der personalisierten Verhältniswahl ein „Fremdkörper" sind, weil ihnen die Legitimation aus dem Zweitstimmenergebnis fehlt. Zugleich wird die Normgröße des Bundestages von 598 eingehalten, ohne dass die Zahl der Wahlkreise verändert wird. Folglich ist die verbundene Mehrheitsregel ein ebenso einfacher wie effektiver Reformansatz, um das Wahlsystem weitestgehend beizubehalten, ohne dass es zu Parlamentsvergrößerungen kommt. Offen bleibt freilich, wie man mit der Besetzung von Wahlkreisen umgeht, in denen die nach

Erststimmen vorn liegenden Kandidaten nicht in den Bundestag einziehen, weil ihr Mandat nicht durch den Zweitstimmenanteil ihrer Partei gedeckt ist.

Sowohl im Zwischenbericht der Kommission als auch in der Ampelkoalition werden verschiedene Varianten diskutiert. Die erste und vermeintlich einfachste ist die Mandatskappung. Wenn eine Partei in mehr Wahlkreisen vorn liegt, als ihr nach Zweitstimmenproporz zustehen, erhalten entsprechend viele Wahlkreiskandidaten, die die schwächsten Erststimmenanteile innerhalb ihrer Partei aufweisen, kein Mandat. Die Normgröße von 598 wird also schlicht dadurch eingehalten, dass „Überhangwahlkreise" unbesetzt blieben. Je nach Wahlergebnis könnte jedoch die Anzahl der unbesetzten Wahlkreise relativ hoch liegen und regional sehr unterschiedlich ausfallen. Wäre dieses Vergabeverfahren (ohne Ausgangsverteilung) bei der Bundestagswahl 2021 zur Anwendung gekommen, hätten 35 Wahlkreismandate „gekappt" werden müssen: Zwölf von der CDU, jeweils elf von CSU und SPD und eines von der AfD. In Bayern wären 24 Prozent der Wahlkreise davon betroffen gewesen, in Baden-Württemberg 32 Prozent und in Brandenburg sogar 40 Prozent. Dagegen wäre in Berlin, Hamburg, Nordrhein-Westfalen, Rheinland-Pfalz, Sachsen-Anhalt und Thüringen kein einziger Wahlkreis unbesetzt geblieben.

Angesichts solcher Ergebnisse wird verständlich, dass dieser Option in der bisherigen Reformdebatte mit großer Zurückhaltung begegnet wurde. So sah ein Vorschlag der SPD-Fraktion vom Februar 2020 eine Kappung der Mandate erst bei einer Bundestagsgröße von 690 Mandaten vor und wollte dies ausdrücklich nur als temporäre „Brückenlösung" zu einer „nachhaltigen Wahlrechtsreform" verstanden wissen. Denn selbst wenn man einen „Mandatsdeckel" weit oberhalb der Normgröße einführte, wären unbesetzte Wahlkreise nie ganz ausgeschlossen. Abgesehen davon würde dadurch die faktische Bundestagsgröße heraufgesetzt, was kaum mit den Zielen der Ampelregierung vereinbar wäre.

Innerhalb der Ampelkoalition wird daher überlegt, die Wahlkreise, die aufgrund der verbundenen Mehrheitsregel im ersten Vergabeschritt frei bleiben, durch nachrückende Kandidaten zu besetzen. Die einfachste Variante dieses Nachrückermodells ließe sich im Rahmen des bisherigen Stimmgebungsverfahrens realisieren. Demnach würde ein Überhangwahlkreis mit dem Kandidaten besetzt, dessen Mandat durch den Zweitstimmenproporz seiner Partei gedeckt ist und der unter den verbliebenen Wahlkreiskandidaten mit Zweitstimmendeckung die meisten Erststimmen bekommen hatte. Diese Reformvariante ähnelt dem bekannten Nachrückverfahren auf Wahllisten, bei dem der Nächstplatzierte einen freien Sitz übernimmt. Der einzige Unterschied ist, dass es sich nicht um eine Parteiliste, sondern um die „Liste" der unterschiedlichen Parteikandidaten eines Wahlkreises handelt, der aufgrund der verbundenen Mehrheitsregel zunächst unbesetzt geblieben wäre.

In dieser einfachen Variante des Nachrückermodells würden alle Wahlkreismandate vergeben. Die Normgröße des Bundestages würde für alle denkbaren Parteikonstellationen und Wahlergebnisse eingehalten. Der Parteien- und Länderproporz wäre bestmöglich gewahrt. Anzahl und Zuschnitt der Wahlkreise, Stimmgebung und Wahlzettel könnten bleiben, wie sie sind. Erforderlich wäre lediglich eine minimale Anpassung der Vergaberegel für die Wahlkreismandate. Die entsprechende Formulierung haben die Obleute der Ampelfraktionen am 17. Mai 2022 in dieser Zeitung vorgestellt: „Ein Wahlkreismandat erhält nun, wer in einem Wahlkreis die meisten durch Listenstimmen gedeckten Personenstimmen vorweisen kann." Damit wäre die Quadratur der Wahlkreise gelungen: Alle 299 Wahlkreise hätten einen direkt gewählten Abgeordneten, der nicht nur durch das Ergebnis der Personenstimmen (= Erststimmen), sondern auch durch das proportionale Gesamtergebnis der Parteistimmen (= Zweitstimmen) legitimiert wäre.

Gleichwohl haben es die Obleute der Ampelfraktionen nicht bei dem einfachen Nachrückermodell belassen, sondern ihren Vorschlag um eine Ersatzstimme ergänzt. Demnach erhält jeder Wähler zusätzlich zu seiner eigentlichen Erststimme eine weitere Stimme, mit der er eine Alternative zu seinem erstpräferierten Wahlkreiskandidaten angeben kann. Diese Stimme würde allerdings nicht für alle Wähler ausgezählt, sondern nur für diejenigen, die mit ihrer Erststimme einen „weggefallenen" Kandidaten gewählt haben. Wer nach dieser erneuten Auszählung unter den verbliebenen Wahlkreiskandidaten die meisten Stimmen hätte, bekäme das Mandat.

Die selektive Anrechnung der Ersatzstimme dient also gleichsam als Entschädigung der Wähler des „Überhangkandidaten" für die Nichtzuteilung des Wahlkreismandates. Diese Ergänzung des einfachen Nachrückermodells klingt zunächst plausibel. Doch wofür genau werden die Wähler eines Überhangkandidaten entschädigt, wenn der Grund für die Nichtzuteilung des Wahlkreismandates die fehlende Legitimation aus dem Zweitstimmenergebnis ist? Wie lässt sich die Vorzugsbehandlung dieser marginalen Wählergruppe gegenüber der überwiegenden Wählermehrheit rechtfertigen, deren Ersatzstimmen nicht berücksichtigt werden? Und wie kann man schließlich die Einführung einer weiteren Stimme als sinnvolle Reform vorschlagen, wenn von vornherein feststeht, dass sie für die allermeisten Wahlkreise vollkommen irrelevant bleibt? Darüber hinaus zeigen Umfragedaten zu den Ersatzstimmenpräferenzen, die im Kontext der Bundestagswahl 2021 erhoben wurden, dass die Ergebnisse der beiden Nachrückermodelle nahezu identisch ausgefallen wären: Lediglich fünf der 35 Überhangwahlkreise wären durch das Ersatzstimmenmodell anders besetzt worden als durch das einfache Nachrückermodell. Zugleich wären die Ersatzstimmen für 96 Prozent der Wähler gar nicht ausgezählt worden. Lohnt sich dafür der enorme Aufwand, eine zusätzliche Stimme einzuführen und im Bewusstsein aller Wähler zu verankern?

Etwas ganz anderes wäre es, über eine „echte" Präferenzstimmgebung in den Wahlkreisen in Form eines Kandidatenrankings oder einer Zustimmungswahl nachzudenken, wie sie etwa in Australien zur Anwendung kommt. Dort kann jeder Wähler die Reihenfolge der Kandidaten festlegen. Solche Präferenzstimmen könnten dann für alle Wähler und alle 299 Wahlkreise beispielsweise so ausgezählt werden, dass in mehreren Schritten der jeweils stimmenschwächste Kandidat gestrichen würde und dessen Zweitpräferenzen den verbleibenden Kandidaten zugerechnet werden. Am Ende blieben zwei Kandidaten übrig, von denen der mit der größten Zustimmung das Wahlkreismandat bekäme. Auf diese Weise würden die Wahlkreisabgeordneten über eine deutlich breitere Legitimationsbasis verfügen als derzeit, da unter den Bedingungen eines fragmentierten Parteiensystems viele Wahlkreise mit immer geringeren Mehrheiten gewonnen werden.

Aufgrund der relativen Mehrheitsregel können dabei auch Kandidaten populistischer beziehungsweise extremistischer Parteien reüssieren, obwohl sie von der überwiegenden Mehrheit der dortigen Wähler abgelehnt werden. Ein Präferenzstimmensystem würde das verhindern, weil dann die Wahlkreismandate nur an Kandidaten gingen, die auch über ihre eigene Partei hinaus breite Zustimmung erfahren. Auch politisch könnte ein solches Stimmgebungssystem eine Konsenslinie zwischen Ampel und Union darstellen. Aus guten Gründen haben sich CDU und CSU stets als Verteidiger der Personalisierung im Wahlkreis positioniert. Ein Stimmgebungsverfahren, das den zustimmungsfähigsten Kandidaten ermittelt, müsste deshalb in ihrem ureigenen Interesse liegen.

Man kann bedauern, dass derartige Optionen der Konsensbildung bislang nicht ausgelotet wurden. Ob in dieser Hinsicht noch ein Neustart möglich ist, bleibt abzuwarten. In jedem Fall wäre dies eine anders akzentuierte, zusätzliche Dimension der Wahlrechtsreform. Denn jedes andere Stimmgebungsverfahren hätte es im gegenwärtigen Wahlsystem ebenfalls mit dem Problem von Überhangmandaten und der daraus resultierenden Konsequenz unkontrollierter Bundestagsvergrößerungen zu tun. Die verbundene Mehrheitsregel wäre also auch dann erforderlich, wenn ein „allgemeines" Präferenzstimmensystem eingeführt würde.

Insgesamt bietet das Konzept der verbundenen Mehrheitsregel eine außergewöhnliche Chance, die Normgröße des Bundestages verlässlich einzuhalten, ohne wesentliche Bestandteile der personalisierten Verhältniswahl zu verändern. Unter den diesbezüglichen Reformvarianten scheint das einfache Nachrückermodell überzeugender als die Kappung oder das Ersatzstimmenmodell. Wie auch immer sich die Politik entscheidet: Hinter den erreichten Diskussionsstand, die Normgröße „598" zuverlässig einzuhalten, sollte sie nicht zurückfallen. Inzwischen haben sich mehrere Bundestage mit unterschiedlichen parteipolitischen Mehrheitsverhältnissen erfolglos an einer nachhaltigen Wahlrechtsreform versucht. Ein nochmaliges „Herumwursteln" mit lediglich vorläufigen und unvollständigen Teillösungen können sich weder die Ampelkoalition noch der Bundestag erlauben, wenn sie den Glauben an ihre Fähigkeit zur Selbstreform erhalten wollen. Diesmal muss die Quadratur der Wahlkreise gelingen.

***

Florian Grotz lehrt Politikwissenschaft an der Helmut-Schmidt-Universität der Bundeswehr Hamburg.

Robert Vehrkamp ist Senior Advisor der Bertelsmann Stiftung, Gastprofessor an der Leuphana Universität Lüneburg und Mitglied der Wahlrechtskommission des Deutschen Bundestages.

Erschienen in der F.A.Z. vom 07.11.2022, Seite 6

Zwischen Faschismus und Sowjetsystem

Beim Versuch, das russische Regime und seinen Krieg gegen die Ukraine zu charakterisieren, werden Begriffe aus dem düstersten Teil der Geschichte des 20. Jahrhunderts auf die Gegenwart übertragen. Wie tragen sie zum Verständnis des Dramas bei, das sich vor unseren Augen abspielt?

Dr. Benno Ennker

Mit welchen Wörtern lässt sich erfassen, was derzeit in Russland und in der Ukraine geschieht? In der öffentlichen Auseinandersetzung offenbart sich immer wieder Unsicherheit darüber, welche Begriffe angemessen sind, welche zum Verständnis beitragen und welche womöglich den Blick für Wesentliches verstellen. Politiker äußern sich kontrovers darüber, ob der Krieg gegen die Ukraine „Putins Krieg" oder der „Krieg der Russen" ist – unterschiedliche Bezeichnungen sind mit unterschiedlichen Schlussfolgerungen verknüpft. In der politischen Publizistik wird eine Polemik über die Frage geführt, ob das Russland Putins als „faschistisch" einzustufen sei, wie etwa Timothy Snyder und Anne Applebaum meinen. Zur Debatte steht ein weites Feld unterschiedlicher Konzepte, um Geschichte und Gegenwart, Krieg und Politik Russlands zu erfassen. Es geht um Begriffe wie Faschismus, Totalitarismus, Führerdiktatur, Genozid, Vernichtungskrieg und Imperium, die einen zentralen Teil der Geschichte des 20. Jahrhunderts beschreiben, und ihre Anwendbarkeit auf Putins Russland und seinen Krieg gegen die Ukraine.

Der Zeithistoriker Ulrich Herbert hat apodiktisch erklärt, das System Putin habe „mit Faschismus nichts zu tun". Martin Schulze Wessel, einer der führenden deutschen Osteuropa-Historiker, hat diese Position in einem wichtigen Artikel in der F.A.Z. vom 25. Juli („Faschismus? Genozid? Vernichtungskrieg?") mit guten Gründen zurückgewiesen.

Herrscht in Russland also heute Faschismus? In der Tat lassen sich in der von Putins Führerdiktatur beherrschten Gesellschaft Strukturen finden, wie vor allem die Unterdrückung jeglicher

Opposition – manchmal gar mit terroristischen Methoden – oder die militaristische und „para-militärische Kultur", die den Gedanken an Faschismus nahelegen. Dazu gehört vor allem auch die unverhohlen rassistische Hetze gegen die Ukrainer und ihre Kultur sowie der rassistisch begründete Überlegenheitsanspruch Russlands und der Russen, wie sie von Putin, der sich auf „unsere Gene" beruft, und seinen Propagandisten kontinuierlich verbreitet werden.

Andererseits fehlt es an einer umfassenden Ideologie des Rassismus. Auch weist dieses System keine Utopie oder auch nur Perspektive einer „national-sozialen" Revolution auf, mit der Russland aus der „Dekadenz" erlöst und zu einer „neuen Ordnung" geführt würde. Darin wäre indes das entscheidende Kriterium für einen Faschismus zu sehen, wie in der vergleichenden Faschismus-Forschung herausgearbeitet wurde. Gegenwärtig werden die brutalsten terroristischen Elemente der Politik Russlands im Wesentlichen nach außen, in seinen Angriffskrieg gegen die Ukraine getragen, die diesem einen ethnozidalen Charakter geben. Zugleich gibt es vonseiten des Regimes aber keine Mobilisierung, die vom Mythos der „nationalen Wiedergeburt durch Krieg" motiviert würde, worauf Marlène Laruelle als anerkannte Spezialistin für die ideologischen Entwicklungen Russlands in diesem Sommer hingewiesen hat.

Die Putinsche Ideologie krankt daran, dass sie nichts als „konservativ" ist. Sie kann keine Vision bieten, bestenfalls eine zwanghafte Legitimation des Bestehenden. Man nehme die kürzlich bekannt gewordenen Vorgaben für die neuen Curricula der Schulbücher in Russland. Gewiss sind die darin enthaltenen Verpflichtungen zu „Patriotismus", „Dienst und Selbstopfer für das Vaterland" vor dem Hintergrund des verbrecherischen Krieges gegen die Ukraine skandalös. Aber sie sind nicht faschistisch. Zugleich aber werden die Verbrechen an den Ukrainern subkutan als „Heldentaten der russischen Armee" in die Köpfe der Schulkinder transportiert. Wenn Einschränkungen gegenüber den Faschismus-Analogien nötig erscheinen, muss daher auch die extrem fluide historische Situation bedacht werden, in der diese Analyse stattfindet.

Ein anderer Vorbehalt bezieht sich auf die rechtsextremen, sich radikalisierenden Strömungen und ihre Wortführer in der Gesellschaft. Es sind „Bewegungs"-Potentiale, die „losgetreten" oder provoziert worden sind, mehr noch: Ihnen ist in den Medien des Regimes, vor allem dem Fernsehen, die „Bühne freigegeben" worden. Hier können sie vorzugsweise im scheinbar unverbindlichen Format von Talkshows die Sprache der faschistischen Hetze in die Diskurse ihres Publikums einspeisen. Das ist mit unterschiedlicher Frequenz bereits seit dem Beginn des russischen Ukrainekriegs mit der Krimannexion 2014 aufgefallen. Seit der unmittelbaren Vorbereitung des Generalangriffs auf die Ukraine ist diese Hetze, die vielfach der eines Joseph Goebbels nachempfunden scheint, mit zunehmend gesteigerter Hysterie präsent. Sie wird für eine Bevölkerung produziert, die sich ganz überwiegend durch das Fernsehen informiert. Niemand fällt diesen nach vorn drängenden Protagonisten ins Wort oder korrigiert sie auch nur. Was besagen solche Phänomene in Bezug auf das Regime? Auch wenn man es nicht faschistisch nennen kann, trägt es ein Doppelgesicht und hält sich die Option der rechtsradikalen Mobilisierung offen.

Schaut man auf die politische Kultur Russlands, ergibt sich eine andere Perspektive: Die historischen Wurzeln des heutigen Regimes liegen unzweideutig in der 70 Jahre währenden Geschichte der Sowjetunion, die ihre gewalttätige Hochzeit in der Periode der Stalin-Herrschaft hatte; ihre Hauptmerkmale waren eine terroristische Herrschaft im Inneren und nach außen der Aufstieg zur Supermacht. Die durch Expansion errungene imperiale Macht ist es vor allem, die Stalin als historische Figur für einen großen Teil der russländischen Bevölkerung so bestechend attraktiv macht. Wladimir Putin hat sich wiederholt damit identifiziert. Als er gleich zu Beginn seiner Präsidentschaft bei der Nationalhymne und der Armeeflagge auf Melodie und Zeichen der Sowjetmacht zurückgriff, war dies keineswegs nur „Symbolpolitik". Die Russländische Föderation hat sich nicht nur staatsrechtlich als Erbin der Sowjetunion erklärt, sondern sich politisch-kulturell mit deren historischer Kontinuität identifiziert.

Die imperialistische Kriegspolitik Stalins – vom Pakt mit Hitler, der Aufteilung Polens bis zur gewaltsamen Sowjetisierung der baltischen Staaten und der militärischen Unterordnung Osteuropas im zwiespältigen Anti-Hitler-Krieg: Alle diese „Großtaten" wurden und werden unter Putin beständig gerechtfertigt. Damit einhergehend wurden die Verbrechen Stalins – etwa der Holodomor, das heißt das Aushungern der widersetzlichen Ukraine in der Zeit der Zwangskollektivierung, oder die Ermordung der bis zu 25 000 polnischen Offiziere, die mit dem Ort Katyn verbunden ist, im heutigen Russland vom Schuldkonto des Stalin-Regimes gestrichen. Wer all dies als „bloße" Geschichtspolitik einordnen möchte, übersieht deren Charakter als Meilensteine für die Fixierung der historisch-politischen Identität und geostrategischen Ausrichtung Russlands. Dies ist zuletzt durch Putin persönlich mit seinen Aufsätzen zum Hitler-Stalin-Pakt (veröffentlicht am 19. Juni 2020) und zur „historischen Einheit von Russen und Ukrainern" vom 12. Juli 2021 eindringlich vorgeführt worden. Der zweite dieser Aufsätze wurde den Angehörigen des russischen Militärs als Pflichtlektüre vorgeschrieben, wenige Wochen bevor sie in das Herbstmanöver „Sapad" nach Belarus und bald auch in die Grenzregionen zur Ukraine geschickt wurden, um sukzessive den Beginn des umfassenden Angriffskriegs gegen das Land vorzubereiten.

Bei der Beantwortung der Frage, welchen Charakter das politische Regime Putins hat, sollte auch die Kontinuität der Eliten berücksichtigt werden. Sie sind mit einer Vielzahl von Fäden mit der einst von Stalin geschaffenen sowjetischen Nomenklatura verbunden, wie in entsprechenden Untersuchungen wiederholt festgestellt wurde. Unter Berücksichtigung der elterlichen Herkunft machen Nomenklatura-Abkömmlinge selbst 30 Jahre nach dem Ende der Sowjetunion einen Anteil von 60 Prozent in der politischen Elite aus, wie eine kürzlich veröffentlichte Untersuchung von Maria Snegovaya ergab.

Unabhängig davon, ob man glaubt, dass Putin die Russländische Föderation „resowjetisieren" oder überhaupt das System der Sowjetunion restaurieren oder nicht restaurieren wolle: Unübersehbar ist, dass für den Entwicklungsgang der Putinschen Führerdiktatur nicht der Faschismus, sondern das sowjetische Regime in vieler Hinsicht paradigmatische Bedeutung hat.

Dass es sich um eine Führerdiktatur handelt, hat sich in den Wandlungen erwiesen, die dieses Regime besonders seit der Krimannexion 2014 vollzog. Die Reformen der Herrschaftsverwaltung, das Vorrücken der „Silowiki" (Repräsentanten der militärischen und polizeilichen Staatsgewalt) an viele Schaltstellen der Macht und die auf die Spitze getriebene Abhängigkeit der wirtschaftlichen Eliten vom Staat haben die Zentralisierung des Politischen auf die Person des Präsidenten qualitativ gesteigert. Man kann mit gutem Grund von der Realisierung des „Führerprinzips" und einer „Führerdiktatur" sprechen.

Dabei gilt weder für Hitler, Stalin noch Mussolini noch für Putin, dass die mit dem Führerprinzip verbundene Befehlsgewalt absolut zu verstehen ist. Andernfalls brauchte man von der politischen Elite überhaupt nicht zu reden. In der sozialen Praxis, die über das Verhältnis von „Befehl und Gehorsam" hinausgeht, enthält das „Führerprinzip" das dynamische Element, das Ian Kershaw mit Blick auf das Funktionieren des NS-Systems mit der Formel „dem Führer entgegenarbeiten" beschrieben hat. Es bestehen also individuelle und lokale Spielräume und Initiativen, in denen die Funktionäre im Geiste des „Führerwillens" agieren.

Interessanterweise weisen die Autoren der umfassendsten westlichen Elitenumfrage in Russland darauf hin, dass ihre Daten eine deutliche Neigung unter den Elitengruppen zeigen, die eigenen außenpolitischen Einstellungen nach „Signalen" des Kremls auszurichten. Das wurde damals im Hinblick auf das militärische Engagement in Syrien und die Bündnisorientierung auf China festgestellt. Diese Funktionsweise sei unter Bedingungen weitgehender bis völliger Medienkontrolle durch das „System Putin" wirksam, schrieben Sharon W. Rivera und andere in der 2020 erschienenen „Survey of Russian Elites". Die Führerdiktatur wird also nicht von einer Person allein realisiert. Es handelt sich um eine auf eine Person fokussierte Politik, die selbstverständlich auf funktionierende Eliten, Apparate, Armeen und auch Legitimationsstrukturen – einer in Angst, Gefolgschaft und Passivität gehaltenen Bevölkerung – angewiesen ist. Die „Souveränität" in Gestalt des Allmacht- und Allwissenheitsanspruchs des totalitären Führers wird unvermeidlich relativiert, wenn er vermittels des neuzeitlichen arbeitsteiligen Staates in die Abhängigkeit von den „Indirekten", den Hintergrundfiguren im Vorhof der Macht, gerät. So lautet eine These Carl Schmitts. Diese Abhängigkeit existiert auch unter Wladimir Putin, und sie entfaltet sich unvermeidlich entlang seines Erfolgs oder Scheiterns in jenem Vernichtungskrieg gegen die Ukraine, den er zu seiner großen historischen Mission gemacht hat.

Martin Schulze Wessel hat plausibel gemacht, dass so, wie die Aktualität des Begriffs Faschismus erwogen werden kann und muss, sehr wohl auch die Begriffe des Genozids und des Vernichtungskriegs in der Realität der Kriegsführung Russlands in der Ukraine ihre empirische Realität finden. Trotzdem ist bei manchen Zeithistorikern eine Scheu zu bemerken, solche Begriffe zur Benennung der Putinschen Herrschaft und Kriegsführung einzusetzen. Es ist vermutlich die Scheu vor Gleichsetzungen, aus der die Verwendung von Begriffen aus den katastrophalen Erfahrungen des 20. Jahrhunderts verweigert wird. Doch diese drängen sich auf, um die Wirklichkeit adäquat zu erfassen.

Hier sei an die Bemerkung Walter Benjamins in seinem letzten großen Traktat „Über den Begriff der Geschichte" aus dem Jahr 1940 erinnert, dass es nunmehr obsolet sei, darüber zu staunen, „dass die Dinge, die wir erleben, im zwanzigsten Jahrhundert ‚noch' möglich sind". Jene Historiker und Historikerinnen, die von dem Axiom ausgehen, dass Führerdiktatur, Totalitarismus, Vernichtungskrieg und Ethnozid als singuläre Geschichtsphänomene des 20. Jahrhunderts anzusehen sind, nehmen wohl an, der Geschichtsprozess folge dem Gesetz des Fortschritts. Dieser Geschichtsoptimismus ist offensichtlich unter dem Eindruck der Epochenwende von 1989/1990 bis weit ins 21. Jahrhundert hineingetragen worden. Erst die neuerliche Ausbreitung von autoritären Regierungen hat die Vorstellung erschüttert, dass die Welt mit dem 20. Jahrhundert Diktaturen und Totalitarismus hinter sich gelassen habe.

Das „System Putin" hat mit dem Generalangriff zum Vernichtungskrieg gegen die Ukraine im Innern eine Entwicklungsdynamik erfahren, mit der es durch die Unterdrückung jeglicher Opposition, die Ausbreitung des Denunziationswesens und den fast völligen Ausschluss unabhängiger Information, Meinungsbildung und Verständigung unter den Menschen sich einem Zustand „totalitärer Herrschaft" nähert, wie sie klassisch von Hannah Arendt umschrieben wurde. In dem vom Führer Russlands erklärten politisch-kulturellen Antagonismus zum Liberalismus findet sich die antiliberale Frontstellung der beiden totalitären Systeme des 20. Jahrhunderts wieder.

Gewiss finden wir nicht einfach die historischen Ausdrucksformen des Stalinismus oder Faschismus in der Russländischen Föderation vor. Daher sind Gleichsetzungen zu vermeiden, die „fast immer in eine Sackgasse führen, weil die Ähnlichkeiten immer nur bedingt und partiell sind". Der Historiker Christopher Clark fuhr im Juli dieses Jahres fort, es könne stattdessen weiterführen, „Resonanzen" zu untersuchen und zu hinterfragen. Präziser scheint es nach dem dargelegten Sachverhalt, Totalitarismus als komparatives Konzept einzusetzen, das es erlaubt zu analysieren, inwieweit das heutige Russland seinen Vorgängern nahekommt oder ein eigenes Herrschaftssystem als neue Variante des Totalitarismus herausbildet. Wie tief das totalitäre Erbe in die Entwicklung des postsowjetischen Russlands eingeschrieben ist, dürfte allein an dem Sachverhalt erkennbar sein, mit welcher Selbstverständlichkeit das Lager im Strafsystem Russlands als Erbe des berüchtigten Gulag eingebaut geblieben ist. Hannah Arendt schrieb einst: Die Lager stellen „die eigentliche zentrale Institution des totalen Macht- und Organisationsapparats" dar.

Auch „Imperium" und „Imperialismus" – man könnte sagen, die „Oberseite" der von Martin Schulze Wessel für die wissenschaftliche Osteuropa-Betrachtung geforderten „postkolonialen Sichtweise" auf die Nachfolger der Sowjetunion – wurden in der Fachpublizistik vielfach als Unworte behandelt, oft selbst für das Sowjetreich vermieden. Noch 2009 sprach Jeffrey Mankoff in seinem Standardwerk zur Außenpolitik Russlands im Untertitel beinahe verschämt von „The Return of Great Power Politics". Er erklärte im August 2014, Russlands Aggression gegen die Ukraine beruhe im Inneren auf „post-imperial nostalgia". Der russische Außenpolitikexperte der Carnegie-Stiftung Moskau, Dmitrij Trenin, hatte wenige Jahre zuvor der Erklärung Russlands als „Post-Imperium" ein ganzes Buch gewidmet, in dem er behauptete, Russlands imperiale Energie sei mit dem Zusammenbruch der Sowjetunion vollständig verpufft. Es suche lediglich die wirtschaftliche Integration des postsowjetischen Raums. Diese These wurde allseits mit großem Lob bedacht. Dabei wirft erst die Beachtung der Metamorphosen des Imperiums seit dem Zarenreich ein Licht auf die Besonderheiten dieses historischen Phänomens sowie auf seine Erneuerung unter der Herrschaft Putins. Russland bezog in Geschichte und Gegenwart seine Identität aus dem Imperium. Das geschah auf Kosten seiner nationalen Konsolidierung und hatte fatale Folgen für die Zivilität von Staat und Gesellschaft. Dieses Imperium wurde und wird primär durch die Staatsgewalt und nicht durch einen Primat der Ökonomie zusammengehalten.

Der „securitarian approach", der Sicherheitsaspekt, steht für die innere wie äußere Politik Russlands weit über der Kostenfrage. Die westliche Androhung von enormen wirtschaftlichen Kosten, mit der die Führung Russlands von ihrem Angriffskrieg gegen die Ukraine abgehalten werden sollte, musste daher ins Leere laufen. Ein Begriff vom fortdauernden Imperialismus Russlands hätte eher zu Erkenntnissen über seine bedrohlichen Expansionstriebe führen können als die verstellende Redeweise von der „Wiederkehr der Großmachtpolitik" oder „Russia's Foreign Policy Assertiveness". Russland hat seinen Weltmachtanspruch dagegen seit Jahrzehnten in einem Konzept von „Geopolitik" verpackt, in dem immer schon die Friedensordnung Europas und die liberale Weltordnung als Gegner fixiert waren.

Ein genauerer Blick auf die Ursprungsgeschichte der Russischen Föderation würde zeigen, dass deren Führung selbst im Augenblick der Auflösung der Sowjetunion im Dezember 1991 mit dem Projekt von – unvermeidlich asymmetrischen – ökonomischen, politischen und militärischen Sonderbeziehungen zwischen den Nachfolgestaaten die Kontinuität des „Imperialen" (so Jörn Leonhard in „Das Gespenst der Imperien" am 12. April 2022 in der F.A.Z.) zu wahren suchte. Mit festem Blick auf dieses Projekt der privilegierten Interessensphäre trug seither die Führung Russlands dessen „Bedrohung durch die NATO" publikumswirksam als heiliges Mantra vor sich her.

Ein „blinder Fleck" in dem Bild, das sich der Westen vom postsowjetischen Russland gemacht hat, ist die zentrale Rolle des Staates, die dort mit dem eigentlich nicht sinnvoll übersetzbaren Begriff der „gosudarstwennost'" (Staatlichkeit) beschrieben wird. Er enthält bereits seit Stalins Zeiten den absoluten Primat des Staates über seine Bürger und dessen Gewährleistung durch die von keiner Zivilmacht kontrollierten Geheimdienste. Gar zu wenig haben auch die Osteuropa-Historiker über diesen Staat und seine Gewaltorgane geforscht. Deren historische Kontinuität als Rückgrat russländischer „Staatlichkeit" eröffnet tiefere Einsicht in die Gewaltverhältnisse des postsowjetischen Russlands, als ihn die bloße soziologische Elitenanalyse bieten kann. Die Weltmachtposition auf der Basis imperialer Expansion und den absoluten Primat des Staates über die Föderation und vor allem seine Bürger wiederherzustellen war die Mission, mit der der KGB-Offizier Wladimir Putin seit 1999/2000 angetreten war.

Ist der von Putin begonnene Krieg ein „Krieg der Russen" gegen die Ukraine? Nein, es ist ein Vernichtungskrieg Russlands als Staat unter der Führerdiktatur Putins. Alle Bevölkerungsumfragen – auch die des unabhängigen Lewada-Instituts – über die Unterstützung für Putins Krieg müssen unter Bedingungen von Angst und Terror infrage gestellt werden. Keine Opposition der Bevölkerung? Dies unter Bedingungen zu erwarten, da das Regime einem totalitären Staat zustrebt, ist sicher fehlgeleitet. Und doch gibt es immer wieder jene mutigen Kritiker, die sich allein, um die eigene Würde zu wahren, erheben. Nicht ohne Gründe hat Putin so lange gewartet, bis er wenigstens eine Teilmobilmachung verkündet hat.

Das „russländische Volk" (das im Vielvölkerstaat neben anderen Völkern überwiegend aus Russen besteht) als politisches Subjekt ist seit Langem seiner Souveränität beraubt worden. Es ist die historische Erfahrung, dass der totale Staat in seiner Feindschaft gegen allen Liberalismus bestrebt ist, die pluralistischen Strukturen der Gesellschaft aufzulösen und in seine eigenen zu überführen. Solche Prozesse sind im postsowjetischen Russland bereits seit Jahren eingeleitet. Zu nennen sind etwa die Auflösung der Nichtregierungsorganisationen, die Erfassung der Jugend im Rahmen der Militarisierung der Gesellschaft etwa durch die seit 2016 eingerichtete Nationalgarde (Rosgwardija) sowie die gleichzeitig organisierte Kinder- und Jugend-Armee (Junarmija), sodann die „neue" Pionier-Organisation, schließlich Maßnahmen zur Einführung der

Kriegswirtschaft, mit der vor allem das Arbeitsleben reguliert werden soll.

Die aufgeführten Phänomene tragen weniger Züge des Faschismus, als dass sich in ihnen vielfache Anklänge an Staat und Gesellschaft der Sowjetperiode finden. Zugleich enthalten die Kriegsführung und -propaganda gegen die Ukraine mit ihrer rassistischen Hetze und den genozidalen Gräueltaten deutliche Charakteristika des nationalsozialistischen Vernichtungskrieges. Offensichtlich greift dieses Führerregime willkürlich auf das ganze Arsenal von Terror, Krieg und Propaganda der totalitären Regime des 20. Jahrhunderts zurück.

***

Benno Ennker war wissenschaftlicher Mitarbeiter am Institut für Osteuropäische Geschichte und Landeskunde der Universität Tübingen.

Erschienen in der F.A.Z. vom 14.11.2022, Seite 6

Zum Mittagessen Menschenrechte

In den Vereinten Nationen hielt sich die Bundesrepublik mit Kritik an der DDR zurück. Auch CDU und FDP wollten in den 1980er-Jahren um des lieben Friedens willen keine „querelles allemandes"

Dr. Jochen Staadt

Im Refrain ihres Kampfliedes sangen die in der DDR regierenden Kommunisten bei allen möglichen Gelegenheiten die Zeile: „Die Internationale erkämpft das Menschenrecht". Die Menschenrechte, wie sie die Generalversammlung der UN in Paris mit der „Allgemeinen Erklärung der Menschenrechte" am 10. Dezember 1948 proklamiert hatte, galten jedoch in der DDR wie in allen sozialistischen Staaten nur in eingeschränktem Maße. Bei der Abstimmung über die Erklärung stimmten 48 Staaten dafür, acht Staaten enthielten sich der Stimme. Das waren neben Saudi-Arabien und Südafrika die Ostblockstaaten Belarus, Ukraine, Sowjetunion, Polen, die Tschechoslowakei und Jugoslawien.

Die sozialistischen Staaten verharrten bis in die späten 1980er-Jahre in ihrer aggressiven Abwehrhaltung gegen den Geltungsanspruch der universellen Menschenrechte. Dies galt insbesondere für die bürgerlichen und politischen Menschenrechte. Gleichwohl initiierte die SED am 21. Mai 1959 die Gründung eines „Komitees zum Schutze der Menschenrechte gegen militaristische Willkür und Klassenjustiz in Westdeutschland". Dessen Auftrag waren Solidaritätskampagnen und Rechtsschutz für angeklagte Mitglieder der seit 1956 in Westdeutschland verbotenen KPD. Seit dem 21. Mai 1969 firmierte es unter dem Namen „DDR-Komitee für Menschenrechte". Im Zentrum der neuen Kampagnen standen politisch Verfolgte in westlichen Staaten wie Angela Davis, Luis Corvalán und Nelson Mandela. Mit einem Verstoß gegen Menschenrechte in einem sozialistischen Staat befasste sich das Komitee nie. Nach der Aufnahme beider deutscher Staaten in die Vereinten Nationen im Jahr 1973 zogen bald auch Funktionäre des „DDR-Komitees für Menschenrechte" in UN-Gremien ein.

In der DDR stellte seit deren UN-Beitritt Jahr für Jahr eine wachsende Zahl von Bürgern Übersiedlungsanträge nach Westdeutschland. Sie beriefen sich dabei auf Artikel 13 der Allgemeinen Erklärung der Menschenrechte, wonach jeder das Recht hat, „jedes Land, einschließlich seines eigenen, zu verlassen". Die Übersiedlungsanträge waren jedoch nach DDR-Diktion „rechtswidrig", die Antragsteller wurden mit Schikanen und Repression bis hin zu Gefängnisstrafen überzogen.

Vor der UN-Vollversammlung 1976 stimmten sich der sowjetische Parteichef Leonid Breschnew und ZK-Generalsekretär Erich Honecker während des Sommers darüber ab, wie man einer Initiative des westdeutschen Außenministers Hans-Dietrich Genscher (FDP) zur Einrichtung eines Internationalen Gerichtshofs für Menschenrechte begegnen solle. Honecker kündigte gegenüber Breschnew an: „Wir werden in der UNO alle unsere Verbündeten mobilisieren. Er wird eine Bauchlandung machen."

Genscher führte in seinen Unterlagen auch eine mehrseitige Liste über Minenexplosionen und Schusswaffengebrauch an der innerdeutschen Grenze mit sich, die er in der UN-Vollversammlung publik machen wollte. Am 16. September 1976 bestätigte das SED-Politbüro eine „Konzeption für das öffentliche Auftreten des Ministers für Auswärtige Angelegenheiten, Genossen Oskar Fischer, zur Zurückweisung von Provokationen der BRD gegenüber der DDR auf der UN-Vollversammlung". In der „Direktive für die Teilnahme der Regierungsdelegation der DDR an der XXXI. UN-Vollversammlung" wurde angeordnet: „Richtet die BRD unter dem Vorwand des Schutzes der Menschenrechte direkte Angriffe gegen die DDR, so ist zu betonen, dass die Unantastbarkeit der Grenzen eine entscheidende Voraussetzung für die Erhaltung des Friedens als dem höchsten Menschenrecht ist." Die DDR-Delegation müsse entschieden Bestrebungen entgegentreten, einen Internationalen Gerichtshof für Menschenrechte „zur Einmischung in die inneren Angelegenheiten" von Staaten zu schaffen. Ein Schwerpunkt der Gegenargumentation sollte die „Entlarvung und Verurteilung der massenhaften Verletzung der Menschenrechte, besonders in Chile, Südafrika und den von Israel besetzten arabischen Territorien", sein. Genschers Initiativen zur Einrichtung eines Internationalen Menschenrechtsgerichtshofs und – später – auch zur Ächtung der Todesstrafe scheiterten in den Vereinten Nationen an der Blockade diverser Staatskoalitionen.

In den Achtzigerjahren galt als Fachmann für kommunistische Abwehrpropaganda der DDR-Rechtswissenschaftler Professor Dr. Hermann Klenner, ein Mitglied des Präsidiums des DDR-Komitees für Menschenrechte. Klenner vertrat seit 1984 die DDR bei dem Büro des UN-Hochkommissars für Menschenrechte in Genf. Gleich in seiner Antrittsrede während der 40. Tagung der UN-Menschenrechtskommission hatte er am 8. Februar Israel als „Hauptmacht des Imperialismus im Nahen Osten" angegriffen und als verantwortlich für „Staatsterrorismus gegen das palästinensische Volk und andere arabische Völker" bezeichnet. Die DDR sehe „in der universellen Achtung und Einhaltung der Menschenrechte aller ohne Unterschied der Rasse, des Geschlechts, der Sprache oder Religion einen notwendigen Beitrag" zur weltweiten Friedenssicherung. Das Selbstbestimmungsrecht des palästinensischen Volkes sei die „grundlegende Voraussetzung für die Ausübung all seiner Menschenrechte". Diese schlössen „das Recht der Palästinenser zur Rückkehr in ihre Wohnungen und Besitztümer" ein. Die Konferenz müsse die „unheilige Allianz" Israels und der USA verurteilen. Es sei „jegliche Kollaboration mit den israelischen Machthabern im Interesse von Menschlichkeit, Gerechtigkeit, Ruhe und Stabilität in der Region, im Interesse des Weltfriedens, unverzüglich einzustellen".

Der israelische Botschafter Ephraim Dowek reagierte zwei Tage später auf diese Angriffe mit dem Hinweis auf Klenners NSDAP-Beitritt im Jahr 1944. „It is understandable", sagte Duwek, „that his hatred of the Jews has shifted now to a collective hatred against the Jewish state and that he wants to give us lessons in international morality and human rights." In der NSDAP-Mitgliederkartei ist Klenners Parteieintritt zu Hitlers Geburtstag am 20. April 1944 als Mitglied Nr. 9 756 141 registriert. Der Eintrittsantrag des damals 18-Jährigen war am 14. Februar 1944 eingereicht worden – fast genau 40 Jahre vor jener Sitzung der UN-Menschenrechtskommission.

In Westdeutschland war Klenner kein Unbekannter. Auf zahlreichen Vortragsreisen hatte er im linken Milieu und auf rechtswissenschaftlichen Konferenzen über die „marxistische Menschenrechtstheorie" referiert und den Kapitalismus für Menschenrechtsverletzungen aller Art verantwortlich gemacht. „Der Schoß, der Auschwitz und Hiroshima gebar", sagte er 1967 in Saarbrücken, sei „der Schoß, der gegenwärtig Vietnam gebiert". Seine Auffassung über Menschenrechte im Sozialismus hatte er unter anderem im Jahr 1977 im theoretischen SED-Organ „Einheit" veröffentlicht. Darin wandte er sich gegen jegliche Versuche, „die Menschenrechte zu einem systemneutralen Normenbündel überstaatlicher Herkunft und die UNO zu einem überstaatlichen Eingriffsorgan in die souveräne Ausübung des Selbstbestimmungsrechts der Völker zu machen". Würde „der Zusammenhang zwischen Friedenssicherung, Selbstbestimmungsrecht des Volkes (einschließlich seines souveränen Rechts auf Sicherung seiner Staatsgrenzen) und Menschenrechten negiert, können die Menschenrechte in völkerrechtswidriger Weise als Interventionsinstrumente mißbraucht werden". So hätten in jüngster Zeit „die im Bonner Bundestag vertretenen Parteien geradezu miteinander gewetteifert, die Menschenrechte in ein Interventionsfeld gegen die DDR umzufunktionieren".

Klenners Berichte über Gespräche mit westdeutschen Rechtswissenschaftlern und Politikern füllen mehrere Aktenbände des DDR-Staatssicherheitsdienstes. Regelmäßig besuchte er den ehemaligen Bundesinnenminister Werner Maihofer (FDP), den er seit 1968 kannte, um an Informationen über die politischen Entwicklungen bei den Freien Demokraten zu kommen.

Doch nicht nur der DDR-Delegationsleiter sorgte 1984 für empörte Reaktionen in der Öffentlichkeit, sondern auch der Leiter der Delegation der Bundesrepublik, Richard Jaeger. Der CSU-Politiker, den Außenminister Genscher auf Druck von Bundeskanzler Helmut Kohl (CSU) nominiert hatte, war in den Sechzigerjahren kurze Zeit Bundesjustizminister und von 1967 bis 1976 Vizepräsident des Deutschen Bundestags gewesen. Vor allem aber war Jaeger als vehementer Befürworter der Todesstrafe bekannt.

Am 7. Januar 1951 hatte Jaeger auf einer Kundgebung in Landsberg 28 Todesurteile, die gegen Kriegsverbrecher verhängt worden waren, als unchristlich bezeichnet. Seit den 1960er-Jahren setzte er sich jedoch für die Wiedereinführung der Todesstrafe ein, was ihm die Titulierung „Kopf-ab-Jaeger" einbrachte. In dem von Werner Höfer herausgegebenen Buch „Knast oder Galgen?" schrieb Jaeger 1975 vor dem Hintergrund des Terrorismus der Rote-Armee-Fraktion (RAF): „Ein festgenommener Mörder aus dem Kreis der Terroristen stellt, solange er nicht hingerichtet ist, eine Gefahr für jeden Bürger unseres Landes dar, denn es droht ihm Geiselnahme." Artikel 102 solle aus dem Grundgesetz gestrichen werden und in das Strafgesetzbuch die Bestimmung aufgenommen werden, „daß Mord oder Entführung mit Todesfolge mit dem Tode bestraft werden. Für den Verteidigungsfall müßte zudem auf Fahnenflucht und schwerwiegende Fälle von Landesverrat die Todesstrafe stehen." Nun stand ausgerechnet auf der 40. Zusammenkunft der UN-Kommission neben „Menschenrechtsverletzungen in aller Welt" auch die „Ächtung der Todesstrafe" auf der Tagesordnung.

Im Unterschied zu Klenner war Jaeger zwar nicht der NSDAP, aber 1933 ihrer SA beigetreten. Beide Männer hatten eine Wehrmachtsvergangenheit, Jaeger als Artillerist an der Ostfront, Klenner zunächst 1943 als Luftwaffenhelfer bei der Heimat-Sperrfeuer-Batterie 345 und ab August 1944 als Soldat bei der 3. Kompanie des Jäger-Ersatzbataillons Nr. 49. Gegen Kriegsende wurde er als Gefreiter einer Granatwerfereinheit verwundet und im September 1945 aus einem Lazarett in Halle an der Saale entlassen.

In der UN-Menschenrechtskommission hatten beide deutsche Staaten im September 1982 vereinbart, ihre jeweiligen Kandidaten gemeinsam zu unterstützen. Das Auswärtige Amt meinte, „insgesamt kann die deutsch-deutsche Zusammenarbeit bei den Vereinten Nationen als korrekt bezeichnet werden. Die VN-Vertretungen in New York verbindet ein normales Arbeitsverhältnis." Durch die alphabetische Sitzordnung hätten sich „regelmäßig Gelegenheiten zum informellen Meinungsaustausch" mit den DDR-Diplomaten ergeben. Über den Stand der „deutsch-deutschen Zusammenarbeit in den Vereinten Nationen" schrieb das Fachreferat des Auswärtigen Amtes 1984, die DDR richte ihre antiwestliche Propaganda

„nicht gezielt gegen die Bundesrepublik Deutschland. Sie greift die USA, die NATO oder ,den Westen' an. Beide deutsche Staaten bemühen sich im stillschweigenden – oder auch gelegentlich abgesprochenen – Einverständnis, die ,querelles allemandes' aus der UNO herauszuhalten. Wir weisen allerdings jedes Jahr auf das Selbstbestimmungsrecht des deutschen Volkes hin, worauf die DDR in gemäßigtem Ton antwortet, daß das Volk der DDR sein Selbstbestimmungsrecht bereits ausgeübt habe."

Wie Klenner seinem MfS-Führungsoffizier Major Knaut auf Tonband sprach, habe ihn der „Rechtsreaktionär Jäger" am Eröffnungstag der 40. Tagung der Kommission zu einem Mittagessen eingeladen. Er habe nach Rücksprache in der DDR-Delegation diese Einladung angenommen. Die beiden deutschen Delegationsleiter trafen sich am 10. Februar 1984, unmittelbar nachdem Klenners NSDAP-Mitgliedschaft bekannt geworden war, zum Mittagessen in einem Genfer Restaurant.

Der Gesprächsverlauf ist durch eine Aufzeichnung Richard Jaegers für das Auswärtige Amt sowie durch eine Tonbandaufnahme des Gesprächs zwischen Klenner und seinem Stasi-Führungsoffizier überliefert. Übereinstimmend berichteten die beiden Delegationsleiter, man habe sich zunächst über familiäre Dinge unterhalten. Das verlief nach Jaegers Darstellung in „lockerer Atmosphäre". Klenner habe auf seine Bekanntschaft mit Dr. Schreckenberger und Bundesminister a. D. Dr. Maihofer verwiesen. Nach Klenners Bericht habe „der westdeutsche Vertreter zunächst seine Position zur Deutschlandfrage geäußert und gesagt, daß er ein Vertreter der Einheit der deutschen Nation natürlich ist und daß er die Spaltung der deutschen Nation bedauert". Jaeger habe dann angeboten, ihm seinen vorgesehenen Beitrag zum „Selbstbestimmungsrecht des deutschen Volkes" vorab zur Kenntnis zu geben. Darauf will Klenner verzichtet haben, da seine Replik auf diese bekannte Position ohnehin bereits feststand.

Jaeger schrieb, er habe Klenner mitgeteilt, dass „die Beschwerden gegen die DDR" anders als in den Vorjahren „bedauerlicherweise im vertraulichen Verfahren nicht behandelt werden" könnten. Diesbezüglich „gebe es eine Erwartungshaltung der Öffentlichkeit meines Landes, in der öffentlichen Sitzung kritischer aufzutreten". Er werde sich allerdings zurückhaltender äußern, wenn Klenner ihm zusichere, dass „speziell Ausreisefälle, auf seine Vermittlung hin von der DDR großzügig behandelt würden". Darauf habe Klenner nicht geantwortet. Klenner selbst behauptete gegenüber seinem Führungsoffizier, er habe diese Zumutung strikt zurückgewiesen und gesagt, „daß wir unsere eigene Auffassung haben, was die Einhaltung der Menschenrechte in den USA oder die BRD betrifft". Jaeger habe sich danach von dem Artikel über Klenners NSDAP-Mitgliedschaft distanziert und versichert, seine Delegation habe damit nichts zu tun.

Mit keinem Wort erwähnte Klenner, was Jaeger in seiner Darstellung folgendermaßen festhielt: „Ich erwähnte auch den Schießbefehl und führte aus, wenn es für die DDR schon psychologisch schwierig sei, den Schießbefehl aufzuheben, so könne sie den Tatbestand der Republikflucht vom Verbrechen zu Vergehen herabstufen, womit der automatisch an den Verbrechenstatbestand geknüpfte Schießbefehl wegfallen würde, ohne daß er formell aufgehoben werden müßte." Jaeger schlug vor, bei anderen Themen des Tagesordnungspunktes „Menschenrechtsverletzungen in aller Welt auf wechselseitige Angriffe zu verzichten", was Klenner ihm zusagte. Jaeger habe dann gesagt, dass er es für bedauerlich halte, wenn ein Deutscher, „gleichgültig von welchem Ufer der Elbe aus, eine antiisraelische Rede halte". Klenner habe sich auch dazu nicht geäußert. Jaeger sicherte Klenner zu, seine Delegation werde, was dessen NSDAP-Mitgliedschaft betreffe, „auf dieser Ebene auch nicht argumentieren". Das Thema Todesstrafe, die 1984 in der DDR noch nicht abgeschafft war und deren Wiedereinführung Richard Jaeger in der Bundesrepublik befürwortete, kam nicht zur Sprache.

Zwei Jahre später scheiterte die vorgesehene Wahl Hermann Klenners zum Vorsitzenden der UN-Menschenrechtskommission im letzten Augenblick. Eine Gruppe junger amerikanischer Juden demonstrierte vor der UN-Zentrale gegen Klenner. Das MfS warnte am 16. April 1986 in einer „Information zu politischen Provokationen gegen den Vertreter der DDR in der UNO-Menschenrechtskommission" vor einer von Israel und den Vereinigten Staaten vorbereiteten provokativen Kampagne.

Sechs Tage später traf in Bonn ein Fernschreiben des westdeutschen UN-Botschafters Hans Werner Lautenschläger ein: „USA unterrichtet westliche Gruppe bei heutigem, informellen Vorbereitungstreffen, dass sie beabsichtigen, in Berlin (Ost) und Moskau gegen die zu erwartende Nominierung von Prof. Klenner (DDR) für den Vorsitz der 43. MRK zu demarchieren". Das Auswärtige Amt informierte daraufhin den Chef des Bundeskanzleramtes, Wolfgang Schäuble (CDU), das Ministerium für innerdeutsche Beziehungen und Delegationsleiter Richard Jaeger, es sei zu der Meinung gelangt: „nichts tun und USA von ihrem kontraproduktiven Schritt abhalten".

Das zuständige Referat 231 des Auswärtigen Amtes entschied schließlich, wenn der Sachverhalt Klenner nicht über den geschilderten hinausgehe, werde „Beteiligung an Demarche nicht empfohlen". Dies solle Jaeger der amerikanischen und israelischen Delegation erläutern. „Tendenz: Wir bitten um Verständnis für Zurückhaltung, als Deutsche mit gemeinsamer Geschichte haben wir Verständnis für Anliegen."

Am 2. Mai 1985 telegraphierte Referatsleiter Giesder der New Yorker UN-Vertretung, die östliche Regionalgruppe werde voraussichtlich den Delegationsleiter Belarus', Leonid F. Evmenov, für den Vorsitz der 43. MRK nominieren. Deswegen „kann Angelegenheit vorerst dilatorisch behandelt werden".

Richard Jaeger starb 1998 im Alter von 85 Jahren. Auf dem ihm gewidmeten Staatsakt sagte Bundestagspräsidentin Rita Süssmuth (CDU): „Richard Jaeger war ein überzeugter Föderalist und Patriot, ein leidenschaftlicher Verfechter von Recht und Gerechtigkeit. In seinem Bemühen um Freiheit und Frieden sowie um die deutsche Einheit und die europäische Einigung hat er sich herausragende und bleibende Verdienste erworben." Seine Berufung zum Delegationsleiter bei der UN-Menschenrechtskommission, sei „eine umstrittene, aber letztlich doch richtige Entscheidung" gewesen. Er habe „sich in dieser Aufgabe ebenso bewährt wie in allen anderen zuvor".

Hermann Klenner ist heute Mitglied des Ältestenrates der Linkspartei. Er hält immer noch Vorträge über das marxistisch-leninistische Rechtsverständnis. Am 2. Januar 2020 sprach er auf der Jahrestagung der Marx-Engels-Stiftung Wuppertal anlässlich des 150. Geburtstages Lenins. In seinem Referat über dessen Schrift „Staat und Revolution" erwähnte Klenner auch das „Dekret über den roten Terror", erlassen vom Rat der Volkskommissare am 5. September 1918, und bedauerte, dass dieses Dekret in der DDR nie veröffentlicht wurde. Er verband das mit der Aussage, „wenn die Situation es erfordert, dann muss eben mit rotem Terror geantwortet werden".

Apropos roter Terror. Der UN-Menschenrechtsrat lehnte es am 6. Oktober 2022 mit 19 gegen 17 Stimmen bei elf Enthaltungen ab, Chinas Umgang mit den Uiguren auf die Tagesordnung zu setzen. Es bleibt dort auch nach fast 40 Jahren alles beim Alten.

***

Jochen Staadt ist Projektleiter im Forschungsverbund SED-Staat an der Freien Universität Berlin.

Erschienen in der F.A.Z. vom 21.11.2022, Seite 6

Hinweg mit der deutschen Erinnerungskultur

Deutschland trauert und gedenkt gedanklich unzureichend, widersprüchlich und inhaltlich zu deutsch. Zumindest amtsdeutsches Trauern und Gedenken orientiert sich an einem Volk, das es so, wie suggeriert, gar nicht mehr gibt. Die deutsche Trauer-und-Gedenk-Ideologie entspricht längst nicht mehr der neudeutschen Demographie

Professor Dr. Michael Wolffsohn

Erinnerungskultur" ist ein Modewort. Mehr noch: Es ist pseudo-intellektuelles Geklingel, denn es gibt den Sachverhalt des gemeinten Erinnerns nicht wieder. Weder individuell noch kollektiv können sich Nachfahren an die Erlebnisse, Taten oder Untaten ihrer Vorfahren „erinnern". Die deutsche Erinnerungskultur aber widmet sich besonders und zu Recht dem sechsmillionenfachen Judenmorden, das, ebenfalls zu Recht, als „Zivilisationsbruch" bezeichnet wird. Dabei brach in und aus Deutschland Zivilisation, also der Schutz des Menschen vor dem Menschen, politisch gewollt und gesteuert, in sich zusammen. Die deutsche Erinnerungskultur widmet sich zudem, ebenfalls zu Recht, beiden Weltkriegen.

Kaum ein heute in Deutschland Lebender kann sich an jene Entsetzlichkeiten erinnern. Erinnern betrifft allein das individuell oder kollektiv selbst Erlebte. „Ich erinnere mich" an jemanden oder etwas – also reflexives Verb. Dieses Erinnern bezieht sich eindeutig auf Vergangenes. Es gibt aber auch ein anderes Erinnern: „Ich erinnere dich an jemanden oder etwas". Hier ist „erinnern" ein transitives Verb: Ich erinnere dich an Vergangenes – aber nicht selbst Erlebtes. „Ich erinnere dich" an etwas, das noch erledigt werden muss, also an Künftiges.

Der Begriffsexkurs ist kein Glasperlenspiel, denn: Abgeleitet vom doppeldeutig Sprachlichen läuft praktizierte „Erinnerungskultur" auf zwei Möglichkeiten hinaus. Erstens, dass die eine Person eine andere Person oder viele andere an das erinnert, was die möglicherweise vergessen haben oder was sich der Volkserzieher von den solchermaßen Belehrten künftig wünscht. Konkret in Deutschland: Die Beschäftigung mit und die, versteht sich zu Recht, totale Ablehnung sowie Verachtung von Holocaust, anderen deutschen Massenmorden, deutschen Hegemonieallüren, durchdrungen von deutschem Herrenmenschentum in Vergangenheit, Gegenwart und Zukunft.

Das alles ist nötig und löblich, bedeutet aber Gedenken und Trauern, doch nicht Erinnern, denn: Das im Heute angestrebte Erziehungsziel liegt in der Zukunft und bezieht sich auf Vergangenes. Das wiederum bedeutet: Der Volkspädagoge erinnert andere an das, woran er sich, weil vor der eigenen Lebenszeit geschehen, so wenig erinnern kann wie die zuhörenden, lesenden oder schauenden Zielgruppen. Auf diese Weise verkommt die Beschäftigung mit der Tragödie unfreiwillig zur Komödie. Der Volkspädagoge wirkt nicht nur unauthentisch, er ist es – und überzeugt deshalb nicht. Mit Grinsen oder Grausen wenden sich die Zielgruppen ab und rufen „Schluss". Wer hierzu den „Schlussstrich" verlangt, gehört daher keineswegs automatisch zur Gruppe der Ewig-Böswilligen, -Gestrigen oder -Unbelehrbaren.

Noch mal: Auch die Nachfahren der deutschen Täter, die sich „gegen das Vergessen" tatkräftig einsetzen – und das ehrt sie – können sich nicht an die NS-Megaverbrechen erinnern. Nicht zuletzt deshalb aktivieren sie überlebende Zeitzeugen. Sie klammern sich förmlich an sie in ihrer (Vorsicht, Schlagwort) „Erinnerungsarbeit". Bezogen auf den Holocaust sind es vorwiegend jüdische, versteht sich. Es waren ohnehin nicht mehr viele, und es wurden im Laufe der Jahrzehnte naturbedingt immer weniger. Folglich mehren sich die Sorgen, das Aussterben der Zeitzeugen würde zum Vergessen führen.

Ein krasser Irrtum. Stimmte nämlich der Grundgedanke dieser Annahme, gäbe es überhaupt kein Wissen über Vergangenes beziehungsweise Geschichte. Dass Caesar im Jahre 44. v. Chr. ermordet wurde, wissen wir, obwohl kein Zeitzeuge mehr lebt. Gleiches gilt für die Kreuzzüge et cetera, et cetera. Und daraus folgt: Auch ohne Zeitzeugen beziehungsweise ohne Erinnerungskultur kein Vergessen – wenn man nicht vergessen will. „Gegen das

Vergessen"? Gewiss! Dann aber müssen die Volkserzieher vor allem gedanklich anders ansetzen. Ein Weiter-so würde das Gegenteil des Gewollten bewirken und sie der Unglaubwürdigkeit und Lächerlichkeit preisgeben.

Aus dem scheinbaren Glasperlenspiel des Sprachlichen folgt demnach Hochpolitisches: „Erinnerungskultur" ist letztlich ein gedanklicher und sprachlicher Mischmasch, also ein Unding. Wer nicht richtig formuliert, hat zuvor nicht richtig gedacht. Womit ein weiteres Defizit deutscher Erinnerungskultur beziehungsweise Volkspädagogik erkannt und benannt wäre. Es trifft die selbst ernannten oder amtlich bestallten Volkspädagogen in Politik, Kultur, Medien und Wissenschaft.

Fazit 1: Man sollte auf „Erinnerungskultur" verzichten und spreche besser wieder von „Gedenken" und „Trauer" als Teil neudeutscher Staatsethik. Beim Gedenken macht man sich (hoffentlich) Gedanken, und deshalb trifft „Gedenken" das hier ethisch oder politisch Gewollte besser als das Wort „Erinnerung".

Ob das jeweilige Gedenken allerdings mehr phrasen- als gedankenreich ist, mag dahingestellt bleiben. Wer im Laufe der Jahre die versteinte deutsche Gedenkkultur kennenlernte, neigt wohl eher zur Resignation. Sie ist mehr inflationiertes Ritual als Kultur und hat deshalb jeglichen Respekt verloren. Wie jede Inflation führt auch diese zum Wert- und, noch viel schlimmer, Werteverlust. Die um Schuld und Sühne im Kern ethisch absolut richtigen und notwendigen Gedanken beziehungsweise Inhalte werden durch die längst versteinten Formen total entwertet. Das Gegenteil vom ursprünglich Gewollten wird erreicht. Selbstverschuldet. Kontraproduktiv oder zumindest wirkungslos. Am Beispiel des Volkstrauertages sei diese These verdeutlicht. Seit 1990 gedenkt Amtsdeutschland aller, wohlgemerkt aller, Opfer „von Kriegen, Gewaltherrschaft und Terrorismus" sowie, den außenpolitischen Veränderungen seit 1995/99 folgend, der bei Auslandseinsätzen der Bundeswehr gefallenen deutschen Soldaten.

Dieses bundesdeutsche Ethos ist sehr sympathisch. Es ist jedoch viel zu abstrakt. Abstraktes weckt keine Gefühle. Abstraktes nehmen wir wie Vokabeln auf. Sie sind leblos Abstraktes und deshalb wirkungsschwach. Das bedeutet bezüglich individueller und kollektiver Trauer: Je ferner und fremder und abstrakter die zu Betrauernden, desto geringer die echte, innere Anteilnahme.

Abstrakt und fern scheint den meisten heutigen Deutschen der Krieg an sich. Dabei ist er so nah. Stichwort: Ukraine. Aber auch schon zuvor die Balkankriege von 1991 bis 1999. Die Menschen flohen und fliehen zu uns – und trotzdem blieben uns diese Kriege fern. Das ist sowohl realitätsfern als auch unethisch.

Den Toten soll ein in der Gegenwart wirkendes Nachleben verschafft werden. Wie Wolf Biermann es bezogen auf „seine" Toten sagt, sollte es sein: „Wir leben ewig bis in den Tod! / Nicht alle, aber meine Toten leben. / Nur: sie sind nicht mehr da."

Wer mit Vokabeln nur Kopf und Verstand anspricht, erreicht nicht die Seele und das Herz der Menschen. Man mache sich nichts vor. Wer alle betrauert, betrauert niemanden. Und wer Krieg, wie jetzt, vornehmlich als Preistreiber betrachtet, trauert nicht um Menschen, sondern um materiellen Wohlstand.

Trauer ist höchst privat und im Kollektiven nur erlebbar und erreichbar, wenn die zu Betrauernden erkannt und benannt werden und nicht im Allerweltswort „alle" unerkannt und unkenntlich bleiben. Keiner kann alle betrauern, weil keiner alle kennt. Wer alle betrauert, betrauert niemand. Womit erkennbar wird: Der Inhalt des amtsdeutschen Gedenkens und Trauens ist, nicht nur am Volkstrauertag, eine Leerformel.

Daraus folgt meine Empfehlung: Die Inhalte des deutschen Volkstrauertages sollten konkretisiert werden, um Herz und (!) Verstand zu erreichen. Den jeweiligen Toten soll Nachleben eingehaucht werden, damit die Lebenden um sie trauern, sie würdigen und Lehren aus dem Leben und Sterben der Toten ziehen können. Individuell ebenso wie kollektiv, zum Nutzen unserer Demokratie.

Der Begriff „Volkstrauertag" in Deutschland und für Deutsche unterstellt unausgesprochen, dass es sich um ein und das gleiche, gar dasselbe deutsche Volk handelt. Dem ist aus chronologischen, biologischen und demographischen Gründen nicht so. 1922 beziehungsweise 1925 war das deutsche Volk mehr oder weniger homogen, die NS-Verbrecher versuchten es „endgültig" zu homogenisieren beziehungsweise zu „arisieren". Das gelang ihnen nicht – dank den Siegermächten des Zweiten Weltkrieges, allen voran der US-Demokratie und, unbestreitbar, der Roten Armee des Millionenmörders Stalin, wobei der Verweis auf Stalin wiederum zeigt: Auch Befreiung ist mehr als ethisch eindimensional.

Zurück zur Kernfrage: Wer oder was ist das deutsche Volk heute? Die Demographie beantwortet die Frage. Derzeit haben rund 22 Millionen Menschen in Deutschland, also mehr als ein Viertel der Bevölkerung, einen Migrationshintergrund. 53 Prozent dieser 22 Millionen sind deutsche Staatsbürger. Unter den Jüngeren ist der Migrantenanteil deutlich höher. Unter den in Deutschland lebenden Kindern im Alter von bis zu fünf Jahren beträgt er vierzig Prozent. Von den genannten 22 Millionen stammen knapp 3 Millionen beziehungsweise 13 Prozent aus der Türkei, 2,2 Millionen beziehungsweise neun Prozent aus Polen, 1,3 Prozent aus Russland, etwa je eine Million aus Rumänien, Italien, Kasachstan, Syrien (1995 aus allen arabischen Staaten 261 000), Bosnien-Herzegowina und dem Kosovo sowie neuerdings und natürlich kriegsbedingt aus der Ukraine.

Bislang sind Ideologie und Praxis des deutschen Gedenkens und Trauerns bezüglich beider Weltkriege sowie des Holocausts ausschließlich germanozentrisch. Aus gutem Grund, denn der Tod war „ein Meister aus Deutschland". Dieser Germanozentrismus im Gedenken und Trauern führt ungewollt zu einer Paradoxie. Er signalisiert einem Viertel der deutschen Bevölkerung: „Ihr habt mit all dem nichts zu tun, denn wir, unsere Vorfahren, waren die Täter." Das ist vonseiten der deutschen Volkserzieher, die sich um Integration der neudeutschen Staatsbürger und Einwohner redlich bemühen, durchaus gut gemeint und selbstkritisch, grenzt aber die neuen, alles andere als unerheblichen deutschen Bevölkerungsgruppen aus. Das „Ihr habt damit nichts zu tun" enthält zugleich eine zweite Dimension, nämlich diese: „Ihr gehört nicht zum deutschen Wir." Zu jedem Wir einer Gesellschaft gehört nun einmal nicht nur ihre Schokoladenseite.

Waren alle Opfer wirklich nur Opfer oder zuvor auch Täter? Man denke an die getöteten Männer der SS-Einsatzgruppen. Opfer? Sind die getöteten Söldner der russischen „Gruppe Wagner" Opfer, obwohl sie vorher brutale Morde begangen hatten? Wollen wir etwa auch ihrer, weil „aller", gedenken? Inakzeptabel, undurchdacht und absurd.

Im Klartext: Deutsches Gedenken und Trauern ist eindimensional. Kein Wunder, dass sich die neudeutschen Bevölkerungsgruppen mit einem „Geht mich nichts an" abwenden. Das ist die eine, die sanfte Version der Reaktion. Die zweite: „Schluss mit der Judenkiste. Wir, unsere Vorfahren in Ost- und Südosteuropa oder auch in Nahost waren mindestens ebensolche Opfer der Deutschen wie die Juden." Richtig oder falsch, einem deutschen Wir von Alt- und Neudeutschen ist diese Sichtweise abträglich. Folglich verfehlt das bisherige deutsche Gedenken und Trauern das er- und gewünschte Ziel der Integration. Wieder ist gut gemeint das Gegenteil von gut gemacht.

Das gilt erst recht bezogen auf die historischen Fakten. Sie betreffen sowohl das deutschpädagogische „Ihr habt nichts damit zu tun, denn wir, unsere Vorfahren, waren die Täter" als auch das neudeutsche „Wir, unsere Vorfahren, waren mindestens ebensolche Opfer". Zweifellos kam der Tod aus Deutschland, doch er hatte im Herrschaftsgebiet der Wehrmacht, mit Ausnahme der jüdischen Opfer, zahlreiche willige Gesellen. Entweder aus nationalen Interessen, aus traditionellem Antisemitismus oder aus beiden Gründen. Daraus folgt: Holocaust und zumindest Zweiter Weltkrieg gehen auch die meisten Neudeutschen sehr wohl und mehr als nur etwas an.

Man muss kein Prophet sein, um vorherzusagen, dass wir bei dem nächsten großen deutschen Traueranlass, dem Gedenken an den Holocaust am 27. Januar 2023 im Deutschen Bundestag, wieder das alte Bild von Deutschland und „den" Deutschen präsentiert bekommen. Um die eher kontraproduktive pädagogische Wirkung dieser und anderer bevorstehender deutscher Amtstrauer bei den Neudeutschen vorherzusagen, bedarf es ebenfalls keiner prophetischen Gaben.

Wie die Nachfahren der Altdeutschen sind die Nachfahren der Neudeutschen nicht schuld an den Verbrechen ihrer Vorfahren. Wenn jedoch von den Nachfahren der Altdeutschen das Gedenken und Trauern über die NS-deutschen Verbrechen als Staatsraison im heutigen Deutschland gewünscht, praktiziert und die Haftung (nicht

Schuld!) übernommen wird, ist es weder ethisch noch historischfaktisch oder selbst funktional-integrationspolitisch akzeptabel, den Neudeutschen zu signalisieren „Ihr habt damit nichts zu tun".

Anders als beim Kochen und Backen gibt es für individuelle und erst recht kollektive Trauer keine Rezepte, wohl aber Leitgedanken und Leitgefühle. Man nehme zum Beispiel Deutsche, deren Vorfahren oder sie selbst aus muslimischen Staaten stammen. Sie sind einerseits Deutsche. Andererseits sind viele emotional, kulturell und religiös mit ihren muslimischen Herkunftsländern verbunden. Und doch gibt es auch für sie faktenbasierte Bezüge zum deutschen Gedenken und Trauern.

Beide Weltkriege sowie der Holocaust haben deutsch-arabischmuslimische Bezüge, denn: Führende arabische und islamische Akteure haben mit Hitler-Deutschland freiwillig kooperiert. Etwa der Judenhasser und -bekrieger Amin el-Husseini, Großmufti von Jerusalem. Er hatte den arabischen Aufstand von 1936 bis 1939 gegen Zionisten und Briten in Palästina an- sowie den durchaus antikolonialistischen und dadurch antibritischen beziehungsweise prodeutschen Aufstand im Irak im Mai 1941 mitangezettelt. Beide Aufstände scheiterten. Der Großmufti fand politisches Asyl in Hitlers „Großdeutschland". Im November 1941 empfing ihn der „Führer" persönlich. Der Dank des Islamisten folgte bald, wenngleich man damals diesen Begriff noch nicht, wohl aber dessen Inhalt anwandte, also: Kampf dem Westen, den gottlosen Kommunisten – allesamt natürlich „verjudet" – und natürlich „den" Juden. Konkret: Der Großmufti mobilisierte auf dem Balkan Muslime für die Waffen-SS. Vergleichbar das Verhalten von Muslimen im Kaukasus. Mit Hitler-Deutschland wollten sie sich von Stalins Terrorstaat Sowjetunion lösen. Ähnlich nicht wenige Ukrainer und Weißrussen, erst recht Wolgadeutsche und andere Minderheiten in Russland, auch antikommunistische Russen. Von der sowjetischen Besetzung seit 1939/40 wollten sich, ebenfalls mit NS-deutscher Hilfe, Polen und Balten befreien. Sie alle, aber unter ihnen wahrlich nicht alle und doch zu viele, wurden Mordmeister Hitlers willige Gesellen.

Jene deutsch-arabische Freundschaft der NS-Zeit auf Kosten von Juden in Palästina und Europa wurde, weitgehend ungebrochen, nach 1945 fortgesetzt. Noch heute ist von ihr die Rede. Außen- und wirtschaftspolitisch hat sie der Bundesrepublik Deutschland ebenso wie der DDR genutzt. Benutzt wurde sie von beiden Seiten. Lange Zeit war (ist?) das Auswärtige Amt (AA) der Bundesrepublik Deutschland, besonders dessen Korps, eine Hochburg des antizionistischen beziehungsweise antiisraelischen Proarabismus, nachzulesen etwa in Remko Leemhuis' Studie über „Das Auswärtige Amt und Israel zwischen 1967 und 1979". Auch andere wissenschaftliche Studien ebenso wie meine persönlichen Erlebnisse bestätigen die Ergebnisse von Leemhuis und Kollegen. Amtsdeutscher Zynismus, Heuchelei statt ehrlichen Gedenkens und Trauerns. Daraus ergibt sich folgende Frage: Wie doppelbödig kann oder darf Trauer sein? Und wenn doppelbödig, welche ist ehrlich? Eine, beide, keine?

Angesichts der Tradition des Auswärtigen Amtes war es nicht überraschend, dass der langjährige Bundesaußenminister Frank-Walter Steinmeier als Bundespräsident im Mai 2017 am Grab Jassir Arafats mit markantem Trauergesicht einen Kranz im Namen der Bundesrepublik Deutschland niederlegte. Für ihn und das Auswärtige Amt war Arafat Palästinenserführer und Träger des Friedensnobelpreises. Israel und der jüdischen Welt gilt er als Megaterrorist.

Alte NS-Kämpfer, -Techniker und KZ-Größen, die dem „Führer" nicht zuletzt militärtechnologisch gedient hatten, auch hochgestellte, fanden nach 1945 besonders in Ägypten und Syrien Unterschlupf. Ihren Kampf gegen das „Weltjudentum" setzten sie, zum Beispiel als Raketenbauer gegen Israel, in Nassers Ägypten fort. Erst auf massiven israelischen Druck reagierte die Bundesrepublik und brachte sie gegen ihren eigentlichen Willen „heimwärts".

Muslimische NS-Kollaborateure aus dem Kaukasus gründeten in München-Freimann eine Moschee, die später, sozusagen unter den Augen des bundesdeutschen Staates, zur Schaltstelle des internationalen Islamismus wurde. Nachzulesen in Stefan Meinings Studie „Eine Moschee in Deutschland" (2011).

Das alles ist eigentlich nicht nur dem kleinen Kreis von Fachleuten bekannt. Es wird jedoch aus Angst oder Opportunismus selten benannt. Deshalb ist es der breiten Öffentlichkeit unbekannt. Unbekannt, weil unbenannt – und auch, unter sowie von Fachleuten ebenfalls aus Opportunismus oder Angst um die eigene Karriere, unerwähnt. Die logische Folge: Viele Muslime in Deutschland und Europa halten die Auseinandersetzung mit Weltkriegen und Holocaust für ein Problem der Altdeutschen und ihrer Nachfahren, bar jeder Gegenwartsbezogenheit für Millionen muslimischer Neudeutscher. Dieses Defizit an Wissen und Gefühlen haben nicht allein sie als Neudeutsche zu verantworten, sondern die zuständigen Altdeutschen in Politik, Gesellschaft, Medien und, ja, Wissenschaft.

Hinzu kommt, dass auch gutwillige Muslime in der Regel sowohl religiös – siehe Koran und die spätere schriftlich fixierte Überlieferung – als auch herkunftsbedingt nahostpolitisch nicht gerade judenfreundlich geprägt sind. Durch Verschweigen der historischen Fakten versucht deutsches Gedenken und Trauern nicht einmal, diese Mauer muslimischer, sagen wir diplomatisch „Judendistanz" niederzureißen. Einerseits. Andererseits Schuldbekenntnisse der nachgeborenen deutschen Volkspädagogen. Wie glaubhaft können solche Erzieher nicht nur Juden gegenüber sein, ist ihr tagespolitischer Opportunismus oder (bestenfalls) ihr krasses Unwissen so offenkundig?

Wenn alle Deutschen, die alten und neuen, im Gedenken und Trauern vereint sein sollen – und sie sollen –, dann wird es höchste Zeit, die jeweiligen Wissens- und Gefühlslücken der Neu- und Altdeutschen zu schließen. Wer nämlich nicht gemeinsam trauern kann, kann auch nicht gemeinsam feiern.

Die Fakten müssen allgemein bekannt und benannt, Rationalität mit Emotionalität verbunden sowie das Vokabular entrümpelt und entsteint werden. Das gilt für Alt- ebenso wie erstmals für Neudeutsche. Auch bezüglich der Letztere sachlich betreffenden und möglicherweise emotional treffenden Fakten.

Entscheidend: Die bislang eindimensional homogene, „rein deutsche" Gedenk- und Trauerideologie muss der mehrdimensionalen, „bunten", heterogenen neudeutschen Demographie angepasst werden. Das ist keine „Relativierung" deutscher Urverbrechen, sondern die Realisierung des Faktischen. Für Volkserzieher gilt nämlich die gleiche Erfolgsvoraussetzung wie für Mediziner: Ohne richtige Diagnose ist keine Therapie möglich.

***

Michael Wolffsohn lehrte Geschichte an der Universität der Bundeswehr in München.

Erschienen in der F.A.Z. vom 28.11.2022, Seite 6

Ein Offizier und Pazifist

Der heute vergessene bayerische Major Franz Carl Endres war 1922 eines der Gründungsmitglieder der Deutschen Liga für Menschenrechte. Seine Lebensgeschichte ist erstaunlich: Er galt als soldatisches Ausnahmetalent und Held von Gallipoli, dann wurde er zum Menschenrechtsaktivisten

Dr. Kristina Milz

Für den jungen Münchner Offizier Franz Carl Endres ging 1912 ein Traum in Erfüllung: Bald würde er den Orient mit eigenen Augen erkunden, diesen magischen Ort, den Karl May in die Köpfe seiner Landsleute hineinphantasiert hatte. Endres, eine besondere Nachwuchshoffnung des bayerischen Militärs, betätigte sich unter dem Pseudonym „Amadeus" leidenschaftlich als Lyriker. Von seiner Entsendung nach Konstantinopel erhoffte er sich aber nicht nur künstlerische Impulse. Schon lange schickte Deutschland Militärberater ins Osmanische Reich, um seinen Einfluss zu stärken. Endres' Freunde glaubten, ein Omen zu erkennen: Auch einer der erfolgreichsten Feldherren seiner Zeit, Generalfeldmarschall Helmuth von Moltke, hatte seine Karriere als Berater in türkischen Diensten begonnen. Und tatsächlich sollte Franz Carl Endres bei der 5. osmanischen Armee unter Liman von Sanders der jüngste Generalstabschef des Ersten Weltkriegs werden. Der Triumph der türkischen Truppen in Gallipoli – der Höhepunkt der deutsch-osmanischen Waffenverbindung – war nicht zuletzt ihm zu verdanken. Alles deutete auf eine große militärische Karriere hin.

Es kam anders. „Ich habe in einem langen Wanderleben unendlich viele Menschen der verschiedensten Völker kennengelernt", schrieb Endres mit Ende dreißig im Duktus eines alten Mannes, der auf sein Leben zurückblickt: „Sie sind alle gleich. Nur die Formen, in denen sie dieser Gleichheit Ausdruck geben, sind verschieden." Damit formulierte er 1916 einen zentralen Gedanken der Menschenrechtsbewegung, die sich während des Weltkriegs formierte. Der hochgelobte Offizier wurde zu einem ihrer

Gründerväter. Wie wurde aus einem soldatischen Ausnahmetalent ein Menschenrechtsaktivist?

Endres' militärische Laufbahn war vorgezeichnet. Er wurde im Dezember 1878 in eine oberbayerische Offiziersfamilie hineingeboren: Sein Vater war Karl Ritter von Endres, Chef des königlich bayerischen Generalstabs und bayerischer Militärbevollmächtigter in Berlin. Das Elternhaus war geprägt von protestantischen Werten und der selbstbewussten Gewissheit, in der siegreichen Tradition der bayerischen Regimenter aus dem Deutsch-Französischen Krieg von 1870/71 zu stehen. In einer anderen Umgebung hätte der Sohn, der am humanistischen Gymnasium Unterricht in Harmonielehre nahm und eigene Klavierkompositionen veröffentlichte, wohl einen anderen Weg eingeschlagen. Seinen Plan, Musiker zu werden, gab er dem Vater zuliebe auf. 1897 trat er als sogenannter dreijährig-freiwilliger Offiziersaspirant in das Münchener Infanterie-Leibregiment ein.

Kaiser Wilhelm II. beschrieb die erwünschte Haltung eines Offiziers mit der Formel „Adel der Gesinnung". Gemeint waren Monarchismus, Nationalismus, Militarismus und Bekenntnis zum Christentum. Erfüllte ein junger Mann diese Bedingungen, so hieß es, er habe „Charakter" – dieser war wichtiger als Bildung oder Leistung, wenngleich begabte Offiziere eher in Spitzenpositionen aufstiegen. Auch wenn Bayern im Vergleich zu Preußen als liberal galt, wurde die politische Einstellung der Offiziersanwärter genau beobachtet. Endres überzeugte: Sein Reifezeugnis als Offizier enthielt den „Ausdruck Allerhöchster Belobigung".

Die Papiere befinden sich heute im Kriegsarchiv des Bayerischen Hauptstaatsarchivs. Neben geheimen Qualifikationsberichten, die ihn in immer höheren Tönen lobten, zeigen sie auch, dass seine auffallende Intellektualität nicht allen geheuer war: „Eine leichte Neigung zum Hervorkehren seiner Person u. zum Streben nach Originalität" wurde ihm 1909 bescheinigt. Andere Vorgesetzte verteidigten ihn: „Wenn er Originalität zeigt, so erscheint mir das durchaus berechtigt, da seine ganze Persönlichkeit eben originell ist u. mit anderem als dem gewöhnlichen Maßstab gemessen werden muß." 1906 bis 1909 war Endres Hilfslehrer für Taktik und Militärgeschichte an der Kriegsakademie in München, später erhielt er einen regulären Lehrauftrag. Er machte einen so guten Eindruck, dass er in den sorgfältig ausgewählten Kreis der Offiziere aufgenommen wurde, die sich für Aufgaben im Ausland eigneten.

Als Lehrbeauftragter für Strategie wurde Endres 1912 an die Generalstabsschule in Konstantinopel berufen. Schon bald aber sollte er das Handwerk seines Berufs ausüben: Im Balkankrieg, in dem ein serbisch-bulgarisch-griechisch-montenegrinisches Bündnis gegen das Osmanische Reich vorging, diente Endres als Berater beim Oberkommando der türkischen Ostarmee und in Tschataldscha, der letzten Verteidigungslinie vor Konstantinopel. Über seinen Einsatz verfasste er im Mai 1913 für das bayerische Kriegsministerium und den preußischen Großen Generalstab einen streng vertraulichen Bericht. Das romantische Bild vom Orient hielt der Realität nicht stand: Endres wurde mit den verheerenden Auswirkungen der Cholera konfrontiert, Szenen, die er als „das Entsetzlichste, was man sich vorstellen kann", beschrieb: „Die Menschen starben vor den Augen des Zuschauers in Massen." Die türkischen Behörden hätten die in Gärten und Kirchen zusammengepferchten erkrankten Soldaten nicht einmal mehr verpflegt, sondern sie einfach sterben lassen. Ohnmächtig beobachtete der Deutsche, dessen Ratschläge von den türkischen Militärs ignoriert wurden, das Geschehen: „Bei Tschataldscha kämpften die armen Bataillone einen mörderischen und ganz aussichtslosen Kampf und wir schauten zu!!"

Die Türken mussten nach katastrophale Niederlagen erhebliche Gebietsverluste hinnehmen. Das Geschehen schockierte Endres derart, dass er dafür plädierte, die deutsche Militärmission aufzugeben: Das gesamte türkische Offizierskorps leide an einem „Mangel an sozialem und ethischem Empfinden". Schon wenige Monate nach seiner Entsendung haderte Endres also mit seiner Rolle, doch erst am Ende des zweiten Balkankriegs, im Oktober 1913, kehrte er nach Bayern zurück.

Mit der deutsch-osmanischen Waffenbrüderschaft 1914 wurde Endres wieder nach Konstantinopel entsandt. Seine Zweifel waren vermutlich geblieben, aber seine Aufgaben dürften ihn besänftigt haben: Mit nur 36 Jahren wurde er Generalstabschef unter Liman von Sanders. Endres arbeitete einen Verteidigungsplan für die Dardanellen aus, von wo aus die Entente Konstantinopel erobern wollte. Der Angriff der britischen Armee auf die Halbinsel Gallipoli wurde erfolgreich abgewehrt. Mit hunderttausend Toten und 250 000 Verwundeten war Gallipoli eine der blutigsten Schlachten des Krieges: Fast die Hälfte der eingesetzten Soldaten kam ums Leben. „Ich war lange Zeit durch die Gebundenheit des Berufes so unfrei, daß ich die Lösung des Problems Krieg nicht da suchte, wo sie allein gefunden werden konnte", sollte Endres Jahre später schreiben: „Ich ließ mich blenden vom ästhetischen Genuß, der im Studium der strategischen Kunst großer Feldherren liegt".

Im Frühjahr 1915 brachte eine Malaria-Erkrankung die entscheidende Wende in Endres' Leben. Zurück in der Heimat, kämpfte er monatelang mit dem Tod. Aus dem jungen Offizier, „groß, schlank, felddienstfähig", war ein körperliches Wrack geworden. Endres war untauglich geschrieben. Damit war ihm Zeit zum Nachdenken gegeben, und Endres zog seine Schlüsse: Er wurde einer der wichtigsten Sprecher der deutschen Pazifisten und Menschenrechtsbewegung.

Die Menschenrechtsidee war kein Selbstläufer. Ihre Geschichte ist nicht die eines geradlinigen Fortschritts, sondern gekennzeichnet durch hohe Hürden und das ständige Scheitern am Ideal. Die philosophische Vorstellung von Rechten, die den Menschen bedingungslos zustehen, ist alt; von bürger- und naturrechtlichen Überlegungen entwickelte sie sich zunehmend in eine universelle Richtung. Auch wenn bestimmte Bevölkerungsgruppen – etwa die versklavten Afroamerikaner – lange nicht mitgedacht wurden, spielte der Gedanke unveräußerlicher Rechte des menschlichen Individuums mit der Bill of Rights und Unabhängigkeitserklärung in Amerika und der Allgemeinen Erklärung der Menschen- und Bürgerrechte in Frankreich Ende des 18. Jahrhunderts erstmals eine zentrale Rolle in der Ordnungsvorstellung von Staaten.

In der Regel waren es keine staatlichen Akteure, die der Idee universal geltender Menschenrechte zum Aufstieg verhalfen, sondern einzelne Personen und Organisationen. So auch in Deutschland: Der Bund Neues Vaterland gründete sich im Ersten Weltkrieg als Reaktion auf die bis dahin unvorstellbaren Gräuel dieser „Urkatastrophe des 20. Jahrhunderts" (George F. Kennan) und trat für Frieden ein. Vor genau einem Jahrhundert wurde er im Zeichen der deutsch-französischen Verständigung nach dem Vorbild der Nachbarorganisation in „Deutsche Liga für Menschenrechte" umbenannt.

Es verwundert nicht, dass die organisierte deutsche Menschenrechtsbewegung eng mit der pazifistischen Bewegung verwoben war: Unter dem Eindruck Hunderttausender toter Soldaten und des Gefühls der Sinnlosigkeit angesichts des zermürbenden Stellungskriegs im Westen drängten sich Fragen nach dem Recht auf Leben und der Würde des Einzelnen schon bald nach Beginn der Kämpfe schmerzlich laut auf. So erging es auch Franz Carl Endres, der sich zunehmend von seinem Beruf entfremdete.

Im August 1915 begann er, als „militärischer Mitarbeiter" für die „Frankfurter Zeitung" zu arbeiten. Von Einschätzungen der deutschen Kriegsstrategie aber entfernten sich seine Texte immer weiter: Endres haderte zunehmend öffentlich mit den Kriegsmotiven und der Führung der Obersten Heeresleitung unter Ludendorff. Ein wiederkehrendes Motiv seiner Artikel war die rigide Zensur: „So notwendig wie Munition dem Heere und Brot der Heimat ist Wahrheit der Gesamtheit." Das sahen die kriegführenden Herrscher anders, und „FCE", wie Endres' Artikel gezeichnet waren, blieb ihnen nicht verborgen. Im Herbst 1915 fragte der bayerische Ministerpräsident Georg von Hertling persönlich beim Kriegsministerium nach, was sich in der Angelegenheit „betreffend angebliche Aeußerungen des bayer. Hauptmanns Endres über die türkische Armee" ergeben habe. Der große Paukenschlag aber sollte erst folgen: Endres arbeitete an einem Buch über die Türkei.

Im Spätsommer 1915 war der Genozid an den Armeniern in vollem Gange. Beraten von Karl Süßheim, einem jüdischen Orientalisten in München, der sich in seinem antisemitischen Umfeld in Minderheitenfragen selbst nicht allzu weit aus dem Fenster lehnen konnte, schrieb Endres unter dem harmlosen Titel „Die Türkei. Bilder und Skizzen von Land und Volk" über die „ein Jahrtausend währende Leidenszeit Armeniens". Den Türken legte er unmissverständlich nahe, die nichtmuslimischen Bevölkerungsgruppen zu schonen: „Der Armenier als Charakter stellt keinen einheitlichen Typus dar, ebensowenig wie der Jude." Dies war nicht nur eine klare Absage an die um sich greifende, als fortschrittlich geltende Rassenkunde, sondern unter den Bedingungen der Kriegszensur auch bemerkenswert explizit: Der Autor hatte mit seiner leisen, aber schwer zu überlesenden Kritik den richtigen Ton getroffen, um nicht als Verbreiter feindlicher Propaganda abgestempelt und dennoch gehört zu werden. Das Buch erlebte bald mehrere Auflagen; das „Deutsche Offizierblatt" druckte eine begeisterte Rezension.

Endres wusste seinen guten Ruf für eine neue Mission zu nutzen. Der „Frankfurter Zeitung" aber wurde das Auftreten ihres Mitarbeiters zu heiß. Im Sommer 1917 wechselte Endres zu den „Münchner Neuesten Nachrichten", wo er mit seiner Kritik an der Kriegsführung auf offene Ohren stieß. Im September teilte der Deutsche Wehrverein dem Berliner Kriegsministerium mit, dass Endres öffentlich für einen Verständigungsfrieden werbe. Dieser ließ sich nicht beirren. Er trat der linksliberalen Fortschrittlichen Volkspartei bei und schloss sich organisierten Menschenrechtsaktivisten an.

Schließlich hatte Endres nicht einmal mehr Berührungsängste mit den Sozialisten: Die Revolution von 1918/19 unterstützte er neben Lujo Brentano, Heinrich Mann und Ricarda Huch als Mitglied des „Rats geistiger Arbeiter". Mit Hermann Hesse und Richard Woltereck gab er eine „Zeitschrift für neues Deutschtum" heraus, in München die demokratische „Süddeutsche Presse". Vom Verlauf der Revolution und dem Chaos in München, wo sich Linke und Rechte Straßenschlachten lieferten, war er erschüttert. 1920 schrieb Endres einem Bekannten, er sei „angefüllt mit Ärger und Enttäuschungen, mit kaum zu bewältigender Arbeit für eine Idee, die den meisten Menschen ganz fremd und unverständlich ist, bekämpft und bestritten, selbst von sogenannten Freunden, die plötzlich wieder der ‚tolle Hindenburg gebissen' hat". Fasziniert von lebensreformerischen Ansätzen und als überzeugter Freimaurer in diversen nichtnationalistischen Logen, publizierte Endres nicht nur etliche Bücher über diese Art, auf die Welt zu schauen, er schrieb nun auch gegen die „Dolchstoßlegende" an, die den jüdischen Deutschen die Schuld am verlorenen Krieg gab: „Haß erfordert Blindheit, aber jeder Sehende muß lieben." Umfassend setzte er sich mit dem immer stärker um sich greifenden Antisemitismus auseinander.

In seinen Texten trat Endres als Pazifist auf. Er gehörte aber nicht jener Minderheit der Friedensbewegung an, die jegliche Gewalt rigoros ablehnte. Im Gegenteil: Endres bejahte nicht nur ein

Militär zur Verteidigung, er war auch davon überzeugt, dass man zur Gewalt entschlossenen Gegnern nicht mit abstrakter Friedfertigkeit begegnen könne. Ohne den Schutz einer internationalen Macht wie etwa eines starken, demokratisch legitimierten Völkerbunds mit schlagkräftiger Armee hielt er dies für illusorisch. Auch der Kriegsdienstverweigerung stand er skeptisch gegenüber. Doch verurteilte er die Gewalteskalation des vergangenen Krieges und versuchte, ihre Ursachen zu erkunden.

1921 veröffentlichte Endres zunächst anonym das Buch „Die Tragödie Deutschlands". Es wurde breit rezipiert und hatte großen Einfluss auf die pazifistische Bewegung. Der Autor sah wesentliche Ursachen für die europäische Katastrophe in der deutschen Geisteshaltung: Nationalismus, Antisemitismus und Rassismus, Untertanenmentalität und das Versagen der Kirchen. „Der Durchschnittsdeutsche", schrieb Endres, „ist tausendmal lieber ein jeder Verantwortung entzogener Sklave und eine blinde, aber gewissenhafte Exekutionsmaschine, als ein freier, aber schwere Verantwortung tragender und allein auf sein eigenes Urteil angewiesener Mensch". Die Deutschen sollten das Bezugssystem der Nation durch das einer „Kulturmenschheit" ersetzen, um sich „die Sympathie der Menschheit" zu verdienen.

Endres konstatierte eine Spaltung Europas: „Hier Kulturmenschheit – dort das barbarische Deutschland." Hätte er diese Sätze nach 1945 geschrieben, wäre der Aufschrei sicher weniger laut ausgefallen – in einer Zeit, in der nicht nur Rechte über die „Schande von Versailles" sprachen, aber waren diese Äußerungen Sprengstoff. Obwohl Endres wie viele gemäßigte Pazifisten keine alleinige deutsche Kriegsschuld erkannte, sondern alle in der Verantwortung sah, „die zum und im Kriege gehetzt" hatten, wurde er in Militärkreisen zur persona non grata.

Endres war nicht der einzige Berufsoffizier, der sich aus seinem Milieu gelöst hatte. Für pazifistische Organisationen hatten Männer wie er eine zentrale Bedeutung, denn sie waren mit militärischen Zusammenhängen und Logiken vertraut. Insbesondere sie waren es, die in den 1920er-Jahren immer wieder geheime Rüstungspläne aufdeckten; revisionistische Kräfte erkannten darin schnell eine besondere Gefahr. Die Folge waren nicht nur Verleumdungen und

Ausgrenzung durch die ehemaligen Kameraden. Die Verfolgung konnte bis zur Ermordung führen: Freikorps hatten bereits 1920 den ehemaligen Kapitänleutnant Hans Paasche vor den Augen seiner Kinder erschossen.

Franz Carl Endres wurde in dieser Zeit zu einem wichtigen Kopf der Deutschen Liga für Menschenrechte. 1924 nahm er als Delegierter an einem internationalen Friedenskongress in Paris teil. Gemeinsam mit Albert Einstein, Kurt Tucholsky und dem späteren Friedensnobelpreisträger Carl von Ossietzky pochte Endres nicht nur auf die Rechte des Individuums, sondern forderte auch eine Neuorganisation der zwischenstaatlichen Beziehungen, die auf internationaler Gesetzgebung und Gerichtsbarkeit beruhen sollte.

Auch um dem steigenden Druck von rechts zu entgehen, verließ Endres schließlich Deutschland – so wie damals viele bekannte Menschenrechtler und Pazifisten. Nach einer kurzen Episode als Korrespondent des „Berliner Tageblatts" zuerst in Istanbul, dann in Den Haag, emigrierte er 1926 in die Schweiz. Dort schrieb er für Printmedien und wurde zu einer gefragten Stimme des Rundfunks.

Schon früh warnte er vor einem nächsten Krieg. 1932 druckte das pazifistische Wochenblatt „Das Andere Deutschland" Endres' bitteren Artikel mit dem Titel „Nichts gelernt und nichts vergessen!": „Verhängnisvoll ist der Irrtum der Friedlichen und Wohlwollenden in der Welt, die glauben, es könne durch Nachgiebigkeit hier geholfen und der Frieden gesichert werden." Er hatte die Zeichen der Zeit richtig gedeutet, schon vor der Machtergreifung der Nationalsozialisten und der verhängnisvollen Politik des Appeasements gegenüber Hitler.

Während der NS-Zeit wurde Endres in der Schweiz eingebürgert. Während des Zweiten Weltkriegs betätigte er sich nicht nur als Berichterstatter, sondern auch als Militärberater. 1943 verstieß er gegen die Schweizer Neutralitätsverordnung, indem er mit Flugblättern versuchte, Bayern zu einer Loslösung vom „Dritten Reich" zu bewegen. „Niemand, den man lieber über die Grenze verschleppt und auf dunklem Wege hätte verschwinden lassen", hat Gustav Strohm 1948 in seinem Vorwort zur neuen Auflage von Endres' „Tragödie Deutschlands" geschrieben. Nach dem Krieg kommentierte Endres für Schweizer Medien die Außenpolitik der jungen

Bundesrepublik Deutschland, doch sein Ruhm verblasste. Er starb im März 1954 in einem Vorort von Basel.

Für die Erinnerung an engagierte ehemalige Offiziere gab es nach dem Zweiten Weltkrieg lange keinen Raum. Auch die Würdigung des militärischen Widerstands um Claus Schenk Graf von Stauffenberg ließ in der Bundesrepublik auf sich warten. Dabei wurde der Widerstand des 20. Julis erst aktiv, als der Untergang des „Dritten Reichs" abzusehen war. Deshalb wird er heute zurecht ambivalent beurteilt. Für die deutsche Nachkriegsgesellschaft hatte er freilich ein anderes Manko: Er hatte mit der Tradition des Gehorsams gebrochen.

Mit Männern wie Franz Carl Endres tat man sich wohl noch schwerer: Der Gedanke, dass es echte Alternativen für Deutschland gegeben hätte, dass schon früh eine individuelle Befreiung aus dem fatalen deutschen Militarismus möglich war, passte nicht zur Opfererzählung, die nach 1945 in der öffentlichen Debatte gern bemüht wurde, um die Verantwortung für die nationalsozialistischen Verbrechen einer möglichst kleinen Gruppe zuzuschreiben. Dieser Verdrängungsprozess hat dazu geführt, dass solch faszinierende Emanzipationsgeschichten wie die von Endres weitgehend vergessen sind. Das ist eine kleine erinnerungskulturelle Tragödie, denn seine Biographie erhellt nicht nur blinde Flecken in der Geschichte der deutschen Menschenrechtsbewegung, deren Archivgut 1933 vernichtet wurde. Sie offenbart auch das Leben und Lernen einer historischen Person, die wichtige Anstöße für eine positive militärische Traditionsbildung in Deutschland geben könnte.

„Sie waren Opfer eines Geschichtsbildes, das ihre Existenz einfach nicht zuließ", hat der Friedensforscher Wolfram Wette über „weiße Raben" wie Endres vor mehr als zwanzig Jahren geschrieben. Sie sind es vielfach noch heute, wohl auch, weil sie sich dem weitverbreiteten Streben nach Eindeutigkeit entziehen: Ein gefeierter Offizier und leidenschaftlicher Menschenrechtsaktivist passt in keine Schublade. Endres' Biografie ist nie geschrieben worden. Dabei wäre es nicht nur im geschichtswissenschaftlichen Interesse, zu erforschen, was Einzelne frühzeitig dazu befähigte, den unwahrscheinlichsten Vorzeichen zum Trotz ihrem moralischen Kompass zu folgen und die Verletzung der menschlichen Würde zu bekämpfen.

Die Bundeswehr bezieht sich in ihrer Suche nach tauglichen Vorbildern in der Regel auf den 20. Juli 1944. Major a. D. Franz Carl Endres, ein überzeugter Demokrat, dessen Gedanken sich fernab von einem naiven Pazifismus bewegten, war 1922 eines der Gründungsmitglieder der Deutschen Liga für Menschenrechte. Seine Name wäre eine würdige Option, an die deutsche Militärgeschichte anzuknüpfen. Umso mehr gilt dies ein Jahrhundert später, in einer Zeit, in der die wehrhafte Demokratie in Europa von inneren und äußeren Feinden ganz besonders herausgefordert wird.

***

Kristina Milz ist Historikerin am Institut für Zeitgeschichte München-Berlin und arbeitet für die Ad-hoc-AG „Judentum in Bayern in Geschichte und Gegenwart" der Bayerischen Akademie der Wissenschaften.

Erschienen in der F.A.Z. vom 05.12.2022, Seite 6

Lehren aus dem Scheitern der deutschen Russlandpolitik

Die von Kanzler Olaf Scholz ausgerufene „Zeitenwende" ist eine nachträgliche Anpassung der deutschen Politik an Realitäten, die schon lange vor Russlands Überfall auf die Ukraine bestanden. Wie sollte eine neue Osteuropapolitik aussehen?

Wilfried Jilge, Dr. Stefan Meister

Russlands Krieg gegen die Ukraine markiert den Schlusspunkt der kooperativen und auf gegenseitiger Abhängigkeit beruhenden deutschen Ostpolitik nach Ende des Kalten Krieges. Dem Scheitern einer Politik des Wandels durch Annäherung und der gesellschaftlichen und energiepolitischen Verflechtung als Friedensmodell ging ein Realitätsverlust der deutschen Außen- und Sicherheitspolitik voraus. Obwohl das Vertrauen in die deutsch-russischen Beziehungen spätestens seit der Annexion der Krim 2014 und dem Krieg in der Ostukraine massiv erschüttert wurde und obwohl Putin Deutschland und die EU als Gegner definierte, hat die Regierung unter Kanzlerin Angela Merkel die energiepolitische Abhängigkeit von Russland weiter erhöht. Aufgrund zurückhaltender Reaktionen auf russische Provokationen fühlte sich der Kreml zu weiteren Aggressionen ermutigt.

Erst der russische Angriff auf die Ukraine am 24. Februar 2022 bewirkte einen grundlegenden Wandel in der deutschen Politik. Erstmals wurde anerkannt, dass Russlands Aggression eine sicherheitspolitische Gefahr für Deutschland bedeutet und eine Niederlage der Ukraine auch die deutsche Sicherheit gefährdet. Die Versicherheitlichung aller Beziehungen mit Russland wird für die nächsten Jahre prägend sein.

Nach dem Ende des Kalten Krieges und dem Zerfall der Sowjetunion war es aus deutscher Sicht sinnvoll, Russland durch einen kooperativen Ansatz in der Transformation zur Marktwirtschaft und Demokratie zu unterstützen. Der Ausbau der

Wirtschaftsbeziehungen und die wachsende energiepolitische Verflechtung sollten dazu dienen, Russland zu transformieren, zu stabilisieren und stärker in bestehende Strukturen in Europa zu integrieren. Gleichzeitig erschlossen deutsche Unternehmen einen großen Markt. Günstiges russisches Pipeline-Gas wurde für die deutsche Wirtschaft und später für die Energiewende immer wichtiger.

Diese politische Linie nach der Wende in Osteuropa beruhte auf der Annahme, dass sich Russland zu einer Demokratie entwickeln würde. Parallel dazu spielte die Bundesrepublik eine zentrale Rolle bei der Anerkennung der neuen unabhängigen Staaten aus der Konkursmasse der Sowjetunion und bei der Osterweiterung von EU und NATO. Deutschland übernahm eine Führungsposition in Europa und profitierte davon ökonomisch und sicherheitspolitisch. Die ostmitteleuropäischen Staaten wurden wichtige Märkte und vor allem integrative Teile der deutschen Wertschöpfungskette. Die Länder Ostmitteleuropas profitierten ihrerseits ökonomisch von dieser Entwicklung.

Eine Führungs- und Vermittlerrolle nahm Deutschland auch in den wachsenden Krisen im östlichen Europa ein: 2008 vor dem russisch-georgischen Krieg sowie 2014 nach der russischen Aggression gegen die Ukraine im Rahmen des Normandie-Formats gemeinsam mit Frankreich. Gleichzeitig war die deutsche Politik darauf bedacht, Russland nicht zu provozieren, und ging Kompromisse auf Kosten anderer Staaten ein. So war Deutschland neben Frankreich 2008 in der NATO maßgeblich für die Verhinderung des Membership Action Plans (MAP) für die Ukraine und Georgien. Selbst wenn die NATO-Mitgliedschaft – zumindest für die Ukraine – Ende der 2000er-Jahre innen- und gesellschaftspolitisch noch höchst umstritten war, war es ein Fehler, sich nicht spätestens nach dem russisch-georgischen Krieg dafür einzusetzen, dass beide Staaten als Ausgleich für den verweigerten MAP beim Aufbau ihrer Sicherheit umfassende Unterstützung von den europäischen NATO-Staaten erhielten. Ein solcher Politikwechsel hätte indes die Einsicht erfordert, wie prekär die sicherheitspolitische Lage für Georgien und die Ukraine bereits 2008 war.

Im Zuge dieser Entwicklungen zeigte sich eine wachsende Ambivalenz in der deutschen Politik. Einerseits spielte Berlin eine zentrale Rolle bei der Aushandlung der Minsker Abkommen zum Krieg im Donbass sowie bei der Stabilisierung der Ukraine. Durch massiven diplomatischen Einsatz hat Deutschland gemeinsam mit Frankreich im Februar 2015 wahrscheinlich verhindert, dass die russischen Streitkräfte die erst im Neuaufbau befindliche ukrainische Armee weiter zurückdrängen und schon damals zusätzliche Territorien besetzen konnten. So wurde die russische Aggression zumindest gebremst und der Ukraine Zeit zum Ausbau der eigenen Verteidigung gegeben. Die von Deutschland unterstützte und auch dank der lebendigen ukrainischen Zivilgesellschaft schnell fruchtende Reform der kommunalen Selbstverwaltung in der Ukraine hat den lokalen und nationalen Patriotismus gestärkt, was wiederum die Überlebensfähigkeit der Städte in der Ost- und Südukraine im Angriffskrieg Russlands gefördert hat.

Andererseits hielt die Bundesregierung noch an den Minsker Abkommen fest, als immer deutlicher wurde, dass die russische Seite sie nicht umsetzen würde. Zudem waren Deutschland und Frankreich nicht bereit, den Einsatz weiterer Instrumente zu erwägen, etwa die Verschärfung der Sanktionen. Und dies selbst dann nicht, als Russland schwere Rechtsbrüche beging – etwa mit dem Bau der Krimbrücke und dem Angriff auf Boote der ukrainischen Marine 2018, durch die die russische Blockadepolitik gegenüber der Ukraine im Asowschen Meer eingeleitet wurde. Noch mehr schwächte Deutschland seine eigene Politik zur Stärkung der Ukraine gegenüber Russland durch die Unterstützung für Nord Stream 2. Wäre die Pipeline in Betrieb gegangen, hätte sich die Verhandlungsposition der Ukraine gegenüber Russland weiter verschlechtert.

War die Ostpolitik unter Bundeskanzler Helmut Kohl mit Blick auf die Osterweiterung von EU und NATO noch stark von strategischen Fragen und Sicherheitsinteressen geprägt, so gab es während der Kanzlerschaft Gerhard Schröders zwischen 1998 und 2005 einen Paradigmenwechsel in der deutschen Russlandpolitik. Nun rückten wirtschaftliche Interessen immer stärker in den Vordergrund. Die Unterstützung für Nord Stream 2 und die wachsende Energieabhängigkeit Deutschlands von Russland in der Amtszeit von Angela Merkel – trotz der russischen Aggression gegen die Ukraine – ließ in Moskau den Eindruck entstehen, Deutschland sei ausschließlich von wirtschaftlichen Interessen geleitet. Dabei betrieb die Bundesregierung keine Außenwirtschaftspolitik im nationalen Interesse, sondern „Außen-Unternehmenspolitik". Die Vorsorge für das Land wurde sogar heruntergefahren, und die Politik konzentrierte sich auf die Förderung großer Unternehmen, denen der Zugang zu Anteilen bei der Gasförderung ermöglicht wurde. Eine Politik, die auf ähnliche Weise gegenüber China betrieben wird.

Die bilaterale Verengung und Konzentration der deutschen Osteuropapolitik auf Russland ließen die Entscheidungsträger in Berlin schon in der ersten Hälfte der 2000er-Jahre übersehen, dass Russland seine destruktive Politik im „nahen Ausland" nach den sogenannten Farbrevolutionen in Georgien und der Ukraine 2004 intensivierte, um die nach Europa strebenden Staaten zu destabilisieren und damit in der eigenen Einflusssphäre halten. Nach der globalen Finanzkrise 2008/2009 und der Wahl von Dmitrij Medwedew, der von 2008 bis 2012 in Russland Interimspräsident war, schien sich der in Teilen der deutschen Elite erhoffte Wandel in der russischen Politik zu bewahrheiten. Doch dem Versuch einer Öffnung Russlands und engeren Kooperation mit der EU wurde mit der Rückkehr von Wladimir Putin ins Präsidentenamt 2012 ein Ende gesetzt. Aufgrund einer Legitimationskrise des Systems Putin, die durch die Finanzkrise ausgelöst wurde, gewann der Konflikt mit dem Westen und allen voran den USA an zentraler Bedeutung für die russische Politik. Auch Deutschland und die EU wurden vom russischen Regime zunehmend als Gegner betrachtet, denen man zwar noch Öl und Gas verkaufen konnte, deren inneren Zusammenhalt man jedoch immer stärker durch Desinformationskampagnen, Cyberattacken und der Kooperation mit rechten Parteien schwächen wollte.

Wir identifizieren sechs zentrale Prinzipien, auf denen die deutsche Ostpolitik nach 1990 basierte.

1   „Russland zuerst": Deutschland hat die Beziehungen zu den postsowjetischen Staaten viele Jahre zu sehr unter Berücksichtigung russischer Interessen entwickelt. Damit hat es Moskau indirekt ein Veto bezüglich der Beziehungen mit diesen Staaten erteilt und deren Souveränität indirekt infrage gestellt.

2.   „Wandel durch Annäherung": Lange herrschte in Deutschland die Annahme, dass wirtschaftliche Kooperation den politischen

und gesellschaftlichen Wandel in autoritären Staaten wie Russland fördern würde. Doch die wirtschaftliche Kooperation hat das Regime eher gestärkt und nur begrenzte gesellschaftliche Auswirkung gehabt. Es kam nicht zu einer Demokratisierung Russlands, sondern das russische System exportierte erfolgreich Korruption, informelle Beziehungen in die deutschen und europäischen Wirtschafts- und Politikstrukturen.

3. „Wirtschaftliche und gesellschaftliche Verflechtung sichern Frieden und Stabilität": Interdependenzen können zwar grundsätzlich Vertrauen schaffen und Konflikte verhindern. Doch genau solch eine Verflechtung wurde von Wladimir Putin als Einflussnahme und Verletzlichkeit wahrgenommen, die er insbesondere wegen der westlichen Sanktionen seit 2014 abzubauen versuchte. Trotz energiepolitischer Verflechtung mit Russland konnte kein Vertrauen aufgebaut werden. Im Gegenteil: Diese Politik hat zu Abhängigkeiten geführt, die Deutschland nun schmerzhaft zu spüren bekommt. Grundsätzlich war das Prinzip der Verflechtung nicht falsch, wenn auch spätestens seit 2014 als Ansatz allein unzureichend. Doch hat die damalige Bundesregierung die Politik der Entflechtung, die die Interessen aller relevanten Akteure hätte berücksichtigen müssen, nicht konsequent betrieben, schon weil die Ukraine als ein zentraler Akteur bereits mit Nord Stream 1 als Transitland empfindlich geschwächt wurde. Der halbstaatliche Monopolist Gazprom und damit der Kreml wurden so einseitig gestärkt.

4. „Sicherheit in Europa ist nur mit, nicht gegen Russland möglich": Jahrzehntelang galt in Deutschland die Annahme, dass Sicherheit in Europa nur mit Russland möglich sei. Doch die Machthaber in Moskau hatten kein Interesse an kollektiver Sicherheit und zielten mit ihrer Politik darauf ab, Einflussräume abzusichern. Somit führte die deutsche Politik der Einbindung um fast jeden Preis eher zu weniger Sicherheit. Die russische Führung hat Institutionen kollektiver Sicherheit wie die OSZE systematisch geschwächt und das militärische Gleichgewicht in der Nachbarschaft mit der EU sukzessive verschoben.

5. „Wirtschaft statt Geopolitik": Die deutsche Politik nahm an, dass man wirtschafts- und energiepolitisch agieren und dabei die geopolitischen Folgen des eigenen Handelns ausblenden konnte. Das ist jedoch mit einem Akteur nicht möglich, der ausschließlich geo- und sicherheitspolitisch denkt. Das Ignorieren des geopolitischen Wettbewerbs mit Russland war maßgeblich dafür verantwortlich, dass deutsche und europäische Eliten den russischen Krieg gegen die Ukraine nicht sehen konnten oder wollten.
6. „Historische Verantwortung verbietet Kritik": Deutschland hat seine Schuld an Millionen von sowjetischen Opfern im Zweiten Weltkrieg in erster Linie auf Russland fokussiert, dabei jedoch Staaten mit enormen Opferzahlen wie die Ukraine und Belarus weitgehend ausgeblendet. Es braucht ein Verständnis dafür, dass verschiedene Völker innerhalb der Sowjetunion unter dem deutschen Angriffskrieg gelitten haben und dass das Unrecht von damals nicht mit dem aktuellen russischen Unrecht gegen die Ukraine aufgewogen werden kann.

Russlands Angriffskrieg gegen die Ukraine hat diese Grundannahmen der deutschen Außen- und Sicherheitspolitik erschüttert. Führte der Kreml spätestens seit 2014 einen (hybriden) Krieg nicht nur gegen die Ukraine, sondern auch gegen den Westen, so haben deutsche Eliten erst am 24. Februar 2022 akzeptiert, dass eine neue Epoche begonnen hat. Mit der von Olaf Scholz angekündigte „Zeitenwende" wird somit die deutsche Politik im Nachhinein an bestehende Realitäten angepasst.

Dazu bedarf es auch eines kulturellen und mentalen Wandels. Dieser fehlt bisher. Die Neudefinition deutscher Interessen und des eigenen Rollenverständnisses ist eine zentrale Aufgabe für die Ampelkoalition. Diese muss sie den neuen Realitäten anpassen, dabei internationale Prinzipien berücksichtigen und multilaterale Institutionen sowie Partnerschaften stärken. Dabei muss langfristig ein politischer und gesellschaftlicher Wandel in Russland unterstützt werden.

„Russland zuerst" sollte von Integrations-Kooperationen mit Staaten in der östlichen Nachbarschaft abgelöst werden, die Demokratie, Rechtsstaatlichkeit und Marktwirtschaft anstreben. Während die östliche Partnerschaft der EU auf eine Transformation ohne Integration setzte, sollte sich diese neue Politik auf Reformen mit dem Ziel einer Integration in die EU richten. Die Ausdehnung des europäischen Demokratie- und Rechtsraums in die östliche Nachbarschaft liegt im deutschen und europäischen Interesse. Dabei sollte ein politischer Wandel in Russland angestrebt werden, der über erfolgreiche Demokratisierung und Reformen in anderen postsowjetischen Staaten befördert wird. Der Ukraine kommt aufgrund ihrer Größe, Geschichte und dynamischen Zivilgesellschaft eine außen- und sicherheitspolitische Schlüsselrolle in diesem Systemkonflikt mit Russland zu. Deshalb sollte die deutsche Politik mittelfristig auf eine „Ukraine zuerst"-Politik setzen, um deren Überleben als Staat nicht nur abzusichern, sondern ihre Reform- und EU-Integrationspolitik als ein zentrales Ziel deutscher Außenpolitik im europäischen Interesse zu fördern.

Mit dem russischen Angriffskrieg gegen die Ukraine braucht die Nachbarschafts- und Erweiterungspolitik der EU ein Update. Die EU benötigt eine Strategie zu Stärkung ihrer Nachbarschaft in Osteuropa, auf dem Westbalkan und am Schwarzen Meer. Hierbei sollte Deutschland eine wichtige Rolle übernehmen. Es geht darum, zu einem Zeitpunkt, in dem Russland massiv in der Ukraine militärisch gebunden ist und nur begrenzte Ressourcen für andere Regionen und Konflikte hat, insbesondere in der erweiterten Schwarzmeerregion die Konnektivität und Sicherheit von Handelsrouten zu stärken und die Resilienz der Partner zu fördern. Dazu zählt, mit Blick auf die Versorgung der EU mit Öl und Gas, die Förderung von Konnektivität zwischen dem Schwarzen Meer und Zentralasien.

Wandel und Einbindung sollten sich noch stärker auf die russische Gesellschaft als auf die russischen Führungseliten beziehen. Da es aktuell nur begrenzt möglich ist, Kooperationen mit der russischen Zivilgesellschaft in Russland einzugehen, sollte die Bundesregierung auch russische Regimegegner unterstützen, die ihr Land aus politischen Gründen verlassen mussten. Diese sollten darin unterstützt werden, eine russische Vision für ein friedliches Russland in Europa zu entwickeln und damit einen Beitrag zur Aufarbeitung und Überwindung der imperialen und kolonialen Vergangenheit ihres Landes zu leisten. So könnten mit ihnen etwa Plattformen in Wissenschaft,

Bildung, Medien und Politikberatung aufgebaut werden, um in Europa Konzepte für ein anderes, demokratisches Russland zu entwickeln. Eine immer wieder geforderte restriktive Visa-Politik wirkt dem Wandel in Russland eher entgegen.

Frieden und Stabilität in Europa sind mit Putins Herrschaft und einem imperial ausgerichteten Russland nicht mit, sondern nur gegen Russland möglich. Nur die NATO-Mitgliedschaft garantiert Sicherheit für ihre Mitgliedstaaten. Die Fähigkeit zur militärischen Abschreckung gegenüber Russland ist eine wichtige Sicherheitsgarantie für Deutschland innerhalb der NATO. Die nukleare Abschreckung ist derzeit die wirksamste Garantie gegen Wladimir Putins Drohungen mit einem taktischen Nuklearschlag.

Deutschland braucht einen Kulturwandel weg von einer bürokratischen hin zu einer strategischen Außen- und Sicherheitspolitik. Die Bundesregierung sollte die „Zeitenwende" sicherheitspolitisch und strategisch mit Konzepten füllen sowie diese mit Ressourcen und Instrumenten unterfüttern. Die Verantwortlichen in Berlin sollten im Rahmen der NATO mit Vorschlägen zur Stärkung der eigenen Sicherheit gegenüber Russland antreten, zumal Deutschland mit Blick auf die sicherheitspolitischen Herausforderungen des Bündnisses schon wegen seiner geographischen Lage in der Mitte Europas eine Schlüsselrolle zukommt.

Die NATO-Norderweiterung und die Modernisierung von Waffensystemen angesichts des russischen Angriffskrieges gegen die Ukraine eröffnen die Möglichkeit, die massiven deutschen Sicherheitsinvestitionen gemeinsam mit Partnerländern zu tätigen. Deutschland könnte so zentraler Bestandteil eines europäischen Sicherheitssystems mit den angrenzenden NATO-Partnern an der Ost- und Nordsee sowie in Mitteleuropa werden, auch mit Auswirkungen auf die Schwarzmeerregion. Durch das Sondervermögen für die Bundeswehr wird Deutschland zum drittwichtigsten europäischen Sicherheitsakteur nach Großbritannien und Frankreich. Diese Mittel im Sinne eines gesamteuropäischen Sicherheitsgewinns einzusetzen würde auch der Forderung nach mehr Lastenteilung mit den USA entsprechen.

Eine völlige Isolation Russlands ist langfristig nicht zielführend. Eine gewisse wirtschaftliche und technologische Verflechtung ist im deutschen und europäischen Interesse. Sollte Russland vollständig von chinesischer Technologie abhängen und sich vom globalen Banken- und Finanzsystem infolge westlicher Sanktionen abkoppeln, schwinden die Einfluss- und Informationsmöglichkeiten. Es stärkt die eher isolationistisch denkenden Sicherheitseliten und schwächt den liberalen Teil der Elite und Gesellschaft. Dennoch müssen Abhängigkeiten abgebaut werden. Den Machthabern in Moskau muss die Möglichkeit genommen werden, Energie als Waffe einzusetzen. Die Integration der Energie- und Stromnetze zwischen den EU-Mitgliedstaaten und den an Integration interessierten östlichen Nachbarstaaten dient einer Stärkung der Energiesicherheit.

Die NATO sollte im Sinne eines modifizierten doppelten Ansatzes die notwendige Stärkung ihrer militärischen Fähigkeiten mit der Bereitschaft verbinden, Angebote zur Kooperation im beiderseitigen Sicherheitsinteresse (vertrauensbildende Maßnahmen, Transparenz und Rüstungskontrolle) zum Spannungsabbau mit Russland und der postsowjetischen Region wieder aufzugreifen. Trotz eines massiven Antagonismus mit Russland sollten keine Versuche unterbleiben, mit der russischen Führung über vertrauensbildende Maßnahmen zu sprechen. Dabei ist klar: Russland muss sich aus den besetzten Gebieten der Ukraine zurückziehen, fundamentale Prinzipien des Völkerrechts wie die Akzeptanz der territorialen Integrität und Souveränität seiner Nachbarn respektieren.

Deutschland sollte sich stärker als geo- und sicherheitspolitischer Akteur definieren und multilaterale Institutionen durch mehr Ressourcen stärken. Damit verbunden ist die Bereitschaft, stärker im europäischen Rahmen Friedenseinsätze in der Nachbarschaft und darüber hinaus zu organisieren und Institutionen zur Verfolgung von Kriegsverbrechen sowie gegen internationale Korruption personell und finanziell zu stärken. Die Absicherung des europäischen Rechts- und Demokratieraums nach innen und dessen Ausdehnung nach außen bedürfen einer proaktiven und strategischen deutschen und EU-Außen- und Sicherheitspolitik sowie eines erweiterten Instrumentenkastens, der friedenschaffende Maßnahmen umfasst.

Eine zentrale Lehre aus der deutschen Ostpolitik der vergangenen 20 Jahre ist, dass Deutschland es sich im Interesse seiner eigenen Sicherheit nicht mehr leisten kann, eine Beschwichtigungspolitik gegenüber Russland zu betreiben. Es braucht politische Verantwortung, um einen grundlegenden Wandel in der deutschen Russland- und Osteuropapolitik herbeizuführen. Es liegt auch in der Verantwortung der deutschen Politik, diesen Wandel der Gesellschaft zu erklären und diesen trotz Kritik strategisch zu unterfüttern und durchzuhalten. Gleichzeitig bedarf es deutscher Führung in Europa, um die Nachbarschafts- und Erweiterungspolitik zu einem relevanten Instrument der EU in einem neuen geo- und sicherheitspolitischen Kontext zu machen. Trotz einiger positiver, vor dem Februar 2022 kaum denkbarer Veränderungen in der deutschen Politik ist diese Führung bisher noch nicht ausreichend zu erkennen. Ein Umstand, der Europa und Deutschland bei der Bewältigung globaler Herausforderungen schwächt.

***

Wilfried Jilge ist Mitarbeiter am Zentrum für Internationale Friedenseinsätze in Berlin.

Stefan Meister ist Programmleiter für Internationale Ordnung und Demokratie bei der Deutschen Gesellschaft für Auswärtige Politik.

Erschienen in der F.A.Z. vom 12.12.2022, Seite 6

Wenn der Zweck die Mittel heiligen soll

Über den Umgang mit zivilem Ungehorsam im demokratischen Rechtsstaat

Professor Dr. Hans Michael Heinig

Straßenblockaden, Baumbesetzungen, das Beschmieren von Kunstwerken in Museen, das Festkleben an Bilderrahmen und auf Straßen, das Eindringen in Sicherheitsbereiche von Flughäfen: Fast täglich äußert sich so derzeit klimapolitischer Protest. Darauf reagieren viele mit Unmut. Ein ehemaliger Bundesminister forderte unlängst, die Aktivisten einfach „wegzusperren". Sympathisanten dagegen sprechen von Akten des zivilen Ungehorsams, der zu einer entwickelten und stabilen demokratischen Kultur dazugehöre und zu ertragen sei. Doch was meint ziviler Ungehorsam genau und welche Bedeutung kommt ihm im Recht zu? Ist er strafbar oder vielmehr rechtlich gerechtfertigt und damit straffrei? Wie ist die Rechtsordnung bislang mit vergleichbaren Phänomenen umgegangen?

Wie so oft bei politisch, ideengeschichtlich und sozialphilosophisch imprägnierten Begriffen gibt es keine unumstößliche und allseits geteilte Definition. Jürgen Habermas etwa beschrieb 1983 zivilen Ungehorsam als moralisch begründeten Protest in Form eines öffentlichen Aktes, der die vorsätzliche Verletzung von Rechtsnormen einschließt, mit der aber der Rechtsgehorsam generell nicht aufgekündigt werden soll. Ziviler Ungehorsam kommt in dieser Sicht nicht ohne Kosten für den Einzelnen daher. Er verlange die Bereitschaft, für die rechtlichen Folgen der Normverletzung einzustehen, als Test der Ernsthaftigkeit und als konsequente Zuspitzung der Protestform, weil die Bestrafung ihrerseits eine moralische Skandalisierung ermöglicht. Die Regelverletzung hat in dieser Perspektive ausschließlich symbolische Bedeutung und begrenzt sich auf gewaltfreie Mittel.

Dieses pazifiziert-liberale Verständnis von zivilem Ungehorsam wird nicht von allen geteilt: Für Hannah Arendt war die Gewaltfreiheit nicht entscheidend. Sie betonte den Unterschied zum individuellen Gebrauch der Gewissensfreiheit. Ziviler Ungehorsam sei höchstpolitisch, mithin ein Kollektivphänomen und keine individualistisch getroffene Gewissensentscheidung. In dem Sinn wäre der Schriftsteller Henry David Thoreau, auf den der Begriff civil disobedience zurückgeführt wird, „bloß" ein Gewissenstäter gewesen, als er sich Mitte des 19. Jahrhunderts aus Protest gegen die Sklaverei und den Krieg der USA gegen Mexiko weigerte, Steuern zu zahlen.

Auch an anderer Stelle zeigt sich eine Kluft zwischen Theorie und Praxis des zivilen Ungehorsams. Mahatma Gandhi, die Ikone erfolgreich praktizierten zivilen Ungehorsams schlechthin, wollte sicherlich nicht nur zeichenhaft unter Wahrung des Rechtsgehorsams gegenüber der britischen Kolonialmacht protestieren. Sein Handeln zielte auf einen radikalen politischen Systemwechsel, nämlich die Dekolonialisierung des indischen Kontinents. Martin Luther King dagegen bezeichnete Protestaktionen als zivilen Ungehorsam, die bei näherer Betrachtung keinen Rechtsbruch darstellten, sondern im Lichte der bundesstaatlich garantierten Grundrechte völlig legal waren.

Weder der Rechtsbruch noch die Bereitschaft, sich einer Strafe „freudig" zu unterwerfen, noch die Beschränkung auf symbolische Handlungen noch die prinzipielle Gewaltfreiheit sind demnach konstitutiv für zivilen Ungehorsam. Dieser erweist sich als ein ausgesprochen facettenreiches Phänomen mit erheblichen Unschärfen an den Rändern. Als eigenständiger Rechtsbegriff taugt er nicht. Angesichts der Vielgestaltigkeit dessen, was als ziviler Ungehorsam verstanden wird, kann es auch nicht die eine juristische Antwort geben.

Bis sich die Einsicht durchsetzte, dass eine differenzierte juristische Betrachtung erforderlich sei, dauerte es in der Bundesrepublik allerdings eine Weile. Prägend war vor allem die Phase zwischen 1980 und 1990, also die Zeit neuer sozialer Bewegungen, in der der Protest gegen den NATO-Doppelbeschluss und gegen die friedliche Nutzung der Kernenergie in Aktionsformen zivilen Ungehorsams inszeniert wurde. Phänomene wie Sitzblockaden kannte man freilich schon vorher aus der 1968er-Bewegung. Unter Juristen wird seitdem darüber diskutiert, ob politische Straßenblockaden eine strafbare Nötigung darstellen. Dazu müssten die Demonstranten jemanden „mit Gewalt oder durch Drohung mit einem empfindlichen Übel zu einer Handlung, Duldung oder Unterlassung" veranlassen. Rechtswidrig ist die Tat aber nur, wenn „die Anwendung der Gewalt oder die Androhung des Übels zu dem angestrebten Zweck als verwerflich anzusehen ist".

Eine erste zentrale Entscheidung des Bundesgerichtshofs (BGH) zu diesem Thema stammt aus dem Jahr 1969. Der BGH postulierte damals eine juristisch-doktrinäre Kopfgeburt, die heute wohl gerade jene am besten verstehen können, für die in anderen Zusammenhängen Sprache Gewalt ist: Auch wer nur psychischen Druck erzeuge und so ein bestimmtes Verhalten erzwinge, könne sich, so der BGH, der Nötigung strafbar machen. Dieser sogenannte „vergeistigte Gewaltbegriff" war im konkreten Fall nötig, weil Studenten eine Straßenbahn aus Protest gegen eine als unsozial empfundene Fahrpreiserhöhung mit nichts anderem als ihrem Körper blockierten. Damit Menschen, die für eine Straßenbahn kein ernstliches physisches Hindernis darstellten, bestraft werden konnten, musste schiere Präsenz Gewalt im strafrechtlichen Sinne werden. Der BGH sah zudem die Verwerflichkeit als gegeben. Demokratie meine „Werbung, Überzeugen, Überreden", nicht aber Gewalteinsatz. Wer die Verwerflichkeit wegen des politisch-kommunikativen Zwecks einer Blockadeaktion ausschließe, propagiere „die Legalisierung eines von militanten Minderheiten geübten Terrors".

In den 1980er-Jahren gewann der strafrechtliche Umgang mit solchen Sitzblockaden neue Brisanz. Die Rechtsprechung des Bundesgerichtshofs fasste CSU-Bundesinnenminister Friedrich Zimmermann damals auf groteske Weise mit der Sentenz zusammen, gewaltloser Widerstand sei Gewalt. Gleichzeitig wurde unter kreativer Zusammenschau der Einzelgrundrechte, insbesondere der Versammlungsfreiheit, ein Grundrecht auf zivilen Ungehorsam postuliert, namentlich von dem Göttinger Rechtsphilosophen Ralf Dreier. Mit diesem Ansatz stieß er allerdings überwiegend auf Widerspruch.

Einerseits wurde betont, dass man den zivilen Ungehorsam so doch seiner Pointe des Rechtsbruchs beraube. Sollte das der Kern des Phänomens sein, sei eine Legalisierung durch Grundrechte inkonsequent. Andererseits wurde auf eine allgemeine

Rechtsbefolgungspflicht verwiesen. Demokratie bedeute, dass eine durch demokratische Verfahren geformte Mehrheit mittels ihrer Repräsentanten (in den Grenzen des grundrechtlichen Individual- und Minderheitenschutzes) für alle verbindlich entscheide. Wer diese Mehrheitsentscheidung nicht akzeptiere, sondern eine moralische oder epistemische Sondermacht reklamiere, missachte die demokratische Gleichheit als Grundlage jeder Demokratie.

Diese Haltung, „Gesetz ist Gesetz", war für Habermas nichts anderes als „autoritärer Legalismus". Der Rechtsstaat habe eine paradoxe Aufgabe. Er müsse auch vor dem Hintergrund nationalsozialistischer Barbarei „Misstrauen gegen ein in legalen Formen auftretendes Unrecht schützen und wachhalten", obwohl dieses Misstrauen „eine institutionell gesicherte Form nicht annehmen kann". Entfaltet wird die Paradoxie, indem Bürger „notfalls aus moralischer Einsicht auch ungesetzlich handeln". Das Risiko der Strafverfolgung und der politischen Fehleinschätzung trage in solchen Situationen aber derjenige, der Normen übertritt.

Habermas löste die von ihm aus einer normativ-sozialtheoretischen Perspektive beschriebene Spannung von Legitimität und Legalität also gerade nicht einseitig auf, sondern hielt sie in der Schwebe. Aktivisten forderte er auf, gewissenhaft zu prüfen, „ob die Wahl spektakulärer Mittel der Situation wirklich angemessen ist und nicht doch nur elitärer Gesinnung oder narzisstischem Antrieb, also einer Anmaßung entspringt". Der Staat schließlich habe bei der Strafverfolgung zu berücksichtigen, dass es sich bei zivilem Ungehorsam nicht um übliche Kriminaldelikte handele.

Die Habermas'sche Position hat sich als verfassungstheoretische Hintergrundannahme für den rechtlichen Umgang mit zivilem Ungehorsam durchgesetzt. Die polemischen Debatten über Straßenblockaden und deren Strafbarkeit wegen Nötigung wurden aufgelöst in modest-bundesrepublikanische Abwägungsfreude. Schrittmacher war – wie so oft – das Bundesverfassungsgericht. In seiner ersten grundlegenden Entscheidung zur Bedeutung zivilen Ungehorsams lehnte das Gericht es noch ab, bei der Prüfung der Verwerflichkeit der Nötigungshandlung auf das kommunikativ-politische Anliegen als Tatmotiv einzugehen. Später jedoch setzte das Bundesverfassungsgericht andere Akzente. Es verwarf den „vergeistigten"

Gewaltbegriff des BGH als verfassungswidrig und betonte, dass dem Grundrecht auf Versammlungsfreiheit hinreichend Beachtung zu schenken sei. Die Versammlungsfreiheit gewähre zwar keinen Freibrief zum Rechtsbruch; ein allgemein verbotenes Verhalten werde in Versammlungsform ausgeübt nicht legal. Aber bei der Subsumtion unter den Straftatbestand der Nötigung sei grundrechtssensibel vorzugehen.

Verkehrsbehinderungen seien oft eine sozialadäquate Folge der Wahrnehmung grundrechtlicher Versammlungsfreiheit. Die Wahl des Versammlungsortes und der näheren Gestalt der Versammlung (solange friedlich und ohne Waffen) seien ihrerseits geschützt. Das sei bei der Prüfung der Verwerflichkeit zu berücksichtigen: Anders als vom BGH angenommen sei hier der kommunikative Zweck durchaus in Stellung zu bringen. Auf eine gerichtliche Billigung des verfolgten Ziels komme es nicht an. Entscheidend seien die Umstände des Einzelfalls: „Art und Maß der Auswirkungen auf betroffene Dritte und deren Grundrechte" seien zu beachten, die „Dauer und Intensität der Aktion", eine „vorherige Bekanntgabe", die Möglichkeit, auszuweichen, die Dringlichkeit des kollidierenden Mobilitätsanliegens, aber auch „der Sachbezug zwischen den in ihrer Fortbewegungsfreiheit beeinträchtigten Personen und dem Protestgegenstand".

Gleichwohl billigte das Bundesverfassungsgericht weiterhin bei Sitzblockaden Verurteilungen wegen Nötigung. Es sah keine durchgreifenden Bedenken gegen die Folgerechtsprechung des BGH, der den vergeistigten Gewaltbegriff aufgab, aber die bewusste Herbeiführung einer Situation weiterhin als Gewaltanwendung verstand, in der Fahrzeuge den weiteren Verkehr hindern. In der strafgerichtlichen Praxis entfiel die Verwerflichkeit auch nicht pauschal durch Verweis auf das Grundrecht der Versammlungsfreiheit. Vielmehr fiel die Abwägung oft zuungunsten der Angeklagten aus. In der Regel wirkte sich das Moment des zivilen Ungehorsams auf anderer Ebene aus: bei der Entscheidung, ein Strafverfahren gegen Auflage einzustellen oder (mildernd) bei der Strafzumessung.

Höchstrichterlich ist das Feld damit eigentlich bestellt. Soweit es wegen Akten zivilen Ungehorsams überhaupt zu Anklagen kommt, geht es um Bagatelldelikte, die lange Zeit in den unteren

Instanzen routiniert verhandelt wurden. Doch genau dort, am Fuße des Gerichtsaufbaus, scheinen sich derzeit die Bewertungen zu verschieben, wenn auf den menschengemachten Klimawandel als singuläre Gefahr für Leib und Leben auf dem gesamten Globus verwiesen wird. Auch das Bundesverfassungsgericht hatte sich in seinem sogenannten Klimabeschluss vom 24. März 2021 schon mit Verfassungsfragen der Klimapolitik beschäftigt: Das Grundrecht auf Leben und körperliche Unversehrtheit schließe den staatlichen Schutz vor Umweltbelastungen ein und schütze auch kommende Generationen. Zudem verpflichte das in Artikel 20a des Grundgesetzes verankerte Staatsziel Umweltschutz den Staat zum Klimaschutz. Besagter Artikel genieße zwar keinen unbedingten Vorrang gegenüber anderen Belangen, aber das „relative Gewicht des Klimaschutzgebots" nehme „in der Abwägung bei fortschreitendem Klimawandel weiter zu".

Wie werden sich die Karlsruher Leitsätze zum Klimaschutz nun auf die juristische Bewertung von radikalen Klimaprotesten auswirken? Einige Juristen meinen, im Fall von Straßenblockaden schließe Artikel 20a die Verwerflichkeit einer Nötigungshandlung pauschal aus. Doch es gibt keinen Grund, diesen Artikel zu einer Supernorm zu stilisieren, die die Abwägung kollidierender Rechte so vorherbestimmt, dass selbst der gewaltsame Umweltprotest stets obsiegt.

Vielmehr sind die herkömmlichen Kriterien für die Verwerflichkeitsprüfung auch bei Klimaprotesten heranzuziehen. Je nach Fallgestaltung wird dann zuweilen keine Straftat vorliegen: Wenn die Blockade vorher angekündigt wurde, sie auf eine überschaubare Zeit beschränkt ist und im Notfall ein Durchkommen möglich bleibt. Tendenziell gegen eine Verwerflichkeit spricht, dass zwischen Protestgegenstand (Klima- und Verkehrspolitik) und Protestform (Straßenblockade) ein enger Sachzusammenhang besteht (der bei den Museumsaktionen übrigens fehlt). Bei der Entscheidung über die Verwerflichkeit wird man zudem berücksichtigen, dass das politische Ziel des Protests sich in Artikel 20a als verfassungsrechtliches Rechtsgut abbildet.

Die Frage, ob dieser Artikel angesichts des apokalyptischen Bedrohungsszenarios der Klimakrise Abwägungsentscheidungen wesentlich vorformatiert, stellt sich aber auch bei jeder anderen klimapolitisch motivierten Verwirklichung eines Straftatbestandes, etwa beim Hausfriedensbruch, bei Sachbeschädigungen oder bei gefährlichen Eingriffen in den Luftverkehr. Einige Strafgerichte nehmen an, dass in all diesen Fällen das Staatsziel des Umweltschutzes schützenswertes Rechtsgut im Sinne des rechtfertigenden Notstands (Paragraph 34 StGB) bildet. Dann wäre zwar ein Straftatbestand verwirklicht, aber es fehlte an der Rechtswidrigkeit. Die Tat wäre gerechtfertigt. Betroffene dürften sich ihrerseits nicht dagegen wehren.

Erstmals zog das Oberlandesgericht Naumburg 2018 in einer spektakulären Entscheidung Artikel 20a GG als ein notstandsfähiges Rechtsgut heran. Damals ging es nicht um Fragen des Klimaschutzes, sondern um den Tierschutz, der gleichfalls in dem fraglichen Artikel erwähnt wird. In einer Tierzuchtanlage kam es zu erheblichen Verstößen gegen gesetzliche Bestimmungen. Aktivisten schalteten die Behörden ein, die aber nichts unternahmen. Daraufhin drangen Tierschützer in den Betrieb ein, dokumentierten die Rechtsverstöße und machten sie öffentlich. Vom Vorwurf des Hausfriedensbruchs wurden sie unter Verweis auf den rechtfertigenden Notstand freigesprochen. Entscheidend war, dass die Behörden die tierschutzwidrigen Zustände gedeckt hatten und man hiergegen Gerichte nicht bemühen konnte.

Im Schrifttum ist diese Entscheidung teils auf scharfe Kritik gestoßen. Gerade weil das deutsche Recht keinen allgemeinen Gesetzesvollziehungsanspruch des Bürgers kennt, dürfe nicht über den Umweg des rechtfertigenden Notstands eine Art allgemeines Selbsthilferecht bei staatlichem Unrecht jedweder Art etabliert werden.

Gleichwohl wird diese Entscheidung zum Tierschutz von ersten Strafgerichten auf den Klimaprotest übertragen. Dabei wird unterstellt, die Klimapolitik der Bundesregierung sei evident unzureichend, weshalb nun bürgerlicher Widerstand erlaubt sei. Der ganze Staat agiere wie die Tierquäler schützende Behörde im Naumburger Fall. Zur Begründung wird auch auf den Klimabeschluss des Bundesverfassungsgerichts verwiesen, ohne allerdings dessen Kontext zu beachten.

Das Bundesverfassungsgericht bewertete gesetzgeberisches Handeln und zog dafür eine Staatszielbestimmung heran. Die ist ihrerseits wesentlich auf eine Konkretisierung durch den demokratisch unmittelbar legitimierten Gesetzgeber angewiesen. Für diese gesetzgeberische Aufgabe markierte das Bundesverfassungsgericht verfassungsrechtliche Mindestvorgaben. Davon ist grundlegend zu unterscheiden, unter welchen Voraussetzungen eine klimapolitisch motivierte Straftat unter Verweis auf Artikel 20a GG, also im direkten Durchgriff auf ein Staatsziel, gerechtfertigt ist. Der demokratisch legitimierte Ausgleich von widerstreitenden Rechten durch die parlamentarische Gesetzgebung entfällt bei einem solchen Vorgehen, sodass Übergriffe der Rechtsprechung in die Domäne der Gesetzgebung drohen.

Welches Bauvorhaben, welche Art von emittierendem Betrieb, welche Verkehrsnutzung ungeachtet des zweifelsohne gewichtigen Anliegens des Klimaschutzes zulässig sind, entscheidet in den durch Grundrechte markierten Grenzen im ersten Zugriff zunächst einmal der parlamentarische Gesetzgeber. Dieses intrikate Regelungsgefüge darf im Sinne der Einheit der Rechtsordnung nicht durch die exzessive Interpretation von strafrechtlichen Rechtfertigungsregeln ausgehebelt werden.

Gerichte agieren zudem überschießend, wenn sie unter Beschwörung des apokalyptischen Bedrohungsszenarios des Klimawandels zu einer ernsthaften Abwägung konkret betroffener Rechtsfolgen und spezifischer Handlungen gar nicht mehr kommen. So entschied das Amtsgericht Flensburg in einem Fall, in dem es um Baumbesetzungen zur Verhinderung einer behördlich erlaubten Rodung ging, dass im Lichte der drohenden Klimakatastrophe ein Hausfriedensbruch doch eine geringfügige Beeinträchtigung sei. Welche Relevanz die Rettung eines Baumes für die komplexe und vielschichtige, zudem globale Aufgabe des Klimaschutzes habe, sei angesichts des drohenden Untergangs der globalen Zivilisation unerheblich.

Folgte man diesem Ansatz, wären die Sabotage betrieblicher Anlagen, das Durchlöchern von Autoreifen oder die Beschädigung von Heizungsanlagen in Wohn- und Bürogebäuden allesamt gerechtfertigt, weil angesichts des gerichtlich bemühten apokalyptischen

Bedrohungsszenarios Sachbeschädigung, Nötigung und Hausfriedensbruch stets Petitessen wären.

Damit aber würde die Pointe des freiheitlichen Verfassungsstaates grundlegend verfehlt. Der Rechtsstaat entzieht sich der Entgrenzung aller Maßstäbe, die die Rhetorik des Ausnahmezustands impliziert. Wer einer unkonturierten Rechtfertigung von Straftaten unter Verweis auf Artikel 20a GG das Wort redet, propagiert letztlich eine ökologische Variante des Diktums von Carl Schmitt, wonach „souverän ist, wer über den Ausnahmezustand entscheidet". Eine solche Denkungsart mündet am Ende in der Ökodiktatur.

Um nicht missverstanden zu werden: Artikel 20a GG ist für die Rechtfertigung von erheblichen und umfangreichen Grundrechtseingriffen von großer Relevanz. Die Norm prägt die Sozialverpflichtung des Eigentums maßgeblich. Doch sie bleibt eine abstrakte Bestimmung, die der gesetzlichen Spezifizierung bedarf. Das Verhältnis der drei Gewalten – und die Demokratie – nähmen hingegen Schaden, wenn Aktivisten im Verbund mit einzelnen Richtern im direkten Durchgriff bestimmen könnten, welches verwaltungsrechtlich legale Verhalten eines Mitbürgers unter Rückgriff auf Paragraph 34 StGB im Wege der Selbsthilfe unterbunden werden kann – ohne effektive Möglichkeit, sich dagegen wiederum zu wehren.

Angemessen reagiert der Rechtsstaat auf zivilen Ungehorsam nur mit Differenzierungen und Graduierungen. Manches Handeln erweist sich im Lichte grundrechtlicher Freiheiten als legal, auch wenn prima facie eine Norm des einfachen Rechts verletzt scheint. Ansonsten helfen strafprozessuale Instrumente und die Strafzumessungsregeln, zivilgesellschaftliches Engagement zu würdigen, selbst wenn es die Grenzen der Rechtsordnung nicht nur dehnt, sondern überspannt.

Zugleich aber bleibt es eine zentrale Aufgabe des demokratischen Rechtsstaats, kollidierende Interessen zum Ausgleich zu bringen – auf der Basis demokratischer Gleichheit als Kernprinzip unserer politischen Ordnung. Wer besseres Wissen oder überlegene Moral für sich reklamiert, muss diese letztlich in demokratisches Stimmgewicht umsetzen. Skandalisierung, Mobilisierung und Protest in Form zivilen Ungehorsams können dabei eine Rolle spielen.

Aber weder Artikel 20a GG noch Grundrechte schalten zivilen Ungehorsam von jedem strafrechtlichen Verfolgungsrisiko frei.

***

Hans Michael Heinig lehrt Öffentliches Recht und Kirchenrecht an der Georg-August-Universität Göttingen.

Erschienen in der F.A.Z. vom 19.12.2022, Seite 6

Wenn du Frieden willst …

Auch im Konzept des gerechten Friedens stellt sich die Frage nach der Legitimität oder gar Unvermeidlichkeit des Einsatzes militärischer Mittel. Von da aus bekommen die Kriterien für einen gerechten Krieg die Funktion von Prüffragen für den legitimen Einsatz von militärischer Gewalt

*Professor Dr. Elisabeth Gräb-Schmidt,
Professor Dr. Wilfried Härle, Dr. Sigurd Rink*

Mariupol, Charkiw, Kiew, Odessa, Butscha … Allein die Nennung dieser Ortsnamen reicht inzwischen aus, um Bilder der Zerstörung und des Grauens in uns hervorzurufen, die die Rede von einem „gerechten Krieg" als inakzeptabel, ja sogar als zynisch erscheinen lassen. Was sollte daran gerecht sein?

Mariupol, Charkiw, Kiew, Odessa, Butscha … Allein die Nennung dieser Ortsnamen reicht inzwischen aus, um Bilder von ukrainischen Männern und Frauen in uns wachzurufen, die versuchen, ihr Land, ihre Freiheit und Lebensmöglichkeiten mit den ihnen zur Verfügung stehenden Mitteln zu verteidigen. Haben sie nicht das moralische und politische Recht, sich gegen einen kriegerischen Überfall auch mit militärischen Mitteln zu wehren?

Gibt es also doch gerechte Kriege, obwohl unbestreitbar ist, dass Kriege immer schreckliche, von Menschen verursachte und zu verantwortende Übel sind?

Die Vollversammlung des Ökumenischen Rates der Kirchen, die 1948 in Amsterdam tagte, hat diese Einsicht im Rückblick auf die Weltkriege in dem Satz zusammengefasst: „Krieg soll nach Gottes Willen nicht sein." Aber sie konnte sich auf keine gemeinsame Antwort darauf verständigen, wie sich diese Absage an den Krieg zum Einsatz militärischer Mittel im Fall eines kriegerischen Angriffs verhält. Sie schrieb in ihrem Sektionsbericht: „Wir können uns daher nicht länger der Frage entziehen: Kann der Krieg heute noch ein Akt der Gerechtigkeit sein? Auf diese Frage können wir freilich keine einmütige Antwort geben."

Darauf folgt die kurze Darstellung von drei unterschiedlichen „Grundhaltungen": (1) die Ablehnung nicht jedes Kriegs, wohl aber des modernen Kriegs „mit seinen allumfassenden Zerstörungen", (2) die Bejahung des Kriegs als letztes Mittel, „um dem Recht Geltung zu verschaffen", und (3) die bedingungslose Ablehnung jedes Kriegs.

An diesen unterschiedlichen Sichtweisen haben die Gremien der Evangelischen Kirche in Deutschland (EKD) in der Folgezeit bis heute intensiv gearbeitet und dabei teilweise beachtliche Fortschritte erzielt, aber auch immer wieder Rückschläge hinnehmen müssen. Wichtige Stationen dieser Arbeit waren die EKD-Synode von Weißensee im Jahr 1950; die Heidelberger Thesen von 1959 sowie die Denkschriften und Verlautbarungen des Rates der EKD aus den Jahren 1981, 1994, 2001 und 2007. Sie dokumentieren, dass kontinuierlich an einer friedensethischen Position gearbeitet wurde, in der die Lehre vom gerechten Krieg durch eine besser begründete ethische Konzeption ersetzt wurde, ohne dass dabei die Wahrheitselemente der Lehre vom gerechten Krieg aus dem Blick gerieten.

In diesem Artikel geht es sowohl um das, wodurch gerechter Krieg und gerechter Friede voneinander grundsätzlich unterschieden sind, als auch um das, wodurch sie miteinander verbunden sind. Ein Beleg dafür, dass es neben den Unterschieden auch Gemeinsamkeiten gibt, ist schon die Tatsache, dass in einem der ältesten christlichen Texte über den gerechten Krieg auch die Rede vom gerechten Frieden erstmalig vorkommt, und zwar in einem uneingeschränkt positiven Sinn, nämlich in Augustins großem, im Jahr 427 verfassten Werk „De Civitate Dei". Für Augustin steht der gerechte Krieg im Dienst des irdischen Friedens, der die Realität der menschlichen Bosheit ernst nimmt, aber ausgerichtet bleibt auf das Ziel eines gerechten, himmlischen Friedens.

Der Ausdruck gerechter Krieg („bellum iustum") entstand aber schon 500 Jahre früher bei Cicero, und zwar in dessen Schrift „De officiis" (44 v. Chr.). Von da an hat sich diese Formel über Augustin, Thomas von Aquin und die Völkerrechtslehre am Beginn der Neuzeit weiterentwickelt und bis in die Mitte des 20. Jahrhunderts eine weithin anerkannte Rolle gespielt. Sie gibt eine Antwort auf die Frage: Unter welchen Bedingungen kann ein Krieg moralisch gerechtfertigt werden? Dafür sucht sie nach plausiblen Kriterien, wobei sie zunächst zwei Arten von Kriterien unterscheidet: das ius ad bellum, das fragt, was erfüllt sein muss, um einen gerechten Krieg überhaupt führen zu dürfen, und das ius in bello, das nach den Regeln fragt, die während der Kriegführung anzuwenden sind, damit von einem gerechten Krieg die Rede sein kann.

Eine dritte Dimension ist in der Neuzeit hinzugekommen: das ius post bellum, das nach dem fragt, was nach der Beendigung von Kriegen zu beachten ist, damit der Ausgang des einen Krieges nicht zur Ursache für den nächsten wird.

Im Rahmen des Rechtes zur Kriegführung (ius ad bellum) gibt es vier klassische Kriterien: Das erste ist die legitima potestas und beantwortet die Frage: Wer ist befugt, über den Eintritt in einen Krieg zu entscheiden? Die Antwort lautet: Das ist nur die jeweilige rechtmäßige Obrigkeit. Durch diese Bindung der Konfliktbearbeitung an die staatliche Ordnung wird dem vermeintlichen Recht des Stärkeren die Stärke des Rechts entgegengesetzt.

Das ist auch der Kerngedanke in Luthers Aussagen zu Krieg und Frieden, der von dem Grundsatz ausgeht: „Niemand soll (kann und darf) in eigener Sache Richter sein." Aber das Recht kann dem Frieden nur dann wirksam dienen, wenn es auch durchgesetzt werden kann. Durch das Vetorecht jedes ständigen Mitglieds des Weltsicherheitsrats kommt es bei internationalen Konflikten häufig zur Blockade durch eines von ihnen, vor allem, wenn sie als Partei in den jeweiligen Konflikt verwickelt sind. In diesem insgesamt unbefriedigenden Zustand kann die Erhaltung beziehungsweise Gründung von freiwillig gebildeten Verteidigungsbündnissen zumindest insofern einen wichtigen Ansatz bieten, als diese einen Schutz ihrer Mitglieder vor Angriffen gewährleisten könnten. Die rechtliche Regelung der Beziehungen zwischen solchen Verteidigungsbündnissen bliebe dann freilich immer noch eine politisch zu lösende Aufgabe.

Das zweite Kriterium für einen gerechten Krieg ist eine causa iusta, also ein gerechter Grund. Das ist das zentrale Kriterium. Inhaltlich wird es durch den Grundsatz ausgefüllt, dass kein Angriffskrieg ein gerechter Krieg sein kann, sondern nur ein Verteidigungskrieg, durch den ein Angriff abgewehrt oder erobertes Land zurückgewonnen werden soll. Deshalb versuchte sogar Hitler durch die

Verwendung des Wortes „zurückgeschossen" am 1. September 1939 wahrheitswidrig den Anschein zu erzeugen, Deutschland werde durch Polen angegriffen und müsse sich dagegen wehren. Dasselbe versucht Putin durch Verweis auf angeblich bedrohte russische Bevölkerungsteile im Osten der Ukraine. Ein ziemlich untrügliches Mittel, um zwischen Angreifer und Angegriffenen zu unterscheiden, ist jedoch die Feststellung, auf wessen Territorium die Kampfhandlungen stattfinden. Das ist in der Regel das angegriffene Land.

Das dritte klassische Kriterium für einen gerechten Krieg lautet: Krieg darf nur eine Ultima Ratio darstellen. Das heißt wörtlich: „letzter Grund". In ihren Friedensdenkschriften hat die EKD aber vorgeschlagen, „Ultima Ratio" als „äußerstes Mittel" zu übersetzen, weil die Rede von einem zeitlich letzten Mittel oder Grund das Missverständnis wecken kann, erst müssten alle anderen nichtmilitärischen Mittel erprobt worden sein und sich als untauglich erwiesen haben, bevor man legitimerweise militärische Gewalt anwenden dürfe. Dann kann aber „das Kind schon in den Brunnen gefallen" sein, zumal wenn die Gegenseite die Gespräche nur zum Schein führt, um einen Vorsprung für ihre Kriegsvorbereitung zu bekommen.

Wichtig an dem Kriterium der Ultima Ratio ist jedoch, dass nichtmilitärische Mittel wie Verhandlungen, Ultimaten und Embargos gegenüber militärischen Mitteln wie Cyberangriffen, Bombardierungen, Raketen-, Panzer- und Truppenangriffen den Vorzug verdienen.

Das vierte klassische Kriterium für die Führung eines gerechten Kriegs trägt den Namen recta intentio und meint die richtige Absicht bei der Führung eines Krieges. Die Absicht muss auf die (Wieder-)Herstellung eines stabilen Friedens gerichtet sein. Was deshalb durch dieses Kriterium auch ausgeschlossen wird, ist die Vernichtung des Angreifers oder die Zerstörung seiner künftigen Lebensmöglichkeiten.

Zu diesen vier klassischen Kriterien für einen gerechten Krieg kamen in der Neuzeit noch folgende drei Kriterien hinzu: die Verhältnismäßigkeit der Kriegsfolgen, die Aussicht auf einen Kriegserfolg sowie ein Beendigungskonzept für den Krieg („Exit-Strategie").

Nun zum ius in bello, also zu dem Recht, das bei der Führung eines Krieges zu beachten und weithin völkerrechtlich verbindlich vorgegeben ist.

Das erste Kriterium ist hier die Zulässigkeit der eingesetzten militärischen Mittel. Es geht um die Abwägung, ob diese Mittel womöglich nicht mehr zerstören, als sie an Positivem bewirken können. Darunter fällt vor allem die Androhung oder der Einsatz atomarer, biologischer und chemischer Waffen.

Das zweite Kriterium bei der Kriegsführung bezieht sich darauf, dass die Zivilbevölkerung, die sich nicht aktiv am Kriegsgeschehen beteiligt, von den Folgen der Kampfhandlungen möglichst verschont bleiben muss. Sie darf nicht das Ziel militärischer Angriffe sein. Deswegen entbrennt meist ein Propagandakrieg darüber, ob in einem Krieg Wohnhäuser, Schulen, Kindergärten oder Krankenhäuser angegriffen werden und dabei auch Zivilpersonen zu Schaden kommen.

Ein drittes Kriterium stellen die Regeln dar, die beim Umgang mit verwundeten oder gefangenen gegnerischen Soldaten zu beachten sind. Auch das soll der Humanisierung des kriegerischen Geschehens dienen.

Diese insgesamt zehn Kriterien für gerechte Kriege sind nach allgemeiner Auffassung der Friedensethik nicht nur in Auswahl, sondern umfassend anzuwenden, um von einem gerechten Krieg sprechen zu können. Andernfalls verlören die nicht erfüllten Kriterien ihren Charakter als verbindlich geltende Maßstäbe.

Daran zeigt sich, dass der Sinn der Lehre vom gerechten Krieg die Zähmung von Kriegen und die Einhegung von Gewalt ist. Sie zielt also nicht auf deren Ermöglichung oder gar Forcierung, sondern auf Humanisierung, Reduzierung, letztendlich sogar Vermeidung.

Trotzdem ist die Lehre vom gerechten Krieg, ja schon die Formel „gerechter Krieg", seit dem Ende des Zweiten Weltkriegs der Kritik und weitgehenden Ablehnung ausgesetzt. Ein wichtiger Grund dafür ist, dass diese Lehre vor allem in der frühen Neuzeit systematisch missbraucht wurde, und zwar zur Rechtfertigung von Kriegen auf beiden Seiten durch die Figur des „beiderseitig gerechten Kriegs" („bellum iustum ex utraque parte"), die den kämpfenden Parteien auch vom Völkerrecht zugestanden wurde. Daraus folgte schließlich die These, dass alle souveränen Staaten ein „freies Recht zur Kriegführung" („liberum ius ad bellum") hätten. Kriege führen zu dürfen wurde damit zu einem Souveränitätsbeweis selbständiger Staaten.

Damit hat die geschichtliche Entwicklung die ursprünglich kriegsverhindernde Intention der Lehre vom „gerechten Krieg" geradezu in ihr Gegenteil verkehrt, nämlich in eine beliebige Rechtfertigung der Kriegführung – jedenfalls für souveräne Staaten als „legitima potestas". Das war das sachliche Hauptargument gegen die Lehre vom gerechten Krieg.

Hinzu kam nach 1945 die Kritik, die sich auf die Schonung der Zivilbevölkerung bezog: Im Zeitalter der Massenvernichtungswaffen kann diese Unterscheidung geradezu zynisch wirken; denn schon die Bombardierungen während des Zweiten Weltkriegs wurden häufig gezielt gegen die Zivilbevölkerung eingesetzt, um deren Moral zu brechen, so zum Beispiel in Coventry, London, Dresden, Hiroshima und Nagasaki. Diese Konstellation wiederholte sich in jüngster Zeit im tschetschenischen Grosny sowie in Aleppo und Idlib in Syrien. Denselben Terror gegen die Zivilbevölkerung verüben die Russen derzeit in der Ukraine. Vermutlich sind in heutigen Kriegen die kämpfenden Truppen besser geschützt als die nichtkämpfenden Zivilpersonen.

Diese sachlichen Bedenken sind gewichtig genug, um nach einer ethisch besseren und leistungsfähigeren Alternative zur Lehre vom gerechten Krieg Ausschau zu halten, zumal es zwei Alternativen zu ihr gibt.

Die eine ist ein konsequenter Pazifismus, der jede Form von Gewaltanwendung ablehnt und ethisch ächtet, sei es militärische oder polizeiliche Gewalt oder Gewalt im privaten Bereich. Die sogenannten historischen Friedenskirchen (zum Beispiel Mennoniten und Quäker) sind Beispiele für diese Einstellung und für das, was sie ihren Anhängern an Opfer- und Leidensbereitschaft abfordern können. Diese respektable pazifistische Option verlangt ihren Anhängern aber auch den hohen moralischen Preis ab, andere Menschen – seien es Angehörige, Freunde oder Fremde – ebenso schutzlos auszuliefern, wie sie das für sich selbst zu erdulden bereit sind.

Aber ist es nicht eine unabweisbare moralische Pflicht, sich schützend vor Menschen zu stellen, die angegriffen werden, und dabei notfalls auch Gewalt zur Verteidigung anzuwenden? Pazifist kann man verantwortlicherweise im Grunde nur für sich selbst sein.

Eine Alternative sowohl zur Lehre vom gerechten Krieg als auch zum Pazifismus ist die Konzeption des gerechten Friedens, die es noch nicht als vollständig ausgearbeitete Lehre wie die Lehre vom „gerechten Krieg" gibt, die aber seit 1988 insbesondere von den Kirchen zur Diskussion gestellt wird.

Charakteristisch für diese Konzeption ist einerseits die konsequente Ausrichtung an dem Ziel, Frieden zu erhalten oder zu schaffen, andererseits die Orientierung an einem gerechten Frieden im Unterschied zu einem Frieden um jeden Preis.

Was unter gerechtem Frieden zu verstehen ist, beantwortet die EKD-Denkschrift von 2007 „Aus Gottes Frieden leben – für gerechten Frieden sorgen" wie folgt: Gerechter Friede „ist kein Zustand (weder der bloßen Abwesenheit von Krieg noch der Stillstellung aller Konflikte), sondern ein gesellschaftlicher Prozess abnehmender Gewalt und zunehmender Gerechtigkeit". Das ist eine brauchbare Beschreibung, die den gerechten Frieden sowohl von statischen Vorstellungen als auch von bloß negativen Vorstellungen abgrenzt und nach einer positiven Füllung fragen lässt.

Diese erfolgt in vier „Dimensionen des gerechten Friedens". Sie sind vergleichbar mit den Kriterien für einen gerechten Krieg, nur dass ihre Absicht nicht verhindernd oder minimierend, sondern anregend und ausweitend ist: a) „Schutz vor Gewalt", der selbst die Androhung von Gewalt als Generalprävention und notfalls den Einsatz von Recht schaffender Gewalt erfordert; b) „Förderung der Freiheit", die aus der Menschenwürde und aus der Herrschaft des Rechts abzuleiten ist und in Gestalt des individuellen und gemeinschaftlichen Selbstbestimmungsrechts auch die staatliche Gewaltausübung durch Gewaltenteilung einhegt; c) „Abbau von Not", der der Tatsache Rechnung trägt, dass materielle Not und eine ungerechte Verteilung materieller Güter in der Menschheitsgeschichte immer wieder Ursachen für kriegerische Auseinandersetzungen waren, es heute noch an vielen Stellen sind und aller Voraussicht nach auch in Zukunft sein werden; d) „Anerkennung kultureller Verschiedenheit", die als Schutz unterschiedlicher kultureller Identitäten in Gestalt von Sprache, Sitte, Lebensform, Religion usw. eine große Bedeutung für ein friedliches Zusammenleben der Menschen spielt.

Auch im Blick auf diese vier Dimensionen gilt: Nicht einige, sondern erst alle zusammen bringen den Prozess in Gang, der zu Recht als „gerechter Friede" bezeichnet werden kann. Und so bestätigt sich, dass gerechter Friede sich tatsächlich sowohl vom gerechten Krieg als auch von einem Frieden um jeden Preis unterscheidet.

In Konfliktsituationen, wie wir sie gegenwärtig erleben, stellt sich auch im Konzept des gerechten Friedens die Frage nach der Legitimität oder gar Unvermeidlichkeit des Einsatzes militärischer Mittel. Von da aus wiederum bekommen die Kriterien für einen gerechten Krieg ohne inhaltliche Veränderung die Funktion von Prüffragen für den legitimen Einsatz von militärischer Gewalt.

Von daher könnte man vermuten, dass mit dem Konzept des gerechten Friedens keine wesentliche Veränderung gegenüber der Lehre vom gerechten Krieg stattfindet. Aber diese Vermutung wird dem Unterschied zwischen beiden Konzeptionen nicht gerecht. Das kann man sich schon daran deutlich machen, dass ein gerechter Krieg allenfalls eine Notmaßnahme sein kann, um größeren Schaden abzuwehren, aber niemals eine friedensethische oder friedenspolitische Zielperspektive.

Kein verantwortlich denkender und handelnder Mensch kann eine Situation anstreben, die als „gerechter Krieg" zu bezeichnen wäre. Aber jeder verantwortlich denkende und handelnde Mensch muss Situationen anstreben, die als „gerechter Friede" zu bezeichnen sind. Eine schärfere Alternative als die zwischen „keiner" und „jeder" gibt es nicht. Deswegen ist der Paradigmenwechsel vom gerechten Krieg zum gerechten Frieden von großer Bedeutung, obwohl es zahlreiche Elemente der Lehre vom gerechten Krieg gibt, die in der Konzeption des gerechten Friedens wiederauftauchen. „Gerechter Friede" ist, wie der Schlusssatz der friedensethischen Zwischenbilanz vom September 2001 sagt, ein „Leitbegriff", der „als Wegweiser für alle künftigen Schritte auf dem Weg des Friedens" dient. Das kann man vom gerechten Krieg verantwortlicherweise nie und nimmer sagen.

Aus dem Schulunterricht wird manchem noch die alte Weisheit geläufig sein: „Si vis pacem para bellum" („Wenn du Frieden willst, bereite den Krieg vor"). Dem wird seit einiger Zeit der Satz entgegengestellt: „Si vis pacem para pacem" („Wenn du Frieden willst, bereite den Frieden vor"). Dieser Satz ist zwar richtig, aber er ist kein Gegensatz zu dem erstgenannten Satz; denn wer wissen will, was es konkret heißt, den Frieden vorzubereiten, der wird anhand der vier oben genannten Dimensionen des gerechten Friedens entdecken, dass die Kriterien für gerechte Kriege durch die Zielperspektive „gerechter Friede" nicht erledigt sind, sondern in ihrem Rahmen erneut auftauchen und auch im Blick auf den Einsatz von militärischen Mitteln zu beachten sind.

Der Beitrag, den die evangelische Kirche heute zur Friedensethik zu leisten hat, besteht darin, anhand ihrer Quellen zu zeigen, dass der Hang zum Bösen, von dem kein Mensch ganz frei ist, die Politik vor die Aufgabe stellt, neben der Hoffnung auf die gewinnende Kraft des Guten immer auch die Wachsamkeit gegenüber den destruktiven Kräften des Bösen wirksam zur Geltung zu bringen – notfalls auch durch militärische Mittel, etwa durch die Lieferung geeigneter Waffen.

Dass es dabei zu einem Schulterschluss zwischen der evangelischen Kirche und der Bischofskonferenz der Katholischen Kirche in Deutschland käme, die diesen gedanklichen Schritt bereits vollzogen hat, wäre ein zusätzlicher ökumenischer Gewinn. Gemeinsam könnten und sollten die Kirchen die Einsicht vertreten, dass keines der Kriterien für einen gerechten Krieg falsch oder überflüssig ist, wenn man ernsthaft, entschlossen und mutig die Zielperspektive eines gerechten Friedens verfolgt – auch und gerade heute.

Die Friedensbotschaft der Engel an Weihnachten ist immer wieder aufs Neue: „Ehre sei Gott in der Höhe und Friede auf Erden." Diese Verheißung der Weihnachtsbotschaft tritt dafür ein, dass sich der Friede als gesellschaftlicher Prozess gegen Unrecht und Ungerechtigkeit einen Weg bahnt. Sie stiftet gerade in diesem zu Ende gehenden Jahr Hoffnung, Hoffnung darauf, dass nicht der Krieg das letzte Wort behält, sondern sich der Friede auf Erden durchsetzen wird.

In dieser Zuversicht gilt es, Verantwortung zu übernehmen, humanitären Katastrophen und eklatanten Menschenrechtsverletzungen mit den zu Gebote stehenden Mitteln entgegenzutreten. Das schließt die Anwendung von Gewalt nicht aus. Diese ist aber von einer ethischen und politischen Zielperspektive geleitet, zu der die Friedensbotschaft des Engels ermutigt, der begleitet ist von der Menge himmlischer Heerscharen.

***

Elisabeth Gräb-Schmidt ist Mitglied des Deutschen Ethikrats und war Mitglied des Rates der EKD bis 2021.

Wilfried Härle war Vorsitzender der Kammer für Öffentliche Verantwortung der EKD von 1998 bis 2010.

Sigurd Rink war Militärbischof der EKD von 2014 bis 2020.

Erschienen in der F.A.Z. vom 27.12.2022, Seite 7